Modern Chinese History

A Brief Modern Chinese History

简明中国
近代史读本

张海鹏　翟金懿 / 著

中国社会科学出版社

图书在版编目(CIP)数据

简明中国近代史读本/张海鹏,翟金懿著.—北京:中国社会科学出版社,2018.1(2024.11重印)

ISBN 978-7-5203-1035-2

Ⅰ.①简… Ⅱ.①张…②翟… Ⅲ.①中国历史—近代史—通俗读物 Ⅳ.①K250.9

中国版本图书馆 CIP 数据核字(2017)第 231069 号

出 版 人	赵剑英
责任编辑	郭沂纹
特约编辑	吴丽平
责任校对	赵雪姣
责任印制	李寡寡

出　　版	中国社会科学出版社
社　　址	北京鼓楼西大街甲 158 号
邮　　编	100720
网　　址	http://www.csspw.cn
发 行 部	010-84083685
门 市 部	010-84029450
经　　销	新华书店及其他书店
印　　刷	北京明恒达印务有限公司
装　　订	廊坊市广阳区广增装订厂
版　　次	2018 年 1 月第 1 版
印　　次	2024 年 11 月第 8 次印刷
开　　本	710×1000　1/16
印　　张	32
插　　页	2
字　　数	464 千字
定　　价	89.00 元

凡购买中国社会科学出版社图书,如有质量问题请与本社营销中心联系调换
电话:010-84083683
版权所有　侵权必究

中国水师与英国海军在川鼻洋面激战

(采自 Basil Lubbock, *The Opium Clippers*, p. 192)

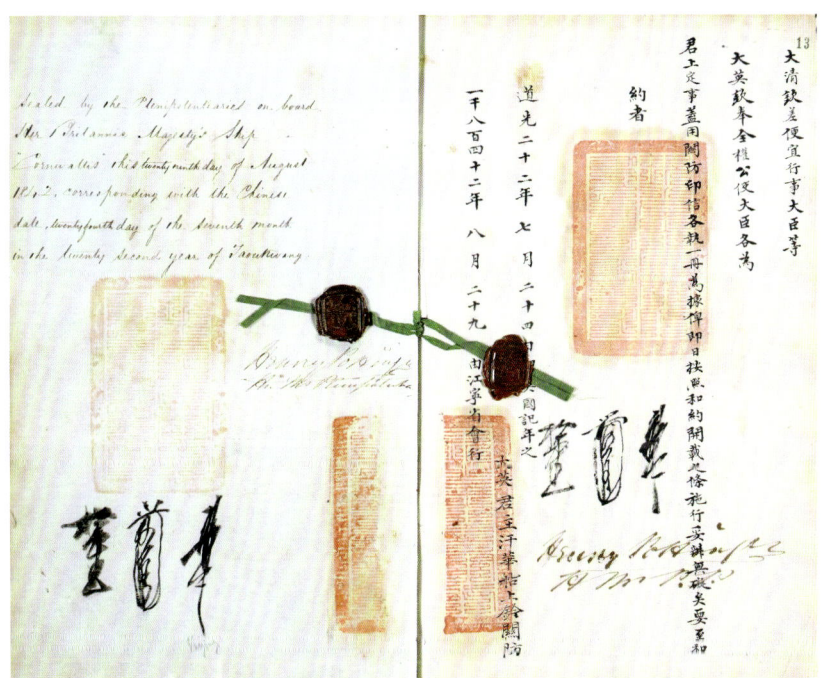

《南京条约》中英文签字页

[采自英国国家档案馆,档案号 FO 93/23/1b (13)]

太平军官兵图

(采自 C. A. Montalto, *Historic Shanghai*, p. 104)

太平军在湖口大败清兵

(采自 Lin-Le, *Ti-Ping Tien-Kwoh*, Vol. I, Day & Son, 1866, p. 261)

《北京条约》英文签字页

[采自英国国家档案馆，档案号 FO 93/23/6 (13)]

《北京条约》中文签字页

[采自英国国家档案馆，档案号 FO 93/23/6 (14)]

1857 年英军侵犯广州

(采自 L. Oliphant, *Narrative of the Earl of Elgin's Mission to China and Japan*, Edinburgh & London 1859, Vol. 1, p. 128)

1858 年签订《天津条约》现场图

(采自 L. Oliphant, *Narrative of the Earl of Elgin's Mission to China and Japan*, Vol. 1, 扉页)

恭亲王奕䜣

(采自 *Imperial China Photographs 1850-1912,* U.S.A., 1978, p.40)

驻英国首任公使郭嵩焘

(采自 D.C.Boulger, *The Life of Sir Haliday Macartney K.C.M.G,* London, 1908, p.266)

Modern
Chinese
History
简明中国近代史读本

第一批赴美中国留学生

(采自 Imperial China Photographs 1850–1912, U.S.A., 1978, p.70)

金陵制造局

(采自 A Pennwick /Crown Book, Imperial China Photographs 1850–1912, U.S.A., 1978, p.67)

北洋水师"定远"号

北洋水师"镇远"号

慈禧太后

李鸿章

M odern
C hinese
H istory

简明中国近代史读本

康有为

(采自 T.Richard, *Forty Five Years in China,* London, 1916, p.160)

梁启超

(采自 T.Richard, *Forty Five Years in China,* London, 1916, p.162)

Modern Chinese History

简明中国近代史读本

北京正阳门被八国联军炮弹击坏

(采自山本诚阳《北清事变写真帖》,东京,1901年,第34页)

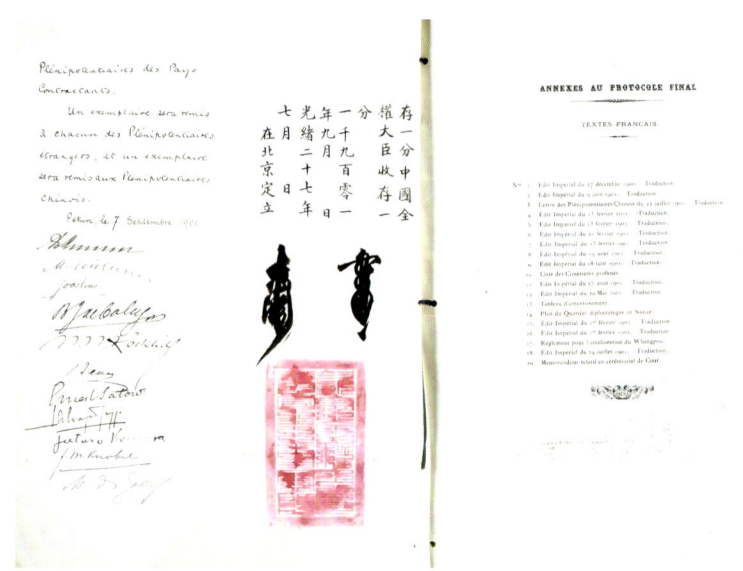

《辛丑条约》签字页

[采自英国国家档案馆,FO 93/23/20 (17)]

Modern Chinese History

简明中国近代史读本

1896年孙中山断发改装后摄于美国
(采自 J.O.P.Bland, *Recent Events and Present Policies*, London, 1912, p.54)

孙中山与新加坡的同盟会员合影

武昌起义后的湖北革命军

(采自 Edwin J. Dingle, *China's Revolution：1911–1912*, Shanghai, 1912, p. 21)

袁世凯就任中华民国第二任临时大总统

李大钊　　　　　　　陈独秀

（采自《五四运动》画册，文物出版社1959年版）

五四运动

黄埔军校

孙中山在黄埔军校开学典礼上的演讲

"西安事变"中的蒋介石和国民党高级官员

"卢沟桥事变"日军进攻宛平城,镜头中可见宛平县城的望楼

(采自日本《北支事变画报》第1辑,1937年)

淞沪会战

台儿庄战役

1943年11月开罗会议期间,蒋介石夫妇与罗斯福、丘吉尔合影

1944年毛泽东在延安与来访的国外友人合影

Modern Chinese History

简明中国近代史读本

1945年8月
毛泽东与赫尔利在重庆机场

1945年毛泽东和蒋介石在重庆庆祝抗战胜利

中国共产党第七次全国代表大会会场
(采自 《解放军画报》1952年第16期)

《双十协定》

1949年人民解放军进入北平
（采自《解放军画报》1951年第1期）

Modern Chinese History

开国大典
（采自 《解放军画报》1951年第6期）

简明中国近代史读本

序 言 一

中国社会科学院秉着史学研究成果为大众服务的原则，相继推出了《简明中国历史读本》《中华史纲》《简明世界历史读本》，得到读者好评。现在推出的《简明中国近代史读本》，也是为公众撰写的一本中国近代史简明读本，希望为读者欢迎。

习近平同志指出，近代中国的历史就是中国人民不屈不挠，不断奋起抗争，终于掌握自己命运，开始建设自己国家，为实现民族复兴而奋斗的历史。公元1840年，英国发动侵华的鸦片战争，中国历史开始进入近代。1840—1949年间，中国社会经历了有史以来的剧烈变化，不仅经历了由于帝国主义侵略和封建腐败统治的双重作用，不断向半殖民地半封建社会的"深渊""沉沦"，并且"沉沦"到"谷底"，更经历了冲出"谷底"，为了国家独立、民主和现代化而奋起反抗，向上发展，进而走出半殖民地半封建社会的魔影，走向社会主义现代化的新中国的历程。谈古论今，知古鉴今，人人都需要历史知识，人人也都有一定的历史知识，如何帮助大众正确认识中国近代史，了解近代中国遭受的巨大苦难和屈辱，了解中国人民不懈抗争的伟大精神，是历史学者的责任。

进入信息化时代以来，人们渴望获得中国近代史知识，尤其是高质量的历史内容的热情日益增加。随着互联网技术的不断突破、电子产品与网络服务的日渐普及，公众获取历史知识的渠道开始丰富多样，特别是通过网络、电视、电影，以及在这基础上配套出版的书籍、光盘获取知识，这些方式确实对普及历史知识、帮助人们认识历史过程、推动历史知识的社会化有一定意义。但是，在日渐通俗化的历史知识普及过程里，也确实存在很多受错误的历史观主导的错误的历史知识，误导群众，误导青少年。譬如，在一些影视作品、通俗读物、网络视频、讲坛论坛中，甚至在某些历史教材、历史论文、历史著述中充斥着稗史逸闻，甚至一度沉浸在戏说、宫斗、穿越之中，把历史的真实演绎成"任人随意打扮的小姑娘"。更有甚者，一些别有用心的人利用某些微信公众号、微博账号、某些讲坛论坛打着"重新评价""还原历史""揭秘历史"和"告别革命"的旗号，攻击、歪曲、否定中国近代史和中国人民反帝反封建反对官僚资本主义的革命历史，否定我国的社会主义革命和社会主义建设，否定中共党史、中华人民共和国国史、中国人民解放军史，直至抹黑我们的党、我们的领袖、我们的英雄、我们的人民，企图以历史为切入口，质疑、削弱中国共产党执政的历史合法性，从历史依据和逻辑前提上否定马克思主义在当代中国的指导地位，否定中国共产党在现实政治中的执政地位，否定中国的社会主义制度。欲灭其国，必颓其史。历史虚无主义谬说流传，对青年一代乃至广大群众的世界观、价值观、理想信念、人生追求、生活态度、价值取向造成严重的危害。这就需要历史学界站在正确的立场上，秉持正确的唯物主义历史观，切实履行社会责任，向大众宣传科学的历史观，传播正确的历史知识、推广史学研究的科学成果。《简明中国近代史读本》应时而生，做了有益的尝试，值得称赞。

历史虚无主义泛滥，严重贻害我们的人民、我们的青年一代；历史虚无主义的种种言行，从根本上来说，是背离马克思主义的科学历史观的。坚持唯物主义历史观，反对历史虚无主义是一场严肃的思想斗争，这是一场唯物主义历史观与唯心主义历史观的斗争，是一场坚持马克思主义、坚持社会主义、坚持人民民主专政的严肃的政治斗争。

我大略翻阅了《简明中国近代史读本》。这本书坚持以辩证唯物主义和历史唯物主义为指导，以大众化史学为目标，为人民做学问，贴近人民群众，走近人民群众，这个基本方向是值得肯定的。我了解张海鹏同志的学术倾向，他把自己数十年研究中国近代史思考的问题，他的学术心得，结合近代史学界讨论的问题，站在正确的立场上，以科学的世界观和方法论，通过大众化的方式表达出来，体现了准确、朴实、凝练、生动的良史文风，力求能被广大读者所接受。作为史学工作者编写的中国近代史简明读本，他在注意通俗性、普及性的同时，更加突出科学性、专业性的特点，把他研究近代中国历史得出的"沉沦"到"谷底"，然后"上升"的发展规律贯穿全书论述。我看了，是有收获的。

张海鹏同志作为本书的主要作者，带着他的学生翟金懿一起完成撰写，这种母鸡带小鸡、师傅带徒弟的做法，对于培养青年学者的成长，也是有益的经验。

历史学如果脱离了社会现实，不为社会现实服务，它的作用就很小了。在建设中国特色社会主义，实现中华民族复兴的伟大目标的时候，我们需要回顾我们自己走过的道路，不仅要回顾新中国成立以来将近70年的道路，也要回顾近代以来将近180年的历史道路。我相信，读完《简明中国近代史读本》，有助于我们科学把握历史发展规律，借鉴历史的经验教训，树立科学正确的历史观，帮助人们认识历史、认识人民是怎样选择了马克思主义、选择了中国共产党、选择了社会主义道路，从而增强对中国特色社会主义道路、理论体系、制度和文化的自觉自信，增加为中华民族复兴中国梦而奋斗的人们前进的动力，这本书将会发挥积极的作用。

是为序。

王伟光

2017年5月16日

序 言 二

习近平同志说过:"历史是最好的教科书。"他又说:"近代以后,中华民族遭受的苦难之重、付出的牺牲之大,在世界历史上都是罕见的。但是,中国人民从不屈服,不断奋起抗争,终于掌握了自己的命运,开始了建设自己国家的伟大进程,充分展示了以爱国主义为核心的伟大民族精神。"

在中国 5000 年历史进程中,从 1840 年到 1949 年这段近代历史,确实有着特殊的意义。它是决定中华民族生死存亡的关键时刻。在这 100 多年中,中国从极度衰败、受尽列强的欺凌蔑视、濒临灭亡的边缘,到重新站立起来,开始大踏步地走向社会现代化。一个当时占世界人口四分之一的文明古国,在并不长的时间内发生如此翻天覆地的变化,堪称人类历史上的奇迹。它的到来,是几代中国人前仆后继、顽强奋斗的结果。

从社会方方面面的变迁来看,近代中国又可以说处在一个承前启后的过渡阶段。在它以前是古代中国,以后是努力实现社会主义现代化的中国。有如作者所说,这中间有沉沦,也有上升,以后是上升战胜了沉沦。中国社会的变迁是一步一步走过来的。今天的中国由昨天的中国走过来。不了解这些,谈不上真正懂得中国的实际国情,也很难做到深刻地了解中国的今天和如何走向明天。

虽然这段历史离今天只有几十年时间,但时代变化得太快,对许多人说来已经恍如隔世,显得相当隔膜。前辈学者任继愈教授在 90 多高龄时,曾很有感慨地写道:"只有历尽灾难、饱受列强欺凌的中国人,才有刻骨铭心的'翻身感'。经过百年的奋斗，几代人的努力，中国人民终于站起来了。这种感受是后来新中国成长起来的青年们无法体会得到的，他们认为中国本来就是这样的。"对新中国成长起来的青年们来说，自然不可能再去重新经历昔日那些苦难与屈辱的生活，但读一点中国近代历史的书籍，至少可以弥补一点这方面的不足。

人们可能遇到的困难是：今天的世界已进入知识膨胀的时代，需要补充的知识太多。就拿中国近代史来说，新发表的历史资料和研究成果已浩如烟海，使希望能多获得这方面知识的人有望洋兴叹之感。需要能看到一些简明而又有较高质量的资料和成果来满足这种需要。

张海鹏同志长期担任中国社会科学院近代史研究所所长，是编写高等学校《中国近代史》教材的首席专家，主编过十卷本的《中国近代通史》。现在，由他和他的学生翟金懿同志合作，写出的这本《简明中国近代史读本》，既综合学术界已有的研究成果，又有作者的新见，并以读者易于接受的文字表述出来，相信一定能使读者从中受益。

金冲及

2017 年 5 月

目 录

前　言 ……………………………………………………………… (1)

序章　1840年前的世界形势与清朝社会 ………………………… (1)

第一章　鸦片战争:中国走向半殖民地半封建社会的开始 …… (7)
  第一节　英国走私鸦片与林则徐禁烟 ……………………… (7)
  第二节　战争进程　《南京条约》的签订与条约体系的形成 …… (11)
  第三节　中国思想界的反应与对策 ………………………… (13)
  第四节　战后中国社会的变化　农民起义的酝酿 ………… (16)

第二章　内忧外患中的清朝政府 ……………………………… (21)
  第一节　太平天国农民起义及其政治社会主张 …………… (21)
  第二节　英法联军侵略中国 ………………………………… (33)
  第三节　俄国掠夺中国大片土地 …………………………… (40)
  第四节　曾国藩湘军集团崛起与太平天国后期的苦撑苦斗 …… (41)
  第五节　中外会剿　中国历史上最大的一次农民起义失败 …… (47)

第三章　失去发展机遇的二十年 ……………………………… (55)
  第一节　清政府中央和地方政治格局的演变 ……………… (55)

第二节　洋务自强活动——抓而不紧的发展机遇 …………………（58）
第三节　中国社会变化的思想总结——早期改良主义的
　　　　主张 ……………………………………………………（65）
第四节　边疆危机和中法战争：不败而败的结局 …………………（69）
第五节　教案迭出——大规模群众反洋教斗争 ……………………（75）
第六节　甲午战争爆发　清政府错误的战争指导 …………………（80）
第七节　马关签约　台湾割让及台湾人民反抗日本占领的
　　　　武装斗争 ………………………………………………（90）

第四章　甲午战后中国形势与社会各阶级对国家命运的回答 ………（98）
第一节　三国干涉还辽及甲午战争前后帝国主义在远东的
　　　　角逐 ……………………………………………………（98）
第二节　帝国主义在华划分势力范围与对华资本输出 ……………（99）
第三节　民族资本主义的初步发展 …………………………………（106）
第四节　孙中山等革命派的早期革命活动 …………………………（110）
第五节　康、梁发起维新运动及其失败 ……………………………（114）
第六节　义和团——中国农民朴素的反帝爱国斗争 ………………（136）
第七节　八国联军侵华和清廷的对策 ………………………………（142）
第八节　《辛丑条约》与中国半殖民地半封建社会最终形成 ……（152）

第五章　社会大变革的酝酿时期 ……………………………………（156）
第一节　清政府的"新政"出台与社会秩序的新变化 ……………（156）
第二节　英国侵略西藏　日俄在东北划分势力范围 ………………（170）
第三节　中国同盟会的成立　革命派和保皇派关于中国前途的
　　　　论战 …………………………………………………（174）
第四节　抵制美货和收回利权运动的开展 …………………………（184）
第五节　"预备立宪"与资产阶级的立宪运动 ……………………（187）
第六节　革命派组织的反清武装起义 ………………………………（191）

第六章　辛亥革命的成功和失败 (196)
第一节　清政府的统治危机 (196)
第二节　黄花岗起义与四川保路运动 (203)
第三节　武昌起义　各省独立与南京之役 (208)
第四节　孙中山就任南京临时政府大总统 (218)
第五节　宣统皇帝退位　袁世凯窃取革命果实 (221)

第七章　北洋军阀统治
——中国社会"沉沦"到谷底的时期 (229)
第一节　袁世凯力行独裁　孙中山再次发动革命 (229)
第二节　洪宪帝制及其破产 (240)
第三节　北洋军阀的统治与军阀割据战争 (245)
第四节　民族资本主义空前发展　中国工人阶级的成长 (254)
第五节　新文化运动与五四爱国民主运动爆发 (257)
第六节　马克思主义在中国传播　社会主义成为时代潮流 (265)

第八章　中国社会开始走上曲折的"上升"之路 (271)
第一节　中国共产党成立与反帝反封建民主革命纲领的提出 (271)
第二节　中国国民党召开第一次全国代表大会　国共合作开展农民运动与北伐战争 (277)
第三节　国共合作破裂　第一次国内革命战争失败 (291)
第四节　宁汉合流与东北易帜　国民党军阀大混战 (295)
第五节　工农武装割据与苏维埃革命政府的建立 (300)
第六节　"围剿"与反"围剿"　两个"政权"的较量 (306)
第七节　社会性质论战与社会政治思潮 (307)

第九章　民族危机加深　国内阶级关系的调整 (314)

第一节　"九一八"事变与"不抵抗政策" (314)

第二节　日本扩大对华侵略　蒋介石实施"安内攘外"对策 (319)

第三节　抗日救亡运动的高涨 (324)

第四节　红军被迫转移　苏维埃运动遭受挫折 (326)

第五节　西安事变　中国历史发展的新契机 (332)

第十章　日本全面侵略中国　抗日战争爆发 (342)

第一节　卢沟桥事变开始了日本全面侵华战争 (342)

第二节　八一三上海抗战　抗日民族统一战线局面形成 (346)

第三节　全国抗战防御体系建立　国共两党对于抗战战略的不同主张 (351)

第四节　八路军出师与山西抗战 (355)

第五节　淞沪会战与上海、南京的陷落　日军在南京制造大屠杀暴行 (359)

第六节　台儿庄大捷与武汉、广州沦陷 (363)

第十一章　抗日战争中的两个战场与抗战胜利 (367)

第一节　国民党正面战场和共产党敌后战场的战略配合 (367)

第二节　抗战大局下国共两党联合中的斗争与皖南事变 (372)

第三节　珍珠港事件和国际反法西斯统一战线的形成　中国外交出现新格局 (379)

第四节　正面战场溃败与敌后战场攻势作战 (385)

第五节　抗日民主根据地的发展　国统区的腐败与专制 (390)

第六节　国共谈判与联合政府问题　中国军民的反攻 (399)

第七节　国共两党对中国前途的不同设计 (404)

第八节　日本无条件投降　中国抗日战争最后胜利 (407)

第十二章　人民解放战争胜利与中华人民共和国成立 （413）

第一节　从重庆谈判到政协会议 （413）

第二节　中美、中苏关系的变化 （424）

第三节　国民党挑起战争　全面内战的爆发 （429）

第四节　国民党统治的全面危机　解放区的巩固与兴旺 （438）

第五节　历史性的三大战略决战 （446）

第六节　北平和平谈判破裂　百万雄师抢渡大江 （456）

第七节　中华人民共和国中央人民政府成立　中国历史进入现代 （460）

第十三章　中华人民共和国成立的伟大历史意义 （466）

第一节　改变了中国历史发展的方向，深刻影响了世界历史发展的进程 （466）

第二节　奠定了社会主义的经济基础，确立了基本政治制度，开启了中华民族伟大复兴的历史新纪元 （472）

第三节　宣告了近代中国历史经过"沉沦"，以及"沉沦"到"深渊""谷底"，完成了"上升"的过程 （477）

尾语　学习中国近代史应理解的三条基本线索与四点启示 （479）

后记 （490）

前　言

本书是应中国社会科学出版社邀约，是为公众撰写的一本中国近代史简明读本。

大众需要了解中国近代史，社会需要了解中国近代史，一代一代成长起来的年轻人需要了解中国近代史。了解一点中国近代史，对正在为中华民族复兴而奋斗的人们，增加一种前进的动力，增加一种正能量，是我们乐于为之的。这是我们撰写这本《简明中国近代史读本》的出发点。

普及本的中国近代史书，以往已经出版很多本，特别是20世纪70—90年代，出版的同类读物数以百计。还有必要再增加一本吗？应该说还是有必要的。时间已经过去了1/3世纪，人们对中国近代史知识的渴望不仅未减少，反而增加了；中国近代史学界对中国近代史的认识远比过去清楚了，学术研究的进步也很大。过去的历史，是一个客观存在，由于主客观各方面的原因，人们对这个客观存在的认识，是不可能一步到位的，而是一个不断累积的过程。随着时代的前进，随着新史料的发现，人们回思历史，总是难免某种新鲜感。近三四十年来，由于国家的对外开放，学者们利用历史资料，特别是利用国内外的档案史料的方便程度，与三四十年前相比，是不可同日而语的。随便举一个例子，三四十年前，中国内地学者到海外各国查阅与中国相关的档案史料，是不大可能的；今天则完全不成问题。又如，30年前，台湾海峡两岸的学者是不可能坐在一起探讨中国近代历史的，今天不仅已经具备这个条件，而且共享史料，共写史书，也有条件了。三四十年来，我们国内有关档案史料的公布，学术论文、研究专著的发表和出版，与以往相比也是不可同日而语的了。再如，过去我们从一些书籍上看到的蒋介石日记是经过作伪的，今天我们可以从美国胡佛研究所看到真实的蒋介石日记手稿了。这就是说，今天我们的历史认识较之过去更客观、更深刻、更全面。这就为本书引用海峡两岸学者对中国近代史研究的正确观点提供了方便。

再说，20世纪出版的中国近代史，下限都是到1919年，这是30年前对中国近代史的认识。此后，中国近代史学界的眼光发展了，他们认识到，1840—1919年的中国近代史，只是中国近代史的前半部分。如果把1919—1949年的历史加上去，中国近代史就完整了。1840—1949年的中国，是半殖民地半封建社会，1949年10月中华人民共和国成立后，中国的社会性质不同了。我们是从社会性质的角度来定义中国近代史的。1949年10月以后的中国历史，就成为中国现代史了。今天关于中国近代史的完整概念，已经与30年前不一样了。

所以，今天再写一本中国近代史，与三四十年前相比，基本内容、基本形象是不大一样的。读者如果拿这本书与从前出版的同类书名的近代史书相比较，就会发现这个鲜明的特点。

以往人们常说，近代中国的历史是屈辱的历史。从鸦片战争清政府失败时候起，中国社会便逐渐陷入半殖民地半封建社会的深渊。这便是近代中国社会的"沉沦"。这是半个世纪前历史学家对中国近代史的一种解说。20世纪80年代，有学者发表论文，提出近代中国不仅有"沉沦"，还有"上升"。所谓半殖民地半封建社会，半殖民地是对独立国家而言的，半封建是对半资本主义而言的。半资本主义，对封建社会是一种历史的进步。半资本主义的存在，就是"上升"。所以，半殖民地半封建社会不仅有"沉沦"，而且有"上升"。这种"沉沦"和"上升"是同时并存的。这是历史学家对近代中国历史的又一种解说。

我们今天应该怎样认识这个历史问题呢？说近代中国历史在"沉沦"，有它合理的地方，因为它看到了帝国主义侵略、政府腐败给中国社会带来的严重后果，但是，仅止于此，却不能很好地解释为什么近代中国以后有积极的、向上的发展。说近代中国的"沉沦"中有"上升"，也有它合理的地方，因为它看到了在"沉沦"、屈辱的中国，仍然存在着"上升"的因素。但说在"沉沦"的过程中始终"包含着向上的因素"，"沉沦"与"上升"同时并存，也不能解释整个中国近代史。

我们应该这样思考：以往从近代中国80年的历史看，主要只看到了近代中国历史的"沉沦"，这是因为那时中国近代史的概念局限了自己的眼光。如果换一个角度，从近代中国110年的历史看，就豁然开朗了。帝国主义侵略确实使中国社会发生"沉沦"，使独立的中国社会变为半殖民地半封建社会，独立主权、领土完整受到严重损伤。但是，"沉沦"也不是近代中国社会的唯一标志，换句话说，近代中国社会也不是永远"沉沦"下去。这就是说，即使是"陷入半殖民地半封建社会的深渊"，这个"深渊"也应该有一个"底"。

这个深渊的"底"在哪里？底就在20世纪头20年，就在《辛丑条约》签订以后至北洋军阀统治时期。因为是"谷底"，所以是中国社会最困难的时候：《辛丑条约》给中国带来了最大的打击，帝国主义侵略中国更加重了，西有英国对西藏的大规模武装侵略，东有日俄在东北为瓜分中国势力范围进行的武装厮杀，北有俄国支持下外蒙古的独立运动，南有日本、英国、法国在中国台湾、九龙租借地和广州湾租借地的统治；到1915年以后，又有袁世凯接受日本提出的企图灭亡中国的"二十一条"、袁世凯称帝、张勋复辟、日本出兵青岛和山东以及军阀混战，民不聊生至极点。看起来中国社会变得极为黑暗、极为混乱，毫无秩序、毫无前途。这正是"沉沦"到"谷底"的一些表征。但是，正像黑暗过了是光明一样，中国历史发展到"谷底"时期出现了向上的转机。中国资产阶级革命派力量壮大起来，并导演了辛亥革命推翻帝制的悲喜剧，这次革命失败，中国人重新考虑出路。于是，新文化运动发生了，五四爱国运动发生了，马克思主义大规模传入并被人们接受也在这时候发生了。孙中山领导的中国国民党从这时改弦更张，重新奋斗。中国共产党在这时候成立并提出反帝反封建的明确主张。我们可以看出，从这时候起，中国社会内部发展明显呈现上升趋势，中国人民民族觉醒和阶级觉醒的步伐明显加快了。在这以前，中国社会也有不自觉的反帝反封建斗争，也有改革派的主张和呐喊，但相对于社会的主要发展趋势而言，不占优势；在这以后，帝国主义的侵略还有加重的趋势（如日本侵华），但人民的觉醒，革命力量的奋斗，已经可以扭转"沉沦"，中国社会积极向上的一面已经成为社会发展的主要趋势了。

近代中国社会的发展轨迹像一个元宝形，开始是下降，降到"谷底"，然后上升，升出一片光明。这就是说，鸦片战争以后，中国陷入半殖民地半封建社会"深渊"，直到20世纪初期，北洋军阀时期，"深渊"到了"谷底"，对于中国社会的发展来说，这时候面临的主要是"沉沦"，虽然，这时中国在经济、政治、思想、文化诸方面，实际上存在着积极的、向上的因素，但这种因素的发展是渐进的、缓慢的，相对于社会"沉沦"主流来说，它是弱小的；北洋军阀往后，直到20世纪40年代，半殖民地半封建社会阶段的中国渐渐走出"谷底"，随着新的经济因素不断成长、壮大，随着新的社会阶级的出现，随着人民群众、社会精英民族意识和阶级意识的日渐觉醒，社会向上的、积极的因素逐渐发展成为社会的主流因素，影响着社会向好的方面发展，虽然，消极的、"沉沦"的因素仍然严重地存在，它对中国社会的压迫，甚至不比北洋军阀时期以前弱。但是由于有新的阶级、新的政党、新的经济力量、人民群众的普遍觉醒这样的上升因素在起作用，终于制止了帝国主义使中国滑向殖民地的企图。

也就是说，中国近代史不仅是屈辱的历史，也是中国人民为了民族独立、国家富强而不屈不挠奋斗的历史。所谓屈辱主要体现在历史的"沉沦"时期，所谓奋斗，主要体现在历史的"上升"时期。这不是说历史的"沉沦"时期没有奋斗，那个时期中国人民有过不少次的奋斗，但是，由于觉醒程度不够，物质力量不够，斗争经验不够，那时候中国人民的奋斗还不足以制止中国社会的"沉沦"；在历史的"上升"时期，不是没有屈辱，日本帝国主义对中国的侵略，甚至比以往历次帝国主义侵略给中国造成的损害还要严重，但由于中国人民空前的民族觉醒和空前的艰苦奋斗，中国社会不仅避免了继续"沉沦"，而且赢来了反侵略战争的彻底胜利，为中国的现代化造就了基础条件。

以上所说，就是本书所把握的两个方面。第一，所谓中国近代史，它起于1840年英国为侵略中国发动的鸦片战争，终于1949年中华人民共和国成立，由于新中国成立这个历史事件，结束了中国半殖民地半封建社会的历史，开创了中国历史的新纪元；第二，近代中国的历史发展过程，不仅经历了由于帝国主义侵略和封建腐败统治的双重作用，不断向半殖民地半封建社会的"深渊""沉沦"，并且"沉沦"到"谷底"，更经历了冲出"谷底"，向上发展，进而走出半殖民地半封建社会的魔影，走向社会主义现代化的新中国的历程。

近代中国这个"沉沦"到"谷底"，然后"上升"的过程，就体现了中国近代史的发展规律。本书正是按照这个发展规律，来安排章节，来铺陈历史的。著者希望读者阅读后，能够掌握近代中国历史发展的这个规律。对于这个规律的认识，著者是在1998年得出的，并且以学术论文的形式公开发表。近20年来，这个规律性认识，在中国近代史学术界，似乎未见反驳。今天，著者对这个规律性认识更坚定了。

本书的基本史实，依据下列各书：

1. 张海鹏主编：《中国近代史（1840—1949）》，群众出版社1999年版；

2. 张海鹏主笔：《20世纪的中国·政坛风云卷》，甘肃人民出版社1999年版；

3. 张海鹏主编：《中国近代通史》，10卷本，江苏人民出版社2007年版；又凤凰出版传媒集团·凤凰文库本2009年版；

4. 马克思主义理论研究和建设工程重点教材、《中国近代史》教材编写课题组（张海鹏为第 首席专家）：《中国近代史》，高等教育出版社、人民出版社 2012 年版。

本书主要参考读物：

1. 中国社会科学院近代史研究所编，丁名楠等主编：《帝国主义侵华史》，第 1 卷（人民出版社 1973 年版）、第 2 卷（人民出版社 1986 年版）；

2. 中国社会科学院近代史研究所编，余绳武等主编：《沙俄侵华史》，第 1—4 卷，人民出版社 1978—1990 年版；

3. 中国社会科学院近代史研究所编，刘大年主编：《中国近代史稿》，第 3 卷，人民出版社 1986 年版；

4. 中国社会科学院近代史研究所编，张振鹍、沈予主编：《日本侵华七十年史》，中国社会科学出版社 1992 年版；

5. 刘大年、白介夫主编：《中国复兴枢纽——抗日战争的八年》，北京出版社 1997 年版；

6. 中共中央党史研究室著：《中国共产党历史》第一卷（1921—1949），中共党史出版社 2011 年版；

7. 中共中央党史研究室著：《中国共产党的九十年》（新民主主义时期），中共党史出版社、党建读物出版社 2016 年版。

本书编写过程中，著者还参考了时贤一些学术论著，吸收了一些最新研究成果，书中未尽一一列名，谨在此对有关学者的贡献表示谢意。

与一般大众读物不同，本书编写中，尽可能多增加了一些注释，一方面表示写作有据，另一方面力图提供有兴趣的读者深入阅读的方便。绝大部分注释都逐一进行了核对，纠正了前引各书中的个别注释错误。著者也希望通过增加注释这种方式，提高这本简明读本的学术性，也就是说，这本简明读本是在学术研究的基础上写成的。

本书是中国社会科学出版社申请的中国社会科学院院长交办课题。本人接受任务后虽然经常萦绕心际，始终未停止思考，但一直未能抽出时间撰写，以至拖延了时间，这是需要向读者说明并致歉意的。回过头来看，也许拖延一点时间有好处，好处就是可以更多吸收最新学术观点，本书在这方面下了一些功夫。

本书写作中，本着求简、求新、求全的原则。求简，就是尽可能简明扼要，不要拖泥带水；求新，包括一个全新的学术、逻辑体系和一些学术界最新的研究成果；求全，是指大事不漏，一本简明的近代史，篇幅有限，不可能处处照顾周到，政治、经济、军事、文化都不漏掉，是不可能的，但近代历史上的大事不可遗漏，围绕着政治史的大事不可漏掉。与以往类似篇幅的中国近代史书相比，本书可以做到，基本史实力求准确，学术体系全新，又吸收了最新研究成果。本书不仅引证中国近代史学界那些最著名的学者们的观点，也引证做出扎实研究的年轻学者的学术观点，还引用台湾一些学者的学术观点。引用的书籍包括本书作者即将完稿时出版的中国近代史著作，最晚的是 2016 年 11 月出版的书。当然，智者千虑，或有一失，本书可能会有表述不够严谨，概括不够周到，或者运用史实错误与不妥的地方，敬请读者不吝指正！

本书由我和我的学生翟金懿博士合作撰写，我撰写了第一至七章、第十二、十三章；翟金懿提供的第八至十一章初稿，由我修改定稿。

感谢中国社会科学院科研局、中国社会科学出版社社长兼总编辑赵剑英、副总编辑郭沂纹不断督促，本书方能及早问世。对于这种鞭策，本书作者深表谢忱！

张海鹏

2017 年 8 月 10 日

序章　1840年前的世界形势与清朝社会

1840年，是英国对中国发动鸦片战争的一年。鸦片战争，中断了中国社会历史独立发展的行程，使中国开始走上半殖民地半封建社会的道路，成为近代中国历史的开端。中国是在怎样的国际环境中进入近代社会的？

1640年，英国发生资产阶级革命，随后在1789年法国发生资产阶级革命，资本主义制度在世界上逐步确立起来。欧洲主要资本主义国家在资产阶级革命胜利前后，积极向海外进行殖民扩张。他们依靠海盗式掠夺、直接搜刮、贩卖奴隶、走私鸦片以及发动殖民战争、争夺海上霸权等暴力掠夺手段，从亚洲、非洲、美洲掠夺大量财富，是资本主义原始积累的重要来源之一，大大加速了欧洲资本主义的发展。历史事实证明，给人类带来了光明的欧洲先进的资本主义文明，是伴随着对亚洲、非洲、美洲等地区广大国家和人民的殖民掠夺发展起来的。一边是资本主义国家，愈来愈富有，另一边是被掠夺的殖民地、半殖民地国家和地区，愈来愈贫穷，这就是17世纪中叶资产阶级革命以来的世界财富分布图。

18世纪60年代起，象征着资本主义生产力蓬勃发展的"工业革命"在英国首先开始。此后半个多世纪，资本主义机器生产在英、法、美等国逐渐占据主导地位。19世纪20年代，英国工业总产值占全世界工业总额50%，原煤产量占世界70%。社会生产力飞速增长，对产品市场和原料来源的要求越来越强烈，争夺殖民地的斗争也就日趋激烈。到19世纪30年代，非洲大陆的北部和南部、美洲的加拿大、大洋洲的澳大利亚和新西兰、亚洲的西南和东南部，已经或者正在变为资本主义列强的殖民地、半殖民地。世界上不同的国家和民族日益增多地被卷进资本主义的旋涡里面。屹立在亚洲的封建古国清帝国仍独立不倚，但已受到英国鸦片的不断袭击，英国的大炮也已对准它了。从国际的环境讲英国侵略中国的鸦片战争，是这种世界形势的必然产物，往后在中国发生的一系列新的事变，也是以这个形势为背景一幕一幕地展开的。

在19世纪30年代，主要的资本主义强国或宗主国是英、法等国。西班牙、葡萄牙、荷兰则是老牌的海上殖民帝国，早在17世纪已经衰落了。它们的殖民地或者被英法等国夺去，或者刚刚摆脱殖民统治而独立，如拉丁美洲的大部分国家就是在19世纪20年代从西班牙、葡萄牙的殖民统治下独立出来，并在30年代或稍后一些发展成为资产阶级共和国的。但西班牙仍领有菲律宾，荷兰仍领有荷属东印度（今印度尼西亚），葡萄牙仍领有非洲的安哥拉等地。

英国自17世纪中叶开始资产阶级革命，18世纪中叶开始工业革命，迅速发展成为当时世界上最先进的工业国。英国资产阶级对内加强阶级压迫和剥削；对外加紧发动侵略战争，到处扩张殖民帝国，开辟新的市场。在亚洲，英国东印度公司于17世纪就占领了印度的马德拉斯、孟买和加尔各答，18世纪中叶，英国直接出兵占领孟加拉。此后，又数次发动对印度的殖民战争。到19世纪30年代，除中部、北部若干土邦外，整个印度都成了英国的殖民地。英国占领印度，使英国受益无穷。此后，印度成了英国侵略亚洲各国的前进基地。英国用来打开中国大门的特殊商品鸦片，主要的产地就是印度的孟加拉。英国侵略中国和亚洲其他国家的军人，一部分也是从印度派出的。印度沦为殖民地，对西方资本主义世界和中国都产生了深远的影响。1824年，英国又把马来亚的槟榔屿、马六甲和新加坡合并起来，建立海峡殖民地。北美的加拿大和大洋洲的澳大利亚在18世纪成了英国的殖民地。澳大利亚东南的新西兰，也在1839年接受了英国的殖民统治。19世纪初，英国取得了西非洲的冈比亚、塞拉勒窝内和黄金海岸等殖民地以及南非的开普敦殖民地。约略统计，19世纪前期，英国拥有的殖民地领土为200多万平方公里，人口达1亿，掌握着资本主义世界的霸权。

法国大革命为法国资本主义发展扫清了道路，工业生产迅速上升。法国成为仅次于英国的资本主义国家。18世纪中叶，在英、法争夺殖民地的7年战争期间，法国在北美和印度的殖民势力大部被英国逐出，但仍保有非洲的塞内加尔殖民地和南美洲的法属圭亚那，并在1830年出兵北非的阿尔及利亚，使它成为法国的殖民地。同时在中南半岛上的越南打开侵入亚洲的缺口。占领越南，侵略中国，成为法国殖民者的最终目的。

北美十三州原是英国的殖民地，1775—1783年反对英国殖民者的北美独立战争取得胜利，建立美利坚合众国。美国的资本主义虽比英、法落后，但发展很快。1803年、1819年美国分别从法国、西班牙购得大片肥沃土地，领土一下扩大了一倍多。19世纪中叶，美国铁路总长已占世界第一位。美国商人活跃于世界各地。不久，美国资产阶级就成了英国侵华的帮凶。

俄国是一个长期处在封建农奴制统治下的欧洲国家，直到19世纪前半期封建经济仍占统治地位。沙皇俄国从16世纪末起就推行对外扩张政策。17世纪中叶，俄国兼并乌克兰，征服西伯利亚，把他们的活动推进到中国黑龙江流域。1689年中俄签订了《尼布楚条约》，划定了中俄东段边界。1727年中俄签订《布连斯奇条约》，划定了中俄中段边界。18世纪，俄国把白俄罗斯、波罗的海沿岸地区并入俄国版图。19世纪初，俄国又吞并了波兰、芬兰、北高加索、比萨拉比亚等地，到19世纪40年代，俄国势力就侵及中国东北和新疆地区了。

以上英、法、美、俄四国，就是在中国近代史初期侵略中国的几个主要国家。此外，德国在19世纪30年代，资本主义才有较快的发展。但德国还处在四分五裂状态中，未能统一起来。日本是中国的东邻，自17世纪以来，一直处在德川家族封建军事专政下面。鸦片战争后日本受到震动，开始发动改革。19世纪六七十年代后，日本的资本主义才得到发展。此后，德国和日本也加入对华侵略国的行列。

在这个时期，世界上的国家除了资本主义、宗主国及其殖民地外，还有一类是独立国家。独立国家中，最大的就是处在亚洲东部的中国，统治中国的是清朝皇帝。清朝立国200年，已经进入自己的晚期。除了它的北部邻国外，它的东部、南部、西南部各邻国，有的已成了殖民地，有的正要成为外国殖民侵略的对象。在亚、非、欧三洲的接合部，有一个庞大的奥斯曼帝国，那是一个松散的联合体，它的强盛时期已经过去。其中，希腊已经在1830年独立出来，阿尔及利亚也在同年成为法国的殖民地，埃及不久也要摆脱帝国的控制。奥斯曼帝国也正在受到列强的侵略。

世界上完全没有被殖民者践踏的大片土地除了非洲荒漠的腹地外，就是中国了。

中国不是"中央之国"，"华夷秩序"观念落后了。

这时候，中国是怎样一个国家呢？

1644年清顺治皇帝昭告天下，"定鼎燕京"，一晃就快200年。康熙、雍正、乾隆三朝盛世已经过去了，中国封建王朝的盛世也已过去了。封建社会末世的许多弊端明显地暴露出来。

最重要的是封建社会一系列制度和思想观念束缚了生产力的发展。据人口史学者研究，到鸦片战争前夕，中国人口已猛增到4亿，生齿日繁，生存不易，耕地的增加远远跟不上人口的增长，社会对人口增长的压力很大。承平日久，各地普遍出现土地兼并、土地集中、两极分化、贫富悬殊的现象。乾隆时期就有人上奏指出："近日田之归于富户，大约十之五六，旧日有田之人，今俱为佃耕之户"①，还有人指出："一家而有数千百家之产，则一家而致失业者数千家。"② 在这种社会分化情况下，社会阶级矛盾的爆发是迟早要发生的。当时的人口学者洪亮吉认识到：人口增长快于耕地增长，必定引起社会的动荡。加之自然灾害频发，人民生活痛苦。

中国封建社会长期形成的地主制经济稳定结构，小农自然经济的特点，重农抑商的历史传统观念，使得长江三角洲、珠江三角洲少数地方出现的工场手工业难以冲破封建制度的樊篱，当欧洲在17世纪发展资本主义生产方式，18世纪开始工业革命的时候，中国还处在封建社会阶段。这时候，

---

① 杨锡绂奏：《皇清奏议》卷十三。
② 钱维城：《养民论》，《皇朝经世文编》卷十一。

中国作为一个大国，生产力发展明显落后于欧洲了。从社会形态发展来说，中国落后于欧洲，说明中国社会开始呈现下降趋势。

清朝皇帝当然看不到这一点，仍然以大国自居，妄自尊大。乾隆年间，为了防止中外交往，实行了只准广州一口贸易的闭关政策，制定了防止外国人来华活动的种种苛细繁杂的规条和章程①，把中国人了解欧洲的大门关紧了。1793年（乾隆五十八年），英国国王派出马嘎尔尼勋爵组成的庞大使团来华访问，随团700多人，带着显示英国科技水平和工业能力的大批"奇异之物"来到中国，要求"驻使""通商"，划舟山和广州附近一小岛归英商使用，自由往来等。两广总督用"华夷秩序"观念把使团信函错译成补祝乾隆皇帝80大寿的来函，把使团当作"贡使"接待。马嘎尔尼虽然在热河避暑山庄受到皇帝接见，但因礼仪问题，双方都不愉快，交涉未能达成协议。乾隆皇帝和朝中大臣、督抚，完全不了解英国和欧洲情势，不知道英国已经是一个欧洲新兴的资本主义海上强国，仍把英国看作是"蛮夷之邦"，拿出以"上国"对付"下国"的"驾御外藩之道"，虚骄自大。已是资本主义海上强国的英国使节，不把中国皇帝放在眼里，不能屈就中国礼仪，在通商要求的背后，隐藏着类似割让领土的条件。中英双方最初的接触不欢而散。这次接触反映了两种文明的差异，也反映了社会形态的差异。清朝皇帝因虚骄自大失去了一次了解外部世界的机会。乾隆对于英国的"奇技淫巧"不屑一顾，哪里知道这些"奇技淫巧"背后的支撑力量是远胜于封建地主制小农经济先进的资本主义生产方式呢。

到了封建社会末期，地主阶级在历史上曾经发挥过的进步作用已丧失殆尽，腐败贪污成为大小官僚的一般现象。乾隆皇帝又是6次南巡，又是60大寿，又是大修圆明园，极尽豪奢。满洲作为统治阶级，政治上早已失去进步动力，清初曾经建功立业打天下的八旗军人已经完全不能打仗。吏治腐败，贪污横行。官僚贪赃枉法、敛财纳贿。最典型的是乾隆时代的大官僚和珅，担任军机大臣20多年，专权、贪婪，被民间称为"二皇帝"。

---

① 参见戴逸《乾隆帝及其时代》，中国人民大学出版社1992年版，第412—413页。

乾隆死去，嘉庆立即治和珅罪，没收田地85万亩，查抄家产109号，已估价的26号，值白银2.2亿两，是当时国库年收入5倍，难怪民间有"和珅跌倒，嘉庆吃饱"的讽刺。

这种情况给农民起义提供了温床。乾隆末期，各地起义频发，其中尤以川鄂陕白莲教起义对清廷威胁最大。川鄂陕交界地区，深山老林，农民生活艰难，各地前来就食的贫民聚集，生活动荡不安。这里又存在民间秘密会社白莲教及其各支派，白莲教有明显的反清倾向。河南、陕西、湖北各省搜捕、杀害各地白莲教首领，激起了各地信教农民和无业游民的不安。各地官吏借搜捕白莲教之机搜刮民脂民膏，进一步造成大批老百姓流离失所。1796年（嘉庆元年），湖北各地白莲教发动起义，起义军控制鄂西、鄂北大片地区。次年起义军转进河南、陕西、四川各地，沉重打击了清朝统治。清廷举全国之力，大肆镇压起义军，直到1804年历经九年才把白莲教镇压下去。实际上，到鸦片战争前，各地农民起义此起彼伏，始终未有停息。

就在这个时候，英国资产阶级向中国加紧输入鸦片，中国社会的动荡更加剧烈。英国输入鸦片、中国禁止鸦片，表面上是通商争执，本质上是英国开拓殖民地、中国抵制英国侵略的斗争。英国资产阶级积极准备用战争手段来实现它的目的。上升中的世界资本主义强国，它的霸权冲动，终于把中国卷进了日益频繁的世界冲突的旋涡。中国面临社会"沉沦"已是无可回避的了。

第一章　鸦片战争：中国走向半殖民地半封建社会的开始

第一节　英国走私鸦片与林则徐禁烟

17世纪开始，英国就从中国采购茶叶、丝绸和瓷器，以后还从中国采购土布。但是英国产品并不受中国欢迎，英国拿不出多少东西与中国交换。东印度公司自中国输往英国的茶叶，1760—1764年为42065担，到1830—1833年达到235840担，是前者的六倍。[①] 英国自中国输入土布，1817—1818年度值395237两白银，1830—1831年度值386364两白银，英国输出中国的棉纺织品则较少，1821—1822年度值9807两白银，1830—1831年度值246189两白银，入超很大。[②] 进口多于出口，形成巨大的收支逆差。开始英国是从国内运白银到中国来平衡逆差。18世纪70年代以后，英国商人找到了鸦片作为平衡逆差的工具。根据中国近代经济史专家的研究，在1837—1839年，英国销华合法商品的总值平均每年不过91万多镑，从中国进口的商品总值，平均每年高达427万多镑，入超平均每年超过330万镑。这个巨大逆差就是依靠走私鸦片来平衡的。[③] 走私鸦片，成为英中贸易的生命线。

从19世纪20年代起，英国运进中国的鸦片激增。据估计，1820—

[①] 参见萧致治主编《鸦片战争史》上册，福建人民出版社1996年版，第131页。
[②] 参见严中平等编《中国近代经济史统计资料选辑》，科学出版社1955年版，第13页。
[③] 引自严中平主编《中国近代经济史1840—1894》上册，人民出版社1990年版，第18页。

1824年，每年平均输入近8000箱；1825—1829年，每年平均输入12576箱；1835—1838年，每年平均输入35445箱；1838—1839年，输入鸦片超过4万箱。每箱鸦片售价通常是600—800元，有时高达1000元。鸦片烟价，不但抵补了英国贸易的逆差，而且大有盈余。白银的流向开始改变。据印度孟买、加尔各答和马德拉斯三处海关记载，1833—1839年，中国平均每年流出白银420万两。估计鸦片战争前夕，中国每年全部白银流出量在1000万两以上。①

很早以前，清政府就禁止鸦片入口，但是实际效果不大。英、美等国鸦片贩子有本国政府支持，不顾清政府禁令，勾结中国沿海私贩，贿赂清朝各级官吏，把鸦片偷偷运进中国。沿海一带负责查拿烟贩的官吏，直至皇帝任命的海关监督、巡抚、总督，大部分明里挂着禁烟的招牌，暗里收受贿赂，包庇、纵容鸦片走私。甚至远在京城的衙门官员和皇帝，也直接间接从鸦片走私中得到好处。在这种情况下，外国烟贩有恃无恐地破坏中国政府的禁烟行为。马克思曾经一针见血地指出："中国人的道义抵制的直接后果就是，帝国当局、海关人员和所有的官吏都被英国人弄得道德堕落。侵蚀到天朝官僚体系之心脏、摧毁了宗法制度之堡垒的腐败作风，就是同鸦片烟箱一起从停泊在黄埔的英国趸船上被偷偷带进这个帝国的。"②

大量鸦片毒品走私入口，不仅造成白银外流、国库空虚，而且造成严重的社会问题。据1835年的估计，全国吸食鸦片的人数达到200万，大多数是官僚、地主等剥削阶级以及依附剥削阶级的人。官僚、士兵吸食鸦片，走私和贿赂公行，吏治进一步腐败。统治阶级遭受腐蚀而遇到内部瘫痪的危机，不能不引起清朝统治者的严重关注。

清朝统治阶级内部关于如何对待鸦片问题展开针锋相对的讨论。有两

---

① 参见中国社会科学院近代史研究所编《中国近代史稿》第一册，收入张海鹏主编《刘大年全集》第5卷，湖北人民出版社2016年版，第16页。
② 马克思：《鸦片贸易史——二》，《马克思恩格斯文集》第二卷，人民出版社2009年版，第633页。

种相反的意见发表，一种是弛禁论，另一种是严禁论。弛禁论的代表者是中央政府的太常寺少卿许乃济。他曾任广东省按察使，常与广东地方官绅私下议论禁烟问题，据此写成《弭害论》在民间传播，地方官绅等也各写成文章流传，隐然形成一种弛禁的舆论。但最早向皇帝提出弛禁问题的是广东的官员。1834年10月，两广总督卢坤回复道光皇帝，认为按照皇帝上谕驱逐停泊在伶仃洋的英国鸦片趸船是办不到的，同时他把广东官绅的私下议论作为奏折的附片，上报给皇帝，试探皇帝的态度。他在附片里说，鸦片走私"势成积重，骤难挽回"，经过多次"周咨博采"，了解到广东名士私下议论，有三种意见：一是"准其贩运入关，加征税银，以货易货，使夷人不能以无税之私货为售卖纹银者"；二是"弛内地栽种罂粟之禁，使吸食者买食土膏，夷人不能专利，纹银仍在内地运转，不致出洋者"；三是认为"内地所得不偿所失，不若从此闭关，停止外夷贸易"①。但是卢坤对"闭关"的意见作了明确驳斥，表示"万无闭关之理"，对前两种意见未示可否，显然是作为正面看法，提供皇帝参考。道光皇帝对官绅的这种私议，未加评论。第二年，还废止了每年奏报一次禁烟情况的制度。弛禁派受到鼓舞，即连续有人奏请弛禁鸦片。最重要的奏报是1836年6月由太常寺少卿许乃济提出的一奏一片，正式提出"弛禁"鸦片的建议，实际上就是前此广东官绅的私议。他的建议主要是：一是"准令夷商将鸦片照药材纳税，入关交行后，只准以货易货，不得用银购买"；二是"如官员、士子、兵丁私食者，应请立予斥革，免其罪名，宽之正所以严之也"，"其民间贩卖吸食者，一概勿论"②；三是"宽内地民人栽种罂粟之禁"，"内地之种日多，夷人之利日减，迨至无利可牟，外洋之来者自不禁而绝"③。许乃济的弛禁奏折使国内外的鸦片贩子受到鼓舞。英国鸦片贩子查顿控制的《广州纪事报》将许乃济的奏折全文发表，查顿并预计这个奏折将为皇帝

---

① 卢坤：《奏请对英人私贩鸦片一事应暂为羁縻约束再图禁绝片》，中国第一历史档案馆编《鸦片战争档案史料》第一册，上海人民出版社1987年版，第166页。
② 许乃济：《奏为鸦片烟例禁愈严流弊愈大应急请变通办理折》，《鸦片战争档案史料》第一册，第202页。
③ 许乃济：《奏请弛内地民人栽种罂粟之禁片》，《鸦片战争档案史料》第一册，第203页。

批准，此举带来了鸦片贸易的合法化，并刺激了鸦片贸易的发展。道光皇帝把许乃济的奏折发给各地大员讨论。两广总督邓廷桢立即表示支持，认为"弛禁通行，实于国计民生均有裨益"①。但是反对弛禁的奏折有3份之多，对许乃济的主张作了全面的驳斥。② 道光采纳反对弛禁的意见，坚定禁烟的决心。此后，两广总督邓廷桢也收回弛禁主张，在广东实施禁烟措施。但是究竟如何禁，一时拿不出办法。

严禁论的代表是鸿胪寺卿黄爵滋。1838年6月，黄爵滋奏请严禁吸食鸦片，他建议，皇帝颁下谕旨，限一年内戒烟，如一年后仍然吸食，是"不奉法之乱民"，可以处以死刑；文武大小各官如逾限吸食者，应照常人加等，子孙不准考试；"其地方官署内官亲幕友家丁，仍有吸食被获者，除本犯治罪外，该本管官严加议处"③。道光将黄爵滋奏折批转各地讨论，并且很快收到了各地督抚将军大臣的议复奏折29件，除林则徐等8位督抚同意黄爵滋重治吸食的意见外，其余主张加重处罚，但不必杀头；还有19人主张禁烟的重点在查禁海口，切断毒源，而不同意重治吸食。④ 林则徐的奏折，不仅分析了鸦片泛滥对社会经济的破坏，驳斥了反对严禁吸食的种种主张，明确指出法当从严："若犹泄泄视之，是使数十年后，中原几无可以御敌之兵，且无可以充饷之银。"⑤ 1839年6月，清政府吸收这次讨论的精神，本着法当从严的原则，制定了《严禁鸦片烟条例》，对兴贩、吸食鸦片者，按罪行轻重，定出了斩立决、绞监候等等等处分。这个条例，基本上采纳了黄爵滋和林则徐的主张。

1838年10月，道光命令将两年前提出弛禁主张的许乃济降级、退休。11月，召湖广总督林则徐进京，任命林则徐为钦差大臣，节制广东水师，

---

① 邓廷桢：《奏请准照许乃济所奏弛禁鸦片并拟章程呈览折》，《鸦片战争档案史料》第一册，第206页。
② 参见萧致治《鸦片战争史》上册，第174—178页。
③ 黄爵滋：《奏请严塞漏卮以培国本折》，《鸦片战争档案史料》第一册，第256—257页。
④ 参见茅海建《天朝的崩溃——鸦片战争再研究》，生活·读书·新知三联书店1995年版，第90—91页。
⑤ 林则徐：《奏为钱票无甚关碍宜重禁吃烟以杜弊源折》，《鸦片战争档案史料》第一册，第361页。

赶赴广东查禁鸦片。1839年3月，林则徐到达广州后，立即与两广总督邓廷桢、广东水师提督关天培等整顿海防，严拿烟贩，严惩受贿买放的水师官弁。他在详细了解了鸦片走私活动情况后，通知外国商人在3天内将所存烟土全部交出，听候处理；他要求外商申明："嗣后来船永不敢夹带鸦片，如有带来，一经查出，货尽没官，人即正法，情甘服罪"，同时宣称："若鸦片一日未绝，本大臣一日不回，誓与此事相终始，断无中止之理。"[①]

禁烟行动在广州雷厉风行。1839年4月至5月，英国、美国鸦片商人共呈缴烟土1.9万多箱，约计118万公斤。林则徐下令将所缴烟土在虎门海滩公开销毁。从6月3日起开始销烟，销毁行动延续20多天。虎门销烟是中国政府发起禁烟运动、维护国家主权的一个郑重宣示。这个宣示向世界表明中国人民的道德心和反抗外国侵略的坚强意志。天安门广场上人民英雄纪念碑的第一幅浮雕，就是1839年6月3日虎门销烟的庄严场面。

第二节　战争进程　《南京条约》的签订与条约体系的形成

林则徐命令外商呈缴鸦片的消息传到伦敦，英国资产阶级沸腾起来，特别是其中的鸦片利益集团，立刻叫嚣发动侵华战争。1839年10月1日，英国政府正式做出出兵中国的决定。1840年2月，英国政府任命懿律和义律为正副全权代表，以懿律为侵华英军总司令。6月，英国舰船40多艘，士兵4000多人陆续到达中国南海澳门附近海面。英国发起的侵略中国的鸦片战争正式开始。英军首先进攻广州海口，因林则徐、邓廷桢早有防备，不能得逞，便以主力北犯，7月初侵占浙江定海，8月上旬到达大沽口外，企图迫使清政府屈服。这时候，道光皇帝的态度动摇了。直隶总督琦善受

[①] 林则徐：《谕各国商人呈缴烟土稿》，《林则徐全集·公牍》，中华书局1963年版，第59页。

命前往大沽口与英军谈判。琦善对英军表示要惩办林则徐等人，只要英军退返广东，便可以满足其要求。英军南返后，清廷撤去林则徐、邓廷桢职务，任命琦善为钦差大臣，到广州与英国人谈判。11月底，琦善在广州答应了英军大部分要求。谈判未成，英军突然在1841年1月7日攻占珠江口的沙角、大角炮台。琦善未经清廷同意，被迫答应了割让香港、赔偿烟价600万元、开放广州等条件。接着，英军占领香港。这是战争的第一个段落。

清廷得知沙角、大角炮台失守，便发布了对英宣战诏书，同时派御前大臣奕山主持广东战事。奕山未到广州，英军却先攻占了虎门和广州以南各炮台。5月，奕山到广州，稍与英军发生战事，便全部退入城内，与英军订立了可耻的城下之盟《广州和约》，规定向英军交出赎城费600万元，清军退出广州城。这是战争的第二个段落。

英国政府认为英军在华取得利益太少，改派璞鼎查为全权公使，增派援军，扩大对华侵略。1841年8月，璞鼎查率援军到达南海，随后攻占厦门、定海、镇海、宁波。1842年6月，英军攻入吴淞口，7月攻陷镇江，8月初英军到达南京江面。盛京将军耆英等奉命赶到南京求和，8月29日在英国战舰"康华丽"号上与璞鼎查签订了中国近代史上第一个不平等条约《南京条约》，结束了鸦片战争。

1843年10月，中英又签订了《五口通商附粘善后条款》（即《虎门条约》）。随后，1844年7月，中美签订《望厦条约》，同年10月，中法签订《黄埔条约》。通过这一系列不平等条约，中国被纳入欧美殖民主义的"条约体系"，中国的独立主权遭到了严重损失，外国列强在中国攫取了大量的侵略权益：一、割让香港，破坏了中国领土完整；二、赔款2100万元；三、被迫单方面开放广州、福州、厦门、宁波、上海五口为通商口岸，外国人在这些口岸有居住权，为日后在许多口岸建立租界提供了借口；四、协议关税权，破坏了中国关税自主权；五、领事裁判权，外国人在中国犯罪，中国不能过问，破坏了中国的司法主权；六、领海航行权，破坏了中国的领海主权；七、片面最惠国待遇以及通商口岸的自由传教权。从此，中国的大门被西方列强的鸦片和大炮打开了,闭关锁国的封建社会受到西方资本主义强权势力的猛烈冲击,封建经济开始走向解体,独立的封建的中国开始走上半殖民地半封建社会的道路。

第三节　中国思想界的反应与对策

鸦片战争打过了,《南京条约》签订了,道光皇帝对于英国究竟位于何方,距离中国远近,英国为什么由年轻的女王统治,感到一头雾水,毫不知情。这反映了清朝统治阶级高层的颟顸、封闭与腐朽。

经过战争的洗礼,一批处在第一线的官员和具有经世致用主张的学者和思想家,做出自己的思考,提出应对主张。

林则徐在接任赴广州处理鸦片交涉以前,对外国事物的了解也是不多的。由于他为官办事具有实事求是的品格,与英美官员和烟商交涉,需要有国际知识和处理手段,他便俯下身段,努力学习域外知识。他在广州开办译馆,罗致译员,对所能搜集到的有关西洋各国的消息情报,进行摘译。凡西洋国情、中外交通、中西历法、各国货币、鸦片产地种类、各国对中国禁烟的反应,以及地球仪、航海图、地图集、地理书等,无不悉心搜罗荟萃。在他的主持下,先后汇译了《澳门新闻纸》《华事译言》《各国律例》《洋事杂录》《四洲志》等。掌握夷情,恰当制订禁烟方策,与英国驻华商务监督义律等的破坏禁烟活动进行斗争,整顿广东海防以备敌来犯等措施,起到了重要作用。林则徐是最早了解西方有关万国公法(今称国际法)知识的中国官员。著名历史学家范文澜在所著《中国近代史》(上册)中称林则徐是近代中国开眼看世界第一人,这是一个很重要的历史评价。他在对外交涉中主张严厉禁烟,但不停止正当的中外贸易;主张抵抗外敌侵略又主张学习敌人的长处。他总结与英国斗争的经验,提出"器良技熟,胆壮心齐"八个字[①]。这就是他主张造炮、造船、发动群众抵抗侵略的理

---

① 林则徐:《致姚春木、王冬寿书》,《道咸同光名人手札》,第二集。

论根据。

鸦片战争给中国精英提出的首要任务是了解外国，走出"天朝上国"的封闭圈子。鸦片战争期间担任台湾道的姚莹，曾击败英国的进攻。此人在鸦片战争前就开始搜集外国书籍。鸦片战争后，更注意寻求抵抗外国侵略的办法。他认为：要雪中国之耻，首先需要知道敌人的虚实。书生眼光短浅，不勤远略，对海外夷势夷情，平日不肯讲求，一旦外国猝然来攻，惊若鬼神，畏如雷霆。这种拘迂之见，误尽天下国家大事。他对英、法、俄等国的情况，印度、尼泊尔入藏的交通要道，以及喇嘛教、天主教等问题进行探讨，指出英国在吞并印度之后，早已蓄谋窥伺中国的西藏，建议清政府加强沿海和边疆地区的防务。

林则徐被贬后，把《四洲志》交给他的朋友魏源。《四洲志》被梁启超誉为"新地志之嚆矢"①。此书据英人慕瑞著《世界地理大全》编译而成，刊行于1841年，对当时世界上30多个国家和地区的历史沿革、地理概况、山川河流、民情风俗、政治制度、物产税饷、宗教信仰、文化教育、种族隔阂等进行了介绍，其中重点介绍了英、法、美国家社会风情、政治制度、工艺制造、机械生产、对外贸易和西洋各国相互关系等，意在通过对这些殖民主义国家国情的了解，寻求御敌之法。该书作为林则徐开眼看世界的代表之作，是中国近代史上第一部较为系统的世界史地译作，为中国社会打开了一扇眺望世界的窗户。

魏源在鸦片战争中担任裕谦幕友，主张抵抗英国侵略。他在《四洲志》基础上编成《海国图志》一书，该书按照世界五大洲介绍各国历史、地理和社会现况，介绍外国军事和科技，是近代中国最早介绍外国历史地理的书籍之一，被誉为了解外国知识的"百科全书"。该书"叙言"开宗明义地指出，是书"为以夷攻夷而作，为以夷款夷而作，为师夷长技以制夷而作"。《海国图志·筹海篇》分析鸦片战争失败的教训，提出许多强国御侮的办法，中心思想是"师夷长技以制夷"。为了"制夷"，首先应洞悉

---

① 梁启超：《中国近三百年学术史》，崇文书局2015年版，第273页。

"夷情"。魏源批评当权顽固派闭塞无知和拒绝吸取敌人长处的守旧态度,认为在对外战争中,只有对敌人保守自己的机密,没有怕了解敌情的。要"制夷",就要效法西方,设厂制造轮船和枪炮,聘请西洋工匠舵师教授,选派本国巧匠精兵学习制造、使用;仿照西方选兵、练兵和养兵的经验,改造军队,变通取士制度,增设水师科,凡能制造战舰、轮船和枪炮、水雷等新式器械的,都作为科甲出身;创办民用工业,如量天尺、千里镜、龙尾车、火轮机、火轮舟、自转碓、千斤秤等,凡有益民用的,可与军需工业同时举办;允许私人设立厂局,制造轮船、器械等,自行出售。等到那时,人们会云集鹜赴,中国的机器工业也将与西洋各国并驾齐驱。魏源斥责那些把外国的一切机器制造都说成是"奇技淫巧"而加以排斥的人是不明白"因其所长而用之,即因其所长而制之"[①] 的道理。《筹海篇》中再三歌颂三元里等处人民的英勇斗争,指出"三元里之战,以区区义兵围夷酋,歼夷兵";广东"捐战舰者皆义民,两擒夷舶于台湾,火攻夷船于南澳者亦义民"[②]。魏源以为从人民群众抗英斗争胜利的经验来看,外国侵略者是可以打败的。该书流传到日本,对推动日本维新运动起到重要作用。《海国图志》50 卷于 1843 年初刊,以后续有增编,1852 年再刊时扩编为 100 卷。

福建布政使徐继畬是又一位开眼看世界的人物。他在福建处理对外交涉事物,留心搜集外国事物和西人著述,撰成《瀛寰志略》10 卷,于 1848 年刊刻出版。《瀛寰志略》全书以图为纲,系统地介绍了当时世界上近 80 个国家和地区的地理位置、历史变迁、经济文化、风土人情简况,内容丰富,叙述完备,尤重欧美各国考察和介绍。

鸦片战争对中国的打击还不是足够大,《南京条约》签订后,道光皇帝还在一份奏折上批示,英吉利到底在哪里,道里远近?中国朝野还是笙歌如旧。魏源、徐继畬等先进士人反映出来的新思考,影响的范围很有限。魏源的书倒是对日本的明治维新产生了启迪作用。

---

① 魏源:《筹海篇二·议战》,《海国图志》第一卷。
② 魏源:《筹海篇二·议守下》,《海国图志》第一卷。

第四节　战后中国社会的变化　农民起义的酝酿

《南京条约》及其后一系列不平等条约签订后，除了列强大量损害中国主权外，中国的社会经济开始出现新的深刻变化。人们从日常生活中已感受到了社会的剧烈动荡。

首先是位于东南沿海的五个通商口岸，鸦片战争后迅速地畸形繁荣起来，又以上海的发展变化为最大。除广州是旧有的开放口岸外，其余四口于 1843—1844 年间相继开放。由于地理条件的限制，福州和宁波贸易增长相对较慢。厦门的传统贸易对象是台湾以及南洋的菲律宾，与欧美商人的需求也不尽一致。而上海地处长江出海口，交通方便，又与丝、茶的传统产地相距较近，因而鸦片战争一结束，西方资本主义列强就开始把经济侵略的重心转向上海。自 19 世纪 50 年代中期起，上海的出口贸易已占全国出口的一半以上，从而取代广州成为对外贸易的中心。1845 年，英国驻上海领事与清政府地方官员议定土地章程，在上海划定一个区域作为英国人居留地。这是外国在中国设立租界的开始。接着，美、法两国也相继在上海强行划定了租界。由此开始，租界制度逐渐推广到其他通商口岸。最初，中国政府对租界内行政、司法等还保有干预权。后来列强逐渐排斥中国的治权，实行独立于中国的行政系统和法律制度，使租界成为所谓"国中之国"，成为它们进行政治和经济侵略的基地。它们在各通商口岸的租界或租借地，开设商行，经营贸易，更有人走私、贩毒、掠卖人口、充当海盗以及从事其他种种骇人听闻的活动。正如恩格斯为美国《纽约每日论坛报》所写的一篇社论中指出的：这些人"保留了大量的为我们 16 世纪和 17 世纪的共同祖先所特有的古老的海盗式掠夺精神"。甚至英国驻上海领事也不得不承认，来自各国的这群外国人，生性卑贱，放纵强暴，为全中国所诟病，也为全中国的祸患，是"欧洲各国人的渣滓"。

其次是外国商品的倾销开始破坏中国的手工业生产。五口开放以后，英、美等国的资本家欣喜若狂。璞鼎查回国后，很得意地告诉英国资本

第一章 鸦片战争：中国走向半殖民地半封建社会的开始

1857 年上海黄浦滩

（采自 H. B. Morse, *The International Relations of the Chinese Empire*, Vol. I, p. 464）

家，说是已经为他们的生意打开了一个新的世界，兰开夏全部纺织厂的产品也不能满足中国一个省日常需要的布料。英国资本家也以为，只要中国人每人每年需用一顶棉织睡帽，全英格兰现有的纺织厂就已经供给不上了。于是他们把大量棉纺织品和其他各种工业产品运到中国来销售，甚至把中国人根本不使用的餐具刀叉之类以及钢琴等，也大批运进来。然而中国占统治地位的是小农业与家庭手工业相结合的基本上自给自足的传统经济，商品经济在广大乡村地区依然很不发达。那些潮水一般涌进来的外国货物，不得不大批地积压起来。从 1846 年起，英国对华商品输出量开始急剧下降。因此对于外商来说，五口开放后短期的商业效果是极不理想的。不过进口商品由于价格便宜，尤其是英国商人为了摧垮中国的手工纺织业，不惜以低于成本 20%—30% 的价格倾销其纺织品，因而逐步在通商口岸及其附近地区为自己打开了销路。这些地方的富裕阶层和商业人口穿用洋布的逐渐增多。英国输入中国的货物总值，从 1855 年起重新上升。而东南沿海一带的家庭纺织业也开始衰退，中国土布逐步大量退出沿海城市市场。

鸦片战争打过了，鸦片走私依然是西方列强对中国进行经济掠夺的重要手段。从英、美等国来中国的商人，几乎无例外地都参与过这项毒品生意。第一次鸦片战争后，清政府既不敢再谈"禁烟"，也不便公开"弛禁"。英、美等国的鸦片贩子们便无须缴纳关税，肆无忌惮地将非法的鸦片贸易公开化。南起广东、北到奉天（今辽宁省）的许多港口，成了鸦片走私船经常出没的地方。鸦片输入的数量逐年增多，据马士《中华帝国对外关系史》记载，1843年近4.3万箱，超过战前最高数，1855年超过7.8万箱。10余年间，数量翻了一番。其价值也从一千数百万元增到3000多万元。外国鸦片贩子每年从中国运走1000万元以上的白银。鸦片战争前已经很严重的白银外流问题，这时更加严重。银钱比价差额越来越大。1838年，白银1两换铜钱1600文，1842年已涨到1700余文，1849年更达2350余文。中国的财政金融、人民生活受到的威胁更加严重。

中国人民对于西方列强的侵略活动，进行了种种不同形式的抵制和反抗。鸦片战争时期，广东人民目睹了英国侵略者的种种倒行逆施，曾进行过有力的抵抗。鸦片战争后，他们反对外来侵略的爱国热情愈益高涨。在地方民间团体"社学"的组织领导下，进行了反对英国在广州强行租地和反对英人进入广州城的多次抗争。1847年3月，英军突袭虎门，闯入省河，准备强行进城。广州的社学壮勇立即武装戒备，广州城乡出现揭帖，号召"四民人等，务宜齐心杀绝，不准一步入城"。清朝当局既屈服于侵略者的淫威，又害怕激起民变，只得约定英人两年后入城。而到了1849年，当港英总督文翰亲率兵船再次闯入省河时，南海、番禺各社学团练纷纷赶至河边，10余万人严阵以待，杀声震天。文翰慑于广州群众的声势，只得再次暂时放弃入城要求，退返香港。

鸦片战争的失败，还使得中国国内社会各阶级之间，尤其是官民之间的矛盾斗争激化。大清王朝已经毫无振作的希望。因循守旧的官场习气，使得清朝官员中，为官清谨者但拘文法，中下者更堕废苟且，形成了"贪与廉皆不能办事"的可悲局面。各级官府，尤其是州县的所谓"亲民之官"，只知变本加厉地敲诈勒索，把战费与赔款的负担转嫁给广大纳税者，尤其是贫苦农民的头上，致使他们的生活陷入绝望的境地。官府与人民大众（包括相当部分的中小地主）之间的关系已更加恶化。早在1843年，也就是鸦片战争刚刚结束后一年，时任两江总督耆英向皇帝汇报说："官与

第一章 鸦片战争：中国走向半殖民地半封建社会的开始

民，民与兵役，已同仇敌。……吏治日坏，民生日困，民皆疾视其长上。一朝有事，不独官民不能相顾，且将相防。困苦无告者，因而思乱。"① 到了19世纪50年代初，天地会系统的《万大洪告示》痛心疾首地宣称："天下贪官，甚于强盗，衙门污吏，何异虎狼？富贵者纵恶不究，贫贱者有冤莫伸，民之财尽矣，民之苦极矣！我等仁人义士，触目伤心，能不将各府州县之贼官狼吏尽行除灭，救民于水火之中也！"②

人民的反抗斗争愈演愈烈。首先是抗租抗粮斗争不断涌现。南方是稻米的主要产区，东南更是清王朝所谓财赋之地。江浙一带的佃农，面临愈益增加的地租剥削，曾多次掀起抗租斗争的风潮。与抗租斗争相表里的是针对官府的抗粮斗争。由于钱粮的征收直接牵涉各阶层人民的利益，抗粮斗争的参加者更为广泛，其影响也更大些。人数众多的自耕农和贫农占有土地少，但赋税负担重，是抗粮斗争的主力。中小地主及其知识分子则是抗粮斗争的积极参加者乃至组织者。据记载，1842年湖北崇阳县的抗粮斗争，其领袖人物钟人杰是"有名行善富户"，起初只是反对地方官暴敛横征，后因清廷"剿灭"政策所逼，才发展成万余人的反清起义。1844年湖南耒阳和台湾嘉义的抗粮斗争，其领袖人物分别是富户、秀才和一位武生。其后浙江、江苏、江西的几起抗粮斗争的领袖骨干，也都是些贡生、秀才、武举甚至医生。

清政府对各地的抗租抗粮采取了武力镇压的强硬措施，迫使各地的斗争逐步演化升级为直指清王朝的武装起义。秘密社会组织，尤其是南方的天地会，因而空前地活跃起来。清代秘密社会名目繁多，但大体上可归结为以白莲教为主体的教门系统和以天地会为主体的会党系统两大类。白莲教主要在长江以北活动。在嘉庆初年川楚陕三省白莲教大起义及稍后的天理教起义相继失败以后，其有生力量遭到极大摧残。及至道光年间，教门系统已逐步衰微。与此形成强烈对照的是南方的会党系统开始日益活跃起

---

① 中国史学会主编，齐思和等编：《鸦片战争》第三册，神州国光社1954年版，第469—470页。
② 杨松、邓力群原编，荣孟源重编：《中国近代史资料选辑》，生活·读书·新知三联书店1954年版，第115—116页。

来。会党系统中最早也是最大的组织为天地会。该会以"反清复明""替天行道"为宗旨,在嘉庆、道光年间迅速发展。鸦片战争后的10年间,天地会(包括其各支派)的势力,已遍及闽浙、两广、湘赣、云贵等南方省份。据统计,在嘉庆初年,天地会所发动的武装起事每年10起左右,而到道光末年(19世纪40年代后期)每年平均发生100多起,差不多增长了10倍。而这些武装起事,又相对集中于地域相连的广东、广西和湖南。面对天地会点燃的遍地造反烽烟,清政府防不胜防,剿不胜剿,极大地耗散了自己的精力。

中国走上半殖民地半封建社会道路,中国社会的"沉沦"开始了。

1850年,一次强大的农民革命——太平天国革命,就在这样的形势下爆发了。

第二章　内忧外患中的清朝政府

第一节　太平天国农民起义及其政治社会主张

太平天国农民革命运动，是在鸦片战争以后风起云涌的农民起义形势下兴起的。这次农民革命的发动者是洪秀全、冯云山。

洪秀全（1814—1864），广东花县人。农民家庭出身。洪秀全自幼入塾读书，熟诵四书五经等。自16岁到广州参加府试，直到31岁，连秀才也考不上。科场连连失意，使洪秀全对社会愤懑不平。1843年最后一次应试落第，回家后他阅读了7年前在广州得到的一本小册子《劝世良言》，这是由中国传教士梁发编写的基督教布道书。书中宣扬上帝爷火华（现译作耶和华）为独一尊神，要求人们敬拜上帝而不可拜别的邪神偶像。洪秀全既不满意孔孟偶像，便接受了基督教布道书的这一套说教，他借此找到了一种反抗清朝统治的形式。他按照书中所说的方法祈祷上帝，自行洗礼。他又说服同窗书友冯云山、族弟洪仁玕以及自己的父母兄嫂等人同拜上帝。

此后，冯云山到广西贵县赐谷村一带传教，又转入紫荆山区。洪秀全在广东花县，继续教书，并写下了《原道救世歌》《原道醒世训》等几篇发挥宗教理论的文章。1847年春，洪秀全受美国传教士罗孝全的邀请到广州学习基督教义。罗孝全认为洪秀全"对于圣经之知识无多"，没有给他举行洗礼。洪秀全决意离开广州，径赴广西，与冯云山在紫荆山会面，从此走上了一条全新的道路。

紫荆山位于广西桂平县北部，是汉、壮、瑶等民族杂居的山区。冯云山努力传教，有大批山民接受拜上帝教。洪秀全与冯云山携手合作，紫荆山区拜上帝教的信徒很快就超过2000人，建立了"拜上帝会"的组织。不久后崭露头角的杨秀清和萧朝贵都参与进来。杨秀清，生于1821年，是耕山烧炭的贫苦农民，自幼失去父亲，艰苦生活的磨炼，使杨秀清养成了坚韧倔强、机警过人的性格。萧朝贵，个性刚烈，做事决断，也是以耕山烧炭为业。共同的命运遭际，使得他和杨秀清情同手足，亲如兄弟。

洪秀全又写了一篇《原道觉世训》的宣教文章，引用《礼记·大同篇》，结合基督教教义，提出"太平"世界很快就可以到来，"天国"应该建立在地上，这就给了在痛苦中呻吟的广大被压迫被剥削群众一种新的希望和力量。他在《原道觉世训》中第一次明确提到各种妖魔邪神的总代表"阎罗妖"是上帝的对立面。他强烈谴责所谓阎罗妖，率领拜上帝会众前赴象州打甘王庙，捣毁孔子偶像。拜上帝会在广大贫苦劳动人民中获得了更多的支持。正如李秀成后来所回忆的：信上帝的多为"农夫之家""寒苦之家"。

拜上帝会势力迅速发展，引起了地主绅士们的仇视。1847年末，冯云山被客家富户率团练逮捕，后又被桂平县拘押。继任知县判定冯云山"并无为匪不法"情事，以无业游荡之名将其递解回籍。冯云山在递解途中说服两位解差相信拜上帝教，与其一道返回紫荆山。冯案发生时，正在贵县赐谷村的洪秀全赶赴广州，设法营救。

冯云山被拘押和洪秀全远走粤东，拜上帝会群龙无首，人心不稳。1848年4月，杨秀清利用民间降僮（神灵显圣）习俗，声称"天父下凡"，安定人心，稳住紫荆山区拜上帝会会众。洪秀全在返回紫荆山后，认可杨秀清代天父传言的资格。同年10月，杨秀清的密友萧朝贵又假称"天兄下凡"，从而取得了代天兄传言的资格。杨、萧通过"天父""天兄"频频"下凡"，左右了拜上帝会的活动和进一步的发展方向。但他们维护了洪秀全对整个拜上帝会的领袖地位。

拜上帝会自此形成洪、冯、杨、萧四人领导核心。四人为此还结拜为异姓兄弟：洪为二兄，冯为三兄，杨为四兄，萧为妹夫（萧妻杨宣娇为妹）。

他们自称是高天同胞兄弟,即同为上帝之子(或婿),耶稣则是他们的长兄。后来这一神圣家族的成员有所扩大:比杨宣娇年长的韦昌辉成了上帝的第五子(宣娇退而为第六女),最年轻的石达开则成了上帝的第七子。韦昌辉,原名韦正,生于1824年,是桂平县紫荆山麓金田村人。其父韦元玠颇有家业田产,本人是监生,为人机敏。石达开,生于1831年,是贵县北山里那邦村人。"家富读书,文武备足",是一位深孚众望的年轻人。

拜上帝会领导核心的形成与扩大,洪秀全地位的确立,有力保证了金田起义的发动。1850年4月3日(庚戌年二月廿一日)洪秀全于平在山秘密穿起黄袍,正式就任太平天王。① 11月4日(庚戌年十月初一),金田、花洲、陆川、博白、白沙等处的拜上帝会众同时举旗,宣布起义。② 杨秀清也于此日在金田公开露面,执掌兵权。以军师杨秀清、萧朝贵共同名义发布的起义文告,着力宣扬了天父上帝"无所不知,无所不在,无所不能"的权能,并号召各省有志之士"各各起义,大振旌旗,报不共戴天之仇,共立勤王之勋!"③

有关州县很快便得悉金田等处有人举旗造反的情报。12月8日,广西巡抚郑祖琛正式将此事向清廷奏报,清廷调派正规军前往镇压。这时,清朝官员尚不知这是与天地会造反截然不同的拜上帝会起义,甚至完全不清楚起义领袖是些什么样的人。当然更不可能预见到这些"纠聚"的"匪徒"们行将成为大清王朝的劲敌。

在杨秀清的指挥调度之下,起义"勤王"的各路人马加速向金田地区集结。到1850年底,连同陆续来投的客家人与天地会武装,总人数已逾2万。杨秀清、萧朝贵等着手将此2万男妇编组成一支统一的军队,即太平军。太平军有着严明的军纪。其编制系仿照古代《周礼》司马之法,以五

---

① 此处从姜涛说。见姜涛《洪秀全"登极"史实辨正》,《历史研究》1993年第1期。
② 此处从姜涛说。见《中国近代通史》第二卷,凤凰出版传媒集团·凤凰文库本2009年版,第266—271页。太平天国史的传统观点认为这是金田团营的一天,金田起义则在1851年1月11日。见罗尔纲《太平天国史》第1册,中华书局1991年版,第31页。
③ 《东王杨秀清西王萧朝贵发布奉天诛妖救世安民谕》,载太平天国历史博物馆编《太平天国文书汇编》,中华书局1979年版,第107—108页。

人为伍，五伍为两，四两为卒，五卒为旅，五旅为师，五师为军，一军足员为 13156 人。但在金田时期，军制尚未健全，每军也不足员。

12月下旬，杨秀清派兵拔除了清军安置在平南、桂平交通要道上的据点思旺圩。1851年1月11日（庚戌年腊月初十），全军在金田热烈祝贺洪秀全38岁寿辰。金田祝寿后，太平军随即东进，占领交通要道江口圩。3月，进据武宣东乡。太平军在紫荆山及其毗邻地区转战了半年多，全军也从最初的五军扩编为十军。

太平天国起义发动前后，清廷为广西全省的糜烂局势所震惊，已改组了该省的军政首领。1850年9月，调向荣任广西提督，率所部楚军进入广西。10月，起用前云贵总督林则徐为钦差大臣署广西巡抚，赴广西主持军务。林则徐力疾应征，于11月病殁于旅次。12月，又急调前两江总督李星沅为钦差大臣，以前漕运总督周天爵署广西巡抚。李星沅于1851年1月到达广西后，才得知"金田会匪"乃是清朝的主要威胁。李星沅不久病逝。清廷又任命大学士、首席军机大臣赛尚阿为钦差大臣，调集安徽、云南、贵州、湖南、广东、四川等省军队前往镇压。7月，赛尚阿到达桂林指挥。在紫荆山前线的主要是广州副都统乌兰泰和广西提督向荣的部队。

9月25日，太平军攻克永安州。这是自金田起义以来所攻占的第一座城池。进驻永安后，全军人数已达37000人。他们抓紧时机在永安进行休整补充，颁布天历，并制定各种制度。天王洪秀全封中军主将、左辅正军师杨秀清为东王，前军主将、右弼又正军师萧朝贵为西王，后军主将、前导副军师冯云山为南王，右军主将、后护又副军师韦昌辉为北王，左军主将石达开为翼王，并规定西王以下各王俱受东王节制。

太平军攻克永安，使负责围剿的清钦差大臣赛尚阿极为被动。他与向荣等受到处分。统兵将领之间，尤其是乌兰泰与向荣之间的矛盾斗争更加突出，因而始终未能对坚守永安的太平军发动有力攻势。1852年4月5日，太平军乘雨突围。乌兰泰追军偷袭太平军后卫。太平军乃于8日设伏与其死战，清军损失4000余人，四位总兵阵亡，元气大伤。

太平军向广西省会桂林进军。4月18日直抵桂林城下，全军男妇已增至5万人。乌兰泰赶到与太平军交战时身受重伤，不治而死。但向荣却先太平军一日抢入桂林城部署守御。太平军攻桂林不下，主动撤围北上，于6月3日攻克全州，并继续沿湘江突入湖南南部。南王冯云山在攻克全州后不幸牺牲。太平军在湘南转战4个多月。当地穷苦百姓，包括大批天地会党人，不断加入太平军。全军人数迅速上升至10万人。9月，西王萧朝贵率先头部队奔袭湖南省会长沙，但不幸于指挥攻城时中炮身亡。萧朝贵的牺牲，促使洪、杨率全军北上，于10月中抵长沙。此时清军主力也陆续调集，号称十万之众。太平军除继续攻城外，又与外围清军展开激战。太平军三次穴地攻城均未成功，于11月底撤长沙之围，转经益阳、岳州，向湖北挺进。益阳、岳州一带数千艘民船的船户、水手踊跃参军，太平军从此建立了自己的水军。

1852年12月到1853年1月，太平军连克汉口、汉阳、武昌。武昌为湖北省省会，号称九省通衢。武汉之役显示了太平军强大的军事威力。2月9日，全军顺江东下。此时总人数据称已有50万之众。武昌居民"男子从者十之九，女子从者十一二"①。天王与东、北、翼三王及秦日纲、罗大纲、赖汉英等由水路东进。林凤祥、李开芳、胡以晃等统带陆路之兵护卫。时人形容道："其由武汉下江南也，帆幔蔽江，衔尾数十里。"②

2月15日，太平军冲破清两江总督陆建瀛设在湖北东部老鼠峡一带江防。随后攻克九江、安庆。3月19日，太平军采用穴地攻城法，攻克东南第一大都会南京。接着，又先后克镇江、扬州，自此形成三城鼎立的局面。东王杨秀清自水西门入城，驻满城将军署，又率诸王百官至江干龙舟恭迎天王入城，即以原两江总督署为天朝宫殿。从此，太平天国以南京为都城，改称天京。

太平军攻克南京仅10天，尾随其后的清钦差大臣向荣的军队即抵达城东郊。接着，他攻破太平军设在朝阳门外的一些营垒，于紫金山直至孝陵

---

① 佚名：《武昌兵燹纪略》，载中国史学会主编、王重民等编《太平天国》第四册，上海人民出版社1957年版，第572页。

② 张德坚：《贼情汇纂》卷五，载《太平天国》第三册，第141页。

卫一带扎下营盘，号为"江南大营"。4月，清朝另一钦差大臣琦善也率兵万余在江北扬州城外扎下"江北大营"。这两座大营的设立，对太平天国首都天京，尤其是对无险可倚的扬州城构成了相当大的威胁，也遏止了太平军向苏南的常州、苏州一带及苏北的里下河地区的进一步发展。东王杨秀清决定不顾两个大营的清军主力，在1853年5月间先后发动了北伐和西征。

北伐，按照太平天国自己的提法是"扫北"，其战略目标是攻取北京，推翻清王朝的统治。太平天国任命天官副丞相林凤祥、地官正丞相李开芳及春官副丞相吉文元为北伐军统帅。三人均久历战阵，林、李二人更是太平军中最为骁勇的战将。北伐军计九军2万余人，在太平军当时所有的五十军中，是战斗力最强的主力部队。其中两广老战士多达3000人，也远远超出其余各军。

5月中，北伐军前队主力自浦口登岸，当即击溃堵截的清朝山东兵勇和黑龙江马队，并相继攻克安徽之滁州、临淮关。后队在出发时受挫，仅小部在殿左三检点朱锡锟带领下赶往临淮关与前队会合。杨秀清在接到北伐军统帅的禀报时指示："尔等奉命出师，官居极品，统握兵权，务宜身先士卒，格外放胆灵便，赶紧行事，共享太平。……谕到之日，尔等速速统兵起行，不必悬望。"① 杨秀清这一诰谕发出之时，天京方面正和江南、江北大营激战，西征诸军也已部署完毕，正待命出发，抽不出机动兵力加强"扫北"的力量。北伐军便在没有后续部队增援、没有后方依托、通信联络也得不到保证的情形下，以一往无前的气概继续前进。北伐军由安徽入河南，一路攻势凌厉，虽未多做逗留，但沿途参军者络绎不绝，6月下旬进抵朱仙镇时总人数已达4万余人，随即开始在汜水口北渡黄河。因船少人众，尚未得尽渡。此时清军已追至南岸，北伐军后卫数千人放弃渡河。他们经一个多月的苦战，于8月到达安徽太湖地区，与西征军会师。

已渡河的4万余北伐军从此走上了更为艰险的历程。7—8月间，北伐

---

① 《东王杨秀清西王萧朝贵命天官副丞相林凤祥等速急统兵前进诰谕》，载《太平天国文书汇编》，第175页。

军围攻怀庆府城（今河南省沁阳市），未能得手。由于外围清军越聚越多，不得已而撤围，经济源西入山西。怀庆之战，对北伐全局影响至大。它不仅造成北伐军人员及粮弹的损耗，更虚掷了 56 天的宝贵时间。怀庆战后，北伐军连克山西垣曲等 7 座府县城，取得人员和大批粮弹的补足。此时北伐军总人数又增至 5 万余人。9 月下旬，入直隶境，10 天时间即从临洺关攻至深州。北伐军如此神速进军，目的是想在隆冬到来之前，迅速占据有利地位，以发动对北京的攻击。然而由于部队连续行军作战过于疲劳，不得不在深州休整。

10 月 10 日，北京误传太平军已攻至定州，清廷大震。次日，咸丰帝在乾清宫行授印礼，任命惠亲王绵愉为奉命大将军，科尔沁郡王僧格林沁为参赞大臣，部署京城防务。僧格林沁率京营兵四五千人赴京南涿州防堵。钦差大臣胜保也率军火速北上保定迎截。清帝摆下了欲与太平军在北京城下决一死战的姿态。然而北伐军却未由保定方向直扑北京，却是转而东向，沿运河向天津进发。10 月底入据静海县城及独流镇，前锋到达杨柳青。此时部队虽有较多减员，但仍保有九军的完整建制，总兵力超过 3 万人。

北伐军在独流、静海屯扎 3 个多月，是它由胜利走向失败的转折时期。其间，胜保、僧格林沁所率清军主力相继抵达，北伐军在兵力上已渐处劣势。然而真正给北伐军带来致命威胁的，并不是僧格林沁的马队，而是北方隆冬的严寒。北伐军多南方将士，习惯于赤足行走，既少御寒设施，更乏防寒经验，冻毙者甚多。1854 年 2 月初，北伐军突围南撤河间县。此次突围行军，竟使北伐军精锐主力冻死过半，未死者足部也都冻伤。北伐军自此失去了机动作战的能力，只能把希望寄托于援军了。

天京方面于 1853 年 12 月组成援军。援军由安徽向山东进发，沿途大量吸收人马，造成很大声势，在徐州附近渡黄河时总兵力已高达 6 万。但由于新附者纪律败坏，形成尾大不掉之势，根本无意北上。1854 年 4 月，在胜保军和地方团练的夹击下，援军崩溃，势如山倒。6 月，杨秀清晋封秦日纲为燕王，令其统兵二次北援。秦日纲在安徽境内受挫，加之西征战事吃紧，二次援军中道夭折。以后天京方面再也无力派兵北援了。

1854年5月，北伐军尚不知援军的失败，在转移到连镇后，决定由李开芳督带由1000名精干战士组成的马队南下接应，突入山东之高唐州城，自此林、李两部被分别切割包围。连镇林凤祥部坚守至1855年2月方被僧格林沁攻破。高唐李开芳部在得知连镇败讯之后突围南下，于茌平县之冯官屯再遭合围，延至5月覆灭。林凤祥、李开芳先后被押解到北京就义。

北伐以失败而告终。李秀成后来总结"天朝十误"，北伐及其援军的失败就占其三。而"误国之首"，即"东王令李开芳、林凤祥扫北败亡之大误"。

太平天国西征的战略目的，是夺取长江中游地区以作天京屏障和供给基地，并进规华南。西征作战充分利用了水师的舟楫之便，采取了攻城据守、设官安民等与北伐截然不同的做法。

1853年6月，首批西征军近万人分乘千余号船只离天京上驶，占安庆、江西之南康府，随即进抵南昌城下，开始攻城。同时组织船队，征集粮食解运天京。由于主帅赖汉英过于轻敌，不善于捕捉战机，攻城93天不克，被迫于9月撤围。赖汉英被召回革职。翼王石达开奉命赴安庆一带安民并主持西征全局。南昌撤围的西征军退返长江后，一路下驶安庆，以加强安徽的兵力；一路于克九江后继续沿江上驶，克湖北田家镇，10月中旬，进克黄州和汉口、汉阳。11月初，石达开收缩战线，全力攻夺皖北，进逼庐州（今合肥市）。1854年1月中，太平军集中优势兵力，攻克庐州，清安徽巡抚、太平军的劲敌江忠源投水自杀。太平天国在安徽20多个州县建立了自己的地方政权。

太平军加强了对湖北的攻击。2月，太平军第三次占领汉口、汉阳。旋即兵分三路：一路围攻武昌，一路西取荆宜，一路南下湖南。围攻武昌和西取荆宜的两路先后得手，但南路军却遇上最为凶恶的敌手——曾国藩所统带的湘军。湘潭一战，南路军林绍璋部几乎全军覆灭。太平军收缩兵力后，又连战失利。7月，被迫放弃岳州。10月中旬，武昌也被迫弃守。太平军赶紧在鄂东田家镇一线部署防守。11月与湘军在半壁山展开大战。

太平军不敌气势正盛的湘军，各路俱败。湘军乘胜东进九江。两湖之败，是太平天国金田起义以来最为严重的军事失败，尤其是万余船只被毁，使得太平军水师几乎覆灭，丧失了对长江江面的控制权。

石达开再次受命主持西征全局，并亲赴湖口部署防御。1855年1月，湘军主力进围九江。太平军九江守将林启容沉着应战，不为所动。湘军屡攻不胜，转攻湖口。1月29日，湘军水师的长龙、舢板120余号冲入鄱阳湖。石达开指挥太平军迅即堵死出口。湘军水师自此被分割为内湖外江两部。当晚石达开即下令以小艇围攻多为笨重大船的湘军外江水师，焚其战船39号。2月11日，太平军再以小艇潜袭，并一举掳获了曾国藩的座船。曾国藩乘小船狼狈逃至其陆师营垒。湖口、九江太平军连战皆胜，沉重打击了湘军。石达开乃令林启容继续坚守九江，而以秦日纲等向湖北发动了大规模的反攻。2月，太平军第四次占领汉口、汉阳，并会攻武昌。湘军主力被迫分散于几个战场，它的攻势被瓦解了。4月初，太平军三克武昌。清廷令湘军领袖之一的胡林翼署湖北巡抚。在湖南强有力支持下，胡林翼部军势复振。10月，武昌形势再度紧张。石达开率军增援，并策划反击。11月，率军由湖北入江西。1856年1月，又得广东天地会起义军前来会合，石达开军力大增，在江西境内连连得手。2月，克吉安。3月，又在樟树镇大败湘军周凤山部。江西全省十三府中，已有八府四十余州县入太平天国版图。曾国藩困守南昌，急向两湖求援。就在南昌孤城岌岌可危之时，杨秀清调石达开回天京往攻江南大营。曾国藩得到了喘息的机会。

在开展北伐和西征后，天京及扬州、镇江三城即始终处于清军江南、江北两个大营的钳制之下。1853年12月，扬州弃守。1854年，江北仅存瓜洲一孤立据点。1855年，清廷在镇压了上海小刀会起义之后，令江苏巡抚吉尔杭阿会同江南大营往攻镇江。1856年一二月间，秦日纲等部与镇江守军里应外合，大败清军，并乘胜渡江，踏破江北大营大小营盘120余座。4月初，再次占领扬州，取得军粮运回镇江。5月底，于高资大破清军，击毙吉尔杭阿。6月初，再破九华山营垒，清军败退丹阳。秦日纲等得胜之师回驻天京观音门、燕子矶一带。翼王石达开率主力赶到，与秦日纲等部连成一气。两路大军会攻江南大营。在优势太平军的夹击下,向荣等仓皇逃至淳化镇,复败退丹阳。大营军械辎重,均为太平军所获。8月9日,向荣于丹阳病故(一说自杀身亡)。江南大营终于被打破了。

太平天国是带有浓郁的宗教理想色彩的农民革命,它的政治社会主张强烈地反映出这一特点。

洪秀全早就憧憬着建立一个"天下一家,共享太平"的地上天国。他在《原道醒世训》一文中谴责了"世道乖离,人心浇薄,所爱所憎,一出于私"的社会弊端,明确提出:"天下多男人,尽是兄弟之辈;天下多女子,尽是姊妹之群",不应存"此疆彼界之私",不应起"尔吞我并之念"[①]。金田起义之后,在以杨秀清、萧朝贵两人会衔的三篇起义文告中,也明确揭示出太平军起义的目的是推翻清王朝的统治,解放被压迫的广大人民,"上为上帝报瞒天之仇,下为中国解下首之苦,务期扫清胡氛,同享太平之乐"[②]。

在定都天京以后,太平天国领导人开始按照自己的意愿重新规划社会生活:主要是强令蓄发变服,敬拜上帝;严分男行女行(将市内人民按性别各编成营);实行人无私财的圣库制度。太平天国还极为严厉地禁止吸食鸦片黄烟、饮酒、嫖娼等恶习。这一系列措施,使得具有多重社会经济职能的城市,蜕变为几乎只具单一军事职能的大兵营。城市的原有生活节奏遭到彻底的破坏。一些污泥浊水固然被荡涤了,但城市的生机也被扼杀了。

在广大农村地区,由于太平天国根本不承认土地私有,又不可能像对天京等城市居民那样实行严格的管制,因而在一段时间里采取了"以下供上"的贡献代替"自上税下"的赋税政策。太平军在西征途中发布的"晓谕"曾明确向广大农民宣布:"普天之下,莫非王土;率土之滨,莫非王臣","我天朝断不害尔生灵,索尔租税,尔等亦不得再交妖官之粮米"。

[①] 《原道醒世训》,太平天国博物馆《太平天国印书》(上),江苏人民出版社1979年版,第15—16页。

[②] 《奉天讨胡檄布四方谕》,载中国史学会主编、王重民等编《太平天国》第一册,上海人民出版社1957年版,第164页。

这一措施，曾一度受到农民的热烈拥护。当时一些地主士人的笔下，都出现过"一乡之人皆若狂""供献迎贼，所在如狂"之类的记载。

太平天国在推行政治社会经济政策的过程中，逐步形成了自己的社会改革方案。1853年12月颁布《天朝田亩制度》，就是这方面一个纲领性文件。《天朝田亩制度》是太平天国建设新世界的蓝图，是农民向封建统治全面宣战的总纲领，是革命农民对未来理想社会的结晶。两千年来，中国农民举行过无数次起义，提出过不少革命的口号，表达过对未来社会的理想，但还没有提出过像《天朝田亩制度》这样比较系统和完整的社会改革纲领。这个制度规定：全国要按照军事体制组织起来，县以下设立各级乡官，乡官不仅管理地方民政，也负责组织居民的经济和文化生活。乡官多由出身贫苦、忠诚于革命事业的积极分子充当，其体制、称呼都与军队相同。每25家作为社会的基层组织，管理的乡官叫两司马，下设国库一所、礼拜堂一所。两司马组织这25家居民参加政治生活和经济生活，安排他们接受文化教育。为了把杀敌和生产很好地结合起来，还规定了乡兵制度，每家出一人为伍卒，有警为兵，杀敌捕贼；无事为农，耕田生产。两司马以上设有卒长、旅帅、师帅、军帅、监军、总制等官职。此外，还有关于国家的司法制度等的规定。《天朝田亩制度》最重要的内容是关于土地制度的。它提出"凡天下田，天下人同耕"的基本原则，决心建立"有田同耕，有饭同食，有衣同穿，有钱同使，无处不均匀，无人不饱暖"的地上天国，从而根本否定封建土地所有制。它规定："凡分田照人口，不论男妇，算其家口多寡，人多则分多，人寡则分寡。"这种按人口平均分配土地的规定，表达了几千年来中国农民对土地的强烈渴望。《天朝田亩制度》还宣布：要使"天下人人不受私，物物归上主"，希望达到"处处平均，人人饱暖"[①]。这表明：农民群众不仅要求摆脱封建制度，而且还幻想在维护小农经济的基础上，消灭剥削和贫困。这些虽然表现了农民的平均主义空想，但世世代代生活在封建制度桎梏之下的农民，一旦觉悟到自己存在

[①] 《天朝田亩制度》，载太平天国历史博物馆《太平天国印书》（上），江苏人民出版社1979年版，第409—420页。

的价值，便希望一夜间把自己身上的枷锁全部抛开。

按人口平分土地是《天朝田亩制度》的重点所在，是太平天国立国的一个重要原则。《天朝田亩制度》一方面抓住土地所有权不放，不愿土地成为农民的私产；另一方面抓住对土地分配的控制权不放，只许农民过"通天下皆一式"的生活，这满足了农民千百年来追求公平、平等、平均的愿望，可以调动农民的革命积极性。由于太平天国时期始终是战争时期，《天朝田亩制度》无法加以推行，它在满足农民愿望上有着不可忽视的巨大作用，但在调动农民革命积极性上无法发挥持久作用。

太平天国所推行的一系列社会经济政策的消极方面愈益暴露。城市居民，尤其是天京居民对家庭和私有财产的破坏深感怨愤。他们的不满情绪为一些效忠清朝的敌对分子所煽动利用。1854年春，天京所发生的谋划打开神策门接应江南大营的事件，曾给太平天国领导人造成极大的震动。但直到圣库供给制难以为继之后，家庭和私有财产才不得不恢复。太平军还在向南京进军途中，就以收缴、纳贡等各种方式获得大量银米财物。在占领南京等城以后，接管的公私财物及仓储米谷更是不计其数。这是太平天国得以在天京推行圣库供给制的强大物质基础。然而上百万军民的浩繁开支不能不成为太平天国的沉重负担。以粮食供应为例。太平军在初入城时，对城内所有新老兄弟姊妹的粮食一律敞开发放，"来者即与之"。到了7月，"设立门牌，逐户编查"以后，"既有名数可稽，始议每日发米数"。到癸好三年年终（1854年1月）盘存，丰备仓、复成仓、贡院三处，屯贮谷127万担，米75万担，仅足支放四个月的口粮。1854年6月，"始下一概吃粥之令"。8月、9月间终于出现断粮的紧急状态，城中大批男女被迫出城"割稻自食"，并多有借此而逃散的。

天京的粮食供应历来靠上游地区。太平军西征的首要目的即是采集粮食。然而太平天国所实行的由农村居民自愿贡献的政策却因没有法定的统一标准而给采供双方带来不便。到了1854年，除新占地区外，老区的贡献实际已无法进行。人们不愿主动进贡了。天京粮食供应的紧张迫使一些部队采取强制征收的极端措施，这就激化太平天国政权与当地人民的矛盾，甚至一些同情太平天国的人士也不赞成。

在阶级社会里，国家是一种凌驾于社会之上而又体现统治阶级利益的有组织的力量。任何政府只有把各种冲突保持在"秩序"的范围以内，才能维护自己的统治。在取民政策上，太平天国只能回到既有的赋税制度上。1854年夏初，东王杨秀清等正式向洪秀全要求准予"照旧交粮纳税"。洪秀全立即批准了这一奏议。"照旧交粮纳税"的重要性在于：它从承认既有的赋税制度出发，实际上也就承认包括地主在内私人占有土地等生产资料的合法性。因而，随着田赋征收走上轨道，关税、营业税等税收也相继得到恢复。当然，照旧交粮纳税并不是要恢复横征暴敛的陋习。主持西征全局的石达开十分注意轻徭薄赋，因而逐步取得江西、安徽等省人民的信任和拥护。1854年九十月间，也就是江西、安徽等省正式实行照旧交粮纳税之时，杨秀清终于以天父下凡的形式，允许"一班小弟小妹团聚成家"。太平天国为此设立了婚娶官。原有室家者得以团圆。未经婚配的男女也得以建立家庭。城市的正常生活得到相当程度的恢复。太平天国从理想的天国退回到现实的人间，这是它在政治上开始逐渐成熟的表现，因而取得西征局势的好转和一破江南、江北大营的胜利。

第二节　英法联军侵略中国

正当太平天国起义弄得清政府手忙脚乱的时候，英法两国发起对中国的第二次鸦片战争，清政府不得不面临内忧外患的局面。

第二次鸦片战争之所以发生，是资本主义侵略者的利益最大化未能得到满足。《南京条约》等一系列不平等条约签订后，西方列强虽然从中国取得许多特权，但还想要获取更多的特权。英国之所以发动这场战争，很大程度上是要强迫清政府把鸦片贸易合法化，以保障当时英国在华最大的经济利益——鸦片贸易。谋求在华的全面经济与政治利益，这是它们的根本利益所在。这个根本利益拿不到手，新的一场侵略战争迟早是要爆发的。

早在19世纪50年代初,英国政府就在考虑对华发动新的战争。"1850年9月29日,巴麦尊写道:很快就可以通过对扬子江下游重要据点的占领以及切断大运河的交通来对中国实行'新的打击'。他写道:'中国人在对唯一能使他们信服的论据——大棒论据退却以前,就不仅应该看到这根大棒,而且应该感到这根大棒确实打在自己的背上。'1851年9月,巴麦尊询问包令究竟在什么时候最宜切断对北京的大米供应,中止大运河和长江会合处的粮食运输。"①

战争发生源于英美等国对中国的修约要求。要求修约,是西方列强企图从中国拿到更多权益的策略手段。早在1853年,英国就利用最惠国待遇和中美《望厦条约》第34款有关12年后贸易及海面各款稍可变动的规定向中方提出修约要求。同年5月,英国政府训令驻华公使文翰提出修订《南京条约》问题,要他向中方提出:中国应毫无保留地给英国人开放全部城市和港口,英国人走遍全中国不受任何限制。文翰接到训令时,太平军北伐部队已攻进天津附近,文翰感到太平军与清政府之间谁胜谁负难料,就把训令搁置起来。7月,美国向清政府提出帮助镇压太平军,以此作为诱饵,以修约扩大在华权益。清政府怀疑美国的动机,没有接受。英国要求修订《南京条约》是没有任何根据的,因为《南京条约》是一项政治条约,不是商约,没有修订的规定;而修约本身不能包括在最惠国待遇之内。英国利用中国当局不了解欧洲人的国际关系知识,加以蒙哄和欺诈,清政府只有被牵着鼻子走了。

1854年,英国、美国、法国都在进行修约活动。英国利用《南京条约》届满12年,曲解中美《望厦条约》关于12年后贸易及海面各款稍可变动的规定,援引最惠国条款,向清政府提出全面修改《南京条约》,要求中国全境开放通商,鸦片贸易合法化,进出口货物免交子口税,外国公使常驻北京等。法、美两国也分别要求修改条约。但这些要求遭到清政府拒绝。

---

① 引自 А. Л. Нарочницкий: *Колониальная Понитика Капиташстических Держав на Дальнем Востоке* 1860—1895,第71页,莫斯科,1956年,转引自中国近代史资料丛刊《第二次鸦片战争》第六册,第18页。

第二章 内忧外患中的清朝政府

1855年，美国任命传教士伯驾为驻华公使，给伯驾的任务是要他从清政府取得公使驻京、无限制扩大贸易以及取消对个人自由的任何限制三项主要权利。伯驾知道，《望厦条约》只规定了12年后作细小的修改，但他认为："为了达到各国政府的最大利益，不仅细小的修改，而且激烈的变更是必不可少的"，为此"必须采取强硬手段"[①]。他在来华前，遍访了伦敦和巴黎外交部，取得一致意见。1855年8月，伯驾希望北上渤海湾，逼迫北京政府举行修约谈判。英国驻华公使包令说："用孤单的行动而不伴以强大的军事压力，就没有希望从中国取得任何重要的让步。"[②] 因为各国军舰尚未调到远东来，没有军力支持，这次北上行动未能成行。1856年，中美《望厦条约》届满12年，美国在英、法的支持下，再次提出修改条约的要求，英、法也乘机提出同样的要求，再次遭到清政府拒绝。这样，发动一场新的对华战争便提上日程。

这就是说，用战争手段，达到逼迫清政府同意修约的目的，这已经是既定决策。战争已经逼近中国头上了，清政府还浑然不觉。

1856年3月，克里米亚战争结束，俄国战败。这时候，英、法、俄等国都把目光投向了中国，各国军舰都可以移师中国了。在克里米亚战场上厮杀的对手，在中国成为合作的伙伴。利用战争手段已经决定，侵略者总要找一个冠冕堂皇的借口。正在这时候，马神甫事件发生了。尽管这是一个突发的个别事件，对于法国来说就是一个好借口，但是，对于英国来说，这个借口还不太有力。不久，"亚罗"号事件发生了。

"亚罗"号是一艘走私的中国船，曾在香港注册，但已过期。1856年10月，广东水师在黄埔逮捕了船上的几名海盗和涉嫌船员。英国驻广州代理领事巴夏礼在英国驻华公使、香港总督包令的指使下，硬指此船为英国所有，并且捏造船上曾悬挂英国国旗被中国兵勇侮辱，要求送回被捕者和公开道歉。两广总督兼管理通商事务的钦差大臣叶名琛先是据实复函驳斥，

---

① W. C. Costin: *Great Britain and China 1833—1860*，p.195 转引自中国社会科学院近代史研究所《帝国主义侵华史》第一卷，人民出版社1973年版，第122页。

② 转引自《中国近代史稿》第一册，《刘大年全集》第五卷，第101页。

后则妥协，将所获人犯送到英国领事馆。但巴夏礼蓄意扩大事端，拒绝接受。23日，英军突然闯进珠江，进攻沿岸炮台。接着又轰击广州，一度攻入内城。后因兵力不足，于1857年1月陆续自省河撤走，等待援军。

1857年春，英国首相巴麦尊极力主张扩大对中国的侵略。但反对党在议会辩论中举出包令承认船籍登记证无效，船不在英国保护之下，但千万不要泄露给中国人等事实质疑巴麦尊。议会下院通过对巴麦尊的不信任案。巴麦尊便解散下院，在改选后的下院获得多数议席后，终于通过扩大侵华战争的提案，并任命额尔金为全权专使，率领一支海陆军前来中国。英国政府还建议法国与之共同行动。

法国的借口则是所谓"马神甫事件"（又称"西林教案"）。法国天主教神甫马赖非法潜入中国内地活动，于1856年2月在广西西林县被处死。法国便以此事件对中国进行讹诈。为了换取英国支持它在越南"自由行动"，并取得天主教在中国传教不受干涉的保证，法国欣然接受英国的建议，派葛罗为全权公使，率军来华，协同英军作战。

1857年10月，额尔金和葛罗先后率军到达香港。11月，美国公使列卫廉、俄国公使普提雅廷也分别赶到香港。12月，英法联军5600余人（其中法军1000人）开始在珠江口集结。英、法向叶名琛投递照会，要求进入广州城，赔偿损失，限10日答复。叶名琛不予理睬，却又不作战守准备，结果在英法联军攻入城内后束手就擒，被解往印度加尔各答囚禁。当时有人形容他是"不战不和不守，不死不降不走"。广东巡抚柏贵等人则在以巴夏礼为首的英法三人委员会严密监视下继续担任原职，替侵略者维持地方秩序。这是中国近代史上第一个由西方殖民者一手操纵的地方傀儡政权。

英法联军根据其本国政府在出兵时的指示，决计北上，直接和北京打交道。在几乎重复1840年北上进军的航行后，他们于1858年5月夺取战略要地大沽炮台，威胁要占领天津。6月，由于北京的门户已向英法联军洞开，清政府在俄、美两国公使的所谓"调停"之下，与侵略者开始谈判。俄、美两国首先获利。6月13日和18日，中俄与中美《天津条约》相继签订,两国攫取了许多特权。尤其是中俄《天津条约》规定,两国派员查勘"以前未经订明边界","务将边界清理补入此次和约之内",为沙俄进一步侵占中国领土埋下了伏笔。26日、27日,中英与中法《天津条约》分别签订。主要内容有:公使常驻北京;增开牛庄(后改营口)、登州(即蓬莱,后改烟台)、台湾府(今台南)、淡水、潮州(后改汕头)、琼州(今海口)、汉口、九江、南京、镇江为通商口岸;英法等国人可往内地游历、通商、传教;修改海关税则,减少商船船钞;赔偿英国银400万两,法国银200万两。11月清政府于上海又同英、法、美三国分别签订《通商章程善后条约》,规定:鸦片贸易合法化;中国海关由英国人"帮办税务";海关对进出口货物照时价值百抽五征税;洋货运销内地,只纳按价值2.5%的子口税,免征一切内地税。咸丰皇帝批准了《天津条约》。

1859年,英国公使普鲁斯、法国公使布尔布隆、美国公使华若翰前来与清政府交换《天津条约》批准书。三国公使各自率领一支舰队,6月间到达大沽海口。其中英国舰队即有战舰、巡洋舰、炮艇共10余艘,军队2000人。清政府派直隶总督与三国公使接洽,指定他们在北塘登陆后,经天津去北京。又令沿途地方官备办供应,妥为照料。英法公使蛮横拒绝按照指定路线进京,声称"定行接仗,不走北塘"①,坚持经大沽口溯白河进北京。25日,英法联军突然袭击大沽炮台。大沽炮台自1858年后就已增强了作战能力。在僧格林沁的指挥下,中国守军第一次齐射就击中英军旗舰,经一昼夜激战,击沉击毁英法兵船10余艘,毙伤敌军400余名,英舰队司令也受了伤。美舰队司令大喊"血浓于水",煽动美国士兵的种族主义情绪,帮助英法军进攻,也未能挽回败局。英、法军只得狼狈撤走。这是鸦片战争以来清王朝在对外战争中所取得的第一次大胜利。

大沽战前,俄国公使与清政府在北京互换《天津条约》批准书。大沽

---

① 《筹办夷务始末(咸丰朝)》第38卷,第52页。

1860年8月在英法联军打击下放弃阵地的清军北塘营地（部分图）

（采自 Imperial China Photographs 1850－1912，U.S.A.）

战后，美国公使与清政府的代表在北塘互换《天津条约》批准书。英、法公使则不理会清政府要求他们由北塘进京换约的照会，率舰队南下上海，准备调兵再战。英、法两国政府在得知大沽事件后，再度任命额尔金和葛罗为全权代表，率军前来中国，其中英军有军舰79艘，地面部队2万余人，雇用轮船126艘；法军有军舰40艘，陆军7600余人。如此庞大的军力，在西方殖民主义扩张史上也是罕见的。1860年4月，英法联军陆续抵达中国沿海，接着先后占领舟山、大连、芝罘（今属烟台），并封锁渤海湾。俄使伊格纳提耶夫和美使华若翰也于7月赶到渤海湾，再次以"调停人"为名，配合英、法行动。

8月1日，英、法联军以舰船200余艘，陆军1.7万人，分别由大连、芝罘开拔，避开大沽，在未设防的北塘从容登陆。旋即占新河，陷塘沽。大沽在后路已断、孤立无援的情形下失陷。僧格林沁在咸丰帝谕令下统领所部连夜撤出大沽南岸炮台，绕过天津，赶往通州一带布防。侵略军长驱直入，24日占领天津。清政府急派桂良等到天津议和。英、法方面提出，除全部接受《天津条约》外，还要求增开天津为通商口岸，增加赔款及各带兵千人进京换约等。清廷下令桂良等不得签字，坚持英、法先退兵，后定约。谈判破裂。俄使竭力煽动英、法联军尽快进入通州，不给僧格林沁在这个城市设防的时间。9月初，英法联军向北京进犯。清廷以怡亲王载垣等为钦差大臣，与侵略者在通州再开谈判。由于担任英国使团中文秘书的巴夏礼节外生枝，提出进京换约时须向皇帝亲递国书，致使谈判再度破裂。18日，僧格林沁率部截拿巴夏礼等39人，并与联军先头部队在张家湾、八里桥大战。两次野战，双方都投入空前兵力。清军的马队冒死冲锋，但在敌军猛烈炮火下损失惨重，并冲散了跟进的步兵。联军先头部队的弹药消耗一空，而人员伤亡较少；僧格林沁等部清军却溃不成军，完全丧失了战斗力。22日，咸丰帝带领后妃和一批官员仓皇由圆明园逃往热河（承德），留下其弟恭亲王奕䜣负责议和。在北京的清朝官员释放了巴夏礼等人，但额尔金却以巴夏礼等遭受"苛暴"为由，决计对清朝皇帝进行"报复"和"惩罚"。10月18日、19日，根据额尔金的命令，英军大肆劫掠、焚毁了圆明园。这座经营了150余年、耗银上亿两，聚集了古今艺术珍品和历代图书典籍的壮丽宫殿和园林，如今只剩下些烧不烂、抢不走的石柱，在默默诉说着侵略者的暴虐。

奕䜣在英、法的武力逼迫和俄国的恫吓挟制下，于10月24日、25日分别与额尔金、葛罗交换了《天津条约》批准书，签订中英、中法《北京条约》。这两个条约不仅承认《天津条约》完全有效，而且规定：增开天津为商埠；准许英、法招募华工出国；割让九龙司，"归英属香港界内"；退还以前禁教期间没收的教产，由法国公使转交各处教民；赔偿英、法军费各增至800万两，恤金英国50万两，法国20万两。鸦片以"洋药"名义，纳税进口，实现了鸦片贸易合法化。

经过第二次鸦片战争和《天津条约》《北京条约》的签订，西方资本主义列强强加于中国的所谓"条约体系"业已形成。中国丧失了更多的主权，中国社会的半殖民地化进一步加深了。《北京条约》的签订，标志着近代中国"沉沦"继续加深了。

第三节　俄国掠夺中国大片土地

第一次鸦片战争以后，俄国加紧向中国东北和西北边疆大肆进行以掠夺领土为中心的侵略扩张活动。

1847年9月，沙皇尼古拉一世任命穆拉维约夫为东西伯利亚总督，加紧推行武装鲸吞中国黑龙江流域的计划。1849年，沙俄海军由海上侵入黑龙江口和库页岛地区。1850年8月，侵占黑龙江口重镇庙街，并以沙皇的名字为依据，将其改为尼古拉耶夫斯克。至1853年，沙俄侵略势力已扩张到黑龙江下游两岸以及口外整个领海，并侵占了库页岛。1854年1月，沙皇尼古拉一世批准了东西伯利亚总督穆拉维约夫提出的"武装航行黑龙江"计划。5月，穆拉维约夫率领舰船70余艘，运载俄兵近千名，强行越过石勒喀河中俄边界，闯过雅克萨、瑷珲等地，横穿中国领土2000多公里，并在黑龙江下游屯兵筑垒，实行军事占领。1855年5月，沙俄再次武装入侵黑龙江，并迁来大批"移民"，在左岸强行建立俄国居民点。1856年末，俄国将其所占的黑龙江下游地区和库页岛划为它的滨海省，设首府于庙街。1857年，穆拉维约夫开始派兵在瑷珲对岸驻屯。1858年5月，他乘英法联军进犯天津之际，以武力胁迫瑷珲将军奕山签订中俄《瑷珲条约》，规定：黑龙江以北、外兴安岭以南60多万平方公里的中国领土划归俄国，仅在瑷珲对岸精奇里江以南的一小块地区（时称江东六十四屯）仍保留中国方面的永久居住和管辖权；乌苏里江以东的中国领土划为中俄"共管"，原属中国内河的黑龙江和乌苏里江，此后只准中、俄两国船只来往，别国不得航行。清政府没有批准《瑷珲条约》，并对奕山等人予以处分。沙俄方面则将瑷珲北岸的海兰泡改名为"报喜城"（布拉戈维申斯克），沙皇特颁嘉奖，晋封穆拉维约夫为阿穆尔（黑龙江）斯基伯爵。

在中国西北地区，沙俄于1846年即已武装入侵巴尔喀什湖以东地区。19世纪50年代，它越过伊犁河继续向南扩张，侵占了巴尔喀什湖以东、以南大片中国领土。

1860年英、法《北京条约》签订后，俄使伊格纳提耶夫向清政府索取"斡旋"酬劳，再次提出割让乌苏里江以东领土，"会勘"西段边界，以及北京、张家口、库伦（今蒙古乌兰巴托）等处通商并设立领事馆等要求。一方面他威胁说：俄中接壤达7000俄里，"俄国较之其他任何海上强国都更易于随时随地给中国以有力的打击"①。另一方面，他又以帮助镇压太平天国为诱饵。11月，清政府被迫签订了中俄《北京条约》，将乌苏里江以东40万平方公里的中国土地划归俄国，增加喀什噶尔为商埠，并在喀什噶尔、库伦设领事馆。关于西部疆界，条约第二款还把俄方提出的边界走向强加给中国，为大规模侵占中国领土制造根据。

　　自1862年起，中俄双方在塔尔巴哈台（今新疆塔城）开始勘分西北边界的谈判。中国的西部边界原在巴尔喀什湖。沙俄却硬指清朝设在境内城镇附近的常驻卡伦为分界标志，把中国的内湖斋桑泊（今哈萨克斯坦境内）和特穆尔图淖尔（今吉尔吉斯斯坦伊塞克湖）指为界湖，并出兵强占中国境内山隘、要津，垒石立界，制造既成事实。甚至扬言攻取喀什噶尔和伊犁。1864年再开谈判后，俄国方面派兵威逼塔城卡外，并坚持中国必须按照俄国的分界议单划界。10月，中俄签订《勘分西北界约记》，具体划定了从沙宾达巴哈山口（今俄境）起至浩罕边界为止的中俄西段边界。据此，沙俄再割巴尔喀什湖以东、以南44万多平方公里的中国领土。

　　沙皇俄国是第二次鸦片战争最大的获利者。通过《瑷珲条约》《北京条约》和一系列勘界条约，它侵占了中国144万多平方公里的领土。

第四节　曾国藩湘军集团崛起与太平天国
　　　　　　后期的苦撑苦斗

　　清王朝面临内忧外患交相袭来的艰难局面。它深知，真正威胁自己生存的是以太平天国为中心的国内各族人民的反清革命。对外来侵略，清王

---

　　① 布克斯盖夫登：《1860年北京条约》，转引自中国社会科学院近代史研究所《沙俄侵华史》第二卷，人民出版社1978年版，第188页。

朝以最终的妥协投降予以解决了。但对于它所一心要剿灭的太平天国，却必须经过持久的你死我活的大规模内战，才能予以最终解决。为此，它还必须依靠汉族官员的全力支持。

由于八旗和绿营正规军的溃败，在籍官绅曾国藩受命举办团练，组织地方武装湘军。曾国藩（1811—1872），字涤生，湖南湘乡人，道光末年已官至侍郎。1853年初，他因母丧在籍，便以罗泽南的湘勇为基础，"别树一帜，改弦更张"，组建了一支不同于绿营制度的新军。湘军以士人为营官，以同乡和伦常情谊为纽带，选将募勇坚持同省同县的地域标准，鼓励兄弟亲朋师生一同入伍，甚至同在一营。士兵由营官自行招募，只服从营官的指挥，整个湘军则置于曾国藩的严密控制之下。湘军还用三纲五常的思想灌输士兵，进行较为严格的军事训练，并给以远较绿营优厚的粮饷待遇。曾国藩和他的湘军已成为清王朝维系其统治的重要支柱。但在1856年以前太平天国蒸蒸日上的时候，湘军虽能取得若干胜利，总的趋势却是胜少败多。1856年3月，江西樟树镇湘军大营被太平军一举踏平。4月，悍将罗泽南又在武昌城外毙命，全军精锐大损。曾国藩坐困南昌，已成瓮中之鳖。不久后太平天国领导集团发生分裂，江西、湖北太平军失去指挥，不仅使曾国藩和湘军摆脱了覆灭的命运，还使得湘军日益发展壮大，成了太平军日后最为凶恶的死敌。

太平天国在西征取得一系列胜利，尤其是1856年6月攻破清军江南大营之后，已从根本上扭转了自建都以来军事上的被动局面。军事上的这些胜利，并没有成为太平天国事业成功的保证，反而激化了领导集团内部的矛盾。

太平天国在正式定都以后，其政权体制已日趋完善，并表现出向封建君主政体的转变。在这一过程中，太平天国领导人之间原本"寝食必俱，情同骨肉"的结义兄弟关系，也日益为等级森严、名分各异的君臣关系所取代。这使得两位最主要的领导人洪秀全与杨秀清之间的矛盾斗争变得尖锐突出。洪秀全处心积虑地利用繁文缛节的礼仪和中国传统的尊君观念，以确保自己作为君主的至尊地位。然而他的一切努力，不能阻止来自杨秀清的有力挑战。杨秀清拥有代天父传言的资格及"劝慰师""禾乃师""赎病主"等一系列神圣的宗教头衔,拥有节制诸王以及群臣的极大权力。他被尊呼为"九千岁",仅比"万岁"之尊的洪秀全少一千岁,上朝奏事时可"立于陛下"而不必下跪。杨秀清本人更是"威风张扬,不知自忌",上自天王,下至一班臣僚,都曾受到他的欺凌羞辱,有的甚至受到了过于严厉的惩处。众人"积怒于心,口顺而心不息,少怒积多,聚成患害"①。1856年8月15日,也即清军江南大营主帅向荣败亡后的第6天,终于发生了杨秀清逼天王亲到东王府封其为万岁的"内讧"事件。

事情是由杨秀清逼封"万岁"引起的。杨秀清假借天父下凡之名,逼迫洪秀全封他为"万岁"。所谓天父下凡,是杨秀清在金田起义前在紫荆山活动时创造的一种代天父立言的形式。那时由于洪秀全不在、冯云山被捕,拜上帝会生存面临极大危险,杨秀清借用当地鬼神附体的迷信,诡称天父——皇上帝附体,在劝导会众坚持革命事业上起过作用,后来得到洪秀全的承认。此后杨秀清经常采用这种形式来树立洪秀全的领袖地位,鼓励全军奋勇杀敌。但在定都天京以后,天父下凡往往成为杨秀清打击诸王、挟制洪秀全的一种手段。这时,洪秀全迫于"天父"的压力和杨秀清的权势,一面同意杨秀清的请求,另一面密召在江西的北王韦昌辉和在湖北的翼王石达开速回天京。9月2日清晨,韦昌辉率部从江西前线火速赶回,在杨秀清并无戒备的情况下,闯入东王府,杀了杨秀清及其全家。此后两个月,韦昌辉又采用极其卑劣的手段,故意扩大事态,杀杨秀清部属连同在战乱中被杀的无辜群众,据说达到2万多人,浮尸随秦淮河水漂往城外。石达开从湖北起回,斥责韦昌辉滥杀无辜。韦昌辉又要杀石达开,石闻讯连夜吊城逃走,家属被全部杀光。1857年1月2日,洪秀全命令天京官兵,诛杀韦昌辉及其支持者,结束了这场自相残杀的可悲局面,并召石达开回京辅政。不久,洪秀全又对石达开产生疑忌,怕石达开权重,便封其长兄、次兄为王,来限制石的权力。当时,石达开感到洪秀全有"谋害之意",

---

① 《李秀成自述》,载《太平天国文书汇编》,中华书局1979年版,第486页。

竟于1857年6月自天京出走，带领一二十万太平军部队远走四川。

石达开的分裂行动，使太平天国的主战场陷入凶险的绝境，也给他自己带来了毁灭。石达开在出走之初，情绪即已消沉到极点。他到皖南驻军所在地时，竟要解散部队，其后虽稍有振作，但仍抱定"惟期成功后，予志复归林"的想法。这就使得他日后的军事行动，变得漫无目标，因而处处陷于消极被动。清方将帅在看出他的"流贼之象"后，便不再把他看作可怕的对手。1860年，石达开辗转退入广西，大批部属纷纷离他而去。其中最重要的一支部队，在彭大顺、童容海、朱衣点、吉庆元等60多位将领统率下，一路血战，"万里回朝"，于1861年9月在江西与忠王李秀成的大军会合。此时该部已扩至20余万人。天王洪秀全得知奏报，大喜，命名该部为"扶朝天军"。石达开众叛亲离，又因清朝当局的悬赏严拿而无法藏身，只得在广西重新招集人马，并于1861年再出广西。他一心想取四川以自立。两次入川受挫后，于1863年再由云南入川，结果于当年5月在四川大渡河紫打地陷入绝境，全军覆灭。石达开在成都就义，年仅33岁。

天京事变发生前，太平天国已控制上自武汉下至镇江长江一线，拥有江西、安徽两省大部和湖北、江苏两省的部分区域。除武昌、汉阳两城处于清军围困之下外，在其他各战场太平军都占相对优势。天京事变使得太平天国的战场形势发生根本性的逆转。武昌、汉阳守军于1856年12月弃守突围，湖北继湖南之后成了湘军又一个巩固的后方基地。江西方面，由于石达开一心入浙入闽，当地守军陷入既无救援又无统一指挥的困境。湘军乘机发动多路进攻，分化瓦解，各个击破。1858年5月，江防重镇九江被攻破，守将林启容手下1.7万人全部战死。10月，太平军在江西的最后一个基地吉安失守。安徽方面，皖北的庐州和皖南的宁国先后失守。天京附近，清廷以和春为钦差大臣，张国梁帮办军务，于1857年初重建江南大营。江北大营也乘机复苏。石达开出走后，江南大营加强了对天京地区的攻击。1857年12月，镇江、瓜洲的守军在援军接应下撤退。1858年1月，江南大营再次进逼天京近郊。

正在进行的第二次鸦片战争和持续高涨的各地各族人民起义，使太平天国得到宝贵的喘息时机。为了摆脱天京事变后,尤其是石达开带走精兵良将后"朝中无将,国内无人"的窘困局面,洪秀全提拔任用了一批新人,并重新任命了五军主将。蒙得恩为中军主将,陈玉成为前军主将,李秀成为后军主将,韦俊为右军主将,李世贤为左军主将。五人中以蒙得恩年龄最长,是"永不出京门"的"天王爱臣";韦俊为韦昌辉之弟,后于1859年秋叛降清朝;其余三人,陈玉成及李秀成、李世贤却都是忠于太平天国事业的有为将领。不久,因杨秀清彻底平反昭雪,率军游移在外的杨辅清脱离石达开归来,被改任为中军主将。太平天国重建领导集团,开始做出了重新振作的努力。

1859年4月,洪仁玕历经艰险到达天京,为太平天国的复苏增添了希望。金田起义时,洪仁玕在广东清远县教书,闻讯赶赴桂平后,太平军已移营他去。后辗转流亡香港,得瑞典巴色会教士韩山文的帮助。1854年他曾设法到上海,可是既不能使上海小刀会的领袖相信他与洪秀全的关系,又无法突破清军的封锁去天京,只得回香港参加教会工作。他潜心研究基督教教义,并学习天文历算等方面的知识。他于1858年再次由香港启程,终于经陆路进入太平天国统治区。洪秀全对洪仁玕的到来大喜过望,不到20天即褒封其为"开朝精忠军师顶天扶朝纲干王"。同月,陈玉成因军功卓著受封英王。年内,又陆续封李秀成为忠王,蒙得恩为赞王,李世贤为侍王,杨辅清为辅王,林绍璋为章王,各有"奋兴之志"。

洪仁玕长期脱离太平天国军事斗争的实践,到了天京,作为新的朝纲领袖,很快提出一个振兴太平天国的纲领——《资政新篇》,并由天王下令镌刻颁行。《资政新篇》共四部分:一、用人察失,禁止朋党;二、革除腐朽生活方式,移风易俗;三、实行新的社会和经济政策,仿效西方资本主义;四、采用新的刑法制度。关于实行新的社会经济政策,《资政新篇》从政治上总结了太平天国立国以来的主要经验教训,要求加强中央集权,反对分散主义,反对结党营私。但它的主要内容是回答了太平天国或者说农民革命应当向何处去的问题。他首先泛论当时世界各国的大势,指出各国富强或者落后的原因,然后列举出一系列仿效西方资本主义制度的建议。主要内容有：（一）创办报纸，沟通上下情感，设立不受众官节制也不节制众官的各省新闻官，专收各地新闻纸呈送天王；（二）成立某些地方自治机构，管理地方财政、乡兵、教育、医院以及社会救济事业等；（三）兴办近代工矿交通等企业，仿造火车、轮船，设立邮局，提倡筑道路、修水利、开矿山、办工厂，兴办银行、发行纸币等；并实行准许私人投资，奖励发明创造，保护专利等政策；（四）与外国通商，平等往来，欢迎外国人前来传授工艺技术，但不准干涉内政。《资政新篇》从"因时制宜，审势而行"①的原则出发，根据中国的实情和当时世界的潮流，提出在中国发展资本主义经济和进行一些相应的上层建筑改革。洪秀全对《资政新篇》作了仔细的批示。除对其中讲到不杀人、诫杀人的两处表示反对外，大体上采取肯定和赞同的态度。《资政新篇》是近代中国最早提出的一个使中国走向资本主义的近代化蓝图，表明国门打开以后最先向西方学习的趋向。对《资政新篇》这种要求按照资本主义的模式来改造太平天国的大胆呈述，洪秀全表示基本支持和要求推行的态度，它表明，农民革命的领袖们面对太平天国立国以来的历史经验，开始国家建设问题上的新探索。这也表明，如果条件允许，太平天国完全可以走上与传统农民战争不同的道路。向西方国家寻找真理，在当时是一种先进思想。洪秀全从一个农民革命领袖的地位来抓住这个问题，加以解答，表现了他的气魄和思想光辉。

《资政新篇》同《天朝田亩制度》一样，是反对封建社会制度的，但它向农民群众描绘的不是以平均主义为尺度的小农经济的天国，而是一个承认贫富差别的以资本主义为模式的新型天国。《资政新篇》的作者模糊地感到，只有发展资本主义，才能彻底战胜封建制度，才能有效地抵制外国的侵略。这一点，反映了鸦片战争以后中国社会的时代特色，是合乎历史前进方向的。但是，由于太平天国后期始终处在严酷的战争环境中，而且逐渐由战略防御转入战略劣势，洪仁玕的政治设计不得不被搁置起来，

---

① 《资政新篇》，载《太平天国印书》（下），第678页。

得不到一点稍加实施的机会。因此,这个文件的颁布并未给太平天国后期的政治生活带来明显的影响。

太平天国有了这批奋兴有为的新人,振作同心,"自此一鼓之锐,振稳数年"①。他们首先积极联络江北的捻党起义军,发展壮大自己的有生力量。在此基础上,太平军各部队同心协力,谋定而后战,取得一系列重要战役的胜利。早在 1857 年,陈玉成、李秀成等军便已开始主动协同作战。1858 年 9 月,太平军集中兵力,攻破江北大营,打通了天京北岸交通。接着,又挥师西上,迎击由九江来犯的湘军,于 11 月间在三河镇将其精锐 6000 余人一举歼灭,从而迟滞了湘军对安庆的围攻。但江南大营的存在,依然对天京构成严重威胁。太平军乃确定"围魏救赵"战略。1860 年 3 月,先由李秀成率轻兵经小路奔袭江南大营的饷源杭州,迫使江南大营调动精锐往救。然后迅速回师,与陈玉成、李世贤、杨辅清等各路大军共 10 余万人,于 5 月上旬一战而粉碎江南大营,天京之围立解。连湘军领袖曾国藩也不得不承认此役为太平天国的"得意之笔"②。

攻破江南大营后,太平军一鼓作气,东征苏、常。5 月,江南提督、帮办军务大臣张国梁,清钦差大臣、督办江南军务、江宁将军和春败死。6 月初太平军进克苏州,清军降者达五六万人。此时距出师还不到 20 天。但太平军在向上海发起攻击时却遭到英法侵略军的联合抵抗。负责进军的李秀成采取了极为克制的态度。尽管有数百名太平军战士牺牲,却仍一枪未还,并很快撤出战斗。李秀成自己也带着面部的轻伤退回苏州。

第五节　中外会剿　中国历史上最大的一次农民起义失败

1860 年英法联军向北京进军,目的不是颠覆清王朝,而是要维系这一

---

① 《李秀成自述》,载《太平天国文书汇编》,第 491 页。
② 《致沅弟季弟》(咸丰十一年二月二十二日),载《曾国藩全集》第二十册,岳麓书社 2011 年版,第 584 页。

政权，以便勒索更多的权益。一位英国官员就说过："推翻清王朝并非我们的旨趣。当我们向北京进军时，我们真为我们的行动担心，若随之而发生无政府的局面，我们的贸易与茶叶都将化为乌有。"① 当1860年春，英法侵略军在上海集结时，适逢太平军东征苏、常。在太平军压力下，清王朝在江南的首要人物集中到上海，并与侵略者加强了勾结。5月间，买办出身的苏松太粮道杨坊要求法国侵略军代守上海城，6月初，上海道吴煦致函法国侵略军司令，要求派法军驻防上海附近的嘉定、太仓、昆山等地。同时，杨坊等资助美国流氓华尔招募在上海的外国冒险家与亡命之徒组成"洋枪队"，向太平军进攻，并于7月间占领松江。两江总督何桂清逃到上海后，更要求清政府完全接受侵略者的要求，以便共同镇压太平军。英国公使蒲鲁斯和法国公使在上海联名贴出布告，说他们完全同意"不使（上海）遭受屠杀抢劫，并阻止内部暴动，同时上海区城亦在保护之列，不使其蒙受任何外来之攻击"②。英法联军一面北上和清朝政府作战，同时又在南方帮助它镇压太平军，当时侵略者自称这一情况是一种"奇观"。《北京条约》签订后，西方列强转而强烈支持清王朝。他们的逻辑是清楚的：如果清王朝打垮了太平天国，外国人将会保有他们的新收获；如果太平天国击败了清王朝，即使有洪仁玕的半西化庇护，西方仍须开始令人厌倦的谈判，或许还要诉诸战争，一切都得再来一次。

辛酉政变（1861年中历干支为辛酉）后，清政府有意求助外国军队来镇压太平天国。1862年2月，慈禧太后以同治皇帝的名义发布上谕，宣布"借师助剿"征求意见。曾国藩等大臣有不同意见，有人担心外国军队在中国坐大。所以清政府没有正式采纳"借师助剿"的建议。但地方政府如上海的地方当局还是采纳这个建议，花了很多钱，买通一些外国人，在上海编练一些开始是由外国人组成的军队，后来是由外国人指挥、中国人参

---

① W. C. Costin: *Great Britain and China 1833—1860*, p. 307. 转引自中国社会科学院近代史研究所《帝国主义侵华史》第一卷，人民出版社1973年版，第152页。
② 梅朋、傅立德合著：《上海法租界史》，倪静兰译，上海社会科学院出版社2007年版，第165页。

与的军队,也就是后来的"洋枪队""常胜军"等。这都是由外国人指挥、训练,用外国的枪炮武装起来。在上海、江苏、浙江这一带打太平军的时候取得步步胜利。

太平军东下苏、常时,曾国藩湘军乘机加紧围攻安庆。安庆是天京上游的重要屏障,自西征以来一直为太平军所把守。保卫安庆,对于巩固太平军皖北根据地、屏蔽天京,十分重要,成为太平天国军事上的重要决策。曾国藩和洪秀全都看到安庆战略地位的重要。曾国藩乘陈玉成率部东进的时机,派他的胞弟曾国荃率精兵围困安庆,并在安庆附近作了严密的军事部署,投入的总兵力达五万多人。清朝皇帝严令曾国藩率部收回苏州、常州一带。曾国藩以"安庆一军,目前关系淮南之全局,将来即为克复金陵之张本"①为理由,拒不执行命令,始终坚持对安庆的围困。洪秀全则与洪仁玕、陈玉成、李秀成议定救援安庆的战略,决定以陈、李两军分别夹江奔袭,会取武昌,以1861年4月为会师日期。此举如能迫使湘军回援上游基地,则安庆之围可解。

1860年9月,陈玉成渡江北上,10月联合皖北捻军西进,次年3月进入湖北,并克复黄州(今鄂州市)府城,进逼武昌。由于李秀成未能按期前来会师,又加上英国参赞巴夏礼从汉口前来黄州加以干涉:武汉三镇组成一个巨大的贸易场,太平军夺取其中任何一个城市,难免不损害整个大商港的贸易。因此,太平军必须远离该埠。他还说,九江方面没有听到李秀成等进兵的消息,如果陈玉成进兵武汉,势将得不到南路军的支持等。陈玉成遂放弃会攻武昌的计划,回救安庆。李秀成以自己的根据地在苏南,对上游用兵不积极,迟到1860年11月才由芜湖开始行动,次年2月进入江西,直到6月才进入武昌以南。这时,会师日期已过,陈玉成军已撤走,李秀成于是全师东返。当安庆会战紧张进行的时候,李秀成于9月挥师进入浙江,年底再克杭州。

会取武昌的计划,是救援安庆的上策。此计不行,安庆保卫问题就变

---

① 曾国藩:《苏常无锡失陷遵旨通筹全局并办理大概情形折》(咸丰十年五月初三日),载《曾国藩全集》第2册,第501页。

得十分严峻了。1861年4月至9月半年时间里,双方对安庆展开了激烈的争夺战。两军阵地犬牙交错,互相包围。洪仁玕、杨辅清等赶来援助,几次与湘军大战,不能取胜。6月,湘军攻破安庆城北10余里的太平军据点集贸关。9月,湘军用地雷轰塌安庆城墙,太平军守将叶芸来、吴定彩等守城将士1.6万人全部战死,安庆失陷。

安庆决战的用兵方向仍然是正确的,但由于太平天国的主要军事统帅对用兵安庆的认识存在严重分歧,致使会取武昌的计划流产,这是太平天国军事上的一次重大失策。李秀成虽然在浙江扩大了根据地,但上游的损失是难以弥补的。陈玉成在指挥安庆保卫战时,也犯了急躁求胜的毛病,存在拼命思想,因而采取了为一城一地的得失而消极防御的战略,而没有吸取太平军战史上已经获得的在攻坚时机动灵活的作战经验,也是一大失策。此后,太平天国在军事上转入劣势。

太平军诸王不和,各自为战,虽战略方向上是在为解救安庆之围而行动,实际上各怀目的,没有统一指挥,缺乏各地区战略协同,安庆正面战场各部援兵缺乏有机联系。湘军利用了太平军的这些弱点,灵活运用兵力各个击破为解援安庆而行动的各部太平军,取得安庆战役的彻底胜利。对于湘军来说,安庆战役的胜利,与他们坚定的战略思想,正确而又灵活多变的战术原则,以及成功的指挥艺术,是分不开的。拿它与太平军加以比较研究,可以看出胜利与失败的原因所在。①

安庆保卫战的失败,使得英王陈玉成的精锐主力几乎折损殆尽。天王借此严责,革其职权,更使他心烦意乱。他奏请天王分封其部将陈得才、赖文光等为王,率军远征陕西,自己则留守庐州。1862年5月,庐州失守。陈玉成突围至寿州,遭到早与清朝勾结的捻首苗霈霖的暗算,被执送清帅胜保军营。胜保劝其投降。陈玉成昂然表示:"大丈夫死则死耳,何饶舌

---

① 参见张海鹏《湘军在安庆战役中取胜原因探析》,《近代史研究》1988年第5期;又见《追求集》,社会科学文献出版社1998年版,第150—177页。

也！"① 就义时年仅26岁。陈玉成的牺牲，标志着太平天国天京以西战场无可挽回的失败。

1861年12月忠王李秀成部再克杭州。浙江全省除衢州、温州等少数孤城外，均入太平天国版图。

杭州既克，太平天国所承诺的在1861年内不进攻上海的期限已到。太平军乃发动第二次进攻上海之役。1862年1月7日，以忠王李秀成的名义向上海、松江发布告示，声称：上海、松江为苏浙之屏藩，乃太平天国必收之地，要求在沪洋商"各宜自爱，两不相扰"，并警告说："自谕之后，倘不遵我王化，而转助逆为恶，相与我师抗敌，则是飞蛾扑火，自取灭亡。"② 担任前敌指挥的慕王谭绍光调动各路大军，很快占据上海周围各厅县，对上海、吴淞形成东西夹击之势。清朝当局则与外国侵略者达成中外会防上海的一致意见。1862年2月，英法联军集中上海，会同美国人华尔的洋枪队（此时已改名常胜军）及清军，先后攻占太平军的若干据点。4月，李秀成亲率精兵自苏州增援，又夺回嘉定、青浦等地，并将常胜军围困在松江城内，从上海来救援的侵略军，均为李秀成所败。奉贤守军且阵毙法国海军提督卜罗德。李秀成后来回忆说："那时洋鬼并不敢与我见仗，战其即败。"③ 此话是可信的。时任浙江清军统帅的左宗棠就说过："青浦、嘉定二处发贼麇至，夷兵遽遁。夷人之畏长毛，亦与我同。委而去之，真情毕露。"④

正当松江指日可下，上海岌岌可危之时，曾国荃部湘军在上游攻陷芜湖等地，直逼天京。"天王一日三道差官捧诏到松江"⑤，李秀成只得撤军回援。二次进攻上海之役被迫结束。

---

① 佚名：《陈玉成被擒记》，转据罗尔纲《太平天国史料考释集》，三联书店1956年版，第204页。
② 《忠王李秀成告上海松江人民清朝兵勇及外国侵略者谆谕》，载《太平天国文书汇编》，第156页。
③ 《李秀成自述》，载《太平天国文书汇编》，第524页。
④ 转引自曾国藩《议复调印度兵助剿折》（同治元年六月二十二日），载《曾国藩全集》第4册，第362页。
⑤ 《李秀成自述》，载《太平天国文书汇编》，第524页。

攻占安庆以后，曾国藩即图谋三路东进，夺取江浙。1862年春，三路进军方案开始实施：左宗棠所部湘军于2月入浙，从衢州向金华、杭州进攻；曾国荃所部湘军于3月、4月间从安庆沿江东下，进逼天京；李鸿章率新建的淮军，则于4月、5月间由安庆分三批乘轮船径赴上海，再以上海为基地，向苏州、常州进攻。三路大军分进合击，太平天国陷入东支西绌的困境。

在天王的严令之下，忠王调集侍王李世贤、护王陈坤书等十三王军队救援天京。10月，各路大军在五六十里长的战线上对进围天京的曾国荃部湘军发起猛烈攻击，但大战40余日，既未能切断湘军的后勤补给，更未能攻破雨花台之湘军大营。

天京解围战的失利，从战役指挥上说，与李秀成在用兵上沉稳有余、勇战不足的特点有关。但最主要的，还是太平天国立政无章、朝纲紊乱引起的人心涣散。天王洪秀全消极地吸取了天京事变的教训，"因东、北、翼三王弄怕，故未肯信外臣，专信同姓之重"，致使"谗佞张扬，明贤偃避，豪杰不登"[①]。他对陈玉成、李秀成等在外统兵的高级将领，实际上也是不放心的。他一方面大封王亲国戚和广东同乡，以为固本之举；另一方面，对诸将部属则增封为王，各有分地，以收弱枝之效。但是封王之举一发而不可收，除有名号的王爵外，又有不给王号的列王以及"王加头上三点"，以为"小王"之封。到太平天国失败时，竟有2700多王。其结果，非但未达收权于中央的目的，反而"内乱猜忌之萌，愈散漫不可制"。李秀成也在"天朝十误"中指出："误封王太多，此之大误。"[②] 十三王兵力虽众，武器装备也占优势，但并没有真正做到"联万心而作一心"，而是各有其小算盘，临战不肯用命，不愿过多消耗自己实力，当然不能制敌于死地。

天京解围战失利后，在洪秀全的严令之下，李秀成又有历时7个月的"进北攻南"之举，但渡过江北的部队因敌人实行"坚壁清野"政策，非但未能调动围困天京的敌军上援，反而使自身惨遭损失。当1863年6月李

---

① 《李秀成自述》，载《太平天国文书汇编》，第491、496页。
② 同上书，第543页。

秀成率北征部队返回天京时，东线的局势已发生根本性的逆转。李秀成虽曾亲临苏州，与慕王谭绍光力挽危局，但已无济于事。11月苏州、无锡先后陷落。1864年3月，浙江杭州、余杭守军同时撤退。4月江苏常州失陷。苏浙战场彻底瓦解。太平军在各城的守将，或死或降。撤出的部队则在侍王李世贤的统带下分路冲入江西就粮。他们提出的口号是："与其饿死江南，不如战死江西。"①

李秀成在苏州失陷后匆匆赶回天京，向天王提出"让城别走"，遭到洪秀全的严厉申斥。天京粮食供应不继，天王下令"合朝俱食甜露"②，即吃以百草制成的草团。李秀成则被留在天京主持城守。他多次组织出击，傍城增筑营垒，阻止敌人合围。延至1864年4月，湘军两掘地道及用云梯攻城，都未能得手。而"城内新种麦禾，青黄弥望"。曾国藩为此惊叹太平军的"坚忍异常"。6月3日，天王洪秀全病故，幼天王继位。

清廷对天京迟迟不能被攻下极为不满，严加催责，且命江苏巡抚李鸿章领军前来会攻。曾国荃一心欲独占克城大功，不惜一切代价发起攻击。7月3日，紫金山麓天京城外最后一个堡垒地保城失陷，湘军得以迫近太平门城根开掘地道。19日，太平门城垣被轰塌20余丈，天京城终被湘军攻破。守城士兵破釜沉舟，高呼："弗留半片烂布与妖享用。"湘军入城后大肆烧杀抢掠。据赵烈文日记中记载："贼所焚十之三，兵所焚十之七。烟起数十道，屯结空中不散，如大山，绛紫色。"③ 40岁以下的妇女都被抢光，老人、幼孩则遭到屠戮。曾国藩向清廷报告说："三日之间，毙贼共十余万人，秦淮长河尸首如麻。"④ 但太平军守城部队仅1万余人，一部分还突围而出，这是把全体南京居民都当成敌人了。

城破的当晚，李秀成即护卫幼天王等由太平门缺口突围。为了"尽心

---

① 《部署饷防片》，载沈葆桢《沈文肃公政书》卷一。
② 《李秀成自述》，载《太平天国文书汇编》，第531页。
③ 赵烈文：《能静居日记》二十，载《太平天国续编》（七），第270页。
④ 曾国藩：《奏报攻克金陵尽歼全股悍贼并生俘逆酋李秀成洪仁达折》（同治三年六月二十三日），载《曾国藩全集》第七册，第299页。

而救天王这点骨血"①，以尽其愚忠，李秀成将自己的战马让给幼天王，自己终致掉队而不幸被俘。面对曾国荃用刀割其臂股的残酷刑罚，李秀成丝毫不为所动。但在曾国藩由安庆赶来与其交谈后，他却同意亲笔写所谓"供词"。他以自己只念过两年私塾的文化，冒着酷暑和身囚木笼的耻辱，奋笔疾书，而在写完"天朝十误"的当晚，即遭曾国藩杀害。现存洋洋数万言的忠王自述原稿，便是他在生命的最后时刻对太平天国兴亡史的回忆与思考。内中有一些自污和颂扬曾氏兄弟的言论，则显然是有所求而发。这一篇也许是多余的文字，虽使后人了解了太平天国可歌可泣的业绩，但也使他在身后招致了种种不同的评价。

幼天王自天京突围后，先到皖南广德州，会合干王洪仁玕等。不久，又被堵王黄文金迎至浙江湖州。8月，洪仁玕、黄文金等弃守湖州，转入江西，拟先会合侍王李世贤的队伍，再北渡长江会合扶王陈得才等。但李世贤部已向赣南转移，黄文金不久又病逝，这支队伍的军心涣散了。10月终于在江西石城县覆没。干王与幼天王等先后被俘，在南昌遇害。

太平天国首都的陷落，顿使各地的太平军以及已与太平军结为一体的捻军的活动失去重心。但他们仍坚持斗争达4年之久，南方的太平军余部曾以闽西南和粤东为根据地，太平天国的旗帜在闽南重镇漳州飘扬了7个月。北方的太平军和捻军更以其步骑结合、机动灵活的战略战术，纵横驰骋于黄淮与北方大地。他们以自己的热血，谱写了太平天国运动最后的篇章。

---

① 《李秀成自述》，载《太平天国文书汇编》，第538页。

第三章　失去发展机遇的三十年

第一节　清政府中央和地方政治格局的演变

太平天国虽然失败，但它沉重地打击了清王朝统治，而且使得清朝政治结构发生新的变化，产生新的政治派别，并由此引起传统政治和权力结构的变化。这一变化主要反映在中央权力下移、汉人权力增长、湘淮洋务派官僚集团形成。

第二次鸦片战争结束刚一年，清朝宫廷内部发生了政变。1861年8月，咸丰帝在热河病逝，遗诏以年仅六岁的儿子载淳继位，同时任命怡亲王载垣、郑亲王端华、户部尚书肃顺等八人为赞襄政务王大臣，总摄朝政。载淳继位后，改年号为"祺祥"，咸丰帝的皇后钮祜禄氏（1837—1881）被尊为慈安太后，载淳的生母叶赫那拉氏（1835—1908）则被尊为慈禧太后。慈禧太后是个权力欲极强、力图取得最高统治权的人物。她与慈安太后密谋并得到了恭亲王奕䜣和握有兵权的胜保等人的支持，迅速剪除了肃顺等八大臣的势力。载垣、端华、肃顺三人被处死。他们所拟定的年号"祺祥"也被改为"同治"。在宣布八大臣罪状的上谕中，"不能尽心和议，徒以诱惑英国使臣以塞己责，以致失信于各国"，未能恰当处理对外关系，是重要罪状之一。

《北京条约》签订后，英法联军陆续从北京撤往大津。清朝统治者起先总担心外兵占领北京将推翻他们的统治，建立新的朝代。1860年11月，英法联军全部撤走，清朝封建统治秩序照旧保存了下来。负责办理议和手续的奕䜣等人，对此大喜过望，以为"非始愿所能料及"。有的原来坚决反对外使驻京、长江通商的大官僚看到这种情形，态度也显著改变。户部尚书沈兆霖就是其中之一。他说：英、法入侵，清朝的底细固然被外国人摸清楚了，外国人的底细也被中国人摸清楚了。英、法的意图是在以兵"胁和"，并无取代清朝统治的野心。奕䜣等在给咸丰的报告中，反复强调了这个认识。他们说："自换约以后，该夷退回天津，纷纷南驶，而所请尚执条约为据，是该夷并不利我土地人民，犹可以信义笼络，驯服其性，自图振兴，似与前代之事稍异。"① 他们从这种观点出发，断定今后严格遵守条约，按照规定办事，尽量同外国保持"和睦"，对清政府统治是有利的，也是可能的。

1861 年 1 月，清政府依约在北京设立总理各国事务衙门，派奕䜣、桂良、文祥等主持。总理衙门成立前，奕䜣派人征询英、法的意见。英使馆秘书威妥玛听到这一消息，"甚为欣悦"②，说这是他们长期求之不得的。法国公使布尔布隆也表示赞成，认为这是"中外各国永敦睦好之最妙良法"③，也就是侵略者希望它会成为外国控制清政府的最好办法。总理衙门刚设立，就任命英国人李泰国为总税务司，掌管海关管理和用人等全部实权。李泰国不久回国，又命赫德继任。赫德担任中国海关总税务司 40 多年，奕䜣及其以后历届办理洋务的清朝大臣都深受其影响。同年 3 月，法使布尔布隆、英使普鲁斯从天津到北京设立使馆，几个月以后，俄国公使巴留捷克也到北京。从这时起，外国对清政府中以奕䜣为代表的这派势力积极地加以支持和培植，寄予极大的希望。

通过处理《北京条约》和发动祺祥政变，朝廷形成了以慈禧太后与总理衙门大臣奕䜣为核心、亲近外国势力的统治集团。这是一个非常重要的变化，这个变化与清初形成的统治格局是完全不同的。这个变化，几乎决定了清政府此后半个世纪的政治走向。

---

① 《筹办夷务始末（咸丰朝）》第七十一卷，第 18 页。
② 同上书，第 28 页。
③ 《咸丰朝筹办夷务始末补遗》（抄本）第四册上，第 680 页。

外国侵略者本来担心掌握实权的肃顺等人返回北京后，外交上很可能出现反复。慈禧太后和恭亲王奕䜣的上台，使他们感到十分满意。1862年3月，英国驻华公使普鲁斯向英国政府报告说："在过去12个月中，已造就了一个倾心于并相信同外国友好交往可能性的派别。有效地帮助这一派人掌权，是一个非同小可的成就。我们在北京建立了令人满意的关系，在某种程度上已成为这个政府的顾问。"①

清廷对外依靠外国侵略势力的帮助，对内则注意调整与曾国藩集团的关系。还在1860年6月江南大营覆灭后，清廷即已命曾国藩署理两江总督，8月实授，加钦差大臣衔，督办江南军务。1861年11月，慈禧太后上台当月，又命令曾国藩统辖江苏、安徽、江西、浙江四省军务，所有四省巡抚、提督以下文武官员都归他节制。两个月后，又加他太子少保衔，授为协办大学士。不仅用兵方略听从曾国藩，甚至任命大员也听他的意见。慈禧太后上台后对曾国藩集团的放手使用，实际上改变了过去对他既使用又限制的方针。曾国藩湘军集团以及随后成长起来的李鸿章淮军集团，也得以发展成为清政权中最大的地方实力派。曾国藩集团不仅拥有军事大权，而且掌控了地方官员的任免权和地方财权。此后几十年，湘淮系出身的人左右了政治局势。

为了镇压太平天国起义，推进战争，湘淮军出身的督、抚截留或奏请以地丁、漕粮作为军饷，湖南、湖北、四川等省还增加新的征收名目以扩大税额。镇压太平军初期建立的厘金，既无定章制度，便成为督、抚一手包揽的财源，使清政府控制地方财政的能力逐步丧失，曾国藩承认："自军兴以来，各省丁、漕等款，纷纷奏留供本省军需，于是户部之权日轻，疆臣之权日重。"② 总之，督抚权力扩大已成为尾大不掉的局面。

清初以来，满族统治者对于汉官的使用是有限制的。太平天国起义，

---

① 《普鲁斯致罗素函》，1862年3月12日，见坂野正高《中国和西方（1858—1861）》，第241页。转引自《中国近代史稿》，载《刘大年全集》第五卷，湖北人民出版社2016年版，第117页。

② 曾国藩：《沈葆桢截留江西牙厘不当仍请由臣照旧经收充饷折》（同治三年三月十二日），载《曾国藩全集》第七册，第84—85页。

满族高官多已养尊处优，八旗、绿营失去了军事上的能力，无所作为。出于镇压太平天国的需要，不得不大量起用汉族官员。一些开明的满族官员如文庆、奕䜣、肃顺等都支持咸丰帝重用汉人。军机大臣文庆力主破除满汉畛域，"重用汉臣，彼多从田间来，知民疾苦，熟谙情伪"①。肃顺当权，主张重用汉人，多推重曾国藩等湖南楚贤。慈禧太后当权后，更是大力使用汉族官员。据统计，到1864年湘军攻陷天京为止，湘军的头面人物中，汉族官员已先后有21人出任总督、巡抚。

汉族官员势力的增长，满族专权的政治格局被突破。这种政治格局的变化，刺激了沉寂已久的汉民族意识，汉族官僚与清王朝的分离意识有逐渐扩大趋向。一些汉族官员意识到清王朝的统治已穷途末路。曾国藩的幕僚及亲信赵烈文1867年（同治六年）在日记里写道："天下治安，一统久矣，势必驯至分剖。然主威素重，风气未开，若非抽心一烂，则土崩瓦解之局不成。以烈度之，异日之祸，必先根本颠仆，而后方州无主，人自为政，殆不出五十年矣。"②据赵烈文日记记载，曾国藩也同意这一看法。这说明，曾国藩等汉族官员开始思考清朝的出路了。

第二节 洋务自强活动——抓而不紧的发展机遇

湘淮军在作战中开始都是使用传统的冷兵器。战争进行中，洋枪队使用的洋枪洋炮发挥了很大作用。淮军和太平军都曾引用外国武器。清朝大臣认识到了洋枪洋炮的作用。

奕䜣和大学士桂良、军机大臣文祥，在1861年1月向避难承德的咸丰皇帝上了《通筹洋务全局折》，提出了以消灭太平天国和捻军为先，治俄次之、治英又次之的战略总方针。8月，两江总督曾国藩上了《复陈购买外洋船炮折》，提出"购买外洋船炮，则为今日救时之第一要务。……可

---

① 《文庆》，《清史稿》卷三百八十六·列传一百七十三，第11686—11687页。
② 赵烈文：《能静居日记》（同治六年六月二十日），载《太平天国史料丛编简辑》第三册，中华书局1962年版，第411页。

以剿发捻，可以勤远略。"① 这两个奏折就成为今后 30 年间指导洋务活动的基本方针。

1862 年李鸿章到上海后，得到外国侵略者的帮助，训练洋枪队，设立洋炮局，对于学习制造外国船炮甚为积极。他认为：如果火器能与西洋相埒，"平中国有余，敌外国亦无不足"，中国只要有开花大炮、轮船两样，西洋即可以住手。② 奕䜣在奏折中说：自强以练兵为要，练兵又以制器为先。要趁洋人乐于帮助，实力讲求外洋各种机利火器，尽窥其中奥秘。可以御侮，无事可以示威。洋人的态度，当以中国的强弱为转移。"我能自强，可以彼此相安。"③ 奕䜣、曾国藩、李鸿章等人，希望通过购买和仿制外洋枪炮、船舰以及编练新式军队等途径，在把人民革命镇压下去的同时，又能在外国侵略者面前实现地主阶级国家的"自强、自立"。他们以为在腐朽的封建制度中，加进一些西方资本主义国家的先进技术，将可以稳定旧的秩序，清朝的统治也就可以长治久安。他们认定举办这些洋务，不但是必要的，而且是可能的，它能够得到列强的同情和帮助。

洋务自强运动从 19 世纪 60 年代开始，一直到 90 年代中叶被更为激进的维新运动所取代，30 多年中主要做了三件事：一是创建近代工业；二是建立近代海军；三是举办近代教育事业。

1861 年，曾国藩先在安庆湘军营内建了一个军械所，找了当时的一批技术能人如黄冕、徐寿、华蘅芳、李善兰等，克服困难，白手起家。不到一年，试制成功了国内第一台轮船蒸汽发动机。同年，在上海的李鸿章也雇了英国退役军人马格里等，在松江一个小庙里办起了洋炮局，不久又扩建为三个局。中国匠人手巧，比着洋枪洋炮的样子就能打造，但是费工夫，尺寸也难求精。李鸿章深感"欲学习外国利器莫如觅制器之器"，他设法买到汽炉、打眼、铰螺旋、铸弹等洋机器，又雇了几个洋匠，大大提高了

---

① 曾国藩：《复陈购买外洋船炮折》（咸丰十一年七月十八日），载《曾国藩全集》第三册，第 186 页。

② 李鸿章：《上曾中堂》（同治二年三月十七日），顾廷龙、戴逸主编《李鸿章全集》第二十九卷信函一，安徽教育出版社 2007 年版，第 218 页。

③ 《筹办夷务始末（同治朝）》第二十五卷，第 1—2 页。

效率，每月能造大小炸炮 4000 余个。在取得这些经验之后，1865 年曾国藩、李鸿章收购了上海一家美国商人的旗记铁厂（当时称机器厂为"铁厂"），以此为基础办起了中国首家以机器为动力的大型军工厂，取名"江南机器制造总局"（亦称"沪局"）。经过十几年的努力，沪局拥有了机器厂、熟铁厂、炼钢厂、铸造厂、炮厂、枪厂、子弹厂、炮弹厂、火药厂、轮船厂、水雷厂等 15 个分厂，还附设广方言馆（外语学校）、工艺学堂和翻译馆等单位，职工达 3500 多人。这些工厂装备了当时世界上较先进的冶炼、加工及动力机械上千台，到 19 世纪 90 年代，制造了西式炮 600 余尊，后膛枪 5 万余支，炮弹枪弹近千万发。为了所需钢材不受制于外商，沪局炼钢厂用英式炼钢炉每年可生产熟钢几十万磅，并能够自行轧制成材，这是中国近代钢铁工业的发端。沪局的船厂和船坞，于 1868 年造成第一艘轮船"恬吉"号，以后又造兵船及其他机动船十几艘，这便是今天中国最大的造船企业——上海江南造船厂的前身。沪局的翻译馆聘请英国人傅兰雅、伟烈亚力，美国人林乐知等从事翻译，共译出西方书籍约 200 种，其中多为科技书籍，也有政治、经济、历史书籍约 20 种，例如，《佐治刍言》《列国岁计政要》《美国宪法纂释》《四裔编年表》等。该局还长期编纂《西国近事汇编》，每季度出一册，介绍国际形势和各国情况。这些成为中国士人系统地接受西学的先导。沪局的广方言馆和工艺学堂招收 15—20 岁学生，学习外文、算学、绘图、机器、化学等课程，学制四年，近代中国第一代科技人才大都是从这里培养出来的。

在江南制造总局建设的同时，洋务派还创建了金陵机器局、福州船政局、天津机器局、湖北枪炮厂、西安机器局、兰州机器局、山东机器局、四川机器局、吉林机器局等 21 个大中型军工厂，其中福州船政局（亦称"闽局"）是规模仅次于江南制造总局的大型专业造船厂，由左宗棠于 1866 年主持建立，厂址选在福州马尾港。闽局包括铸铁、打铁、模子、水缸、轮机、仪表、拉铁、帆缆、火砖、舢板等 14 个分厂，并附设船政学堂，有职工约 2000 人。船厂建立之初，聘用法国专家负责管理和工程技术，五年后外国员匠聘用期满回国，全部由中方人员接替。自 1869 年第一艘军用运输船"万年青"号下水到 90 年代末，共造大小舰船 30 余艘，其所造舰船的马力由 750 匹增至 2400 匹，成为当时中国四支水师补充舰只的主要基地。

在办军工厂的过程中，洋务派遇到了资金和原材料、交通运输等方面困难，这使他们感觉到西方"强"的背后有"富"作为后盾，中国要自强，也必须"求富"。于是从 19 世纪 70 年代起，洋务派除继续经办军事工业外，着手兴办航运、纺织、矿冶、电讯等民用企业，其中影响较大的有上海轮船招商局、上海机器织布局、开平煤矿、天津电报总局、漠河金矿、汉阳铁厂等。到 90 年代，全国民用工业企业发展到 40 多家。这些民用工业企业没有采取军工企业那样的官办形式，而是面向社会招集商股，由官派督办"总其大纲，察其利病"，"所有盈亏全归商人，与官无涉"。这种形式叫"官督商办"。当时国内除广东有零星几家纯民办的小工厂外，民间几乎无人敢投资近代工业企业。在洋务派"官为扶持"之下，民间人士开始投资近代工业。就这样，从洋务派的官办军工企业引进新式机器和新的生产方式，到"官督商办"企业中一些官僚、地主、旧商人和依附于外国资本的买办通过认股、参与经营到独立经营（由"官督商办"后来发展变为"官商合办"和商办），逐渐疏远和脱离他们原有的阶级和阶层，与民间自下而上发展起来的资本家相会合，形成具有新的共同经济利益和政治要求的集团，并构成一种新的社会经济成分。这便是中国早期民族资本主义的诞生。

两次鸦片战争遭受外国从海上而来的打击之后，洋务派开始把加强海防、建设新式海军作为强国的一个主要目标。19 世纪 60 年代初，奕䜣等人委托当时主持海关的英国人赫德和李泰国从国外购买炮舰。李泰国用了 100 多万两银子，在英国订造了 8 艘船舰，他要求清政府必须任命英国人阿思本为中国海军总司令，并由他来转达皇帝的意旨，其他中国官员不得过问。这一企图控制中国海军的行为，遭到总理衙门和曾国藩、李鸿章等的一致反对，最后只得赔钱把这批船变卖，把李泰国辞退。这件事促使洋务派加速建设福州船政局，并把江南制造总局改为兼造轮船。

1874年，日本派兵侵略台湾，引发了清政府高层关于海防问题的大讨论。讨论中李鸿章等人主张优先发展海防的意见占了上风。清政府决定首先重点建设北洋水师，任命李鸿章、沈葆桢分别督办北洋、南洋海防事宜。此后10余年间，李鸿章等一面在国内继续制造船舰，一面向国外大量购买兵船，充实北洋水师。1888年北洋水师正式成军，已拥有当时远东最"坚猛"的铁甲舰两艘，及巡洋舰7艘、炮舰6艘、鱼雷艇6艘、练船3艘、运输船1艘，还建立了旅顺、威海两处基地。舰队指挥员以中国第一代留学培养的军官为骨干。北洋水师操练正规，在清军中素质最高。与此同时，广东水师、福建水师、南洋水师也陆续成军。其时全国共有舰船130余艘，规模和实力都曾超过日本海军。

洋务自强事业最缺乏的是人才。为此，19世纪60年代初洋务派在北京、上海、广州等地首先开办了一批新式外国语学校——同文馆。同文馆聘请外国人为教习，开设英文、法文、俄文、德文等分馆，后来又添设了天文、算学、物理、机械制造、国际法等其他学科的课目。在创办近代军事和民用工业的过程中，洋务派采取的方针是边干边学，如福州船政局开办时即设立船政学堂，并在聘用洋专家的合同中规定，五年内除完成造船16艘的任务外，同时要培训中国学生工人，使其达到能够独立担任制造和驾驶。后来在开发矿山时也用此办法，所聘的外国矿业工程师兼任矿务学堂教习，"数年矿成而学亦成"。七八十年代，洋务派兴办电讯事业，一批电报学堂应运而生。近代海军的建设又推动了水师学堂、鱼雷学堂以及军医学堂的开设。1885年，李鸿章创办天津武备学堂，这是中国最早的新式陆军学校。为了迅速掌握西方先进的科学技术，洋务派还向美国、英国、德国派遣了留学生，其中派往美国的四批，120人；派往欧洲的四批，85人。由于长期闭关锁国，国人对外情蒙昧无知。洋务派招考留学生时，有传说孩子到了国外会被蛮夷蒙上狗皮，弄去展览，因此报考者寥寥，只有沿海地区少数家长同意送孩子出洋学习。在招生不满的情况下，又到香港补招。后来这些留学生大都学有所成，许多成为中国各项近代化事业的开创者，如詹天佑设计建造了京张铁路；黄仲良成为沪宁、津浦铁路的总经理；魏瀚长期任福州船政局总工程师，在洋员离厂后，独立主持了大型舰船的建造；黄耀昌等首批矿业工程师负责唐山、开平煤矿的勘探和开采。在电讯业方面，国家和地方电报局的负责人几乎全由留学归来人员担任，从而摆脱了外国对这一领域的控制企图。在海军方面，北洋水师的主力舰长多半由留学生担任，刘步蟾、林永升、林泰曾等在中日甲午战争中英勇献身，叶祖珪、萨镇冰、刘冠雄、李鼎新等成为清末民初的历届海军司令。留英学生严复回国后，长期担任天津水师学堂总教习，他在从事教育事业的同时，翻译了《天演论》等大批西方社会科学名著，对中国近代思想启蒙做出了突出贡献。在外交界留学生任公使、领事、代办的就更多。

上述可知，中国是在西方列强入侵的特殊历史条件下踏上近代化道路的，这是一个没有完全沿着原路线演进的量变质变过程。面对侵略者的炮口，清王朝上层统治集团无法照旧生活下去，被迫出现分化，与坚持守旧立场的顽固派相对立，奕䜣、文祥、曾国藩、李鸿章、左宗棠等洋务派开始了以变应变、挽救清王朝的所谓自强活动。迈出了第一步，就会有第二步第三步。虽然这些人的思想和实践没有向政治改革继续前进，但他们确实充当了历史的不自觉的工具，为社会进步的部分质变和量变创造了条件。从这个意义上，说他们是中国近代化的先驱，给他们以历史的评价是应该的。客观地看，他们能够从磐石般沉重、数千年积滞的传统营垒中突破而出，很不容易，每前进一步都遇到令人难以想象的阻力，发生尖锐激烈的斗争。

太平天国以及国内各民族起义先后失败，国内严重的阶级斗争缓和下来，外国殖民主义者的侵略也还暂时没有提上日程。国内出现了20多年相对比较平静的时期，政权相对也比较稳定，统治阶层某些上层人物对中外发展的差距已有较多认识。这本是清政府总结鸦片战争以来处处失败教训的时候，也是清政府努力从事国内发展的好时机。如果利用这个机会发展自己，事情未必不可为。日本正是在这个时候通过明治维新，奠定了发展资本主义的基础。清朝统治层中一部分人如军机大臣奕䜣、封疆大吏曾国藩、李鸿章发起洋务新政，造船造炮，发展军事工业，随后又以官办或官督商办形式发展了一些民用工业。这些人试图只在器物层面上做一些变动，而不变动思想观念、社会制度来谋求民富国强。即使这样局部变动也没有取得整个统治阶级的共识，顽固派、反对派，朝野上下所在多有。清政府中有一些大官僚如大学士如倭仁等面对外国侵略，别无良策，仅以"忠信为甲胄，礼义为干橹"等词，以为这就足以制敌之命，坚决反对洋务活动，反对任何新的改革。顽固派搬出"恪守祖宗成法"的招牌，谁也不敢反对。他们对于建立新式海陆军、建立近代军事工业、开办民用工矿交通运输业以及与此有关的各种活动，无不加以反对。他们认为外国的科技不过是"奇技淫巧"，向外国学习是"以夷变夏"。有人认为"读孔孟之书，学尧舜之道"，可以成为国家最有用的人才，办同文馆，学天文算术，讲究制造轮船，是本末倒置的。这一类议论，充分表现出他们对世界形势毫无所知，昏聩愚蠢到了极点。他们继续沉湎于"四夷宾服""万国来朝"等虚妄自尊和夜郎自大的迷梦里，死死抱住纲常名教等封建陈腐教条，反对科学，反对任何新事物。这类人思想极端保守，是落后于时代，又不知进取的顽固分子。洋务派驳斥了顽固派的这些议论。

西太后叶赫那拉氏让洋务派从事洋务活动，也放任顽固派攻击洋务派，以抑制洋务派势力的扩张。两派互相攻击，互相牵制，她从中操纵利用，使他们的行动都受到限制，不至于无所顾忌。正是由于慈禧太后并无定见，洋务活动只是在部分大臣中推动，只是在这些大臣担任要职的省份运转起来。曾国藩、李鸿章先后总督两江和直隶，南京、上海、天津的洋务发展得好。左宗棠督闽浙，抓了福建海防工业，他改督陕甘，兰州的近代工业随之兴起。张之洞后起，在武昌办起了近代工业。其他督抚基本上无所作为。中央政府——朝廷的作为未能发挥出来。洋务新政并不是举国一致的举措。这与明治维新以后的日本统治阶级正好相反。对于洋务派的"整军经武"活动，日本政治家伊藤博文也看出"皆是空言"，"此事直不可虑"[①]。一次发展自己的机会就这样没能抓住，失去了。甲午一战，北洋海

[①] 《军机处奏》（光绪十二年正月初六日）附件，《清光绪朝中日交涉史料》第十卷，第2页。

军全军覆灭，洋务新政主持者们求富求强的梦破灭了。

第三节　中国社会变化的思想总结
——早期改良主义的主张

魏源以后，面对第二次鸦片战争的时局，面对半殖民地化的局面，早期的改良主义者、政论家和思想家，是一些早期的洋务知识分子，他们一直在思考中国的出路。

最早提出比较明确改良主义思想的，是王韬、郑观应和稍后一点的马建忠等人。王韬考举人屡试不第，抛弃举了业，投到英人在上海所办的墨海印书局当编辑，了解到一些西方的情形，思想逐渐发生变化。1867—1870年，王韬应聘到英国协助翻译中国经书，得到一个对西方资本主义国家实地察看的机会。他开拓了眼界，丰富了知识，由一个封建的知识分子变成一个资产阶级改良主义思想的鼓吹者。1873年，在香港创办《循环日报》，宣传变法自强，主张凡一切工矿运输，"皆许民间自立公司"，"令富民出其资，贫民殚其力"[①] 和实行"君民共治"的政治制度[②]。郑观应出生于广东香山一个农村知识分子家庭，连秀才也没有考上。他的家乡是早期买办的出产地，叔父和可可都是外国洋行的买办。郑观应在科场失败后，17岁就到上海外国洋行当学徒，当上英商太古轮船公司的买办，总理该公司的揽载事务，积累起一笔资产。因为他曾经从事过商业活动，懂得商人的困难，在洋行中又看到外国资本主义疯狂侵略，又想发展自己的企业。这种情况使他更加强烈地要求一个有商人参与政治的富强国家来作保障。在对西方资本主义国家做过种种考察之后，他所下的论断是："其治乱之源，富强之本，不尽在船坚炮利，而在议院上下同心，教养得法。"[③] 马建

---

① 王韬：《重民》中，《弢园文录外编》，中华书局1959年版，第22页。
② 王韬：《重民》下，第23页。
③ 郑观应：《盛世危言自序》，载中国史学会主编《戊戌变法》第一册，上海人民出版社1957年版，第40页。

忠原来也"学举子业"。他看到清朝统治的严重危机，看到洋人来自数万里外，以一旅之师北上，清政府马上投降，士大夫引为奇耻大辱。他于是舍弃旧学，讲求洋务。"学其今文字与其古文词，以进求其格物致知之功，与所以驯至于致治之要，穷原竟委，恍然有得于心。"①

这些洋务知识分子对时局的认识比较敏感，他们大多看到时代变化很大，受到刚刚输入的西方资产阶级社会学说与自然科学知识的影响，认为中国社会非有所变革不可。冯桂芬在《校邠庐抗议》中指出："乃自五口通商，而天下之局大变。"② 王韬说："合地球东西南朔九万里之遥，胥聚于我一中国之中，此古今之创事，天地之变局，所谓不世出之机也。"③ 薛福成也说："方今中外之势，古今之变局也。"④ 郑观应、王韬都认为这是中国3000年（或者4000年）未有之变局。中国如何适应这一变局，是这些知识分子思考的问题。在他们看来，各国前来互市，给中国提供了取法效仿的机会。乘此难得的有利时机，戮力同心，以图自强，把"敌国外患"的不利因素改变为发展自己的有利因素。因此适应变局，首在自强。无论是发展自己，还是抵御外敌，都在于自己是否自强。要自强，就要采西学、制洋器、师洋人之所长、夺洋人之所恃。冯桂芬说"变人之利器为我之利器"，"始则师而法之，继则比而齐之，终则驾而上之"⑤。

马建忠认为："治国以富强为本，而求强以致富为先"，而且富国必先富民，"民富而国自强"⑥。求富以兴商为要义。所谓兴商，就是振兴工商业。这就是要走上发展资本主义的道路。要自强、致富、兴商，就

---

① 马建忠：《适可斋记言》，中华书局1960年版，第9页。这里所谓"洋务"，意指外国事务，或对外事务，与后人所说洋务派的"洋务"二字，有所不同。下引改良主义者语言中"洋务"二字，意皆同此。
② 冯桂芬：《筹国用议》，载《采西学议——冯桂芬马建忠集》，辽宁人民出版社1994年版，第47页。
③ 中国史学会主编：《洋务运动》（一），上海人民出版社1961年版，第504页。
④ 薛福成：《上曾侯相书》，载《薛福成选集》，上海人民出版社1987年版，第22页。
⑤ 冯桂芬：《筹国用议》，载《采西学议——冯桂芬马建忠集》，第84页。
⑥ 马建忠：《富民说》，载《采西学议——冯桂芬马建忠集》，第125、134页。

要有为自强、致富、兴商的大批人才，实现培育人才，就要办学，认为八股取士谬种流传，败坏天下人才，所学非所用，所用非所学，提出废八股、改科举、设特科以造就有用之才的主张。

改良主义思想家提出自强、致富、兴商、废科举、办学校的一系列主张，已经大大冲击了传统的治国理念和思想观念，明确了发展资本主义社会的基本思想和观念。

到 19 世纪 80 年代，郑观应、陈炽、何启等人发展和丰富了这种思想。郑观应是位民间商人出身的"洋务通"，对改良自强看法独到。他的著作以《盛世危言》最有名，也最有影响。陈炽是位京官，当过户部郎中、刑部和军机处章京，他考察过沿海和香港、澳门等许多地方，思想开通，积极主张变革。何启则是香港的律师兼医生。这些改良思想家的共同特点，是有一种强烈的抵抗外侮的忧患意识，他们看到中国在经历了两次鸦片战争的军事失败之后，又在遭受西方经济上的步步入侵。他们认为，中国商务一日不兴，则外国贪谋一日不辍。所以郑观应提出"商战"的口号，认为国家应该以"商战为本，兵战为末"，大力保护和发展民间工商业，与外商争权利争市场，使中国转亏为盈，转弱为强。只有这样才能真正抵御外国的侵略掠夺。为此，他们向当权者提出了一系列建议。首先是工商企业如何开办？起初他们赞成"官督商办"的形式，以为这既解决了单纯官办的资金不足，又解决了民办需要政府扶植的问题。可是当"官督商办"企业办起来之后，官从中操纵一切，安插私人，疏于管理，挥霍浪费，腐败盛行，而入股的商人则对企业经营状况无权过问，股息红利给多少是多少。结果这种企业十有八九亏损。郑观应后来坚决主张："今欲扩充商务，当力矫其弊，不用官办，而用商办。"其次是工商税赋问题。清政府为筹饷镇压太平天国，特设了一种货物过境税，叫"厘金"，在国内关卡林立，盘剥民间商人最为厉害。而外商却凭借不平等条约的低关税，得以在中国大肆倾销商品。对此，马建忠提出裁厘金加关税的建议，他说："洋商入内地持半税之运照，连樯满载，卡闸悉予放行；而华商候关卡之稽查，倒箧翻箱，负累不堪言状。"

这种状况应该倒过来，"华商为我国之民，故轻其税赋；洋商夺我国之利，故重其科征"①。再进一步则是要有一定的制度和法律来保障工商业者的权利。陈炽强调政府必须设立"商部"，制定"商律"，"不立商部，何以保商？不定商律，何以护商？"②他还提出有必要仿效西方建立专利制度以"劝工"，鼓励民间的发明创造。

王韬较早看出了这个问题。他以为，所有这一切事业，"官办不如商办"③，要"任之商，不以官"④，"皆许民间自立公司"经营⑤。他说洋务派学西法是"徒袭其皮毛"，所以"委靡不振者仍如故"，"使恃西人之舟坚炮利，器巧算精，而不师其上下一心，严尚简便之处，则犹未可与议"。马建忠给李鸿章上书说，西方国家的富强，根本在于"学校建而志士日多，议院立而下情可达，其制造、军旅、水师诸大端，皆其末焉者也"⑥。特别是在1884年中法战争中国不败而败之后，人们更是觉得这20多年"洋务"，并没有使国家真正振作起来。那些当官的只知中饱私囊，贪污捞钱，对企业盈亏没有利益关系。商民百姓则无权无势，任人宰割，其呼声和意见没有上达的途径。要想达到"上下一心"，"君民不隔"，就应该学习西方的议院民主政治制度，这是西方富强的"国本"。何启认为，民心不服，由于政令不平，如果让人民自议其政，自成其令，怎么能不服呢？他建议也像西方那样设立议院，由人民选举议员，由议员制定和修改法令，并决定政令，君主的责任则在于任命官吏去执行政令，这实际上就是君主立宪制度的主张。由赞同引进西方的先进器物和技术，到认清发展民族工商业才能作为其基础；由要求学习西方的经济

---

① 马建忠：《复李伯相札议中外官交涉仪式、洋货入内地免厘禀》，载《适可斋记言》第四卷，中华书局1960年版，第77、79页。
② 陈炽：《创立商部说》，载赵靖、易梦虹主编《中国近代经济思想资料选辑》中册，中华书局1982年版，第84页。
③ 王韬：《代上广州府冯太守书》，载《弢园文录外编》，第301页；又见《弢园尺牍》第九卷，第3页。
④ 汤震：《开矿》，载《危言》第二卷，第16页。
⑤ 王韬：《重民》中，《弢园文录外编》，第22页。
⑥ 马建忠：《上李伯相言出洋工课书》，载《适可斋记言》第二卷，第31页。

制度以保护民族工商业,到对西方议会民主的政治制度产生浓厚的兴趣;由主张制度的改良,到认识人的教养亦即文化教育改革的必要性。这既是思维发展的逻辑,也是中国社会演进的轨迹。

早期改良派的思想大致说来:其一,主张维护国家统一和主权;其二,要求为中国资本主义发展开辟道路;其三,主张改变封建的君主专制政体,仿照西方资本主义国家,实行君主立宪。这些思想,在当时是具有进步性的。

第四节　边疆危机和中法战争:不败而败的结局

洋务运动期间,中国周边多事,边疆危机四起。1864年,乘全国各地发生农民起义之机,新疆地区发生少数民族上层分子反对清中央政府的暴动,形成内乱局面。英国支持的浩罕国(今乌兹别克斯坦境内)军事首领阿古柏趁机入侵,占领整个南疆和北疆部分地区。俄国则以"安定边境秩序"为名,向伊犁地区发动进攻,占领伊犁地区。俄国声称"只以中国回乱未靖,代收收复"①,此后占领伊犁地区长达十年之久。1875年清政府任命陕甘总督左宗棠为钦差大臣督办新疆军务,出兵新疆平乱,经一年半的战争,击败阿古柏匪军,1878年2月收复新疆南北两路。接着清政府派崇厚为出使俄国大臣,前往索还伊犁。崇厚昏聩无能,与俄擅签《交收伊犁条约》,把伊犁西、南大片土地割让给俄国,引起国人激愤。1880年清政府又派曾纪泽使俄,交涉改约。经艰苦谈判,重订中俄伊犁《改定条约》,争回了伊犁南境大片领土,以西境较小地区交换伊犁。1884年清政府在新疆正式建省,任命湘军将领刘锦棠为巡抚。新疆设省,使西北边疆渡过了危机。

明朝初年,琉球王国就与中国建立了紧密的宗藩关系。1871年,琉球渔民因渔船失事漂流到台湾南部琅峤(今恒春镇)地方,其中50余人

---

① 《新疆图志》第五十四卷,交涉志二,第2页。

被当地牡丹社居民杀死，其余 12 人被送到福建，由福建官方送回琉球。日本企图利用这个事件发兵入侵台湾。1873 年，日本封琉球国王为琉球藩王，强行把琉球视为属国。1874 年初，日本设立"台湾蕃地事务局"，借口琉球船到台湾避风被当地人劫杀，出兵 3000 人攻台。日军在琅峤登陆，对当地居民进行烧杀劫掠。清政府派福建船政大臣沈葆桢率海陆军到台湾抵御日本侵略。由于美国、英国偏向日本，劝诱中国妥协，也由于日本实力还不够，日军在台瘟疫流行，清政府与日本订立《北京专约》，规定日军撤出台湾，中国赔偿兵费 50 万两息事。条约中把琉球渔民说成"日本国属民"，等于承认原中国的属国琉球归日本保护。次年日本便派官进驻琉球，阻止琉球入贡中国。1879 年更公然废除琉球国王，改琉球为冲绳县。日本此举当即遭到清政府抗议，中日之间就琉球地位问题谈判数年，琉球成为悬而未决的问题。1888 年，日本已决心用战争手段解决中日关系问题，便主动放弃谈判。此后，清政府不承认冲绳县，只承认琉球国。① 经此事件的刺激，中国提高了东南海疆战略地位重要性的认识，加快了海军建设的步伐。为防日本进一步图谋台湾，清政府加强了台湾的守备，1885 年台湾正式建省。台湾建省，把台湾府从福建省划出来，大大提高了台湾地位的重要性，提高了台湾省在国家的地位。

  在吞并琉球的同时，日本开始染指朝鲜。1875 年日舰侵犯朝鲜江华岛，翌年，又逼迫朝鲜签订《江华条约》，以"朝鲜为自主之邦"的名义离间中国与朝鲜的传统藩属关系。1882 年朝鲜发生带有反日色彩的"壬午兵变"，日本决定出兵干涉。为阻止日军侵朝，清政府应朝方要求派兵入朝。两年后，日本又在朝鲜策动"甲申事变"，劫持朝鲜国王，成立亲日政权。驻朝清军在袁世凯的率领下平定了这次事变，却引起中日对抗。1885 年日本派伊藤博文来华与李鸿章谈判，双方协议同时自朝鲜撤军，将来如再出兵，须彼此知照。这样日本便获得了与中国同等的对

---

① 参见张海鹏、李国强《论〈马关条约〉与钓鱼岛问题》，《人民日报》2013 年 5 月 8 日第 9 版（要闻版）。又见张海鹏、李国强《论〈马关条约〉与钓鱼岛兼及琉球问题》，载张海鹏、李细珠主编《台湾历史研究》第一辑，社会科学文献出版社 2013 年版，第 29—42 页。

朝派兵权，为日后的中日甲午战争埋下了伏笔。

英国占领印度后，接着又占领缅甸，进而觊觎中国云南。1874年英国派柏郎上校率武装人员企图开辟缅滇交通，驻北京的英国使馆派翻译马嘉理从云南入缅迎接。次年这伙人在中国境内与边民发生冲突，马嘉理被杀。清政府的对策是力求避免开衅。案件发生后，英国驻华公使威妥玛看准了这一点，向英国政府报告说：在处理马嘉理事件时，离不开武力威胁，他致电英国外交大臣德比勋爵说"即使在舰队增援之前我将各种问题都解决了，派遣强大的增援也会证明我们曾经是认真的"[1]。作为清政府总税务司的英国人赫德，在处理滇案问题上，与英国驻华公使威妥玛在维护英国利益上的立场是一致的，他在得知马嘉理被杀的当天，在日记上表示，如果按照他自己的意愿行事，它将使用武力，让中国为此付出代价。[2] 英国政府百般讹诈，要挟清政府，1876年9月签订《烟台条约》和《入藏探路专条》，除了赔款、惩凶、谢罪等条款外，还允许英人进入西藏、云南、青海、甘肃等地，并扩大英国在华的领事裁判权和通商特权。

利用《烟台条约》，英国又不断策划入侵西藏的图谋。1884年，英军从锡金越境，闯入后藏，企图挑拨班禅与达赖的关系。两年后，又派兵集结西藏亚东以南边境。1888年英军进攻西藏隆吐山要塞，当地军民奋勇抵抗，最后清政府撤换了驻藏大臣，与英国"罢兵定界"，签订《藏印条约》和《藏印续约》，承认锡金归英国保护，开放亚东为商埠，英国在亚东享有治外法权及进口货物五年不纳税的特权。与此同时，法国和俄国也争相向西藏伸展势力。

面对险恶的国际环境，洋务派采取"外须和戎，内须变法"的施政方针。在危机处理过程中，李鸿章等人一味以消极退让换取和平，结果

---

[1] "Sir T. Wade to the Kerby of Derby, January 5, 1876", *British Documents on Foreign Office Confidential Print*, Part I, Series E, Vol. 26, p.9. 转引自张志勇《赫德与晚清中英关系》，上海书店出版社2012年版，第76页。

[2] "15 March, 1875", *Hart's Journals*, Vol. 20. 藏英国贝尔法斯特女王大学。转引自张志勇《赫德与晚清中英关系》，第51页。

不仅严重损害了国家的主权和尊严,还助长了侵略者的气焰,使国际环境变得愈加对中国不利。中法战争就是突出的事例。

法国早就想变印度支那为它的殖民地,17世纪就开始了对越南的侵略。把越南变成进攻中国的根据地,是法国的基本方针。19世纪七八十年代,法国大规模入侵越南。中越之间早已存在传统的宗藩关系,法国侵越,必然引起中法的交涉与斗争。对法国在越南的军事行动,中国在越南的驻军一直保持了克制,而太平天国失败后由广西撤退至越南境内的一支农民军却屡屡出动,几次大败法军。这支军队以七星黑旗为战旗,故称黑旗军,首领刘永福被越南国王任命为三宣提督,受命协防越南北方。法国侵略越南,引起中国不安,越南也请求中国援助。1883年,法军攻克越南京城顺化,越南国王投降,签订《顺化条约》,承认法国为其保护国。12月法军以孤拔为统帅,进攻黑旗军和驻在越南山西地区的清军,中法发生军事冲突。次年法军进逼中越边境,与中国形成对峙局面。对此事态,左宗棠、张之洞等一些官员主战,李鸿章等人则强调各省海防,兵单饷匮,水师又未练成,"未可与欧洲强国轻言战争"①。慈禧授权李鸿章与法国谈判,李以双方撤军,法不向中国索要赔款的条件为满足,与法国在天津签订《中法会议简明条款》,清政府承认法国对越南的"保护权",同意在中越边境开埠通商,清军撤回边界。

签约后法军气焰大长,不等中方撤军便抢占谅山,中国军队愤而还击,发生所谓"谅山事件"。法国方面恼羞成怒,法国报纸兴风作浪,煽动战争狂热。7月12日,法国驻北京代办谢满禄以最后通牒向总理衙门提出中国军队立即从越南北部撤退,赔偿军费2.5亿法郎,否则就要占领中国港口,"自取押款"②。

谅山事件成为法国扩大侵略的借口。1884年7月,法国远东舰队司

---

① 李鸿章:《复总署论海防兵单未可轻言战事》(光绪九年五月初四日),《李鸿章全集》第33卷信函五,第228页。

② 《法使致总署撤兵赔款二项请于七日内见复照会》,《清季外交史料》第三卷,湖南师范大学出版社2015年版,第809页。

令孤拔率舰队进入闽台海面,封逼马尾港。1884年8月初,法舰进犯台湾北部的基隆,被督办台湾军务刘铭传击退。法国夺占基隆没有得逞,转而集中力量攻击福州。

法国海军兵临福州,清政府一味寄望谈判解决问题,不做备战准备。8月22日晚,法国舰队司令孤拔召开各舰长会议,布置作战方案,决定在次日下午退潮时发起攻击。由于中国兵舰均拴泊在码头固定位置,退潮时船头及主炮朝里不易掉头,而每一舰都被法舰事先用重炮瞄准完毕,挨打、失败的命运已经注定。

23日,已驶入马尾港的法舰突然向港内的福建水师开火,中方舰只仓促应战,旗舰"扬武"号在未及起锚的状态下用尾炮击中法旗舰"窝尔达"号,自身也被鱼雷击中下沉。炮舰"福星"号在管带陈英(船政学堂三届毕业生)指挥下,直冲敌阵,向大于自己数倍的法战列舰"凯旋"号开火,"凯旋"号重炮反击,陈英牺牲,三副王涟(船政学堂五届毕业生)继续指挥,直至全舰沉没。炮舰"振威"号最早向法舰反击,旋遭三艘法舰包围,以5门炮对43门炮奋战到底,管带许寿山(船政学堂首届毕业生)与舰同归于尽。其他如"福胜"号管带叶琛、"建胜"号管带林森林、"飞云"号管带高腾云等人也都率部拼死抵抗,壮烈捐躯。海战中,福建水师近30艘舰船几乎被击沉击毁,官兵阵亡近800人。法军连日在马江两岸大肆烧杀破坏,炮轰马尾造船厂,焚烧民房,击毁炮台,然后撤出马江,准备以全力封锁和攻占台湾。当时的外电评论说,这不能叫战争,这是屠杀。

马尾海战,中方失败的原因有两个方面,一是中国上层消极避战,寄望求和,不做准备,听任法国舰只驶入自己的军港,造成被动挨打的局面。清政府不同意福建官员拦阻法船入口、"塞河先发"的建议,指示他们不可"先发开衅"。法舰越来越多,与福建水师兵轮同泊一港,法舰积极备战,中国兵轮奉命不准先行开炮,"违者虽胜亦斩"。二是中法海军实力对比悬殊,开战当天,法国方面有军舰8艘,其中两艘为铁甲战列舰,5艘为巡洋舰,总吨位14514吨。有炮77门,几乎全为大口径后膛重炮。中国方面的 11 艘舰只，有 9 艘是木壳小炮舰，总吨位 6500 吨。有炮 45 门，多为前膛炮，发射时需要从炮口填药装弹。战斗中，中国炮舰朝法舰不停射击，由于距离近，命中率很高，但因炮弹威力小，没有给法舰造成致命伤。而中国舰船却经不住法舰的重炮，中弹后很快洞穿沉没。这是中国海军实力落后于法国造成的。

马尾海战后，清政府于 8 月 26 日下诏对法宣战，宣布中国因"法人背约失信，众怒难平，不得已而用兵"①，命令各军相机进取，沿海各口如有法国兵轮驶入，要合力攻击，悉数驱除。刘永福也被授予记名提督的头衔，指挥他原有的队伍作战。战争由此扩大到中国本土，中、法间的外交关系随之断绝。

法国的蛮横恣肆激起人民的愤怒。上海《申报》评论说："今日之时势，倘令中国百姓人出一法郎以为兵饷而竭力以攻法人，则未有不踊跃乐输者。即贫户无从出钱，使之编入营伍，前驱杀敌，莫不心悦，虽蹈汤火亦所不辞。"②战争再度爆发后不久，香港中国工人、各地广大群众以及寓居国外的华侨，采取各种方式表达对法国侵略者的愤恨和对抗法斗争的支援。9 月初，一艘参加过轰击基隆，后来在企图驶入闽江时被中国炮台打伤的法舰"加利桑尼亚尔"号开到香港船坞，船坞中的中国工人罢工，拒绝修理。英国公使巴夏礼就已注意到一些通商口岸的群众反对外国侵略活动的迹象。他特别举出天津、汉口、上海、福州和广东，称之为"人民的行动最容易指向外国人"的地方，而福州、广州尤其显著。③ 海外爱国华侨也关怀祖国的抗法斗争。美国旧金山华人出金 50 万两助饷，日本神户、横滨华侨富商公议，愿集捐饷银 100 万两，古巴华侨捐银 1.4 万余两，新加坡华侨凡资产稍丰的，都竭力捐输。

陆上战争在中越边境镇南关展开。1885 年 3 月，法军进攻镇南关，

---

① 《谕军民人等法国渝盟肇衅不得已而用兵电》，《清季外交史料》第四十五卷，第 14 页。
② 社论：《论中国目下情形惟有一战》，《申报》1884 年 7 月 17 日。
③ 巴夏礼致英国在华海军副司令（Sir H. Pavkes to Vice-Ad-miral Sir W. Dowell），见英国蓝皮书 1885 年第 1 号《关于中国事件的通信（Correspondence Respecting the State of Affairs in China）》，第 38 页。

两广总督张之洞起用老将冯子材督军。帮办广西关外军务冯子材在关前构筑长墙，顽强坚守。在战斗最激烈的时候，70多岁的冯将军手持长矛，大吼一声冲向敌人，全军振奋，把法军击溃，毙敌千余人。中国军队乘胜追击，收复谅山。法军败耗传到巴黎，法国的政局立刻动荡起来。法国人民对政府的殖民政策久怀不满，这时他们的愤怒终于爆发。1885年3月30日，巴黎群众举行示威游行，并聚集在议会外面和外交部前，高呼"打倒茹费理"等口号。在群众的压力下，茹费理内阁倒台。

越南北部战场上的胜利改变了战争的形势。中国军队已掌握了战场上的主动权。冯子材筹谋从越南北部驱逐法军，决定进攻北宁。法国的军事失败和政治危机同时临头，处境困难。恰在这时，4月4日，清政府经过长期秘密谈判，与法国在巴黎签订了停战条款，在重新肯定李、福《中法会议简明条款》有效的基础上停战议和。

4月7日，清政府命令前线停战。6月，授权李鸿章在天津与法国谈判签订和约（即《中法会订越南条约》），承认法国对越南的殖民统治，规定中法两国共同勘订中越边界；云南、广西两省的若干地点开埠通商，对法国货纳税"较减"；中国方面如需修筑铁路要向法国"商办"。刘永福的黑旗军也被清政府招安调入国内，后来派往台湾驻防。就这样，清政府以军事上的胜利，换取的仍是对中国不利的不平等条约，被人称为"不败而败"。

第五节　教案迭出——大规模群众反洋教斗争

近代来华传教士作为"基督教征服世界"的使者，直接参与了列强对中国的侵略活动。外国在华传教事业已经不是一种单纯的宗教事业，而是列强对华侵略的一个组成部分。"教案"既是帝国主义与中华民族矛盾的产物，也是中国传统礼俗政教与基督教义化冲突的结果。

一些传教士起到了殖民主义者进行侵略扩张的先锋队作用。美国公使田贝证实：这些传教士所搜集的有关中国民族、语言、地理、历史、商业以及其他情报，对美国的贡献是很大的。外国教会实际上成为侵略者的谍报机关。俄国公使伊格纳提耶夫说：东正教驻北京布道团提供的精确情报，使他得以沿着真实的、正确的道路前进，同中国签订《北京条约》。俄国政府为奖赏东正教士，赐给新占中国领土中的大片土地，规定神职人员由国库支付薪俸。美国驻华公使列卫廉说：传教士及与传教运动有关系的那些人的努力，对美国的利益非常重要。若没有他们充当译员，公事就无法处理，没有他们的帮助，美国公使在这里就简直无法履行职责。

清政府在第二次鸦片战争中与列强签订的《天津条约》和《北京条约》，允许西方传教士进入中国内地传教，且可"租买田地，建造自便"。这样一来，民教相争酿成的案件急剧增多，教案迭出。西方传教士伴着征服者的大炮，仗势欺人，中国民众则把他们当作侵略者的代表来发泄仇恨。民教相争的案件以房地产纠纷为多。传教士进入内地后急于扩展传教事业，往往强买强占民间房屋地皮，引起住民不满与反抗。传教士遂向本国公使馆告状，公使馆向清政府施压，清政府则对百姓施以弹压，使矛盾不断激化。外国教会深入中国内地后，形成一种特殊的社会势力。有洋人撑腰，官府不敢惹，一些地痞流氓也托庇入教，横行滋事。这些都成为教案爆发的导火索。

一些外国传教士在中国兴办医院、学校、书局，同时传播了西方一些较为先进的科学文化。虔诚的洋教士同情中国人民的苦难，给予了善意的布施。但是这改变不了帝国主义侵略欺侮中国的大时代背景，也就不可能阻遏上述那些矛盾的发生。

《北京条约》签订后，外国传教士蜂拥而至，外国教会在中国势力迅速扩张。教堂、教士、教徒的数量显著增长。耶稣教差会1860年有20个，1884年增至30余个；传教士1864年有180余人，1890年达到1296人；传教士的常驻地点，1860年14个，分布在东南沿海六省的通商口岸，1894年达到238处，主要分布在沿海各省和长江流域（湖南例外），山西、陕西、甘肃、四川、广西、河南、贵州、云南等省也都有了耶稣教传教士驻地。耶稣教徒1857年仅有400人，1893年达5.5万人。天主教会1860年9个，

1894年达到21个；天主教传教区，1844年10个，1883年增至34个；各教区设有主教，管辖本区的教务；天主教外籍教士1846年有100人，1885年增至488人，东起台湾，西到西藏，北达黑龙江，南至海南岛，都有天主教士的足迹；天主教徒1850年32万人，1890年增至52.5万人。① 另据1877年的统计，新教传教士共有473人，差会总堂91个，支堂511个，正式教堂312个，教徒13035人。② 1865年由英国基督教传教士戴德生创立的内地会，第一年来华传教士3人，到19世纪末，内地会在中国约有650名传教士，270个传教站，教徒约5000余人，成为基督教在中国活动的最大差会。③ 天主教每个传教区一般设总堂一座，设主教一人。总堂有的建在通都大邑，省、府、县治所，如直隶北境总堂建在北京西什库，山东北境总堂建在济南府。有的建在偏僻的村镇，如湖北西北教区设两个总堂，一个在老河口，另一个在谷城县的茶园沟；湖南南境总堂设在衡州城附近的黄沙湾。俄国东正教的团费由俄国政府提供，它的活动听从政府下达的训令。《北京条约》签订后，俄国东正教陆续在天津、哈尔滨、上海及新疆等地建立起教堂。

《北京条约》后40年间，中国各地共发生大小教案达400余起，反洋教怒火遍及贵州、云南、湖南、江西、四川、江苏、安徽、河南、河北、山东、福建、台湾等省的城镇乡村，其中影响最大的一起教案发生在天津。

《天津条约》签订后，法国把联军议约总部望海楼改为领事馆，又取得与望海楼毗连的崇禧观的永租权，在领事馆旁建了个大教堂，在城东区开了间仁慈堂。仁慈堂收养小孩，修女有时还给送孩子来的人一点身价钱。于是一些"吃教"的无赖，拐骗幼童去换钱的事时有发生。1870年夏，仁慈堂内收养的小孩因传染病死了不少，埋于河东乱葬岗，被野狗刨出。民众遂怀疑教堂有虐待行为。更有传闻教堂对幼童挖眼剖心的。恰在此时，一个叫武兰珍的人因迷拐幼童被乡民执获送官，审讯中供出同伙还有教民

---

① 转引自《中国近代史稿》，载《刘大年全集》第五卷，第351页。
② 王立新：《美国传教士与晚清中国现代化》，天津人民出版社1997年版，第18页。
③ 顾长声：《传教士与近代中国》，上海人民出版社1981年版，第118页。

王三。天津知县刘杰审得此供，请示中央驻津的最高官员、北洋通商大臣崇厚。崇厚照会法国驻天津领事丰大业，要他帮助将教民王三送案对质。丰大业敷衍应对。

6月21日，围聚在教堂外的民众与法国领事馆人员发生冲突，向教堂抛掷砖头。丰大业要求崇厚派兵弹压，崇厚派知县刘杰及巡捕2人前往制止。丰大业持枪率秘书西蒙往见崇厚，一进门即怒言相向，开枪示威，将室内什物信手打破，口称"尔怕中国百姓，我不怕尔中国百姓"①，扬长而去。行至路上，遇见自教堂返回的刘杰，丰大业迎面放枪，将刘杰家人高升击伤。愤怒民众当场将丰大业和西蒙殴毙，接着将望海楼教堂、法领事馆、仁慈堂及洋行焚毁，又焚毁英国礼拜堂4处、美国礼拜堂两处。混乱之中殴毙或烧死18名外国人，连同丰大业和西蒙，共20人。遇害的还有中国教民16人。

教案发生后，美、英、法、俄、德、比、西七国联合向清政府提出抗议，各国军舰逼近天津海河口示威，要求惩凶赔偿。法国海军司令威胁说：不处理此案，定将津郡化为焦土。有人甚至扬言"最低要求是使用武力迫使整个中华帝国开放对外交往，从要求较高的将所有中国官吏一律斩首，推翻现政府，乃至将全国置于外国保护之下"②。清政府极为紧张，急调病假中的曾国藩赶赴天津查办。曾国藩认为"中国目前之力，断难遽启兵端，惟有委曲求全之一法"③。他虽了解到教案发生的真实因由，却故意把迷拐儿童的情节说成"查无确据"，将天津知府和知县革职充军，判处肇事者20人死刑（缓刑4人），25人流放，并赔款50万两白银。清政府还派崇厚专程赴法国赔礼道歉。照曾国藩自己的说法，这叫作委曲迁就，消弭衅端。

---

① 参见戚其章、王如绘《晚清教案纪事》，东方出版社1990年版，第109页。
② 《镂斐迪致斐士函》（1870年8月24日），载中国第一历史档案馆、福建师范大学历史系合编《清末教案》第五册，中华书局2000年版，第31页。
③ 曾国藩：《密陈津郡教案委曲求全大概情形片》（同治九年六月二十八日），载《曾国藩全集》第十一册，第509页。

事后他自己也不得不承认,处理教案,"但冀和局之速成,不顾情罪之当否"①,"庇护天主教,本乖正理","内疚神明,外惭清议"②。清政府中也有人指责曾是"自撤藩篱,泯庶民爱国之心,禁庶民忾敌之志,杀以谢敌"③。他自己也以"名毁津门"而耿耿于怀。

中法战争期间,当法军袭击福建水师、炮轰马尾造船厂的消息传出,全国反洋教的浪潮又起,福州、宁德、古田、厦门及毗邻福建的浙江,连续发生毁烧教堂的事件。靠近越南的两广也民情激愤,在广东有40多名传教士被驱逐到香港和澳门,50余所教堂被毁。

19世纪90年代,在四川大足、长江中下游以及直隶东北境朝阳一带爆发了大规模的群众反教风潮,把反教斗争推向新的高峰。1890年9月,大足县当过挖煤苦力的余栋成聚众发动武装暴动,焚毁教堂数处,杀教民10人,发布檄文,声讨外国侵略者"欺侮中华",号召群众驱逐外国教会势力,斗争坚持到1892年。1891年5月,芜湖万余群众暴动,冲散弹压的清兵,焚烧教士住地,与洋教士短兵搏斗。此后,长江中下游各省几十座城市和乡村,凡有教会势力的地方,都纷纷发生反教骚动。其中湖北广济县武穴千余人攻打教堂;宜昌数千人焚烧法、美教堂。直隶承德府,天主教划为东蒙古教区,主教府设在朝阳县松树嘴子村。1891年朝阳爆发了由金丹道教和在理教发动的武装起事,有众数万人,攻占朝阳、平泉、建昌、赤峰等州县,焚毁天主教堂。1895年成都教案,波及全川,数十处天主教堂、耶稣堂被毁。

教案是近代中国涉及中外关系方面一种特殊矛盾和冲突。《北京条约》签订以后,天主教、基督教在中国合法传播。由于中外文化信仰不同和建筑教堂用地利益上的纠葛,教民和非教民之间发生冲突是不可避免的。如

---

① 曾国藩:《天津府县解京请敕从轻定拟并请嗣后各教堂由地方官管辖片》(同治九年八月二十六日),载《曾国藩全集》第十二册,第83页。

② 曾国藩:《复吴坤修》(同治九年闰十月二十三日),载《曾国藩全集》第三十一册,第405页。

③ 《奕譞奏致疾之由心疾有四上达天听折》(同治九年十一月十八日),载《筹办夷务始末》第七十九卷,中华书局2008年版,第3198页。

果各级政府秉公处理,这种矛盾不难解决。问题在于传教士往往庇护教民,传教士所在国家政府往往依据不平等条约压迫中国政府各级官员,甚至违法教民也获得"治外法权"的保护,政府各级官员碰到教案难以公正处理,往往担心"有碍大局",得罪外国。即使有理,屈也在老百姓一方。这样,更大教案的发生就是难以避免的。这是中国社会在外国侵略下向下"沉沦"的表现形式之一。

第六节　甲午战争爆发　清政府错误的战争指导

日本是中国的近邻,自古以中国为师,向有一苇可航、唇齿相依的说法。19世纪中叶,中国与日本同时遭遇西方坚船利炮的冲击,先后与列强签订不平等条约,被迫开关。从19世纪60年代开始,又几乎同时奉行自强运动,在日本叫作"明治维新",中国称作洋务新政,或者自强新政。中日两国从一条起跑线上朝近代化方向起跑之后,距离很快便拉开了,日本举国一心,于1868年提出"殖产兴业,富国强兵,文明开化"三大方针,从经济、政治、文化全方位向西方学习。中国办洋务仅袭皮毛,还要与顽固派争来辩去,举步维艰。中国发展自己的时间就这么被耽误了。

据学者统计,在中国,19世纪60—90年代,洋务派总共兴办了大约60个近代企业,总投资大概5300万两银子。其中军事工业21个,投资3700多万两。以30年计算,平均每年2个,每个投资170余万两。如果再加上在洋务派影响和特别批准下,以官督商办名义兴办的民族资本主义近代企业,也不过共有120余个,合计投资约5800万两,平均每年4个,每个投资不及200万两。① 在日本,有学者统计,从1868年到1892年,日本总共建成5600多个公司,总投资资本达到2.89亿日元,平均每年设立225个公司,每个公司资本差不多1100万日元,大概折合中国的银两700多万两。②

---

① 樊百川:《清季的洋务新政》第一卷,上海书店出版社2003年版,第22页。
② 高桥龟吉:《明治大正产业发达史》,第24页。转引自樊百川《清季的洋务新政》第一卷,第22页。

日本明治维新期间在洋务企业方面的成就和中国洋务新政相比，中国方面可以说是小巫见大巫了。我们看到，中国的洋务新政，大体上可以与日本幕府末期的改革相比较，改革主体、改革内容大体相近；改革效果，中国尚不及日本幕府。尽管两国都具有早期现代化的特征，但与真正的现代化进程相比较，还有距离。洋务新政与明治维新，实际上是不同历史发展阶段的产物。明治维新以后，明治政府逐渐采取一系列政策措施，对日本社会进行了资本主义改造，这些改造刺激了日本社会自由民权运动的发生，推动了日本社会向资产阶级宪政国家的转变。自由民权运动的目的虽然没有达到，却促进了日本产业政策向自由资本主义方向转换，大量国有企业廉价处理给民营企业是一个标志。这个转换，标志着日本资本主义社会的形成。中国在19世纪内完全不具备这样的条件，所以只能在半殖民地半封建社会的泥淖中越陷越深，在现代化的道路上很难有大的步伐。①

早在16世纪，日本政治家就有扩张主义野心。明治维新后，日本明治天皇立志要"继承列祖列宗之伟业"，要"开拓万里波涛，布国威于四方"，图谋夺取琉球、朝鲜和台湾。明治维新的先驱者吉田松阴提出"北割满洲之地，南收台湾、吕宋诸岛"。"脱亚入欧"论的主张者福泽渝吉要求日本"应同西洋人对待中国朝鲜之方法处分中国"②。这是为发动侵华战争制造理论根据、提供舆论准备。

在搁置琉球谈判后，日本立即抓紧扩军备战，建设海陆军，为此，成立直属天皇的参谋本部，还派遣大批间谍到中国侦察敌情。1887年春，参谋本部陆军大佐小川又次综合侦察结果，提交了《清国征讨方略》，对中国总兵力和各省军力分布作了详细报告，分析了清政府的财政、军费、海军建设、沿海和长江防御设施、官僚和国民素质，比较了日本政府财政状况、军费和海军建设，日本官僚和国民素质，提出"断然先发制人，制订进取计划"的

---

① 参见张海鹏《19世纪中日两国早期现代化比较研究》，收入张海鹏《中国近代史基本问题研究》，中国社会科学出版社2013年版，第355页。
② 吉田松阴、福泽渝吉言论，引自水野明《日本侵略中国思想的验证》，《抗日战争研究》1995年第1期。

侵略计划，建议以8个师团军力"攻占北京，擒获清帝"①。

1890年，日本首相山县有朋在日本第一届国会上提出"主权线"和"利益线"概念，认为日本是主权线，朝鲜是利益线，为了确保利益线，就要进取中国。显然，日本将发动侵华战争的命题已经提上国会讲坛。在第四届国会上，天皇提出所谓"兼六合而掩八纮"②，实际上就是批准了发动侵朝侵华战争的方针。

1893年，日本政府成立"出师准备物资经办委员会"，颁布《战时大本营条例》，这是日本迈向侵华战争的重要步骤。同时，派出参谋次长川上操六率队到朝鲜和中国各地考察，布置了军事间谍网，构思了进攻作战的细节，得出了对华作战可以稳操胜券的结论。

日本间谍布置中国各地，随时报告中国情况。中国对日本情况则甚少掌握。中日开战后，与军令部和外务省有直接联系的著名间谍宗方小太郎一直在威海卫北洋舰队基地刺探军情，中国官方发现了他传出的情报，对他发出了抓捕通报。但宗方在离开威海卫乘船到上海的途中用湖北蔡甸商人的假身份骗过了所有检查，顺利回国。③

甲午战争爆发。1894年2月，朝鲜南部东学道农民秘密会社发动起义，起义军打出了"逐灭夷倭""灭尽权贵"口号，表示了反对外来侵略和封建统治的态度。5月占领了全州，朝鲜国王请求中国出兵帮助镇压。此时日本正在寻找出兵朝鲜的借口，便诱使清政府先出兵。驻朝鲜的袁世凯在得到日本公使"我政府必无他意"的保证后，电告国内。主持军务外交的李鸿章经请示光绪皇帝，决定依保护藩属的旧例，派直隶提督叶志超率兵1500名援朝，并按约通知了日本方面。日本政府见阴谋得逞，立即决定出

---

① 小川又次：《清国征讨方略》，《抗日战争研究》1995年第1期。
② 引自井上清《日本历史》下册，天津市历史研究所译校，天津人民出版社1974年版，第668页。
③ 《宗方小太郎日记》1894年9月11日、12月14日条，载戚其章主编《中国近代史资料丛刊续编·中日战争》第六册，中华书局1993年版，第123、132页。参见张海鹏《甲午战争与中日关系——对甲午战争120周年的反思与检讨》，《中国甲午战争博物馆馆刊》2014年第3期；又作为序言，载张海鹏、崔志海、高士华、李细珠合编《甲午战争的百年回顾——甲午战争120周年学术论文选编》，中国社会科学出版社2014年版。

兵朝鲜。6月5日，日本政府成立战时大本营，13日在仁川登陆的日军即达8000人，同时迅速占据军事要地，完全控制了首都汉城。这样，中日形成了军事对峙。

中国方面对日本的举动大为震惊。这年恰是慈禧太后六十大寿，慈禧太后为了修建圆明园，以及为了仿效乾隆，要做60岁大庆，挪用军费①，而且令大小官吏贡献年俸若干，完全不顾民心向背，不顾大战当前，一意粉饰太平。李鸿章外交努力的方针即为"避战求和"。他一方面电催袁世凯抓紧平定东学道起义，另一方面劝导朝鲜主动改革内政，以消除日本出兵的借口。岂知日本早已打定"外交被动，军事主动"的决心，继续增兵不已。中方因寄望外交努力，不仅不敢增兵，且令部队待在起义发生地牙山一隅，军事上越来越陷于被动。这时日本又破译了清政府与驻日公使之间的往来密电，完全掌握了中方内部的运筹机密。

这时候，东学道起义已经平息。在与日本交涉双方同时撤军无效的情况下，李鸿章转而寻求俄、英两国的调停。俄国当时在修筑西伯利亚大铁路，正是它的这一行动促使日本抢先西进，用明治天皇的话说，如等俄国把铁路修成，必轻取朝鲜，日本将"遗恨万年"。因此，尽管俄国严厉要日本罢手，日本决意不顾。英国则另有打算，它为了与俄国抗衡，正想利用日本，而日本也一直在谋求英国的支持，这样英国的"调停"变成英、日两国的勾结。7月，日、英新约签字，英国答应将取消以前对日本的不平等条约，公开同意日本对朝鲜的政策。

面对日本的挑战态势，清政府决意进兵，李鸿章派卫汝贵、马玉昆、左宝贵部进驻平壤。7月21日，清政府雇英国商船"高升"号运兵增援牙山守军。23日，日本迫不及待，派出军队占领朝鲜王宫，囚禁朝鲜国王，组织傀儡政权。25日，日海军"吉野""浪速""秋津洲"三舰突袭牙山

---

① 陈先松对"挪用"海军军费做了详细研究。他根据现有档案文献资料认为，颐和园工程经费约为814万两白银，出自海军衙门经费约为737万两，出自总理衙门经费约为77万两，属于挪用性质的海军衙门经费约705万两，挪用海防专款数额不会超过67万两。参见陈先松《修建颐和园挪用"海防经费"史料解读》，收入《甲午战争的百年回顾——甲午战争120周年学术论文选编》，第42页。

附近丰岛洋面护送运兵船"高升"号的中国军舰"广乙"号和"济远"号,战斗持续一个半小时,"广乙"重伤,"济远"受伤退逃旅顺。接着日舰拦住"高升"号,令其投降,遭拒绝。"浪速"号舰长东乡平八郎下令将"高升"号击沉,船上800名中国陆军官兵殉难。日舰还俘获了中方的护航木壳轮"操江"号。丰岛海战同日,日陆军以两倍于清军的兵力进攻牙山,中方主将叶志超败退先逃,另一守将聂士成率部苦战不支,29日亦向平壤撤退。

8月1日,在日本政府对中国宣战后,清政府对日本宣战。是年夏历甲午,历史上称这一次中日战争为甲午战争。日本则称为日清战争。日本对中国宣战后,大本营迁到广岛,天皇以大元帅身份到广岛来统率大本营,举国一致的战时指挥体制正式形成。"集中目标,讨伐中国"的情绪,弥漫全国。

甲午战争开始后,李鸿章从外交上的"避战求和"转向军事上的"消极防御"。在陆战方面,光绪帝要他令北路援军与牙山守军合攻汉城,趁日军立足未稳,争取扭转战局。而李则主张稳扎稳打,先守定平壤再说。在海战方面,日本把与中国争夺制海权看作战争取胜的前提,而李鸿章为北洋水师确定的方针是"避战保船",在渤海湾内"作猛虎在山之势"。这就等于放弃了黄海的制海权,使朝鲜守军陷于孤立,日军得以放胆从海上运兵,实施陆上攻击。

9月,中日陆上较量的焦点是平壤战役。其时中方在平壤的兵力有1.5万人,山炮28门,野炮4门,机关炮6门,总指挥为叶志超。日方攻城兵力约1.7万人(实际参战兵员1.2万人),有山炮44门,司令官山县有朋。由于补给困难,日军只带两天干粮,弹药也有限,山县令部下拼死力战,不得生为俘虏。15日凌晨,日军分四路向平壤发起猛攻,正面御敌的回族将军左宝贵身先士卒,在城上亲燃大炮轰敌,"手发榴弹巨炮三十六弹",最后中弹牺牲。日军从侧面攻破玄武门,叶志超重演牙山故事,令守军连夜撤出平壤,一路狂奔,逃过鸭绿江。平壤战役仅一天即告结束。

平壤失守之日,海军提督丁汝昌率北洋舰队护送援军在鸭绿江口大东

第三章 失去发展机遇的三十年

沟登陆,17日中午返航时,在鹿岛海面,见西南方向一片黑烟,来船皆挂美国旗,及近突然改为日本旗。一场日本方面蓄谋已久的黄海大海战爆发了。中国参战的军舰10艘,总吨位为31366吨,总兵力2000余人;日本参战的军舰12艘,总吨位40849吨,总兵力3500人。中国军舰平均航速为每小时15.5海里;日本军舰平均航速为每小时16.4海里,其中第一游击队为每小时19.4海里,最快的"吉野"竟达每小时23海里。日本舰队拥有各种火炮268门,其中速射炮97门;北洋舰队各种火炮173门,但却没有一门速射炮。所以,日本舰队在吨位、兵力、速度、炮火等方面都占有明显优势。[①] 日舰以突袭方式有备而来,排出鱼贯纵队阵势。中方在护航返航途中临时应战,散开成人字雁形横队,"镇远""定远"突前成掎角之势。这个阵势虽有利于发挥舰首重炮火力,但机动性较差,侧舷炮和尾炮也不能对敌。日舰抓住这一弱点,"吉野"等四艘快舰冒险横过中方阵前,穿插围攻右翼最弱的"超勇""扬威"二舰。在急需调动应敌的关键时刻,中方旗舰"定远"号飞桥因年久失修,被大炮震塌,丁汝昌跌落受伤,造成指挥中断,各舰遂独立作战。"超勇""扬威"吨位小,火力弱,内舱均为木质,在数艘日舰的围攻下,两舰官兵奋勇抵抗,终因中弹后火势难以扑救而焚毁,"超勇"管带黄建勋牺牲,"扬威"管带林履中愤而蹈海。"致远""经远""济远"三舰被日舰分割,经激战,"致远"弹药告罄,船身中弹倾斜,管带邓世昌决心追撞日舰"吉野",不幸中鱼雷沉没,全舰官兵250人壮烈殉国。"经远"受伤后亦在追击敌舰时中鱼雷沉没,管带林永升等250余官兵牺牲。"济远"在受伤后退出战场,驶回旅顺,其管带方伯谦后来受到军法处置。丁汝昌负伤后拒绝进舱,仍坐在甲板上鼓励士气。主力舰"定远"管带刘步蟾、"镇远"管带林泰曾率部与日舰主队对阵,两舰均中敌弹上百发,仍坚持战斗,"镇远"以重炮命中敌旗舰"松岛",引起大火和爆炸,毙伤日军百余人。下午五时,"靖远"主动代替"定远"升旗集队,欲继续血战,日舰见天色已暗,先行撤出了战场。

---

① 参见戚其章《甲午战争史》,人民出版社1990年版,第126—127页。

黄海海战前"致远"舰士官在烟台留影
(采自日本《近代百年史画报》,第6集)

黄海大海战是世界史上第一次蒸汽机舰队的大规模海战,中日双方投入兵力之多,机械化程度之高,战斗时间之长,景状之惨烈都是空前的。海战结果,中方"致远""定远""扬威""超勇""广甲"五舰沉毁,伤亡800余人。日方"松岛""比睿""赤城""吉野""西京丸"五舰遭重创,伤亡300余人(包括舰队司令伊东受伤,"赤城"舰长坂木毙命)。中方损失较大,但主力舰只大部保留,日军一举歼灭北洋舰队的图谋没有得逞。总结这次海战的教训,首先要检讨的是李鸿章的"保船制敌"的消极作战方针。其次,中国海军近代化建设落后于日本也不可忽视,这包括海军经费的严重不足和被任意挪用,导致新型武器装备的缺乏。再次,全国海军领导机制的不统一,使得只有一支北洋舰队与日本全国海军对垒,而南洋等水师则袖手旁观。最后,还有海军专业化指挥、训练水平滞后等。这次海战,对中方来说是遭遇战,指挥员事先没有与日军大战决战的准备。因是护航,各舰携弹不多,造成海战中弹药严重匮乏。如中方航速最快的"致远"舰在咬住日方最猖獗的"吉野"舰后,就因炮弹用完,才抱死追撞敌舰，终被击沉。战后，清政府派员查验北洋舰队，发现尚有大批炮弹放在仓库里未带上舰。在两国交战状态下，前敌指挥员在消极战略思想指导下疏于作战准备的教训是严重的。

黄海一战，北洋舰队的受伤舰只需要修理。李鸿章借口"海军快船太少，仅足守口，实难纵令海战"，不准舰队再出海。这样日本便完全掌握了制海权，可以无顾忌地执行他们的陆上作战计划了。10月24日，以大山岩为司令官的日军第二军约3万人在辽东半岛花园口登陆。登陆行动持续9天，这是对其实施海上袭击的极好时机，然而北洋舰队没有出动。日军上岸后，抄旅顺的后路，进攻金州。当时旅大地区中国军队的主力宋庆、刘盛休部已调往鸭绿江防线，后补充的30余营，13000人多为没打过仗的新兵。更成问题的是，前敌没有主帅，各统领并立，难以协同作战。驻旅顺的六支部队只有总兵徐邦道率2000余人，进援金州。紧要时刻，大连守将赵怀业只顾逃跑，拒绝支援，11月6日金州失陷。次日，大连也落于敌手。旅顺是李鸿章苦心经营10余年，耗资上千万银两建成的北洋海军重要基地，号称"铁打的旅顺"，与威海基地互为犄角，扼守渤海口，战略位置极为特殊。港内有北洋舰队大量设施，沿岸依险要地势筑有海岸炮台13座，陆地炮台9座，配备德国克虏伯大炮近百门，时称东洋第一要塞。日军感到正面进攻难打下来，才定后路抄袭之计。日军拿下金州、大连后，休整了10天，18日向旅顺发起攻击。李鸿章指示："宁失湾，断不失旅。"① 李鸿章调集了约2万援军，特别是宋庆部从鸭绿江前线撤退，主动要求回攻金州，对日军形成夹击。李鸿章急于把这一重要部署通知旅顺守军，电报却打不通，只好派人扮作乡民渡海送信，送信人半路被日军抓去当了挑夫，缝在衣中的信未被搜去，也没能送达旅顺守军。当宋庆等部攻到金州城郊时，旅顺守军也进行过一次成功的出击，可惜他们不通信息，没有配合，错失了战机。不久，旅顺守将动摇败逃，只有徐邦道部坚持拼了一下，终于不支，22日旅顺陷落。日军进城后疯狂屠杀中国军民，约2

---

① 李鸿章：《复旅顺龚道》（光绪二十年十月初五日），《李鸿章全集》第二十五卷电报五，第103页。

万和平居民被杀害。① 旅顺大屠杀引起国际舆论不满，日本外相陆奥宗光也记下了世界舆论的谴责："日本披着文明的外衣，实际是长着野蛮筋骨的怪兽。"②

在日军第二军花园口登陆的同日，以山县有朋为司令官的日军第一军万余人渡过鸭绿江，向虎山、九连城攻击前进。中国防线有清军70营，2万余人，总指挥是75岁的老将宋庆。宋以作战勇敢闻名，但他调遣不动各军将领。只两天，防线便崩溃，日军连克九连城、安东、凤凰城，进逼摩天岭。此时山县闻知第二军已攻下旅顺，便急欲向内地进军。12月1日他命令所属第三师团6000人占领海城，结果被中国军队包围。19日日军企图突围，与宋庆、刘盛休部激战于缸瓦寨，在雪地厮杀中，日军冻伤逾千，不得不缩回海城困守。此后清军集结十倍于日军的兵力，约6万人，五次攻海城而不下。直到2月底，日军增援部队在太平山一战取胜，以战斗伤亡250人，冻伤4000人的代价，解海城之围。海城争夺战是中日双方持续时间最长的一次陆上战役。

日军打下旅顺后，又从国内增调兵力，以2万人转扑北洋海军的另一重要基地威海。威海港居山东半岛突出部，三面环陆，中间有刘公岛及日岛，形成东西两个出口，岛上和陆地南北两帮建有炮台8座，配置德、英等国造的新式大炮百余门，可谓地势险要，工事牢固，是清政府海军提督衙门所在地。黄海大战后，北洋舰队余下的7艘战舰、6艘炮艇、13艘鱼雷艇和2艘练船都停泊在这里。根据李鸿章"水陆相依"，"不得出大洋浪战，致有损失"的指示，这些船也就变成港内的固定炮位。日军仍用打旅顺时的办法，趁山东境内清军主力驰援辽东，兵力空虚，采取陆上包抄。1月20日，日军在荣城湾登陆，清军未在山东半岛布置防守，日军登陆，没有遇到抵抗。登陆后的日军从背后向威海发起包抄。1月30日至2月3日，威海岸边南北两帮的炮台先后失陷，千余守军战死。炮台统领戴宗骞自杀。

---

① 有关日军旅顺大屠杀的详细研究，参见关捷《日军旅顺屠杀研究》，载张海鹏主编《第二届近百年中日关系史国际研讨会论文集》，中华书局1995年版，第3—10页。

② ［日］陆奥宗光：《蹇蹇录》中译本，商务印书馆1963年版，第63页。

那些海岸炮除一部分被中方自毁外，悉数落入日军手中。日军又封锁了东、西出港口，从陆海两面向港内开炮，使北洋舰队陷入绝境。丁汝昌下令港内布雷，决心死守。刘公岛及日岛炮台守军同舰上水兵一起坚持抵抗。2月4日夜，日本鱼雷艇偷袭旗舰"定远"号，"定远"击毁敌艇，自身也被重创。最后，"定远"弹尽，管带刘步蟾沉舰自裁。"来远""威远""靖远"等舰也陆续被敌人击沉。鱼雷艇管带王平领命率队出击时逃跑，结果鱼雷艇全部损失。2月7日，北洋舰队内的外国雇员和牛昶炳等一批将领煽动部分士兵哗变，"向丁提督乞生路"。10日，这些人再次向丁施压，要求投降，均被拒绝。丁汝昌下达的沉船突围命令，他们不执行。11日，丁汝昌及统领张文宣、杨用霖等人自裁殉国。牛昶炳与伊东佑亨签订《威海降约》11款。"镇远""平远"等6艘残余舰船和基地内大批装备被日军缴获。北洋舰队全军覆灭。

由于李鸿章系统的淮军节节失败，清政府又把湘军调上来，任命两江总督刘坤一为钦差大臣，指挥6万人，防守山海关内外，拱卫北京。可是湘军照样不行。老迈的刘坤一，身任两江总督、湘军统帅，可以节制各军，却不亲临前线，坐视海城被日军攻占。清军指挥不灵，军无斗志，节节败退，到3月上旬，兵败如山倒，连失牛庄、营口、田庄台，大量军火、辎重被日军掳去。日军占领辽西，有进取北京之势，威胁清廷安全。

光绪皇帝及其原来主战的一派人，也只能与慈禧太后统一意见，向日本求和。旅顺战役后，西方列强开始担心日本的过分扩张会威胁到他们自身的利益，感到有必要对其加以限制。英国警告日本：如果进攻北京，促使清王朝崩溃，对日本没有好处。美国也向日本表示，若战争延长，其陆海军的进攻不能节制，与东方局势有利害关系的欧洲列强，难免不向日本提出不利其将来安宁和幸福的要求，以促成战争的结束。这时，日本国内的兵员已经抽空，虽然以山县有朋为代表的军人主张乘胜直抵北京，进行直隶决战，首相伊藤博文却认为，打垮了清政府，势必引起列国干涉，会使日本战而无获。他主张对清政府迫订和约，最大限度地从中国捞取实惠。为了达到这一目的，日本政府先是拒绝了清政府派出的议和代表、总理衙门大臣、户部左侍郎张荫桓和兵部左侍郎、湖南巡抚邵友濂，声称他们资格不够，点名非要有"一切便宜行事，定议和局，签名捺印之权"的奕䜣或李鸿章出面来日本不可。清政府没有办法，只得任命李鸿章为头等全权大臣，前往日本商订"和约"。

第七节　马关签约　台湾割让及台湾人民反抗日本占领的武装斗争

日本要求清政府派出议和大臣，除确认朝鲜"独立"、赔偿军费之外，还需以割让土地为条件。清政府通过美国驻华公使田贝通知日本政府，任命李鸿章为头等全权大臣，"予以署名画押之全权"①。光绪帝召见群臣，李鸿章面奏，"略及割地"，奕䜣随声附和，翁同龢不表赞同，余者皆不表态。②光绪帝又谕枢臣奏请慈禧太后定夺，慈禧太后称病不见。光绪帝只得"谕知李鸿章，予以商让土地之权，令其斟酌轻重，与倭磋磨定议"③。

1895年3月19日，李鸿章一行抵达日本马关，次日开始在春帆楼与日本首相伊藤博文和外相陆奥宗光进行谈判。由于破译了清政府的外交密电码，日方对中方的谈判底牌一清二楚，加之已稳操战争的胜券，因此对李鸿章放手施压，"割让务求其大，赔款务求其多"，不达目的誓不罢休。日方对停战提出的条件是占领大沽、天津、山海关三地，天津到山海关铁路交日军管理，停战期间的军费由中国负担。李鸿章认为这些条件"要挟过甚，碍难允许"。只好放弃停战谈判，直接要求对方提议和条件。3月24日，李鸿章从谈判地回寓所途中，遭到日本浪人的枪击，子弹打中左脸，伤势不轻。国际舆论为之哗然。日本政府害怕谈判中断会引起列强干涉，

---

① 中国史学会主编，邵循正等编：《授李鸿章为与日议和头等全权大臣敕书》，载《中日战争》第三册，上海新知识出版社1956年版，第470页。
② 陈义杰整理：《翁同龢日记》（光绪二十一年二月初一日）第五册，中华书局1997年版，第2782页。
③ 《军机处王大臣庆邸等公奏折》（光绪二十一年二月初七日），载《李鸿章全集》第十六卷奏议十六，第31页。

第三章 失去发展机遇的三十年

才表示除台湾、澎湖地区外可以暂时停战21天。4月1日，日方向头上缠满绷带、仅露一只眼睛的李鸿章提出极端苛刻的媾和条件，要求清政府承认朝鲜"独立自主"；割让辽东半岛、台湾、澎湖列岛；赔偿日本军费银二万万两；缔结新的通商条约；开放北京等七处为通商口岸等。李鸿章认为日方新提条件"赔费太多，让地太广，通商新章与西国订约不符"，写了数千言的"说帖"，加以驳斥。日方则以战胜者的姿态，动辄以攻北京相恫吓，逼迫中方就范。4月10日，日本提出最后方案，蛮横地要中方"但有允不允两句话而已"。14日，光绪皇帝电示李鸿章："原冀争得一分有一分之益，如竟无可商改，即遵前旨与之定约。"17日，李鸿章与伊藤博文代表两国在《中日媾和条约》（即《马关条约》）上签字。

《马关条约》共11款，主要内容为：中国承认朝鲜为独立国；将辽东半岛、台湾全岛、澎湖列岛割让给日本；赔偿日本军费白银二万万两①，三年内交清；与日本订立通商行船条约及陆路通商章程；开放沙市、重庆、苏州、杭州为通商口岸，日本轮船可驶入以上口岸；日本臣民得在中国通商口岸任便从事各项工艺制造，又得将各项机器任便运进口，免征一切杂税；日本军队暂时占领威海卫，待赔款付清和通商行船条约批准互换后，才允撤退，威海驻兵费由中国支付。

日本早就打定了割让台湾的主意。首相伊藤博文极力主张以武力占领台湾，使割让台湾成为和平条约之要件。1894年12月4日，伊藤博文向日本大本营递交了《攻陷威海卫略取台湾之方略》，提出：留下相应的部队驻守占领地，其他的部队与海军一起，攻击威海卫，彻底摧毁北洋舰队，同时向台湾派出军队，并占领之，以此作为将来讲和的条件，奠定割让此岛的基础。② 日本舆论界，对割地赔款的呼声也日益高涨，"把台湾永久割让给日本"，几乎是当时日本各阶层人士的共同要求。福泽渝吉在中日开战

---

① 赔款问题，情况复杂，戚其章和蒋立文分别作了详尽研究，参见戚其章《甲午战争赔款问题考实》，蒋立文：《甲午战争赔款数额问题再探讨》，载《甲午战争的百年回顾——甲午战争120周年学术论文选编》，第729—754页。

② 春亩公追颂会、金子坚太郎：《伊藤博文传》（下卷），日本株式会社统正社1940年版，第136—137页。

后不久，便连续在报刊上发表文章，主张："应首先占领盛京、吉林和黑龙江三省……纳入我国版图""把旋顺口变成东亚的直布罗陀……把金州、大连港变成属于日本的华北的香港"，并希望"除占有威海卫，山东省和台湾之外"，"即使要求几十亿的赔偿也并不苛刻"①。另外，前首相大隈重信、众议员岛田五郎等，都有类似的意见。在媾和条件中包括割让台湾等土地，是日本内部既定的方针。伊藤博文与李鸿章谈判中，有意隐瞒了日军正攻取澎湖、向台湾开进的事实，企图在日军占领台湾成为既成事实后，再逼李鸿章就范。在最后谈判时，李鸿章打出台民反对割台这张牌："我接台湾巡抚来电，闻将让台湾，台民鼓噪，誓不肯为日民。"② 伊藤回答很干脆："听彼鼓噪，我自有法。中国一将治权让出，即是日本政府之责。我即派兵前往台湾，好在停战约章，台湾不在其内。"③ 日本侵略者割取台湾的决策已定，李鸿章之争辩只能是徒费唇舌。

《马关条约》是中国自鸦片战争以来所遭受的最为惨重的宰割和耻辱，在国内引起了巨大的震动。从王公贵族到平民百姓，从官僚士大夫到书生学子，"四万万人齐下泪，天涯何处是神州"。人们要追究战败误国之责，把怒火掷向李鸿章，一时间国人皆曰可杀。72岁的李鸿章带着日本人留在他颊骨中的子弹，身心交瘁地回到天津，发出"一生事业，扫地无余"④的哀叹，称疾不敢进京。光绪皇帝别无退路，只得批准条约。

《马关条约》签字的消息传回国内，朝野舆论哗然，官民悲愤交集。半数以上的封疆大吏以及一大批京官包括总理衙门、国子监、内阁、六部、翰林院等和部分宗室贵胄，或上奏朝廷，或联名上书，反对批准条约；在京各省举人或参加京官领衔的上书，或单独上书，纷纷要求拒和，对清廷批准和约形成强大舆论压力。⑤ 台湾在京师任职的五名官员叶题雁、李清琦、汪春源、罗秀惠、黄宗鼎，在4月28日，联合上书都察院，强烈反对

---

① 藤村道生：《日清战争》，上海译文出版社1981年版，第133—134页。
② 佚名：《马关议和中日谈话录》，载《东行三录》，第245页。
③ 同上书，第238、245、252—253页。
④ 参见吴永《庚子西狩丛谈》卷十，第128—130页。
⑤ 参见茅海建《"公车上书"考证补（一）》，《近代史研究》2005年第3期。

割让台湾，代表了台湾人民的心声。他们表示"夫以全台之地使之战而陷、全台之民使之战而亡"，"与其生为降虏，不如死为义民"[1]。是为台湾五举子上书。[2] 上海《申报》以《论中国万不可允倭人割地之请》《论割地轻重》《论和之弊以割地为最重》为题，接连发表社论。康有为联合各省举人1300名，举行集会，发起有名的公车上书，反对割地，主张迁都抗战。

割地的消息传到台湾，全岛震骇。在籍工部主事丘逢甲以全省绅民的名义请巡抚唐景崧向朝廷呈奏：如日酋来收台湾，台民唯有开仗。设战而不胜，请俟臣等死后，再言割地。群众哭着围住唐景崧，恳求他留下来，领导抗击日寇。5月8日，《马关条约》在烟台换约生效。台湾民众见局势已难挽回，遂决定独立自救。台湾士绅发电报给总理衙门、北洋大臣、南洋大臣、闽浙总督、福建布政使及全台官员，表明独立的意图："伏查台湾为朝廷弃地，百姓无依，惟有死守，据为岛国，遥戴皇灵，为南洋屏蔽。"[3] 25日宣布成立"台湾民主国"，订年号"永清"，推巡抚唐景崧为总统，众人又推举台湾军务帮办刘永福为大将军、丘逢甲为台湾义军统领。并致电北京："台湾士民，义不臣倭、愿为岛国，永戴圣清。"台湾民主国的成立，完全是台湾广大绅民在清政府弃台不顾的情况下，为了保卫台湾不被日本侵占而采取的保卫祖国领土完整的一种特殊的民间抗日举措，是为保台而建立的抗日救亡政权，并非要脱离中国而"独立"。"台湾民主国"的抗日，是日后中国人民抗日运动的一个出发点。

6月2日，在基隆口外的日本兵舰上，清政府派出的全权代表李经方，正式将写有"台湾全岛、澎湖列岛之各海口，及各府县所有堡垒军器工厂及属公物件"的清单，移交日本首任台湾总督桦山资纪。从此，台湾开始了长达半个世纪的日本殖民地历史。

为了镇压台湾军民的抵抗，日本派出主力近卫师团，分两路进攻台湾。一路由台湾总督桦山资纪亲自指挥的总督府直属部队，共6700余人；另一

---

[1] 《都察院代递户部主事叶题雁等呈文折》，载《清光绪朝中日交涉史料》，第35—36页。
[2] 引自张海鹏、陶文钊主编《台湾史稿》上卷，凤凰出版社2012年版，第159页。
[3] 黄昭堂：《台湾民主国研究》，前卫出版社2006年版，第61页。

路由陆军中将北白川能久亲王指挥的近卫师团，共14500余人①。经战斗，基隆、台北相继失陷，唐景崧、丘逢甲先后撤回大陆。6月17日，日军在旧台北府巡抚衙门，举行始政式典礼，表明日本开始对台湾的统治。

台北失守后，候补道林朝栋、义民军统领丘逢甲和官员人等也纷纷离开台湾内渡。此后，台湾抗日义民军蜂起，一些地方首领组织义民军走上抗日战场。著名的有苗栗客家人吴汤兴募勇5000人，新竹客家人姜绍祖与苗栗客家人徐骧各募勇千人，组成义民军，继续推动台湾人民的抗日斗争。

绅民继而推举当时驻防台湾的军务帮办、黑旗军首领刘永福为统帅。刘永福是当年的抗法名将，威信很高。台湾驻军，以台南府的人数最多，当时抗日军队还有60余营，人数在26000人左右，由刘永福统领②。在他的领导下，各路义军和清军同仇敌忾，使日军在台湾中南部遭到顽强的阻击。6月12日，日军进攻新竹，刘永福派分统杨紫云为守将，与吴汤兴、姜绍祖、徐骧等率领的义军相配合，凭借有利的地形，多次设伏重创敌军，并对新竹展开反复的争夺，战况异常激烈。历时50多天，新竹才被日军占领。杨紫云、姜绍祖牺牲。接着，刘永福派部将吴彭年率领所部精锐"七星队"，协同吴汤兴、徐骧等义军退守大甲溪、台中、彰化一带，他们仍用伏击战，趁日军渡河之时发动突袭，敌寇"纷纷落水中，死亡无数"。最悲壮的战斗发生在彰化城东八卦山。此山是全城的制高点，"山破则城亦破"。日军集中大炮轰击，数次冲锋均被击退，便收买奸细利用夜色抄小路摸上山来。守军发现时，日军已布满山谷，遂在山坡上展开大规模肉搏战，斩敌近卫师团长山根信成少将以下千余人。是役吴彭年、吴汤兴和"七星队"全部阵亡，徐骧杀出重围，退往台南。为了夺回彰化，刘永福又命副将杨泗洪率抗日军主力发动反攻，接连收复云林、苗栗，并包围彰化，终因缺乏大炮，攻城一直未破。9月底，日

---

① 参见戚其章《甲午战争史》，第446页。
② 日本参谋本部编：《攻台战纪》，许佩贤译，台北远流出版事业股份有限公司1995年版，第396页。

军陆续增兵到 4 万多人。苦战中杨泗洪中炮牺牲。10 月初，日军再陷云林、苗栗，抗日军的弹药粮食已快耗尽，仍坚守嘉义、台南。刘永福部将王德标在嘉义设地雷阵，一举杀敌七百余，日近卫师团长、亲王北白川宫能久中将也被炸伤，不久毙命。在台南保卫战中，徐骧率高山族义军坚守曾文溪防线，抗击 2 万多日军，最后全部战死。徐骧是台湾抗日战役中参战最多的义军领袖，他祖籍广东，家居苗栗，秀才出身，日军入侵前的职业是教师。刘永福爱其才，曾劝他撤回大陆，"留为日后大用"。他回答："生死早置之度外，吾意已决，誓与台湾土地共存亡，安能袖手中原，坐视海外之变！"① 他实现了自己的誓言。10 月中，日陆海军合围台南，城中断粮，刘永福感到回天无力，在部将劝告下，于 19 日夜潜入英国商船"嗲利士"号驶往厦门。日军进城后，搜不到刘永福，即派军舰追上英商船，船上中国籍船员掩护刘躲进锅炉房，幸免于敌手。半年多的台湾抗战，日军动用两个半师团，5 万兵力、26000 夫役和海军大部舰只，付出死亡 10841 人的代价，这相当于《马关条约》订立前 9 个月日军在华作战死亡人数的四倍。

日本用军事手段残酷镇压台湾民众的反抗斗争，在台湾建立起了殖民统治机构。日本政府任命桦山资纪为台湾总督，1896 年 3 月颁布《台湾总督府条例》，规定台湾总督为管理台湾的最高军政首脑，授予独裁统治的特权。总督府初设民政、陆军、海军三局，并设参谋部，以参谋长辅佐总督，并监督各局之业务。4 月，日本政府颁布了第一部统治台湾的基本法《关于在台湾实施法令之法》（即是年的《第六十三号法律》，简称《六三法》），明确授予台湾总督颁布具有法律效力的命令即律令的权力，使台湾总督成为集行政、立法、司法和军事为一体的独裁者。1898 年 11 月颁布《匪徒刑罚令》，规定对反抗日本殖民统治的台湾民众，轻则施以徒刑，重则处以死刑。根据这一血腥法令，仅 1898—1902 年短短几年间，惨遭屠戮

---

① 引自吕实强《乙未割台期间台湾绅民所表现的民族精神》，载戚其章、王如绘主编《甲午战争与近代中国和世界》，人民出版社 1995 年版，第 716 页。

的台湾同胞就多达 11900 余人①。1911 年梁启超赴台考察，目睹台湾总督的独裁统治，曾深有感触地说："此间百无所有，惟有一总督府耳。总督，天帝也。"②

为了强化对台湾民众的统治，日本殖民当局在台湾建立了严密的警察制度。1895 年 9 月、10 月，从日本本土招募的各类警察 759 名分两批抵达台湾，开始建立各级警察机构。③ 根据《台湾总督府警察沿革志》记载，1896 年底，全台湾共设 17 个警察署、31 个分署和 15 个派出所。1898 年儿玉源太郎担任总督后，进一步加强了警察力量，据《台湾治绩志》记载，1899 年年末，地方警察官吏的员额为警部 228 人，巡查部长及巡查 4061 人，到 1901 年，增加到警部 173 人，警部补 296 人，巡查 3469 人，巡查补 1734 人，对台湾社会形成了无孔不入、无所不包的警察政治。④ 日本殖民当局通过建立严密的警察制度，对台湾民众的思想和行动实行无孔不入的钳制。台湾的行政系统，"总督透过警察与人民相接，以巡查充任税务、卫生、农政等诸般政事，人民耳目所见之官吏，唯有警察而已"⑤。

甲午战争失败，《马关条约》签订，台湾被割让，加上赔款 2.3 亿两白银，中国的损失超过了以往任何时期，对清朝时期的中国可以说是创巨痛深。学术界一般认为，《马关条约》的签订，是中国沦为半殖民地半封建社会的重要标志。

甲午战前，欧美列强不能判断日本一定取胜，清朝中国还有一个大架子。甲午战败对中国造成的影响和灾难是空前的。继琉球、越南之后，朝鲜与中国之间的藩属关系也被割断，中国的东亚大国地位为日本所取代，从此沦为一个单纯被侵略国的悲惨境地。中国的惨败，使所有帝国主义者

---

① 中国社会科学院近代史研究所：《日本侵华七十年》，中国社会科学出版社 1992 年版，第 625 页。
② 梁启超：《游台湾书牍·第三信》，《饮冰室合集·专集之二十二》，第 200 页。
③ 台湾总督府警务局：《台湾总督府警察沿革志》第一编，(台北) 南天书局 1995 年版，第 37 页。转引自李理《日据时期台湾警察制度研究》，凤凰出版社 2013 年版，第 15 页。
④ 参见李理《日据时期台湾警察制度研究》，第 23、34 页。
⑤ [日] 竹越与三郎：《台湾统治志》，(东京) 博文馆 1905 年版，第 246 页。转引自陈孔立主编《台湾历史纲要》，九州出版社 1996 年版，第 340 页。

更加看出中国软弱可欺。日本侵华的得逞,直接助长了列强争夺中国的野心。国际资产阶级舆论抑制不住他们对中华民族的敌视、轻蔑和侮辱。他们开始把中国称为"远东病夫",甚至说中国"正躺在死亡之榻上",奄奄待毙。一些侵略者的代言人公开提出"分配这个病夫的遗产"问题,把"瓜分中华帝国"① 一事提上侵略日程。所谓"中国问题"即帝国主义围绕争夺中国而相互矛盾斗争,成为远东国际关系的核心。

甲午战败,也是近代中国向下"沉沦"的基本标志。我们从历史上看,这时候的中国,除了"沉沦",看不到任何"上升"的因素。

---

① 吉尔乐:《远东问题》(V. Chirol. *The Far Eastern Question*, London, 1896),第66、150—151、195页。转引自《中国近代史稿》,载《刘大年全集》第五卷,第393页。

第四章　甲午战后中国形势与社会各阶级对国家命运的回答

第一节　三国干涉还辽及甲午战争前后帝国主义在远东的角逐

《马关条约》的签订在远东国际政治上引起强烈反应，急于扩张远东势力的俄国、德国，联合法国，结成三国同盟，采取了联合干涉的行动。

《马关条约》的条款一传出，俄国见日本吞并了辽东半岛这块本该属于它的肥肉，马上邀请德、法两国与它采取共同行动，要求日本放弃占领辽东半岛，如果日本拒绝，三国海军将切断日本的海上联系。1895年4月23日，即《马关条约》签字后的第6天，三国驻日公使正式向日本外务省提出上述"劝告"。驻日俄国公使希特罗渥、德国公使哥屈米德、法国公使阿尔曼一同来到日本外务省，提交了备忘录。俄国公使声称，日本占领辽东半岛"不仅将经常危及中国首都，且朝鲜之独立亦成为有名无实。上述情形，将长期妨碍远东之持久和平"，因此俄国政府"劝告日本国政府确然放弃对辽东半岛之领有"①。德、法两国公使的备忘录也使用了内容相似的措词。同时，停泊在日本港口的俄国军舰脱去炮衣，昼夜升火，德、法海军也有动作，并风传俄军5万正准备南下。其时日军主力在外，国内唱"空城计"，日本政府感到十分紧张，凭实力难以再同三国对抗，便确

---

① 《日本外交文书》，转引自戚其章主编《中国近代史资料丛刊续编·甲午战争》第十册，中华书局1995年版，第125页。

定了"对于三国纵使最后不能不完全让步,但对于中国则一步不让"① 的方针,先找英、美两国,争取支持。英、美不愿意日本在华势力过分膨胀,劝日本还是接受三国要求。日本又提出愿意在中国给予适当赔偿的条件下,只占金州以南包括旅顺,而放弃对辽东半岛其他部分的永久占领。俄、德、法三国不干,坚持日本必须全部放弃对辽东半岛的占领。在这种情况下,8月5日日本向三国表示完全接受"劝告",但又向中国要了3000万两白银作为"还辽"的"偿金"。11月8日,李鸿章与日本代表林董在北京签订中日《辽南条约》,并议定专条,按三国与日本事先的约定,日本交还辽东半岛,清政府于11月16日前交给日本白银3000万两作为"报酬";日军在款项交清后3个月内撤出辽东半岛。

三国干涉还辽不过是列强为了维护各自在华利益进行角逐的结果,主要是俄国与日本企图侵占中国东北而进行的一次较量。此后,列强纷纷以"还辽有功"或其他借口,在中国展开了进一步攫夺租借地、划分势力范围的争夺。

第二节　帝国主义在华划分势力范围与对华资本输出

甲午战争中,日本这样一个远东的蕞尔小国,刚刚确立了资本主义制度,刚刚摆脱了西方列强加于它的不平等条约,在不到9个月的战争行动中,一举打败了老大的中华帝国,使这个帝国在洋务活动中建立起来的具有世界先进水平的北洋海军全军覆灭,使它依为干城又使用新式武器的湘淮军一败涂地,不得不签订割地丧权赔款更为严重的不平等条约。这个封建帝国的衰朽一下子暴露无遗了。这时候,正是世界资本主义国家向帝国主义转变的时候。各帝国主义国家纷至沓来,他们又勾结又争夺,除了在经济上向中国输出资本、攫取大量权益外,在政治上,则开始了在中国划分势力范围的狂潮。瓜分中国的说法,一时也甚嚣尘上。

---

① [日] 陆奥宗光:《蹇蹇录》,伊舍石译,商务印书馆1963年版,第160页。

以直接夺取中国沿海领土作为所谓租借地,来确定其势力范围,后期的帝国主义国家德国是始作俑者。德国早就提出要租借山东胶州湾作为德国兵船加煤站。1897年11月,德国利用山东巨野教案,乘机扩大事端,派兵抢占胶州湾。清政府被迫屈服。1898年3月,中德签订《胶澳租借条约》,规定德国租借胶州湾,为期99年;德国取得在山东建造胶济铁路及开采山东胶济铁路沿线两旁各30里内煤矿等权,以及中国此后在山东开办各项事务而需外国帮助,必须先征询德国人的意见等。这样,山东就成了德国的势力范围。

俄国紧跟德国后面。1897年12月,沙俄舰队开进旅顺口,蛮横要求租借不冻港口。1898年3月,中俄签订《旅大租地条约》,将旅顺口、大连湾及附近水面联通大连湾以北一段陆地租与俄国,租借地内军事、行政均由俄国管理。同时还取得修筑自哈尔滨至大连湾的东清铁路支路的让与权。连同它在1896年《中俄密约》中取得的东清铁路(又称中东铁路)的修筑权在内,整个东北地区成了俄国的势力范围。第二年,俄国把租借地自行改为"关东省",设首席行政长官,俨然成了中国东三省的主人。

法国一直在觊觎着云南、广东、广西。1895年6月,通过《续议界务商务专条附章》,法国不仅取得了云南边境上的勐乌、乌德(划归法国殖民地老挝),还规定开放河口、思茅为商埠,中国在上述三省开矿、修铁路都要与法国商量。1897年,法国还迫使清政府明确承担不将中国某一地区割让给其他国家的义务这一方法,来划定它在华势力范围。这年3月,法国强迫清政府向它保证:"永不将海南岛让与任何他国。"这就意味着海南岛是法国的势力范围。这一办法很快为其他国家仿效。次年4月,中法互换照会,清政府被迫承认不将"越南邻近各省"(即云南、广东、广西)"全部或一部让与他国",这三省就成了法国势力范围。

英国是当时在华攫取利益最多的国家。它不仅在长江流域各省有着雄厚的政治经济实力,势力还深入东北、华南及西南地区。1897年2月,中英签订《续议缅甸条约附款及专条》,在1894年条约基础上重新调整中缅边界,英国夺去原属中国的一些土地,取得对云南南碗三角地(勐卯三角地）的"永租权",并开放西江通商,辟广西梧州、广东三水县城江根墟为商埠。1898年2月,英国又以互换照会的形式,迫清政府"确切保证,不将扬子江沿岸各省租、押或以其他名义让与他国",表明了长江流域是英国的势力范围。在法国宣布"越南邻近各省"为势力范围后,英国也要求清政府承诺不将云南、广东两省让予他国。

在中国同意法国租借广州湾后不久,英国以法国得了广州湾威胁香港安全为由,要求租借九龙半岛,借口"保卫"香港。1898年6月9日,清政府被迫签订《中英展拓香港界址专条》,把九龙半岛及深圳湾、大鹏湾水面租让英国,租期99年,中国只在其中保留了九龙城和一条通往新安（今深圳市宝安区）的陆路。这就是香港新界。这个新界,比英国根据《南京条约》霸占的香港岛以及1860年抢占的南九龙半岛两者的总面积大11倍,从而使英国在华南地区的势力得到极大的加强。英国又以俄国租借旅大影响了它的在华利益,"非租借山东之威海卫停泊兵轮,不足以抵制"为借口,要求租借威海卫。7月1日清政府又被迫签订《中英订租威海卫专条》,将威海卫、刘公岛及在威海卫湾内各岛和沿岸十英里地方租与英国,租期与"俄国驻守旅顺之期相同"。英国还可在东经121°40′以东沿海地方建筑炮台和驻兵。

已经割占我国台湾省的日本,在瓜分势力范围的狂潮中也不甘落后。它看准了与台湾一水之隔的福建省,1898年4月迫使清政府承认不将福建省"让与或租借他国"。福建就这样成为日本的势力范围。

列强在华划分势力范围,既充满一系列斗争,也存在一定妥协。1896年1月,英、法达成协议,在云南、四川两省,双方宣布共同享有各自已经得到和将要得到的一切权益。1898年9月,英、德两国达成协议,规定长江流域等地为英国的"利益范围",山东等地为德国的"利益范围"。1899年4月,英、俄两国政府达成铁路协议,英国承认长城以北是俄国的势力范围,俄国承认长江流域是英国的势力范围。

后起的工业大国美国也积极参与争夺中国权力的斗争。1898年正当美国和西班牙战争,争夺菲律宾,美国未能在中国夺得势力范围。战争结束,美国就关心对中国的利益争夺。1899年9月、11月，美国政府先后向英、德、俄、法、日等国提出所谓在华"门户开放"的照会，承认各国在华势力范围和特权，也要求各国开放在华的势力范围，以使各国有均等贸易的机会，共同宰割中国。有关各国都接受了。美国则借助这一政策，得到了整个中国市场对其商品的自由开放，它保护了现在的利益，保障了未来的利益，使美国立于一个牢不可破的地位。门户开放主义的提出成了美国近代外交史上的得意之作。

中国就这样面临着被列强瓜分的局面。

甲午战后，列强对中国的瓜分伴随着大量的对华资本输出。当年进入中国的外资，与我们今天的情况有着本质的区别。那时中国被迫与外国订有不平等条约，仅凭"协定关税"和"治外法权"这两条，就使清政府既不能对外资自主征税，又不能按中国的法律对其加以约束。列强用资本输出作为手段，也不仅想在经济上获利，更要用它来扩充政治势力，图谋占有和控制中国。

政治贷款是列强向中国资本输出的主要方式。《马关条约》规定中国要在三年内偿付对日赔款白银2亿两，加上后来的赎辽费3000万两，还有威海日军驻军费150万两。这对全年收入只有8000万两白银的清政府来说是根本拿不出的。列强看到这是控制中国、捞取特权的大好机会，于是争相承揽借款。1895年5月初，《马关条约》尚未互换批准书，沙俄外交大臣罗拔诺夫就抢先向清廷驻俄公使许景澄表示："闻中国拟将借费偿付日本，此事俄国户部已筹良策，有益中国，预备询商。……特请代达国家，应先商俄国，方见交谊。"① 俄国出面拉拢六家法国银行和四家俄国银行，组成对华借款银行团。在沙俄胁迫下，7月6日，许景澄在彼得堡与俄法银行团签订借款合同，总额4亿法郎，合库平银9900万两，年息4厘，九四又八分之一折扣，以海关收入担保，36年还清。还同时签订了具有条约效力的《声明文件》，规定中国政府此后决不许他国"办理照看税入等项权

---

① 许景澄：《致总理衙门电》，1895年5月1日、5月24日，《许文肃公遗稿》第十卷，第14页。

利，如中国经允他国此种权利，亦准俄国均沾"①。同年12月，经沙皇批准，正式成立华俄道胜银行。俄国财政大臣维特主持银行的组成工作，其资金大部分来自法国。正如一位俄国外交官供认的，道胜银行完全是"一个政治和金融的混合机构，事实上不过是俄国财政部的一个稍微改头换面的分支罢了"②。这个银行从成立的第一天起，就成了沙俄帝国主义侵华的有力工具。就这样，俄、法以"干涉还辽应有酬劳"为由，抢到了第一笔借款权。这样一来，俄、法就有权向中国海关增派监督人员，这与一直独霸中国海关的英国产生了严重矛盾。

1896年清政府又开始张罗借钱支付第二期对日赔款，这回英国以"不惜诉诸武力"作威胁，志在必夺。德国上次被俄法给甩了，这次便与英国联合，由英国汇丰银行和德国德华银行合伙，夺得这次借款。金额为1600万英镑，折银9760万两，折扣九四，年息5厘，36年还清，以海关收入作担保。借款合同还规定，在借款未付清前，"中国海关事务应照现今办理之法办理"，也就是仍由英国人担任总税务司，从而巩固了英国对中国海关的控制。俄、法与英、德为承揽第三次借款，争得更加激烈，双方在总理衙门大吵大闹，威胁要发动战争。结果英、德资本再度勾结，在赫德帮助下战胜俄、法集团。1898年3月《续借英德洋款合同》签字，借款金额1600万英镑，折银11270万两，折扣八三，年息4.5厘，45年还清，除关税作保外，还以江浙等地厘金和湖北等处盐厘作保。回扣盘剥之重，在国际债务史上是少有的。这样英、德就进一步控制了清政府的财政。

这三次大借款，共借得30900万两白银，折扣以后，清政府实得26200万两。达了日本赔款以外，所剩无几。加上利息，清政府为甲午战争赔款差不多要付出六七亿两白银。这笔巨大的经费，都落入日本和欧洲多国的

---

① 马慕瑞：《对华条约集》（J. MacMurray, *Treaties and Agree-ments with and Concerning China 1894—1919*, New York, 1921），第一卷，第41页。《声明文件》的中文约文艰涩难懂，见上铁崖编《中外旧约章汇编》第一册，生活·读书·新知三联书店1957年版，第630页。下文所引"办理照看税入等项权利"，英文本作"监督、管理中国税收等项权利"。

② 罗申：《外交四十年》（B. Rosen, *Forty Years of Diplomacy*, London, 1992）第一卷，第198页。转引自《中国近代史稿》，载《刘大年全集》第五卷，第394页。

口袋,帮助他们大大发展了自己国家的社会经济,却使中国社会进一步贫困化,使清政府陷入更深的政治困境。日本拿到约 35000 万日元的赔款,相当于当时日本全国四年财政收入,无论政府和民间都感到空前的富裕。这笔巨大收入,70% 用于扩充军备,充实资本主义发展的实力,日本天皇就从中分肥 2000 万日元。反过来,中国的近代化却窒碍难行,从此外债骤增,每年交付本息 2000 万两以上,相当于当时一年的全部关税收入,中国深深地落入国际金融资本的罗网之中。

甲午战后,政府决定修铁路、开矿业。1898 年 8 月,成立矿务铁路总局。中国不仅缺技术,更缺资金,不得不求助外国。这个决定为列强输出资本提供了有利机会。铁路投资也成为列强争夺的焦点。因为得了路权不仅可以有高额的利润,而且可以控制铁路沿线的领土及资源,形成政治上的势力范围。帝国主义国家争夺路权,往往发展到争夺矿权;掠夺矿权有时又发展为掠夺路权。列强这种对中国路矿权益的争夺,历史上称为"利权掠夺战",或者"争夺让与权之战",斗争往往达到白热化程度。它是这个时期帝国主义侵华的基本特征之一。

1896 年俄皇尼古拉二世行加冕典礼,点名邀请李鸿章前往庆贺。在彼得堡,俄方对李鸿章招待甚殷,使其"顾而乐之,几忘身在异乡"。5 月初,沙皇秘密接见李鸿章,提出修铁路问题。6 月初,李鸿章与俄外交大臣罗拔诺夫、财政大臣维特代表两国政府在《御敌互相援助条约》(即《中俄密约》)上签字。《中俄密约》涉及修铁路事:中国应允许在黑龙江、吉林两省修筑铁路直达海参崴,该路的修筑与经营,由中国交与华俄道胜银行承办,其详细合同由中国驻俄公使与华俄道胜银行商办。据俄国公布的档案资料,李鸿章在谈判中还私下收取俄国财政部塞给他的 200 万卢布好处费。①

---

① 俄国是否贿赂李鸿章,一直众说纷纭。俄国财政大臣维特在他的回忆录中否认有此事。俄国外交部的一个副司长沃尔夫却持肯定态度,他说,李鸿章同维特在条约上签字后,还在口袋里装上 200 万卢布回到北京。罗曼洛夫在 1928 年出版的《俄国在满洲》一书中,根据俄国财政部的档案指出,维特曾向李鸿章面允 300 万卢布的贿赂,但当时并未付款,直到 1897 年初才在上海交付 100 万卢布。

《中俄密约》签订后,清政府与华俄道胜银行订立了《合办东省铁路公司合同章程》,设立了名为中、俄合办,实由俄方包办的"中国东省铁路公司",负责修筑和经营西起满洲里、经哈尔滨,东至绥芬河的中东铁路,并享有在铁路沿线任命警察、开采煤矿和兴办其他工矿企业的权利。李鸿章幻想一纸《中俄密约》可给国家带来"二十年无事",而事实却是帝国主义列强对中国的瓜分、强租接踵而来。

俄、德、法三国向中国强行索要了中东铁路及支线南满铁路、胶济铁路和滇越等铁路的筑路权。卢汉铁路(卢沟桥至汉口,即京汉铁路)是贯通中国南北的大干线,清政府于1896年开始筹划建设,预计经费需银5000万两。当时国家被对日赔款压得喘不过气,根本没有钱建铁路,所以打算借洋款,以路作抵押,边借边修。消息一出,美、英、德等国公司纷纷前来竞争。美国公司的条件太苛,清政府对英、德又有疑惧,看中了小国比利时的一家铁路公司,这家公司的大股东却是俄国和法国。卢汉铁路的承造权和经营权就落入俄、法集团的手里。因卢汉铁路插入长江流域,引起了英国的强烈反弹,为了截断俄国势力的南下,英国逼迫清政府把山海关至牛庄铁路的借款权给了它,接着又以"补偿"为名,要求开筑关内的五条铁路:即津镇铁路(天津至镇江);浦口、河南、山西铁路;浦信铁路(浦口至信阳);广九铁路(广州至九龙);苏杭甬铁路(苏州至杭州、宁波)。德国见英国要筑的津镇铁路经过其势力范围山东,于是也加入争斗。清政府见谁都惹不起,只得把津镇铁路的借款权和承筑权给了英、德,其他四条铁路则统统归了英国。英、德之间又以两国共同分割在非洲的殖民地来摆平,双方议定:津镇铁路的天津至山东南境段由德国承筑,镇江至山东南境段由英国承筑,全线竣工后由双方共同经营。美国早对津镇铁路有意,眼看被英、德所占,很不甘心,而清政府也觉得在列强瓜分狂潮中,应该给美国势力一席之地,以为牵制。于是双方签订了借美款开筑粤汉(广州至汉口)铁路的合同。据统计,甲午战后至1914年,列强在中国境内共取得59项铁路的修筑权与借款权,全长约3万多公里,几乎遍布全国各省。

列强在中国占有路权时，也在掠夺矿权。俄、德、法等国攫取的筑路权中都包含有在铁路沿线开矿的权利。除此之外，1896年美国首先与中方合办京西煤矿，接着又取得了山西平定、孟县煤矿和四川麻哈金矿的开采权。德国资本则进入直隶西山天利煤矿。英国公司与山西省订立了出资开采孟县等五府县的煤、铁矿的合同，又取得了四川全省及河南怀庆左右、黄河以北的矿产开采权。俄国取得新疆全省的金矿开采权。法国也先后取得四川灌县、犍为、威远、綦江、合州、巴县煤铁矿和全省金矿的开采权。据统计，甲午战后至1912年，列强掠夺中国矿区的条约、协定、合同约42项，全国大部分地区的矿权都被它们所攫取。

洋务派以"求强求富"为目的发动的洋务自强活动，经过30多年的时间，被甲午战争的失败证明它是不成功的，历史发展已判定它的破产。这就迫使中国朝野，不得不进一步思考中国的出路。

第三节　民族资本主义的初步发展

甲午战败及尔后引起的瓜分狂潮，对中华民族在物质上和精神上的伤害、刺激实在是太大了。它使国人突然感觉到了亡国危机迫在眼前，引起了社会各阶级对国家命运的思考和回答。反映在清朝统治阶级方面，首先出现的是经济政策的变化。

《马关条约》有"日本臣民得在中国通商口岸任便从事各项工艺制造"的规定，这是《南京条约》以来第一次提出这样的规定。由于最惠国待遇，各国都可享受这个条件。这表明，中国从条约上接受列强可以在中国合法设厂制造。清政府不得不改变以往不鼓励国内发展工商业的政策。条约签订后第三天，光绪皇帝下诏，表示"嗣后我君臣上下，惟期坚苦一心，痛除积弊，于练兵筹饷两大端尽力研求，详筹兴革"[①]。官僚纷纷上疏言事，认为中国积贫积弱是战败的根本原因，有人还对战前的自强"求富"

---

①　光绪二十一年四月上谕，《光绪朝东华录》第四册，中华书局1984年版，总第3594页。

效果不佳进行了检讨。两广总督刘坤一对以往官办、官督商办的工商业政策大加批评,说"无事不由官总其成,官有权、商无权","招股之事迭出,从未取信于人"①。两江总督张之洞则指责"但有征商之政,而少有护商之法"②。面对战后巨额赔款造成的财政危机,面对外国资本输入,大量利权丧失,眼见"中国欲借官厂制器,虽百年亦终无起色"的事实,清政府不再坚持发展官办或官督商办企业,而是转向鼓励发展民间私营工商业的"恤商惠工"政策。

1896 年清政府设立农工商总局,并要求各省设立商务局,凡农工商务"著一体认真举办"。在修筑铁路方面,政府终于采纳了商办的建议,"凡有富商集股千万两以上者均准立公司,一切赢绌官不干预,如成效可观,政府予以奖励"。对于民间申请开矿办厂,政府明令给以支持和保护。在湖北、福建、两广、云贵、山西、安徽等地,一批民营矿山陆续开业。在当时开办的民营工商企业中,较著名的有:甲午状元张謇在南通创办的大生纱厂、华侨张振勋在山东烟台创办的张裕酿酒厂、商人楼景晖在浙江萧山创办的合义和丝厂、夏粹芳等在上海创办的商务印书馆、祝大椿在上海创办的源昌碾米厂、官绅王先谦等在长沙创办的和丰火柴厂,等等。1897 年户部奏准成立中国通商银行,由盛宣怀主持,这是中国第一家商业银行,该行"权归总董,利归商股",一切组织管理及营业规则,皆参照外国银行成例,商款商办,官不加干预。清政府还将洋务自强运动中开办的效益不佳的官营企业加以改组,招商承办,湖北铁厂等一批企业先后改为官商合办或商办。由于政府政策的调整,甲午战后中国民族资本主义出现了第一次发展势头。

据统计,1858—1911 年的 53 年间所设立的资本在 1 万元以上的民用工矿企业有 953 家,创办资本总额为 2 亿多元③;1901—1911 年的 10 年间就

---

① 刘坤一:《请设铁路公司借款开办折》,载《刘坤一奏疏》第二册,岳麓书社 2013 年版,第 965 页。

② 张謇:《代鄂督条陈立国自强疏》,载《张謇全集》第一册公文,上海辞书出版社 2012 年版,第 22 页。

③ 杜恂诚:《民族资本主义与旧中国政府》,上海社会科学院出版社 1991 年版,第 29—31 页。

设立了650家，资本总额为1.4亿多元，各占总数的2/3强。也就是说，这10年是此前43年的两倍多。清末最后10年，尤其是1905—1910年，出现了一个投资兴办工矿企业的高潮；就企业经营的性质而言，商办企业无论在数量上，还是在创办资本额上，都占有绝对的优势。发展较快的主要有纺织业、缫丝业、面粉业、火柴业、水电业、机器业和矿冶业等部门。

从有关统计资料看，以1901—1911年为限，纺织业方面，包括纺纱业、织染业、轧花业、织麻业、呢绒业、丝织业及其他纺织业，共设厂82家，约是此前60年的3倍，创办资本总额13321千元，略多于此前60年的总和。缫丝业方面，共设厂70家，是此前60年的1/2强，创办资本总额5569千元，约是此前60年的1/2。面粉业方面，共设厂53家，约是此前60年的5倍，创办资本总额7868千元，是此前60年的7倍多。火柴业方面，共设厂28家，是此前60年的3倍多，创办资本总额1300千元，约是此前60年的3倍。水电业方面，共设厂60家，是此前60年的30倍，创办资本总额38138千元，是此前60年的381倍多。机器业方面，共设厂20家，是此前60年的2倍多，创办资本总额3521千元，是此前60年的10倍多。矿冶业方面，包括燃料等采掘业和金属采掘及冶炼，共设厂73家，比此前60年略多，创办资本总额22729千元，比此前60年略少。

铁路与轮船航运业也有一定的发展。据统计，1903—1907年，全国各省共设立铁路公司16家，到1911年，各铁路公司共集股额近6000万元，约占预筹股额总数的30%，其中粤路、川路达到75.7%、78.4%，浙路甚至高达154.2%，总计各省铁路公司建成的铁路有422公里。①

中国自己的民族轮船航运业在列强侵略势力的夹缝中艰难地生长，在20世纪初也有一定的发展。据统计，中国开设的资本1万元以上的轮船公司，1860—1900年的40年间有74家，创办资本总额为2739千元，1901—

---

① 《各省铁路公司一览表》《各省铁路公司集股情况表》《各省铁路公司筑路情况表》，见宓汝成编《中国近代铁路史资料》第三册，第1147—1150页。

1911年的10年间有138家，创办资本总额为14507千元。① 在设立数量方面，后者约是前者的2倍；在创办资本总额方面，后者是前者的5倍多。又据历次海关十年报告统计，1900年，中国有轮船517艘，总吨位18215吨，1911年增加到901艘和90169吨②，分别增长72.3%和395%。虽然从根本上无法与外国在华轮船航运业相比，但中国自办轮船航运业的发展速度还是较快的。

在国内贸易方面，据研究估计，19世纪90年代中国产品的国内流转额比19世纪80年代增长了63.9%，进入20世纪后，每十年的递增率更上升到70%以上。③ 国内贸易的发展速度也不小。

20世纪初，在外国侵略势力的压力下，中国被迫进一步对外开放，通商口岸（含自开）从1894年的34个增加到1910年的82个。④ 这些通商口岸便逐渐成为重要的商业中心，其中尤以上海、广州、汉口、天津、大连等沿江沿海城市发展较为迅速。据统计，1909—1911年，这5个港口城市的外贸额占全国对外贸易总值的67.7%，其中上海占44.2%。⑤ 上海是当时全国最大的商业中心，汉口是长江中游的商业贸易中心。

学者研究，1911年前，商办工业已经发展成为中国资本主义工业发展的主力。这个时期，资本主义工业企业发展的特点是产业结构颇不平衡，轻工业资本占总额的43.2%，轻工业中又以棉丝纺织业和面粉及食品业为主，占轻工业资本总额57.7%。重矿工业薄弱，机器和船舶修造业更显得落后。就单个企业资本平均数来说，平均数为22.9万元，显得企业规模过小，不过是小企业的资本水平。从地区分布看，多分布在沿海沿江省份。

---

① 杜恂诚：《民族资本主义与旧中国政府》，第477—501页。据该书附录《历年所设本国民用工矿、航运及新式金融企业一览表（1840—1927）》的航运业部分统计。
② 《中国所有轮船统计》，见严中平等编《中国近代经济史统计资料选辑》，科学出版社1955年版，第227页。
③ 参见黄逸峰、姜铎、唐传泗、徐鼎新《旧中国民族资产阶级》，江苏古籍出版社1990年版，第81页。
④ 《商埠》，见严中平等编《中国近代经济史统计资料选辑》，第44—46页。
⑤ 《五大港在对外贸易总值中所占的比重》，见严中平等编《中国近代经济史统计资料选辑》，第69页。

其中上海占全国企业总数896家的18.9%，江苏占11.9%，广东占11%，湖北占10.5%，浙江占9.4%，5省合计占全国企业总数的61.7%。[①]

伴随着中国资本主义工商业的初步成长，是中国资产阶级的出现。学者依据不同的资料推算，1911年前中国资产阶级在6万—10万。这大体上可以看作这个时期中国资产阶级的一个基本的数量概念。从资产阶级的结构看，买办资产阶级约占总数的7%。官僚资产阶级这时为数很少，绝大部分是民族资产阶级，约占总数的93%。从产业来看，产业资产阶级和金融资产阶级分别占总数的6%、8%，商业资产阶级则占86%。从资本额看，大资产阶级只占少数，中等资产阶级居中，小资产阶级占绝大多数。[②]

1903年，清政府颁布《商会简明章程》，推动了商会的组织。上海率先组成上海商务总会，天津、苏州相继成立商会。1911年全国各省成立的大小商会已有835个，这还不包括海外华侨商会。商会是资产阶级的阶级组织，它的产生和普及，大大推进了资产阶级的组织形态，推动了资本主义的社会整合。商会的成立，表达了资产阶级的政治参与意识有所加强，是资产阶级的阶级意识生成的标志。

资产阶级的出现和资产阶级的阶级意识形成，是近代中国社会的"上升"因素。由于资产阶级构成中小资产阶级居于绝大多数，表现出资产阶级的阶级力量弱小，又表现出这个弱小的阶级力量在政治上的软弱。这个阶级力量弱小和政治上软弱，在这个阶级的政治代理人身上都有明显的表现，反过来，它又制约了这个时期的"上升"因素力度不是很大。我们从戊戌变法中可以看出来，从辛亥革命中也可以看出来。

第四节　孙中山等革命派的早期革命活动

伴随着民族资本主义的发展，一个年轻的阶级——中国资产阶级开始

[①] 参见虞和平《20世纪的中国——走向现代化的历程（经济卷1900—1949）》，人民出版社2010年版，第72—77页。

[②] 同上书，第80—84页。

第四章 甲午战后中国形势与社会各阶级对国家命运的回答

登上历史舞台。我们知道，这个阶级可以说是与民族危机共生的。这迫使它一出世就必须迅速对国家的命运做出自己的回答。在中国特殊的社会环境下，资产阶级的经济基础非常薄弱，但由于国难和西方政治经济学说的输入，它思想领先、行动急促地展开了以救国为中心的政治运动。资产阶级政治运动分成体制内改革和体制外革命两个管道，前者我们习惯地叫它维新派或改良派，后者则叫革命派。革命派的领袖就是孙中山。

孙中山，名文，字德明，号逸仙。因流亡日本时曾化名中山樵，后来人们便称他为孙中山。孙中山1866年11月12日出生于广东省香山县（今中山市）翠亨村的一个贫寒农民家庭。他哥哥孙眉出洋谋生，在夏威夷逐渐发展成为一个农场主。孙中山9岁入村塾读书。1879年孙中山随母亲到哥哥处，在夏威夷读中学，接受英文教育。海外生活使他"始见轮舟之奇、沧海之阔，自是有慕西学之心，穷天地之想"①。后来孙中山又到香港继续求学，1892年毕业于香港西医书院，获医学硕士学位，在澳门、广州挂牌行医，成为一名在当时具有先进科学知识和政治思想的新青年。1894年，满怀爱国热情的孙中山和朋友陆皓东、陈少白一起给直隶总督兼北洋通商大臣李鸿章写了一封长信，认为"欧洲富强之本，不尽在船坚炮利、垒固兵强，而在于人能尽其才，地能尽其利，物能尽其用，货能畅其流"，认为这才是"富强之大经，治国之大本"。他批评国内开展的洋务活动是"舍本而图末"②。信写好后，孙中山又和陆皓东专程从广东到天津，托人求见，未得李鸿章理睬。上书失败，孙中山了解了清政府的腐败，决心以革命手段推翻清政府。

甲午战争爆发，中国连吃败仗。孙中山来到夏威夷，在华侨中作宣传，渐渐集得了20多位同志。1894年11月24日，一个革命小团体——兴中会在夏威夷首府火奴鲁鲁成立了。孙中山起草的《兴中会章程》这样写道："方今强邻环列，虎视鹰瞵，久垂涎于中华五金之富，物产之饶，蚕食鲸

---

① 孙中山：《复翟理斯函》（1896年11月），载《孙中山全集》第一卷，中华书局2011年版，第47页。

② 孙中山：《上李鸿章书》（1894年6月），载《孙中山全集》第一卷，第8页。

吞,已效尤于接踵,瓜分豆剖,实堪虑于目前。有心人不禁大声疾呼,亟拯斯民于水火,切扶大厦之将倾。"危机的原因,在于"庸奴误国,荼毒苍生,一蹶不兴,如斯之极"。章程明确指出,设立兴中会的目的,就是为了"振兴中华"。誓词中提出了"驱除鞑虏,恢复中国,创立合众政府"的革命纲领。① 这个纲领大体上就体现了孙中山后来提出的三民主义中的民族主义和民权主义。

兴中会成立后,立即开展活动,在夏威夷、香港、广东等地发展组织,筹集经费,积极准备武装起事。孙中山的好友陆皓东、陈少白、郑士良、杨鹤龄等人入会,成为骨干分子。他们在香港设立总部,计划袭取广州,然后以广东为基地,向北进军。经过半年的准备,兴中会买到600支手枪,联络广东的一些会党、绿林和防营,决定在1895年10月26日重阳节,趁群众登高、扫墓回城之时,潜入城内,爆炸两广总督署,占领广州城。陆皓东还为起义设计了一面以青天白日为图形的旗帜。不料26日晨,香港方面来配合的人员和武器没能准时到达。孙中山立即要香港方面停止行动。广州方面两广总督谭钟麟也得到密报,派兵包围了王家祠起义机关,陆皓东被捕。27日香港船到广州,朱贵全等40余人和600支手枪均被清军查获。起义失败了。陆皓东、朱贵全等人牺牲,孙中山、杨衢云、郑士良等逃过缉捕,撤往香港。香港方面禁止孙等入境,孙中山便东渡日本,在横滨结识了开文具店的华侨冯镜如、冯紫珊兄弟,在他们的支持下成立了兴中会横滨分会。孙中山剪了辫子,穿上西装,决心革命到底。次年,他又赴美国、英国进行宣传活动。

清政府把孙中山视为叛逆要犯,命令驻外使领馆密切注意其行踪,相机缉拿,同时雇了大批暗探在海外侦察。1896年10月11日上午,孙中山从伦敦住所出来,去看望他的老师康德黎。路上被清政府驻英公使馆人员劫持进了公使馆。在扣留期间,驻英公使龚照瑗用7000英镑租了条轮船,打算几日内把孙中山塞进木箱,秘密运回国。关在使馆三楼小室的孙中山

---

① 《檀香山兴中会章程》(1894年11月24日),《孙中山全集》第一卷,第19页。

第四章　甲午战后中国形势与社会各阶级对国家命运的回答

想方设法与外界联系，终于托一位英籍清洁工人把求救信送到康德黎手中。康德黎等人得知消息后，立刻向伦敦警察总部报案，并采取紧急救援行动。他们一方面试图通过媒体披露此事，以取得舆论力量的同情；另一方面又请求英国外交部出面干预，以得到政府势力的支持。经过康德黎等人的多方活动，10月22日晚，英国外交部向清使馆发出最后通牒式的照会，施加外交压力，要求立即将孙中山释放；几乎与此同时，有一家名为《环球报》的晚报连夜迅速刊印号外，正式披露孙中山被清使馆绑架的信息，使伦敦舆论界一片哗然。迫于各方面的压力，清使馆不得不无条件释放孙中山。① 孙中山用英文发表了《伦敦蒙难记》一文，使"革命家孙逸仙"的名声传遍世界，清政府的暗算阴谋反而变得不好下手了。孙中山在伦敦住了约一年，每天到大英博物馆阅览室看书，研究西方政治、经济学说，考查欧洲社会实际情况，探求救中国的方案。他的三民主义思想理论体系就是在这个时候开始孕育的。

伦敦蒙难，坚定了孙中山从事反清革命的思想。1900年在广东惠州，孙中山组织了第二次反清武装起义。得到日本人帮助，又与菲律宾独立军代表彭西商定，借用独立军买下的一批军械，10月6日，起义在惠州三洲田爆发，首战告捷。郑士良率领起义军多次击败清军，但因为得不到接济，陷于枪械弹药告竭的困境。惠州起义军很快就被清军镇压下去。郑士良等人逃到香港。随后，史坚如、邓荫南等人在广州谋炸广东巡抚署两广总督德寿，结果虽然炸塌了督署围墙，但并没有炸死德寿。史坚如被捕就义，成为继乙未广州起义时牺牲的陆皓东之后"为共和殉难之第二健将"②。

孙中山及兴中会发动的第二次反清武装起义虽然失败了，却产生不可低估的震动与影响。它不仅进一步强化了孙中山革命领袖地位，如时人所谓"孙逸仙者，近今谈革命者之初祖，实行革命者之北辰"③；而且极大地促进了广大人民群众的觉醒与革命思想的传播，正如孙中山所自述："惟庚

---

① 参见［澳］黄宇和《孙逸仙伦敦蒙难真相》，上海书店出版社2004年版，第1—32页。
② 《建国方略·有志竟成》，载《孙中山全集》第六卷，第235页。
③ 黄中黄译录《孙逸仙·自序》，载《辛亥革命》第一册，第90页。

子失败之后，则鲜闻一般人之恶声相加，而有识之士且多为吾人扼腕叹息，恨其事之不成矣。前后相较，差若天渊。吾人睹此情形，中心快慰，不可言状，知国人之迷梦已有渐醒之兆。……有志之士，多起救国之思，而革命风潮自此萌芽矣。"①众望所归的革命领袖的出现，人民群众的觉醒，革命思潮的萌发，预示着一个革命新时代的到来。

第五节　康、梁发起维新运动及其失败

甲午战争失败，奇耻大辱，震动了正在密切关注中国前途命运的知识分子。谭嗣同的一首诗深刻反映了当时知识分子的痛苦心态：

世间无物抵春愁，合向苍冥一哭休。
四万万人齐下泪，天涯何处是神州？②

在孙中山等少数志士从事革命活动之初，国内资产阶级救国运动的主流还是选择了推动政治改良的道路。维新派的领袖人物是康有为和他的学生梁启超。

康有为又名祖诒，字广厦，号长素，1858年生于广东南海一个官僚家庭，人称南海先生。他自幼熟读经书，先秦诸子、汉宋以来的重要著作，康有为都系统阅读，有些著作出口成诵。面对外患日甚、国势衰微、朝政腐败的现实，渐渐对那些古老的经典产生了"究复何用"的怀疑。康有为到过香港、上海等地，"薄游香港，览西人宫室之瑰丽，道路之整洁，巡捕之严密，乃始知西人治国有法度，不得以古旧之夷狄视之"③。乃复阅《海国图志》《瀛寰志略》等书，购地球图，渐收西学之书，"益知西人治术之

---

① 《建国方略·有志竟成》，载《孙中山全集》第六卷，第235页。
② 谭嗣同：《题江建霞东邻巧笑图诗》，载蔡尚思、方行编《谭嗣同全集》（增订本）上册，中华书局1981年版，第276页。
③ 楼宇烈整理：《康南海自编年谱》（外二种），中华书局1992年版，第9—10页。

第四章 甲午战后中国形势与社会各阶级对国家命运的回答

有本……自是大讲西学,始尽释故见"①。

1888年他去北京参加举人考试,有感于中法战争的失败,"朝廷宴安,言路闭塞,纪纲日隳",枢臣"未闻上疏谢罪","而徒见万寿山、昆明湖土木不息,凌寒戒旦,驰驱乐游",激愤中给皇帝写了封5000字的信,痛陈列强环伺的险境,要求皇帝引咎罪己,"变成法,通下情,慎左右"②,幡然图治。一个秀才竟敢上书横议朝政,而且言辞又如此激烈,谁会把他的上书转递皇帝呢?!

第一次上书失败后,康有为在广州与一位研究今文经学的学者廖平反复探讨今文经学和古文经学,受到很大启发。今古文之争本是经学中的学派之争。今文经学讲究"微言大义","通经致用",以今文经学向古文经学发动进攻,从根本上否定传统经典教条。康有为从这里出发,创建和完善自己的思想学术体系,为了将来有机会从事变法图强事业提供理论上的支持。

康有为在今文经学的"三统说"和"三世说"上做文章。"三统说"的原意为:每一个朝代都有一个"统","统"是受之于天的。旧王朝如违背天命,就应由新王朝"承应天命",以新"统"取而代之,按新"统"制定典章。夏、商、周三代,分别为"黑""白""赤"三统,其制度各有因革损益,非一成不变。后世亦将照此"三统"周演下去。这是一种历史循环论的观点。康有为避开"三统说"的循环论,而着重强调它的"因革损益""因时制宜"原则,这就为变法维新制造了合理根据。"三世说"源于《春秋公羊传》,春秋的历史分作"据乱""升平""太平"三个阶段。这是一种朴素的历史进化论。康有为用这个旧套子填进了自己的进化史观和改革主张,认为"孔子拨乱升平,托文王以行君主之仁政,尤注意太平,托尧、舜以行民主之太平"③。这就是描绘了由君主而君民共主而民主,也

---

① 楼宇烈整理:《康南海自编年谱》(外二种),中华书局1992年版,第11页。
② 康有为:《上清帝第一书》,《康有为全集》第一集,中国人民大学出版社2007年版,第182页。
③ 康有为:《孔子改制法尧舜文王考》,载《康有为全集》第三集,第150页。

就是由专制而立宪而共和的社会发展规律。他说春秋那时候，其实没有升平世，更没有太平世，尧舜之治不过是孔子改造社会的理想而已，以往几千年的中国历史基本上是一部"据乱世"的历史，现在我们应该为建立"君民共主"的"升平世"（即"小康"）社会，将来才能渐入"太平世"（即"大同"）社会。这就为变法维新确立了思想理论体系和行动纲领。

康有为把自己的这一套理论打扮成百分之百的"孔子圣道"。他提出了一个惊人论断。今文经学是孔子经学正宗，古文经学是王莽、刘歆伪造。他说长期占统治地位的古文经学，其实是东汉王莽篡权的时候，由刘歆伪造的货色，那根本就不是孔子的真经，而是"伪经"，真正的孔子圣道是饱含"微言大义"的今文经学。康有为又寻章摘句，引经据典，把孔子塑造成为伟大的改革家、变法维新的光辉先驱和倡导者，把资产阶级的民权、议院、选举、民主、平等等都附会在孔子身上，说是孔子所创[①]，他自己则当然是孔子事业的忠实继承人。

关于"太平世"社会的构想，他融和自己所知道的中西古今所有美好理想，把这个未来世界设计为没有国界、没有族界、没有家庭和私有制，男女由爱情而结合、老幼皆享公养、人人从事劳动，政府由民众选举的"大同"社会，并草成一部秘不示人的书稿，即《人类公理》。

为了传播自己的思想理论，1891年康有为在广州长兴里办了一所学校，题名"万木草堂"。万木草堂的很多学生后来成为康氏变法维新的得力助手，其中最突出的便是梁启超。梁启超，字卓如，号任公，1873年生于广东省新会县一个普通农民家庭，由于他聪明过人，12岁考中了秀才，17岁又中举人，成了远近闻名的神童。入万木草堂时，梁已是举人，而老师康有为还是秀才，但康有为变法维新的思想理论使他折服。在万木草堂里，康氏师生日夕讲中外之故，研救国之法，思想解放、议论大胆、显得生动活泼。在读书的同时，学生们还协助老师搜集资料，整理思想，著书立说。不久康有为的著作《新学伪经考》便问世了，接着又撰写了《孔子

[①] 汤志钧：《戊戌变法史》，人民出版社1984年版，第89页。

第四章 甲午战后中国形势与社会各阶级对国家命运的回答

改制考》。这两部书集中了康有为的变法理论，立论有胆有魄，观点新奇怪异，抨击乾嘉汉学所依据的儒家经典并不可靠，"新学"者，谓新莽之学。康有为认为清儒所诵曰汉学，其实是新代之学，非汉代之学，以釜底抽薪的手法否定正统学说的权威。《新学伪经考》的价值不在于学术层面，它的价值主要在于康有为给他的变法理论提供一种历史的和哲学的依据。此书一出，便立即遭到清政府的查禁和毁版。

1895年4月，康有为正带着梁启超等几个学生在北京参加会试，《马关条约》的消息传来，便立即向清政府发起请愿。康有为嘱咐他的弟子梁启超去发动各省举人联名上书清廷，阻止条约的批准。各省来京应试的举人会聚都察院门口，请求都察院把他们的意见转奏皇帝。都察院门口挤满各省联名上书的举人，"章满察院，衣冠塞途，围其长官之车"。台湾省籍的举人罗秀惠等人更是捶胸顿足，垂涕而请命，痛陈台湾民众正向着京师恸哭，请求清政府不要抛弃台湾的土地，不要使百万台湾民众成为大清王朝的弃儿，闻者"莫不哀之"①。

他们又联络18省举人1300多人在明代烈士杨继盛的故居松筠庵集会，康有为在会上发表了慷慨激昂的演说，被推举起草请愿书。他在请愿书中要求皇帝下"罪己诏"，承担责任，激励天下。又提出"拒和""迁都""练兵""变法"四项主张，强调前三项是"权宜应敌之谋"，只有变法才是"立国自强之策"。梁启超和同学麦孟华将老师的草稿誊写后，征集签名，于5月2日再次集合众人到都察院递交请愿书。因《马关条约》已经皇帝盖章生效，上书被拒绝接受。自古进京会试举人习称"公车"，这次请愿事件被称为"公车上书"。虽然没有成功，意义却不小。它不仅提出了维新变法的主张，而且采取了政治集会、联名请愿这种西方近代民主斗争的形式，演成了中国近代历史上第一次学生爱国民主运动，对整个社会造成了巨大的影响。慑于甲午战败后举国激愤的情势，清政府没敢采取镇压手段对付学生，这便在专制政治的铁壁上开了条小缝隙，使以知识分子

---

① 楼宇烈整理：《康南海自编年谱》（外二种），第26页。

为先导的政治改革活动似乎获得了某种合法性，于是言时务、谈西学、论变法很快成为一种社会时尚，维新运动的序幕拉开了。

"公车上书"后不久，会试发榜，康有为中进士，获授工部主事。梁启超因答卷过于锋芒毕露，没有被守旧的主考官录取。康有为无心上任，又连着两次上书，其中一次终于递到光绪皇帝手上。这位不甘做"亡国之君"的年轻皇帝，此时正为被逼在《马关条约》上"用宝"（盖皇帝印玺），而万分懊恼。读了康有为的上书，他很受启发，便命令转发各省议处。这样一来，在清政府的高级官员中间，也有公开表示支持和赞助维新活动的人了。康有为趁势在北京发起成立了一个组织，名曰"强学会"，参加的人中有不少名士高官，如光绪皇帝的近臣、翰林院侍读学士文廷式，军机处章京陈炽、刑部郎中沈曾植，还有袁世凯等。学会书记员由梁启超担任。梁的主要任务是创办一份报纸。

中国社会只知有刊载上谕、奏折之类的官报和外国在租界里办的外报，由国人在民间办报，虽在广州、上海等地有过尝试，却几乎不为社会所重视，而在首都北京则更属史无前例。梁启超和几个年轻人靠募集来的一点资金，自撰自编，很快便办出了一张双日小报，取名《万国公报》（后改为《中外纪闻》）。这张小报用木版印制，来不及时也用泥坯代印，每期除刊登梁启超写的一篇论说外，还刊载国内外新闻和外国报章译文，介绍西方政经、科技等情况。因没有订户，也无发行机构，主办者只得花钱请人将报纸随官报白送给各户官宅。这些官家还以为是什么阴谋传单，对送报人怒目而视，后来即便多给酬金，也无人敢代送了。很快，《中外纪闻》和强学会一起被守旧官员弹劾，遭到了查封。虽然如此，这份小报却是中国民间人士自己发表政论的开端，也是梁启超平生新闻事业的第一步，他发现办报是"广求同志，开倡风气"的最好途径。

1895年底，康有为将维新活动向上海转移。在代理两江总督张之洞的支持下，大型而正规的《时务报》于次年在上海创刊。梁启超担任主编。《时务报》虽叫报，实为杂志，每旬出一册，每册二十余页，装印精美，辟有"论说""谕折""京外近事""域外报译"等栏目。除梁启超外，主持人还有黄遵宪和汪康年，前者是位刚调回国内的外交官，后者是张之洞的僚属。梁启超这样描述自己当时的工作情景：每期为报纸写论说四千余言；东西文各报两万余言稿件，由他来润色；报纸一切奏牍告白等项，归他编排；全本报章，归他覆校。十日一册，每册三万字，经启超自撰及删改者几万字，其余亦字字经目经心。六月酷暑，独居一小楼上，挥汗执笔，日不遑食，夜不遑息。

一年多的时间，梁启超在《时务报》上发表近40篇文章。这些文章大受读者的欢迎，《时务报》在国内70县市及港澳、日本、新加坡等地开设了100多个分销处，发行量达1.2万份，梁启超的名字一下子轰动了海内外。

梁启超的文章造成了轰动效应。他借报纸充当了维新派面向国内外大众的首席发言人。梁启超得以利用近代西式大众传播工具报刊，将"变法图存"的救时主张迅速、广泛地与人民直接见面，其能量和作用就大大超越了前人。随着《时务报》大量发行，作为维新运动的"喉舌"，梁启超声名鹊起，社会上许多人听说过康有为上书皇帝的事迹，而第一次读到的变法宏论却是梁启超的文章，康、梁由此齐名天下。借办报，梁启超创造了一种新的文体。这种文体从《时务报》时期开始面世，到后来的《新民丛报》时期达到顶峰，使他的文章带有神奇的魔力。中国的古文字是从文言脱离的，表达思想很不容易，接受领会更为困难。特别是明中叶以后，八股文盛行，写文章每一句都必须按固定的格式，字数也有限制，一篇文章一般不能超过千言。这种千篇一律、空洞无物的文字游戏把国文带进了死胡同，坑害了无数青年。梁启超则把八股文抛在一边，为了使自己的维新思想能够驾着激越的文字纵情驰骋，他主张言文一致，文体解放。在他的文章里，无论古今中外雅俗，一切有生命的语言都被自由地运用，使笔端生动形象，平易畅达，饱蘸感情，令读者读后无比痛快、激动。为了能够深刻、透彻地表述思想，他的文章在结构上不拘一格，有的文章篇幅虽大，却逻辑性强，令读者难以释手。他还非常善于设计文章的开头和结尾，时而起语突兀，令人震惊；时而设置悬念，引人入胜；时而意犹未尽，催人深思。可以想象，在当时那样的时代环境里，梁文的出现会造成怎样的社会效应了。守旧派斥之为野狐文妖，而维新派尤其是广大知识青年则无不为之倾倒、叫好。仅就文字风格而言，梁文感染了中国几代人。在青年毛泽东的文章中，也可明显地看到它的影响。应该说，梁启超既是杰出的维新宣传家，又是中国现代白话文运动的开创者和先驱。胡适的挽联评价他："文字成功，神州革命。"

梁启超在《时务报》上发表的文章，最著名的是《变法通议》。6万余言，分期连载，一上来便说道："法何以变？凡在天地之间者莫不变：昼夜变而成日；寒暑变而成岁；大地肇起，流质炎炎，热熔冰迁，累变而成地球；海草螺蛤，大木大鸟，飞鱼飞鼍，袋鼠脊兽，彼生此灭，更代迭变，而成世界；紫血红血，流注体内，呼炭吸养，刻刻相续，一日千变，而成生人。借曰不变，则天地人类，并时而息矣。故夫变者，古今之公理也。"①

这段开宗明义的话，表明了梁启超变法思想的宇宙观。有趣的是，在这里，他没有沿用康有为那套古色古香的"三世说"，而是采用了刚由西方传来，在当时听来还非常新鲜的自然科学知识，从地球到生物乃至人类，天地之间，万物运动，无不符合变化与进化。变易思想是中国最古老的哲学。两千多年前的经典著作《周易》里面就有"天地革而四时成"，"穷则变，变则通"的名言。后来的历代变法者们，如商鞅，如王安石，无不拿它作为理论根据。不过，这种古老的哲学把变化解释为周而复始的循环，虽无止境，却是一个又一个平行的圆圈，这大约反映了一种类型的社会状态。

进化思想则是在梁启超所处的这个时代，从西方兴起并传过来的。当时它不仅对于中国，而且对于世界都称得上是最先进的思想。自1859年英国生物学家达尔文出版《物种起源》一书，奠定进化论的科学基础，又有赫胥黎、斯宾塞等人加以继承、发挥，使之成为一种哲学，不过一二十年

---

① 梁启超：《变法通义·自序》，载《饮冰室合集》第一册，中华书局1989年版，第1页。

的工夫，进化论便锐不可当地风靡了全球。将进化论系统地介绍到中国的是严复。

严复，字又陵、几道，福建侯官（今闽侯县）人。他是福州船政学堂派往英国留学的学生，学成归国曾长期在天津水师学堂任教。在甲午战争后不久，严复翻译了赫胥黎的著作《进化论与伦理学》的前半部，取名为《天演论》，此外他还陆续翻译了亚当·斯密的《原富》、孟德斯鸠的《法意》和斯宾塞的《群学肄言》等西学名著，并在天津的报纸上发表了一系列文章，阐述进化论和西方社会政治学说，宣传维新救国。作为《时务报》的赞助人和梁启超的朋友，严复的译著《天演论》在未成书时，梁启超便读到了，这无疑给了梁启超最强有力的思想武器。康有为不懂外文，他的"三世说"中的进化观点，有一定摸索创造的成分，至于形成完整的思想，也是在读了严复的译著和文章之后。梁启超显然认识到进化论比起今文经学的一套说法更容易接受。这个新理论不仅证明宇宙万物、人类历史的不断变化，是由低级向高级发展，愈变愈佳，"日趋于善"，而且还揭示出"物竞天择，适者生存"，其不变者，必遭灭亡的"不易之理"，这对民族灾难深重的中国，不啻严厉的警告和鞭策！《变法通议》正是根据这个道理，向国人大声疾呼："法者天下之公器也，变者天下之公理也。大地既通，万国蒸蒸，日趋于上。大势相迫，非可阏制，变亦变，不变亦变。变而变者，变之权操诸己，可以保国，可以保种，可以保教。不变而变者，变之权让诸人，束缚之，驰骤之，呜呼，则非吾所敢言矣！"① 虽然，他在《时务报》上发表的文章，还不时地使用康有为的"三世说"，却已经不是照葫芦画瓢，他自己的思想风格开始显露出来。

在《变法通议》中，梁启超提出了自己的政治主张："吾今为一言以蔽之曰，变法之本在育人才，人才之兴在开学校，学校之立，在变科举，而一切要其大成，在变官制。"② 这段话，实际上成了维新运动的纲领。变

---

① 梁启超：《变法通义·诊不变法之害》，《饮冰室合集》第一册，第8页。
② 梁启超：《变法通义·论变法不知本原之害》，《饮冰室合集》第一册，第10页。

科举，兴学校，育人才，即改革教育制度，是维新的首要任务，只有如此，才能够"开民智"，塑"新民"，从根本上改造国民的素质，为社会进步奠定基础。"变官制"，即改革政治体制，则是变法的核心内容，其实质是企图用西方民主政治制度来改变和代替君主专制制度。中国是君主专制制度历史最悠久的国家。到了近代，这种落后的制度遇着西方列强的挑战，其腐朽性大暴露，用梁启超的话说："今有巨厦，更历千岁，瓦墁毁坏，榱栋崩折，非不枵然大也。风雨猝集，则倾圮必矣。"① 一般热血青年更忍不住对君主专制的满腔怒火，在这方面，比梁启超更激烈的是谭嗣同。

谭嗣同，字复生，号壮飞，湖南浏阳人。其父任湖北巡抚。1896年春，梁启超与谭嗣同在北京相识，遂成为好朋友。谭爱读西书，喜研哲学，赞成康有为的变法主张。他写名为《仁学》的书稿，对君主专制制度批判深刻犀利，对梁启超的影响也最大。谭嗣同痛诋："二千年来之政，秦政也，皆大盗也。"② 认为中国纲常"君臣一伦，尤为黑暗否塞，无复人理"③。但这部书稿在当时没有公开出版，而梁启超的《变法通议》《论中国宜讲求法律之学》《论中国积弱由于防弊》《论君政民政相嬗之理》等文章则见诸报端，把反专制思想表露得相当大胆。

谭嗣同

（采自 T. Richard，*Forty Five Years in China*，London，1916，p. 160）

---

① 梁启超：《变法通义·论不变法之害》，《饮冰室合集》第一册，第2页。
② 谭嗣同：《仁学》，载蔡尚思、方行编《谭嗣同全集》（增订本）下册，第337页。
③ 同上。

第四章 甲午战后中国形势与社会各阶级对国家命运的回答

梁启超在《时务报》的言论轰动了社会，也惊动了湖广总督张之洞。张之洞是个颇为能干而又精明圆滑的官僚，他多年从事洋务活动，有建树，有名望，但对充满风险的变法维新，则态度犹疑。见光绪皇帝批转了康有为的上书，他唯恐落后，也积极支持强学会，资助《时务报》，甚至对20多岁的梁启超以"老"相称，请到家待若上宾。当保守势力围绕慈禧太后，向维新发出不满的信号时，他又见风使舵，出面干预和遥控《时务报》，不许其发表过激言论。梁启超终于受不了张之洞的"资本家式"压迫，于1897年11月辞职离开了《时务报》，前往湖南。其时湖南的地方官员，如巡抚陈宝箴、按察使黄遵宪、督学江标、徐仁铸等思想比较开明，主张或倾向维新。在他们治下，省内政治气氛比较宽松，一批青年改革志士如谭嗣同、唐才常、熊希龄、毕永年等积极活动，办《湘学报》，组南学会，还办了一所新式学校——时务学堂。经黄遵宪推荐，梁启超被聘请担任时务学堂的中文总教习。

在时务学堂的讲台上，梁启超说话无所顾忌，他和学生们一起讨论民主政治理论，批判君主专制主义，甚至流露出反满的民族革命意识。梁还上书陈宝箴，建议湖南省先走一步，建设地方自治，以为将来推行民主政治奠定基础。经努力，湖南出现了一些新政，除经济上积极鼓励创办民间工商业外，还有政治方面的变革：南学会从讲学到议政，陈宝箴、黄遵宪等多次亲临讲演和回答问题，地方士绅纷纷前来省城听课，与省里官员对话，提出建议，供政府参考，开了民主议政的风气；省里还设立了课吏馆和保卫局。前者是以新政为内容的干部培训机构，后者相当于西方的警察局，这在中国都是前所未有的新事物。维新派在湖南的活动不久惹出了麻烦。平时，时务学堂的学生都住校，学期中间，关上门听老师梁启超等人放肆地大讲民权论，攻击政府，鼓吹革命，有些忘乎所以。放了寒假，学生们回到各地家中，课堂笔记曝光，立即引起轩然大波。守旧乡绅叶德辉拿着梁启超等人给学生的批语找岳麓书院院长王先谦，他们一起向陈宝箴告状，被陈压下。这些人不甘心，又联名上告朝廷，说康、梁"心怀叵测，志在谋逆"，并把陈宝箴也牵连了进去。陈宝箴怕事情闹大，只得妥协，改组了时务学堂，辞退了几位教师。这时梁启超正在上海治病，接着他被老师康有为召往北京。

甲午战败后清政府慑于沸腾的民怨，多少放松了对社会思想文化的钳制，使爱国知识分子得以在救国的口号下，组学会、办报纸、出书籍、造舆论，这是中国历史上不曾有过的。据不完全统计，从1895年8月康有为、梁启超等在北京创办强学会到1898年9月发生政变止，全国各省"设会百数"，其中有讨论维新变法政治议题的强学会、强学分会、知耻学会、南学会、闽学会、蜀学会、保国会等，有讲求西学专门知识的算学会、农学会、医学会、质学会、地学会、法律学会、译书公会等，有提倡移风易俗的天足会、不缠足会、戒鸦片烟会等。参加学会的上至朝廷高官下至乡绅学子。学会规模大的如湖南的南学会，最盛时"每会集者千数百人"。这些学会活动冲破了"民可使由之，不可使知之"的传统束缚，使社会风气渐开，已有不可抑压之势。

维新时期民办报刊除了最著名的《时务报》，各地还有一批名气和影响都不小的报刊。如《知新报》，是在南方影响很大的报刊，1897年2月在澳门创刊，初为五日刊，后改为旬刊、半月刊，由梁启超前往筹办，何廷光、康广仁任总理，梁启超、韩文举、徐勤、欧榘甲等康门弟子任撰述。因其设在中国政府管不着的澳门，能够发表"为《时务报》所不敢言者"，直至政变后，仍是维新派的喉舌。

《国闻报》，是在北方影响很大的报刊，由严复、夏曾佑、王修等人于1897年10月在天津创办。此前，严复已在德国人办的《直报》上发表了《论世变之亟》《原强》《辟韩》《救亡抉论》等著名文章，鼓吹变法维新，后来他感到有必要自办报刊，遂办了《国闻报》。在到政变发生近一年的时间里，该报除译载西报，宣传西学外，还发表了40多篇社论，多为严复所撰，主张开民智，昌言改革。严复在《国闻报》上发表的《道学外传》为科举功利之徒画了幅漫画："面戴大圆眼镜，手持长杆烟筒，头蓄半寸之发，颈积不沐之泥，徐行偻背，阔颔扁鼻，欲言不言，时复冷笑"，除四书五经、功名利禄，不知他物。严复指出中国"积二千年之政教风俗，以陶铸此等人材","必有致祸之实"①。《国闻报》出刊后,又出过旬刊《国闻汇编》,严复的《天演论悬疏》《斯宾塞尔劝学篇》等文就是在《国闻汇编》上刊载的。

《湘学报》和《湘报》,是湖南在维新运动时期发行的两份报刊,在中原影响最大。《湘学报》又名《湘学新报》,1897年4月创刊于长沙,为旬刊,由江标、徐仁铸任督办,唐才常、蔡钟浚等撰述,唐才常的许多宣传维新变法的文章都发表于此刊。后因维新运动高涨,旬刊来不及反映瞬息变化的信息,又出版日报《湘报》,由唐才常主编,1898年3月7日创刊,同年10月15日停刊。该报快速、信息量大,南学会的演讲报告、讨论纪要都在此及时刊出,还发表了许多湖南维新青年的文章,其中3月29日一篇署名易鼐的文章《中国宜以弱为强论》,主张"西法与中法相参","民权与君权两重","中教与西教并行","黄人与白人互婚"。张之洞看到大为震怒,立即致电陈宝箴、黄遵宪,说"此等文字远近煽播,必致匪人邪士倡为乱阶"②,要求省府"随时留心"舆论导向。这反映了当时思想的解放与政治控制之间的必然斗争。

维新时期,民办报刊最多的是上海,在《时务报》前后出刊的有《强学报》《农学报》《集成报》《富强报》《新学报》《萃报》《实学报》《求是报》《译书公会报》《蒙学报》《演义报》《时务日报》《昌言报》《格致新报》《中外日报》《工商学报》等。其他各地如温州、杭州、无锡、广州、桂林、重庆、成都等,都有报纸出版。

维新派还十分重视书籍的出版,1896年梁启超编成《西学书目表》,由时务报馆出版,书中收入西学书目630种,书前还附有《读西学书法》,为国人提供了一份相当完整的西书索引。1897年末维新派又在上海设立了大同译书局,由康广仁任经理,在近一年时间里,该书局出版了康有为的重要论著《董氏春秋学》《孔子改制考》《新学伪经考》《四上书记》《六

---

① 严复:《道学外传》,《国闻报》,光绪二十四年四月十七日。
② 张之洞:《致长沙陈抚台、黄臬台》,载《张之洞全集》第九册电牍,武汉出版社2008年版,第315页。

上书记》《日本书目志》和梁启超的《中西学门径》、麦仲华的《经世文新编》等一批宣传变法的书籍。就这样，维新之说的影响终于越来越大，它呼唤着一场政治改革运动的到来。

　　1897年11月，德国强占胶州湾的消息传出，敏感的康有为立刻感到亡国瓜分的日子来临了。他火速从广东前往北京，第五次上书光绪皇帝，冒死陈说，认为"外患内讧，间不容发"，如果还不变法，"恐自尔之后，皇上与诸臣，虽欲苟安旦夕、歌舞湖山而不可得矣！且恐皇上与诸臣，求为长安布衣而不可得矣！"①康有为警告清朝统治者，如果不及时改革，则"金田之役，将复起矣"②，"自台事后，天下皆知朝廷之不可恃，人无固志，奸宄生心。陈涉辍耕于垄上，石勒倚啸于东门，所在而有，近边尤众"③。康有为的上司工部尚书淞溎见康的言论太出格，便将上书压在手里，没有向上转递。可是这封上书的抄件却在北京的一些官员中间传开了，有的报纸还作了报道。

　　12月11日，上书不达，极度失望的康有为正准备离京南归，当他从下榻的南海会馆往马车上装行李的时候，光绪皇帝载湉的老师翁同龢下了早朝，赶来阻止，他拉着康有为的手说：今天早晨我刚在皇帝面前推荐了你，说你的才干超过我百倍，皇帝一定会重用你的，请先不要走。恰在这时，读了康有为上书抄件的都察院给事中高燮曾也向皇帝上奏，请求任用康有为。经过一番周折，光绪皇帝终于见到了康有为的上书，他不仅没有恼怒，反而十分感动，认为能够这样舍命直言的人，一定忠义赤胆，很想亲自见一见。恭亲王奕訢则建议由大臣出面传康有为问话，因为按清朝成例，非四品以上官员，皇帝是不能召见的。于是，1898年1月24日下午，康有为被请到了总理衙门所在的西花厅，出席问话的有李鸿章、翁同龢、荣禄、廖寿恒、张荫桓五位大臣。荣禄开口说祖宗之法是不能变的。康有为辩道：祖宗之法是用以治理祖宗的土地的，如今祖宗的土地都守不住了，还谈什

---

① 康有为：《上清帝第五书》，载《康有为全集》第四集，第2—3页。
② 康有为：《上清帝第一书》，载《康有为全集》第一集，第181页。
③ 康有为：《上清帝第五书》，载《康有为全集》第四集，第4页。

么"祖宗之法"?就像这个总理衙门,祖宗之法里也没有规定,还不是根据今天的需要而设置的吗?廖寿恒问:变法从何处着手?康有为答:应从改变法律和官制入手。李鸿章质询:难道六部和现行的法律制度都可以不要吗?康有为说:今天是列强并列的时代,已不再是以前大一统的局面。现行的法律官制都是过去的旧法,造成中国危亡的,就是这些旧法,理应废除,即使一时不能废除,也应酌情加以修改,新政才能推行。翁同龢提了个具体问题:变法所需款项怎样筹措?康有为介绍了外国的情况,说日本设立银行发行纸币,法国实行印花税,印度征收田税,都有成效。中国幅员广大,只要改变制度,税收可以比现在增加十倍。接着康有为详细谈了他的整套改革方案,包括设立制度局、新政局、练兵局、开铁路,借外债,等等。最后他强调日本明治维新的成功经验比较适合中国学习,自己编有这方面的书可供参考。问话一直持续到天黑上灯。第二天,翁同龢把情况向光绪皇帝作了汇报,载湉又想亲自召见康有为,还是奕䜣建议先看他的书面意见,说如果康拿出了切实可行的改革办法,再召也不迟。光绪帝立即命令康有为把所有建议书面递呈,并要他把编著的《日本变政考》和《俄大彼得变政记》两书一并送上。

1月29日,即问话后的第五天,康有为遵命上了《应诏统筹全局折》,这是他向皇帝上的第六书,也是他所呈最重要最著名的一篇奏折,在这里全面提出了变法维新的施政方案。康有为列数世界历史上埃及、波兰、土耳其、印度等国由于守旧不变,而遭瓜分或灭亡的事例,指出中国也面临着同样的危险,形势严峻。前途只有两个,那就是"能变则全,不变则亡,全变则强,小变仍亡"①。他建议光绪皇帝效法日本明治维新的三点要义,即大誓群臣以定国是;设上书所以广言路;开制度局以定新制。具体办好三件大事:一、在天坛或太庙或乾清门召集群臣,宣布变法维新;二、在午门设立"上书所",派御史二人监收,准许人民上书,对贤才加以录用;三、在内廷设制度局,下设法律、度支、学校、农商、工务、矿政、

---

① 康有为:《应诏统筹全局折》,载《康有为全集》第四集,第17页。

铁路、邮政、造币、游历、社会、武备十二局，以订立新章程，推行新政。光绪皇帝看了奏折，非常满意。康有为振奋不已，一面急召在上海看病的梁启超立刻进京，协助工作；一面废寝忘食，将《日本变政考》《俄大彼得变政记》等书不断誊出，呈供皇帝参阅。同时又上了第七书，述说了俄国变法图强的经验，希望光绪皇帝能够以彼得大帝的"心法"为心法，树立勇气，放下架子，学习西方，并采取果断的手段，力排众议，实施改革。光绪帝把康有为的建议书放在案头，日加披览，变法的心志更坚定了。

4月17日，康有为又和御史李盛铎等发起成立了"保国会"，议定保国会章程30条，第一条申明宗旨："本会以国地日割，国权日削，国民日困，思维持振救，故开斯会以冀保国，名为保国会。"章程中还详细规定了该会的组织纪律，入会标准、手续等，俨然像一个西方的政党模样。于是弹劾纷纷，荣禄更愤愤地说，康有为立保国会，我们这些大臣还没死呢，就是亡国也轮不上他来保，这种僭越妄为，简直可杀！保国会的发起人之一李盛铎见事不好，来个反戈一击。军机大臣刚毅正准备采取措施查禁，光绪皇帝发话了："会能保国，岂不大善，何又查禁耶？"才把这件事给按了下来。

1898年6月11日，光绪帝下诏"明定国事"，宣布变法。在这篇诏书里，光绪皇帝总结国家多年洋务自强的教训，指出其弊端是对西学"徒袭其皮毛"，且长期对改革问题争论不休，"莫衷一是"，"众喙哓哓，空言无补"。不务实造成国势与外界差距越来越大，"强弱相形，贫富悬绝"，怎么能够不打败仗？因此他要"明白宣示"，全国上下一致，"发愤为雄"，实行变法。①

在"诏定国是"后的第三天，翰林院侍读学士徐致靖上折，向光绪皇帝保荐康有为、黄遵宪、谭嗣同、张元济、梁启超等"维新救时之才"，请朝廷"破格委任"。光绪皇帝载湉立即做出反应，命康有为、张元济预备

---

① 《德宗景皇帝实录》卷四一八，第15页。

召见，黄遵宪、谭嗣同送部引见，梁启超由总理衙门察看具奏。

6月16日，在颐和园勤政殿，康有为第一次见到了光绪皇帝。在等待召见的时候，荣禄也在，荣禄问康有为："以你的大才，有什么好办法补救时局？"康仍一字一板地说："非变法不能救中国。"荣禄重弹上次问话时的老调，说"变法的道理谁都懂，但一二百年的成法，能一下子都变吗？"康有为斩钉截铁地说："杀几个一品大员，法即变矣！"① 这锋芒毕露的对立，不能不给刚刚起步的变法维新投下一片阴影。

康有为入对，载湉急切地走到大殿门口来迎接他，两人的心情都很激动。康有为伏地便拜，载湉亲自将其扶起，赐座倾谈。康有为说：现在中国在列强的逼迫和分割下，已经到了生死存亡的关头了。载湉说：这都是那班守旧的人造成的严重后果！今日诚然是非变法不可了。康有为问：皇上既然知道非变法不可，为什么长久没有举动，坐视国家危亡呢？光绪看了一眼帘外，压低声音叹息道：我是处处受到掣肘呀！康有为明白了皇帝的意思是对西太后的干预没有办法，便说：皇上可以就现有权力能够做到的先做起来，虽然不能尽变，如能扼要地做成几件大事，也可以救中国。康有为建议皇上：不必尽撤旧衙门，只需增设新衙门。不必尽撤旧大臣的职，只要起用有才干的小臣，破格给以官职，准许专折奏事，把新政交给他们办理。这样旧大臣继续保持原有的俸禄待遇，又没有失位的恐惧，他们也就不会阻挠新政了。康有为还就废八股、译书、游学、筹款等事项回答了皇帝的垂询，他希望皇帝多下诏书，把方方面面的变法措施尽快贯彻下去。

光绪皇帝召见康有为后，本想委以重任，但荣禄、刚毅等人表示反对，最后只得任命他在总理衙门章京上行走（大约相当于今天外交部一个处长），并特准专折奏事，即奏折可直达皇帝。康有为抓住这个机会，回到南海会馆后，夜以继日，拼命编书写奏折，不断递进宫去。在3个月中，他

---

① 苏继祖：《清廷戊戌朝变记》，载中国史学会主编，翦伯赞等编《戊戌变法》（一），上海人民出版社1957年版，第354页。曹孟其：《说林》记："杀二品以上阻挠新法大臣一二人，则新法行矣。"见《戊戌变法》（四），第322页。

又先后呈上所编《法国变政考》《突厥守旧削弱记》《波兰分灭记》《英国变政记》《德国变政记》《列国政要比较表》等书，并以本人或他人名义上奏49封，内容涉及政治、经济、军事、文教各个方面。所有这些奏折，都可以看作康有为在百日维新期间的思想贡献。①

从6月11日"诏定国事"到9月21日西太后发动政变的103天中，光绪皇帝共下了百多道新政谕令。其改革措施，属于政治方面的主要有：精简中央及地方政府机构，裁减冗员，撤除詹事府、通政司、光禄寺、鸿胪寺、太常寺、太卜寺、大理寺等衙门，取消湖北、广东、云南三省巡抚、东河总督及不必要的粮道、盐道等；重订各衙门的工作则例，除旧布新；严禁地方胥吏扰民；废除满人寄生特权，准许自谋生计；广开言路，提倡官民上书言事，政府部门不得稽压；准许自由开设报馆、学会；拟开懋勤殿，邀各方人士议新政；命出使大臣选择侨民中之著名可用者征送回国，以备任使等。属于经济方面的主要有：加速发展实业，设立农工商总局和矿务铁路总局及地方分局，在沿海沿江地区如上海、汉口先行一步，设厂兴工，开辟口岸，以带动内地；大力振兴农业，提倡西法种田；许办农会、商会，鼓励民办铁路、矿务，奖励各种发明，准其专利售卖；创办国家银行，编制国家预算，节省开支等。属于军事方面的主要有：裁减绿营，淘汰冗兵；改习洋操，精练陆军，加强海军；加快新式武器制造等。属于文教方面的主要有：开办京师大学堂，筹办铁路、矿务、海军等专门学堂，将各地旧式书院改为兼学中学和西学的中、小学堂；改革考试内容，废除八股，改试策论。讲求实学，不得凭楷法取士；选派学生赴日本留学；设立官办译书局，编译书籍，奖励著作等。

上述新政的颁行，展示了一幅中国全面改革的图景，在国际国内引起了巨大的震动。然而，从洋务自强运动时期即存在的整个社会新与旧、改革与保守的矛盾斗争，至此愈加激烈。更严重的是，在清政府内部有两个司令部，即以光绪皇帝为首的"帝党"和以慈禧太后为首的"后党"，改

---

① 参见孔祥吉《戊戌维新运动新探》，湖南人民出版社1988年版，第118—173页；林克光：《革新派巨人康有为》，中国人民大学出版社1990年版，第269—277页。

第四章　甲午战后中国形势与社会各阶级对国家命运的回答

革与权力斗争搅在了一起,出现了极其复杂的局面。

"帝党"指光绪皇帝载湉和载湉的老师翁同龢,翁历任刑、工、户部尚书和军机大臣,他的门生好友便成了"帝党"的成员,再加载湉的一些近臣,如珍妃、瑾妃的哥哥、礼部侍郎志锐、珍妃的老师文廷式等。"后党"是指慈禧太后掌控的庞大国家官僚集团。年仅4岁的载湉(即光绪)为帝,慈禧太后继续垂帘听政,军政大权独专。就在"明定国是"诏下达后的第四天,也就是载湉准备召见康有为的前一天(6月15日),慈禧下了三道命令。一、撤销翁同龢协办大学士、户部尚书的职务,驱逐出京,送回江苏原籍。理由是"近来办事多未允协""渐露揽权狂悖情状"。二、凡二品以上人臣授新职,要到皇太后面前具折谢恩。三、命荣禄署理直隶总督(随后改为实授并兼北洋大臣),统率董福祥(甘军)、聂士成(武毅军)、袁世凯(新建陆军)的北洋三军。翁同龢的去职,等于砍掉了"帝党"唯一的顶梁柱,而后两道命令则使军政实权进一步收紧在太后手里,对变法可能触碰到她的权力作了严密的防范。受到削弱和钳制的光绪皇帝,仍然把一道道新政诏令颁发下去,希望在全国范围得到施行。可朝中大臣和地方官员却多看太后脸色,对皇帝的命令不是顶着不办,就是敷衍了事,有的更公然跳出来阻挠。这就使得维新与守旧、"帝党"与"后党"的矛盾相互交织,日趋激烈。

6月20日,御史宋伯鲁、杨深秀参奏礼部尚书、总理各国事务大臣许应骙"守旧迂谬",阻挠改革八股取士制度。光绪帝要求许应骙明白回奏,许反而对康有为大肆攻击,说康"逞厥横议,广通声气,袭西报之陈说,轻中朝之典章","勾结朋党,快意排挤,摇惑人心,混淆国是",要求将其"罢斥驱逐回籍"[1]。御史文悌又配合许应骙弹劾康有为立保国会是"与会匪无异","名为保国,势必乱国……徒欲保中国四万万人,而置我大清国于度外",指责宋伯鲁、杨深秀是"言官党庇、诬罔荧听",并再次严参康有为"任意妄为,遍结言官,把持国事"[2]。为了给猖狂的守旧派一个警

---

[1] 《许应骙奏》,《光绪朝东华录》第四册,总第4001页。
[2] 《严参康有为折稿》,《戊戌变法》(二),第485、488页。

告，光绪皇帝革去了文悌的御史职务。7月3日又亲自破格召见举人梁启超，接受了他呈上的著作《变法通议》，派他专办大学堂译书局事务。而对荣禄保荐的30余人，则一概不予拔用。

7月初，光绪帝载湉下《定国是诏》已经20几天，总理衙门在奉旨妥议康有为《应诏统筹全局折》的复奏中，还说："为政之道，不在多言。墨守成轨，固无以协经权；轻改旧章，亦易以滋纷扰。"对康有为提出的建议，逐条加以批驳。载湉非常不满，亲笔批示："著军机大臣会同总理各国事务衙门王大臣，切实筹议具奏，毋得空言搪塞。"① 有人概括当时朝廷情况说："凡遇新政诏下，枢臣俱模棱不奉，或言不懂，或言未办过"，推托了事。② 在地方上，各省督抚中只有一个湖南巡抚陈宝箴支持变法。有实力的两江总督刘坤一、两广总督谭钟麟等推宕敷衍，对于新政谕令，置之不理。张之洞对西太后那拉氏批示过的办商务局一事，极力筹划，条陈意见，其他上谕一概置若罔闻。刘坤一说："时事之变幻，议论之新奇，恍兮惚兮，是耶非耶，年老憒乱，不知其然，不暇究其所以然。朝廷行政用人，更非封疆外吏所敢越俎，而其责成各督抚者，可办办之，否则静候参处。"③ 谭钟麟不管谕旨怎么催问，也不予以答复。至于直隶总督荣禄，更是不把载湉放在眼里，他的奏折都直接呈递给那拉氏，根本不递给载湉。在洋务派和顽固守旧势力的破坏下，新政诏谕，大多成了一纸空文，没有实效。

光绪皇帝不得不借故惩治一些顽愚的官员，提拔新锐。礼部青年主事王照写了一份奏稿，请皇帝奉皇太后出国考察，特别要到日本考察，借以考证得失，决定从违。王照的上司礼部尚书怀塔布、许应骙等不予代递。王照认为堂官不应该"壅于上闻"，他告上司阻挠新政。王照的坚持惊动了光绪皇帝。9月1日，光绪皇帝将怀塔布、许应骙等交吏部议处，重申此后各衙门司员等条陈事件即由各该堂官原封呈进，毋庸拆看。随后又在上

---

① 《总理各国事务奕劻等折》，《戊戌变法档案史料》，第8—9页。
② 苏继祖：《清廷戊戌朝变记》，载《戊戌变法》第一册，第336页。
③ 《复冯莘垞》（光绪二十四年六月二十三日），载《刘坤一遗集》第五册，第2229页。

第四章 甲午战后中国形势与社会各阶级对国家命运的回答

谕中宣布将怀塔布、许应骙等礼部六堂官即行革职，并赏给王照三品顶戴，以四品京堂候补。次日，光绪帝任命拥护新政、才识俱佳的江苏候补知府谭嗣同、内阁侍读杨锐、刑部主事刘光第、内阁中书林旭为四品卿衔的军机章京。奏章经他们阅览，上谕由他们拟稿。这是"百日维新"中载湉亲自决定的人事上的最大变动，给顽固势力一个有力的打击。最后，载湉又接受改良派的建议，准备开懋勤殿，讨论各项制度。光绪皇帝动真格了，构成了对慈禧太后绝对权力的挑战，这是她所不能容许的。在载湉赴颐和园请安时，慈禧太后批评光绪皇帝："小子为左右荧惑，使祖宗之法自汝坏之，如祖宗何？"光绪帝满腹委屈，他说："时事至此，敌骄民困，不可不更张以救，祖宗在亦必自变法。臣宁变祖宗之法，不忍弃祖宗之民、失祖宗之地，为天下后人笑，而负祖宗及太后之付托也。"①

光绪皇帝已经清楚地意识到自己皇位岌岌可危。14日他又到颐和园向太后请安，从慈禧的异常态度中，进一步感觉情况不妙，他立即写了一封密诏给正在值班的杨锐，说皇太后反对变法，反对罢斥老谬昏庸大臣，"朕亦岂不知中国积弱不振，至于阽危，皆由此辈所误；但必欲朕一旦痛切降旨，将旧法尽变，而尽黜此辈昏庸之人，则朕之权力实有未足。果使如此，则朕位且不能保，何况其他"，要康有为等妥速筹商应付的办法。② 18日，载湉又要林旭带出给康有为的密诏，催他迅速离京出外，不可迟延。

为了摆脱守旧派的恶意攻击，光绪皇帝于9月17日发了一道近似表白的明诏，令康有为前往上海督办官报，并托林旭捎话给他："朕今命汝督办官报，实有不得已之苦衷，非楮墨所能罄也。汝可迅速出外，不可迟延。汝一片忠爱热肠，朕所深悉。其爱惜身体善自调摄，将来更效驰驱，共建

---

① 参见清华大学历史系编《戊戌变法文献资料系目》，上海书店出版社1998年版，第1019页。

② 光绪帝给杨锐密诏，1909年杨锐之子上缴给清政府，罗惇曧：《宾退随笔》，曾予转录，文字与梁启超《戊戌政变记》所载不同，此处据《宾退随笔》。又密诏发下日期有9月13日、14日、16日几种说法，查光绪二十四年7月、8月《谕折汇存》召见臣工名单，杨锐是在旧历七月三十日（公历9月15日）被光绪帝召见的，密诏当于此日发下。

大业，朕有厚望焉。"① 18 日晚，康有为、谭嗣同、梁启超商量挽救时局办法，康有为想到曾建议光绪皇帝召见并提拔袁世凯。袁 16 日被皇帝召见，赏候补侍郎，现正住在法华寺。康等设计了用皇帝的密诏请袁世凯带兵勤王，杀掉荣禄，包围颐和园，以湖南来的毕永年派在军中，乘机干掉慈禧太后，从而彻底扫清变法维新的障碍。当夜，谭嗣同即往袁的住所对袁进行劝说，希望他能够以实际行动保卫皇上。狡猾的袁世凯对谭"未知有何来历"，便借词推托，表示要等 9 月阅兵时再说。谭嗣同说："自古非流血不能变法，必须将一群老朽全行杀去，始可办事。"② 20 日光绪皇帝再次召见袁世凯，袁见皇帝并没有对他有特别指示，遂在回天津后把康、谭等人的活动向荣禄作了报告。

21 日，慈禧太后发动政变，宣布"训政"，下令捉拿康有为。当天，那拉氏在便殿审讯载湉。奕劻、军机大臣等跪在案的一侧，载湉跪于另一侧，案前设竹杖，那拉氏凶恶地追问："变乱祖法，臣下犯者，汝知何罪？试问汝祖宗法重？康有为重？背祖宗而行康法，何昏瞆至此？"载湉战栗回答："是固自己糊涂，洋人逼迫太急，欲保存国脉，通融试行西法，并不敢听信康有为之法也。"那拉氏大怒说："难道祖宗不如西法，鬼子反重于祖宗乎？康有为叛逆，图谋于我，汝不知乎，尚敢回护耶！"载湉回答："知道。"那拉氏追问："既知道，还不正法，还要放走？"载湉回答："拿杀。" 22 日，那拉氏单独审讯载湉一次。23 日，又同大臣一起第三次审讯。这时那拉氏已经接到袁世凯出首告密的报告，追问载湉用意何在？载湉一概推到康有为、谭嗣同头上。在场的人又起诉，又作证，"若原被告焉"③。从那以后，载湉即被监禁在瀛台，成了一名阶下囚。

促使慈禧采取行动的原因主要有两点，一是皇帝召见和提拔袁世凯，企图掌握军队。就在袁进京时，慈禧立刻做了相应的军事部署，令荣禄调

---

① 引自汤志钧《戊戌变法史》，人民出版社 1984 年版，第 419 页。
② 袁世凯：《戊戌日记》，载中国史学会编《戊戌变法》（一），第 550—552 页；参见杨天石《康有为谋围圆明园捕杀西太后确证》，载《从帝制走向共和——辛亥前后史事发微》，社会科学文献出版社 2002 年版；汤志钧：《乘桴新获》，江苏古籍出版社 1990 年版，第 26—28 页。
③ 《清廷戊戌朝变记》，载《戊戌变法》（一），第 346—347 页。

董福祥部进驻北京、聂士成部进驻天津，并要袁世凯速回小站布防。二是皇帝20日接见日本前首相伊藤博文。慈禧认为"帝党"要"勾外国"，这是她最害怕的。18日守旧派中坚分子、御史杨崇伊上密折，请"太后即日训政"，特别强调了伊藤博文"将专政柄"的危险。

康有为于19日离京登上去天津的火车，21日通缉令到天津时，他已于当天上午乘英商的"重庆"号轮船去了上海。英国驻上海总领事得到英国传教士李提摩太从北京发来的电报，要他设法救援康有为。该总领事派人在吴淞口外用驳船把康有为从"重庆"号转送到了另一条英国轮船"巴拉勒特"号上，康有为就这样逃往香港。

21日政变消息传出，梁启超当天就宿在日本公使馆。次日谭嗣同把自己的书稿家信送来交与梁启超，他叫梁出逃，自己则抱定必死决心，打算去找江湖上的朋友"大刀王五"，营救皇上。可是他走出日本公使馆不久即被逮捕。梁启超在日本公使馆人员掩护下，化了装，秘密潜至天津，当他们半夜里下白河欲往日舰停泊的塘沽港时，奉命搜捕的清兵汽艇赶到，带兵的军官同情维新运动，虽认出了梁启超，竟没有抓他。梁终于登上日舰"大岛"号，亡命日本。

慈禧宣布"训政"后，22日又接获荣禄从袁世凯那里得到的维新派预谋围颐和园的报告。在慈禧主持下，为稳定大局采取了一系列措施。第一，严惩与康有为案有关人员。28日清廷未经审讯将谭嗣同、杨锐、林旭、杨深秀、刘光第、康广仁斩首于北京菜市口，又连连通缉康、梁。其他大批参预新政和倾向变法的官员，有的被革职，有的被流放、监禁。随即宣布康有为等罪行："康有为首倡邪说，惑世诬民，而宵小之徒群相附和，乘变法之际隐行其乱法之谋，包藏祸心，潜图不轨。前日竟有纠约乱党谋围颐和园、劫制皇太后、陷害朕躬之事。幸经察觉，立破奸谋。又闻该乱党私立保国会，言保中国不保大清。其悖逆情形实堪发指。"[①] 第二，任命、调动中央和地方政府要员，组成新的负责机构。任命荣禄任军机大臣上行走，

[①] 9月29日上谕，《光绪朝东华录》第四册，总第4205页。按照清朝体制，上谕由皇帝专享。光绪皇帝虽然被囚禁，上谕还是以他的名义发出。下同。

并管理兵部事务，所有北洋各军仍由荣禄节制；任命吏部左侍郎徐用仪在总理各国事务衙门行走，又调启秀为礼部尚书，赵舒翘为刑部尚书，裕德为理藩院尚书，任命前革职官员怀塔布为都察院左都御史兼总管内务府大臣，赏袁昶在总理衙门行走等。第三，撤销新政期间的若干举措。首先恢复先前一度下令裁撤的詹事府、通政司、大理寺、光禄寺、太仆寺、鸿胪寺等衙门，裁撤《时务官报》，废止士民上书。第四，实施加强社会控制的措施。首先宣布康有为"学术乖谬，大悖圣教。其所著作，无非惑世诬民、离经叛道之言"，命令将康有为所有书籍板片，由地方官严查销毁，"以息邪说而正人心"①。湖南是新政最为活跃的地方，清廷特别对湖南采取措施，命令张之洞执行："湖南省城新设南学会、保卫局等名目，迹近植党，应即一并裁撤；会中所有学约、界说、札记、答问等书，一律销毁，以绝根株。"② 对于报馆，重申严禁："近闻天津、上海、汉口各处，仍复报馆林立，肆口逞说，妄造谣言，惑世诬民，罔知顾忌，亟应设法禁止。"③ 第五，停止阅兵，加强练兵。为了防止万一，在处死谭嗣同等六人后，清政府又明令停止原计划于10月在天津的阅操。

从1898年6月11日开始，到9月21日，新政轰轰烈烈、惊心动魄地推行了103天，史称"百日维新"。维新期间一系列措施除京师大学堂得以保留外，均被废止，改革之事遂成泡影。慈禧出而重新训政，光绪皇帝被囚禁，历史上称为"戊戌政变"。

第六节 义和团——中国农民朴素的反帝爱国斗争

资产阶级改良派发起的维新运动刚刚过去，1900年爆发了以农民为主体的轰轰烈烈的义和团反帝爱国运动。义和团运动和维新运动一样是帝国主义侵略加深、民族灾难空前严重的产物，是甲午中日战争以后中国人民

---

① 10月1日上谕，《光绪朝东华录》第四册，第4208页。
② 10月6日上谕，《光绪朝东华录》第四册，第4216页。
③ 10月9日上谕，《光绪朝东华录》第四册，第4221页。

第四章　甲午战后中国形势与社会各阶级对国家命运的回答

反侵略、反瓜分斗争的继续，也是长期以来此起彼伏、遍及全国的群众反教会斗争的一个总会合。它又一次显示出中国人民反对帝国主义的顽强斗争精神和巨大力量。

中国下层民众在甲午战后承受着更多的痛苦，战争的失败使他们的生活更加艰难，他们没有能力和途径就国家大事直接表明自己的态度。以广大农民、手工业者为主体的中国社会各阶层民众自发地再次联合起来，他们用自己独特的应变方式掀起一场以挽救民族危亡为根本目的的爱国救亡运动。这就是以义和团为组织形式而发动的震动中外、名垂青史的义和团运动。

中国民间自古有习武弄拳之俗，北地燕赵齐鲁，"民风犷悍"，习武练功的就更多。农闲时节，师傅、师兄在村头设坛授徒，什么八卦掌、梅花拳、金钟罩、铁布衫，不一而足。功夫有真有假，拳脚、气功杂以巫术、咒语，标榜"刀枪不入"，吸引众多农家青年。坛口多设牌位，供奉农民们信仰的偶像，诸如玉皇大帝、洪钧老祖，乃至孙悟空、猪八戒、关云长，都请来做保护神。一些武坛有秘密会社、神道教门的背景，如小刀会、大刀会、白莲教、红灯照，这类组织在遇天灾人祸、社会矛盾激化之时，常与官府作对，有的发展成大规模的农民起义。在反洋教斗争中，他们又成为一股重要力量。这些拳教组织往往通过揭帖、坛谕、传言等各种方式，宣扬民间宗教的所谓"劫变"观念，宣称义和拳是顺应天意，拯救劫难，有神佛保护的团体，以此作为动员群众、组织群众，扩大影响的工具和手段。他们在习拳练武之外，兼习法术，举行各种具有明显荒诞特征的宗教仪式，渲染各种所谓刀枪不入的超自然本领。

山东成为义和团①起源的地方不是偶然的。甲午战争期间胶东遭受日军

---

① "义和团"的名称，最早见于1898年山东巡抚张汝梅的奏报，他说："直隶、山东交界各州县，人民多习拳勇，创立乡团，名曰义和，继改称梅花拳，近年复沿用义和名目。""此次查办义民会，即义和团。"(《义和团档案史料》上册，第15页）张汝梅关于义和团是乡团的说法是不可信的，以后清政府的官方文书中也很少有"义和团"的称谓，而是称"义和拳"或"拳会"。1899年12月御史黄桂鋆的奏报说："山东义和等团，非欲谋乱也……地方官不论曲直，一味庇教而抑民。遂令控诉无门，保全无术，不得已身为团练，借以保卫身家。"(《义和团档案史料》上册，第44—45页）此后，"义和团"的称谓就逐渐多起来了。

的蹂躏。战后日军盘踞威海卫 3 年之久，日军撤走后，又立即为英国所强占。1897 年德国占领胶州湾，强行划山东全省为它的势力范围。德国侵略者"动因细故，称兵压胁"。山东美国传教士曾说，德国强占胶州湾是当地群众反教会斗争显著增多的"第一个主要原因"。山东教堂林立，大小教堂会所共 1100 多处，外籍传教士 300 多人，分属德、法、英、美等国。天主教方济各会最早在山东传教。外国教士依仗公使、领事的包庇，横行霸道，气焰嚣张。群众在日常生活中时刻感受帝国主义的压力。山东巨野教案导致德国强占胶州湾，引起列强对中国的瓜分狂潮，更使传教与反洋教，侵略与反侵略的斗争交织在一起。1898 年山东胶州农民 200 余人，放火焚烧了德国营房，毙伤德国官兵多名。次年，日照、即墨等地又发生大刀会起义，捣毁教堂，杀传教士，贴揭帖（传单），"与德人为难"。高密民众还掀起了反对德国修筑胶济铁路的武装斗争。农民从自己的切身经验中逐渐认识到"官府不足恃，惟私斗尚可泄其忿"①，也就是只有自己起来进行反抗斗争。

山东省冠县梨园屯（今河北省威县）玉皇庙，是当地农民的民间信仰。洋教排斥诸神，不信祖宗，要拆了玉皇庙，盖洋教堂，引起村民的反对，纠纷闹了好多年。这不仅是宗教信仰斗争，也是利益归属之争。村中有伙练武的农民号称"十八魁"，为首阎书勤，专打教会教民。后来"十八魁"又投拜了梅花拳师赵三多，他们经常趁墟市赶场，约期聚会，比较拳勇，声势大震。因与教会为敌，赵三多把他的拳坛改名"义和拳"。山东巡抚李秉衡及其继任张汝梅对义和拳反洋教有所同情，1898 年张汝梅向朝廷报告，说这些习拳民众原为保卫身家，防御盗贼起见，并非故与洋教为难。他建议"化私会为公举，改拳勇为民团"。"义和团"的名称由此而出。与冠县为邻的茌平、平原、高唐、恩县、临清一带，义和拳也相继而起，首领是朱红灯和心诚和尚。茌平全县有 860 余庄，习拳者多至 800 余处。这年底，赵三多等又聚众起事，打出"助清灭洋"旗号，进攻教堂。

---

① 《山东巡抚李秉衡又片》，载故宫博物院明清档案部编《义和团档案史料》上册，中华书局 1979 年版，第 6 页。

张汝梅控制不住拳民，怕事情闹大，酿成"巨祸"，急忙派兵弹压。次年，清廷改派毓贤出任山东巡抚。毓贤对拳民仍采取剿抚兼施，以抚为主的政策，正式承认义和拳为民间团练，改义和拳为义和团。不久，朱红灯率义和团在平原攻打教堂教民，平原县令蒋楷请求上级派兵镇压，毓贤令济南知府卢昌诒和亲军营管带袁世敦带骑兵两哨、捕勇数十人前往"开导弹压"。结果袁部在森罗殿地方与团民发生冲突，清兵死伤十余人。对这一事件，清廷和毓贤认为主要责任在于蒋楷、袁世敦不能持平处理民教纠纷，弹压不分是非，激成众怒，撤了二人的职。这样，山东义和团获得了更快的发展。

由于教案问题日益严重，毓贤对义和团的态度遭到外国的抗议，他后来虽杀了朱红灯和心诚和尚，仍被清廷免职。1899年12月，袁世凯出任山东巡抚，带着他的新建陆军，一到山东就对义和团严厉镇压，他制定《严禁拳匪暂行章程》八条，规定凡有练拳或赞成拳厂者杀无赦。地方军"若匪至不痛击，则将领以下概正法"。如此恐怖的政策，使义和团在山东无立足之地，许多拳民遂向直隶（今河北省）、河南转移。山东人民咒骂袁世凯，称之为"鬼子巡抚"，以表示对他的切齿痛恨。1900年1月11日，清政府发布"上谕"，对袁世凯的做法不以为然。"上谕"说："若安分良民，或习技艺以自卫身家，或联村众以互保闾里，是乃守望相助之义。地方官遇案不加分别，误听谣言，概目为会匪，株连滥杀，以致良莠不分，民心惶惑。"要求地方今后"办理此等案件，只问其为匪与否，肇衅与否，不论其会不会，教不教也"①。4月17日清政府再次明谕："各省乡民设团自卫，保护身家，本古人守望相助之谊，果能安分守法，原可听其自便。"②这等于给了义和团公开活动的合法地位。义和团在中国北方如燎原烈火般地席卷开来。

义和团的基本政治口号是"扶清灭洋"（也有助清灭洋、兴清灭洋等说法）。"扶清"是扶助大清国的意思；"灭洋"是消灭洋鬼子，反对帝国

---

① 《上谕》（光绪二十五年十二月十一日），《义和团档案史料》上册，第56页。
② 《上谕》（光绪二十六年三月十八日），《义和团档案史料》上册，第80页。

主义侵略的意思。在中国历史上,农民提出这样的口号,是没有先例的。它说明,义和团的斗争锋芒是帝国主义,而在反帝斗争中要联合清朝统治者,这就是说,不以清朝统治者为斗争对象。把斗争对象指向帝国主义,对于农民起义来说,是一个进步。这是近代中国列强入侵导致民族矛盾上升、阶级矛盾下降,在农民斗争方向上的反映。"扶清",又说明义和团没有政权观念,不想夺取政权。这与中国历代农民起义以夺取政权为目标,是完全不同的。扶清,会导致农民对清朝统治者认识上的模糊,使得他们的斗争可能被清朝统治者所利用。"扶清灭洋"的政治口号,在清朝统治者内部引起了决然不同的评价,导致统治阶层内部的对立甚至分裂。在历史上,统治者对农民起义从来认为是"匪"。这一次则出现了分歧。有一派并不认为义和团是"匪",认为应当加以利用,不是应当"剿",而是应当"抚"。在清廷支持和默许下,1900年春天,义和团从山东农村迅速向直隶转移,进入保定、天津、北京等大城市。义和团不是通过战争,而是用和平方式进入大城市,在农民起义的历史上是没有先例的。庄亲王载勋等人被任命去统率义和团。清朝统治者试图把义和团的行动,控制在自己可以利用的范围内。有一部分团民进城后,先向官方登记挂号,然后可称"奉旨义和团",到指定地点领米。其时华北大旱,饥民遍野,一些流离失所的农民纷纷加入义和团,还有许多纯朴的庄稼汉是响应朝廷号召,自带干粮前来保家卫国杀洋鬼子的。当时一个目击者记述北京附近义和团向城区集中的情况,说:"连日由各处来团民不下数万,多似乡愚务农之人,既无为首之人调遣,又无锋利器械;且是自备资斧,所食不过小米饭、玉米面而已。既不图名,又不为利,奋不顾身,置生命于战场,不约而同,万众一心。"[①] 由此可以看出在义和团的旗帜下,农民群众不畏强暴、自我牺牲的可贵精神。北京许多街巷都设了拳坛,每坛领头的称"大师兄",周围聚集着成百上千的人,一些市民,甚至士兵也来参加,他们贴揭帖,撒传单,焚教堂,抄教民的家,斗洋人。前门商业街被大火引着,浓烟滚滚,

---

① 仲芳氏:《庚子纪事》,载中国科学院历史研究所第三所编《庚子纪事》,科学出版社1959年版,第15页。

第四章　甲午战后中国形势与社会各阶级对国家命运的回答

燃烧数日不息，气氛十分热烈。载漪、载勋等则带着团民四处追杀仇人，声称要杀"一龙二虎三百羊"。龙指光绪，二虎指奕劻和李鸿章，三百羊指与他们观点不同的京官。6月25日这伙人闯入皇宫，大喊杀"二毛子"光绪，被慈禧制止。所谓"二毛子"，很明显，他们是把光绪、奕劻和李鸿章当成外国侵略者的代理人。这时北京城内团民总数约近十万，一些朝官陆续南逃，局势开始出现失控。李鸿章指责朝廷对义和团"信其邪术以保国"，清廷发布上谕答复说，那是因为义和团在京城势力太大，蔓延已遍，"剿之，则即刻祸起肘腋，生灵涂炭。只可因而用之，徐图挽救"。这里，把西太后对义和团的态度说清楚了。

义和团散发各种传单、揭帖，宣传自己斗争的正义性。这期间，一篇很有代表性的揭帖这样写道：

> 神助拳，义和团，只因鬼子闹中原。劝奉教，乃霸天，不敬神佛忘祖先。男无伦，女鲜节，鬼子不是人所生。如不信，仔细看，鬼子眼睛都发蓝。不下雨，地发干，全是教堂止住天。神爷怒，仙爷烦，伊等下山把道传。非是谣，非白莲，口头咒语学真言。升黄表，焚香烟，请来各等众神仙。神出洞，仙下山，扶助人间把拳玩。兵法艺，助学全，要挨鬼子不费难。挑铁道，把线砍，旋再毁坏大轮船。大法国，心胆寒，英吉俄罗尽萧然。一概鬼子全杀尽，大清一统庆升平。①

这篇揭帖流传很广，许多团民都会背诵。它首先点明了义和团运动发生的背景是"只因鬼子闹中原"。鬼子如何闹的呢？普通百姓的直接感受是洋教深入内地，依仗帝国主义势力，横行霸道。他们宣传的教义违背中国传统，"不敬神佛忘祖先"，也是引起人们反感的原因之一。"不下雨，地发干，全是教堂止住天"则反映了当时华北地区遭逢大旱灾，民生困苦，社会矛盾激化，群众更把怒火指向外国侵略者。这篇揭帖也宣传了迷信落后的思想和盲

---

① ［日］佐原笃介：《拳乱纪闻》，载中国史学会主编《义和团》第一册，上海人民出版社1957年版，第112页。

目排外的情绪。文化不高的农民们不可能具备很高的反帝觉悟性，他们正义的反抗、爱国的行为与盲目排外（"鬼子眼睛都发蓝"）和皇权主义（"大清一统庆升平"）划不清界限。实际上，在当时的历史条件下，他们的笼统排外，是近代中国人民反对帝国主义斗争尚处在感性认识阶段的反映，是反帝斗争的原始形式，是那个时代里爱国主义的具体表现。虽然，蒙昧使他们相信神仙巫术可以御敌；对外国侵略的痛恨，小生产者的局限，使他们不能认识帝国主义的本质，却把铁路、电线杆、火轮船这些先进生产工具与外国帝国主义的侵略，混淆起来，一概加以排斥。而其最终被利用被屠杀的命运，又使这场大规模群众反帝爱国运动带有悲剧的色彩。[①] 但是，揭帖向人们发出了同仇敌忾、不畏强暴，把外国侵略者统统赶出去、保卫国家独立的战斗号召，在广大群众中有着巨大的动员作用。

第七节　八国联军侵华和清廷的对策

义和团运动的大爆发，特别是义和团进入北京、天津，促使人民群众的反帝怒潮很快席卷全国。直隶全省、顺天府所属24州县，几乎全投入如火如荼的反抗斗争。保定、河间、正定、顺德等府，冀州、赵州、沧州等地群众纷纷攻打教堂，驱逐教士、教民，远近震动。义和团围攻保定东关、安肃安家庄、河间范家圪垯、任丘段家坞、宝坻大宝甸、献县张家庄等天主教堂的斗争，十分激烈，有的坚持了3个月之久。山西自6月起，义和团在各处张贴匿名揭帖，集众练拳。7月，义和团焚毁太原董家巷教堂，于是大同、五台、徐沟、榆次、汾州、平定诸州县，相继焚堂。据不完全统计，全省50多个州、厅、县，共拆毁教堂90余处。内蒙古从6月到8月，口外七厅，土默特旗、四子王旗、阿拉善三盛公等地的广大蒙、汉、回族群众，积极参加反对天主教堂的斗争，其中围攻萨拉齐24顷地总堂，四子王旗铁圪旦沟、乌尔图沟和鄂托克旗城川教堂的战斗一直继续到9月中旬。这些教堂一般都深沟

[①] 参见朱东安、张海鹏、刘建一《应当如何看待义和团的排外主义》，《近代史研究》1981年第2期，又载《义和团运动史讨论文集》，齐鲁书社1982年版。

第四章　甲午战后中国形势与社会各阶级对国家命运的回答

高垒,拥有精锐武器。部分清军也投入斗争。山东义和团拆毁曹州府属大小教堂,焚毁潍县、乐陵、临清等地的英、美、法等国教堂。东北地区,4月中,奉天熊岳城出现义和团揭帖。5月,辽阳群众攻击俄军哥萨克。6月,盛京义和团张贴揭帖,号召群众立即奋起,驱逐侵略者出国土。7月,义和团拆毁除新民三台子、朝阳松树嘴子以外的奉天境内所有教堂,破坏了俄国强修的除鞍山站以外,北起开原南至海城的铁路。吉林、黑龙江义和团焚毁长春、吉林、伊通、呼兰等处教堂。在东北的俄国侵略者及其他各国教士,南逃大连,北窜哈尔滨,躲避群众斗争的锋芒。在河南各地,义和团与大刀会、江湖会等开展反教会斗争,捣毁教堂。

面对义和团运动风起云涌,各国驻华公使极为紧张。他们一面向清政府施加压力,要求清廷发布镇压义和团的谕旨,制止"拳乱";另一面报告本国,要求派军舰到大沽口示威,派卫队到北京保护使馆,一定要迫使清政府屈服。德国公使在北京外交团的会议上,甚至大叫"瓜分中国的时机已到"①。5月28日,义和团焚毁丰台火车站的消息和京津铁路路轨被拆除的传言,使公使们感到形势严重恶化。29日,驶抵大沽口外的各国舰队先后接到要求进京的电报,迅速派出了海军陆战队,由海河乘船到达天津。31日,英、美、法、俄、日、意等国水兵336人强行进入北京使馆区。6月2日,德、奥水兵80人也援例进京保护使馆。6月4日,义和团为了阻止洋兵进京,拆除了部分京津铁路路轨,烧了黄村车站,割了京津电报线。各国公使害怕被困,接连开会研究对策,一致决定向北京增兵。10日,在英国海军中将西摩和美国上校麦克卡拉率领下,一支由英、美、奥、意、德、日、法、俄八国组成的联军,共2300人,不顾清政府的反对,从天津分批乘火车向北京进发。俄军2000人随后赶来,进入天津租界。义和团得到这个消息,准备战斗。董福祥部清军也控制了北京车站,并杀了前来迎接联军的日本公使馆书记生杉山彬。西摩联军边走边修铁路,次日才到廊坊,陷入义和团的围攻。团民多是青少年,他们手持大刀、长矛、木棍,

---

① 张凤桢:《中德外交史》(*The Diplomatic Relations Between China and Germany Since 1898*),第100页。转引自《中国近代史稿》,载《刘大年全集》第五卷,第531页。

迎着联军的机枪和大炮，一批又一批地发起冲锋，其勇敢的精神令敌人吃惊。据西摩情报官记载，义和团约 200 人，手持大刀、长矛、抬枪等武器，向敌人进攻，"没有一点害怕或犹豫"。他们是"爱和平的朴实农民"，"其中很多是孩子"。英、美、奥军开炮夹击，义和团死亡约 60 人。① 加入战斗的主要是董福祥部清军。在廊坊、落垡、杨村，清军和义和团沉重打击了联军的进犯。西摩联军无法前进，只得狼狈地逃回天津，沿路又继续遭到阻击，十多天里被打死 62 人，打伤 228 人。美国上校达奇特说："如果中国方面由一个有经验和有能力的军官领导，西摩讨伐队在回到天津前就会被消灭。"② 西摩自己承认："义和团所用设为西式枪炮，则所率联军必全体覆没。"③ 美国传教士明恩溥说：西摩联军的失败，"永远消除了惯常被人们提出来的那个论点，即一小队外国军队，只要组织得好而且武器齐全，就可以在整个中国从这一端到那一端长驱直入，不会遇到有效地抵抗"④。这些外国人当时的评论，说明了义和团的英勇反击，粉碎了西方军队不可战胜的神话。

　　与此同时，北京城内使馆区的外国军队也同义和团发生了武装冲突，一些团民被打死，群情日益激愤。6 月 17 日，俄国海军中将基利杰勃兰特指挥各国军舰公然向大沽口炮台发动进攻，经激战，联军占领了大沽炮台以及塘沽、北塘、新河一带，屠杀了许多当地居民。联军进入天津的通道被打开了。

　　在如何处理义和团与联军入侵问题上，清政府内部发生了尖锐的意见分歧。以许景澄、徐用仪、袁昶为代表的朝中大臣和地方督抚李鸿章、刘坤一、张之洞等人坚决主张镇压义和团，反对与外国开战，而载漪、刚毅、

---

① 壁阁衔：《在华一年记》（C. Bigham: *A year in China*)，第 273 页。转引自《中国近代史稿》，载《刘大年全集》第五卷，第 532 页。

② A. S. Doggett: *America in China Relief Expedition* (1903)，第 14 页。转引自《中国近代史稿》，载《刘大年全集》第五卷，第 533 页。

③ 广学会编：《万国公报》第 145 期。

④ 明恩溥：《中国在动乱中》，第 441—442 页。转引自《中国近代史稿》，载《刘大年全集》第五卷，第 533 页。

第四章　甲午战后中国形势与社会各阶级对国家命运的回答

徐桐等一批"后党"顽固分子则按西太后的意图，要求"顺人心，抗外敌"，以报复外国对中国内政的干涉，乘机完成与他们利益攸关的废立"大事"。6月16日，慈禧太后召开第一次御前会议，会上两种意见展开激烈争论。许景澄强调无论是非得失，万无以一国尽敌诸国之理。在一旁充当摆设的光绪皇帝也忍不住插话说，甲午一战，创巨痛深，"况诸国之强，十倍于日本，合而谋我，何以御之？"载漪反驳说，抵抗外侮是人心所向，义和团法"术甚神"，完全可以用来"报仇雪恨"。

北京总理衙门的三位大臣

慈禧见光绪帝与许景澄等人意见一致，极为生气，她厉声说："现在民心已变，总以顺民心为最要"，公开支持主战派。载漪为了促使太后迅速决断，当晚伪造了一份外交照会，叫江苏粮道罗加杰的儿子半夜送到荣禄家里。荣禄一看，感到事情紧急，天没亮就入宫进呈。慈禧一见"照会"，也顾不得辨别真伪，在17日第二次御前会议上，慈禧当众宣布："顷得洋人照会四条：一、指明一地，令中国皇帝居住；二、代收各省钱粮；三、代掌天下兵权。"她没念"勒令西太后归政"的第四条，而后大声说：今日是他们挑衅，亡国就在眼前，如果拱手相让，我死无面目见列祖列宗。又说：今日之事，你们各位大臣都看见了，我是不得已而宣战，如果战而江山社稷不保，也别怪我一人。这样的御前会议又开了两次。在此期间，主战派请求攻打使馆，得到了西太后的同意。19日，大沽炮台沦陷的消息传来，慈禧感到洋兵就要朝她杀来，遂强行决定立即对外宣战。主和派官员跪在地上苦苦哀求，光绪急得上去拉许景澄的手，还想再与他商量。慈禧厉声高喊："皇帝放手，毋误事。"许景澄也吓蒙了，竟"牵帝衣而泣"。慈禧又大叫："许景澄无礼！"后来她终于找茬杀了许景澄、徐用仪、袁昶、立山、联元五位公开站在光绪一边的大臣，出了她心中的一口恶气。

19日下午3时，总理衙门给各国使馆送去照会，提出北京秩序混乱，请各国公使在24小时内离开北京，前往天津暂住。各国公使立即会议，请求缓期并要求次日上午9时来总理衙门理会。总理衙门复照，以义和团"塞满街市"，为安全起见，拒绝公使前来。但是德国公使克林德没有收到复照，第二天，他拒绝其他公使的劝告，只身前往总理衙门。在崇文门附近，克林德被巡逻的虎神营士兵打死。[①] 21日，清政府颁布"宣战"上谕。但是这个宣战上谕，并未说明向何国宣战，也未送达任何国家，其作用，只是统一了内部思想。

宣战后，载漪等人开始指挥清军和义和团攻打东交民巷的外国使馆区以及西什库教堂，这是违反国际公法的。但是，各国把大量现役军人派到北京使馆区，是干涉中国内政，本身就违反了国际法。实际上，在6月16日以前，清廷多次命令荣禄派武卫中军保护使馆区，东交民巷使馆区是安全的。只是使馆区增加了大量外国军人以后，引起了中国老百姓的痛恨。在一个多月里，小小的东交民巷使馆区没有被攻下来，主要是因为朝廷的关照。当时在清政府任海关总税务司的英国人赫德（海关设在使馆区内）说过："假使在我们周围的军队真的彻底而决心地攻击的话，我们支持不了一个星期，或许连一天都支持不了"，"总是正当我们恐怕他们一定要成功的时候，就停住了"[②]。

直隶提督聂士成受命率部与义和团共同保卫天津，并攻打租界，那里住满了新开来的各国军人。天津的战争进行得十分艰苦。进攻天津的联军增至1.1万人，聂部英勇御敌，伤亡惨重。义和团民"竟冲头阵"，"死者

---

① 一说是克林德先开枪，虎神营士兵还枪打死克林德。关于克林德的死因，今天留存下来的中外文献，已无法查清。参见张海鹏《试论辛丑议和中有关国际法的几个问题》，《近代史研究》1990年第6期；又见《追求集》，社会科学文献出版社1998年版，第203—206页。

② 转引自马士《中华帝国对外关系史》第三卷，上海书店出版社2006年版，第252页。

如风驱草"。天津老龙头火车站是战斗最激烈的地方。清军和义和团给了八国联军以重大杀伤,自己也付出了惨重的牺牲。聂士成在南郊八里台身中数弹,腹裂肠出而死。他的武卫前军随之溃散。7月14日天津失守。天津失陷的当天,荣禄设法与东交民巷使馆区内的外国公使取得联系,表示清政府很关心他们的安全,建议公使们携带眷属出馆到政府方面来暂避或派军队送他们去天津,可是各国公使坚持要留在东交民巷,等待援军的到来。清政府又提出与各国"休战",给使馆送去食物等生活用品,并把攻打使馆的责任推给义和团。

虽然清廷已经发布对外"宣战"上谕,两江总督刘坤一、湖广总督张之洞、两广总督李鸿章等人却通过盛宣怀秘密与英、美等国谈判,于6月26日订立《中外互保章程》,宣布在他们的辖区保护外国商民和教堂,制止动乱,严拿匪徒。山东巡抚袁世凯也表赞成。"互保"范围从东南扩大到内地,共有十多个省参加,这实际上等于脱离了清政府,变相独立。这期间,张之洞在武汉残酷镇压了康、梁策划的以"勤王"为旗号的自立军起义,唐才常、林圭等维新派骨干惨遭杀害。

8月4日,八国联军20000人从天津出发,沿运河两岸向北京进攻。其中有日军8000人,司令为山口素臣;俄军4800人,司令为利涅维奇;英军3000人,司令为盖斯里;美军2000人,司令为沙飞;法军800人,司令为福里;德军200人(大部队尚未登陆);意军、奥军共约100人。守卫北京的清军有10万人左右。5日,联军攻北仓,清军马玉昆部与义和团掘运河放水阻敌,经激战,北仓失守,联军伤亡以日军最重,达400多人。6日,联军进攻杨村,清军宋庆部顽强抵御,杀敌不少,终因力所不支,败退通州。在杨村附近的直隶总督裕禄"见事不可为"而自杀。眼看八国联军兵临北京,慈禧太后慌了手脚,她一面急催两广总督李鸿章北上与列强议和,一面派人与联军商议停战。这时,原山东巡抚李秉衡自告奋勇愿领兵出战。李年已70岁,时任长江巡阅水师大臣,因主战,与刘坤一、张之洞政见不合,便应召入京"勤王"。慈禧命李秉衡为帮办武卫军事务大臣,将各地支援首都的几万"勤王"部队归其节制,又请义和团3000人同行。

然而这支临时凑成的队伍根本不听李秉衡的指挥,有的还没等看见联军便四下散去。11日李秉衡退到通州张家湾,身边已无一兵一卒,他绝望地服毒自杀。死前他向清政府报告说:连日目击情形,军队数万充塞道途,闻敌辄溃,实未一战。12日,联军占领通州,14日北京失陷。15日凌晨,慈禧太后换上农妇的蓝布大褂,挟持着光绪皇帝仓皇出逃。临行她下令将光绪宠爱的珍妃投入宫中的一口井内。

联军进攻北京时,清军董福祥部和义和团民进行了抵抗,并在城内展开巷战。联军则对中国军民实行疯狂的屠杀,仅庄王府一处坛口,就烧死杀死团民1700人。当时人记述,北京"城破之日,洋兵杀人无算","但闻枪炮轰击声,妇稚呼救声,街上尸骸枕藉"。甚至很久后,有些空屋里尸体腐烂,"蛆出户外"①。联军攻占北京后的一些日子里,北京"成了真正的坟场,到处是死人,无人掩埋他们,任凭野狗去啃食躺着的尸体"②。在这场骇人听闻的暴行里,俄军尤为凶残。

烧杀的同时是奸淫劫掠,后来任联军统帅的德国司令瓦德西承认:联军占领北京之后,"曾特许军队公开抢劫三日,其后便继以私人抢劫"③。"就宫内情形而言,又可证明该宫最大部分可以移动之贵重物件,皆被抢去。除少数例外,只有难于运输之物,始获留存宫中。……又因抢劫时所发生之强奸妇女,残忍行为,随意杀人,无故放火等事,为数极属不少。"④ 这一次八国联军对北京的占领和掠夺,则使包括紫禁城区的整个首都"自元明以来之积蓄,上自典章文物,下至国宝奇珍,扫地遂尽。西兵及日人出京,每人皆数大袋,大抵珍异之物,垂囊而来,捆载而往"⑤。清中央部门的档案文稿"在长安门内付之一炬",珍贵类书《永乐大典》遭焚抢,永远散失,连皇宫水缸上镀的金也被联军士兵刮走。中华民族数千

---

① 叶昌炽:《缘督庐日记》,载《义和团》第二册,第470—471页。
② H. C. Thomson: *China and Powers*, 第125页。转引自丁名楠等《帝国主义侵华史》第二卷,人民出版社1986年版,第123页。
③ 《瓦德西拳乱笔记》,载《义和团》第三册,第31—32页。
④ 同上书,第31—34页。
⑤ 柴萼:《庚辛记事》,载《义和团》第一册,第316页。

第四章　甲午战后中国形势与社会各阶级对国家命运的回答

年文化遗产遭到空前的浩劫。

八国联军占领北京后,又组织讨伐队,四面出击,控制了南至正定,北至张家口,东至山海关,西迄井陉的广大地区,四处搜捕义和团和抵抗的清军。

沙俄对中国东北垂涎已久,义和团运动爆发后,它终于获得了"占据满洲的借口",1900年7月,俄国在加入八国联军进攻津京的同时,还动员了17万兵力,以保护铁路为名,分5路大举入侵中国东北,其间制造了血洗海兰泡、强占江东六十四屯、火烧瑷珲城等一连串震惊中外的惨案,于10月底全部占领东三省。

慈禧一行在联军的炮声逃离北京,经南口,过居庸关,朝太原逃窜,沿途除两宫及宫眷住民房,现煮小米粥充饥外,余众多随地露宿,忍饥挨冻,情形相当凄惨。逃亡途中,慈禧命李鸿章为与各国议和的全权大臣,并派庆亲王奕劻会同商办,准其"便宜行事,朝廷不为遥制"。而后又添派刘坤一、张之洞为议和大臣。首先被出卖的自然是义和团民众。李鸿章建议"明降谕旨,声明拳匪罪恶,饬令直隶总督督饬文武及各路援兵认真剿办",他认为,这"于议和之局尤有关系"①。9月7日,慈禧发布"剿匪"谕旨,说"此案之起,义和团实为肇祸之由,今欲拔本塞源,非痛加铲除不可"②。在慈禧太后看来,不是外国侵略引起了义和团的反抗,而是义和团的反抗引起外国侵略,成了"肇祸之由";如何"拔本塞源",不是要坚决抵抗帝国主义入侵,而是要坚决对反抗帝国主义侵略的义和团"痛加铲除"。显然,以慈禧为首的清朝统治者,为着彻底对外投降,把一切都颠倒过去了。

两广总督李鸿章被清廷任命为全权议和大臣,各国并不承认。李鸿章也借故滞留上海,迟迟不赴任。直到10月中旬,李鸿章才来到北京。李鸿章、奕劻作为议和大臣,他们在北京完全无事可为。外国人说奕劻"如一囚徒,无权开议",李鸿章"实际上是受到礼遇的俘虏"。他们向

---

① 《李鸿章又片》,《义和团档案史料》上册,第507—508页。
② 《义和团》第四册,第52页。

各国驻华公使提出议和节略五款，各国均不理睬。所谓议和，不是在中国政府与各国政府之间进行，而是在对华谈判的各国内部进行。首先，各国要解决的是瓜分中国还是保全中国的问题。那时，一些侵略者大肆叫嚣，要瓜分中国。他们认为，列强军队在中国有20多万，占领着京师、直隶全省和东北三省；北京、天津在外国人的直接控制下，建立起了由外国人直接掌握的统治机构。这时候，要瓜分中国，易如反掌。事实上，英、俄、德国都作了瓜分中国的准备。但是，英国资产阶级的谋士、老中国通赫德连续发表文章，批驳瓜分中国的主张。他认为，对于人口如此众多的中国来说，实行瓜分事实上是做不到的。他问道："军事示威能一直继续到全部现有的以及可能出现的团民都被斩尽杀绝为止吗？但是怎么能把中国的四亿人民消灭光呢？……对于四亿人民来说，那是可能的吗？"① 联军统帅瓦德西向捏造所谓"黄祸论"的德国皇帝奏报说：中国人"在实际上，尚含有无限蓬勃生气"，"中国人所有好战精神，尚未完全丧失"，"无论欧美、日本各国，皆无此脑力与兵力，可统治此天下生灵四分之一"，"故瓜分一事，实为下策"②。在这种情况下，各国都放弃了瓜分中国的打算。

怎么来保全中国？起初，德国和英国要求惩办西太后等"真正的祸首"，以此作为外交谈判的先决条件。慈禧指使李鸿章向沙俄求情，不惜以东北主权做交易，满足俄国的扩张要求。于是俄国提出宽大西太后，"两宫仍旧临朝"的建议，并争取到法国的同意。为了进一步表示驯服，慈禧又于9月25日宣布惩处在义和团问题上负有责任的载漪、载勋、刚毅、赵舒翘等几个亲王和重臣。由于列强在华利益的相互制约与矛盾斗争，英国和德国达成针对俄国的协定，以不变更中国领土为指归，坚持将中国之江河及沿海口岸的贸易和经济活动对各国自由开放。这一立场又得到其他国家的赞同。经过权衡，列强终于一致认识到，在中国维持一个它们能够威胁、控制的西太后政权，是最符合各国利益的。10月4日，法国提出备忘录，

---

① 吕浦、张振鹍等：《"黄祸论"历史资料选辑》，第158—159页。
② 《瓦德西拳乱笔记》，载《义和团》第三册，第86、244页。

第四章 甲午战后中国形势与社会各阶级对国家命运的回答

主张以惩凶、赔款、在北京驻军、平毁大沽炮台、禁止输入武器、占领北京至大沽通道的若干地点六项内容为谈判的基础。10月5日，清政府照会各国，对攻打各国使馆违反国际公法表示认罪，保证以后不再发生类似事件，答应赔偿；愿意与各国修订或新订商约；要求交回总理衙门及其档案；请求在和谈开始后，停止战争。对此各国未予理会。在联军西进的威胁下，西太后一行又从太原逃往西安。

经反复磋商，各国在法国备忘录的基础上，又增加了一些要求，如清政府应处死攻打使馆和教堂的罪魁董福祥、毓贤；应向全国宣布，凡在其辖境内发生排外纠纷的官员，立即革职；禁止人民加入排外社团，违者处死；将赔款总额通知海牙国际法庭和赔偿受雇于外国人的中国人的损失；保证"各国为它的使馆维持一支部队的权利"，划出使馆区，中国人不准居住；把拆毁大沽炮台的范围扩大到其他炮台；取消总理各国事务衙门，设立外务部，等等。此外，德国和日本还对克林德、杉山彬之死提出了善后要求。最后根据这些要求，归纳成了《议和大纲》十二条，于12月24日以11国①联合照会的形式，正式递交给奕劻和李鸿章。对于这个《议和大纲》，躲在西安，度日如年的慈禧见到里面没有把她当作祸首惩罪的条款，如获大赦，立即发表"自责之诏"，表示"悔祸"，并电令奕劻、李鸿章"所有十二条大纲，应即照允"。对列强的宽大感激涕零，"今兹议约，不侵我主权，不割我土地，念列邦之见谅，疾愚暴之无知，事后追思，惭愤交集。"她发誓今后要"量中华之物力，结与国之欢心"②，用所能给予的一切，来换取列强对其权力地位的保护，一副"洋人的朝廷"面目昭然若揭。

---

① 侵略中国的联军由英、俄、德、法、美、日、意、奥八国组成。清军和义和团攻使馆区，西班牙、荷兰、比利时也在使馆区内，声称受到损失，议和时，西、荷、比三国也加入其中，1900年12月24日，11国联合将《议和大纲》提交清政府议和人臣。故《辛丑条约》签字时，11国都成为签字国。

② 《上谕》（光绪二十六年十二月二十六日），载《义和团档案史料》下册，第945页。

第八节 《辛丑条约》与中国半殖民地半封建社会最终形成

清政府议和全权代表接受《议和大纲》后，按照国际公法，双方相互校阅了全权证书，从这时候开始，中外之间才算正式进入谈判过程。所谓谈判，也是各国之间在某一点上先取得共识，形成文字，交给李鸿章，再由奕劻、李鸿章转报西太后。如果西太后不同意，联军就以战争相威胁，奕劻、李鸿章就吓唬西太后，西太后只好点头。整个谈判过程，就是反复演出这种场面。这样，各国又在惩凶、赔款及分配等问题上争吵了大半年，直到各自的利益获得了满足。1901年9月7日，奕劻、李鸿章代表清政府与英、俄、德、法、美、日、意、西、荷、比、奥11国公使，在最后和约议定书上签字。这一年，干支纪年为辛丑年，因此所签条约又称《辛丑条约》。

《辛丑条约》共有12款，加19个附件，主要内容为：

第一，派醇亲王载沣为头等专使赴德国谢罪；派户部侍郎那桐为专使赴日本谢罪。在德使克林德被杀处立碑；对杉山彬"从优荣之典"。于外国坟墓被挖掘及被损坏之处，建立"涤垢雪侮"之碑。

第二，惩办"首祸诸臣"。赐令庄王载勋自尽，端王载漪、辅国公载澜斩监候，发往极边，永远监禁。毓贤即行正法。赵舒翘、英年斩监候，赐令自尽。刚毅斩立决，以病故免议。启秀、徐承煜正法。徐桐、李秉衡均斩监候，已自尽，革职、撤销恤典。董福祥革职降调。其他各省凡经发生教案和义和团的地区，文武官员百余人分别斩首、充军或革职永不叙用。

第三，在外国人被杀被虐的城镇，停止文武各等考试五年。颁行布告永远禁止成立或加入敌视诸国之会，违者皆斩。各省督抚文武官员于所属境内如复有伤害外国人等情事，必须立时弹压惩办，否则，该管之员，即行革职，永不叙用。

第四，向各国赔款白银4.5亿两，加年息4厘，分39年付清，本息合计 9.8 亿两，以海关、常关及盐政各进款为担保。此外，还有各省地方赔款 2000 多万两，总数超过 10 亿两。

第五，将大沽炮台及自北京至海的所有炮台"一律削平"。在天津周围 20 里内，不准驻扎中国军队；准许各国派兵驻扎在京榆铁路沿线的黄村、廊坊、杨村、天津、军粮城、塘沽、芦台、唐山、滦州、昌黎、秦皇岛、山海关 12 处战略要地，以控制北京至海的交通。禁止军火和制造军火的各种器材运入中国，为期两年，并可延长禁运期。

第六，在北京东交民巷划定外国使馆区，许各国驻兵保护，不准中国民人居住。

第七，将总理各国事务衙门改为外务部，班列六部之前。变通诸国钦差大臣觐见礼节。

《辛丑条约》签订之后，李鸿章一病不起，于 11 月 7 日死去。慈禧太后等到联军撤走，才从西安启程"回銮"。获得外国赦免与保护的皇太后，又恢复了往日的穷奢极欲。她不顾深重的国难民灾，大肆铺张，发卒数万人，驱车 3000 辆，拉着各省进贡的金银财宝、绫罗绸缎，一路黄土垫道、悬灯结彩，于 1902 年 1 月 7 日回到北京。

如果说 1840 年的《南京条约》是中国向半殖民地半封建社会转变的开始，那么，1901 年的《辛丑条约》则标志着这种社会形态的确立。我们可以从以下几个方面来看这种变化。

首先是国家的政治地位。辛丑以前，列强已经割去了中国的香港、台湾等部分土地，强租了一些港湾，但尚未在中国领土合法驻军。《辛丑条约》规定，外国军队得驻扎于中国京畿的战略要地，并将海防炮台一律削平。这等于对中国实行了永久军事占领。辛丑以前，中国已经有了列强享受种种特权的租界，《辛丑条约》则将这种制度发展到形成一个中国人不得进入的武装使馆区，这是真正意义的"国中之国"，它就在紫禁城旁，用枪口监督着中国中央政府的一举一动。辛丑以前，中国人挨列强的打还可以还手抵抗，这回不仅抵抗的权利被完全剥夺，连民众加入反帝组织，也要被统统砍头，而中国政府的官员则成了列强镇压人民的工具，否则就要被革职惩罚。清廷，成了洋人的朝廷！一位西方历史学家评论道：中国此时"已经达到了一个国家地位非常低落的阶段，低到只是保护了独立主权国家的极少的属性的地步了"①。

其次是国家的经济地位。如果说自1840年以来，西方商品和资本的输入，使中国在自由贸易的旗号下，开始了经济的被侵略历程，那么，战争赔款则是把你打趴下之后，实行赤裸裸的劫掠。这种劫掠一次比一次厉害，直至整个国家财政尽入其囊。《辛丑条约》规定的赔款多达白银10亿两，此时甲午战争的近3亿两赔款已使中国背了一身的债，而清政府全年的财政收入还不足白银1亿两。要还清这巨额赔款，只有层层加派，最终分摊到每一个老百姓头上。以中国洋务自强几十年建造起来的近代工业约2000万两白银的总资本作比方，列强要把这个可怜的家底，连锅端走60余次！说中国已经成了被列强套着缰索的经济奴隶，一点也不为过。条约还规定，各国要同中国签订新的商约，实际上是要进一步扩大对中国的经济侵略。

最后从精神的方面看，列强一直注重对中国的心理征服。《辛丑条约》规定赔款4.5亿两，是以4.5亿人为标准制定的，表示赔款是针对全体中国人的惩罚；规定凡是有义和团活动的地方，停止科举考试五年，是对华北地区所有知识分子的惩罚；规定《辛丑条约》以及所有19个附件，都要以皇帝的名义在全国各地张榜公布，是对全国官民的警告。这些对全国人民的心理压力是巨大的。以慈禧为代表的中国统治阶级，由传统意识维系的心理防线终于被彻底摧垮。谢罪，惩凶，立碑，停试，天朝上国的妄自尊大、盲目排外，一下子变成了乞命讨饶，奴颜婢膝。八国联军进北京时，京官朝贵中"相率户前挂某某国顺民旗"，更有不少当了汉奸走狗。据记载，西太后回到皇宫，在接见外宾时，她一把抓住美国公使夫人的手，好几分钟没有放开，呜咽抽泣着反悔自己的错误，"量中华之物力，结与国之欢心"的谄媚心态由此表现无遗。统治阶级的思想即是社会的主流思想。一股崇洋、媚洋的殖民地意识就这样在中国逐渐蔓延开来。洋务活动时期，

---

① 马士：《中华帝国对外关系史》第三卷，第383页。

当负责洋务的官员,被看作是可耻的。1901年后,能讲几句英文,就足以炫耀于人了。

自鸦片战争中国逐渐陷入半殖民地半封建社会以来,中国社会处境一直是下降的,以往的史学家评论说,这种下降就是"沉沦",甚至"沉沦"到了"深渊"。但是这个"深渊"在哪里?这个"深渊"有底吗?我的研究认为,这个"沉沦"的"深渊"有个"谷底"。"谷底"就是《辛丑条约》的签订。自此往后20年间,中国社会就在这个"谷底"里挣扎,有时候看上去有了光明的前景,有时候这个光明的前景又被黑暗取代。[①]

就在清王朝于屈辱中没落之际,20世纪中国新的民族觉醒的标志——革命,便加速来临了。

[①] 参看张海鹏《中国近代史的分期及"沉沦"与"上升"诸问题》,《近代史研究》1998年第2期。又见《张海鹏自选集》,学习出版社2012年版,第227—244页。

第五章　社会大变革的酝酿时期

第一节　清政府的"新政"出台与社会秩序的新变化

清政府出台"新政"是20世纪初中国社会中发生的重大事件。

20世纪头十年，是中国历史酝酿重大事变的十年，是历史运动诡谲多变的十年，是旧势力力图维新以求永存的十年，也是新生力量积聚能量以求取而代之的十年。这十年的政坛上，演出过不少有声有色的活剧。

1898年的戊戌维新运动，提供了一次改变中国历史面貌和行程的大好机遇。但是清朝的最高统治者不仅没有把握住这次机遇，而且，用血腥的手段拒绝了这一次机遇。这些统治者居于权力的高峰，一贯养尊处优，他们看不到，或者并不重视中国社会自鸦片战争以来，尤其是自甲午战争以来所发生的巨大变化，看不到中国社会内部，正在酝酿着来自下层、中层甚至上层要求变革的呼求，特别是中下层社会求变心理的躁动正在演变为求变的行为。慈禧太后仅仅从巩固个人及其后党权力的需要出发，轻易地否定了一次来自关心国家社会命运的下层知识分子发动、得到光绪皇帝支持的全面变革社会的运动。如果这次运动提前40年而且成功，就可能出现日本明治维新那样的局面。

20世纪初中国出现了再次发展的机会。在由谁来掌握这机会上却出现了复杂的情况。在朝的统治者和在野的革命派、立宪派都想掌握这次机会，而且各自在朝、在野分别演出了程度不等的悲喜剧。八国联军侵华给清统治者留下了极为深刻的教训。他们认识到完全按旧的方式很难维持统治，决心实行新政。

还在辛丑议和过程中，列强就表达了希望中国进行革新的意愿。在列强的强大压力下，清廷于 1901 年 1 月 29 日在西安发布上谕，宣示变法。上谕说："世有万古不易之常经，无一成不变之治法"，强调"三纲五常，昭然如日月之照世"，是不可改变的；而"令甲令乙，不妨如琴瑟之改弦"，是可以改变的，要求朝臣和地方大吏"参酌中西政要，举凡朝章、国政、吏治、民生、学校、科举、军制、财政，当因当革，当省当并，或取诸人，或求诸己，如何而国势始兴？如何而人才始出？如何度支始裕？如何而武备始修？"各就所知，各抒己见，限两个月时间，向朝廷作一个详细的报告。上谕还特别指出，"懿训以为取外国之长，乃可补中国之短；惩前事之失，乃可作后事之师。自丁戊以还，伪辩纵横，妄分新旧。康逆之祸，殆更甚于红拳。迄今海外（甫）逃，尚以富有、贵为等票诱人谋逆。更借保皇保种之妖言，为离间宫廷之计。殊不知康逆之谈新法，乃乱法也，非变法也。……实则剪除乱逆，皇太后何尝不许更新"①。"懿训"是慈禧太后的训词。这是说，慈禧太后是不反对取外国之长补中国之短的，在剪除了康、梁等"乱逆"以后，她是同意变法维新的。这首先是为了堵住光绪皇帝的嘴。虽然，此后实行的一系列新政，慈禧太后是以自己的行动否定了戊戌政变以来的基本国策，而重新认同了光绪帝、康有为等的危机意识和维新思想，她不得不承认中国未来发展的基本取向是改革。

西太后虽然对百日维新的种种举措有无数的不满，但从清廷根本利益的角度来考量，她不可能从根本上否定维新事业。她所否定的是光绪皇帝、康有为、梁启超等主持的维新，她要把维新事业抓到自己手里来做。这一次的变法，是清王朝为了挽救统治危机，重建统治秩序，在统治方法上做的一次自上而下的范围广泛的改革。变法的动力，大体来自三个方面。一是列强的要求。辛丑议和过程中，帝国主义列强已经提出了清政府应当变法的要求，因为一个顽固保守封建统治秩序的政府并不利于西方列强在中

---

① 1901 年 1 月 29 日上谕，见《义和团档案史料》下册，第 914—915 页。

国的利益。清政府从首重邦交的原则出发接受了这一要求。二是巩固权力的需要。光绪皇帝主持戊戌变法，得到了外国的支持，而慈禧太后发动戊戌政变，想要罢黜光绪皇帝，却得不到列强的支持。现在列强要求变法，如果让给光绪皇帝去做，大权又会旁落。自己主动变法，可以改变自己在列强心中的形象，又可以巩固自己的权力。三是对付日渐高涨的反清革命形势的需要。变法上谕明确指出"新政"与戊戌时期康梁的变法是完全不同的，在此后的许多上谕和大臣的奏折中，非常清楚地反映出他们对孙中山等人在海外活动的担忧，他们以为，朝廷主动变法，就可以封住康、梁甚至孙中山一伙人的嘴。

"清末新政"是指20世纪初清政府在其统治的最后十年所进行的各项改革的总称，具体改革涉及政治、经济、军事、文化教育与社会生活各个领域，其目的在于维护清王朝的统治，但客观上也有利于中国社会政治从传统到近代的转型，因而具有某种近代的意义。

从1901年到1911年，清政府在实行新政方面确实有相当大的动作。朝中大臣反对实行新政的声音很小，反对新政改革的派别几乎不存在。这是与洋务运动和戊戌维新时期根本不同的。"新政"诏书发布后，山东巡抚袁世凯首先提出有关新政的对策。接着，两江总督刘坤一、湖广总督张之洞联衔上了三个奏折（通称江楚会奏变法三折），提出"育才兴学""整顿中法""采用西法"三个方面建议，得到朝廷称赞。这三折，成为此后新政变法的总纲。1901年4月，清廷宣布成立"督办政务处"，作为举办新政的"统汇之区"，实际上是一个负责筹划变法新政事宜的办事机构。这个机构，以庆亲王奕劻、大学士李鸿章、荣禄、王文韶等为督办政务处大臣，并以刘坤一、张之洞遥为参预政务处事宜。清政府不仅派出五大臣赴东西洋各国考察政治（这是承认政治不如人的表示），而且在政治、军事、经济、教育、法制改革方面迈出了较大的步伐，颁布了大量的政策法令、规章条例。某些措施已经触动清朝统治的根本，如在政治上宣布预备立宪，在中央设资政院，在各省设谘议局，扩大了民意表达，在官制方面也做了一些革新；在经济措施上鼓励资本家投资工商企业、鼓励资本家发展，商会的普遍发展在客观上鼓励了资本家组织起来；在教育上废除科举，建立新式学制，举办大中小学，形成新的人才机制；在法制改革方面也冲击了传统的政法不分、立法司法不清的观念，等等。这些都是比此前的两次新政步子迈得更大一些的。实行新政的具体措施如下。

第一，中央、地方机构的调整及冗员的裁汰。

宣布裁撤各部书吏，令各部员司亲自办理部务；令各省府州县，尽行裁汰蠹吏；按《辛丑条约》要求，将总理各国事务衙门改为外务部，"班列六部之前"；下令永远停止捐纳实官。总之，罢免了中央和地方政权机构中一些冗员，裁撤了一些闲散的、重叠的政府机构。

第二，建立具有近代意义的"新军"、警察制度。

1902年，向全国推广北洋、湖北训练新军的经验。1903年，在京师设立练兵处，作为全国组建、训练新军的中央办事机构。1904年，练兵处提出了全国常备军约需36镇才符合需要的设想，同时制定新军编制及陆军学堂规范，决定选派陆军学生出洋留学。1905年，袁世凯宣布他所负责的北洋六镇练成。随后不久，湖广总督张之洞在湖北宣布练成一镇一混成协，这是北洋以外练军成绩最好的。1907年，新建立的统摄全国军事工作的陆军部宣布，视各省财力和战略需要，将计划建立的36镇兵力分配于各省，要求各省在三五年之内训练完成。实际上，到清政权垮台，也只练成了14镇又18混成协又4个标（镇相当于后来的师，协相当于旅，标相当于团，混成协相当于合成旅的建制）。加上京城禁卫军，总共成军约20万人。这支军队，可以说是近代中国真正的新式陆军。

清廷在注意新式军队建设的同时，也注意近代警察制度的建立及建设。1905年，清廷下令设立巡警部，管理京城内外工巡事务，督办各省巡警。

编练新军是清廷实施新政的第一大要政，是"当务之急""探本之计"，费钱最多，成果也较为明显。新军较之旧军由许多区别，也有许多进步，它是中国军事近代化的起点。但是新军作为地主阶级国家阶级压迫的工具，却与旧军一样，并无丝毫变化。新军的产生，是那时兴盛起来的以资产阶级革命派为领导力量的全国人民革命化的对立物。新军枪口对内是明白无误的。对于帝国主义列强的武力，统治者们害怕极了。他们练兵的重点不在海军而在陆军，军队部防重点不在边疆、沿海，而在京畿和内地统治枢要地区，正说明了这一点。所以，总理练兵事务大臣、庆亲王奕劻明白道出："北洋练兵，为拱卫畿疆，弹压余匪，更无他意。"[①] 武昌起义前，各地爆发的多次人民武装起义和暴动，都是被新军镇压下去的。

第三，调整和制定合乎近代规范的法律制度。

1902年，清廷派沈家本、伍廷芳"将一切现行律例，按照交涉情形，参酌各国法律，悉心考订，妥为拟议"[②]。在法制改革的过程中，吸收了一些国外留学生参加，也曾聘请外国法律专家，同时大量翻译、借鉴外国法律。着手起草了《大清新刑律草案》《大清法律草案》《大清商律草案》《民事诉讼律草案》《刑事诉讼律草案》。这些法律草案在一定程度上借鉴了西方资产阶级的法律体系，打破了中国自古以来民刑不分、诸法合一的旧法律体系，初步贯穿了三权分立与立法、司法和检察分离的精神，在某些法律条文上体现了自由、平等的思想。法律制定和征求意见的过程中，存在着强烈的思想冲突，张之洞、劳乃宣等人坚持制定新律要符合封建礼教，条文中要体现君臣、父子、男女、夫妻等尊卑贵贱的区别，因此，新的法律草案中，仍然充满了封建礼教的约束。例如，商律草案虽然第一次肯定了商人的合法地位，但却规定妇女不得经商就是一例。以上法律草案，除了商律草案中的《商人通例》《公司律》《破产律》以及《大清新刑律》和《法院编制法》曾经公布外，其余还在制定或者征求意见过程中就遭到卫道士们的猛烈攻击，被束之高阁，即使已经公布的法令，由于清政权的迅速垮台，也没有起到任何作用。但是，《大清新刑律》《商律》中的一些法例基本上为民国初年所沿用。

第四，振兴商务，奖励实业。

新政的目的在于富国强兵，因此清廷在制定新政举措的时候，除了强兵一项外，更致力于振兴商务，奖励实业。1903年8月，清廷正式设立商

---

① 见《政艺丛书》壬寅全书：《内政通纪》第一卷，第5页。
② 见《光绪朝东华录》第五册，总第4864页。

务部,作为"振兴商务之地",主管路、矿、工、商、农垦、畜牧等方面实业,并以此部的名义先后颁布一批具有近代资本主义色彩的工商条例或实业章程,例如,《奖励公司章程》《奏定商会简明章程》《接见商会董事章程》《重定铁路简明章程》《重定矿务暂行章程》《公司律》《公司注册试办章程》《商标注册暂拟章程》等。这些规章宣布发展实业为合法,奖励资本家发展实业,并且承担保护投资者的责任,鼓励民族资本创办各式各样的实业公司、银行等,鼓励资本家建立商会,对于近代中国工商业的发展起过积极的作用。

第五,整理财政,改革币制。

在庚子事变之后的中英商约谈判中,统一中国币制、建立国家银行与实行金本位币制的主张也被提上议事日程。1903年,英籍海关总税务司赫德正式向外务部提出建立虚金本位币制的建议,他主张中国设立国家银行,统一经理"国内银钱事件"。1904年,美国特派会议银价大臣(即国际汇兑调查委员)精琪来华,极力主张中国实行金本位币制。赫德与精琪的币制改革计划都未能被清政府采纳。1910年,载泽奏上《国币则例》,建议以圆为单位的银本位币制,经清廷上谕批准颁布,上谕称:"中国国币单位,著即定名曰圆,暂就银为本位。以一元为主币,重库平七钱二分,另以五角、二角五分、一角三种银币,及五分镍币,二分、一分、五厘、一厘四种铜币为辅币。元角分厘各以十进,永为定价,不得任意低昂。"[①] 从而确定了一个银本位币制。但是,这个新的币制还来不及最终实施,清王朝就被辛亥革命推翻了。

鉴于中央政府对地方财权失控,中央集权的财政管理体制遭到破坏,晚清时期财政陷于严重的混乱状态。清理财政便成为新政的当务之急。1903年,清政府设立财政处,作为专门的财政管理机构。1906年,户部改为度支部,财政处合并其中,此后,度支部成为全国最高财政管理机关。1909年初,清廷颁布《度支部清理财政章程》,规定:清理财政,以结清

[①] 《度支部尚书载泽折》《上谕》,见《中国近代货币史资料》第一辑下册,中华书局1964年版,第783—789页。

旧案，编订新章，调查出入确数，"为全国预算、决算之预备"。在中央政府的督促下，各省先后编辑、完成了《财政说明书》，这部分资料今天仍不失为研究清末各省财政的重要参考资料。①

第六，废科举，兴学校。

1903年3月，袁世凯、张之洞会奏，建议废止科举，认为"科举一日不废，即学校一日不能大兴。学校不能大兴，将士子永远无实在之学问，国家永远无救时之人才，中国永远不能进于富强，即永远不能争衡于各国"②，请求清廷将科举取中名额，按年递减，三科减尽。同年，清廷颁布各级各类学堂章程，统一全国学制及年限。这叫作"癸卯学制"。从学前教育的蒙养院（即幼儿园）到正式学校教育，由小学堂起逐级上升至通儒院（约相当于今天的研究生院），包括各种专科学校的一整套教育体系，就是这个时候建立起来的。此后，在北京等地更设立一些农、工、医、法政、师范及实业等高等专科学堂。

1905年9月，受到日本战胜俄国的刺激，袁世凯、张之洞深感"不独普之胜法，日之胜俄，识者皆归其功于小学校师，即其它文明之邦，强盛之原，亦孰不基于学校。而我国独相形见绌者，则以科举不停，学校不广……故欲补救时艰，必自推广学校始，而欲推广学校，必自先停科举始"。"科举一日不停，士人皆有侥幸得第之心……学堂决无大兴之望"③，于是再次奏请，清廷雷厉风行，立即决断从次年丙午科开始，所有乡试一律停止。于是实行千年之久的科举制度至此完全废除，中国教育步入近代特征的新轨道。同年12月，清廷谕令成立学部，负责统筹全国的教育管理与指导。

"新政"实行了几年，没有什么大的动作。这时候，清政府驻法国公使孙宝琦向政务处上了一份请求清政府立宪的奏折，请求政府"思穷变通

---

① 各省《财政说明书》，共出版20册，中国社会科学院近代史研究所图书馆、日本庆应义塾大学图书馆有收藏。
② 《光绪朝东华录》第五册，总第4998—4999页。
③ 同上书，总第5390—5391页。

久之义，为提纲挈领之谋，吁恳圣明，仿英、德、日本之制，定为立宪政体之国，先行宣布中外，于以固结民心，保存邦本"①。随后，云贵总督丁振铎、署两广总督岑春煊、贵州巡抚林绍年等封疆大吏也纷纷奏请清廷准予立宪。于是立宪问题便自然在部分内外大臣中议论开来，成为中外舆论注视的焦点。

1905年7月，直隶总督袁世凯、两江总督周馥、湖广总督张之洞等联名上奏，请清廷宣布12年后实行宪政，并奏请清廷简派亲贵大臣分赴各国考察宪政。奏上不到十天，清廷即发布谕旨，决定派载泽、戴鸿慈、徐世昌、端方、绍英五大臣，于9月分赴日、美、英、法、比、德、义、奥等东西洋各国考察一切政治，以为清廷将来实行宪政作准备。后来，五大臣出发离京时，在正阳门火车站乘车，遭遇革命党人吴樾投掷炸弹，清廷又改派李盛铎、尚其亨顶替徐世昌、绍英二人，并于同年12月正式启程。

经过长达半年多的考察，1906年夏秋之交，出洋考察宪政的五大臣先后回国复命。他们除将所见所闻向清廷报告外，同时也请朝廷准备立宪，以为当日的中国只有走立宪的路，才能使清廷摆脱危机，皇位永固。载泽在《奏请宣布立宪密折》中分析当时的情形及清廷必须走立宪之路的道理时说："以今日之时势言之，立宪之利有最要者三端：一曰皇位永固。立宪之国，君主神圣不可侵犯，故于行政不负责任，由大臣代负之，即偶有行政失宜，或议会与之反对，或经议院弹劾，不过政府各大臣辞职，另立一新政府而已。故相位旦夕可迁，君位万世不改，大利一。一曰外患渐轻。今日外人之侮我，虽由我国势之弱，亦由我政体之殊，故谓为专制，谓为半开化而不以同等之国相待。一旦改行宪政，则鄙我者转而敬我，将变其侵略之政策，为和平之邦交，大利二。一曰内乱可弭。海滨洋界，会党纵横，甚者倡为革命之说，顾其所以煽惑人心者，则曰政体专务压制，官皆民贼，吏尽贪人，民为鱼肉，无以聊生，故从之者众。今改行宪政，则世界所称公平之正理，文明之极轨，彼虽欲造言，而无词可借；欲倡乱，而

---

① 《孙宝琦上政务处书》，《东方杂志》1905年第1卷第7号。

人不肯从,无事缉捕搜拿,自然冰消瓦解,大利三。"① 载泽的这些分析,表明了五大臣在考察日本政治后,对中国实行宪政政体的某种理解。实行宪政能够做到皇位永固、外患渐轻、内乱可弭,当然是求之不得的好事。真正希望能够打动西太后的恐怕就是"皇位永固"四个字。这是考察日本政治后的最大收获。其实,日本的皇位永固,并不在是否立宪。日本在推翻幕府、王政复古后,确立天皇制,天皇制规定了天皇是万世一系的,这本身就明确了皇位是永固的。日本实行立宪政治,也是在明治维新二十多年以后,况且,日本的立宪是君权七分民权三分的。这一点,清廷当然是可以仿效的。至于外患渐轻和内乱可弭两条,朝廷最关心的应该是内乱可弭一条。因为,立宪运动在国内搞得轰轰烈烈,孙中山、黄兴在海外"倡乱"搞革命,根据的就是"政体专务压制,官皆民贼,吏尽贪人,民为鱼肉,无以聊生"这句话,如果实行立宪能够使革命"乱党"冰消瓦解,自然是最有诱惑力的。至于外患渐弥,西太后已经不放在心上。因为,《辛丑条约》签订后,西太后的位子已经保稳了,"量中华之物力,结与国之欢心"的承诺早已公布中外,在对外方面,已经没有什么可以担心的了。

载泽等人的意见,基本上被清廷所认可。9月1日,清廷发布上谕,宣布"仿行立宪",目标是"大权统于朝廷,庶政公诸舆论,以立国家万年有道之基"。但目前规制未备,民智未开,不应操切从事,徒饰空文。下手办法,是先从官制入手,先分别议定官制,并详慎厘定各项法律,包括广兴教育、清理财政、整顿武备、普设巡警,打好预备立宪基础。数年后,查看情形,参用各国成法,妥议立宪实行期限,再行宣布天下。"视进步之迟速,定期限之远近。"② 从这个上谕看,清廷虽然接受"仿行立宪",但什么时候结束预备立宪,什么时候正式实行立宪,是没有时间要求的。

在颁布上谕的第二天,清廷发布改革官制的上谕,派载泽、铁良、袁世凯等负责编纂官制,命各总督派司道大员至京随同参议,而由奕劻、瞿

---

① 《出使各国考察政治大臣载泽奏请宣布立宪密折》,《清末筹备立宪档案史料》上册,第173—174页。
② 《宣示预备立宪先行厘定官制谕》,《清末筹备立宪档案史料》上册,第44页。

鸿機、孙家鼐等总司核定。经过两个多月的编制、评议,中央及地方官制改革的方案陆续出台。奕劻、瞿鸿機、孙家鼐等首先报呈中央官制改革方案,大体上根据立宪国家立法、行政、司法三权分立,各有专属,相辅而行的办法,在现行官制的基础上分权限、明职任、副名实。方案提出,立法本属议院,今暂设资政院以为预备;行政之事专属内阁,内阁分为11部,分别为:外务部、吏部、民政部、度支部、礼部、学部、陆军部、法部、农工商部、邮传部、理藩部。内阁设总理大臣一人,部设尚书一人、侍郎二人。内阁总理大臣、各部尚书、侍郎均为内阁政务大臣。"分之为各部,合之皆为政府,而情无隔阂;入则参阁议,出则各治部务,而事可贯通。如是则中央集权之势成,而政策统一之效著。"司法则专属法部,大理院任审判,法部对大理院有监督之责。此外还设都察院任纠弹(监察),审计院以查滥费。以上资政院、大理院、都察院、审计院"皆独立而不为内阁所节制"。报告认为,如果做到这些,责成明了,积弊可以廓清,宪政规模也就有基础了。但是这个方案对现存权力最大的军机处没有正面涉及,只是提到,由于议院一时难以成立,对于行政权力的监督不能说是完全了,因此建议"或改今日军机大臣为办理政务大臣"[①],至于办理政务大臣与内阁总理大臣、内阁政务大臣在职任上有何区别,则没有提到,显然是想撤消军机处的意思。如果这个方案得以通过,在官制改革上应该是一次较大的进步。实行三权分立有限制君权的意思,撤销军机处更有限制君权的意思。

这个方案送到西太后手里,西太后作了最后的裁决:认可行政方面11个部的设置;同意增设资政院、审计院;批准大理寺改大理院,专掌审判;对于原报告未曾提及的部门如宗人府、内阁、翰林院、钦天监、銮仪卫、内务府、太医院、各旗营、侍卫处、步军统领衙门、顺天府、仓场衙门等则明令"毋庸更改"。最重要的变化涉及军机处。上谕一开始就针对原报告,明确指出:"军机处为行政总汇,雍正年间本由内阁分设,取其近接内

---

① 《庆亲王奕劻等奏厘定中央各衙门官制缮单进呈折》,《清末筹备立宪档案史料》上册,第463—465页。

廷，每日入值承旨，办事较为密速，相承至今，尚无流弊，自无庸复改。内阁军机处一切规制，着照旧行。"这样，就把原报告拟撤销军机处，以军机大臣充办理政务大臣的意见根本否决了。至于官制改革的指导思想，根本不提什么三权分立，只强调"其要旨惟在专责成，清积弊，求实事，去浮文，期于厘百工而熙庶绩"①，不过仍是代代相传的官场浮文。很明显，军机处直接承旨办事，比内阁总理大臣还要受议院（资政院）的约束，要得心应手多了。当然，同意司法和行政分开，同意成立资政院以作成立议院的预备，毕竟是政治改革方面的一个进步。但是，官制改革的设计者们提出的实行内阁制的改革方案，在正式出炉前被慈禧太后打掉了。从官制改革后重新任命的各部尚书看，11个部中，汉族官员只有4席，满族官员却有6席，蒙族1席。名义上是满汉不分，实际上比过去满汉各一员的情况还倒退了。而且重要的部，都掌握在满人手里，如负责财政的度支部、负责军队的陆军部，都由满人掌握。陆军部尚书铁良把原由袁世凯训练的北洋六镇中的大部分镇的指挥权力，都收归陆军部。这样的改革，反映了权力集中于满人的趋势，可能引起满汉矛盾的紧张。消息公布，朝野各界都不满意。20世纪初，中国社会秩序出现新变化，主要体现在民族资产阶级的初步成长、新型知识分子群体的出现等方面。所谓新型知识分子，是指脱离了传统的科举体制教育体系，接受了欧美、日本资产阶级教育体系的教育而成长起来的有别于传统知识分子的那群人。这群人，一种是有国外留学背景的人，另一种是国内新学制出身的人。

中国人到国外留学，起始于19世纪70年代幼童留美，80年代福建船政学堂学生去英国学习海军。这是洋务活动期间的官派任务，并未开放民间自由出国留学。甲午战争失败第二年即1896年，鉴于驻日使馆的需要，总理衙门派出唐宝锷、戢翼翚等13名学生到日本，作为驻日使馆东文学堂的学生，由日本高等师范学校负责他们的教学，一般认为这是中国留日学

---

① 《裁定奕劻等核拟中央各衙门官制谕》，载《清末筹备立宪档案史料》上册，第471页。

生之始。① 日本在日俄战争中再次取胜，大大刺激了中国学子日本留学的热情。据日本学者实藤惠秀研究后给出的数字，前往日本留学的中国学生，1899年有207人，1901年有280人，1902年有500人，1903年留日学生有1000人，1904年约有1300人。② 1905年，日本战胜俄国，在此刺激下，清政府废除科举考试制度，这年留日人数达到近代中国留日学生人数的顶峰，这年底，留日中国人约达8600之多。1906年大约也有8000之多。③ 美国学者评价这是"到此时为止的世界史上最大规模的学生出洋运动"④。"东亚风云大陆沉，浮槎东渡起雄心。为求富国强兵策，强忍抛妻别子情。"⑤ 反映了那时留日青年的热切心情。学者统计，1896—1937年中国留日学生在10万人左右。1850—1953年中国留美学生总数约为2万人。1900—1907年，官费留美学生总计有100余人，到1911年，留美学生增至650人，其中官费生207人，自费生443人。留学欧洲各国的中国学生，据统计，到1910年，中国留欧学生总计有500余人，其中留法学生140余人，留英官费生124人，留德学生77人，留俄学生23人。⑥ 1903年，张之洞派在武昌花园山倡导革命的一批青年约30人赴比利时留学。据估计，1949年前留欧学生约为2万人。⑦ 据此估计，1901—1911年留日学生可能有4万之多。同期留学欧美学生不会超过2000人。

---

① 桑兵认为，这批学生还不算是正式的留日学生，他们不算是正式到日本学校学习。他认为，1897年广东顺德人、万木草堂弟子罗普只身来到日本，进入早稻田专门学校学习法科，他才是近代中国人留学日本的第一人。1898年，南洋官费生杨荫杭等数人到日本留学，是中国第一批去日本留学的官费生。参见桑兵《清末新知识界的社团与活动》，生活·读书·新知三联书店1995年版，第136—148页。

② 见实藤惠秀《中国人留学日本史》，谭汝谦、林启彦译本，表 留日学生数，生活·读书·新知三联书店1983年版，第451页。另据《日本留学中国学生题名录》，1899年为143人，1900年为159人，1901年为266人，1902年为727人。见房兆楹《清末民初洋学生题名录》初辑，第1—53页。按李喜所统计，1898年为61人，1901年为274人，1902年为608人。见《近代留学生与中外文化》，天津人民出版社1992年版，第185页。各书统计数字不尽一致，但所显示的留学生人数增加趋势是完全相同的。

③ [日]实藤惠秀：《中国人留学日本史》，第39页。

④ 费正清、刘广京编：《剑桥中国晚清史》（下），中国社会科学出版社1993年版，第404页。

⑤ 吴玉章（永珊）：《辛亥革命》，人民出版社1961年版，第29页。

⑥ 参见王奇生《中国留学生的历史轨迹》，湖北教育出版社1992年版，第57页。

⑦ 同上书，第90页。

除了远赴国外留学，国内新学制的建设也培养出了大批区别于旧式科举士子的新型知识分子。

1905年元旦，旅顺俄军向日军投降，3月，在奉天会战中，俄军败退，日军占领奉天（今沈阳市）。奉天会战后，日军在战场上的胜利者地位已经确定了。参预政务大臣袁世凯、张之洞会奏，鲜明地感受到时局危迫，"实同一刻千金"。他们提出应雷厉风行，立即停罢科举。1905年9月2日，清廷正式宣布"自丙午（1906年）科为始，所有乡会试一律停止，各省岁科考试，亦即停止"①，改变了原定十年停止科举的决定。1905年12月6日，清廷批准政务处、学务大臣会奏，"著即设立学部"，以作为振兴学务总汇之区。② 在清政府的大力提倡和各级地方政府的积极响应下，新式学堂便如雨后春笋般地涌现，形成一股兴学热潮。据学者统计，1903年全国有新式学堂769所，1904年有4476所，1905年8277所，1906年一下猛升至23862所，1907年37888所，1908年47995所，1909年59117所，1910年42696所，1911年52500所。在校学生，1903年31428人，1905年升至258873人，1906年545338人，1906年最高，接近164万人。毕业生，1905年有2303人，1906年8064人，1909年23361人③，由此可见清亡之前新式学堂毕业生人数数量颇多。

新式学堂的发展有着非常明显的地区分布不平衡性，四川、直隶两省学堂各上万所，学生各二三十万人，新疆、黑龙江两省，学堂几百所，学生几千人。大致而言，各地区新式学堂的发展程度与经济发展水平、人口数基本相一致，长江流域与沿海地区发展较快，边疆偏远省份发展较慢。据统计，1909年，全国有小学堂51678所，小学生1532746人；中学堂460所，中学生40468人；高等学堂24所，学生4203人；大学堂3所，学生749人。④ 全国普通学堂共计学堂52165所，学生约158万人。普通学堂外，

---

① 《光绪朝东华录》第五册，总第5392页。
② 同上书，总第5445页。
③ 参见王笛《清末新政与近代学堂的兴起》，《近代史研究》1987年第3期。
④ 陈翊林：《最近三十年中国教育史》，上海太平洋书店1931年版，第97、114、125页。

还有师范学堂、实业学堂、法政学堂、女学堂,以及一些方言学堂、医学堂等,数量不是很多。1909年占全国学生总数97%的普通学堂的157万多名学生中,小学生多达153万人,占97.5%,中学生4万多人,高等学堂学生4000多人,大学生仅700多人,中、高等教育还处在起步阶段。这些新式学堂的学生,特别是高等学堂的毕业生,虽然按照人口总数来说比例极低,但还是形成了一个重要的新式学生群体。另外,各类新式学堂的出现,使新教育的影响逐渐渗透到社会各个领域,特别是受过高等教育的学生,对于形成新型知识分子群体有着重要意义,对于整个社会的近代转型也有着重要的意义。

1902年上海成立中国教育会,蔡元培任会长。同年11月上海南洋公学发生学生退学风潮,中国教育会决定成立爱国学社,接纳大部分南洋公学退学的学生。学社由蔡元培任总理,吴稚晖为舍监,并由教育会选派教师。"一时群贤毕至,少长咸集,差不多成为上海新学界的一个重要中心。"[1]爱国学社后来还接纳了一些其他学堂退学的学生,成为培养爱国与革命青年的摇篮。南洋公学退学风潮引起了国内学界的强烈震动,各地学潮接连发生。1903年,在拒俄运动发展的推动下,国内学潮陡然高涨。1905—1911年,全国共发生学潮347次,年均约50次,分布20省市以上。[2] 学界风潮几乎遍及全国,不仅在长江流域与东南沿海这些经济与文化教育发达的地区不断发生,而且波及西南、西北与东北较为偏远的省区。学潮是新式学堂的产物。

新型知识分子群体的作用是巨大的。单就留日学生来说,无论是官费生还是自费生,无论是革命派、改良派还是随大流者,人多是抱着救国的目的浮海东渡的。他们在日本求学期间,或者在回国以后,对中国的社会生活影响至大至巨,尤其是政治、军事和基础教育方面,更是令人刮目相看的。辛亥革命,其发动和鼓吹,与中国留日学生关系极大。除了国内的

---

[1] 《俞子夷记中国教育会与爱国学社》,见朱有瓛主编《中国近代学制史料》第二辑上册,第701页。

[2] 桑兵:《晚清学堂学生与社会变迁》,广西师范大学出版社2007年版,第100、177页。

社会基础和阶级基础外,这一革命的策划和组织,可以说基本上是在日本的留学生中进行的。孙中山奔走海外多年,组织发动革命功不可没,但进展不是很大。只是在他于1905年接触了欧洲的中国留学生,并在其后融入日本的中国留学生之后,尤其是在东京留学生组建中国革命同盟会后,革命形势的发展就一日千里,一发不可收拾了。中国同盟会的主要干部,几乎都是留日学生。辛亥革命,完全可以说,是在中国同盟会的组织、发动、号召和直接参与下取得成功的。留日学生还是立宪派中最活跃的一个群体。他们是立宪宣传的主力军,立宪运动的主要组织者和领导者,在整个立宪运动中扮演了主要角色。20世纪初形成的新型知识分子群体,是当时中国社会变革最根本的革新力量,无论是革命派、立宪派人士,还是清政府内部的趋新势力,基本上都源于此。正是在这些所谓"革新之健将"的新型知识分子的主演下,新政、立宪与革命的精彩剧目交互激荡,将一场中国社会政治大变革的历史重头戏推向了高潮。

第二节 英国侵略西藏 日俄在东北划分势力范围

八国联军之役后,在中国领土上,还有两场外国侵略中国的战争。一场在西南边疆,英国侵略西藏的战争;另一场在东北,日本和俄国在中国领土上的战争。

英国觊觎西藏甚久,1888年,英国就发动过一次侵略西藏的战争。英国与俄国在西藏存在利益冲突。1895年十三世达赖亲政,俄国派出间谍德尔智为十三世达赖的侍讲经师,接近西藏地方统治的核心。在俄国影响下,十三世达赖有依靠俄国反对英国的倾向。1902年,英印武装人员百余人,一度侵入西藏边境干坝宗的甲岗,遭到俄国干涉。1903年,俄国在停止从中国东北撤兵问题上,引起中国和国际不满,英国利用这个时机,对西藏发动侵略。

1903年7月,以荣赫鹏为首的英印代表团带着200多名武装卫队,到中国西藏边境干坝宗,与中国方面举行会谈,要求确定西藏与英国的从属关系。11月在英国政府批准下，英印武装集团进占西藏江孜。12月中旬，英印侵略军2000多人，在麦克唐纳少将指挥下，从咱里拉侵入西藏境内，占领亚东、春丕和帕里，挑起侵藏战争。西藏地方上下痛恨英国侵略者，他们冲破清政府驻藏大臣的压制，开展反侵略斗争。1904年3月底英军向骨鲁发动进攻。荣赫鹏佯作谈判，诱使藏军放下武器，随令英军机枪扫射，藏军伤亡严重，英军突破骨鲁防线。英军向江孜进军，在康马峡谷遭遇藏军坚决抵抗，双方发生激战。藏军调集1万余人，在江孜、日喀则、卡惹拉岭之间布防，打了一场英勇的江孜保卫战。5月初，藏军千余人突破荣赫鹏营地，留守英军几乎全被歼灭。6月下旬，麦克唐纳带领增援部队赶到江孜，与藏军展开江孜争夺战。终因力量悬殊，江孜被英军占领。8月3日，英军占领拉萨。1904年9月4日，荣赫鹏与西藏地方代表签订了严重损害中国主权的《拉萨条约》。清政府不承认这个条约，国际上也有对英国不利的反映。1906年4月中英之间签订《续议藏印条约》，除了肯定英国在西藏享有特权外，也肯定了中国对西藏地方的主权。英军占领拉萨前，俄国人德尔智企图劫持十三世达赖到俄国。1904年12月十三世达赖到达外蒙古库伦，由于清政府派钦差前来看护，北逃俄国目的未达到。1908年9月底到北京，陛见慈禧和光绪后，于1909年12月返回拉萨。

日俄战争是列强为争夺中国东北而在中国领土上进行的一场帝国主义战争。它爆发于1904年2月，1905年9月结束。

东北是帝国主义在华角逐的焦点之一。俄国和日本在东北的利益有直接矛盾。19世纪末俄国强行从清政府手中夺取旅顺、大连地区，作为它的租借地，又把整个东北划为俄国的势力范围。1900年乘义和团运动在华北爆发、八国联军出兵中国之际，俄国出兵占领东北，并企图永久占领。日本早就对这一地区抱有野心，占领东北是日本"大陆政策"的重要组成部分。由于俄国占领东北，日本的野心得不到实现。美国积极支持日本侵华，阴谋借助日本而达到插足东北的目的。英、俄在亚洲长期对立，英国也站在日本一边。1902年4月，俄国与中国订约，规定俄军分三期全部撤离东北。1903年4月，值俄军第二期撤兵，俄国违约不撤，实际上，全部俄军仍留在东北。这样，俄、日矛盾空前激化起来。双方进行了紧张的战争准备。

中国东北成了这次帝国主义战争的主要战场。1904年2月8日，日本海军联合舰队偷袭旅顺俄国太平洋舰队，日俄战争爆发。9日，俄国向日本宣战。10日，日本向俄国宣战。日本迅速采取主动。2月、3月间，日第一军分别从朝鲜仁川和镇南浦登陆，4月底强渡鸭绿江，5月1日在九连城与俄军激战，俄军败退。4月，日第二军从辽东半岛貔子窝和盐大澳登陆，5月，日第四军从辽东半岛大孤山登陆，6月，日第三军从大连附近登陆。除旅顺外，辽东半岛很快为日军占领。各路日军向辽阳附近集中，双方均准备在辽阳决战。8月，海陆两路决战同时展开。10日，海战首先打响。先是日军调集重兵包围旅顺。8月10日，旅顺俄国舰队实行突围，在黄海与日舰遭遇。日舰集中火力攻击俄旗舰，俄舰队司令被打死，余舰纷纷逃窜，俄国太平洋舰队被摧毁。日本接着攻击旅顺。旅顺攻防战共打了5个月，双方损失惨重，日军损失更大于俄军。12月，日军经过猛烈进攻，终于以极大代价占领了旅顺外围制高点，俄军士气瓦解。1905年1月1日，旅顺俄军向日军投降。辽阳会战于1904年8月底打响，战斗异常激烈。9月3日，俄军向北撤退，次日，日军占领辽阳。接着在1905年2月进行了奉天会战。日俄双方集中了60万人的兵力，在奉天以南的沙河南北岸相对峙。

这次战役，日俄双方损失惨重。3月9日，俄军撤退，日军乘胜占领奉天。两军已经打得筋疲力尽，只得在昌图和四平之间对峙，此后再也无力发动进攻了。5月27日，自波罗的海驶来的俄海军第二太平洋舰队进入对马海峡，早已埋伏在那里的日本舰队突然上前攻击，俄旗舰受到重创，余舰向海参崴方向逃窜。次日上午，日舰队在竹岛附近包围俄国舰队，俄舰被迫投降。1905年9月5日，在美国政府调停下，日俄两国代表在美国朴次茅斯签订了和约，日俄战争结束。

这场战争主要是在中国领土上打的。在战争期间，日俄两国军队在东北残杀中国人民，劫掠财物，焚毁房屋，破坏生产，给当地人民带来了无

第五章 社会大变革的酝酿时期

穷灾难。清政府腐朽无能，对于这样严重损害中国主权的战争行为，既无力预防其在中国领土上发生，又不能制止战争的蔓延，甚至在帝国主义的压力下，宣布辽河以东为战场，自己在战争中严守"局外中立"，还要曲意保全同这两个帝国主义侵略者的"邦交"。战争结束，损失最重的却是中国。

《朴次茅斯条约》重新划分了日俄在中国东北的势力范围。1905年12月，日本政府与清政府订立《会议东三省事宜条约》，迫使清政府同意了这种划分：俄国将旅大租借地、长春到旅顺间的铁路以及与上述租借地、铁路相关的一切权利全部转让给日本。在《附约》中，日本还攫取了直接经营安奉铁路和在鸭绿江右岸采伐木材等权利。《附约》还规定在东三省广泛开埠通商。通过上述条约，俄国势力范围退到东三省北部，日本势力侵入东三省南部。在华列强中，日本的地位变得越来越重要了。

以前由矛盾冲突乃至兵戎相见的日俄两个帝国主义国家，到1907年，双方均感有缓和关系的必要。这年7月，《日俄协定》成立，其第二条公开"承认中国之独立与领土完整"，但是同时签字的《日俄密约》却规定了日俄两国在中国东北的势力范围线：从俄朝边境西北端起，经珲春、镜泊湖北端、秀水甸子，沿松花江、嫩江口，再到洮儿河至此河横过东经122°止，以北为俄国势力范围，以南为日本势力范围；日本并承认俄国在外蒙古之特殊利益。此后，日俄两国又乘中国辛亥革命之机，于1912年7月签订第三次《日俄密约》，将1907年第一次《日俄密约》所划定的东北势力范围展长至外蒙古边境，然后又将内蒙古分为两部，以北京经度116°27′为界，以东为日本势力范围，以西为俄国势力范围。中国的东北和内外蒙古，就这样被日俄两个帝国主义国家私自瓜分了。

1904年日俄战争爆发，战争的进程很快表明，日本战胜俄国的趋势非常明显。日俄战争是一场为分割中国东北地区而进行的战争，是一场可耻的分赃战争。1905年战争结束后，俄国势力退到东北北部，日本势力侵入东北南部。中国除了遭受战争的严重摧残外，并没有从这场战争中得到任何好处。日俄战争，表面上是日本胜了，俄国败了。实际上，唯一的失败者是中国。日、俄从中国分得了自己想得到的利益,中国却丧失了大量的政治、经济权益。这不能不引起国内人士的关注,不能不引起中国政治局面的变动和走向。此后国内不断高涨的资产阶级立宪运动,在某种程度上可以说,是日俄战争对国内政治刺激的结果。日本战胜俄国,不仅关涉日、俄两国,尤其震动了中国的思想界、舆论界。在中国社会中下层甚至上层中,久已郁积的要求变革社会的呼声,这时候得到了发泄的机会。大家认为,日本战胜俄国是立宪制国家战胜君主制国家的标志。一些报纸发表文章或者社论,呼吁清朝政府实行君主立宪制度。一些官员在私下打听清廷的动静。

第三节　中国同盟会的成立　革命派和保皇派关于中国前途的论战

20世纪初的中国政治舞台酝酿着革命性的变革,这是从1905年中国同盟会的成立开始的。中国同盟会是清末反清革命派的政治组织。19世纪末20世纪初,随着中国民族资本主义的初步发展,新兴的民族资产阶级及其政治代表开始登上政治舞台。由于他们诞生于祖国的危难之际,他们一出世就必须迅速对国家的命运做出自己的回答。在中国特殊的社会环境下,中国资产阶级的经济基础非常薄弱,但由于国难当头、民族危机的刺激和西方资产阶级政治经济学说的输入,它思想领先、行动急促地展开了以救国为中心的政治运动。

中国同盟会成立,既是中国革命的必然产物,也是国际资产阶级民主革命在东方、在中国的必然反映。自从人类历史进入20世纪,西方列强实际上已经进入帝国主义和无产阶级革命的时代。但在东方,在亚洲,在中国,资产阶级的民主革命并没有真正启动,这里的人民还处在半殖民地半封建状态之中。正如列宁在《亚洲的觉醒》中所指出的那样,"世界资本主义和1905年的俄国运动终于唤醒了亚洲。几万万受压制的、由于处于中世纪的停滞状态而变得粗野的人民觉醒过来了,他们走向新的生活,为争取人的起码权利、为争取民主而斗争"①。正是从这个意义上说,中国同盟会的成立以及它所领导的辛亥革命,都不是中国历史上的孤立现象,而是国际环境下的产物。

从国内情况看,义和团运动失败以后,中国国内的革命气氛与革命形势一度陷入低潮。但为时不久,河北、四川等地以"扫清""灭洋"等相号召的大规模的群众运动再度兴起,留日学生以抗俄为主体的爱国运动、西藏地区以抗英为目标的爱国运动此伏彼起,一浪高过一浪。所有这些都预示着全国范围内新的革命高潮即将再度到来;所有这一切也都要求尽快成立一个能领导全国革命的统一的政党。陈天华在其名篇《猛回头》中提出了"不如大家合做一个大党"的愿望,是符合时代要求的。

在为数众多的反清政治派别中,最有实力,也最有可能成为中心力量的无疑要数孙中山领导的兴中会。兴中会成立于1894年11月,在孙中山领导下,十年来确实在资产阶级民族民主革命方面做出过极大的贡献,在国内外都有相当大的影响。尤其是兴中会自成立之始即着力于组织反对清政府的武装起义,屡败屡战,越战越勇,虽然未能成功,在组织上、思想上都为后来成立全国性的革命组织作了有效准备,提供了条件。

与孙中山的兴中会力量相当的资产阶级政治团体要数黄兴领导的华兴会。华兴会酝酿于1903年11月,正式成立于1904年2月15日。主要成员有黄兴、宋教仁、刘揆一、陈天华、刘道一、张继、秦毓鎏、章士钊、周震麟等,黄兴为会长。他们的政治口号是"驱除鞑虏,复兴中华"。显然与孙中山的兴中会的政治口号极为接近或一致。

在新成立的中国同盟会中起过重要作用的政治团体还有光复会。光复会成立于1904年冬,其主要成员基本来自江浙地区,领袖及知名人物有陶成章、蔡元培、章太炎、徐锡麟、秋瑾等。光复会的政治诉求见诸于他们的誓词中:"光复汉族,还我河山,以身许国,功成身退。"其核心在于"光复"二字。

---

① 中共中央马克思、恩格斯、列宁、斯大林著作编译局编:《列宁专题文集·论资本主义》,人民出版社2009年版,第80页。

1905 年中国同盟会成立后孙中山与黄兴、何天炯合影

1905 年春，孙中山由美洲到达欧洲，在比利时首都布鲁塞尔，与在那里留学的中国学生商讨建立革命组织问题，明确了要在新型知识分子和海外留学生中发展革命势力的思想，并且把在欧洲各国留学且有革命倾向的 50 多名学生团结在自己周围。7 月 19 日，孙中山经欧洲到达日本，得到日本友好人士宫崎滔天的介绍，与黄兴相识。黄兴在湖南长沙发动华兴会起义失败，流亡日本，是在留日学生中发动革命活动的职业革命家，在留日学生中威信很高。经过黄兴的工作，大家一致同意孙中山、黄兴提出的将兴中会、华兴会等先前成立的革命小团体联合起来，建立全国性革命政党的决策。7 月 30 日，孙中山、黄兴邀请各省倾向革命的留日学生 70 余人集会，讨论成立中国同盟会的各事项，拟定了纲领、誓词、入会仪式并推定章程起草员。8 月 13 日，东京中国留学生 1800 人在富士见楼集会欢迎孙中山。孙中山在大会上演讲，针对清政府在国内宣布预备立宪和立宪派的活动，提出改造中国要取法乎上，号召抛弃不合于中国的君主立宪，用"地球上最文明的政治法律来救我们中国"，把中国建设成为一个"20 世纪头等的共和国"[①]。孙中山的演说极大地鼓舞了留日学生的革命热情。这次富士见楼的欢迎大会，实际上是中国资产阶级革命党人在留日学生中的一次公开动员，是发动反清革命的一次公开宣示。过了几天，即 8 月 20 日，中国同盟会在东京正式成立。成立大

---

① 孙中山：《在东京中国留学生欢迎大会的演说》（1905 年 8 月 13 日），《孙中山全集》第一卷，第 280—281 页。

会通过的章程中明确规定以"驱除鞑虏，恢复中华，建立民国，平均地权"为宗旨，表示要在推翻清朝统治后，建立一个共和国。会议还决定，凡其他革命团体宗旨相同而又"愿联为一体者，概认为同盟会会员"[①]。同盟会的成立，为苦苦求索的革命党人带来了新的希望，使以孙中山为首的资产阶级民主革命运动进入一个新的阶段。

中国同盟会以孙中山为总理。按照同盟会章程的规定，同盟会本部机构遵循三权分立的原则，在总理之下设执行、评议、司法三部。执行部由总理直接管辖，下设庶务、内务、外务、书记、会计、调查六科，各科职员均由总理任命，具体负责同盟会的日常事务。其中庶务部最为重要，如总理不在总部，即由庶务科干事代行总理职权。第一任庶务科总干事为黄兴，他协助孙中山筹划一切，主持同盟会的工作，是孙中山当时最有力的助手。

同盟会正式成立后，组织上迅速发展。它的总部设在东京，国内拟设五个支部，国外设南洋、欧洲、美洲、檀香山四个支部，国内支部下，按省设立分会。分散在国内外的各类进步人士尤其青年知识分子纷纷入盟，同盟会的队伍迅速壮大，人员遍及国内及日本、新加坡、马来亚、越南、澳大利亚、美国、加拿大、欧洲及南美各地，尤以留日学生为数众多。在海外入会，并登记造册的有近千人。中国同盟会的成立，为后来爆发的资产阶级民主民族革命在组织上作了充分的准备。

与组织上迅速发展的同时，同盟会还进行了思想理论上的创建。理论工作最突出的是提出了三民主义的学说。同盟会的机关报《民报》在与保皇派的论战中，比较系统地阐释了中国资产阶级革命派的一些主要理论观点。中国同盟会成立以前，革命党人就出版了《驳康有为论革命书》《革命军》《警世钟》《猛回头》《孙逸仙》《新湖南》《黄帝魂》等革命书籍，发行了《中国日报》《中国旬报》《国民报》《国民日日报》《警钟日报》《二十世纪之支那》等革命报刊，在反清革命的思想宣传上发挥了很大

[①]《中国同盟会总章》（1905 年 8 月 20 日），载《孙中山全集》第一卷，第 284 页。

作用。

  《民报》的前身是宋教仁主持的以两湖地区留日进步青年为主体的《二十世纪之支那》杂志。在同盟会成立会上，由黄兴提议，将《二十世纪之支那》杂志转为同盟会机关报，并更名为《民报》，暗寓孙中山倡导的民族、民权、民生"三大主义"这一革命宗旨。《民报》的主要编辑人和撰稿人先后有陈天华、朱执信、宋教仁、汪精卫、胡汉民、章太炎等。它的出版时间为1905年11月至1908年10月共24号。1910年初，又在日本秘密印行第二十五、二十六两号。《民报》号称报，实际上是一本宣传同盟会思想理论主张的杂志。

  三民主义是孙中山一生从事民主革命的指导思想。19世纪末20世纪初他在欧美游历，大量阅读了欧美资产阶级的社会科学理论著作，开始酝酿他从事中国革命的基本思想原则。1894年11月，孙中山在夏威夷成立兴中会，兴中会宣言提出的"驱除鞑虏、恢复中华、创立合众政府"，就包含了民族主义、民权主义的最初思想。1905年8月在东京成立中国同盟会，孙中山起草的同盟会誓词是"驱除鞑虏，恢复中华，创立民国，平均地权"，这16个字就包含了三民主义的基本内容。1905年10月，同盟会机关刊物《民报》创刊，孙中山撰写发刊词，明确提出民族、民权、民生"三大主义"①的基本概念，较为全面、系统地阐释了中国资产阶级革命派关于中国革命的目标、纲领和斗争方式。中国同盟会的政治纲领，在孙中山所创立的"三民主义"学说中得到了鲜明的体现。从此，"三民主义"就成为中国政治生活中使用最频繁的政治词汇之一了。

  《民报发刊词》以及孙中山领导制定的《革命方略》和《民报》发刊周年时孙中山发表的论文《三民主义与中国民族之前途》，把三民主义的内容都讲清楚了。所谓民族主义，指的就是"驱除鞑虏，恢复中华"，就是推翻满族人掌权的政府，恢复汉族人当权的政府。推翻满族人掌权的政府，并不是要反对满族人。所谓民权主义，就是"建立民国"，就是要进

---

  ① 1905年年底，香港《中国日报》刊登《民报》广告，该报把《民报》广告词中民族主义、民权主义、民生主义简称为"三民主义"，从此三民主义约定俗成，流行于世，也为孙中山所接受。

行政治革命,推翻封建专制制度。就算是汉族人当权,只要实行封建专制,也是要对它进行政治革命,建立共和制度的。清王朝已经腐败,对外屈辱投降,出卖国家主权,甚至提出"量中华之物力,结与国之欢心",简直就是"洋人的朝廷",是要非推翻不可的。所谓民权主义,孙中山认为是政治革命的根本,这个根本就是推翻封建专制,建立民国。他说:"我们推倒满洲政府,从驱逐满人那一面说是民族革命,从颠覆君主政体那一面说是政治革命","政治革命的结果,是建立民主立宪政体。"① 关于"建立民国",孙中山还解释说:"今者由平民革命以建国民政府,凡为国民皆平等以有参政权。大总统由国民公举……敢有帝制自为者,天下共击之!"② 所谓民生主义,就是"平均地权"。民生主义,从理论上讲,是要改良社会经济组织,让国民能够平等地享受社会经济发展以后所带来的文明福祉。"平均地权"则是达到这一目的的方法。其办法是,革命后要核定地价,现有之地价仍归原主,社会进步后地价之增加部分,则归于国家,为国民所共享。从这里看,"平均地权"是同盟会、孙中山所设想的解决土地问题的一个原则办法。同盟会时期,在革命党人内部,有一些人对三民主义有不同的理解。他们认为,民族主义好理解,大家都拥护;民权主义也还好理解,拥护的人也不少;唯有民生主义不好理解。有人拥护民族主义,所以称为一民主义;有人拥护民族主义和民权主义,所以称为二民主义。许多人反对民生主义。照孙中山看来,民生主义是三民主义的归宿。

《民报》第三号刊出《民报之六大主义》一文,明确提出中国资产阶级民主革命派在近期的国内国外政治目标与政治诉求。它标举的六大主义是:一、颠覆现今之恶劣政府;二、建设共和政体;三、土地国有;四、维持世界真正之和平;五、主张中国、日本两国之国民的联合;六、要求世界列国赞成中国革新之事业。这里便将中国同盟会反清革命的纲领和策略具体化了。

---

① 孙中山:《在东京〈民报〉创刊周年庆祝大会的演说》(1906年12月2日),载《孙中山全集》第一卷,第325页。
② 《中国同盟会革命方略》(1906年秋冬间),载《孙中山全集》第一卷,第297页。

《民报》虽在日本发行，很快流传到国内。它鲜明的反清革命政治立场，在国内外引起了强烈反响，同时也激起以康有为、梁启超为首的政治上的保皇派激烈反对，一场理论上的争辩势不可免。由于清廷实行以改良主义为基本特征的所谓"新政"，这便不可避免地影响康、梁的政治态度，他们觉得清廷实行新政，还要预备立宪，虽然不免时间漫长了些，但就中国政治、经济、文化以及历史特征而言，这一改良主义的政治方案，在他们看来显然更合乎"中国国情"。因此，他们对《民报》鼓吹的以革命手段推翻清王朝的政治主张自然起而反对。康有为写给梁启超等人的信中所说："吾向来不忧外国之并吞，而深惧革命之内乱，吾向以为中国苟不内乱，则无论如何木偶，亦为地球之霸。若苟内哄，则无论如何英贤，亦同印度之亡，以方当黄白之争，诚不疑萧墙内阋也。立宪与不立宪，尚其次，而革与不革，乃真要事，惟内地传布已盛，日本虽革风少弥，而内地伏流及南洋大被，吾正未放心耳。"[①] 这就是说，他不怕被外国并吞，就怕国内发生革命和内乱。正是基于这种判断，康、梁及其门徒便以梁启超主编的《新民丛报》为阵地与以《民报》为中心的革命党人就革命派提出的一些理论问题展开了激烈的争论。

《民报》创刊号正面阐述了革命党人的一些基本政治主张，其矛头所指自然是保皇党人一贯坚持的那些政治主张，创刊号刊出的汪精卫的文章着重从民族主义、国民主义的立场上批判保皇派的"满汉不分，君民同体"主张；朱执信的文章驳斥保皇派的"立宪易，革命难"的观点；陈天华的文章反驳了保皇派的"欧美可以行民主，中国不可以行民主"的谬论。

针对革命派的理论观点，梁启超在《新民丛报》上发表一系列文章进行辩护，如《论中国今日万不可行共和制之理由》《申论种族革命与政治革命之得失》《答某报第四号对于本报之驳论》等。双方的论战随之正式开始，这场论战涉及两派在海外的数十家报刊。

---

① 康有为：《与梁启超等三子书》（1907年11月4日），载《康有为全集》第八集，第321页。

根据1906年4月出版的《民报》第三号发表的《〈民报〉与〈新民丛报〉辩驳之纲领》的归纳，革命党人与保皇派之间的原则分歧主要体现在以下12个方面：

1. 《民报》主共和；《新民丛报》主专制。

2. 《民报》望国民以民权立宪；《新民丛报》望政府以开明专制。

3. 《民报》以政府恶劣，故望国民之革命；《新民丛报》以国民恶劣，故望政府以专制。

4. 《民报》望国民以民权立宪，故鼓吹教育与革命，以求达其目的；《新民丛报》望政府以开明专制，不知如何方副其希望。

5. 《民报》主张政治革命，同时主张种族革命；《新民丛报》主张政府开明专制，同时主张政治革命。

6. 《民报》以为国民革命，自颠覆专制而观则为政治革命，自驱除异族而观则为种族革命；《新民丛报》以为种族革命与政治革命不能相容。

7. 《民报》以为政治革命必须实力；《新民丛报》以为政治革命只须要求。

8. 《民报》以为革命事业，专主实力不取要求；《新民丛报》以为要求不遂继以惩警。

9. 《新民丛报》以为惩警之法在不纳税与暗杀；《民报》以为不纳税与暗杀，不过革命实力之一端，革命须有全副事业。

10. 《新民丛报》诋毁革命而鼓吹虚无党；《民报》以为凡虚无党皆以革命为宗旨，非仅以刺客为事。

11. 《民报》以为革命所以求共和；《新民丛报》以为革命反以得专制。

12. 《民报》鉴于世界前途，知社会问题必须解决，故提倡社会主义；《新民丛报》以为社会主义不过煽动乞丐流民之具。

论战的具体内容基本上围绕这个纲领进行，概括起来，集中在以下四个问题上。

第一，要不要进行民族革命，推翻清政府统治？保皇派极力否认在清政府统治之下存在民族歧视和民族压迫，从而认为没有必要推翻清政府的统治。革命派用大量事实揭露清政府实行的民族歧视与民族压迫政策，认为要救国必须推翻清政府的统治。革命派还无情地揭露了清政府的媚外卖国行径，指出清政府自鸦片战争以后与外国列强签订的各种不平等条约，"无一非损己以益人者，大者为领土权、独立权之侵蚀，小者为铁路、矿产、航道等权利之授予，使吾国民触处伤心，穷于无告"①。为了拯救中华民族的深重灾难，必须推翻无视国家利权的清朝专制政府。革命派能够明确地区分一般满人与满洲贵族，而把革命的矛头直接指向了清政府。

第二，要不要进行政治革命，建立民主共和政体？保皇派反对实行民主共和政体，主张实行君主立宪政体甚至开明专制。他们的理由主要有三。一是国民程度不够。二是不可躐等。中国现在是君主专制之国，应由开明专制逐渐过渡到君主立宪，不可躐等而从君主专制直接一跃成为民主共和。三是可以依靠清政府实行君主立宪。对于国民程度不够论，革命派用近代西方的天赋人权理论为武器，认为："自由、平等、博爱三者，人类之普通性也。""我国民既有此自由、平等、博爱之精神，而民权立宪则本乎此精神之制度也。故此制度之精神必适合于我国民，而决无虞其格格不入也。"因此，他们宣称："我国民必能有民权立宪之能力也。"② 对于不可躐等论，革命派提出了义正词严的反驳，宣称："我们定要由平民革命，建国民政府，这不止是我们革命之目的，并且是我们革命的时候所万不可少的。"③对于请愿立宪论，革命派认为宪政改革不能依靠政府，只能依靠国民。革命派的目标是依靠国民的力量，通过政治革命的途径，建立民主共和政体。

---

① 汉民：《排外与国际法》，载《民报》第十号，日本东京，1906年。
② 精卫：《驳〈新民丛报〉最近之非革命论》，载《民报》第四号，日本东京，1906年。
③ 民意：《记十二月二日本报纪元节庆祝大会事及演说辞》，载《民报》第十号，日本东京，1906年。

第三,要不要进行社会革命,实行以土地国有制为中心的民生主义?保皇派反对实行社会革命。他们认为,中国当时的社会经济组织与欧洲工业革命之前相比,有不同的特点,没有悬殊的贫富差距。结论是:中国今日"不必行"社会革命,"不可行"社会革命,"不能行"社会革命。① 革命派则以欧美等国革命后社会问题严峻为例证,说明社会革命的必要与可行。他们主张社会革命当与政治革命并行,中国社会经济组织不完全,贫富悬殊问题虽不像欧美各国严重,但并不是没有贫富之分,"贫富已悬隔固不可不革命,贫富将悬隔则亦不可不革命"②。在革命派看来,要解决贫富不均的社会经济问题,就必须进行社会革命,实行以土地国有制为中心的民生主义。

第四,革命是否会引起瓜分和内乱?保皇派反对暴力革命,认为革命会引起瓜分与内乱,甚至导致中国的灭亡。革命派则热情地歌颂革命,认为:"革命者,救人世之圣药也。终古无革命,则终古成长夜矣!"③ 对于改良派的革命引起瓜分说,革命派认为:"革命与瓜分决无原因结果之关系,且正因革命然后可杜瓜分之祸。"④ 对于保皇派的革命引起内乱说,革命派认为,现在的革命不同于历史上的农民战争,其目的不再是帝制自为,而是为了建设"民族的国家",建立"民主立宪政体"和实行"国家民生主义",其共同的精神是自由、平等、博爱,这是合乎正义人道的,不但不会发生内乱,而且还会消除历代农民战争中群雄相争夺、相戕杀的现象,而"为中国革命史开一新纪元"⑤。在革命派看来,国家不能自强自立必将发生内乱和招致瓜分,只有革命才能救中国。

这次论战,归根结底是革命派与保皇派之间关于民主共和与君主立宪的两套政治方案之争。但在具体论战的过程中,双方的最大分歧不是实现民主政治的目标,而是实现这个目标的方式:是激进的革命道路还是温和

---

① 饮冰:《杂答某报》,载《新民丛报》第八十六号,日本横滨,1906年。
② 县解:《论社会革命当与政治革命并行》,载《民报》第五号,日本东京,1906年。
③ 思黄:《中国革命史论》,载《民报》第一号,日本东京,1905年。
④ 精卫:《驳革命可以召瓜分说》,载《民报》第六号,日本东京,1907年。
⑤ 精卫:《驳革命可以生内乱说》,载《民报》第九号,日本东京,1906年。

的改良道路？论战的结果并没有使双方趋向认同，革命运动仍是与立宪运动分途发展，互争雄长。可以说，通过双方的持续论战，进一步划清了革命与改良在政治上、思想上的界限。一方面，立宪思潮与立宪运动借清廷预备立宪之势急剧高涨；另一方面，民主革命思想的广泛传播，也推动了革命运动迅速走向高潮。当然，这种长时间的大辩论，对于思想界，特别是对于正在形成中的新型知识分子群体深刻认识那时的中国国情，学习西方资产阶级的社会政治学说，提供了一个大好的机会。

第四节　抵制美货和收回利权运动的开展

随着美国资本主义的发展，美国既需要扩大它在国际市场上所占据的份额，更需要大量廉价劳动力。于是从19世纪中期开始，美国资本家便采取拐骗、抢掠、绑架等卑鄙手段，从中国广东、福建等沿海地区带走大量劳工，据不完全统计，到1883年，在美中国劳工总数已达30万人之多。中国劳工对美国早期资本主义的发展尤其是美国西部的开发做出了巨大的贡献。美国共产党领导人福斯特在致毛泽东的信中说过，中国工人在美国西部的历史中，起过很大的作用。他们修建了加利福尼亚的主要铁路，特别是19世纪60年代的后期，铺设了美国第一条横贯大陆的中太平洋铁路的西半段，这是一个英雄的成就。美国商人海特在向国会参众两院调查华人入境问题联合特别委员会作证时承认："横贯大陆铁路，倘若不是这些中国人，决不能完成得这样快。这条铁路能够如期交工使用，主要应当归功于他们。"[①] 客观地说，没有华工就没有美国西部的垦殖，美国西部的铁路就无法及时完成。

尽管中国劳工在美国资本主义发展中做出过巨大贡献，但是这些华工在美国人眼里，依然只是奴隶，是苦工，特别是随着资本主义固有的经济危机在美国不断地周期性地发生，华工的地位越来越低，华工与美国工人

---

① 陈翰笙主编：《华工出国史料汇编》第三辑，中华书局1981年版，第263页。

之间的矛盾也越来越激烈，美国人的排华浪潮一波紧似一波。1880年，美国政府迫使清廷签订限制和排斥华工的条约；1894年，美国政府再次迫使清廷续修限制华工条约，规定以10年为限。

1904年，中美续修条约期满，理应另议新约。恰当此时，美国国会却议决所有过去一切"排华律"继续有效。1903年底，旅美华人10余万人联名致信清政府外务部、商部等，要求废除美约，为在美华人争取平等的权利和待遇。海外的一些华侨报纸乃至一些国内报纸都不断发表要求清政府废约的言论，甚至如檀香山的《新中国报》提出以抵制美货相威胁的抗议办法。

在舆情的压力下，清廷指示驻美公使梁诚与美国政府商榷，提请改约。弱国无外交，尽管清政府的条件很低，梁诚与美政府商榷数月，美国政府一意坚持，无所通融，乃至美新任驻华公使在同清政府交涉时，竟然以恐吓手段，要求中国政府签约。消息传出，国人自然愤慨，于是自1905年5月起，一场以抵制美货为主要手段的反美运动便在中华大地，尤其是各大中城市里轰轰烈烈地开展起来了。

这次抵制美货运动是由上海总商会发起的。上海总商会是不久前由上海民族资产阶级的商社代表组成的民间团体。5月10日，上海总商会召开特别会议，一致谴责美国政府的排华政策，提出以两个月为限，如果美国要继续签约，各商家就要抵制美货。与会的全体商董一致同意。上海总商会会长曾铸致电清政府外务部，要求严词拒绝签约，"以伸国权而保商利"①。到7月中旬，美国政府仍然拒绝改约，上海总商会召开第二次会议，要求各商家按前次会议的决定一致行动。结果，上海铁业、机器业、洋布业、五金业、面粉业、火油业、木业七大行业公所的巨商和钟表、航运、裁缝、印刷、瓷器、纸张等70多个行业的商家签字画押，认可不进美货、不卖美货。社会各界特别是学生、工人纷纷集会，结成各种抵制美货团体，宣传不卖美货、不买美货。甚至工人不装卸美国货，学生不到美国

---

① 苏绍柄编：《山钟集》，第27页。

人办的学校读书，中国人不给美国人当翻译，做车夫和厨师。

上海以外，京师、湖南、广东各地纷起响应。南京、苏州、扬州、镇江、芜湖、汉口、桂林、成都、重庆、杭州、南昌、西安、青岛、济南等160个城市继起响应，组织"拒约会""争约处""抵制美货公所"，积极参与运动。各地绅商学界及其他社会各界人士举行的各种集会达300多次。抵制美货运动形成为以商家为主，各界群众参加的，空前广泛而又规模巨大的反美爱国运动。

以抵制美货在中国市场的销售为主要手段的爱国运动，引起美国政府及美国资本家的恐慌，他们在向清政府及中国民族资产阶级施压的同时，也不能不考虑修约问题。在坚持禁止华工的同时，态度略有松动。在美国政府的压力下，8月，清廷发布上谕，说抵制美货"有碍邦交"，要求地方政府"从严查究，以弥隐患"①，实际上宣布了政府禁止抵制美货运动。各省督抚则竭力压制运动。上海部分进口美货的商家由于利益受损，也不积极。上海总商会开始退出运动。

由于中国民族资产阶级的软弱性，由于清政府的无力，轰轰烈烈的抵制美货运动只持续了半年之久，虽然中小工商业者和青年学生仍在坚持，但到1905年10月之后，各地大规模的集会就逐渐停息，美货的经营与销售也逐渐有所恢复。广东则维持到第二年年底。抵制美货运动有着重要的社会动员意义，再一次表现了中国人民中蕴藏着的反对帝国主义侵略的积极性，它不仅启发了人民群众进一步认识清政府的媚外政策，使其中一些激进分子走上了反清革命的道路，也迫使美国政府不敢与清政府续签限制华工条约。

抵制美货的运动刚刚停止，更大规模的收回利权的运动又在中国大地上广泛展开。至1907年前后，遂形成全国性的高潮。

随着西方资本主义在中国抢占市场和资源，中国的利权尤其是铁路、矿山的建设权利严重丧失，越来越多的人逐步意识到，路矿利权的丧失不

---

① 《光绪朝东华录》第五册，总第5389页。

仅使中国丧失极大的经济利益，而且将直接关系到整个中华民族的未来发展与生死存亡。同时，随着中国民族资本的发展，民族资本在20世纪初已开始逐步扩大向铁路、矿山等领域的投资，这便在经济基础方面为中国民族资产阶级提出收回路矿利权提供了相当的物质条件。

拉开收回利权运动的序幕的，是1904年湖南、湖北、广东三省提出向美国合兴公司收回粤汉铁路筑造权案。至翌年8月，经过艰苦的谈判，中美双方终于就收回粤汉铁路的修筑权达成协议。这一胜利也极大地鼓舞了中国人民收回利权运动进一步高涨。接着，浙江、江苏提出收回苏杭甬铁路的修筑权，直隶、山东和江苏三省也向清政府提出废除中国同英国汇丰银行、德国德华银行签订的《津镇铁路草合同》，将路权收回，筹款自办。

与收回铁路修筑权的同时，中国民族资产阶级也开始着意收回矿山的开采权。1906年，山西各界不断向清廷呼吁废除与外国列强签订的开采山西矿产的协议，收回自办，并在1908年终于取得了成功。与此同时，安徽收回铜官山等处矿权、山东收回德国在山东所占的五处矿权等斗争，在经历了漫长的时间之后，都不同程度地取得了胜利。

收回利权的斗争对当时的中国来说，并不仅仅具有经济方面的意义，它既进一步激发了中国人民的爱国热情，也使越来越多的人看清清政府的卖国本质，逐步对清廷表示失望，甚至有相当一部分人由此而逐步转向革命。

第五节 "预备立宪"与资产阶级的立宪运动

从清廷来说，它的渐进求稳的政治改革方案未尝没有道理。政治情势的发展往往并不按政治家的主观设计。当清廷认同政治改革的必须性而宣布"仿行立宪"的时候，它实际上在政治改革方面打开了一条通道，但是，政治改革的方向究竟通向哪里，可能要越出政治家设计的范围。在立宪派看来，清廷的稳妥政治改革方案，实际上是欺骗人民的缓兵之计，它的目的不是实行宪政体制，而是以空头支票的方式给人民以虚幻的希望。

立宪派对清廷的"仿行立宪"明显地表示失望。他们一次又一次地举行立宪请愿活动，以此向清廷施加压力，促使清廷在政治改革道路上前进。

在宣布"仿行立宪"以后，活动在国内、国外的立宪派立即活跃起来。他们纷纷组织成为代表资产阶级利益的政治团体。最著名的立宪政治团体有上海的预备立宪公会、政闻社（由梁启超发起成立于东京，回国活动后不久解散）、宪政讲习会（由杨度等发起成立于东京，后回国活动），地方性的立宪团体还有广东的粤商自治会、湖北的宪政筹备会和贵州的宪政预备会等。立宪团体一般都在合法的范围内活动，反对革命，这反映了他们要维护既得利益的心理状态。不过，由于清廷没有宣布实行立宪的时期，更由于官制改革出现了满人集中权力的趋势，他们对清廷的"仿行立宪"明显地表示失望。立宪派要求实行君主立宪，召开国会，是要限制君权，参与并分享政权。他们不满意于"仿行立宪"给人民以虚幻的希望，决心用自己的行动去争取。杨度认为，"立宪之事不可依赖政府，而惟恃吾民自任之"①，他强调："有强迫政府立宪之国民，无自行立宪之政府"，表示不能"坐待他人之以政权授我"②。宪政讲习会首先发起了面向清廷的国会请愿运动。他们向清廷发出了第一份要求速开国会的请愿书，并且在报纸上公开发表。这一行动得到各地响应。上海、湖南积极推动国会请愿运动。各省还派出代表进京请愿，一时声势闹得很大。清廷虽然借故镇压，解散了政闻社，但是，他们也不得不做出某种让步和承诺。

在这种政治压力下，清廷于1908年7月批准公布了《资政院章程》和《谘议局章程》，同意在中央设立资政院，以作议院基础；在各省设立谘议局，要求谘议局在一年内设齐，资政院在1910年开会。8月27日颁布《钦定宪法大纲》，核准了宪政编查馆拟定的九年为期，逐年筹备宪政，期满召开国会的方案。这一方面使宪政的执行有了一个比较具体的时限，另一方面也是对不断高涨的国会请愿活动的一种回应。无奈，政治改革的堤防一旦打开一个哪怕小小的决口，政治改革的潮流都将如洪水一样地倾泻而下。

---

① 杨度：《中国新报叙》，《中国新报》第一号。
② 杨度：《东京中国宪政讲习会意见书》，《时报》光绪三十三年七月四日。

首先，立宪党人对清廷九年立宪的承诺不甚满意，以为那九年的道路实在太长，在他们的心目中，他们期望越快越好。而在清廷看来，之所以同意九年为限，主要还是因为国内不断高涨的请愿活动有可能危及国内的政治稳定，有害于清廷的有效统治。

当清廷同意九年为立宪之期后不数月，光绪皇帝及主持清廷实权达半个世纪之久的西太后于1908年11月14日及15日相继去世，不足三周岁的小皇帝溥仪继承了皇位，年号宣统。溥仪的父亲载沣以监国摄政王主持朝政。清廷的政治改革日程表便不能不因这一重大人事变动而变动。

载沣监国摄政后，即发布上谕，宣布清廷必将遵守已经颁布的《钦定宪法大纲》，恪守九年预备的既成决定，认真准备，届时执行。然而在立宪派看来，西太后、光绪皇帝的相继去世，是中国政治变动的最佳时机，中国要么不立宪，要立宪就应该尽快地实行，他们不断地向清廷施压，推动立宪的准备机构各省谘议局的早日产生，并竭尽全力地去策动各省谘议局的选举，力争在各省谘议局中占据相当的分量。终于用不到一年的时间，各省谘议局除新疆缓办外都于1909年10月宣告开会。

按照清廷的既定想法，各省谘议局的设立原本是为了缓解国内不断高涨的立宪压力，但事情的结果却给清廷原有的统治效力增加了新的麻烦。由于各省谘议局是合法的议政场所，这些议员便有可能在谘议局内肆无忌惮地议论朝政，甚至通过谘议局的合法性向清廷施压。

1909年11月，共16个省的谘议局代表云集北京，举行"请愿国会代表团谈话会"，策划如何组织国会请愿活动。与此同时，梁启超也在积极活动，一面鼓励资政院、谘议局的议员发言，另一面运动要求清廷缩短立宪年限。翌年1月16日，"请愿国会代表团"向都察院递交请愿书，要求清廷"期以一年之内"，"速开国会"，以定治本大计。对于这一次国会请愿活动，清廷决策层并没有给予善意的回应。10多天后，清廷的上谕断然拒绝了请愿代表的要求，坚持照原定九年的期限，循次筹备立宪事宜。

清廷的态度进一步激起立宪派的反感，他们在上谕发布后不久，迅即组织第二次请愿活动，并成立"请愿即开国会同志会"作为领导机关，京师设总部,各省设分会,又创办报纸进行鼓吹。到了1910年6月,遂有10余个政治团体向都察院递交了第二份要求清廷速开国会的请愿书。这次请愿书举出"民穷财尽,外患鸱张,饥馑四告,革命党又前仆后继,如燎方扬"①,警告清政府早开国会,不要搞政治敷衍。

立宪派的第二份请愿书依然没有得到清廷的善意回应,清廷依然在固守住原先的承诺,坚持九年立宪的既定方案。清廷的做法,使原本与清廷密切合作的立宪党人大失所望,离心离德的倾向便越来越严重。梁启超指出:"国民所以哀号迫切再三吁诉者,徒以现今之政治组织循而不改,不及五年,国必大乱以至于亡;而宣统八年召集国会,为将来历史上所必无之事也。"② 8月15日,请愿国会代表团召开评议会,议决10月再向清廷请愿。

这年10月,国会请愿书如约递达清廷,请愿书认真分析了当时中国所处的国际环境及国内危机,特别提出日、俄可能分割东北的危险。"东三省有变,全局瓦解,宗社人民,将置何地?虽欲从容立宪,不可得矣!"各省谘议局致电请愿代表团,有的甚至表示政府如果坚持不开国会,资政院的民选议员应该全体辞职,各省谘议局应该解散。各省谘议局议长、副议长云集北京。许多省还召开了要求速开国会的群众集会。清廷御用的资政院也向清廷最高统治层建议应该考虑这些"民意代表"的建议,从速开国会。十七省督抚、将军鉴于设立内阁可以限制中央集权,增加地方大员权力,也联名奏请清廷充分考虑民意,缩短立宪期限,立即组织内阁,定期明年召开国会。

面对这种政治压力,最高决策层决定接受这些督抚的建议,遂于11月4日发出上谕,宣布预备立宪的期限由原定的九年缩短为五年,定于宣统五年开设议院,并明令规定此一"年限一经宣布,万不能再议更张"③,各

---

① 《国会请愿代表上摄政王书》,《时报》,宣统二年六月十五日。
② 《论政府阻扰国会之非》,《国风报》第一年,第十七号。
③ 《著缩改于宣统五年实行开设议院谕》,载金毓黻编《大清宣统政纪》第二十八卷,辽海书社1934年版,第2页。

省请愿代表等应立即返回原籍，"各安职业，静候朝廷详定一切，次第施行"①。

应该说，清廷的这一政治决策，虽然是被迫的，但还是对国内日益高涨的立宪运动的善意回应。但是，立宪派仍不满意。清廷的政治决策，毕竟是对先前九年立宪的让步，这一让步，在某种程度上更激励各立宪团体的政治激情。在清廷宣布这一决定之后一个月左右，东三省的代表又一次来到京师，再递请愿书，要求清廷明年召开国会。据东三省总督锡良给朝廷的报告，东三省代表到京师以前，还在12月初连续数天，在东三省总督公署前集合"各界绅民万余人，手执请开国会旗帜，伏泣于公署之前，请为代奏"②。天津学界也在酝酿着新的政治行动。12月20日，天津学生联合各界召开3000余人参加的群众大会，随后还不顾直隶总督的禁令，联合各校学生，决定停课请愿。清廷面临的政治压力越来越大，实际上处于一种两难的处境。

对于这种两难的政治处境，清廷没有再犹豫。它命令军警将东北请愿代表押解回境，同时谕令有关督抚，对学生滋事予以弹压，从而，坚决地拒绝了再一次缩短立宪年限的要求。

第六节 革命派组织的反清武装起义

1905年中国同盟会成立后，孙中山为首的革命党人在对清廷及康、梁等保皇派的改良主义理论进行思想批判的同时，更以旺盛的斗志组织一波连一波的武装起义，以期彻底推翻清王朝。

孙中山、黄兴、章太炎等人在总结此前经验教训的基础上，于1906年秋冬之间制定了一个重要文件——《革命方略》。《革命方略》是一个大题目，它还包括《军政府宣言》《军政府与各国民军之条件》《招军章程》

---

① 《令民政部及各省督抚解散请开国会代表谕》，同上书。
② 《东三省总督锡良奏奉省绅民吁请明年即开国会折》，载《清末筹备立宪档案史料》下册，第648页。

《招降清朝兵勇条件》《略地规则》《对外宣言》《招降满洲将士布告》《扫除满洲租税厘捐布告》等文件，以作为各地革命党人组织武装起义、推翻清朝进而建立中华民国的指导性文件和基本政策依据。"中华民国"的名称就是在这个《革命方略》里提出的。

同盟会制定的《革命方略》，规定了三民主义是民主革命的政治纲领，确立了武装起义为推翻清王朝建立中华民国的基本方针，同时还制定了一系列关于内政外交的政策与措施，对于资产阶级民主革命运动具有重要的指导意义。1906年以后，各地革命党人正是以此为指导，接连不断地举行了十几次反清武装起义，将资产阶级民主革命运动推向了新的高潮。

1906年12月4日同盟会参与领导的第一次起义即萍浏醴起义爆发。同盟会会员刘道一、蔡绍南从日本回到湖南从事运动会党与联络新军的革命活动，组织与策划了同盟会成立以后依靠会党力量发动的第一次反清武装起义。刘道一传达了黄兴对这次起义的指导意见。会党领袖龚春台、蔡绍南领导的起义军定名为"中华国民军南军革命先锋队"。起义军发布《中华国民军起义檄文》，历数清廷十大罪状，号召"且必破除数千年之专制政体，不使君主一人独享特权于上。必建立共和民国与四万万同胞享平等之利益，获自由之幸福。而社会问题，尤当研究新法，使地权与民平均，不至富者愈富，成不平等之社会"①。檄文反映了同盟会革命纲领三民主义的基本精神，充分表明了同盟会对这次起义的领导作用，使这次起义具有与旧式会党起义完全不同的新特色。次年1月，起义失败，刘道一等被捕死难。

1907—1908年，孙中山、黄兴领导同盟会依靠会党的力量在西南边境地区连续举行了六次武装起义。这六次起义是：

第一，1907年5月22日广东潮州黄冈起义。起义军攻占黄冈，成立军政府，以陈涌波、余纪成为正、副司令，以"大明都督府孙"或"广东国民军大都督孙"的名义发布安民告示。

---

① 《中华国民军起义檄文》，载中国史学会主编中国近代史资料丛刊《辛亥革命》第二册，上海人民出版社1957年版，第477页。

第二，1907年6月2日广东惠州七女湖起义。陈纯等在惠州城外二十里的七女湖聚众起义，发布反清讨满檄文。起义军直逼博罗县城。

第三，1907年9月1日广东钦州防城起义。广西三合会首领王和顺率200余人在钦州王光山起义，以"中华国民军南军都督"的名义发布《告粤省同胞书》及《招降满洲将士布告》，起义军攻克防城，队伍发展到3000人。

第四，1907年12月2日广西镇南关起义。广东会党首领黄明堂率众攻占镇南关炮台。孙中山与黄兴、胡汉民等人登上炮台，鼓舞士气。孙中山亲自发炮轰击清军。他颇有感慨地说："反对清政府二十余年，此日始得亲发炮击清军耳。"①

第五，1908年3月两广钦廉上思起义。孙中山任命黄兴为总司令，再次在钦廉地区发动起义。黄兴组织云南旅越侨民200余人为"中华国民军南路军"，向钦州进发。起义军连战皆捷，更于4月2日在马笃山大败清军郭人漳部，黄兴威名大震，会党纷纷投军，队伍扩大到六百余人。此后，黄兴率领这支队伍在钦、廉、上思一带转战四十余日，给清军以沉重的打击。

第六，1908年4月云南河口起义。黄明堂率部起义，攻占河口，成立云贵都督府，并以"中华国民军南军都督"的名义发布安民告示，宣布军律，同时发表对外宣言。5月7日，黄兴受孙中山的委托，以"云南国民军总司令"的名义亲自到河口督师。

以上六次起义都失败了。在孙中山与黄兴领导的同盟会致力于西南边境起义的同时，光复会骨干成员徐锡麟、秋瑾等也在安徽安庆和浙江绍兴密谋发动反清武装起义。1907年7月6日，安徽巡警学堂甲班学员举行毕业典礼。巡抚恩铭等皖省大吏齐集学堂。徐锡麟借行礼之机枪击恩铭，恩铭身中七弹，死于抚署。徐锡麟与陈伯平、马宗汉率部分学生攻占军械所，不久便被清军包围，双方展开激战，陈伯平战死，徐锡麟、马宗汉等人被俘，英勇就义。秋瑾得知安庆败讯后，即掩埋军械，焚烧党人名册，疏散

---

① 胡汉民：《胡汉民自传》，中华书局2016年版，第39页。

学生，而自己决定留守大通，以身殉国。清兵包围大通学堂，逮捕了秋瑾等人。15日，秋瑾就义于绍兴轩亭口。

1908年11月安徽革命组织岳王会领导人熊成基发动安庆新军起义。光绪皇帝与慈禧太后相继去世的消息传来，革命党人群情激奋，认为这是发动起义的大好时机。熊成基、范传甲等决定当晚举行起义，由马营率先发动，炮营响应，然后会攻安庆。熊成基被推为起义总指挥。当晚九时，起义按计划发难。熊成基督率马、炮、步各营会攻省城安庆。围攻安庆一昼夜，没有攻下，起义军内外受敌，只好突围出走。在清军的追击下，熊成基率部退至庐州，起义失败。熊成基逃往日本，加入同盟会，后潜赴东北活动。1910年1月30日，熊成基在哈尔滨被捕入狱。他在供词中慷慨宣传革命宗旨，声称："我今早死一日，我们之自由树早得一日鲜血，早得血一日，则早茂盛一日，花方早放一日。故我现望速死也。"① 2月27日，熊成基在吉林遇难。

1910年2月，同盟会会员倪映典等人在广州策反新军举行反清武装起义。倪映典任广州新军炮兵排长，在新军中运动发展革命力量。黄兴与倪映典、赵声等决定提前到2月15日举行起义。10日，部分新军捣毁了巡警局，两广总督袁树勋怀疑有革命党人从中煽动，下令加强戒备，部分新军的枪械被收缴，水师提督李准所部已经全副武装，严密布防。倪映典当机立断，于12日晨持枪冲入炮队一营，当场击毙管带齐汝汉，振臂高呼："齐管带反对革命，我已杀之矣！凡我同志，与及赞成革命者，请集队随我来！"② 起义正式发动。倪映典率起义军进攻广州城，在东门外遭遇清军李准、吴宗禹部。吴部管带李景濂、唐维炯、童常标以商谈反正条件为由诱倪映典入营中，在倪退出时被清军机枪乱射击毙。倪映典牺牲后，起义军在失去统帅的情况下仍然与清军激战，起义于次日失败。

有一点可以总结的教训是，孙中山、黄兴等人始终把武装起义的地点

---

① 《熊烈士供词》，载中国史学会主编中国近代史资料丛刊《辛亥革命》第三册，第241页。
② 潘林雄：《广东陆军首义经过》，载仇江编《广东新军庚戌起义资料汇编》，中山大学出版社1990年版，第120页。

放在广东、广西、云南等边远地区,而没有考虑在长江流域某地选择起义地点。这从起义战略的角度看,是不够周密的。黄兴最初提出的起义方略是"雄踞一省,与各省纷起之法",这是很好的思路。一开始把起义地点选在边远地区,作为一种探索也是无可厚非的。但是,在边远地区起义多次失败之后,应该总结经验教训,在华中地区、长江流域选择起义地点。湖北的革命党人正是从这一点出发,在武昌着手进行扎扎实实的武装起义的准备工作。[①]

[①] 参见张海鹏《论黄兴对武昌首义的态度》,载胡春惠、张哲朗主编《黄兴与近代中国学术讨论会论文集》,台北,1993年;又载张海鹏《追求集》,第254—278页。

第六章　辛亥革命的成功和失败

第一节　清政府的统治危机

清朝的统治危机，首先表现在风起云涌的人民反抗上。

《辛丑条约》签订以后，帝国主义列强更加紧了对中国的压迫与掠夺，封建统治者更加强了统治和压迫。群众自发斗争的频繁，是由于他们实在受不了清王朝统治末期的黑暗政治，尤其是各级官吏的贪墨暴虐、草菅人命的暴政，造成中国历史上最为典型的"官逼民反"的时期。《马关条约》《辛丑条约》两次赔款，仅字面上的规定，约 6.8 亿两白银，都要按省按县摊派到各地。《辛丑条约》赔款本息每年 1800 万两白银，也要摊派到各省。摊派赔款最多的江苏省，每年要负担 250 万两，四川省要摊派 220 万两，最少的省也要摊派 10 万两。清政府实行新政，要花费大量金钱，其中仅练新军一项，全国各地要拨解新军军饷 1600 多万两，各省都要摊派数十万两不等。还有其他种种名目，不在其列。加上漕粮正税，苛捐杂税，人民群众实在喘不过气来了。

辛亥革命前十年间，全国各地水旱灾害连年不断。1902 年四川发生壬寅大旱，受灾范围达 115 州县，每县灾民多达 20 余万人，少则 10 余万人；1904 年四川再次发生大旱，受灾面积 59 州县，灾民 200 万人；1906 年长江、淮河流域发生大水灾，苏北有饥民 200 余万人；1909 年长江、淮河流域又连雨成灾，湖北有灾民约 400 万人；1910 年又是大水灾，以江苏、安徽、贵州等省最为严重；1911 年大水灾几乎遍及全国，安徽有饥民 200 万人。天灾人祸，老百姓实在活不下去了。他们不得不铤而走险，发起各种各样的反抗斗争。其表现形式，大体有抗租抗粮、抢米风潮、抗捐抗税暴动、秘密会社起义、反洋教斗争以及周边少数民族起事等形式。

据统计，1906—1911年的6年间，全国共发生各类民变事件989次，年均约165次①，无论是总的数量还是发生的频率，都远远超过1905年以前的情况。时论以为："二十行省之中，乱机遍伏……变乱四起。"② 如此频繁的民众反抗斗争，与革命党人的武装起义相互激荡，推动了全国革命高潮的到来。

从风起云涌的人民群众的反抗斗争，可以看出：

第一，清王朝的"末日景象"日趋严重，人民已越来越不能甘心于统治者的苛政暴政，统治者也越来越不能按照旧有的模式照旧统治下去，"官逼民反"已成为当时所有社会动荡不安的根本原因，也是较为普遍的现象。

第二，就反抗的形式与内容而言，当时最先集中在抗粮、抗租、抗捐、抗税及抢米风潮方面，这既是中国农民反抗封建压迫的传统形式与传统内容，也是当时社会危机与社会困境比较集中的反应。当人民处在死亡的边缘上，"民不畏死，奈何以死惧之"？政府不能解决他们最起码的生存问题，他们便自己起来解决问题。于是抢粮吃大户的现象便时有发生，并最终由此演成震撼清王朝统治根基的较大规模的反抗斗争。

第三，随着人民生活状况日趋恶化，秘密会社和革命党人的活动日趋加强，秘密会社的起事与革命党人组织的起义在这种背景下越演越烈，并最终汇为一体，构成推翻清王朝的基本力量，为辛亥武昌起义的成功作了充分的组织准备。

第四，这一时期的人民群众的反抗斗争除了将矛头对准国内的腐朽势力外，更具有较为明确的反帝意识。所谓民教冲突，说到底，就是反对外

---

① 据张振鹤、丁原英《清末民变年表（上、下）》（《近代史资料》总第49、50号）统计，其中1906年190次，1907年185次，1908年107次，1909年141次，1910年247次，1911年119次。
② 长奥：《论莱阳民变事》，载张枬、王忍之编《辛亥革命前十年间时论选集》第三卷，生活·读书·新知三联书店1960年版，第653页。

国势力对中国主权的侵害。

与此同时，周边及内地的一些少数民族在汉族人民反帝反封建斗争精神的激励下，反抗清政府及外国侵略者的斗争也较过去频繁，斗争的规模也比过去更大，清政府已实在无法照旧统治下去了。

清朝统治阶级的内部矛盾和满汉官僚之间对立情绪的扩大，汉族官僚与清政府的离心离德，是清政府发生统治危机的另一个重要标志。西太后和光绪皇帝的相继去世，使清廷的政治权力中枢的平衡发生了显著的变化。年幼的小皇帝溥仪只是一个权力象征，监国摄政王载沣由于天性懦弱，也不足以成事。在西太后那拉氏主政的那些年里成长起来的袁世凯，却权倾九鼎，引起清廷统治集团内部尤其是满洲贵族的高度恐慌。于是，统治集团内部的权力斗争便日甚一日。

袁世凯生于1859年，是河南项城人。少年科举失利，投身军营，曾随淮军提督吴长庆入朝鲜，任前敌营务。因功得李鸿章保举为驻朝鲜总理通商大臣。甲午战争时回国，后被派往天津小站督练"新建陆军"，那时他还只有道员的衔头，并不甚引人注意。清朝的经制兵本是八旗、绿营，但早已腐败，在镇压太平天国中崛起了湘军和淮军。甲午一战，证明湘淮军也已腐败，不能打仗。因此清朝政府决定仿德国和日本军制，编练新军。那时候，懂得西方新军制的人很少，袁世凯请了德国人为军事教练，按照湘淮军"兵为将有"的旧制，以自己为全军统帅，用封建忠君思想，加上西洋军事操典，把清末新军的训练提到了一个新的高度。戊戌政变后，他由于出卖了康有为、梁启超等维新派，得到了慈禧太后的近臣荣禄和慈禧太后本人的宠信，开始在政治上崭露头角。这时候，他所部新建陆军被收编为荣禄统辖的武卫右军，他自己也由道员提升为候补侍郎。1899年义和团起山东，袁世凯率武卫右军驻防山东，旋被任命为代理山东巡抚，次年2月正式担任山东巡抚。由于袁世凯镇压义和团有功，《辛丑条约》签订后不久，李鸿章在临死前推荐袁世凯代替他为直隶总督兼北洋大臣。袁世凯由于编练并掌握了一支新式武装，又由于镇压义和团立了大功，迅速上升为一颗政治新星，成为朝廷以外地方督抚中第一等大臣，兼有北洋大臣身份，还有对外交涉的权力。

1902年底，清廷正式向全国推广北洋袁世凯、湖北张之洞的练兵经验。1903年，清政府抓紧全国新军的训练，在中央成立练兵处，随时考察各省督练新军的进展情况。练兵处以庆亲王奕劻为总理练兵事务大臣，以袁世凯为会办大臣，以户部右侍郎铁良襄同办理。这样，在朝中大臣李鸿章、荣禄死后，袁世凯又巴结上了比他们更有权力和地位的庆亲王。1905年，袁世凯宣布完成六镇新军的编练。练兵处统一全国新军的番号，把袁世凯统帅的六镇，按顺序编为第一至第六镇，这就是所谓北洋六镇。六镇是一支差不多有10万人的近代新式武装力量，它成为清政府军事力量的骨干和中坚。

北洋六镇新军基本上可以说是袁世凯的私人武装。虽然第一镇为旗兵，袁世凯不能完全控制，但其余五镇都在袁世凯的绝对掌握之中。六镇的各级重要军官大都是袁世凯小站练兵时的部下，或者是他创办的军事学堂毕业的学生，都是袁世凯的亲信。袁世凯正是依靠北洋六镇的武装力量，操纵控制朝政大权，成为清末权倾朝野的重臣。在清王朝覆亡以后，对近代中国政治发展有着重大影响的北洋军阀，就是以这北洋六镇为基本班底的。

袁世凯不仅在军事上掌握了很大的权力，在政治上也有积极的表现。清廷在西安颁布"新政"上谕后，袁世凯立即跟进，上奏折建议变法，并在山东加以实施。1905年在新政方面的几大建议，使他声名鹊起。一是与张之洞等大臣联名上奏建议朝廷派亲贵大臣出洋考察政治，预备仿行宪政。朝廷接受了这一建议，才有五大臣的出洋。二是建议设立巡警部。五大臣出洋时在北京火车站被革命党人炸伤，袁世凯立即派他在天津设置的巡警力量来京师协助缉捕，同时建议设置巡警部，被朝廷采纳。袁世凯推荐在天津负责警察事务的赵秉钧担任巡警部尚书，等于替袁世凯掌握了京师警务。三是与张之洞联名上奏建议废除科举，为朝廷采纳。袁世凯的政治、军事地位的上升，必然招致一些满洲亲贵大臣的猜忌。1906年他奉命加入宪政编察馆，参与设计官制，主张废除军机处，建立责任内阁。他已经看到自己的地位还可能上升，建立责任内阁，他正觊觎其中的首揆职位，好更加发遑自己。这是一些保守的满洲亲贵所坚决反对的。11月，慈禧太后否决了建立责任内阁、废除军机处的官制改革方案，并且任命铁良担任陆军部尚书。这不啻是对袁世凯的一个沉重打击。陆军部宣布收回全国兵权，袁世凯的北洋六镇被收走了四镇，自己勉强暂时保留两镇的指挥权。

1907年，京师发生了所谓"丁未政潮"（1907年是光绪三十三年，丁未年）。军机大臣瞿鸿禨和新任邮传部尚书岑春煊发难，攻击奕劻和袁世凯保荐的官员"声名狼藉，操守平常"①，又揭发署黑龙江巡抚段芝贵从天津借得10万金为寿礼向奕劻行贿，并花了1.2万金买了天津歌妓奉献给奕劻的儿子载振，才得到了巡抚的位置。揭发的言官说，这种事"人言藉藉，道路宣传"，无人不晓，"京师士大夫晤谈，未有不首先及段芝贵而交口鄙之者"。还说段芝贵"人本猥贱"，原来在袁世凯署中听差，"为时未久，百计夤缘，不数年间，由佐杂至道员"，只是由于"善于迎合，无微不至"②，才博得了袁世凯的喜欢。这一揭发，使奕劻和袁世凯受到很大打击。不仅段芝贵的署巡抚任命被撤销，还批准了农工商部尚书载振的辞职。③ 奕劻和袁世凯立即反击。他们借故让岑春煊外放两广，又攻击岑春煊暗结康、梁，被罢官。接着，他们揭发瞿鸿禨暗通报馆，阴结外援，并且图谋推翻戊戌成案，想让慈禧太后"归政"。这一下刺痛了西太后的难言之隐，瞿鸿禨被罢官。这是统治阶级内部的斗争，也反映了满汉之间的矛盾。瞿鸿禨和岑春煊被罢官，保护了庆亲王奕劻，削弱了汉族大臣在朝中的权力，满洲亲贵是高兴的。"丁未政潮"刚过去，清朝廷又采取了一个重要措施，把两个最重要的地方督臣袁世凯和张之洞调到了北京。袁世凯被任命为军机处大臣和外务部尚书。张之洞被任命为军机大臣、大学士。两个督臣分驻于京畿的天津和华中的武汉，

---

① 据上谕，见《光绪朝东华录》第五册，总第5654页。
② 御史赵启霖奏，见《光绪朝东华录》第五册，总第5660—5661页。
③ 据《光绪朝东华录》第五册所载载沣、孙家鼐奏，经过派员到天津调查，认为买天津歌妓和从天津借钱行贿都不是事实。此后，载振上折请求辞去御前大臣和农工商部尚书，仍然得到了西太后的批准。可见调查虽然否认了行贿的事实，西太后还是相信的。见《光绪朝东华录》第五册，总第5665—5666页。

第六章　辛亥革命的成功和失败

实力很大,权倾一时,调进北京,放在朝廷的直接控制之下,承旨办事,名义大了,权力小了,这叫作明升暗降,这是君主的驾驭之道,也是满汉矛盾呈现激化趋势的反映。果然,袁世凯、张之洞进京后,难有大的施展,张之洞不久去世。袁世凯还想折腾一番,随着光绪皇帝和慈禧太后先后死去,政局为之一变。

宣统继位,宣统的父亲载沣是光绪皇帝载湉的弟弟,他一向对汉族大臣当权有很大疑忌,对袁世凯的飞扬跋扈早有不满。他现在是摄政王,怎能容忍袁世凯继续盘踞要津?按照载沣等人的本意,是想杀掉袁世凯以除后患,在征求王大臣和北洋系将领意见后,他们顾虑杀掉袁会引起北洋系的反叛,进一步导致清廷的统治危机。于是接受了张之洞的建议,褫夺袁世凯的权力,使他无用武之地。1909年1月9日,清廷发布上谕,称袁世凯"正以其才可用,俾效驰驱","不意袁世凯现患足疾,步履维艰,难胜职任","着即开缺回籍养疴,以示体恤之至意"①。"患足疾"是袁世凯自己提出辞职的理由,摄政王借着宣统皇帝的口,顺水推舟,名正言顺地剥夺了袁世凯的权力,也给袁世凯一定的面子,以免北洋系军人的反叛以及外国势力的干涉。

免除袁世凯之后,清廷的权力进一步集中在满洲贵族的手中。载沣代替小皇帝溥仪出任全国陆海军元帅,不久他的弟弟载洵出任筹办海军大臣,他的另一弟弟载涛及宗室贝勒毓朗为管理军谘处事务大臣,皇族已明显地控制了全国的军权。这还不算,在朝廷12个部的尚书加上外务部另置总理大臣、会办大臣的14人中,满洲贵族占据9人,蒙古贵族占1人,其中皇族竟占7人之多。

由于宣统朝廷在新政改革方面倒行逆施,清朝统治阶级的政治危机已经迫在眉睫。正在河南彰德洹上村"养足疾"的袁世凯,一面韬光养晦,另一面密切关注着形势的发展。他在洹上村的住所,与朝野各界保持着密切的联系,有人说,在一定的意义上,洹上村"俨然成为当时政治、军事、

---

① 《大清宣统政纪》第四卷,第12页。

外交的一个中心"①。

与此同时,清廷还在加紧权力的集中与控制,将国家政治的主导权,进一步集中在满洲贵族尤其是皇族的手中。1911年5月,清廷宣布实行责任内阁,仿日本、德国体制,总理大臣只对君主负责,不对议会负责,议会虽有弹劾之权,却不能干涉内阁大臣的升贬。清廷任命奕劻为内阁总理大臣,那桐、徐世昌为内阁协理大臣,同时还任命梁敦彦为外务大臣、善耆为民政大臣、载泽为度支大臣、唐景崇为学务大臣、荫昌为陆军大臣、载洵为海军大臣、绍昌为司法大臣、溥伦为农工商大臣、盛宣怀为邮传大臣、寿耆为理藩大臣,所有内阁协理大臣和各部大臣均为国务大臣。在这个13人的内阁中,皇族成员为责任内阁的基本构成,其中,皇族占7人,另有满族2人,而汉族只有4人。内阁权力集中于皇族的倾向实在过于明显。这就是史称"皇族内阁"。

皇族内阁的名单一经宣布,立即引起举国哗然。汉族官僚的失望是明显的。原先对清廷寄予厚望的立宪党人除了失望,就是气愤。他们除了继续通过正常的渠道向清廷表达他们的不满外,实际上已经开始与清廷离心离德,甚或有一部分人逐步转向支持革命,或变成革命者。清廷得罪了立宪派,这是清朝政府在孙中山为首的革命派进攻下,因为得不到立宪派支持而迅速垮台的重要原因。

清廷虽然实行中央集权,由于统治阶级内部矛盾以及满汉官僚之间的矛盾,中央集权效果不彰,形成了"内外皆轻"的权力格局。所谓"内外皆轻",指中央无法控制地方,地方无力效忠中央。这个权力格局的形成,使清廷中央和地方均不能有效应对革命势力的进展,导致清王朝走向覆亡之路。②

---

① 张国淦:《孙中山与袁世凯的斗争》,《近代史资料》1955年第4期。
② "内外皆轻"之说,参见李细珠《地方督抚与清末新政——晚清权力格局再研究》,社会科学文献出版社2012年版,第399—411页。又,1911年清人也有类似讨论,参见佛掌《中央集权发微》,张枬、王忍之编《辛亥革命前十年间时论选集》第三卷,生活·读书·新知三联书店1977年版,第843—846页。

第二节　黄花岗起义与四川保路运动

在同盟会领导的众多武装起义中，最具有典型意义，也是影响最大的就是1911年在广东爆发的黄花岗起义。

广东是孙中山的故乡，也是他联系最多、革命基础较好的地方之一。自从他早期投入革命活动开始，他就对广东寄予很大的希望，一直期盼着能在广东爆发真正意义上的武装起义，并能由此开始完成夺取全国政权的任务。1910年11月13日，孙中山、黄兴、赵声、胡汉民等同盟会的重要骨干在马来亚的槟榔屿与南洋及国内东南各省的代表举行秘密会议，部署广州起义的工作。计划在起义军占领广州后，由黄兴率一军出湖南趋湖北，由赵声率一军出江西趋南京；长江流域各省由谭人凤、焦达峰等率兵响应，会师南京，即行北伐，一举夺取全国政权。

经过几个月紧张准备，同盟会在广州设立的秘密据点已达38处，省城内外及各省革命力量也已联络就绪，经过认真筛选的800人"敢死队"（当时称选锋队）也逐步到达香港集中。万事俱备，只待一声令下。1911年1月底，黄兴在香港成立起义的统一领导机构统筹部，黄兴为部长，赵声为副部长。总机关设立后，立即开展各项准备工作，主要是筹款、购械、选派起义人员。4月8日，黄兴在香港统筹部召开发难会议，与会者数十人。会议决定分十路进攻。4月23日，黄兴先行潜入广州，在小东营五号设立起义总指挥部，并最后确定起义日期。4月27日下午，黄兴如期起义，亲率选锋百余人进攻总督衙门。"死士多人以攻入督署，空洞无一人。观其情形，有如二、三日前去者。"① 黄兴等人从督署撤出时正与李准和张鸣岐的卫队相遇，激战中党人死伤多人，黄兴的右手也被打断两指。黄兴且战且前，直到最后剩下自己一人，才避入一家小店改装出城。这次起义只有黄兴率100多选锋在城中左冲右突，孤军奋战，终因寡不敌众而失败。革

---

① 黄兴：《致海外同志书》，载湖南社会科学院编《黄兴集》，中华书局1981年版，第41页。

命党人在这次起义中表现得非常英勇壮烈，可歌可泣。喻培伦"一人当先，抛掷炸弹，防勇为之披靡，后失手遇害"；李文甫"先攻督署时，非常猛烈，既出，伤其足，后为虏俘，从容谈笑以死"；朱执信"攻督署时，奋勇当先，迥非平日文弱之态"；林文、林觉民等福建同志"多在东毕业专门学校者，年少俊才，伤心俱烬"①。据统计，这次起义牺牲的革命党人有姓名可考者共86人，其中有72人的遗骸后来被党人潘达微收葬于广州东郊白云山麓的黄花岗，此即著名的"黄花岗七十二烈士"。因此，这次起义也被史家称为黄花岗起义或黄花岗之役。又因起义那天为农历三月二十九，这次起义又被称为广州"三二九"之役。

起义沉重地打击了清朝统治者。烈士们用鲜血与生命激起了革命党人与全国人民的反清革命怒潮，"是役也，碧血横飞，浩气四塞，草木为之含悲，风云因而变色，全国久蛰之人心，乃大兴奋，怨愤所积，如怒涛排壑，不可遏抑，不半载而武昌之大革命以成，则斯役之价值，直可惊天地、泣鬼神，与武昌革命之役并寿。"② 可以说，正是革命党人坚持不懈的努力，才有武昌起义的成功。

接着黄花岗起义发生的是大规模的保路运动。皇族内阁成立第二天即发布上谕，公布了铁道干路国有化的愚蠢政策，极其严重地侵害了立宪党人的经济利益，引发规模浩大的保路运动。

铁道干路国有化的上谕明确规定："干路均归国有，定为政策。所有宣统三年以前各省分设公司集股商办之干路，延误已久，应即由国家收回，赶紧兴筑，除枝路仍准商民量力酌行外，其从前批准干路各案，一律取销。""如有不顾大局，故意扰乱路政，煽惑抵抗，即照违制论。"③ 5月18日，清廷任命端方为督办粤汉、川汉铁路大臣，强行将鄂、粤、川、湘四省铁路收归国有。20日，清廷批准邮传大臣盛宣怀与德、英、法、美四国

---

① 黄兴：《与胡汉民致谭德栋等书》，载湖南省社会科学院编《黄兴集》，第52—53页。
② 孙中山：《〈黄花岗烈士事略〉序》（1921年12月），《孙中山全集》第六卷，第50页。
③ 中国第一历史档案馆：《宣统朝上谕档》第三十七册，广西师范大学出版社2009年版，第92—93页。

银行团签订《湖北湖南两省境内粤汉铁路、湖北省境内川汉铁路借款合同》，借款总额为600万英镑，年息5厘，以两湖厘金、盐税作担保，四国银行享有两湖境内粤汉、川汉铁路的修筑权，以及该路在延长时继续投资的优先权。这个合同实际上将四省境内的铁路权益完全拍卖了。

铁路干线国有政策出笼与粤汉川汉铁路借款合同签订，使清政府卖国面目昭然若揭。时人以为："果政府有钱，政府自造，不以路权抵借外款，不受外人干涉，真正是国家全力经营，又何尝不好？无如此次以路抵款，是政府以全力夺自百姓而送与外人。"① 国家借款修筑铁路，未尝不是发展交通事业的一个办法。但是此前兴起民办铁路，确是抵制列强侵略、收回路权运动的产物。突然宣布铁路国有，这就以法律的形式剥夺了先前数年各省民族资本的利益，是对数年来民族资本收回路权、矿权运动的反动。而中国民族资本是立宪党人的社会基础。清政府为了借款而出卖国家利益的行为，不仅极大地伤害了中国民族资产阶级的利益和积极性，而且实际上将立宪党人推到了自己的政治对立面。

对于清政府的这一举动，湖南首先起来反对，在长江中游掀起了一场规模浩大的群众性的抵抗斗争，这就是所谓"保路运动"。保路运动的发起者通过各种手段和方法强烈要求清廷收回成命。长沙各界群众连日集会，反对铁路国有，要求坚持商办。一些广泛传播的传单，高声疾呼："部派督办来湘，强事修筑，湘人必集合全体，共谋地址，无论酿成如何巨案，在所不顾。"② "有谁来用强迫手段压制我们，那时我们做百姓的，横直是一条死路，大家把这条性命，与他拼一场，在学堂的人，大家散学，做生意的人，大家闭市，湖南全省的粮饷，大家是不肯完的，看他把我们湖南的百姓怎么办法呢？"③ 从这些传单可以看出湖南坚决抵制铁路国有的决心。

---

① 《邮传部奏覆铁路干线宜收归国有折（附：保路同志会随文驳斥意见）》，载戴执礼编《四川保路运动史料》，科学出版社1959年版，第115页。
② 《湖南人民订立自救保路办法传单》，载中国第二历史档案馆编《中华民国史档案资料汇编》第一辑，江苏人民出版社1979年版，第165页。
③ 《湖南人民反对借外债包办铁路传单》，载中国第二历史档案馆编《中华民国史档案资料汇编》第一辑，第163页。

与此同时，湖北、广东各界也对铁路国有化的政策进行了抵制。在广州，广东粤汉铁路公司举行股东大会，商讨对策，要求保全商办，并且以大会名义致电邮传部，要求"撤销国有令"；同时致电湘、鄂、川三省，呼吁三省"唇齿相依，希予支持"。由于广东当局的镇压，保路团体的领导人和许多公司股东跑到香港，在香港成立广东保路会，要求联合湘、鄂、川三省，一致进行，维持商办。

　　保路运动在四川兴起虽然晚了一点，但运动的声势和采取的手段最为激烈，四川保路运动更加声势浩大、斗争激烈、影响深远。

　　四川为了筹办川汉铁路，在成都成立了四川川汉铁路总公司，在湖北宜昌成立了川汉铁路分公司，已征集铁路股款1400万两，其中实收租股950万两，官民购股260万两，土药盐茶商共认股120万两。可见，路股中的大部分是从四川全省包括农民在内的土地所有者征收得来的，因此，路股的绝大部分都转嫁到全省农民头上。反过来说，修筑铁路，与全省人民的实际利益联系了起来。巨绅大贾更把修筑铁路的成败，看作自己的身家性命一样。由于掌握铁路公司经济大权的绅商们贪污浪费，铁路修筑进展不大，已经引起人民群众不满。6月1日，清朝中央政府邮传部大臣（相当于交通部部长）盛宣怀，会同粤汉川汉铁路大臣端方，向四川发出专电，要将川汉铁路公司现存、已用之款全部提走，只发给股票，并且威胁说，如果四川省一定要筹还路款，清政府必定要大借外债，并以四川财政收入作抵。这表明，清政府赤裸裸地向四川人民劫夺全部路款了。这使四川立宪派失望之余，简直没有回旋的余地。连原来不一定反对国有政策的立宪派头头也公开著文，痛斥"卖国邮传部！卖国盛宣怀！"

　　控制四川谘议局的资产阶级立宪派眼看路款不保，便于6月17日发动成都各团体数千人成立"四川保路同志会"，以"拒借洋款，废约保路，力图进行"为宗旨。① 保路同志会以立宪派领袖蒲殿俊、罗纶为正、副会长，下设总务、讲演、文牍、交涉四部，各司其职，并刊发《四川保路同

---

① 三余书社主人编：《四川血·四川保路同志会简章》，《辛亥革命》第四册，第403页。

第六章　辛亥革命的成功和失败

志会报告》为言论机关刊物。保路同志会还发布《宣言书》，直斥刚上台就颁布铁路干线国有政策的新内阁（即"皇族内阁"）"蛮野专横，实贯古今中外而莫斯为甚"，深刻地揭露了湖广铁路借款合同的卖国实质，"政府铁路借款合同，实葬送人民死地之合同也。……实将三省三千六百里路政全权，完全授与外人"，强烈呼吁，国人"惟据死力争"，"不拒则可永永不再言立宪，不再言国会，不再开谘议局、资政院"①。随后，重庆以及全省各府州县纷纷成立保路同志分会。成都、重庆两地，群情汹汹，每次群众集会，会上发言痛诋政府借款卖路的罪恶，参加者必有万人以上。

8月初，成都召开了全川特别股东大会，会后听到了清政府强行接收川汉铁路宜夔段（宜昌至奉节），并以川款继续修路的消息。群众的愤怒再也不能遏制了。8月下旬，成都各界开始罢市罢课，接着全川各地数十座城镇卷入罢市热潮，9月初，人民群众进一步实行抗粮抗捐。9月7日，新到任的四川总督赵尔丰将四川立宪派领导人、四川谘议局正副议长蒲殿俊、罗伦及川汉铁路股东会负责人张澜等骗至总督署办公处，加以拘禁，并封闭了铁路公司。成都数万人民前往督署请愿，遭到军警开枪镇压，当场打死数十人，伤者无数。整个四川因此沸腾起来，终于爆发了全省规模的人民大起义。

群众的介入，使保路运动的发展增加了许多未知的变数，立宪党人虽然强调要防止暴动，"文明争路"，但在成都血案以后，基本上失去对运动本身的控制力，自发的人民群众已不再听命于他们的指挥棒。刚刚从日本回国不久的中国同盟会员龙鸣剑，本是四川省谘议局议员。他深知要取得保路运动的胜利，绝非一纸文电所能成功，同时认识到立宪派人士也是不可靠的，决心发动武装起义，以争取保路运动的根本胜利。在龙鸣剑等革命党人的策动下，8月初，在资中县罗泉井召开了哥老会各地头领会议，决心变和平争路为推翻清朝统治的武装斗争。于是在9月初，四川爆发了以哥老会群众为主的保路同志军的起义，数十万人揭竿而起，云集省城周

---

① 《四川保路同志会宣言书》，载戴执礼编《四川保路运动史料》，第183—184页。

边，清廷在四川的统治已岌岌可危。四川保路同志军的起义，为武昌起义的成功，点燃了导火线。

第三节　武昌起义　各省独立与南京之役

保路同志军在成都发动的起义危及清政府的有效统治，在这种情况下，清廷急调湖北地区的部分新军入川镇压，武昌遂成为清政府统治较为薄弱的地方。

武昌一直是革命党人活动的重点地区。1904 年华兴会在长沙的起事失败后，湖北的革命活动一直在积极进行中，那里有着从事革命活动的深厚群众基础。张之洞在武昌训练的新军，是北洋新军之外最有力量的一支军队。因为科举废止，一些小知识分子纷纷投军，以便寻找出路。所以，武昌新军中有一些有一定文化水平的士兵。《革命军》以及《民报》等革命刊物和文章一直在武昌新军中流传。武昌新军成为革命党人活动的土壤。1907 年以后，武昌出现了众多的革命小团体，大多数小团体都在新军中活动。比较著名的有 1911 年 1 月成立的文学社。文学社是在军队同盟会、群治学社、振武学社的基础上发展而来的。其成员在新军各部队中都有分布。其负责人是肄业于上海中国公学的新军士兵蒋翊武。另一个比较著名的小团体是湖北共进会。1908 年，孙武自日本归来，在武昌发起成立湖北共进会。起先，它主要在会党中发展组织，后来把眼光逐渐转向新军。蒋翊武、孙武都是同盟会会员。文学社、共进会与在上海的中部同盟会有着非常密切的关系。1911 年 5 月，文学社、共进会决定在反清斗争中联合起来。7 月，保路运动起来，为革命党人掌握的《大江报》连续发表《亡中国者和平》《大乱者，救中国之妙药》的时评，实际上等于公开号召武装起义。报纸被封，报馆主笔詹大悲被捕。

9 月，湖北新军一部调往四川。武汉革命党人敏锐地注意到这个行动将会造成四川和湖北的紧张局势。他们认识到，革命形势快要成熟了。9 月 14 日，文学社、共进会的领导人召开联席会议，商讨两团体如何利用有

第六章　辛亥革命的成功和失败

武昌起义后革命军渡江去汉口作战

利时机，在武昌发难起义问题。会议决定建立统一指挥系统，协调行动，军事上由蒋翊武任总指挥，王宪章任副指挥，孙武任参谋长；政治上，由刘公任总理，孙武任常驻政治筹备员，下设若干政治筹备员，负责文告、印信、旗帜、符号以及制造炸弹等事宜。鉴于武昌新军中的革命者没有同盟会领袖人物，会议决定派员赴香港、上海邀请黄兴、宋教仁、谭人凤等人来汉主持大计。24日，两会再次举行联席会议，经过周密的讨论定于中秋节即10月6日举行起义，推举蒋翊武为临时总司令，孙武为参谋长，并对各标、营和军事学堂的任务及进攻路线作了部署。各方面在会后都积极进行准备，只待时机进一步成熟。中秋节那天，湖北当局风闻起义传闻，收缴了新军士兵的子弹，决定中秋节戒严。武昌起义的领导者未能按预定的日期发动起义。

出人意料的是，10月9日午后3时，孙武等在汉口俄租界宝善里14号的秘密机关部配制炸弹时，不慎引起爆炸。① 俄租界巡捕查抄了室内所存为

---

① 有关宝善里事件时间，当事人有不同记载，有些人记在10月8日，多数人记在10月9日。详细考证参见张海鹏《宝善里炸药爆发时间考实》，《追求集》，第223—233页。

起义准备的旗帜、符号、文告、印信、钞票等物品及革命党人名册，并逮捕了在场数人。在清朝官府严刑逼供下，有人吐露了革命党人武装起义的秘密情况。湖广总督瑞澂下令武汉全城戒严，军警四出，大肆搜捕革命党人。积蓄多时的起义计划有可能在此次事件中化为泡影。蒋翊武、刘复基等在武昌小朝街85号起义总指挥部获悉汉口失事，考虑到"与其坐而被捕，不如及时举义"①，决定按9月24日拟订的行动计划，于当晚12时发动起义。但是深夜里，军警突然破门而入，闯进起义总指挥部，正在那里等待起义消息的指挥部负责人蒋翊武、刘复基、彭楚藩等多人来不及躲避，除蒋翊武穿着长袍马褂不被军警注意而逃逸外，均被逮捕。此前，杨宏胜因运送炸弹不慎，被逮捕。经过简单审讯，彭楚藩、刘复基、杨宏胜三人于10月10日凌晨被处决。

随着三烈士的牺牲，以及军警继续按图索骥搜捕革命人士，武汉的形势更紧张了。起义总指挥部前晚决定起义的命令，因城门封闭，未能送到。这时候，预定的起义领导人蒋翊武、孙武都不在现场，黄兴、宋教仁远在香港、上海，对于革命党人来说，形势千钧一发，机会稍纵即逝。由于武汉革命党人革命意识强烈，平时的组织工作到位，在失去领导的万分危急的时刻，在新军各标营内待命起义的党人发挥革命主动精神，决定破釜沉舟，立即在当晚实施起义计划。

10月10日晚7时左右，武昌城西北塘角的新军辎重营火起，长亘数十丈，烈焰冲天，炮声隆隆，炮队随即向城内进发。在城内，工程八营在熊秉坤指挥下，打响第一枪，旋即集合革命士兵奔向楚望台军械库。改变中国历史进程的武昌起义终于爆发了。

工程营士兵400人很快占据了楚望台军械库。会聚在楚望台的革命士兵越来越多，指挥混乱。工程营左队队官吴兆麟军事知识丰富，在士兵中有威信，以前曾加入过革命团体日知会，被士兵推举出来，担任临时总指挥，负责指挥进攻总督署。这时，参加起义的新军士兵约有4000人，湖广

---

① 李廉方：《辛亥武昌首义记》，第75页。

总督能够调动来保卫总督署的清军,加上分布在全城各地的武装警察、旗营不过5000人。革命军先后三次向总督署发起进攻。11日黎明前,革命军占领了总督署旁的新军第八镇司令部,包围了总督署。湖广总督瑞澂破墙而出,躲进了停在长江边的楚豫兵舰。第八镇镇统张彪见总督瑞澂跑了,自己也逃往汉口刘家庙。天亮时,革命军终于占领了总督署。经过两天的激烈战斗,武汉三镇基本上已控制在革命党人的手里了。

武昌起义爆发之后,新政府的成立已迫在眉睫。11日,武昌城里的战斗刚刚结束,革命党人聚集在武昌阅马厂原湖北谘议局开会,商讨建立湖北军政府问题。在商讨军政府都督人选时,从前线下来的各革命军领袖均以资望浅,相互谦让,不能成议。于是邀请湖北谘议局议长、副议长以及议员若干人前来参与讨论。议长汤化龙等一夜惊魂未定,对革命是否能成功尚无把握,遂借口现在是军事时期,自己非军人,不知用兵,不能帮忙。有人提议推新军协统黎元洪担任都督。黎元洪素有"知兵""爱兵"的美誉。保路运动中,黎元洪还以军界代表的身份参加湖北各界保路团体"铁路协会",并积极支持进京请愿,表现出较为开明的形象。因此,黎元洪是革命党人与立宪派等各方面都能接受的合适人选。由于革命党人原先所请的黄兴、宋教仁等有声望的领导者迟迟不能到鄂,而起义的直接领导者或死或伤或逃,一时间群龙无首,于是自然倾向于拥戴黎元洪出来领导,即使发生最坏的情况,也可以用黎元洪的空名以镇定人心,收拾局面。于是便发生逼黎元洪"革命"的事件。出现这种局面,与湖北革命党人长期从事基层实际的斗争,缺乏有威望的公认的领袖有关,也与同盟会领袖孙中山、黄兴、宋教仁等对武昌革命的准备工作缺乏认识和直接指导有关。

黎元洪作为清朝任命的一员新军协统,在对起义形势估计并不乐观的情况下,他不愿意做出任何冒险行动。他被请到军政府,大喊"莫害我,莫害我!"拒绝出任湖北军政府任何职务。因此,在湖北军政府成立之初,所发布的命令与文件,基本上与黎元洪个人无关,而是革命党人和立宪党人用黎元洪的名义在进行工作,黎元洪则被革命党的士兵严加看守,并不曾作任何实际的事务。直至 13 日大局将定的情况下，黎元洪才开始表示倾向于革命。

湖北军政府以都督黎元洪的名义发布第一张《布告》，公开宣告要推翻封建专制，建立中华民国，这是非常鼓舞人心的。"黎之布告出，往观者途为之塞，白发老翁亦以先睹为快，旅汉外籍人士闻之惊异，皆曰：'想不到黎协统也是革命党'。"① 无论如何，黎元洪最终附从革命，不仅及时填补了革命党人群龙无首的权力真空，而且也在一定程度上稳定了革命局势，其积极作用是不必否认的。

10 月 16 日，首义革命者在阅马场设坛，安排请都督誓师的仪式，由谭人凤向黎元洪授旗授剑，居正宣讲革命精神，黎元洪祭拜天地与黄帝，并宣誓、阅兵，正式就任军政府都督。② 都督人选确定后，接着组建军政府组织机构。军政府下成立的主要组织机关如下：（1）参谋部；（2）交通部；（3）军需部；（4）书记部；（5）民政部；（6）测量部；（7）稽查部；（8）外交部。另外，还特设执法处、侦探处、间谍处、招纳处。③

10 月 17 日，正式颁布《中华民国军政府暂行条例》。从人事安排来看，湖北军政府显然是一个由旧官僚、立宪派与革命党人多种政治势力组成的联合体，其中，以汤化龙为首的立宪派明显地占有优势。这是革命党人无法接受的。10 月 25 日，在孙武、刘公、张振武等人的提议下，军政府再次开会，修改了原订组织条例。最重要的变动是取消了包揽大权的政事部，将原政事部下属 7 局中除文书局以外的 6 局升为部，与原有军令、军务、参谋 3 部，直属都督，组成军政府。新的人事安排，大大增强了革命

---

① 胡赞：《辛亥史话》，载《辛亥首义回忆录》第一辑，第 211 页。
② 居正：《辛亥札记》，载《辛亥革命在湖北史料选辑》，第 154 页。
③ 长期以来，学术界普遍认为，当时革命党人成立了一个以新军排长蔡济民为首的 15 人组成的"谋略处"，作为决策机关，实际主持军政府工作。胡绳《从鸦片战争到五四运动》第 23 章用了一节根据回忆录详细描述了"谋略处"的领导及其演变。见该书下册，人民出版社 1981 年版，第 802—810 页；又见《胡绳全书》第六卷（下），人民出版社 1998 年版，第 789—796 页。据考证，所谓的"谋略处"其实是根本不存在的。在军政府初期各部处机构中，未见"谋略处"的存在，所谓"谋略处"是长期以来对参谋部的误记。详细考证参见张海鹏《湖北军政府"谋略处"考异》，原载《历史研究》1987 年第 4 期，又见《追求集——近代中国历史进程的探索》，第 234—253 页。关于"谋略处"的考证另可参考吴剑杰《谋略处考》，《近代史研究》1987 年第 2 期。

党人的力量，相应地削弱了立宪派的力量。新的军政府虽然仍由旧官僚、立宪派与革命党人多种政治势力组成，但其实权已基本上控制在革命党人的手中。

湖北军政府组成，便立刻采取如下革命措施，以巩固新生的革命政权：第一，发布通电、文告，宣布革命宗旨；第二，整顿内政，稳定社会秩序；第三，照会各国驻汉口领事，谋求对外交涉；第四，制定和颁布《鄂州约法》。

《鄂州约法》对鄂州政府的组织原则与人民的民主权利进行了明确的规定。它以西方资产阶级三权分立原则构建了近代中国第一个民主共和制政权，是中国历史上第一部具有宪法性质的地区性资产阶级民主立法，为以后南京临时政府制定和颁布《中华民国临时约法》提供了范本。以上举措，充分显示了湖北军政府的资产阶级革命政权的性质。这对以后相继独立的各省军政府的组建，甚至南京临时政府的建设，都有相当程度的指标意义。

武昌起义成功，清廷异常震惊，急令陆军大臣荫昌统第一军、军咨使冯国璋统第二军、海军司令萨镇冰统海军舰只前往湖北镇压。不过 10 天时间，清援军陆续到达武汉战地。湖北军政府决定首先扫荡汉口敌军，然后向北推进，阻止清军南下。10 月 18 日，革命军出战汉口，在刘家庙痛击敌军，然后，在三道桥与清军对峙。27 日以后，清军大量援军抵达，战线向汉口市区紧逼。革命军形势逆转，损失很大。30 日清军第一军总统冯国璋抵汉口，令清军在汉口举火焚烧，大火三天三夜不熄，汉口十里繁华市区，顿成焦土。就在汉口战事紧张的时刻，革命党人久已盼望的领袖黄兴来到汉口，组织革命军反攻，大大鼓舞了士气。但是由于敌强我弱，反攻计划未能成功。11 月 2 日，革命军撤出汉口，退保汉阳。

这时候，黎元洪已出而视事。湖北军政府便以都督黎元洪名义，拜黄兴为战时总司令。黄兴作为革命党的领袖，由于对武昌起义的紧迫性认识不够，在面对武昌来人求援时，犹豫不定，迟疑不决，丧失了瞬息万变的时机，来到武昌时，已经不能扭转黎元洪出任湖北军政府都督的事实，而只能拜在被强迫出来"革命"的清军将领的脚下。人谋不臧，造成了这样的历史误会。历史进程是客观和主观条件的辩证统一。所谓"时势造英雄，英雄造时势"就是这种辩证统一的形象说法。一场社会大革命也是这样。只有客观形势的成熟，主观努力没有跟上，未必能够赢得革命的成功。中国同盟会成立以来的国内形势，革命党人武装起义成败的经验积累，造成了武昌首义的极好的客观形势。但是同盟会的主要领导人孙中山、黄兴、宋教仁等却对这种形势缺乏认识，他们只把首义的发生地放在沿海和长江下游一带。这就造成了武昌地区革命领袖真空的局面。

在湖北从事革命的组织领导工作的是蒋翊武、孙武、彭楚藩、詹大悲、刘复基、刘公（仲文）、蔡济民、杨玉如、张振武、李春萱、邓玉麟等人，拿这些人的名字（加上胡经武），与冯自由、田桐、邹鲁所开列的中国同盟会干部名单[①]相对照，只有胡经武是中国同盟会本部评议部的成员，其他诸人均名不见经传，不是同盟会领导圈子以内的人，甚至也不是同盟会的分支机构——中部同盟会领导圈子以内的人。胡经武（名瑛）虽然一直在武昌、汉口从事军运工作，但自1907年以来一直在武昌狱中，他虽然同党人保持着密切联系，所做实际工作毕竟很少，且他一向是反对武昌首先起义的。这说明了作为辛亥革命胜利标志之一的武昌首义是未经中国同盟会讨论决策，没有同盟会领导成员参与领导指挥，而是由一些中下层的同盟会成员和其他革命党成员，在孙中山的旗帜下经过艰苦卓绝的工作后独立发动、指挥的。这是一个最基本的事实。

这个事实所包含的优点和缺点是同样明显的。优点在于由于基本群众组织发动起来了，在脱离领导的情况下，起义终于能够掀起。缺点在于起义士兵面临没有众望所归的领导人的苦恼，他们不仅找不到早已期望来汉的黄兴、宋教仁等高层领导人，也找不到起义前确定的临时总司令蒋翊武和参谋长孙武。在战火纷飞中，起义士兵找到一个久已脱离革命行列的下级军官作临时指挥，而在攻下督署后，请出一个清军协统做

---

① 参见中国国民党中央党史史料编纂委员会编《革命文献》第2辑，另见邹鲁《中国国民党史稿》第一编，第二章。

了革命军的总首领。如果黄兴、宋教仁在起义现场,或者蒋翊武、孙武能冒险挺身出而指挥,武昌起义的前景要辉煌得多,其结局将是另一个模样。①

这样,当黎元洪任命黄兴以后,黄兴便不能作为一个革命战略家、一个革命领导人去为革命的未来发展规划一切,而只得作为一名前敌将领,率参谋长李书城一行赴汉阳部署防务。在汉阳三眼桥、仙女山一带,革命军与清军反复征战,战况空前激烈。但是,由于袁世凯指挥的北洋大军的猛烈进攻,11月27日,汉阳府城被清军攻陷。汉阳失守后,黄兴主张放弃武昌、专务南京,而受到武昌首义将领们的指责,他的革命领导人的光环在武昌首义将领们看来,已经所剩无几了。这对此后中华民国初期的政治局势都有不少影响。

阳夏战争②虽然失败了,但革命党人为保卫辛亥革命中的第一个共和政权而英勇战斗、可歌可泣的精神,大大鼓舞了全国各地的革命党人,有力地支持了他们为争取各省独立而进行的斗争。

在湖北军政府的号召下,湖北在差不多一个半月的时间里,省属各府州县已先后脱离清廷的统治,宣布反正,全省实现"独立"。

全国各省在武昌起义胜利进军的鼓舞下,革命形势发展也很快。仅在10月份,就有湖南、陕西、山西、云南、江西等省宣布独立;11月,上海、贵州、浙江、江苏、广西、安徽、福建、广东、四川先后宣告独立。在前后50天的时间里,共有14个省和对全国政治经济有着重大影响的上海一地脱离了清朝的统治,清王朝所剩下的日子已屈指可数了。

上海、江苏的独立,不仅对清廷是一个重大的打击,而且对革命党人来说,也是至关重要的胜利。南京是江苏的省会,是江南的政治中心,早在武昌起义爆发之初,在上海的同盟会中部领导人宋教仁等,即策划集中力量夺取这一重镇。他们派员到驻防南京及其周边地区的新军进行策反和

---

① 关于黄兴、孙中山等人对武昌首义的认识,参见张海鹏《论黄兴对武昌首义的态度》,载胡春惠、张哲郎主编《黄兴与近代中国学术讨论会论文集》,(台北)政治大学历史研究所1993年版。

② 阳即汉阳,夏即夏口,汉口在行政建制上原名夏口厅。

联络工作，并制定夺取南京的军事方略。上海革命党人和沪、苏、浙军政府决定组织江浙联军，以原新军第九镇统制徐绍桢为总司令。11月11日，在镇江组织攻取南京的江浙联军总司令部，以期一举占领这一江南重镇。进攻南京的战役全面展开。经过激烈战斗，11月30日夜占领南京城外制高点天堡城，开始在山上使用大炮向南京城里进行袭击。革命军所属各部士气高昂，冒雨行进，城郊人民对革命军的到来也持热烈欢迎的态度，或为革命军领路，或替革命军运送各种军用物资，或为革命军送水送饭。至此，清军的守城部队已基本上都退居到城里面去了，守城部队的指挥所也在革命军的炮火控制之下。12月1日，美国领事出面约停战一日，并代守城清军将领乞降。

12月2日，镇军首先从太平门进入南京，各部革命军在一片欢呼声中顺利地开进南京城里。南京，这一江南最为重要的政治中心遂落入革命党人的控制之中，并为全国性的革命胜利进一步地准备了条件，为即将成立的中华民国临时政府设立于南京奠定了基础。

革命军攻占南京后，中国的政治形势进一步朝着有利于革命军方面发展。当此时，中国同盟会已开始构想在南京建立全国性的革命政权问题。

中国同盟会拟在革命成功之后建立全国统一的新政权的想法由来已久。几年前发布的《军政府宣言》，即已充分表达了他们的设想。但武昌起义毕竟来得太快，使他们并没有很快地适应过来。当武昌起义爆发之际，最孚众望的孙中山尚在海外为中国革命筹款，黄兴、宋教仁等领袖人物也不在武昌起义的第一线，且当武昌起义的组织者派员赴沪赴港邀请他们来鄂主持大计时，他们也没能及时到鄂，这在某种程度上，使革命党人在新政权的建设问题上连连失分。湖北军政府建立后，革命党人未能掌握大权，便是一个最明显的例证。

革命党人希望弥补这种失误。当酝酿组织中央政府的时候，斗争便产生了。11月7日，湖北军政府都督黎元洪向各省军政府发出通电，要求各省派出代表到武昌筹组临时中央政府。与此同时，革命党人、沪军都督陈其美也通电各省派代表到上海开会。结果，一部分代表到了武昌，另一部分代表则到了上海。在上海集会的代表组成了"各省都督府代表联合会"。上海方面提出湖北军政府可以临时担任"中华民国中央军政府"的责任,但组织中央临时政府的代表会议应当在上海召开;同时主张,中央政府应当按照孙中山的理想,仿照美国制度,组建资产阶级共和国。武昌方面同意按照上海方面的意见组建政府,但认为代表会议应当在武昌召开。争论结果,上海方面的代表同意到武昌集会。当各省代表来到武昌的时候,刚好汉阳失守,再过几天,革命军又攻占了南京。形势急转直下,许多代表认为应当到南京开会。这时候,陈其美在上海召集一些代表会议,选举黄兴为"假定大元帅"、黎元洪为副元帅,以大元帅组织临时政府。黎元洪不满意这种选举,通电要求取消。12月中旬,各省代表齐集南京,出于局势混乱,讨论无定见,一时选黄兴为大元帅,黎元洪为副;一时又选黎元洪为大元帅,黄兴为副。结果,黎元洪不到南京就职,黄兴因等待孙中山回来,也拒绝就职。

12月21日,孙中山自美国返抵香港,与廖仲恺、胡汉民等人商讨革命大计。他认为,当时中国之大患全在无政府,如能迅速组建全国统一的新政府,则清政府必将迅速垮台,外国列强也无力强行干涉中国的内部事务。基于此种认识,孙中山自觉地担当起组建新政府的大任,于25日抵达当时中国新政治实力的中心上海,开始筹建新政府的艰难工作。

经过一番紧张的工作,孙中山很快确立了组建新政府的基本原则,尤其是在赢得了黄兴等领袖人物的坚定支持之后,他对新政府的构想更趋于完整与成熟。26日,孙中山在上海的寓所召开同盟会领导人会议,重点研究组建新政府的一些基本原则问题,尤其是总统制与内阁制的取舍问题。

按理说,不论是总统制还是内阁制,其实质都是资产阶级政权的一种组织形式,其间并没有多少原则性的差异。但在当时同盟会人事结构的特殊条件下,这两种政权形式的选择却具有不同寻常的意义。孙中山在当时明确主张实行总统制,宋教仁等人则竭力主张采用内阁制。宋的主张的真实意义在于他确实想当内阁总理,但这样一来则势必将即将成为临时大总统的孙中山的权力予以削弱甚者可以架空。因此，对宋的主张，孙中山坚决反对，据胡汉民回忆，孙中山曾在这次会议上反复强调的理论是："内阁制乃平时不使元首当政治之冲，故以总理对国会负责，断非此非常时代所宜。吾人不能对于惟一置信推举之人，而复设防制之法度。余亦不肯徇诸人之意见，自居于神圣赘疣，以误革命之大计。"① 在黄兴的坚定支持下，孙中山的总统制建议终于在同盟会内部获得了通过。

12月29日上午9时，17个省的50名代表在南京举行临时大总统选举，每省一票，孙中山以16票被推举为中华民国临时大总统。

第四节　孙中山就任南京临时政府大总统

1912年1月1日夜11时，孙中山在南京总统府举行就职典礼，孙中山宣读就职誓词："倾覆满洲专制政府，巩固中华民国，图谋民生幸福，此国民之公意，文实遵之，以忠于国，为众服务。至专制政府既倒，国内无变乱，民国卓立于世界，为列邦公认，斯时文当解临时大总统之职。谨以此誓于国民。"② 同时，宣布《临时大总统宣言书》和《告全国同胞书》，提出对内对外方针：对内谋求"民族之统一""领土之统一""军政之统一""内治之统一""财政之统一"。对外主张"满清时代辱国之举措与排外之心理，务一洗而去之；与我友邦益增睦谊，持平和主义，将使中国见重于国际社会，且将使世界渐趋于大同"③。接着，临时大总统孙中山下令定国号为中华民国，纪年改用阳历，以1912年1月1日为中华民国建元的开始。至此，中华民国正式建立，中国五千年的历史终于掀开了新的一页。

应当指出，中华民国南京临时政府的组建并不是完全依照革命党人的意愿，在某种程度上甚至可以说，是革命党人与立宪派旧官僚不得不调和、妥协的产物。因此，在新政府的人事构成上，我们可以清楚地看到，革命

---

① 胡汉民：《胡汉民自传》，中华书局2016年版，第95页。
② 孙中山：《临时大总统誓词》（1912年1月1日），载《孙中山全集》第二卷，第1页。
③ 孙中山：《临时大总统宣言书》（1912年1月1日），载《孙中山全集》第二卷，第2页。

的力量远远不能抵消或掩盖旧的官僚面孔。

1月3日，各省代表会选举黎元洪为副总统。孙中山以大总统名义向代表会提出国务员九部人选：陆军总长黄兴、海军总长黄钟瑛、外交总长王宠惠、司法总长伍廷芳、财政总长陈锦涛、内务总长宋教仁、教育总长章炳麟、实业总长张謇、交通总长汤寿潜。这个名单虽然重要各部都由革命党人任总长，但也明显给立宪派及旧官僚留下不少的席位。然而它并没有满足立宪派和旧官僚，于是孙中山只好接受黄兴的建议，以"总长取名，次长取实"的原则，重新提出一套新的国务员名单：陆军总长黄兴，次长蒋作宾；海军总长黄钟瑛，次长汤芗铭；外交总长王宠惠，次长魏宸组；司法总长伍廷芳，次长吕志伊；财政总长陈锦涛，次长王鸿猷；内务总长程德全，次长居正；教育总长蔡元培，次长景耀月；实业总长张謇，次长马君武；交通总长汤寿潜，次长于右任。这个具有妥协特征的名单获得通过，南京临时政府于是宣告成立。临时大总统孙中山还任命了胡汉民为总统府秘书长，黄兴为参谋总长。月底，临时参议院成立，以各省推选出的代表为参议员。

南京临时政府成立后，尽管有立宪派和旧官僚干扰与影响，但他们依然尽力制定和推行力图能够贯彻同盟会三民主义纲领的许多政策和措施，比较集中地反映了中国资产阶级的意愿和利益，其政策和措施大致如下。

第一，维护国家主权和领土完整、民族统一，反对民族压迫和民族分裂。

第二，改革旧的官僚习气，废除官僚式的繁文缛节，官阶无论大小一律着制服，一律头行低薪，一律都是"人民公仆"，绝非"特殊之阶级"。

第三，改良社会，禁止种植罂粟和吸食鸦片，禁止赌博，禁止迎神赛会，劝禁缠足，规定在一定的时间内剪除发辫。

第四，以自由、平等、博爱相号召，保护人权（破天荒地宣布赋予几千年来备受歧视的中国妇女以参加各类政治的基本权利），禁止刑讯、体罚等非人道的行为，禁止奴婢买卖，禁止蓄娼，"以重人权而彰公理"，禁止买卖人口，保护华侨。

第五，振兴实业，以为富国裕民之大计，先后制定一系列保护中国民族工商业发展的章程、则例等，对于中国资本主义的发展起过明显的促进作用。

第六，宣布保护一切私有财产。

第七，改革教育，用新的资产阶级教育制度取代中国传统的以专制主义为特征的旧教育，明令废止小学读经和跪拜孔子之礼，禁用前清学部颁行的各种教科书，积极组织编写合乎共和民国宗旨的新教材，一律改旧时学堂为学校，鼓励男女同校，缩短小学、中学学习年限，增加实业、自然科学及实用知识方面教育内容，以培养合乎共和民主社会条件下的新国民。

总之，在南京临时政府存在并不太长的时间里，他们最大限度地对中国社会的各个方面进行了改革，进行新的尝试，取得相当明显的社会效果。

中华民国的成立，确实是中国五千年辉煌历史上的重大事件，它的意义不仅在于推翻了皇帝的统治，结束了中国的封建专制主义制度，而且在于开辟了未来，为中国的现代化的进一步发展提供了可能的条件，打开了闸门。

但是，襁褓中的中华民国临时政府，面临着许多严重的困难，也面临着夭折的危险。首先是财政极为困难。政府刚成立，北方还没有统一，还不能建立有效的财政税收制度，没有财税来源；海关被帝国主义控制，不能从海关取得缴纳赔款以后的"关余"。因此，临时政府只能靠向国内外借债生活，债台高筑，难以持久。这是其一。临时政府对帝国主义存有幻想，不敢以独立国家姿态稍微施加颜色。临时大总统发布对外宣言，对于革命以前清政府与列强签订的所有不平等条约，均认为有效；对于革命以前清政府所承担的一切借款与赔款，均继续偿还；对于革命以前清政府让与各国的一切特权，均照旧尊重。临时政府企图以这种宣布，邀得列强支持和承认。但是，列强并不领这个情，直到南京临时政府解散，列强都不承认这个襁褓中的中华民国临时政府！这是其二。更为重要的是，临时政府成立后，革命党内部日渐涣散，矛盾增加，不能将革命进行到底，反而对正在觊觎临时政府革命成果的袁世凯,不断给予让步,终于造成了临时政府夭折的内部条件。这是其三。在这种内外条件的作用下,临时政府不过只存在了三个月,就夭折了。

历史发展不是迳情直序的。20世纪初的历史本来给中国的革命派提供了一个使用大手笔的机遇,到这里,却转了一个弯,步入了布满荆棘的路。

第五节　宣统皇帝退位 袁世凯窃取革命果实

武昌起义的枪炮声震惊了清朝廷,但真正从这一事件中获得最大好处的则是袁世凯。袁世凯本已被摄政王载沣以皇帝名义罢官为民,蛰居故乡"养足疾"。但当武昌起义刚刚爆发的时候,不论国外还是国内,都期望袁世凯再度出山收拾局面,外国列强向清政府表达了这一要求,袁世凯的党徒和爪牙也竭力散布这一要求。10月11日,清廷皇族内阁举行会议,因无力收拾残局,只得起用袁世凯。14日,清廷下诏任命袁世凯为湖广总督,负责"剿抚"事宜。

正在清廷与袁世凯之间讨价还价的时候,湖北革命党人相继举兵,占有湖北全省,清军在武汉前线节节败退;湖南、陕西、江西等省则又相继宣布独立,清廷的政治统治形势更趋恶化。正是在这种情况下,皇族内阁被迫辞职,清廷任命袁世凯为内阁总理大臣,并授权由他来组织"责任内阁"。这时候,对于南方的革命党来说,他们虽然取得重大胜利,控制南方大部分省区,但是,北方以及京畿各地区仍在清廷控制下,清王朝虽然已呈现瓦解趋势,但其在全国的统治象征——皇帝的权威依然存在,一些外国政府仍然表面上宣布中立,在等待观望事态的发展,并未表现出支持革命党的迹象。整个形势对革命党人来说依然非常严峻。对于袁世凯来说,他虽然取得了组织责任内阁、担任内阁总理大臣并全权指挥前线各部队的权力,但南方革命党势力太大,他没有十足把握平息起义,弄得不好,刚刚到手的总理大臣的权力还可能失去。

袁世凯就职后，对武汉前线的战事一方面采取军事强攻的手段，迫使湖北军政府让步，另一方面则采取诱降的和平手段，控制局面。他致书黎元洪，并且派人到武昌进行诱和谈判。这时候，湖北军政府以及革命党的著名领导人，都没能识破袁世凯的两面手法，他们想利用满汉矛盾，动员袁世凯的力量去对付清王朝，在这方面对袁世凯抱有不小期望。黄兴甚至致函袁世凯："明公之才能，高出兴等万万。以拿破仑、华盛顿之资格，出而建拿破仑、华盛顿之事功，直捣黄龙，灭此虏而朝食，非但湘、鄂人民戴明公为拿破仑、华盛顿，即南北各省当亦无不拱手听命者。"[①] 对袁世凯期望何等殷切！黄兴还劝袁世凯不要失掉这一千载难逢的机会。宋教仁也表示，只要袁世凯把清皇帝赶跑，"将来自可被举为大统领"[②]。这些意见明显表现了自信心的不足，表现了对北方尚残存的清政权及其代表袁世凯的某种恐惧。与清政权及其代表袁世凯之间的武装斗争刚刚拉开架势，就过早表现自信心的缺乏，使袁世凯准确掌握了革命党人的心理状态。这就为袁世凯轻而易举地、主动地运用武装镇压和和平谈判两手策略提供了适当空间。

清军攻下汉阳，炮击武昌，逼湖北军政府和谈，就是袁世凯使出的这种两手策略。他对南方独立各省的斗争，也采取了两面手法。一手是镇压，另一手是谈判。谈谈打打，意在制造有利于自己的政治局面。12月18日，南北和谈在英、美、俄、日、德、法等国驻沪总领事的干预下，在上海英租界市政厅正式开议。袁世凯任命唐绍仪为他的全权代表，偕同参赞杨士琦及各省在京官绅代表许鼎霖、严复、张国淦等人南下议和。9日，南方各省也接受苏、浙、沪都督府的推荐，确定以旧官僚伍廷芳为南方议和全权代表。南北和谈正式开场。至12月31日，会谈共进行了五次。第一次的议题主要是讨论停战问题。第二次主要讨论所谓"国体问题"。后三次集中讨论所谓"国民会议"的召开问题。至12月30日，袁世凯看到南方正在组织政府，选举大总统，以为革命派原先答应以袁世凯为大总统的说

---

① 黄兴：《致袁世凯书》，载湖南社会科学院编《黄兴集》，第82页。
② 参见《武昌专函》，《民立报》1911年11月20日。

法要落空，便借口不接受南北和谈中双方商定的国民会议召集办法，以及唐绍仪逾越权限，辩称"南北协约，以君主立宪为前提，而唐、伍两全权擅用共和政体，逾其职权；且协约未决，南人先组织政府，公举大总统，有悖协约本旨"①，使谈判走向破裂。袁世凯要利用谈判破裂来压南方就范。在这种情况下，孙中山和同盟会领导人决计成立自己的革命政府，迫使袁世凯接受共和的条件。

当时的形势是：革命派以为只有袁世凯能够推翻清政府，清政府也以为，只有袁世凯才能剿平革命派。袁世凯正好上下其手，用民主共和压清政府，用君主立宪压革命派。革命派在武昌起义开始，便对袁世凯寄予期望，想利用他来推翻清政府。所以一上手谈判，就是停战问题。停停打打，虚耗了许多光阴。中华民国南京临时政府成立后，南北和谈形式上破裂了，实际上并未终止。袁世凯利用他与外国列强及立宪党人的关系，竭力在政治、经济、军事上封锁南方政权，企图使南京临时政府不战而败。南京临时政府，则由于革命党人的内部分化以及立宪党人的破坏，特别是由于缺少掌握政权的经验，财政状况日趋恶化，临时政府还得不到各国承认，整个形势越来越不利。正是基于这样一种判断，孙中山在就职临时大总统之际并没有关闭与袁世凯和解的大门，而申明只要袁世凯能让清帝退位，他就将大总统的职位让给袁世凯。1912年1月2日，袁世凯致电孙中山说："君主、共和问题，现方付之国民公决，所决如何，无从预揣。临时政府之说，未敢与问。"② 对此，孙中山复电表示："文不忍南北战争，生灵涂炭，故于议和之举，并不反对。虽然民主、君主不待再计，而君之苦心，自有人谅之。倘出君之力，不劳战争，达国民之志愿，保民族之调和，清室亦得安乐，一举数善，推功让能，自是公论。文承各省推举，誓词俱在，区区之心，天日鉴之。若以文为有诱致之意，则误会矣。"③ 1月15日，孙中

---

① 白蕉：《袁世凯与中华民国》，载《辛亥革命》第八册，第130页。
② 袁世凯：《袁世凯致孙中山电》(1912年1月2日)，载桑兵主编《各方致孙中山函电汇编》第一卷，社会科学文献出版社2012年版，第103页。
③ 孙中山：《复袁世凯电》(1912年1月2日)，载《孙中山全集》第二卷，第5页。

山再次表示："如清帝实行退位，宣布共和，则临时政府决不食言，文即可正式宣布解职，以功以能，首推袁氏。"① 本来，集南方已经独立14省之力，一举北伐，犁庭扫穴，饮酒黄龙，并非没有可能。南方革命派中不少人有这种主张。孙中山也曾主张大力北伐。1月11日，孙中山自任北伐总司令，以陆军部长黄兴为陆军总参谋长，将北伐军总部从上海移师南京，制订了六路北伐的计划，准备谈判一旦破裂，立即挥师北上；部分北伐军已经行动，清军节节后退，形势不错。但是，由于临时政府一开始就制定了争取袁世凯、举袁世凯为大总统、对袁世凯让步的总策略，也由于临时政府内部意见不一致和帝国主义的干扰，六路北伐的计划没有得到真正执行，并且终于流产。南方的北伐与袁世凯的强硬，都只不过是作为议和的砝码在交换而已。

得到了孙中山决不失言的承诺，袁世凯开始对清帝展开"逼宫"行动。清皇室在走投无路的情况下，在谈妥了清帝和清皇室优待条件以后，1912年2月12日宣布宣统皇帝退位。中国历史上的最后一个王朝便这样成为历史的陈迹。

清帝退位后，袁世凯致电南京临时政府，表明政治态度："共和为最良国体，世界之公认，今由弊政一跃而跻及之，实诸公累年之心血，亦国民无穷之幸福。大清皇帝即明诏辞位，业经世凯署名，则宣布之日，为帝政之终结，即民国之始基，从此努力进行，务令达到圆满地位，永不使君主政体再行于中国。"② 这个表态，把帝政之终结，说成是民国之始基，完全忽略了革命党人武昌首义、14省区响应所造成的革命大局，为此后袁世凯夺取中华民国的大权，埋下了重要的伏笔。

袁世凯代表清政府势力与南方革命政府之间的斗争，取得了初步胜利。孙中山希望固守阵地，袁世凯希望扩大战果。

2月12日发布的清帝退位诏书说，"外观大势，内审舆情"，特"将统治权公诸全国，定为共和立宪国体"。据说，这句话后面还有一句话是袁世

---

① 孙中山：《复伍廷芳电》（1912年1月15日），载《孙中山全集》第二卷，第23页。
② 《临时政府公报·电报》，1912年2月14日。

凯加上的："袁世凯前经资政院选举为总理大臣。当兹新旧代谢之际，宜有南北统一之方。即由袁世凯以全权组织临时共和政府，与民军协商统一办法。"① 这句话，就是袁世凯致南京临时政府电报中所谓"大清皇帝即明诏辞位，业经世凯署名，则宣布之日，为帝政之终结，即民国之始基"的根据。它没有把南京的中华民国临时政府放在眼里。在袁世凯看来，由他出面组织中华民国临时共和政府，是得自清帝的授权，他要以这个资格去与"民军"协商统一办法。而他得到这授权，又是因为他是清帝国的总理大臣。照这个诏书，袁世凯获得的新权力与南方革命政府没有关系。

南方革命党人对清帝退位、赞成共和、承认中华民国表示欣慰。孙中山信守诺言，13 日即向南京临时参议院提出辞职咨文，并推荐袁世凯作为继任临时大总统人选，同时，针对退位诏书所说"即由袁世凯以全权组织临时共和政府，与民军协商同意办法"。以及袁世凯电"帝政之终结，即民国之始基"的说法，在辞职咨文中，特别提出临时政府地点设于南京不能更改、新总统到南京就职时大总统及全体国务员方解职以及必须遵守南京临时政府颁布的《临时约法》三项条件，来约束袁世凯的行动。但是没有用明确的词句驳斥退位诏书和袁世凯电报的谬论。革命党人希望通过这种办法使袁世凯脱离北京巢臼，在革命党人的包围和辅佐下，按照革命党人的意愿建设中华民国。革命党人中虽然也有反对孙中山辞让总统、坚决主张北伐的，但是，主流的意见是要用积极的态度影响袁世凯，黄兴是这样，孙中山也是这样。孙中山在做谭人凤的思想工作时说："清帝退位，民国统一，继此建设之事，自宜让熟有政治经验之人。项城（案指袁世凯）以和平手段达到目的，功绩如是，何不可推诚？且总统不过国民公仆，当守宪法，从舆论。文前兹所誓忠于国民者，项城亦不能改。"② 这个电报说明孙中山这个以终生之力推动并领导推翻封建朝廷的革命事业的人，却对革命后执掌政权体现出十分幼稚的观点。所谓"项城亦不能改"的说法，完全是一己之愿。

---

① 《关于南北议和的清方档案》，载《辛亥革命》第八册，第 183 页。
② 《复谭人凤及民立报馆电》（1912 年 2 月 20 日），载《孙中山全集》第二卷，第 110 页。

15日，南京临时参议院举行大总统选举，袁世凯以17张满票当选，黎元洪当选为副总统；同日，南京总统府举行南北统一庆典。孙中山电告袁世凯，对袁世凯的当选表示祝贺，指出："今日三点钟由参议院举公为临时大总统，临时政府地点定在南京。现派专使奉请我公来宁接事。"① 孙中山致电黎元洪及各省都督，宣布袁世凯当选，并且再次声明"临时政府地点仍定南京，以袁公到南京接事日为文解职之期"②。袁世凯的当选，立即引起了各界的注意。英、美、法、德等国公使纷纷登门，向袁世凯表示祝贺，尽管此前他们拒不承认南京临时政府。美国众参两院一致通过议案祝贺袁世凯政府的成立。前清邮传大臣盛宣怀从日本神户给袁世凯拍发电报"叩贺中华第一大总统大喜"，③ 喜出望外地赞扬袁世凯"总统不折一矢而定天下，古今中外无其匹矣。"④

孙中山以及革命党人可能对自己掌控袁世凯的能力高估了。但是，他们既然交出了大总统，也要准备交出首都地点，交出创建民国的所有成果。这一点他们可能没有思想准备。但是他们必须为此付出代价。很明显，袁世凯已经名正言顺地拥有了中华民国大总统的头衔，手头又掌握了北洋系的重兵，岂能听南京指挥！盛宣怀在日本就已经得到可靠消息，说袁世凯"是不承认南京临时参议院的行动的"⑤。事情的发展果然如此。临时参议院刚刚通过孙中山提出的辞卸大总统的三个条件，袁世凯就做出了强烈反应，提出，如果一定要他南下，他可以"退归田园"，条件是南京政府要把北方各省及各军队妥筹接收。这是将了南京临时政府的军。这个条件是南京政府难以接受的。这是说，北方驻有重兵，只有袁世凯可以镇抚，袁世凯是不可能离开北京的。接着，孙中山派到北京的"迎袁专使"刚刚下

---

① 《致袁世凯电二件》（1912年2月15日），载《孙中山全集》第二卷，第98页。
② 《致黎元洪及各省都督电》（1912年2月15日），载《孙中山全集》第二卷，第100页。
③ 《盛宣怀致袁世凯电》，载陈旭麓等主编《辛亥革命前后·盛宣怀档案资料选辑之一》，上海人民出版社1979年版，第252页。
④ 转引自章开沅、林增平主编《辛亥革命史》下册，人民出版社1981年版，第401页。
⑤ 《盛宣怀致李维格函》，载《辛亥革命前后·盛宣怀档案资料选辑之一》，第250页。

榻，北京就爆发了所谓"兵变"①。"兵变"是袁克定布置的。参加兵变的是袁世凯嫡系，曹锟率领的北洋第三镇。兵变部队在东城和前门一带焚掠无度，甚至持械闯入迎袁专使蔡元培的下榻之所，迫得蔡元培等仓皇出走。接着，北京附近乃至天津、保定也相继发生北洋军哗变。各国驻华公使与北京兵变紧密配合，谴责孙中山要袁世凯南下是不顾大局，坚持要袁世凯留在北京维持秩序。各国公使决议派出大批部队巡逻北京市区，进一步加剧北京紧张局势。北洋各系将领乘机发表非常强硬的通电，直接提出临时政府必应设于北京。副总统黎元洪通电各省"舍南京不至乱，舍北京必至亡"②。面对这种局势，迎袁专使变成留袁专使。蔡元培致电孙中山和临时参议院主张改变临时政府地点，迅速建立统一政府。全国一片建都北京的呼声，使主张建都南京的孙中山等人已经很孤立了。南京临时政府只得再次妥协。3月6日，南京临时参议院正式决议，同意袁世凯在北京就职，10日，袁世凯在北京就任临时大总统。这样，在与南方革命政府的斗争中，袁世凯又一次取得了胜利，并且进一步稳固了自己的阵脚。

次日，孙中山签署发布《中华民国临时约法》。《临时约法》规定了中华民国的国体与政体、人民的权利与义务以及行政、立法、司法三权分立的政治体制，具有资产阶级宪法的性质。建立南京临时政府与颁布《临时约法》，是中国历史上的创举，民主共和国的观念从此深入人心。但是，袁世凯是否执行《临时约法》，以及能够把《临时约法》执行多长时间，历史随后将要做出回答。

4月1日，孙中山正式解除临时大总统职务。5日，临时参议院随即决

---

① 传统的说法认为袁世凯是北京兵变主谋。尚小明提出了新的说法，认为袁对南下就职的态度，有一个变化过程。起初因有后顾之忧不愿立刻南下，而后随着局势变化，逐步变为积极行动，只不过由于袁克定等突然发动兵变而中止。至于袁克定等之所以要发动兵变，阻止南下，是因为他们担心自己的前途和既得利益会因袁南下就职而受到损害，所以不能像袁那样从南北统一的全局和高度来考虑问题。从最终结果来看，袁世凯固然是兵变受益者，但因兵变失去控制，由"政治性"兵变演变为"真性"兵变，并蔓延到其他一些地方，导致袁在国人及外交团心目中的威望遭受重创，从而刘南北合一后新政府的建立和运行造成一定影响。参见尚小明《论袁世凯策划民元"北京兵变"说之不能成立》，《史学集刊》2013年第1期。

② 《武昌电报》，《民立报》1912年3月7日。又见《黎副总统政书》第八卷，第3页。

议临时政府和临时参议院迁往北京。资产阶级共和国和南京临时政府只存在了三个月，就夭折了。袁世凯终于实现他的愿望，夺取了辛亥革命的胜利果实。

在辛亥革命所造成的那样大的革命声势下，革命派为什么不能执掌国家政权？我们现在可以回答，辛亥革命所处的那个时期，正是近代中国历史发展"沉沦"到谷底的时期，是"沉沦"到"上升"的转折期，也是专制和共和的转折期。因为资产阶级的经济力量、物质基础还不够强大，制约着资产阶级的政治力量也就相对软弱。这是"谷底"时期的表现。总之，这个时期出现民国历史的第一个转折期。这个转折值得认真研究。应该说，这个转折，对近代中国历史发展进程的意义，至今的研究都很不够。

第七章　北洋军阀统治

——中国社会"沉沦"到谷底的时期

第一节　袁世凯力行独裁　孙中山再次发动革命

袁世凯担任临时大总统后，按照《临时约法》实行责任内阁制，成立了以唐绍仪为总理的责任内阁。按照南北达成的协议，唐绍仪加入同盟会，又因为阁员中同盟会员比较多，这一届内阁被称为"同盟会中心内阁"。唐内阁成立不到三个月，就因袁世凯破坏《临时约法》关于发布政令必须有内阁总理副署的规定而辞职。袁世凯随即任命他的亲信赵秉钧组织内阁。赵内阁成了袁世凯的御用机关。与此同时，袁世凯把眼光盯在南方的数十万革命军队上。临时政府北迁后，黄兴主持南京留守府，尚保留指挥数十万军队的权力。袁世凯感到威胁，十分不自在，卧榻之侧，岂容他人鼾睡。他使用各种手段，动员各种舆论，迫得黄兴不安于位，终于在两个月之内，把南方军队裁撤，辞去留守府名义。

孙中山辞去临时大总统后，埋头于国内实业建设。他认为，中华民国成立，民族、民权两主义已经达到，只有民生主义尚未着手。他到全国各地演讲，大谈民生主义，主张当前要一心一意从事"经济革命"。他表示10年不问政治，愿意以在野身份，筹集资金，修筑10万公里铁路。他接受袁世凯委任，担任全国铁路督办，在上海成立中国铁路总公司。由于孙中山的带动，国内大兴实业潮流。

民国成立，打破了封建时代"不党"政治局面，许多所谓政党冒出地面。据后人研究，民国初年的政治性党派有312个，其中北京82个和上海80个，而且"几乎所有的西方政党类型都可在中国找到"。具有健全政纲或具体政纲者不过35个。这些党派提出的政纲多数趋同，其中提出最多者为"振兴实业"与"普及教育"①。在这些党派中，组织与纲领比较健全，具有全国性影响的党派主要是代表革命派的同盟会——国民党和代表前清立宪派、绅商、有产者利益的统一党、共和党、民主党及其后由上述三党合并而成的进步党。

同盟会在南京临时政府时期曾想组成公政党。1912年4月，同盟会总部迁到北京。8月25日，在黄兴、宋教仁主持下，同盟会联合由立宪派、旧官僚组成的几个政治团体统一共和党、国民公党、国民共进会、共和实进会、全国联合进行会建立了国民党。国民党推孙中山为理事长，此时孙对政治表示淡漠，专注于其铁路计划，对党务"一切不问，纯然放任"，国民党党务实际由宋教仁以代理理事长的身份主持，实权操在宋教仁手中。国民党提出以"巩固共和，实行平民政治"为宗旨，以"保持政治统一，发展地方自治，励行种族同化，采用民生政策，维持国际和平"为政纲。②这个政纲不顾部分同盟会员的反对，原来同盟会纲领中的革命精神基本上被抛弃了。主持改组的宋教仁认为，这是同盟会为吸纳其他党派加入而作出的必要让步，主张理想主义应迁就现实政治，以策略让步而获得战略进取。宋教仁希望用议会制和责任内阁制来约束袁世凯，以实现政党内阁，把中华民国建设成为类似当时西方民主共和制的国家。为了实现议会政治，吸收更多的军阀官僚参加进来。宋教仁在当时是一个积极从事政治活动、有活力的政治家，因为力倡政党政治、责任内阁以限制袁世凯的权力，而为当权的袁世凯集团所仇恨。表面上，国民党成了参议院中第一大党，声势浩大，实际上越来越成为脱离人民群众的官僚政客集团。黄兴对于孙中山和宋教仁的主张都积极给予支持。

---

① 张玉法：《民国初年的政党》，台北中研院近代史研究所2002年版，第42—46页。
② 邹鲁：《中国国民党史稿》，商务印书馆1945年版，第62页。

在国民党之外，还有统一、共和、民主三党。统一党源于中华民国联合会。1912年1月，反清健将、革命宣传家章炳麟（太炎）联合江苏军政府都督程德全等，在上海成立中华民国联合会，章、程分任正、副会长，张謇、熊希龄等成为参议会成员。中华民国联合会"以联合全国、扶助完全共和政府之成立为宗旨"；政治上，主张实行责任内阁制；经济上，主张实行国家社会主义。3月，中华民国联合会宣布改名为统一党，推举章炳麟、张謇、程德全、熊希龄、宋教仁为理事。统一党以"统一全国建设，强固中央政府，促进完美共和政治为宗旨"。章炳麟解释为"不取急躁，不重保守，惟以稳健为第一要义"①。民国成立后，章炳麟提出"革命军起，革命党消"主张，可知他不信任孙中山及革命党人。统一党成员多为前清官吏和立宪派人士，与革命党人的立场本有分野，故在民初袁世凯和革命派的矛盾斗争中，统一党站在拥袁立场，成为袁世凯与革命党人斗争时可以利用的力量。9月2日，袁世凯的手下王揖唐在北京操纵统一党再次改组，其后又推选袁世凯为名誉理事长，徐世昌、冯国璋、赵秉钧等为名誉理事，统一党由此几被袁收编。

共和党是由民社、国民协进会、民国公会和统一党组成，国民共进会的部分成员也参加了共和党。1912年5月，共和党在上海正式成立，选举黎元洪为理事长，张謇、章炳麟、伍廷芳等为理事（不数日统一党宣布退出）。共和党成立时并无特别具体明晰的政纲，只是强调"统一""国家主义"和"国家权力"，无疑对已经手握国家政权的袁世凯有利。实际上，共和党的成立在相当程度上是反同盟会人物的集合，得到袁的扶持，专与国民党对抗。

民主党由共和建设讨论会、国民协会以及国民新政社、共和统一会、共和促进会、共和俱进会合并组成。1912年9月在北京正式成立，选举汤化龙为干事长。组成民主党的中坚力量——共和建设讨论会成员多为前清立宪派人物，奉梁启超为实际领袖，梁亦对民主党的组党活动表示支持。

---

① 中国第二历史档案馆编：《北洋军阀统治时期的党派》，档案出版社1994年版，第5—10、14—18页。

10月，梁启超自日本回国，在北京与袁世凯谋面商谈，虽未获任袁之官职，但袁月赠其生活费3000元。袁世凯的手下亦打入民主党内部活动。

上述三党与孙中山、革命党都是格格不入的。1913年初国会选举完成，国民党成为国会第一大党，袁世凯迫切需要组织能与国民党相较之大党，以在运用武力的同时，在国会内与国民党进行政治争夺，完成选举正式大总统的合法手续。1913年5月29日，三党在北京举行合并组党大会，正式合并组建新党，并定名为进步党（部分共和党人稍后复行单立门户，仍称共和党）。进步党以黎元洪为理事长，梁启超、张謇、伍廷芳、孙武、汤化龙等为理事，在全国不少地方设有分支部。进步党建设"强善政府"的主张，适应了当时袁世凯加强中央集权和个人专制的需要。

在1913年初国会两院选举中，国民党在国会选举中获得全面胜利。在众议院，国民党获269席，共和、统一、民主党合计只获154席，另有跨党者147席，无党派26席；在参议院，国民党获123席，共和、统一、民主党合计只获69席，另有跨党者38席，无党派44席。宋教仁得意非常，以为这是用合法斗争取得政权的大好机会，似乎国民党责任内阁已经俨然在握了。宋教仁遍历湖南、湖北、江西、安徽、江苏等，到处演说，批评时政，宣传政党内阁的主张。袁世凯正密切注视着宋教仁的动向。1913年3月20日宋教仁在上海火车站准备北上组阁时，被暴徒暗杀。宋教仁是醉心于议会政治的忠诚的资产阶级革命家，他完全没有想到，在大地主大买办阶级的政治代表袁世凯的统治下，议会政治的梦想是多么难以实现。

宋案立即成为一大政治新闻。报纸很快披露谋杀宋教仁的主谋正是袁世凯，刺客是国务总理赵秉钧通过内务部秘书洪述祖收买的，刺宋为事先周密布置的政治谋杀案，完全是在袁世凯、赵秉钧授意下所为。这一事件使社会各阶层人民迅速擦亮了眼睛。孙中山立即从彷徨中清醒过来，认定"总统指使暗杀，则断非法律所能解决，所能解决者只有武力"[①]，"非去袁世凯不可"，力主组织力量武装讨袁。但是，在对袁妥协空气笼罩下，黄兴

---

① 孙中山：《在广州大本营对国民党员的演说》（1923年11月25日），载《孙中山全集》第八卷，第433页。

等却主张"静待法律解决"。涣散无力的国民党,不可能坚决进行反袁斗争,也不可能迅速组织反袁武装。但是,袁世凯却早已下定决心,要用武力消灭国民党在南方几省所掌握的实力。4月,袁世凯政府与英、法、德、日、俄五国银行团违法签订《善后借款合同》,借款2500万英镑,筹集了镇压革命的经费。5月,袁世凯制定了对湘、赣、皖、苏四省用兵的军事部署,北洋军队纷纷南下。袁世凯甚至传语国民党人:"现在看透孙、黄,除捣乱外无本领。左又是捣乱,右又是捣乱。我受四万万人民付托之重,不能以四万万人之财产听人捣乱。……彼等若敢另行组织政府,我即敢举兵征伐之。"① 6月,借口江西都督李烈钧、广东都督胡汉民、安徽都督柏文蔚等通电反对"善后借款"为不服从中央,宣布撤免二人职务。7月初,北洋军李纯所部开赴九江。国民党被迫走投无路,不能不起而应战。

7月12日,李烈钧按照孙中山的命令自上海潜回江西湖口,成立讨袁军司令部,宣布江西独立,通电讨袁。黄兴到南京组织江苏讨袁军,宣布江苏独立,表示"不除袁贼,誓不生还"②。安徽、上海、广东、福建、湖南、重庆等地也先后举兵讨袁,宣布独立。这就是国民党的"癸丑讨袁之役",又称"二次革命",因为讨袁军以江西和南京为中心,所以又称为"赣宁之役"。由于袁军已分别集结在九江、南京附近,实力大大超过国民党,而且独立各省之间在军事上缺乏统一指挥,这就给了袁世凯以各个击破的机会。7月下旬,湖口被袁军攻占,8月中旬,南昌相继失陷,江西讨袁军失败。9月初,南京为袁军攻陷,江苏讨袁军失败。"二次革命"就这样结束了。结果,南方各省的国民党势力被袁世凯摧毁,袁世凯完成了对全国的武力统一。孙中山、黄兴再一次被迫流亡日本。

袁世凯扑灭孙中山发动的"二次革命"后,就着手废除国会和《临时约法》,建立专制统治并复辟帝制。老奸巨猾的袁世凯,经历了共和制的冲击,要想恢复专制,抛弃共和制,首先还要装出尊重法律的样子。他为了废弃《临时约法》,便要起草宪法来代替《临时约法》。按照《临时约法》

---

① 转引自白蕉《袁世凯与中华民国》,第49—50页。
② 黄兴:《就江苏讨袁军总司令誓师文》,《民立报》1913年7月18日。

规定，要选举正式大总统，就要先起草宪法。但是起草宪法旷日持久。他要把临时大总统变成正式大总统，便先让国会起草《大总统选举法》。国会本是他实现"行政统一"的障碍物，必得除之而后快。可是，大总统还要通过国会选举才合法。这样，袁世凯一面在南方镇压国民党的"二次革命"，另一面在北方礼遇占多数席位的国民党议员，为的是让他们安心投他的票。这些国民党议员已经被袁世凯的屠刀吓怕了，在议会里乖乖地听从摆布。

1913年10月4日，国会通过并颁布了《大总统选举法》。10月6日，国会选举大总统。前两场投票，袁世凯都未能通过。为了让选举顺利通过，会场内有所谓"公民党"大肆鼓噪，会场外有所谓"公民团"包围国会，叫嚷"今天不选出我们中意的大总统，你们就休想出院"[1]。袁世凯以暴力胁迫议员投票选举其出任总统，议员被困在国会中，无论是积极反抗还是消极反抗均难以进行，只好又勉强进行第三轮投票，袁世凯终以507票的相对多数当选正式大总统。投票从早上8点延续到晚上。1913年10月10日，在前清皇帝登极大典之举办地——太和殿举行了中华民国正式大总统袁世凯的就职典礼。

国会既然选出了袁世凯为大总统，国会对于袁世凯就是多余的。袁世凯及其党徒大造舆论，声称国会是"暴民专制"，妨碍政权集中。11月，袁世凯公开下令解散国民党，收缴了国会议员中国民党议员证书。国民党议员在国会中占有多数，国民党议员不能出席会议，国会开会就不能形成法定多数，自然不能活动下去。1914年1月，国会中其他党派议员资格也被停止了。2月，又解散了各省省议会。到此为止，国会就被袁世凯取消了。

取消国会并不是唯一目的。袁世凯的目光还盯着《临时约法》。《临时约法》不取消，袁世凯即使作为正式大总统，也还不能为所欲为。袁世凯就任正式大总统后，即攻击《临时约法》妨碍国权的统一，随即组织一个完全听命于他的所谓约法会议作为立法机构，发布《增修大纲》，宗旨在

---

[1] 陶菊隐：《北洋军阀统治时期史话》第二册，第6页。

于"力谋国权之统一"。约法会议按照增大总统权力的原则,炮制出一个所谓《中华民国约法》,于5月1日公布施行。同时废止南京临时政府制定的《临时约法》。这个新约法规定总统"总揽统治权",凡一切内政外交、任免大权均由总统独揽,总统代表国民全体,只对国民全体负责,而不对任何民意机构负责。新约法还规定参政院代行立法院职权,参政院制定的宪法须由大总统提出,交国民会议决定。国民会议却由大总统召集并解散。这样,只有大总统的权力是不受任何约束的。撤销《临时约法》规定的国务院,大总统下设政事堂,政事堂首脑称国务卿。这个政事堂则相当于晚清时代的军机处。国务卿和政事堂,对于总统,都只处在辅佐、赞襄位置,像前清内阁、军机处对于皇帝一样,只是承旨办事而已。6月,正式设立参政院,以黎元洪为院长。8月,参政院提出《总统选举法》修改案,12月经约法会议通过。这个《总统选举法》规定总统任期长达10年,可以连选连任;总统继承人由总统推荐,没有规定继承人的资格。这是用"法律"形式,规定了袁世凯是终身总统,而且规定了袁总统死后可以子孙相继。袁世凯还在总统府内成立"陆海军大元帅统率办事处",大凡一切军国要政,都由袁世凯直接裁夺。袁世凯甚至还身兼相当于"御林军"的模范团团长。关于中央官制,袁世凯将文官分为三级九等,即卿、大夫、士三级,每级分为上中下三等。各省都督(这是辛亥革命后改的名称)改称将军,民政长改称巡按使,观察使改称道尹。袁世凯的新约法实施后,除了中华民国这个名号外,辛亥革命后的成果包括革命党人设计来约束袁世凯的《临时约法》和国会,就都化作乌有了。而且从国家体制到中央地方官制,都与前清相靠近,就只差把总统改为皇帝了。事头上,袁世凯的确不满意集国家大权于一身的总统名号。虽然,在表面上他一再驳斥别人要他进升帝制的建议,实际上,却正在设计抛弃中华民国名号、走向帝制的道路。

　　帝国主义各国支持袁世凯的行动。早在前清,帝国主义就看好袁世凯。它们不仅支持袁世凯夺取辛亥革命的果实,支持袁世凯从孙中山手里夺取临时大总统的职位,支持袁世凯把首都放在北京,也支持袁世凯破坏民主共和、复辟帝制。英国、法国和德国的对华政策大体一致，都希望避免将中国"引导到一个混乱局面上去的一些未成熟的或超出这个目标的政治企图自由发展"，而将袁世凯视为"能使中国避免出现一个混乱时期的唯一力量"①。

孙中山一心想学习西方，在中国建立民主共和制度，使中国富强起来。但是，早就建立了民主共和制度，并且发展了资本主义生产的西方帝国主义国家，却不希望中国也建立一个民主共和的强大国家，与它们鼎足而立。它们不希望中国富强起来。它们宁愿在中国保留一种比较落后的社会制度。在南京临时政府建立前后，孙中山多次呼吁美欧各国，支持中国的革命，支持中国的革命政府，美欧各国丝毫不为所动。但是袁世凯取得政权，当上大总统后，事情就起了变化。1913年5月，美国宣布承认北京政府，当然，美国也从袁世凯政府手里拿到了不少好处。10月，日本取得了在中国东北修筑铁路的权利后承认袁世凯政府。英国在取得中国政府同意与英国谈判西藏问题的允诺后，为了支持袁世凯政府，也承认了中华民国。11月，在与沙俄签订《中俄声明》，表示中国政府承认外蒙古自治，以及承认俄国在外蒙古的权利后，沙俄承认了中华民国政府。这就是说，帝国主义不管中国强大不强大，不管是谁执政，只要能给它提供新的政治、经济权利，它就支持谁。袁世凯做到了这一点，袁世凯的地位就稳固了。

袁世凯准备称帝的野心，最早为德国摸到。早在1913年，德国驻青岛总督就表示支持袁世凯称帝。1914年第一次世界大战爆发后，日本不顾中国中立的立场，派兵攻占青岛，宣布取得德国在青岛的权益。为了独占中国，日本以支持袁世凯称帝为条件，于1915年1月向袁世凯政府提出了著名的灭亡中国的"二十一条"。"二十一条"分成5号，每号下分若干款。这些要求是：中国不仅承认山东为日本的势力范围，而且要承认日本在南满洲及东部内蒙古享有优越地位，将旅顺、大连及南满洲及安奉两铁路租借期限延长至99年；日本人享有在华居住、经商、采矿及修筑铁路等最大

---

① 巴斯蒂：《法国外交与中国辛亥革命》，《国外中国近代史研究》第4辑，第81页；《德国外交文件有关中国交涉史料选译》第三卷，商务印书馆1950年版，第213页。

便利；将中国的汉冶萍公司作为中日两国合办，中国政府不得自行处置一切产业；中国政府允准，所有中国沿海港口及岛屿，概不让予或租予他国，借此达到日本独占的目的；第5号要求中国中央政府须聘用日本人做政治、经济、军事等项顾问，必要地方警察须中日合办，并须聘多数日本人，等等。日本驻华公使日置益威胁袁世凯说，如果不肯痛痛快快答应日本的全部要求，则会面临严重的后果，"若开诚交涉，则日本希望贵总统再高升一步"①。显然，这是告诉袁世凯，只要你舍得出卖国家权利，日本就支持你当皇帝。经过日本的进一步逼迫和其他列强的说项（日本暂时放弃了涉及其他列强在华利益的第5号），袁世凯政府在5月9日答应了除第5号以外的其他各条要求。②

袁世凯政府的卖国行为，遭到国内各阶层人民的强烈反对。"二十一条"暴露了日本把中国变成自己的独占殖民地的野心，具有灭亡中国的严重性质。消息传出后，全国各阶层群众无比愤慨，各省各界和海外华侨纷纷集会并通电抗议袁世凯政府的卖国罪行。北京、汉口、上海、广州、沈阳、哈尔滨等地商会先后掀起抵制日货运动。爱国民众纷纷集会，拒不承认"二十一条"。各地青年尤为激愤，有愤而自杀的，有断指写血书的，有要求入伍请缨杀敌的。上海的全国教育联合会决定，各学校每年以5月9日为"国耻纪念日"。汉口、镇江、汉阳、福州等地接连发生反日骚动。袁世凯严令各省政府，对于人民的爱国行动"认真查禁，勿得稍涉大意"，"遇有乱徒借故暴动以及散布传单，煽惑生事，立即严拿惩办"③。迫于全国反日爱国运动的强大声势，以及美国政府对中日条约可能损害美国在华利益提出抗议照会，袁世凯政府不得不发表声明，声言此项条约纯粹是由

---

① 白蕉：《袁世凯与中华民国》，第138页。
② 1915年5月25日，中日之间签订了《关于南满洲及东部内蒙古之条约》和《关于山东之条约》，满足了除第5号以外日本有关"二十一条"的大部分要求。这两个条约及其附件总称为《中日北京条约》或者《中日民四条约》。条约签订后不过一年，袁世凯死去。此后中国政府以该约未经国会批准，不承认该约合法性，巴黎和会时，中国代表团还要求重审。经过多次谈判，1923年3月，中国政府宣布废除该约。
③ 《袁世凯申令》，《申报》1915年5月28日。

于日本最后通牒而被迫同意的，对日本政府不惜采用最后手段，表示"深为可惜"。

袁世凯的野心却得到日本支持。日本首相大隈重信对中国驻日公使陆宗舆说："关于君主立宪事，请袁大总统放心去做，日本甚愿帮忙一切。"①英国、美国、德国、俄国等也都支持袁世凯当皇帝。

8月，袁世凯的政治顾问古德诺（美国人）和有贺长雄（日本人）先后发表《共和与君主论》《共和宪法持久策》等多篇文章，胡说什么大多数中国人知识不甚高尚，辛亥革命后由专制一变为共和，难望有良好之结果，而实行君主制较共和制为宜；强调袁世凯政权受诸清皇帝，并不是直接承接南京临时政府，最好仿效日本实行君主立宪，集权于袁世凯，国家才不致分裂。这两个外国顾问为实行君主立宪大造舆论，深得袁世凯的欢心。

两文发表不久，一个在袁政府参政院担任参政、一向主张君主立宪的日本留学生杨度，获得了从袁世凯那里传出来的消息，便邀约孙毓筠、李燮和、胡瑛、刘师培、严复五人组成"筹安会"，名义上是要组织一个"筹一国之治安"的学术团体，实际上是一个由袁世凯提供活动经费，负责宣传、发动帝制运动的行动机构。杨度发表《君宪救国论》的文章，提出所谓"救亡之策，富强之本"的办法，是"易大总统为君主，使一国之首，立于绝对不可竞争之地位，庶几足以止乱"②。这篇文章，把筹安会"去民主""求君主"的宗旨讲清楚了。筹安会向全国发出通电，要求各省派出代表来北京讨论国体问题。筹安会还组织"公民请愿团"，到参政院请愿，要求变更国体。袁世凯的另一个亲信梁士诒组织"全国请愿联合会"，要求参政院另行组织"全国代表大会"，选举新王朝的皇帝。袁世凯的亲信段芝贵联合十四省将军向袁世凯递交密呈，请求袁世凯"速正大位"。

经过一番布置，参政院匆匆炮制出《国民代表大会组织法》。从10月

---

① 凤冈及门弟子编：《三水梁燕孙先生年谱》（上），第296页。
② 白蕉：《袁世凯与中华民国》，第177—206页。

下旬开始，全国各省召开所谓"国民代表大会"，进行国体投票。不到一个月，未等各省报齐，参政院宣布共收到1993票，主张君主立宪1993票，因此决定实行君主立宪国体。按照组织法，国民代表大会只决定国体，结果，连皇帝也一体推戴出来了。当时讨论和投票情况，《申报》有一则很生动的报道。那则报道说："投票之日，军署自大门以至投票处，军警夹道背枪荷戈。各代表于刀枪林立之中，鱼贯而入，其心已不能无惧。及入场，所谓将军者，又戎服登坛，慷慨以谈帝制之有利于中国。投票纸上又仅有'君主立宪'字样，并非谓帝制与共和并列，此反对二字，遂俞觉下笔难矣。投票已毕，即有职员捧出预定之推戴书，各代表哄然聚观，职员又厉声谓，诸君何必纷扰，一言以蔽之，举袁世凯为皇帝而已，为时已晚，望诸君从速签名，不然者，恐今日将不及出门矣……签名既毕，又有职员发起高唱'大皇帝万岁'三声，然当时众志不齐，声口不一，竟有误呼'中华民国万岁'、'大总统万岁'者。"① 有评论说："仅仅八小时，而参议院与政府文书，往还两次，且鸿文巨制，顷刻而成。大计大疑，片言立决。自有议会以来，办事手续，未有如此之捷速者也。"② 梁启超认为这次帝制讨论丑剧，是袁世凯自讨自论、自请自愿、自表自决、自推自戴，"不外右手夹利刃，左手持金钱，啸聚国中最下贱无耻之少数人，如演傀儡戏者然"③，显然，这次傀儡戏是由袁世凯一人独自导演的，责任应该由袁世凯一人承担。

12月11日，参政院以国民代表大会总代表名义向袁世凯上"推戴书"，袁世凯假意谦让，于是参政院再上推戴书，特意解释，过去赞成共和是顺从民意，现在恢复帝制也是顺从民意。12日，袁世凯发表接受帝位申令，正式接受推戴。13日，在中南海居仁堂接受文武百官朝贺。随后成立大典筹备处，下令改中华民国五年（1916）为"中华帝国洪宪元年"，决定元旦举行登极大典。

---

① 《申报》1916年7月13日。
② 高劳：《帝制运动始末记》，《东方杂志》1916年第13卷第7号，第28页。
③ 梁启超：《袁政府伪造民意密电书后》，《饮冰室合集·专集之三十三》，第103页。

袁世凯称帝，民国副总统黎元洪拒不配合。袁世凯称帝后，封黎元洪为"武义亲王"，黎元洪拒不接受。这个态度是可取的。

第二节　洪宪帝制及其破产

袁世凯推翻共和、复辟帝制的倒行逆施，立刻激起全国反抗。

1913年11月，国民党被袁世凯解散以后，孙中山认为国民党已经失去革命性，组织涣散，各行其是，不能担当领导今后革命的重任，因此坚持重新组党。他于1914年7月在日本另行组织中华革命党，力图重新举起资产阶级革命的旗帜，反对袁世凯，维护中华民国。中华革命党拥孙中山为总理，以陈其美任总务部长，居正任党务部长，许崇智任军务部长，胡汉民任政治部长，张静江任财政部长。中华革命党的成立，在革命低潮时期重新聚集了革命力量，先后设立了18个省支部及39个海外支部，人数最多时有万余名党员，公开树起了反袁革命旗帜。但是由于孙中山没有能够正确总结同盟会、国民党失败的历史教训，把中华革命党搞成了一个狭隘的革命小团体，要求党员必须向孙中山宣誓效忠，引起一些人不满。黄兴等不同意孙中山的做法，1914年6月赴美，避免卷入党内纠纷。留在日本而又未加入中华革命党的人士，由李根源等提议，决定成立欧事研究会，以讨论正在进行的欧洲大战的学理面目出现，避免和中华革命党形成直接对立的两个政党。1914年8月，欧事研究会在日本东京成立，参加者主要是多年追随黄兴并与黄兴有较多个人关系的部分军人，如李烈钧、柏文蔚等。在反袁行动策略上，他们与孙中山坚持的武装斗争路线有分歧，但在反对袁世凯统治的大方向上，两者并无区别。当然，他们也不认同孙中山在组建中华革命党时要求立约按印的一些做法。

袁世凯称帝过程中，中华革命党在各地联络军队，组织暴动，进行暗杀，成为反袁斗争中的坚决力量。陈其美在上海、朱执信在广东、居正在山东、石青阳在四川，以及武昌、长沙、江阴、大通等地，都有中华革命党人发动起义。1915年12月，孙中山发表《讨袁宣言》，指出袁世凯"既忘共和，即为民贼"，决心"誓死戮此民贼，以拯吾民"①。但是，由于革命党人的分裂，力量减弱，中华革命党没有把全国的反袁斗争领导起来，没有积极发动群众进行斗争，只是单纯地军事冒险，以致不断失败。

在袁世凯称帝后领导大规模反袁斗争的，是原先追随袁世凯、以梁启超为领袖的进步党。梁启超和他的学生蔡锷在其中起了领导作用。据梁启超称，他"一月以来"与蔡锷等"二三挚友，反复讨论国家前途及吾侪所以报国之道"，认为袁世凯"不足以奠定此国"，袁氏"一年以来，假面既揭，丑形暴露"；"今当举国鬼气沉沉之时，非有圣贤之心，豪杰之行，孰敢赴此大义？"他认为："吾党二三子若犹是不自振拔，铺糟啜醨，则天下之大，更复何望，亡国之罪，实与彼中分之矣。是以义不及顾，计不旋踵，剑及履及，已从今役。"他们"讨论既熟，询谋佥同"，决定"分途趋功，而植基之谋，首在南服"，达成了发动西南进行武力声讨之共识。②

从筹安会活动开始，梁启超即对袁世凯的复辟帝制活动有所警惕。云南有一部分中下级军官和反袁的原国民党军人李烈钧等一直在策划反对袁世凯的斗争。这时候，梁启超、蔡锷即与云南一些军官联络反袁。唐继尧还就反袁事与孙中山有所商讨。11月中旬，蔡锷以就医为名，秘密脱离袁世凯严密控制的北京，经过日本、中国台湾、越南，于12月19日辗转来到昆明。此前两天，曾在云南讲武堂任教的欧事研究会成员、前赣督李烈钧来到昆明，协助蔡锷等发动讨袁大业，对云南首举义旗起到了重要作用。

云南军界连续召开会议，讨论起兵讨袁事宜。12月25日，蔡锷、唐继尧等联名宣布云南独立，通电武装讨伐袁世凯。同时废除将军称号，恢复民国元年的都督府，以唐继尧为云南都督，组成护国军。护国军共分三军，第一军总司令为蔡锷，第二军总司令为李烈钧，第三军总司令为唐继尧。1916年元旦，云南发表《中华民国护国军政府檄》，揭露袁世凯祸国殃民

---

① 《讨袁宣言》，载云南社会科学院、贵州社会科学院编《护国文献》（上），贵州人民出版社1985年版，第7页。

② 梁启超：《致籍忠寅等函》（1915年11月18日），载李希泌、曾业英、徐辉琪编《护国运动资料选编》上，中华书局1984年版，第79—81页。

的罪状。随后，护国军分三路向四川、贵州、广西进军，讨伐袁世凯。这就是历史上著名的护国战争。所谓"护国"，是反对帝制，维护中华民国，也即维护资产阶级共和国。

云南独立后，袁世凯即决定武装镇压云南起义。袁军也是兵分三路，第一路由曹锟率领进兵四川；第二路由马继增率领进兵贵州；第三路由龙觐光率领自广东肇庆溯西江而上进攻李烈钧所率护国军第二军。1916年1月，护国军进入贵阳，贵州宣布独立。2月、3月，护国军主力、蔡锷所统第一军分途进至川南，与北洋军曹锟、张敬尧部激战，重创敌军。接着广西宣布独立。袁世凯眼见前线军事失利，各省独立有增无已，北洋将领也不可靠，不得不于3月22日宣布撤销承认帝制案，但仍希望保留大总统的权位。4月，护国军声明，袁世凯称帝犯了背叛民国的大罪，按《临时约法》应除其大总统资格。4月、5月间，陕西宣布独立，广东、浙江、四川、湖南也被迫宣布独立。未独立省份，也纷纷组织护国军。5月上旬，独立各省在广东肇庆成立了以唐继尧为首的军务院，宣布不承认袁世凯为总统，由军务院指挥全国军事，继续进行讨袁战争。

袁世凯眼见自己的天下分崩离析，连冯国璋、段祺瑞也不忠诚于自己，3月21日，冯国璋即联合江西将军李纯、山东将军靳云鹏、浙江将军朱瑞、长江巡阅使张勋联名密电袁世凯，要求取消帝制，以平滇黔之气，给了袁重重一击。4月15日，黄兴发表通电，宣示其"不去袁逆，国难无已，望力阻调停，免贻后累"[①]的主张；5月9日，孙中山发表《讨袁宣言》，责"袁氏今日，势已穷蹙，而犹徘徊观望，不肯自归于失败，此固由其素性贪利怙权，至死不悟"；提出"今日为众谋救国之日，决非群雄逐鹿之时，故除以武力取彼凶残外，凡百可本之约法以为解决"[②]。袁世凯终于在6月6日在全国一片讨伐声中抑郁而死。6月7日，按照《临时约法》，黎元洪继任为大总统，随后，黎元洪宣布恢复《临时约法》和国会，恢复国务院，以段祺瑞为国务总理。护国战争结束了。

---

① 黄兴：《致唐绍仪等电》，载湖南省社会科学院编《黄兴集》，第425页。
② 孙中山：《讨袁宣言》（1916年5月9日），载《孙中山全集》第三卷，第285页。

第七章 北洋军阀统治

护国战争胜利结束，最大的政治和社会意义在于，在"护国"名义之下，共和制成为国人普遍的共识，而帝制已经不可能再发生于中国，即使袁世凯这样的"枭雄"称帝，注定都将是短命的行为。护国战争同时以"护法"的名义，在形式上恢复了民元约法和国会制度，无论其实际效果如何，也是与共和制相联系的政治行为。因此，护国战争对于在中国这样有数千年帝制历史的国度确立共和制度具有非常积极的意义。应该注意的是，护国战争提出的政治目标与口号——"护国"与"护法"，实际与革命派当年发动的辛亥革命与二次革命的政治诉求一脉相承，说明孙中山领导的革命派与梁启超为代表的改良派，在一定的历史背景下，政治上仍有其共通性，他们都以各自的方式贡献于近代中国政治的转型与建设。共和观念的深入人心，固得益于护国战争之功，而孙中山等革命派当年筚路蓝缕，发动辛亥革命，维护共和民国，宣传发动反袁仍功不可没，袁世凯称帝之败亡，也充分说明辛亥革命创立民国对改变中国人观念的重要意义。

护国战争后的中国政治格局与形势，北洋系仍掌握着中央权力，民主仍为共和制下之虚设，孙中山及革命党人仍不能不为理想而奔波。北洋系的分裂与地方军阀势力的抬头，非常不利于中国的统一与现代化，并将对中国政治产生深远的影响。

辛亥革命以来的历史发展，到这里，暂告一个段落。孙中山领导的辛亥革命，是近代中国一场伟大的民主主义革命。它包括民主主义思想的大规模传播和民主主义革命行动的急风暴雨式的推行。民主主义思想的大规模传播，在中国历史上，在中国近代历史上，都是空前规模、空前深刻的，它为民主主义革命的推行起到了极其重要的舆论动员作用，更为重要的是民主主义革命的实现。它使全国的老百姓受到了一次极其难得的民主主义的实际教育和洗礼，懂得以往认为天经地义的皇帝专制统治，是要不得的，是可以推翻的，是可以用民主的方式来代替的。这种民主的方式，主要是一种资产阶级参与统治的方式，是较之以往的封建专制更能够推动社会发展的统治方式，对于近代中国所经历的那种深刻的社会危机和国家存在的危机来说，它又是一种救国的方式，是一种可能推动中国走向现代化的方式。

推翻封建专制，推翻皇帝统治，这种大规模的社会革命，对普通人的教育，比读多少书都更重要。这就是为什么袁世凯背叛共和、复辟帝制失败得那么惨的历史根据。袁世凯窃据了辛亥革命的历史成果，居于统治的巅峰，掌握着庞大的军事机器，控制了从中央到各省的政权，其统治权威，实际上比前清皇帝还要厉害。但是，他要从共和倒退到帝制，不旋踵而身与名俱灭。推翻袁世凯的帝制，实际上也是采用了急风暴雨式的武装斗争。为了准备这场武装斗争，以及实际进行这场武装斗争，所花去的时间和人力，要比发动辛亥革命时少得多了。

孙中山、黄兴总结失败的经验，从袁世凯称帝活动中猛醒，这是可以理解的。因为他们一向是主张用革命的手段来推动中国社会民主化、革命化的。连一向反对革命的改良主义者梁启超，一个曾经支持过袁世凯的人，看到袁世凯的称帝，也立即转变立场，投入到领导反袁的斗争中去。这是因为，梁启超虽然不赞成用革命手段改造中国社会，但却赞成中国社会的民主化。当他看到不民主、反民主的势力破坏中国的民主进程时，就要反戈相向了。就连袁世凯自己培养起来的那些亲信，那些平时对他一呼百诺的人，那些想从他称帝后分得一杯羹的人，看到全国民主势力反袁活动的空前高涨，也不能不慑于这种时代潮流，与袁世凯离心离德了。

历史学家常说，袁世凯篡夺了辛亥革命成果、背叛共和后，辛亥革命就失败了。这是从历史事实中抽出来的结论，当然是不错的。但是，如果从民主发展的进程来说，袁世凯反对民主、背叛共和失败的那么惨那么快，又是辛亥革命的结果，是辛亥革命用实际行动向全国人民普及了民主知识的结果。从这个角度来说，辛亥革命又没有失败。历史发展不是长安街、不是平安大道，没有那么径情直遂，但历史发展按照一定规律朝着某种不变的方向前进，又是不能改变的。袁世凯的失败，再次证明了这个历史发展的真理！

第三节　北洋军阀的统治与军阀割据战争

一　张勋复辟与南方护法运动

袁世凯死后，继任总统黎元洪宣布恢复《临时约法》，重开国会，并任命段祺瑞为国务总理。以张勋为首的北洋督军们对国会、约法横加干涉，攻击国民党及其议员、阁员不遗余力。黎元洪不得不下令禁止军人干政。张勋等竟公然复电斥责北京政府，并威胁国会。

黎元洪总统府与段祺瑞国务院之间，因争权夺利，引发一系列矛盾斗争，历史上称为"府院之争"。1917年，当日本为换取英、法等国承认其在中国山东新取得的权益，劝告中国对德宣战。在是否参加对德作战问题上，府院之争再一次爆发出来。段祺瑞企图以参战名义得到日本借款，扩大皖系势力，积极主张参战。黎元洪和直系军阀冯国璋在美国支持下反对参战。当国会议员大部反对参战时，身为国务总理的北洋将军段祺瑞，竟暗中组织所谓公民团，以请愿为名，围攻国会，向不赞成宣战的国会议员大打出手。此事引起公愤，段竟然准备解散国会，黎元洪为平息众怒，下令解除段祺瑞国务总理和陆军部长之职。段祺瑞却挑唆北洋各省督军先后宣布独立。黎元洪眼看局面无法收拾，请张勋出来调停，不想张勋不仅胁迫黎解散了国会，并且亲率辛亥革命后中国最后一支辫子军来到北京，驱逐了总统黎元洪，又上演了一出复辟丑剧。1917年7月1日凌晨3时许，张勋身着蓝纱袍、黄马褂，头戴红顶花翎，率康有为等50余人，乘车进宫，向废帝溥仪行三跪九叩大礼，奏请复辟，声称："外察各国旁观之论，内审民国真实之情，靡不谓共和政体，不适吾民……臣等反复密商，公同盟誓，谨代表二十二省军民真意，恭请我皇上收回政权，复御辰极"①。

张勋不顾袁世凯称帝的前车之鉴，再度冒天下之大不韪，复辟帝制，自然成为过街老鼠，人人喊打。消息传出，举国上下一片哗然，就连各地

---

① 胡平生：《民国初期的复辟派》，台北学生书局1985年版，第229页。

军阀，包括北方各省的北洋督军，也几乎一致反对。段祺瑞乘机在日本人的支持下组织讨逆军，仅用一周左右时间就击败了毫无斗志的张勋辫子军，重新回到北京做他的国务总理。对德宣战问题也随之解决，因为国会还未恢复，宣战案也不用提交国会讨论了。

　　袁世凯死后，孙中山等革命党人一度相信和平民主即将实现。但随着在北京上演的这一出出闹剧，孙对北洋军阀的统治已彻底绝望，提出打倒假共和，建立真共和的主张，号召拥护《临时约法》，恢复旧国会，进一步推动护法运动。因此，当张勋复辟发生，而同为北洋督军的冯国璋宣告代理黎元洪的总统职位后，孙中山立即表示反对，公开通电号召国会参众两院议员"全体南下，自由集会，以存正气，以振националь纪"①，准备以广州为根据地，联合宣布护法的西南各省军阀，建设临时政府，公推临时总统。

　　1917年8月中旬，响应孙中山号召南下广州的国会议员已达150多人，虽不足法定人数，但众议员一致决定，仿照法国先例，做非常处置。据此，150多位国会议员在广州召开了国会非常会议，决定为恢复《临时约法》而奋斗。会议决议组织中华民国军政府，孙中山随后于9月10日就任海陆军大元帅。随着广州军政府的成立，各地以护法讨逆为号召的护法军、靖国军纷纷兴起。段祺瑞政府决定对西南各省用兵，以实现武力统一。他命令直系军队进入湖南，与护法军作战。这就不可避免地爆发了以孙中山的广州军政府为一方和以北洋军阀段祺瑞为首的北京政府为一方的战争，历史上又称护法战争。

　　1917年10月初，孙中山以军政府大元帅名义，发布讨伐段祺瑞命令，开始了这场以护法名义出现的南北战争。战争在湖南打了不过一个多月，就以北洋军惨败，段祺瑞下台而告一段落。而后，湘、粤、桂联军攻克岳阳，湖北荆州、襄阳守军起义护法，滇、黔、川靖国军出川援鄂，但因滇系及桂系军阀仅以谋求自身权位和确保地方割据为目的，不愿冒险北上，失去了一鼓作气拿下武汉，扩大胜局的机会。北京政府因在参战问题上听

---

① 孙中山：《致参众两院议员电》（1917年7月4日），载《孙中山全集》第四卷，第110页。

了日本人的话，日本政府也不惜公开提供援助，接连向北京政府提供各种名目的借款，包括与北京政府两次签订了总数达数千万元的军械借款合同。从而使本来财政拮据的北洋政府能够源源不断地得到金钱和军火的援助，向西南联军进行反扑。

由于北洋军后援强大，战争形势逐渐逆转。岳阳、长沙重又落入北洋军之手。但是，南北两方这时内部均矛盾重重，和战意见不一，结果南北战争逐渐演变成忽进忽退、忽战忽和的奇怪局面。特别是在广州军政府一方，滇、桂两派军阀各怀鬼胎，为了争权夺利，巩固各自地盘和军队，竟不断地压制和排挤本来就为数不多的拥护孙中山的海军和陆军，甚至不惜暗杀率领海军来归的北京政府海军总长程璧光，将明显倾向于孙中山的驻粤滇军将领张开儒囚禁起来，并且把张交给孙中山直接指挥的20营省防军调离广州地区。再加上军政府各部总长均不就职，各部队在军事上根本不把孙中山放在眼里，有令不行，有禁不止，不仅孙中山很快成了一个无兵可统、无将可依的光杆司令，连军政府也是有名无实。最后，鉴于孙中山坚持主张毫不妥协，两派军阀干脆下决心将孙中山踢开。1918年4月，唐继尧密电西南各省，主张承认北京政府，在南方组织军务院或国务院，以岑春煊为国务总理，陆荣廷长陆军，唐继尧长财政，让孙中山"游历各国"。5月，受到西南军阀控制的非常国会坚持改组军政府，孙竭力反对无效，不得不于5月21日离开广州。孙中山认识到"吾国之大患，莫大于武人之争雄，南与北如一丘之貉"①，从此得出结论说，中国靠"护法断断不能解决根本问题"②，必须"重新开始革命事业，以求根本改革"③。

二　南北议和　军阀割据战争

1918年下半年，中国出现了一段被称为"霸权均势"的短暂稳定时

---

① 孙中山：《辞大元帅职通电》（1918年5月4日），载《孙中山全集》第四卷，第471页。
② 孙中山：《在广州军政府的演说》（1921年1月1日），载《孙中山全集》第五卷，第450页。
③ 孙中山：《在上海寰球学生会的演说》（1919年10月18日），载《孙中山全集》第五卷，第139页。

期,各派军阀间未发生大的战争和军事冲突,南北双方前线停战,代表议和、国会、政府间亦无大的政潮发生。

这种局面的出现,主要是因为北洋集团内,直皖两大派系力量对比中,谁都不占有绝对优势,都需要各自积聚力量。皖系操纵国会,主控北京中央政权,在政治力量上占上风,但主战政策普遍不受欢迎,主战政策难以施展。段祺瑞便采取政治上以巩固政治成果为主,对北京政府具体事务较少过问,军事上则利用日本贷款,加紧编练参战军(第一次世界大战结束后改称边防军)的策略。直系在冯国璋下野及去世后,丧失在中央政权直接施展影响的地位,但很快形成以曹锟—吴佩孚为首的新一代核心,因为在作战中显示出不凡实力,又敢于自主停战主和,颇赢得一些清誉,并与西南军阀互通声气,呈现出蒸蒸日上的局面。曹、吴与段相比资历尚浅,同时直系的优势更多表现在军事上,缺乏较有影响的政治领袖人物,因此也不足以构成对皖系的压力。同时在国内军阀连年混战中饱受蹂躏摧残的全国人民,反对内战,渴望和平,呼吁停战息争,逐渐形成一场声势颇大的和平运动。北洋集团内主战、主和两派处于均势,使得西南地区压力减轻。

欧美各国于1918年11月结束了第一次世界大战,在战争结束前,英、法、美协约国获胜大局已定,它们就开始重新关照它们在远东的利益。日本乘欧美大战无暇东顾之机,扶植皖系,独自扩张在华利益的行为引起英、美不满。英、美驻华公使都向北京政府表明态度,施加压力。他们希望中国有一个统一的政权。当然不是只听命于日本,而是门户向各国平等开放,使各国在华利益均沾。同时他们也向日本施加压力,迫使其改变对华政策。

北京政府主政的总统徐世昌,是北洋元老,但非军人出身,手中无一兵一卒,平衡调和各派是其发挥政治影响的一贯手法。10月,北京政府致电西南,发出和议试探,西南岑春煊等也致电北京政府,主张双方各派代表举行对等和谈。11月双方发布前线停战命令。1919年2月20日,南北代表在上海正式开始谈判,是为南北议和。

议和谈判从2月20日开始,先后断断续续地举行正式会议8次,非正式谈话会20余次。双方争执的焦点可分为陕西停战、参战军与对日借款、国会问题三项。和议一开始,首先商讨陕西停战问题。在护法战争中,胡景翼在三原举兵,响应护法,占据渭南,段祺瑞派兵援陕。11月停战令颁布后,北方军队借陕西是剿匪,拒绝停战。后经李纯调停,北京政府同意停战,但实际上北军并未停止进攻。第二个问题是参战军与对日借款问题。段为扩充皖系实力,借中国加入协约国参战之名,编练一支参战军,经费则来自1918年一笔数额2000万日元的专项借款,并已支付300万元,还按照秘密的中日共同防敌军事协定,聘请日本人训练。和议开始前后,段不仅未停止参战军编练,还延长与日本缔结的"防敌军事协定",继续接受1700万日元借款余额。3月2日,南方代表唐绍仪指责北方一面言和、一面主战,通电中外,宣布和议停顿。后在国内舆论和各方面调停下,4月7日恢复谈判。唐绍仪又提出取消中日军事协定,裁撤国防军,不得提用参战借款,国会自由行使职权等议案。

国会存废为另一主要焦点。南北战争起因即是国会被非法解散,因此南方提出恢复旧国会,这也是非常国会中强硬派所坚持的核心条件之一。但北方如果接受,则等于彻底投降。因为完全恢复旧国会,就等于承认北方新国会非法,不仅安福政客失去存在依凭,由非法国会选出的总统、政府也就成为无本之木。这在皖系掌握实权的北京,也绝不可能。于是安福政客与军阀频繁联络、通电反对,并筹备再开督军会议,对和议进行干涉。双方谈判代表的争执再次形成僵局。

5月初,巴黎和会上中国外交失败的消息传来,引发了声势浩大、影响深远的五四运动,皖系军阀与日本所订丧权辱国的密约,遭到国人一致谴责。南方代表乘国内爱国情绪高涨,舆论普遍不利于北方之机,于5月13日会议上提出八项主张,表示这是南方最后的让步。北方代表朱启钤则表示,由和平会议宣布解散国会令不能接受,此条不改,其他无法讨论。唐绍仪当即退席,通电辞职。朱等次日亦向北京政府辞职。和谈破裂。

巴黎和会外交失败、国内南北议和破裂,宣告北京政府对外对内政策破产,此后虽在国人和平呼吁和英、美等国外交压力下,议和未正式宣告结束，但也一直未能恢复。这些矛盾引发了北京政府新一轮政治危机，国内政局再陷动荡。

6月，徐世昌在内外夹攻、主张难以推行的局势下，明知此时总统之职无适当人选替代，于是采取以退为进的策略，与总理钱能训同时"引咎"辞职。果然不出所料，徐世昌去职引起一系列未知的政局变动，为安福系所不愿。于是不仅国会参众两院议长登门挽留，段祺瑞也亲自出面，甚至引起全国性的挽徐浪潮，并表示支持其对德和约签字和南北议和政策。徐世昌适可而止，收回辞职咨文。

11月，皖系大将靳云鹏组成新内阁，皖系内部又产生嫌隙。靳虽为段的亲信，但与徐树铮不和睦，且与曹锟是金兰兄弟，与张作霖为儿女亲家，关系密切。因此靳欲在直皖奉之间寻求平衡，不愿完全受段的摆布。内阁成立前后，安福系屡加干涉，处处掣肘，更增加了靳的反感。皖系内部渐渐离心。与此同时，曹锟在冯国璋之后成为直系新的首领，并对后起之秀吴佩孚极为器重，与长江三督及盘踞东北三省的奉系渐形成反皖同盟。

吴佩孚不愿为皖系控制的中央政府卖命，前线停战主和。南北和会破裂后，吴又趁五四运动中爱国热情高涨，北京政府及各地军阀当局均采取高压政策时，独树一帜，通电支持学生运动，反对在对德和约上签字。吴所表现出的爱国意识和政治上标新立异，敢言敢为，使他一时间成为各界交口赞扬的"爱国将军"。吴进一步利用这种声誉和时机，加强对皖系政策抨击的力度，同时自动撤兵北归。一来进一步展现其反对内战主张和平的政治态度，提高其政治地位和影响；二来增加对皖系政治和军事压力，还进一步增加与西南军事同盟关系。

西南方面为自身利益计，利用北洋内部矛盾，加强与主和派同盟关系，因此审时度势，采取联直制皖的策略。吴与湘、滇、桂、粤、川代表于11月在衡州秘密签字，并进一步讨论决定了共同行动的步骤。西南不仅在前线与吴佩孚结盟，更进一步通过各种渠道加强与整个直系的联系，逐渐形成西南、直、奉三角同盟（1920年4月又加入豫督赵倜，是为八省反皖同盟）。

1920年5月，吴佩孚不经过北京政府同意，自衡阳撤兵北归，驻在郑州至保定一线。皖系则将徐树铮的边防军调回京畿。直皖矛盾达到白热化程度。7月14日双方分东西两路在津浦、京汉路同时开战。奉系出兵声援直系。皖系不堪一击，数日之内，兵败如潮。除浙江督军卢永祥外，皖系全部垮台。

直皖战后，由于在处理善后问题上利益和态度的不同，直奉渐生矛盾。吴佩孚提出解散国会，严惩安福祸首，将段置于汤山，听候国民公决，以彻底铲除皖系势力，从速召开国民大会解决国是，并主张先解决与西南统一问题，再组织内阁。奉张则以安福既倒，出而为段转圜，以赢得皖系的拥护，并且坚决反对召开国民大会。为早日入关，奉系急于组阁，并力主靳云鹏为总理。徐世昌因解散国会将危及他这个由安福国会选出的总统，也坚决不允。吴佩孚虽有社会影响，但在张、徐眼中只是师长，偏裨牙将，无权过问政治，其主张均遭拒绝。曹锟本人毫无政治主见，只要本身利益得到满足，政治上一切由张作霖做主。曹、张、徐签订了一份密约，达成暂时妥协，约定北京政府由直奉共同主持后，结束了这场政治分赃。直奉共同主政也只是双方暂时"貌合"，不可调和的利益相争本质，必然导致新的政治斗争，以致兵戎相见。在直皖战后直奉之间的争夺几乎一天也没有停止过。先是安徽督军之争，后有江苏督军之争，最后在内阁问题上的争端终于又导致了1922年的第一次直奉战争。

直皖战后，北京政府的财政大权被与奉系关系密切的交通系财阀控制。该系企图以其首脑梁士诒组阁，于是制造财政危机，运动推倒总理靳云鹏。1921年，北京政府大量积欠军费和薪金，造成各部索薪和各省不断发生兵变索饷事件，迫使靳云鹏辞职。亲奉的梁士诒上台后，卖国借债，起用曹汝霖、陆宗舆等卖国分子，大赦皖系军阀等，均引起人民不满。吴佩孚乘机对内阁展开电报攻击，迫梁离职。奉系不甘示弱，宣称"为维持体面计，亦万不能使已所拥护之人被斥去位"[①]，并以维持京津地方秩序为名，遣兵

---

① 李剑农：《戊戌以后三十年中国政治史》，中华书局1965年版，第324页。

入关。1922年4月,直奉双方在京汉线长辛店、津浦线马厂一带展开大战。结果奉系败出关外,双方以榆关为界,达成停战协议。

第一次直奉战争以直胜奉败结束,直系单独掌握北京政权。吴佩孚指使孙传芳发表通电,提出了"法统重光"的口号。所谓"法统重光",就是恢复1917年被非法解散的旧国会和被迫辞职的大总统黎元洪职务,直至其任满。直系此举的如意算盘是:一可取消南方护法政府、非常国会存在的理由,实现由其主导的统一;二可抵制各省军阀联合兴起的"联省自治";三可赶走徐世昌,为曹锟登上总统宝座铺平道路。6月1日曹、吴在天津召集旧国会,次日徐世昌被赶出总统府,11日黎元洪被迎入京复位。黎元洪上台后首先着手组织政府,曹、吴表面上公开声称不干预政治,而黎提出唐绍仪出任总理后,立即遭到吴佩孚的极力反对,结果还是由吴圈定组成了由吴之心腹主持,以王宠惠为总理的"好人内阁"。吴把持内阁,发号施令,及先立宪后选总统问题上的主张,引起直系津保派(曹锟之弟曹锐为直隶省长,在天津把持政治、经济大权,人称津派。曹锟座镇保定,为保派。吴佩孚驻兵洛阳,是为洛派)不满,双方嫌隙越来越大。津保派利令智昏,为了早日让曹锟当上总统,迫不及待地进行倒阁驱黎运动。先是以财长罗文干签订奥国借款展期合同所得60万元为吴充当军饷一事,指使国会查办罗违法受贿,致使"好人内阁"垮台;后又数次倒阁,致使政府无人负责,黎元洪不安于位。1923年6月,曹锟进一步指使冯玉祥等直接对黎发动索饷逼宫,甚至用对黎宅停水停电的手段相逼。黎元洪被迫出京后,直系又在杨村劫车索印,强迫黎签字辞职。以暴力手段除掉黎元洪这个绊脚石后,曹锟加紧了贿选总统的步伐,终于在10月5日由"猪仔议员"们选举为中华民国大总统。曹锟贿选不仅标志西式民主制度在中国的彻底破产,也表明直系军阀已走向末路。曹锟贿选遭到全国人民的强烈反对,孙中山也于10月8日"宣布罪状,申命讨伐"[①]。

退至关外的奉系军阀张作霖,不仅以东三省保安总司令的名义继续他

[①] 孙中山:《讨伐曹锟令》(1923年10月8日),载《孙中山全集》第八卷,第260页。

的统治，同时积极整军经武，联络各地反直力量，与孙中山和浙江督军、皖系残部卢永祥结成反直三角同盟，欲图再度入关，报战败之仇，问鼎中原。直系军阀则继续穷兵黩武。

1924年9月，江浙战争爆发。浙江方面出动9万人，江苏方面出动8万人。战线沿沪宁铁路展开。厮杀月余，因北方爆发第二次直奉战争，奉军不能支持浙江，浙江军阀败北。

江浙战争尚未结束，第二次直奉战争就打响了。原来，江浙战争开始，奉系通电支持浙江卢永祥，责难直系曹锟出兵讨浙，遂集中奉军25万，分成六路，自任总司令，大举入关。张作霖致电曹锟说，我本来想遣使前来问候，无奈你把山海关的列车扣留了，我只得"派员乘飞机赴京，藉侯起居"，"枕戈待旦，伫盼福音"①，显然是要问鼎中央政权了。9月17日，曹锟下令讨伐张作霖，并任命吴佩孚为讨逆军总司令。两军在山海关左近激烈争夺。正在难解难分之际，直系中央陆军第三师师长、讨逆军第三军总指挥冯玉祥从前线秘密撤退，10月23日到达北京，重兵包围总统府，并与所部联名发表通电，提出"弭战之主张"，要求促进和平，反对自相残杀，声明另组中华民国国民军，"如有弄兵而祸吾国，好战而殃我民者，本军为缩短战期起见，亦不恤执戈以相周旋"②。冯玉祥的行动使直军迅速溃败。这一事件，史称"北京政变"。在奉军和国民军的联合打击下，11月3日，吴佩孚率残部南下。第二次直奉战争结束。

第二次直奉战争结束后，奉系军阀势力深入关内，国民军也有了发展。皖系军阀乘机再起，段祺瑞担任北京政府的临时执政。直系则控制着长江流域。但是军阀之间的征战并未结束。1925年下半年又有直系的孙传芳与奉系争夺上海的战争，孙传芳获胜。11月，奉系将领郭松龄不满张作霖，联合冯玉祥国民军倒奉，由于日本支持张作霖，郭军倒奉失败。这时候，国民军受国内革命形势的影响，开始倾向民众，倾向革命。1926年初，原

---

① 张作霖致曹锟电，二史馆藏大总统府档案，转引自陈长河《从档案看1924年第二次直奉战争》，《军事历史研究》2003年第4期。
② 《冯玉祥等通电》，《申报》1924年10月28日。

来杀得不可开交的直、奉两系又联合起来，共同对付国民军。3月，国民军被迫退出北京，撤退到西北地区。国民军退出后，皖系段祺瑞下野，直、奉分掌北京政府的权力。1926年12月1日，张作霖在天津就任安国军总司令，次年6月18日，安国军政府发布《中华民国军政府组织令》，张作霖以陆海军大元帅名义行使国家统治权。直到国民革命军北伐成功，北洋军阀统治的局面才告结束。

自袁世凯取得中华民国临时大总统的职位后，民国政坛上风云不断。袁世凯下台后，随着控制北京政权的军阀势力的增强或者消减，表面上掌握政府的内阁像走马灯似的，频繁更换。1912—1928年17年间，总共经历了46届内阁。袁世凯当政的五年间换了8届，其后12年有38届平均每年换了两三届，内阁可见更换之频繁。一届任期短的只有几天，长的不过两年。短短17年间，政府如此频繁地更换，说明北洋军阀时期的政治是何等不稳定，这在中国历史和世界历史上，是不多见的。北洋军阀统治时期，是近代中国历史"沉沦"到谷底的时期。

第四节　民族资本主义空前发展　中国工人阶级的成长

甲午战争后，列强可以借《马关条约》获得来华设厂的最惠国待遇，国人积极呼吁发展实业以为抵制，再加上收回利权和抵制美货的影响，清政府实施新政，改变了实业政策，开始奖励实业发展。

辛亥革命后，南京临时政府也发布支持实业发展的法令，中国民族工商业得到一定发展。1895年到1913年，民族资本开设的资本额在1万元以上的厂矿企业有549家，资本总额有10.2亿元，涉及纺织、食品、煤矿、机器、水电、水泥、航运等行业。1905年到1909年，上海、北京、广州、安徽、江苏、河北、福建、山西等地，设立织布厂共23家，拥有资本55.9万元，拥有资本5万元以上的只有4家，其他大多为小型工厂，资本额大多在3万元以下。1905年以后兴起兴办纱厂热潮，到1910年短短几年间新增资本约500万元，新增纱锭129597枚。面粉业，辛亥革命前11年，全国有 21 个城市创办新式面粉厂 38 家，主要集中在江苏和东北地区。辛亥革命促进了近代工业发展，民族资本面粉业在 1912—1913 年内建立了新式面粉厂 20 家。

1914 年到 1918 年，由于第一次世界大战，欧美列强自顾不暇，对华减轻了商品输出和资本输出，中国民族工商业得到了前所未有的发展机会。大战前，包括官办和民营的中国民族工业约有工厂 698 个，资本 30.3 亿元。1920 年，工厂增至 1759 个，资本 5 亿余元。

适应欧洲市场和国内市场需要，纺织、面粉、卷烟、造纸、制革等轻工业发展尤为迅速。例如，棉纺织业，1913—1921 年，全国华商纱厂的纱锭，由 484100 枚增至 1248400 枚，增长 157.8%；布机由 2016 台增至 5825 台，增长 188.9%。纺纱业赢利大增。湖北楚兴公司所产棉纱、布匹年年盈余，1919 年赢利 200 万两，1920 年赢利 350 万两。1915 年创办的上海申新一厂，额定资本 30 万元，1919 年增资到 80 万元，1920 年再增资到 150 万元，当年实现利润 127 万元。1917 年创建的天津裕元纱厂，初创资本 200 万元，到 1922 年共赢利 600 万元。1917 年由周学熙等创办的天津华新纱厂，初创资本 200 万元，1919 年赢利达 150 万元。

面粉业，1913 年至 1921 年，新建面粉厂 123 家，平均每年新增 13.7 家，其中民族资本经营的有 105 家，这 105 家拥有面粉生产能力 203585 包，占全部新增面粉厂生产能力的 82.5%。有资本可查的有 80 家，共有资本 2318 万元，平均每厂资本 28.9 万元。从 1915 年开始我国连续成为面粉出超国。1915—1921 年，面粉出超量由 19229 担，增加到 1294331 担，增加 67 倍多。面粉业集中在上海、无锡、济南、汉口、大津有相当发展。采矿、运输业也有相当发展。例如，民族资本的新式煤矿产量，1915—1920 年，由 87 万吨增至 328 万吨，增长近 4 倍。中国轮船吨位，1913—1921 年，由 14 万吨增至 38 万吨，增长 271%。

中国近代工人阶级的出现要早于资产阶级。鸦片战争以后，最早在中国设厂的外国工厂里，就诞生了早期的中国工人阶级。甲午战争前夕，外国资本所开设的工业企业百余家，雇佣工人大约 3.4 万人。1894 年前，中国民族资本自办企业百余家，雇工约 3 万人。总计起来，这个时期中国工人的人数不会超过 10 万人。

甲午战争后，列强纷纷在中国设厂制造，造铁路、开煤矿等，大量掠夺中国权益。1913 年外国在中国直接和间接投资的铁路达 1.1 万公里，投资新式煤矿 29 个，其中年产 10 万吨以上的有淄川、坊子、井陉（德国经营）、开滦、焦作、门头沟（英国经营）、抚顺、本溪湖、萍乡（日本经营）等 11 处。还是这一年，外国在华开设工厂 166 家，在华设立轮船公司 14 家。这样，随着外国资本的扩大，一大批铁路工人、海员工人、矿山工人以及其他各类工人应运而生。加上民族资本企业里的工人，到 1913 年，全国中外企业工人总数估计已达到 50 万—60 万人。随着第一次世界大战期间中国民族工业的发展，工人阶级的人数也有了大幅增加，据估计，1919 年全国产业工人数达到 261 万人，其中铁路工人 16.5 万，邮电工人 3 万，海员 15 万，汽车电车工人 3 万，搬运工人 30 万，工厂工人 60 万，外国在华工厂工人 23.5 万，矿山工人 70 万，建筑工人 40 万。

上述工人阶级组成中，外国企业里的工人和海员工人资格最老。产业工人的绝大多数来自农村破产的农民。据海关调查，1921 年，中国 47 个通商口岸的人口总数超过 1000 万，10 万人口以上的都市 50 个，25 万人口以上的都市 20 个。大批破产农民进入通商口岸，为发展中的资本主义工业企业提供了廉价的劳动力市场，成为工业无产阶级的劳动后备军。

从地域分布看，中国工人大多集中在东南沿海各省或者水路交通沿线城市。上海、广州、武汉、天津、青岛等地，分别集中了十余万人乃至数十万人，江苏、浙江、广东各省也有多至几十万工人的。西北各省几乎没有近代产业工人。1894 年统计，仅上海、广州、汉口三地的工人，占全国工人总数的 76.7%，上海一地就占了 46.4%。[①]

中国近代资本主义工业企业的产生，同时产生了中国的资产阶级和工

[①] 以上主要参考汪敬虞主编《中国近代经济史 1895—1927》下册，人民出版社 2000 年版，第 12、14 章；刘明逵、唐玉良主编《中国近代工人阶级和工人运动》第一册，中共中央党校出版社 2002 年版，第 1 章。

人阶级。这是资本主义新生产力带来的自然结果。这个新的生产方式和新的阶级力量,是在半殖民地半封建社会里产生的,与传统中国的小农经济是不同的。它将在中国未来的政治、经济和社会生活中发出与传统中国不同的声音,它的存在与发展,将预示着中国新的未来。新的生产方式和新的阶级力量,是决定近代中国"上升"因素的物质基础。

第五节　新文化运动与五四爱国民主运动爆发

新文化运动是在反对袁世凯复古尊孔的倒退逆流中应运而生的,是一场塑造新国民的文化救亡运动。1914年9月,袁世凯发布"祭孔令",提倡尊孔读经、讲求传统道德,"凡国家政治,家庭伦纪,社会风俗,无一非先圣学说发皇流衍。是以国有治乱,运有隆污,惟此孔子之道,亘古常新,与天无极"[1]。1914年12月23日,袁世凯在天坛行祭天礼,其官位设置、上下称呼、处事之道等均有复旧趋势,直至谋划称帝,将复旧推向了高峰。一时间,民国的社会面貌颇有回复旧观之征相。针对这种社会现实,一些思想敏锐的、经历过辛亥革命的知识分子在思考辛亥革命的成败得失,思考中国的出路时,发出疑问,为什么在辛亥革命后在共和旗帜下,人们还要忍受专制之苦?要确立这种共和制度的"国民政治","要巩固共和,非先将国民脑子里所有反对共和的旧思想一一洗刷干净不可"[2]。陈独秀认为:"共和立宪而不出于国民之自觉与自动皆伪共和也,伪立宪也,政治之装饰品也。"[3] 这就很自然地提出了批判封建主义专制文化传统的历史任务。

袁世凯正在筹划称帝的时候,也就是时人所说"人人脑中的皇帝尚未退位"[4] 的时候,1915年9月,从日本回国的陈独秀在上海创办了《青年杂志》。1916年9月,《青年杂志》改名为《新青年》,随后陈独秀被主张

---

[1] 《政府公报》,1914年9月26日。
[2] 陈独秀:《旧思想与国体问题》,《新青年》第二卷第二号。
[3] 陈独秀:《吾人最后之觉悟》,《青年杂志》第一卷第六号。
[4] 高一涵:《非君师主义》,《新青年》第五卷第六号。

"兼容并包"的北京大学校长蔡元培聘为文科学长,《新青年》也于1917年初迁至北京,从此就掀起了一场被后人称为新文化运动的思想解放运动。北京大学和《新青年》杂志是发动新文化运动的主要阵地。以陈独秀、李大钊、鲁迅、胡适和吴虞为代表的一批年轻的知识分子,高举民主与科学两面大旗,勇敢地向一切封建落后的顽固思想宣战,极大地推动了国人思想的启蒙与解放。

1918年1月起,《新青年》由陈独秀个人主编改为编委会,由陈独秀、周树人、周作人、钱玄同、胡适、刘半农、沈尹默等轮流主编。1917年每期发行量增加到一万五六千份,成为推动新文化运动的大本营。

陈独秀(1879—1942),1901年赴日本留学,是辛亥革命的积极参与者,1905年组织了安徽地区的革命组织岳王会,辛亥革命后曾出任安徽都督府秘书长。陈独秀在《青年杂志》创刊号写的发刊词《敬告青年》,鲜明地举起了民主和科学旗帜,指出:"自人权平等之说兴,奴隶之名,非血气所忍受。世称近世欧洲历史,为'解放历史'。破坏君权,求政治之解放也;否认教权,求宗教之解放也;均产说兴,求经济之解放也;女子参政运动,求男权之解放也。解放云者,脱离夫奴隶之羁绊,以完其自主自由之人格之谓也。"人权,当时指民主。陈独秀在《敬告青年》里,把民主与科学当作新青年的旗帜,也是新文化运动的旗帜。

李大钊(1889—1927)是新文化运动的另一位旗手。他在日本早稻田大学读书期间,为《新青年》积极撰稿,抨击封建专制,尖锐指出:"民与君不两立,自由与专制不并存。"[①] 鲁迅、胡适等都是新文化运动中勇猛地向封建文化冲击的生力军。陈独秀指出:"要拥护那德先生,便不得不反对孔教、礼法、贞节、旧伦理、旧政治;要拥护那赛先生,便不得不反对旧艺术、旧宗教;要拥护德先生又要拥护赛先生,便不得不反对国粹和旧文学。""我们现在认定只有这两位先生,可以救治中国政治上、道德上、学术上、思想上一切的黑暗。"[②] 胡适在《新青年》上发表《文学改良刍

---

① 李大钊:《民彝与政治》,载《李大钊文集》,人民出版社1984年版,第175页。
② 《本志罪案之答辩书》,《新青年》第六卷第一号。

议》，陈独秀发表《文学革命论》，提出"文学革命"的三大目标：推倒雕琢的阿谀的贵族文学，建设平易的抒情的国民文学；推倒陈腐的铺张的古典文学，建设新鲜的立诚的写实文学；推倒迂晦的艰涩的山林文学，建设明了的通俗的社会文学，高举起用民主主义的新文学反对封建主义的旧文学的旗帜。鲁迅发表小说《狂人日记》，是一篇声讨封建势力的战斗檄文。《新青年》从1918年第四卷第一号开始全部改成白话文出版。新文化运动激起了新旧思想的激荡与论战，非常有力地启发了一代新青年。

新文化运动的基本内容有三个，一是提倡民主与科学，二是反对封建礼教，三是倡导文学革命。新文化运动的基本活动，实际上都有着鲜明的政治目的。他们明确认为，中国政治之腐败与黑暗，根本上就在于国民没有觉悟，因此没有参与政治的愿望和能力。要有真共和，就必须彻底解放思想，打破一切束缚思想的条条框框，就要以民主和科学为准绳，进而将党派政治变为国民政治。新文化运动的发动者们把斗争的锋芒集中指向封建主义的正统思想，他们以进化论观点和个性解放思想，猛烈抨击以孔子为代表的"往圣前贤"，提倡新道德，反对旧道德，提倡新文学，反对旧文学。追求个性解放，提倡民主，反对独裁，提倡科学，反对盲从迷信，以建设西洋式的新国家、新社会，这是资产阶级的新文化反对封建阶级的旧文化的斗争，动摇了封建统治思想的正统地位，在中国社会上掀起了一股思想解放的浪潮，在近代中国历史上起到了非常进步的作用。

孙中山在政治上思考真共和和假共和的时候，新文化运动的先锋们则在思想上、文化上改造着人们思想中的假共和，为造成思想文化上的真共和而奋斗。

正是在新文化风暴的冲击下，引来了近代中国历史上具有转折意义的五四运动。

1918年3月，段祺瑞重新出任国务总理，为获得日本进一步援助，密切同日本的关系，竟不惜与日本签署了一系列借款协定，甚至在1918年9月同日本互换照会及签约，承认日本在青岛、济南驻军，与合办胶济铁路等。特别是双方签订的所谓中日军事协定，不仅同意在日本军司令指挥之下参与日本对俄国的军事行动，而且允许日本军队可以为对俄作战任意进入中国领土领海和占用中国各项设施。军事协定一经签订，日本立即于8月宣布对俄出兵，单方面出兵北满，陆续侵入哈尔滨、博克图、满洲里、齐齐哈尔等地，强占满洲里驻军营房，勒令中国在满洲里的驻军退驻后方。中日军事协定赤裸裸地暴露了段祺瑞政府卖国嘴脸和日本对中国的侵略野心，不可避免地激起了全国各界的强烈愤慨。

中日军事协定谈判，始终秘密进行。当报界透露出日方要求的部分内容之后，全国各界立即掀起了反对浪潮。特别是在日本留学的中国学生，5月初分别召开大会，坚决反对中日密约。愤而回国的上千名留学生，在各地的抗议活动当中起了重要的鼓动宣传作用。就在全国民众一片抗议声中，段祺瑞政府仍旧与日本签订了《中日陆海军共同防敌军事协定》。此举进一步引起更大规模的抗议浪潮。北京、天津、上海、福州各地学生纷纷罢课游行，人们对北京政府勾结日本的卖国行径，已经忍无可忍。

中日军事协定所引起的一系列风波尚未完全平息，第一次世界大战以协约国胜利而宣告结束，中国成为战胜国的一员。全国各地都举行了规模不等的庆祝活动，视欧战胜利为公理战胜强权的象征。美国总统威尔逊此前发表声明，提出了解决战争善后问题的公开缔约、航海自由、除却经济障碍、缩小武装、公道处理殖民地问题、组织国际联盟、国无分大小一律平等等"十四点"意见。[①] 战后应该不偏不倚公道议和，并维护各国政治独立和领土完整，因此中国社会各界对即将在巴黎召开的和会寄予厚望，希望能够因此改变自1840年以来80年的屈辱地位，特别是希望借机废除庚子赔款、领事裁判权、二十一条以及收回山东权利等。

巴黎和会于1919年1月18日开始在巴黎举行，令国人瞩目的山东权益问题成为中国代表团必争之点。中国外交代表之一顾维钧在日本代表要求德国将其在中国山东的权利无条件让于日本的表态之后，有力地陈述了

---

① 中国社会科学院近代史研究所《近代史资料》编辑室主编：《秘笈录存》，中国社会科学出版社1984年版，第28—29页。

中国的观点,说明中国对德宣战之际,已明确声明中德间一切约章全数废除,因此德国在山东所享有胶州租借地暨他项权利,在法律上已经早归中国,德国没有将山东转交他国之权。

由于巴黎和会辩论过程中,顾维钧利用美国总统威尔逊关于战后各国外交活动必须公开,不得订立秘密协定的主张,公开表示中国政府愿意公布中日密约,使得国内各界群起响应,促使北京政府不得不于3月间陆续公布中日各项密约。与此同时,同样是由于相信威尔逊会帮助中国取得平等地位,中国代表团先后向和会提交了关于直接归还山东权利、要求废除二十一条等说帖,以及期待列强自动放弃在华势力范围,撤退外国军队和巡警,撤销领事裁判权,归还租借地及租界,以及关税自主等各项希望条件。

中国代表未曾想到,不仅中国提出的希望条件被会议拒绝,而且讨论中国山东问题竟然不让中国代表参加。讨论中,美国方面也仅仅建议将山东交五国共管,当日本表示强硬之后,威尔逊为避免和会破裂,竟决定牺牲中国,满足日本要求。4月22日最高会议讨论时,威尔逊一反其反对任何密约的主张,明确表示:中日1915年之二十一条,以及1918年之中日条约,均应维持。当顾维钧起而解释说,二十一条纯为日本强迫所订,威尔逊竟反问道:那么1918年9月,世界大战停战在即,日本已不能强迫中国,何以中国又欣然同意与之就山东问题订约呢?这虽然是威而逊为迁就日本而强词夺理,胁迫中国就范,中国代表却无言以答。

4月30日,巴黎和会最后做出裁决,在对德和约中规定,德国在山东的一切权益均让与日本,没有按中国代表要求写上"日本须将山东交还中国"的字样。事情很清楚,巴黎和会仍是大国俱乐部私下商议的场所,而非弱国小国争取自身权益的地方。当美国对日利益超过对华利益时,美国自然会放弃对中国的同情,而倾向于日本一边。"山东归属的结果,实质上就是美国在中日之间利益选择的结果。"[①] 原来以为一次大战胜利是公理战

---

① 参见邓野《巴黎和会与北京政府的内外博弈》,社会科学文献出版社2014年版,第243页。

胜强权，结果显示和会不过是大国分赃，还是强权战胜公理。

5月1日，英国外交大臣将和会对山东问题的决定通报中国代表。中国代表团提出强烈抗议，表示"痛切失望"。3日，鉴于山东交涉完全失败，代表团五位代表陆征祥（外交总长）、王正廷（广东非常国会参议院副议长）、施肇基（驻英公使）、顾维钧（驻美公使）、魏宸组（驻比利时公使）联名致电北京政府请求辞职。

巴黎和会上山东交涉失败，立即在国内引起轩然大波。5月1日，上海英文日报《大陆报》最早报道了这条消息，2日的北京《晨报》又有后续报道，结果引起国民群情激奋。5月3日，得知消息的北京大学学生情绪更是激动，他们齐集校园商议，决定在次日（星期日）举行示威，反对强权决不签约。会中还有学生当场写下血书"还我青岛"，更使参加者热血沸腾，示威之举遂定。① 在此前后，还有若干学校的学生也聚集讨论了发起或参加示威的事宜。

5月4日，北京十余所学校的3000多名学生齐集天安门，手执写有"还我青岛""保我主权""取消二十一条""外抗强权，内惩国贼"的标语示威游行。学生们在发表的宣言中明确提出："中国的土地可以征服而不可以断送！中国的人民可以杀戮而不可以低头！国亡了！同胞们起来呀！"游行群众矛头直指负责签订出卖中国主权的中日密约的曹汝霖、陆宗舆、章宗祥等。游行队伍要求通过东交民巷向各国大使馆递交请愿书，为外国军警阻拦。学生们为帝国主义在中国横行霸道感到无比气愤，便来到赵家楼胡同曹汝霖住宅，火烧了曹宅，并把从曹家跑出来的章宗祥痛打了一顿。军阀政府出动大批军警镇压，逮捕学生32人。北京学生不顾高压，组成北京中等以上学校学生联合会，发动25000名学生举行总罢课，开展抵制日货活动。

北京学生的爱国行动，立即得到了各地青年热烈响应。各地纷纷成立

---

① 中国社会科学院近代史研究所、中国第二历史档案馆史料编辑部编：《五四爱国运动档案资料》，中国社会科学出版社1980年版，第182页；中国社会科学院近代史研究所近代史资料编辑组编：《五四爱国运动》（上），中国社会科学出版社1979年版，第453页。

1919年5月4日，北京数千名青年学生游行示威，抗议巴黎和会

学生联合会、救国十人团等团体，举行罢课，抵制日货，上街演讲，组织游行，一致要求惩办卖国贼，拒签对德和约。运动范围并且逐渐由学界扩大到各界，由下层扩大到部分上层，由自发性行动发展到有组织的行动。6月3日，鉴于北京政府准备屈从签字，北京各校学生不顾军警镇压和逮捕，毅然上街演讲，反对签字。当天被捕达170余人。6月4日，学生们仍旧上街演说，警方出动马队，并逮捕学生700余人。5日，学生们再度冲破阻挠，走上街头演讲。

北京学生被大规模逮捕的消息传到上海，上海各界群起抗议。6月5日，上海学生罢课，部分工厂、商店也罢工、罢市，声援北京学生。上海参加罢工的行业发展到纺织、机器、印刷、电车、汽车、码头、轮船、烟厂，甚至沪宁铁路工人也参加了罢工斗争，罢工工人多达六七万人。这在中国工人运动史上，是前所未有的。这表明中国工人阶级开始以独立姿态登上了政治舞台。

北京、上海的斗争迅速影响了天津、汉口等大城市。斗争扩展到20多个省区，100多个城市的学生、工人参加了运动。斗争的中心逐渐由北京移到上海，斗争的主力逐渐由学生转到工人。这表明五四运动突破了知识分子的狭小范围，成了有工人阶级、小资产阶级和资产阶级参加的全国规模的革命运动。各地群众运动风起云涌，势不可当，各地军阀均感形势严重，要求北京政府罢免曹、陆、章，以平息事态。6月10日，总统徐世昌被迫下令准予免去曹、陆、章三人的职务。与此同时，眼看国内舆情汹汹，均反对签字，北京政府不得不含糊其词地电令陆征祥"自酌办理"。中国旅法劳工和学生也到中国代表团驻地声援，要求拒绝签字。据此，当6月28日对德和约签字仪式举行时，中国代表团决定，不前往签字。亲历其事的外交家顾维钧在回忆录中说："代表团最后的一致意见和决定是自己做出的，并非北京训令的结果"，"无论从国内还是国际观点来看，它都是中国历史上的一个转折点。"顾维钧还说："这对我、对代表团全体、对中国都是一个难忘的日子。中国的缺席必将使和会、使法国外交界甚至使整个世界为之愕然，即便不是为之震动的话。"①

中国外交代表在国际会议上面对险恶的国际环境说"不"，这在鸦片战争以来的中国近代外交史上是一个重要的里程碑，开创了一个敢于对帝国主义国家的现有秩序抗争的先例，对以后的中国外交产生了积极的影响。

五四运动是中国近代史上具有划时代意义的事件，是一次民族觉醒的运动。毛泽东说过："五四运动是反帝国主义的运动，又是反封建的运动。五四运动的杰出的历史意义，在于它带着为辛亥革命还不曾有的姿态，这就是彻底地不妥协地反帝国主义和彻底地不妥协地反封建主义。"② 从中国近代革命史角度说，五四运动标志着近代中国的革命运动，将从旧民主主义时期转入新民主主义时期。

---

① 中国社会科学院近代史研究所译：《顾维钧回忆录》第一分册，中华书局1985年版，第211、209页。

② 毛泽东：《新民主主义论》，载《毛泽东选集》第二卷，人民出版社1991年版，第699页。

第六节　马克思主义在中国传播　社会主义成为时代潮流

新文化运动的兴起正值第一次世界大战期间。第一次世界大战造成了两股强劲的思想潮流，一股是民主主义的思想潮流，另一股是社会主义的思想潮流。前者随着战争中德、奥、俄这三个专制帝国的垮台而日益高涨；后者则伴随着俄国布尔什维克领导的1917年十月革命的胜利，和欧美、日本等资产阶级国家内工人运动以及社会革命运动的勃发，而澎湃于欧亚大陆。新文化运动明显地受到了这两大思想潮流的推动和冲击。

1918年7月，眼见世界大战将要结束，受美国总统威尔逊的影响，李大钊公开欢呼它是民主主义的胜利，称今日所见都是民主主义的旗。但仅仅四个月后，当大战结束之际，他已明显地受到俄国十月革命胜利的影响，感觉到仅仅强调民主主义的胜利已经不够了。他宣布说，这次战争的胜利，固然是民主主义的胜利，但更是劳工主义的战胜，是社会主义的胜利，即是布尔什维克的胜利。社会主义将成为20世纪的新潮流，"试看将来的环球，必是赤旗的世界！"①

五四运动以后，从救国的愿望出发，人们已经更多地在注意俄国革命了。俄国革命发生在1917年，先是推翻了沙皇统治，创立了民主制度，接着布尔什维克又领导工人、士兵通过十月革命，建立了无产阶级专政的政权。新政权建立初期，中国舆论界始终抱着一种怀疑的态度。因为苏俄政权很快就遭到了英、法、日等14国的武装干涉，形势极其危险。但是，布尔什维克靠着国内的工人、农民，竟然顽强地坚持了下来，并且把它的统治范围迅速伸展到了临近中国东北边界的远东地区。这种情况给了中国广大进步知识分子以极大的触动与启示。为什么中国人请求帝国主义列强施恩，却仍旧得到屈辱的裁决，而一个新生的俄国革命政权竟能够挫败不可

---

① 李大钊：《Bolshevism的胜利》（1918年12月），载《李大钊文集》第二卷，人民出版社1999年版，第246页。

一世的帝国主义的武装干涉？亿万中国人因此不能不重视作为俄国革命指导思想的马克思列宁主义了。这就是毛泽东说的："十月革命一声炮响，给我们送来了马克思列宁主义。"①

李大钊是第一个在中国公开宣传马克思主义的人。他早在1918年7月《言治》第三册发表《法俄革命之比较观》一文，指出"俄罗斯之革命是二十世纪初期之革命，是立于社会主义上之革命，是社会的革命而并着世界的革命之色彩也。"11月15日，他在《新青年》五卷第五号发表《庶民的胜利》《Bolshevism的胜利》强调"1917年的俄国革命，是二十世纪中世界革命的先声"。1919年，李大钊连续在《新青年》第六卷第五、六号发表《我的马克思主义观》，这是国内首篇较为系统地介绍马克思主义的重要文献。该文大量介绍了日本社会主义者对马克思主义的认识，对马克思主义理论明显地持肯定的态度。他还详细介绍了马克思主义理论的三个组成部分，即唯物史观、政治经济学和科学社会主义，并且强调了马克思主义的阶级斗争学说，称"阶级竞争恰如一条金线，把这三大原理从根本上联络起来"②。这篇文章的发表，标志着李大钊已经转变成为一个马克思主义者。

李大钊还在《新青年》《每周评论》《新潮》等刊物上发表《阶级竞争与互助》《再论问题与主义》《由经济上解释近代思想变动的原因》《唯物史观在现代史学上的价值》等多篇论文，介绍马克思主义，并尝试用马克思主义观点解释中国革命等现实问题。李大钊还在北京大学经济系、历史系、法律系等高校开设"唯物史观""社会主义与社会运动"等课程，向青年学生宣讲社会主义思想。③《新青年》成为集中宣传马克思主义的刊物。据统计，从五四运动到中国共产党成立前夕，《新青年》发表的介绍俄国革命和宣传马克思主义的文章有130多篇。④

---

① 毛泽东：《论人民民主专政》，载《毛泽东选集》第四卷，第1471页。
② 李大钊：《我的马克思主义观》（上），《新青年》第六卷第五号。
③ 参见丁守和、殷叙彝《从五四启蒙运动到马克思主义的传播》，生活·读书·新知三联书店1979年版，第164—165页。
④ 黄修荣：《20世纪中国全史·曙光初照》，中国青年出版社2001年版，第195页。

自 1919 年 2 月以后，《每周评论》以大量篇幅介绍了当时风起云涌的欧洲革命浪潮和各国的工人运动，他们甚至在 4 月 6 日的一期上，还专门选登了马克思、恩格斯的《共产党宣言》第二章"无产者共产党人"中的一段译文，介绍了马克思的无产阶级专政的思想。他们特别为此加了编者按，称"这个宣言是马克思和恩格斯最先最重大的意见……其要旨在主张阶级战争中，要求各地劳工的联合，是表示新时代的文书"。

20 世纪初，上海报刊开始传播社会主义思想。《大陆报》发表文章说："嘻，社会主义为前世纪以来最大问题，而实为大中至正，尽善尽美、天经地义、万世不易之道，岂有如许行之说者乎？社会主义在昔日为空论，在今日则将见诸事实。"①《新世纪学报》译载《近世社会主义评论》，译者按语写道："索西亚利士谟（按即社会主义）者，其宗旨专在废私有财产，而为社会财产，为共有财产"，"此社会主义者……吾再拜以迎之，吾顶礼以祝之。"② 上海广智书局和作新社在 1903 年出版了四种有关社会主义的书籍。这些宣传在社会上产生了一定影响。③ 五四运动之后介绍传播革命的社会主义迅速成为一种潮流。当时许多报刊都陆续刊登了大量介绍俄国革命和革命社会主义的文章及通讯。除了《新青年》《每周评论》以外，比较著名的还有国民社出版的《国民》杂志、《晨报》副刊以及《建设》《星期评论》等。1919 年 7 月在湖南长沙由毛泽东创办的《湘江评论》，在进行彻底的反帝反封建宣传和马克思主义的传播方面也发挥了作用。

《国民》杂志是由一些激进的青年学生创办的。当时其他报刊翻译《共产党宣言》大部分还都是片段章节，而他们则整整译载了第一章。同时，他们在介绍俄国布尔什维克方面也不遗余力，组织了不少文章。

《晨报》本是研究系梁启超一派人的机关报。五四运动前后显然也受到欧美社会主义思潮的强烈影响，一度热衷于译介有关马克思主义和俄国革命的著作文章。它当时特别辟出版面刊出"马克思研究"专栏和"俄罗

---

① 《敬告中国之新民》，《大陆报》第八期，第 4 页。
② 杜士珍：《近世社会主义评论》，《新世纪学报》癸卯第二期。
③ 参见金冲及、胡绳武《辛亥革命史稿》第一卷，上海人民出版社 1980 年版，第 245 页。

斯研究"专栏，不仅介绍马克思、列宁的生平，而且花大量篇幅译介了若干马克思主义的经典著作，如马克思的《雇佣劳动与资本》《第三国际第一次代表大会宣言》以及考茨基的《马克思的经济学说》和日本社会主义者河上肇的《马克思唯物史观》等。同样，研究系在上海举办的《时事新报》副刊和《改造》杂志，也译介了不少有关马克思主义理论的文章。

同样受到社会主义思潮冲击和影响的还有在孙中山和国民党支持与指导下的《民国日报》副刊、《建设》与《星期评论》等。《民国日报》副刊《觉悟》在译介马克思主义著作方面所做的工作相当多。它在一段时间里译介了不少马克思列宁主义的原著，包括马克思、恩格斯的《共产党宣言》、恩格斯的《社会主义从空想到科学的发展》、列宁的《战争与和平》《论粮食税》《帝国主义》《帝国主义是资本主义的最高阶段》《国家与革命》，以及考茨基的《伦理与唯物史观》、布哈林的《无政府主义和科学社会主义》等。

陈独秀和李大钊等人，在五四运动之前就开始注意社会主义新思想传播。五四运动以后，从社会主义到改良主义、无政府主义、互助主义、工学主义、新村主义等各种思想都有传播，都有研究，但在社会改造问题上，主张社会主义日益成为时代主流。各种进步期刊和社团明显地表现了对社会主义的向往。社会主义成为时髦的新思潮。有的文章认为资本主义是大众的公敌，"要救中国社会，应当实行社会主义；要实行社会主义，应当先使生产社会化；要使生产社会化，必须借助政治的权力，必须先掌握政权，必须先干革命；要干革命，必须大家努力宣传，准备实力"[①]。当时有一篇文章对期刊中表现出的社会主义潮流做过这样的分析："一年以来，社会主义的思潮在中国可以算得风起云涌了。报纸杂志的上面，东也是研究马克思主义，西也是讨论鲍尔希维主义，这里是阐明社会主义的理论，那里是叙述劳动运动的历史；蓬蓬勃勃，一唱百和，社会主义在今日的中国，彷

---

① 上海《民国日报》副刊《觉悟》，引自《五四时期期刊介绍》第一集上册，生活·读书·新知三联书店1978年版，第194页。

佛有'雄鸡一唱天下晓'的情景。"①

马克思主义在中国的传播，推动了以陈独秀和李大钊为代表的一代有初步共产主义思想的知识分子的产生。他们在政治上是既不属于孙中山国民党，也不属于梁启超改良派，是一部分具有独立政治见解的新兴力量。他们明显地倾向于社会主义的改造方法，尤其看重平民及劳动阶级的历史作用。他们对俄国革命的同情和对马克思主义的重视，促使他们开始自发地组织各种马克思学说研究会、俄罗斯研究会，开始探讨在中国组织类似俄国布尔什维克党那样的组织。

本书根据近代中国"沉沦""上升"历史规律的理论体系，把1901年《辛丑条约》签订到1920年中国共产党早期组织成立这段时间，看作是"沉沦""上升"中间的过渡段："谷底"。

思考近代中国历史发展规律的时候，人们很容易看到，由于帝国主义的侵略，封建统治的腐败，使独立的中国社会变为半殖民地，独立主权、领土完整受到严重损伤，这就是近代中国的"沉沦"，甚至"沉沦"到"深渊"。但是近代中国历史是发展的，这个"沉沦""深渊"，就这么无限下去吗？于是提出了"谷底"理论来回答这个疑问。深渊的"底"在哪里？就在20世纪头20年，就在《辛丑条约》签订以后至北洋军阀统治时期，无论从国际关系的角度说，还是从国内历史进程的角度说，中国国势的沉沦都到了"谷底"。因为是"谷底"，所以是中国近代社会最困难的时候：《辛丑条约》给中国带来了最大的打击，帝国主义侵略中国更加重了，西有英国对西藏的大规模武装侵略，东有日俄在东北为瓜分中国势力范围进行的武装厮杀，北有俄国支持下外蒙古的独立运动，南有日本、英国、法国在台湾、九龙租借地和广州湾租借地的统治；到1915年以后，又有袁世凯接受日本提出的企图灭亡中国的二十一条、袁世凯称帝、张勋复辟、日本出兵青岛和山东以及军阀混战，民不聊生至于极点。看起来中国社会

---

① 《东方杂志》第十卷第四号，1921年2月25日。

变得极为黑暗、极为混乱，毫无秩序、毫无前途。这正是"沉沦"到谷底的一些表征。但是，正像黑暗过了是光明一样，中国历史发展在"谷底"时期出现了向上的转机。中国资产阶级革命派力量在此期间壮大起来，并导演了辛亥革命推翻帝制的悲喜剧。这个革命失败，中国人重新考虑出路。于是，新文化运动发生了，五四爱国运动发生了，马克思主义大规模传入并被人们接受也在这时候发生了。孙中山领导的中国国民党从这时改弦更张，重新奋斗。中国共产党在这时候成立并提出反帝反封建的明确主张。

我们可以看出，从这时候起，中国社会内部发展明显呈现上升趋势，中国人民民族觉醒和阶级觉醒的步伐明显加快了。在这以前，中国社会也有不自觉的反帝反封建斗争，也有改革派的主张和呐喊，但相对于社会的主要发展趋势而言，不占优势；在这以后，帝国主义的侵略还有加重的趋势（如日本侵华），但人民的觉醒，革命力量的奋斗，已经可以扭转"沉沦"，中国社会的积极向上一面已经成为社会发展的主要趋势了。这就是为什么不把辛亥革命，不把新文化运动和五四运动看作"上升"起点，而把中国共产党的成立看作"上升"起点的基本原因。

第八章　中国社会开始走上曲折的"上升"之路

第一节　中国共产党成立与反帝反封建民主革命纲领的提出

五四运动开始了中国工人阶级登上政治舞台的历程，为中国共产党的诞生准备了思想条件和干部条件。马克思主义的传播和先进知识分子的组织、推动，产生了中国工人阶级的代表——中国共产党，中国的政治面貌、社会结构和思想状况开始发生深刻的变化，中国社会向着国家独立、民主富强的"上升"趋势曲折前进。

工人阶级成长壮大，是中国共产党成立的阶级基础。据统计：甲午战争爆发前，中国大概有产业工人10万人，而到1913年第一次世界大战前，产业工人已发展到100万人左右。1914年至1919年第一次世界大战期间，外国列强忙于混战，无暇顾及中国国内市场，使得中国民族资本主义企业发展迎来短暂的春天，产业工人队伍迅速壮大，至五四运动前，全国产业工人有260万人左右，再加上约1800万的手工业工人、店员和城市苦力，已经形成一支数量庞大的近代工人阶级队伍。这支工人阶级队伍从它诞生之日起，就深受帝国主义、封建主义和资本主义的三重剥削和压迫。但是他们与先进的经济形势相联系，是新的社会生产力的代表，没有私人占有的生产资料，同社会发展的客观要求和广大劳动人民的根本利益保持一致，因此具有坚决、彻底的革命精神，积极参加各种形式的抗争。随着民族危机加深和阶级矛盾激化，工人阶级进一步表现出巨大革命力量。五四运动中，一批接受马克思主义的知识分子看到工人阶级蕴含的潜力，促使他们加快与工人相结合的步伐，有意识地到工人群众当中宣传社会主义思想，努力实现马克思主义与工人运动结合，为中国共产党成立打下基础。

马克思列宁主义在中国的传播，是中国共产党成立的思想基础。五四运动以后，马克思主义的传播日益扩大。陈独秀在《社会主义的批评》一文中指出"只有俄国底共产党在名义上，在实质上，都真是马格斯主义，而德国底社会民主党不但忘记了马格斯底学说，并且明明白白反对马格斯，表面上却挂着马格斯派的招牌"。因此，"中国底改造与存在，大部分都要靠国际社会主义的运动帮忙，这是不容讳饰的了；国内的资本阶级虽尚幼稚，而外国资本主义底压迫是人人都知道

维经斯基

的，因此阶级战争的观念确是中国人应该发达的了；再睁开眼睛看看我们有产阶级的政治家政客底腐败而且无能和代议制度底信用，民主政治及议会政策在中国比在欧美更格外破产了；所以中国若是采用德国社会民主党的国家社会主义，不过多多加给腐败贪污的官僚政客以作恶的机会罢了。"①

随着马克思列宁主义的广泛传播及与工人运动日益结合，建立一个

---

① 陈独秀：《社会主义批评》（1921年1月15日），载《陈独秀文集》第二卷，人民出版社2013年版，第133页。

第八章 中国社会开始走上曲折的"上升"之路

工人阶级的政党便提上日程。1920年3月，俄共（布）中央远东局外事处派维金斯基（中文名吴廷康）等到中国，寻求与革命者联系并试图建立政党。他们先在北京经过俄籍教员柏烈伟结识了李大钊等人。然后又通过李大钊的介绍，前往上海结识了陈独秀，并通过陈与上海等地的中国许多倾向于社会主义的知识分子进行了广泛接触与交谈。通过座谈，维经斯基向与会者系统地灌输了关于列宁主义的一些基本知识，说明了俄国革命成功的原因及其成功的方法，从而引起了人们极大兴趣。他鼓励中国的社会主义者联合起来。8月，陈独秀在上海筹建中国共产党上海发起组，成员主要有陈独秀、李达、李汉俊、陈望道等，并改组《新青年》为其机关刊物，李汉俊、陈望道任主编。10月，李大钊在北京发起成立共产党小组，11月底命名为中国共产党北京支部，成员主要有张申府、邓中夏、高君宇、罗章龙、张国焘、刘仁静、张太雷、何孟雄等，李大钊被推选为书记。上海、北京党小组成立后，带动其他地区如武汉、长沙、广州、济南等地纷纷成立党小组，海外欧洲、日本等地也都相继建立共产党的早期组织。各地共产党组织的建立及开展的活动为正式成立中国共产党创造了条件。

1920年8月，上海又新印刷所承印出版了中国第一部《共产党宣言》的全译本。11月，在维经斯基的帮助下，上海共产主义小组更进一步创办了自己的机关刊物——《共产党》月刊，旗帜鲜明地宣传无产阶级革命和共产主义的主张。上海还特别起草了一个《中国共产党宣言》，明确主张要像俄国十月革命那样，用强力打倒资本家的国家，铲除现在的资本制度，从资本家手里获得政权，实行无产阶级专政，建立一个没有经济剥削、没有政治压迫、没有阶级的共产主义社会。共产主义运动由此开始在中国有了自己的一块阵地。

1921年6月，共产国际代表马林和赤色职工国际代表尼科尔斯基到达上海，帮助中共建党。7月23日，创建中国共产党的第一次全国代表大会在上海法租界望志路106号（现兴业路76号）秘密举行。出席本次大会的有各地共产党或共产主义小组的代表：上海的李达、李汉俊；北京的张国焘、刘仁静；长沙的毛泽东、何叔衡；武汉的董必武、陈潭秋；济南的王尽美、邓恩铭；广州的陈公博，以及在日本的周佛海，陈独秀的代表包惠僧，共产国际代表马林、尼科尔斯基。党的主要创始人陈独秀、李大钊因公务繁忙未能参加大会。30日晚受到租界巡捕搜查后，31日会议转移到浙江嘉兴南湖的游船上进行并在此结束。

会议的议程包括各地代表向大会报告工作情况，起草并讨论和通过党的纲领，选举党的中央机构。

大会通过了《中国共产党第一个纲领》，对党的名称、党的性质、奋斗目标和组织原则做了明确规定。党的名称定为"中国共产党"，奋斗目标是"承认无产阶级专政"，"与无产阶级一起推翻资本家阶级的政权"，"消灭资本家私有制，没收机器、土地、厂房和半成品等生产资料，归社会公有"；组织形式是"苏维埃管理制度"，成为党员的条件是"凡承认本党纲领和政策，并愿成为忠实党员的人，经党员一人介绍，不分性别、国籍，均可接收为党员，成为我们的同志"。还规定"凡有党员五人以上的地方，应成立委员会"①。大会还通过了《关于当前实际工作的决议》，提出中共当时的基本任务是：成立产业工会，灌输阶级斗争精神，不使工会成为其他党派的傀儡及执行其他的政治路线；一切宣传出版工作均应受中央的监督，不得违背党的原则、政策和决议；对现有其他政党，应采取独立的攻击的政策，不同其他党派建立任何关系；党中央应每月向第三国际报告工作。②

大会选举陈独秀、张国焘、李达组成中央局，陈独秀为中央局书记，张国焘为组织主任，李达为宣传主任，组成中共领导机关。

中国共产党的成立，在当时是秘密的，社会影响不大。但历史很快就证明，这个党的成立，开辟了中国历史的新篇章，是马克思主义在中国由理论走向实践的发端，也是五四运动之后中国革命的性质由资产阶

---

① 《中国共产党第一个纲领》，《中共中央文件选集》第一册，中共中央党校出版社1989年版，第3—4页。

② 参见《中国共产党第一个决议》，《中共中央文件选集》第一册，第6—8页。

级领导的旧民主主义革命向无产阶级领导的新民主主义革命转化的重要标志。中国共产党旗帜鲜明地用马克思主义理论观察和分析中国的问题，主张用阶级斗争的方式夺取政权，建立无产阶级专政，实现共产主义，具有和当时中国所有党派都不同的阶级基础、理论指导和行动指南。中国共产党的成立使工人阶级有了自己政治上的代表，尽管对马列主义和中国社会面临的复杂形势认识不深，所提出的革命纲领尚待完善，但始终明确自己是工人阶级的政党，是工人阶级的先锋队，代表广大被压迫劳动群众的利益。

中国共产党的成立也是学习苏俄革命经验并得到苏俄指导的结果，中国共产党与苏俄及国际共产主义运动的密切的思想、组织联系，在今后的革命道路中既有成功经验亦有失败之处。但是，中国共产党的成立无疑是中国近代史上具有划时代意义的大事件，诚如毛泽东指出的"自从有了中国共产党，中国革命的面目就焕然一新了"①。

中国共产党成立后，除了发展组织外，还加强了对工会、青年、妇女运动的领导。具体来说，主要从三方面开展工作。

一是建立中国社会主义青年团。当时接受马克思主义、愿意投身社会革命的，以青年学生居多，因此党的早期组织建立青年团的工作尤为必要。1922年5月，中国社会主义青年团在广州召开第一次全国代表大会，制定了团的纲领和章程，选举了由施存统任书记，蔡和森、张太雷、俞秀松、高尚德等人组成的中央委员会，并通过了加入"少共国际"决议。团组织成立后，成为党领导青年运动的得力助手。

二是领导工农运动。中国共产党始终明确"党的一切活动都必须深入到广大的群众里面去"的理念，按照决议成立工人运动的领导组织、开展工人阶级宣传教育工作。根据规定，"凡有一个以上产业部门的地方，均应组织工会；在没有大工业而只有一两个工厂的地方，可以成立比较适于当地条件的工厂工会"。还规定，"对于手工业工会，应迅速派出党员，以使

---

① 毛泽东：《全世界革命力量团结起来，反对帝国主义的侵略》（1948年11月），载《毛泽东选集》第四卷，第1357页。

尽快进行改组工作"。通过在工会内部建立党组织，保证了党对工会和工会运动的领导。1921年8月11日，中国劳动组合书记部在上海正式挂牌办公，以张国焘为总主任，出版机关报《劳动周刊》，在"发刊词"中明确表示，要"本着中国劳动组合书记部的宗旨，为劳动者说话"。中国劳动组合书记部成立后，逐渐成为全国工人运动的总机关和领导者，并陆续在北京、汉口、长沙、广州、济南设立了分部。1922年5月1日至6日，由中国劳动组合书记部发起，邀请全国各地各党派工会团体，在广州河南机器维持会召开了第一次全国劳动大会，参加大会的代表共162人，代表12个城市、100多个工会组织、27万多名会员。代表中有共产党员、国民党员、无政府主义者，等等。大会顺利通过了10个决议案，其中，《八小时工作制案》《罢工援助案》和《工会组织原则案》都是劳动组合书记部的代表提出来的。从1922年初至1923年2月"二七"大罢工被镇压，在中国共产党的领导下，工人运动出现了一个高潮，其间30余万工人参加了大小100多次罢工。如1922年1月香港海员大罢工；8月京汉铁路长辛店工人罢工；9月湖南安源路矿工人大罢工；10月京奉铁路山海关铁工厂、唐山制造厂工人罢工。

中国共产党成立早期领导工人运动所积累的正反两方面经验教训，对后来的革命有着深远影响，不仅为中国共产党锻炼了大批年轻的干部，提升了中国共产党的组织力、动员力，也扩大了党在人民群众之中的影响，赢得了人民群众的拥护和爱戴，在之后的国共合作中得以充分表现，并由此开创了20世纪20年代中期激荡无数国人精神与生活的轰轰烈烈的国民革命时代。

三是适时召开党的第二次全国代表大会，提出党的最低纲领和最高纲领。1922年7月16日至23日在上海召开中国共产党第二次全国代表大会，出席大会的有中央局成员、党的地方组织的代表和参加远东各国共产党及民族革命团体第一次代表大会回国的部分代表，共12人，包括陈独秀、张国焘、李达、王尽美、蔡和森、施存统等。共产国际代表维经斯基也出席了会议。大会选举了新的中央领导机构，陈独秀、邓中夏、张国焘、蔡和森、高君宇为中央执行委员会委员，张国焘、蔡和森分别负责组织、宣传工作。大会决定出版党中央机关刊物——《向导》周刊，蔡和森任主编。

大会通过了《世界大势与中国共产党》等9个决议案和《中国共产党章程》，发表了《中国共产党第二次全国大会宣言》。宣言分析了国际形势和中国社会半殖民地半封建的性质，阐明了中国革命的性质、动力和对象，制定了中国共产党的最低纲领和最高纲领。最低纲领即现阶段的革命任务："消除内乱，打倒军阀，建设国内和平；推翻国际帝国主义的压迫，达到中华民族完全独立；统一中国本部（东三省在内）为真正民主共和国。"最高纲领为"要组织无产阶级，用阶级斗争的手段，建立劳农专政的政治，铲除私有财产制度，渐次达到一个共产主义的社会"①。

中共二大第一次将党在民主革命中要实现的目标同将来进行社会主义革命要实现的长远目标结合起来，不仅明确提出反对帝国主义、反对封建主义的民主革命任务，还明确指出要通过民主革命进一步创造条件，实现社会主义和共产主义。这是中国共产党人对中国国情和中国革命问题认识的一次深化，是党把马克思主义基本原理同中国革命实践相结合的一个重要成果。

第二节　中国国民党召开第一次全国代表大会国共合作开展农民运动与北伐战争

一　第一次国共合作的国内外形势

第一次世界大战结束后，国际局势发生重大变化，美国一跃成为世界强国，开始主导战后世界秩序的重建。为了削弱和限制日本，提议召开华盛顿会议。1921年11月12日至1922年2月6日，美、英、日、法、意、中、荷、葡、比九国会议在华盛顿举行，通过解决中国问题的所谓"华盛

---

① 《中国共产党第二次全国大会宣言》，《中共中央文件选集》第一册，第115页。

顿方案",其要点包括:(1)尊重中国的主权、独立和领土完整;(2)给予中国最充分的不受阻碍的机会,以发展并维持一个有效力和稳固的政府;(3)各国在华机会均等。华盛顿会议是继巴黎和会后,列强调整其在远东及太平洋地区利益关系的又一次重要会议,与巴黎和会一起形成所谓"凡尔赛—华盛顿体系",成为第二次世界大战爆发前列强之间大体平衡的竞争发展格局。中国虽然通过交涉,争取到提高关税、撤退外邮等权益,且在山东问题上获得相对可接受的结果,但英美列强在会议期间牺牲弱国利益的做法依旧,会议未能就中国提出撤退外国驻军、放弃势力范围、归还租界和租借地及实行关税自主等问题达成协议,反而进一步使得列强在华攫取的特权合法化,由此引发中国人民的强烈反对。中国共产党曾这样评论华盛顿会议:"华盛顿会议中之主要问题——中国问题,是在美国胁制之下解决的,结果,他们承认日本在满蒙和东部西伯利亚独占的掠夺,将中国置在他们共同侵略的'开放门户'政策之下。"而且,"华盛顿会议给中国造成一种新局面,就是历来各帝国主义者的互竞侵略,变为协同的侵略。这种协同的侵略将要完全剥夺中国人民的经济独立,使四万万被压迫的中国人都变成新式主人国际托拉斯的奴隶。因此最近的时期,是中国人民的生死关头,是不得不起来奋斗的时期。"① 会议结束后,北京、上海、天津、汉口、杭州等地学生和各界群众组织机会游行和罢课,反对中日两国政府举行会外交涉,要求取消"二十一条"。

在国内,帝国主义支持下的各派军阀混战不断,主要集中在皖、直、奉三大派系之间,由此派系矛盾与斗争成为军阀政治的常态,造成社会动荡,人民生活日加困苦。

在这种国内外形势下,中国国民党一直处在变化和"改组"之中。

二 孙中山"联俄""联共""扶助农工"思想的形成

"二次革命"失败后,孙中山先后发动了护国运动和护法运动,坚持

---

① 《中国共产党第二次全国大会宣言》,《中共中央文件选集》第一册,第106页。

举起民主革命的大旗。1919年10月他将中华革命党改名为中国国民党,颁发《中国国民党规约》,自任总理;1920年1月底建立广州军政府,11月修订《中国国民党总章》及规约;1921年,国会非常会议在广州召开,孙中山被选为大总统;1922年6月,广东陈炯明部叛变,炮轰总统府,孙中山避难至永丰舰,经香港到上海。这次事件使广东革命事业毁于一旦,孙中山于9月18日发表了《致海外同志书》,表达其内心的悲痛:"文率同志为民国而奋斗垂三十年,中间出死入生,失败之数不可偻指,顾失败之惨酷未有甚于此役者。盖历次失败,虽原因不一,而其究竟则为失败于敌人。此役则敌人已为我屈,所代敌人而兴者,乃为十余年卵翼之陈炯明,且其阴毒凶狠,凡敌人所不忍为者,皆为之而无恤,此不但国之不幸,抑亦人心世道之忧也。"① 这一事件还使孙中山认识到主义之统一与人心之坚定的重要性,迫切需要一个组织严密的革命党和一支服膺三民主义的军队来实现他的革命理想。为此,孙中山决定与苏俄合作,开始逐步形成"联俄、联共、扶助农工"的思想。

俄国十月革命的胜利和社会主义思潮在知识界的广泛传播不仅为中国共产党的成立奠定了思想基础,也成为孙中山改组国民党的思想来源之一。他曾经说:"我对中国革命的命运想了很多,我对从前所信仰的一切几乎都失望了,而现在我深信,中国革命的唯一实际的真诚的朋友是苏俄。"② 其中,《孙文越飞联合宣言》的发表标志着孙中山联俄政策的正式确立。

越飞曾任苏俄政府副外交人民委员,1922年7月26日被任命为驻华全权代表。从8月至12月,他与孙中山多次信件往来,希望与孙建立密切关系并商讨两国各种问题。1923年1月,孙中山联合各方力量讨伐陈炯明,迫使陈炯明逃往惠州。随后,孙中山在广州设立中华民国军政府海陆军大元帅大本营并任海陆军大元帅。与此同时,越飞向莫斯科报告认为与吴佩孚、张作霖的联系不是一件最紧要的事情,现在只有孙中山

---

① 孙中山:《致海外同志书》(1922年9月18日),载《孙中山全集》第六卷,第555页。
② 陈锡祺主编:《孙中山年谱长编》下册,中华书局1991年版,第1472页。

和中国国民党对于中国革命具有无比的重要性。1月4日，俄共中央政治局决议采纳越飞建议，全力支持中国国民党，决定"资助国民党的费用从共产国际的后备基金中支付"①。17日，越飞前往上海与孙中山进行正式谈判。26日，双方达成一项重要决议，即《孙文越飞联合宣言》，该宣言共四条：第一条，鉴于当时中国现状，指出"共产组织，甚至苏维埃制度，均不能引用于中国"，中国当前最重要的地方，在于"民国统一之成功，欲完全国家的独立之获得"，对于此点，越飞承诺"中国当得俄国国民最挚热之同情，且可以俄国援助为依赖也"；第二条，越飞重申，俄国政府准备且愿意根据俄国抛弃帝政时代中俄条约（连同中东铁路等合同在内）之基础，另行开始中俄交涉；第三条，双方同意维持中东铁路现状，以后协商解决；第四条，越飞表示"俄国现政府决无亦从无意思与目的，在外蒙古实施帝国主义之政策，或者使其与中国分立"②。孙中山据此表示苏军可暂时驻扎外蒙古。

《孙文越飞联合宣言》的发表，不仅标志着孙中山联俄政策的正式确立，也加快了同中国共产党合作的步伐。

孙中山到上海后，陈独秀、李大钊先后前去探望并同他交流探讨革命新道路问题，通过接触，孙中山对李大钊等共产党人产生了深刻印象，并同他们建立了联系。1922年8月28—30日，共产国际代表马林与中共领导人在杭州西湖举行秘密会议，这次会议决定共产党员以个人身份加入国民党同时保存共产党。中共中央同意后，孙中山委托张继等人与在沪国民党负责人商议，并通电国民党相关支部，国共两党领导人就中共党员加入国民党的问题达成初步共识。9月初，经张继介绍和孙中山"主盟"，陈独秀、李大钊等率先加入国民党。

1923年1月，共产国际执委会做出《关于中国共产党与国民党的关系

---

① 《俄共（布）中央政治局会议第42号记录》（1923年1月4日），载中共中央党史研究室第一研究部译《联共（布）、共产国际与中国国民革命运动（1920—1925）》，北京图书馆出版社1997年版，第187页。

② 《孙文越飞联合宣言》（1923年1月26日），载《孙中山全集》第七卷，第51—52页。

问题的决议》，指出"中国共产党党员留在国民党内是适宜的"，"但是，这不能以取消中国共产党独特的政治面貌为代价"①。这个决议在一定程度上推动了国共合作的进行。1923年"二七"罢工失败后，中国共产党于6月在广州召开第三次全国代表大会，出席大会的代表有30多人，代表全国党员420人。大会主要讨论了共产党员加入国民党的问题，通过了《关于国民运动及国民党问题的决议案》等10多个重要文件。大会决定接受共产国际关于国共合作的决议，决定保持党在政治上、组织上独立性的前提下，全体党员以个人身份加入国民党。

联共（容共）政策的形成是孙中山探索革命道路的新尝试。在国共合作酝酿过程中，国民党内部分右派分子竭力反对，但孙中山的态度十分坚决，并对国民党内的阻挠分子宣布，在必要时可以开除他们的党籍。

在中国人口中，农民占大多数，其次是工人，尤其是产业工人、手工业者及农业工人达数千万之多。孙中山在长期的革命斗争中，遭受了一次次的挫折和失败，其中原因之一就是没有广泛发动群众、组织群众，尤其是没有到下层的工农群众中去开展工作，也未能形成有组织的、持久的群众运动。五四运动中工人阶级爆发出的强大力量和工农运动的蓬勃发展，使孙中山认识到"农民是我们中国人民之中的最大多数，如果农民不来参加革命，就是我们革命没有基础"②。组织起来的工人，"既是有了团体，要废除中外不平等的条约，便可以做全国人的指导，作国民的先锋，在最前的阵线上去奋斗"③。扶助农工政策确立后，孙中山开始在实践中积极支持工农运动。

联俄、联共（容共）、扶助农工思想是孙中山晚年民主革命思想的精

---

① 《共产国际执行委员会关于中国共产党与国民党的关系问题的决议》（1923年1月12日），载中共中央党史研究室第一研究部译《联共（布）、共产国际与中国国民革命运动（1920—1925）》，第436页。
② 孙中山：《在广州农民运动讲习所第一届毕业礼的演说》（1924年8月21日），载《孙中山全集》第十卷，第555页。
③ 孙中山：《在广州市工人代表会的演说》（1924年5月1日），载《孙中山全集》第十卷，第149页。

华，在这一思想指导下，在共产国际和中国共产党帮助下，孙中山加快了国民党改组工作步伐。1923年1月，孙中山在上海召集中国国民党改造大会，发表《中国国民党宣言》，宣布《中国国民党总章》，完成国民党党务改进。10月19日，孙中山正式委派廖仲恺、汪精卫、张继、戴季陶、李大钊五人为国民党改组委员。25日，在广州召开改组特别会议，会上讨论了国民党改组计划和改组纲要。同日，孙中山任命胡汉民、林森、廖仲恺、邓泽如、杨庶堪、陈树人、孙科、吴铁城、谭平山为国民党临时中央执行委员，汪精卫、李大钊、谢英伯、古应芬、许崇清为候补执行委员，组织临时中央执行委员会，负责国民党改组的筹备工作。临时中央执行委员会成立后主要从两方面开展工作，一是筹备全国代表大会，二是在广州、上海两地进行"试点改组"，从党员登记入手，相继成立区分部、区党部。

三 中国国民党一大召开　确定国共合作方针

1924年1月20日至30日，中国国民党第一次全国代表大会在广州召开，孙中山担任大会主席，并指定胡汉民、汪精卫、林森、谢持、李大钊5人组成主席团。出席开幕式大会代表共173人[①]，其中有国民党党员廖仲恺、谭延闿、戴季陶、于右任、孙科、何香凝等，加入国民党的共产党员24人，其中有李大钊、毛泽东、张国焘、林伯渠、谭平山、于树德等。李大钊、于树德是大会宣言审查委员，毛泽东任章程审查委员会委员，谭平山任党务审查委员会委员。

大会审议并通过《中国国民党第一次全国代表大会宣言》草案[②]，确

---

① 中国国民党一大代表人数有不同说法，据考证，出席开幕式的代表165人，另加临时中央执行委员会委员6人，总理孙中山和一大秘书长刘芷芬，共173人。一大代表人数的考证，可参见陈锡祺主编《孙中山年谱长编》下册，中华书局1991年版，第1802页；又见路海江《国民党"一大"代表总数及出席会议代表人数考》，《党史纵横》1992年第3期。

② 这个草案，由鲍罗廷根据共产国际和孙中山的思想提出，瞿秋白翻译成中文，汪精卫做中文润色，在征求孙中山意见后交宣言审查委员会审查通过。

立了联俄、联共、扶助农工三大政策①,并对三民主义做了新的解释,赋予三民主义新的社会政治内涵,指出民族主义具有阶级性,对不同阶级具有不同的意义,对外主张"中国民族自求解放""免除帝国主义之侵略",对内主张"各民族一律平等"。民权主义主张直接的、普遍的、革命的民权,民权不只赋予那些坚持革命政权观点的人,而且为一般平民所共有,非少数人所得而私;民生主义包含平均地权和节制资本的原则。平均地权是由国家通过征税和收买的方法,使土地的增值收归国家,防止"土地权为少数人所操纵"。节制资本是防止私人资本操纵国民生计。民生主义的出发点,是防止垄断性的大资本家出现,反对大资本家垄断社会财富。

经过重新解释的"三民主义"被称为"新三民主义",由于其政纲同中国共产党的民主革命纲领基本原则一致,因而成为国共合作的政治基础。

大会还通过了《中国国民党章程》,规定国民党从中央到基层的完整的组织系统,专设"总理"一章,规定孙中山为总理,总理为全国代表大会和中央执行委员会主席。在讨论共产党员参加国民党的问题时,发生了激烈讨论。有人提出应在国民党新章程中加入"本党党员不得加入他党"的条文,以反对共产党员的"跨党"。李大钊代表中国共产党在会上发言并印发了《意见书》,指出:"我们之加入本党,是为有所贡献于本党,以贡献于国民革命的事业而来的";"我们来参加本党而兼跨固有的党籍,是光明正大的行为"②。李大钊的声明得到与会的绝大多数代表的赞同,会议通过对国民党章程的讨论,正式确认共产党员以个人身份加入国民党。

大会选举了中国国民党中央执行委员会,其中,中国国民党党员有胡汉民、汪精卫、廖仲恺、戴季陶、林森、邹鲁、谭延闿、于右任等,共产

---

① 国民党一大宣言通过的政策有多项,虽没有明确提出"三大政策"字样,但是联俄、联共、扶助农工是其中最核心的三项。台湾的国民党学者不承认"三大政策",认为"三大政策"是共产党概括出来的,且认为没有联共,只有"容共"。其实,联共与容共,并无本质差别。
② 李大钊:《在中国国民党第一次代表大会上的发言》(1924年1月28日),载《李大钊文集》第四卷,人民出版社1999年版,第370页。

党员有李大钊、谭平山、于树德、毛泽东、林祖涵、瞿秋白、张国焘、于方舟、韩麟符、沈定一10人，当选为中央执行委员或中央候补执行委员，约占委员总数的四分之一。会后设立的中央党部七个部中，中共党员占据了两个部长（组织部、农民部）和相当于副部长的秘书（组织部、工人部、农民部）职位。

中国国民党第一次全国代表大会的召开，是国民党正式改组和国共合作正式形成的标志，是中国实践民主革命纲领和民主联合战线政策的重大胜利，也是孙中山晚年推动中国革命的一大历史功绩。在中国共产党的帮助下，中国国民党有了一个比较明确的民族民主革命纲领，而国共合作的正式建立，开启了中国民主革命的新篇章，掀起了国民革命的高潮。

四　工农运动与北伐战争的胜利开展

中国共产党第一次、第二次全国代表大会和中国国民党第一次全国代表大会的召开，国共合作关系的确立，非常鲜明地表现了近代中国的"沉沦"开始走出了"谷底"，出现了近代中国历史"上升"的历程。

国民党一大后，国共合作推进国民革命运动的步伐加快了。

一是黄埔军校的创办。

1924年1月，孙中山委派蒋介石为军校筹备委员会委员长，军校校名定为"中国国民党陆军军官学校"，校址选在广州珠江口的黄埔岛上，因此一般俗称"黄埔军校"。1924年5月5日，黄埔军校开学，6月16日举行开学典礼。孙中山自任军校总理，任命蒋介石为校长，廖仲恺为党代表，何应钦任总教官，设政治、教授、教练、管理、军需、军医各部。黄埔军校是在苏联协助下建立的，其组织体制参考了苏联红军，初期的军事课程则由苏联顾问负责指导，这些对国民革命军的各军事学校乃至军事体系，均产生了深远影响。[①] 共产党人积极参加办学，从各地选派大批党、团员和

[①] 参见张瑞德《国民革命军的制度与战力》，载王建朗、黄克武主编《两岸新编中国近代史》（民国卷）上，社会科学文献出版社2016年版，第210页。

革命青年到军校学习,周恩来、聂荣臻、恽代英、萧楚女、熊雄等中共党员也在军校中担任政治教官和各级领导职务,为中共培养和锻炼了一批军事干部和军事人才。为适应革命形势的需要,缩短了学制,学生入学后仅一个月的入伍教育(第四期起改为半年)和六个月的正式教育。黄埔军校下设政治部和党代表,政治部负责对学员进行政治教育,提高学员的政治修养,向学员灌输革命知识,党代表的职责主要是监督和指导各级军事长官的工作,必要时可直接指挥军队。军校还建立了党的组织系统,规定所有学生需加入国民党,并在师生为骨干的基础上,建立革命武装。军队党化,改变了自湘淮军以来兵为将有、兵为私人所有的局面,这在中国近代军队建设史上具有重要的开创意义。

从 1924 年 5 月到 1927 年 7 月,黄埔军校共毕业六期学员计 2 万余人,为国民革命军东征、北伐的开展奠定了基础。

二是 1925 年爆发的五卅运动和省港大罢工,是国民革命运动兴起的标志之一。

1925 年 5 月 15 日,日资上海内外棉第 12 厂工人顾正红被日本职员枪杀,引发工厂 2 万工人罢工,学生展开募捐和追悼活动。16 日、19 日中共中央连续发表通告,指示各地党、团员立即号召社会各界人士一致援助罢工工人,发起一场反对日本帝国主义的运动。28 日,中共中央和上海党组织召开紧急会议,决定发动学生和工人在 30 日到租界内举行大规模的反帝示威活动。是日,上海各校学生 3000 多人前往租界散发传单和发表演说,租界工部局出动大批巡捕企图驱散学生,学生与巡捕发生冲突,遭到逮捕。下午,数万群众聚集在南京路老闸捕房外示威,要求立即释放被捕学生,武装巡捕对示威民众开枪射击,打死十余人,重伤数十人,酿成震惊中外的五卅惨案。以后几天,在上海和其他地方又连续发生英、日等国军警枪杀中国民众的事件。

惨案发生当晚,中共中央召开紧急会议,讨论和制定反帝斗争的策略,决定成立以瞿秋白、蔡和森、李立三、刘少奇和刘华等人组成的行动委员会,加强对运动的领导,并展开工人罢工、学生罢课、商人罢市的斗争。6

月1日，成立由李立三、刘华分任正副委员长的上海总工会。4日，中国共产党发起成立具有联合战线性质的上海工商学联合委员会，主要由上海总工会、全国学生联合会、上海学生联合会和上海各马路商界总联合会四大团体各派六名代表组成，作为运动的公开指导机关，上海总商会拒绝参加，允诺站在调停的位置。

五卅运动期间，数十万工人持续罢工数月之久，在中国历史上前所未有。据估计，整个运动期间，国内有600多座城镇、1700万人、近万个民众团体，海外近百个国家和地区的华侨参加了这场运动。各地为援助运动而发生的罢工多达135次，罢工工人总计约50万人，显示出已经觉醒了的中国民众的巨大威力，给帝国主义和军阀势力以沉重打击。发生在广州和香港的省港大罢工，是五卅运动的重要组成部分。

五卅惨案发生后，中共广东区委立即派邓中夏、苏兆征等赴香港酝酿罢工以声援上海。6月3日，广州各界群众举行示威游行，声援五卅运动。19日，香港工人举行大罢工。23日，广州工农商学兵各界和港澳各团体10万余人在广州举行大会和示威游行。当游行队伍经过沙基时，遭到英国军警的排枪袭击，当场死亡52人，重伤170余人，这就是沙基惨案。惨案发生后，一场大罢工迅速席卷香港、广州。30日，香港罢工工团召开代表大会，有100多个团体代表到会，决议将香港工团总会迁设广州。7月初，省港罢工委员会正式成立，苏兆征、林伟民、李森等13人当选为委员，苏兆征任委员长，邓中夏、廖仲恺等被聘为顾问。1926年10月上旬，中共鉴于国内外形势的变化，决定在维护罢工工人利益的前提下，结束罢工。10月上旬，省港罢工委员会发表宣言，宣告罢工结束。

省港大罢工坚持16个月之久，在经济上、政治上给英帝国主义沉重打击，为统一广东革命根据地和维护社会秩序、为北伐的顺利开展做出了贡献，中国共产党在领导五卅运动和省港大罢工的过程中也壮大了自己的组织力量。

三是筹划成立广州国民政府，开始北伐。

孙中山在确定"联俄"政策后，增强和坚定了对"以党建国""以党治国"和一党独掌政权的信念。① 他在国民党一大召开的第一天就提出《组织国民政府之必要案》，认为"尚有应研究之问题二：一立即将大元帅政府变为国民党政府，二先将《建国大纲》表决后，四处宣传，使人民了解其内容，结合团体，要求政府之实现"②。根据孙中山的提议，国民党一大通过了《组织国民政府之必要提案》《国民政府建国大纲》。因国内局势复杂多变，尤其是广东的军情风云突变。因此，国民政府的具体组建工作没有正式提上日程。

1925年2月、3月间，广东革命政府以黄埔学生军和粤军许崇智部为主力举行了第一次东征，讨伐陈炯明部。革命军在东江农民的支援下，打垮了陈炯明部主力，占领潮州、梅县等地。3月12日，孙中山在北京病逝，5月、6月份革命军取得讨伐滇桂军阀的胜利，广东局势转危为安。6月14日，国民党中央政治委员会召开会议，拟定《政府改组决议案》、国民政府委员会名单及《中华民国国民政府组织法》，并于30日报送中央执行委员会审议。7月1日，国民政府在广州正式宣告成立，实行委员制，以汪精卫、廖仲恺、胡汉民等16人为委员，汪精卫兼任国民政府主席。3日又成立了军事委员会，委员有汪精卫（兼任军委会主席）、胡汉民、伍朝枢、廖仲恺、蒋介石等8人，规定所管辖各军一律称为"国民革命军"，并将黄埔军校的"党军"的治军原则推广至国民革命军，标志着国民党全面确立了"党军"体制。具体做法是将黄埔军校的"党军"和驻扎在广东的粤、湘、滇军先后改编为国民革命军7个军共8.5万人。

1926年6月初，国民政府任命蒋介石为国民革命军总司令，7月上旬举行总司令就职及北伐誓师典礼，北伐战争打响。当时的广州国民政府有三个讨伐对象：一是河南、湖北、湖南和直隶南部的直系军阀吴佩孚，号称有兵力20万人；二是盘踞江苏、浙江、安徽、福建、江西的孙传芳，号

---

① 王奇生：《党员、党权与党争：1924—1949年中国国民党的组织形态》，上海书店出版社2003年版，第21页。

② 孙中山：《关于组织国民政府案之说明》（1924年1月20日），载《孙中山全集》第九卷，第103页。

称有兵力22万人；三是占有东北和山东、直隶、热河、察哈尔等地并控制北京政权的张作霖，掌握兵力35万人，并拥有空军和兵工厂，是北方军阀中势力最强者。此外，还有一些地方军阀如山西的阎锡山、云南的唐继尧、贵州的袁祖铭、四川的刘湘、湖南的赵恒惕等。

国民革命军的作战方针是首先向湖南、湖北进军，消灭吴佩孚部主力，同时争取张作霖、孙传芳暂时保持中立，待两湖战场取得胜利后再东进，消灭孙传芳部，最后北上与张作霖部作战。

北伐战争的前奏是援湘作战。1926年3月，原本听命于吴佩孚的湖南军阀赵恒惕在湖南人民和反赵势力逼迫下，离开长沙，由湖南省防第四师师长唐生智代理省长职务，遭到吴佩孚的反对，吴佩孚一方面委任湖南省防第三师师长叶开鑫为"讨贼联军湘军总司令"，攻打唐生智，一方面调军入湘，援助叶开鑫。5月，广州国民政府军事委员会决定出兵入湘，随即任命唐生智担任国民革命军第八军军长兼北伐前敌总指挥，同时派第四军独立团叶挺部担任北伐的先遣部队，出兵援唐。5月底，叶挺独立团和七军一部分分别从广东、广西挺进湖南。国民革命军援湘作战，稳定了湖南政局，为北伐全面进行奠定了基础。6月底，北伐军分左、中、右三路北上。7月下旬，唐生智宣布就任国民政府委任之职，废除赵恒惕主政时期之省宪法，解散省议会，直属广州国民政府领导。北伐军一路势如破竹，先后在鄂南取得汀泗桥和贺胜桥战役的胜利，并于10月10日占领武昌，从而占据湖南、湖北，吴佩孚的主力基本被消灭，吴也因此败走河南，一蹶不振。

吴佩孚的主力被打垮之时，主战场转向江西。1926年8月，孙传芳召开军事会议，决定从苏、浙、皖三省抽调主力部队10万人入赣，准备与北伐军作战。双方在江西、福建、浙江、江苏等战场激战，孙传芳节节败退。11月8日，北伐军攻入南昌，孙传芳的主力大部分被消灭。紧接着北伐军在福建战场也获得胜利。到1927年3月，程潜部围攻南京，迅速突破了孙传芳和直鲁联军的防线，24日占领南京。

从1926年7月到1927年3月，北伐军出征近10个月，打垮了吴佩孚和孙传芳的主力,从广东打到武汉、南京、上海,革命势力拓展到长江流域,给北洋军阀势力致命打击,显示出国共合作的巨大力量,推动了国民革命的深入开展。

北伐战争还推动了工农运动的发展。北伐军占领长沙、武汉后,两省都成立了总工会,到1926年12月,全国工会会员由北伐前100多万人增加到近200万人。有资料统计,从1926年10月到1927年4月,武汉地区工人罢工300多次,平均每天约1.5次,有150多个工会,数十万工人参加了罢工斗争。上海工人阶级为了配合北伐战争,先后举行三次武装起义,其中1926年10月和1927年2月两次武装起义都因缺乏经验和准备不足而中途流产。1927年3月21日发动第三次起义,中共中央鉴于前两次的失败,成立特别委员会,周恩来担任总指挥。3月20日,北伐军进攻淞沪,逼近龙华。21日,80万工人举行罢工,后转为武装起义。3月下旬,上海全市均为罢工工人占领,上海临时市政府宣告成立,上海工人第三次武装起义获得胜利。

工人运动开展的同时,农民运动也发展迅速。

国民党中央不仅设有农民部,而且组织农民运动讲习所,培养农民运动指导人才,共产党人首先将农民运动付诸行动。一些国民党左派的干部党员在北伐战争打响后,"紧随军队之后,与共产党人一起,大力推进了南方各省,尤其是两湖与江西等地的工农运动"[1]。

北伐战争前,农民运动主要以广东为中心,1926年9月,毛泽东发表《国民革命与农民运动》,指出"农民问题乃国民革命的中心问题,农民不起来参加并拥护国民革命,国民革命不会成功……若无农民从乡村中奋起打倒宗法封建的地主阶级之特权,则军阀与帝国主义势力总不会根本倒塌。"[2] 10月,中共中央在上海成立农民运动委员会,毛泽东担任书记。农

---

[1] 杨奎松:《国共分和的背景、经过与原因》,载王建朗、黄克武主编《两岸新编中国近代史·民国卷》(上),社会科学文献出版社2016年版,第333页。
[2] 毛泽东:《国民革命与农民运动》(1926年9月1日),载《毛泽东文集》第一卷,人民出版社1993年版,第37、39页。

委成立后，制订了《目前农运计划》，指导各地农民运动。北伐开始后，农民运动由广东扩展到湖南、湖北、江西、河南、陕西、四川等省。其中湖南农民运动势头迅猛，毛泽东在其中的贡献较大。1926年11月，毛泽东担任中共中央农委书记。1927年1月4日至2月5日，他对湖南湘潭、湘乡、衡山、醴陵、长沙五县农民运动做了32天的考察，于3月发表《湖南农民运动考察报告》，指出"国民革命需要一个大的农村变动。辛亥革命没有这个变动，所以失败了。现在有了这个变动，乃是革命完成的重要因素"[①]。当时担任国民党中央农民部长和国民革命军总政治部主任的邓演达，也积极扶助农民运动的开展，于1927年春相继成立总政治部农民问题讨论会、中央农民运动讲习所等，全国各地农会也相继成立。

工农运动的蓬勃发展，不仅调动了广大群众投身国民革命的积极性，提高了工农群众的思想觉悟，也动摇了帝国主义和军阀势力的统治，成为北伐战争的重要组成部分。

国民革命顺利开展的同时，国民党内部和国共合作统一战线开始出现分化和斗争。国民党内部对孙中山的"容共"政策一开始就存在分歧，如冯自由、马素、邓泽如等人在孙中山改组国民党之际就明确表示反对共产党跨党。1924年8月国民党一届二中执会上讨论国民党中央监察委员邓泽如、张继、谢持等人提出的"弹劾共产党案"，通过《中国国民党中央执委会颁发有关容纳共产分子问题之训令》[②]，又通过《关于在国民党内之共产派问题的决议案》，做出关于国共合作的决议，"中国国民党对于加入本党之共产主义者，只问其行动是否合于国民党主义政纲，而不问其他。至于本党之外存在之中国共产党，作为非共产主义政党之国民党，对其存在及其党员之行动，殊无监督之必要"[③]，坚持了国共合作的立场，彻底否定了"弹劾共产党案"，由此引发部分国民党内右派不满。

---

① 毛泽东：《湖南农民运动考察报告》（1927年3月），载《毛泽东选集》第一卷，第16页。
② 荣孟源、孙彩霞主编：《中国国民党历次代表大会及中央全会资料》上册，光明日报出版社1985年版，第72—75页。
③ 《关于国民党内之共产派问题的决议案》，载中共中央党史研究室第一研究部译《联共（布）、共产国际与中国国民革命运动（1920—1925）》，第523页。

1925年3月12日孙中山去世后，国民党内右派势力集结，先是戴季陶出版了《孙文主义之哲学的基础》《国民革命与中国国民党》等小册子，反对马克思主义理论，要求加入国民党的共产党员脱离一切党派，成为单纯的国民党党员。此外，国民党内的右派还不断制造事端，攻击共产党和国民党内的左派，于1925年8月20日暗杀了左派领袖廖仲恺，当时廖仲恺在党内的地位仅次于汪精卫和胡汉民，一身兼任多职。国民党中央和国民政府指派汪精卫、许崇智、蒋介石三人组成特别委员会，处理廖案；组织陈公博、周恩来等9人参加"廖案检查委员会"，负责检查事宜。在这一案件调查过程中，蒋介石是最大的受益者，他全力支持汪精卫，打击胡汉民，逼走许崇智，从此成为国民党内真正的军事领袖。[①] 邹鲁、谢持、林森等一批国民党右派于11月23日在北京西山召开会议，至次年1月4日宣布闭幕，前后延续达42天之久，这些与会者被称为"西山会议派"，主要讨论与共产党的关系、与广州中央的关系、与苏俄的关系等三个议题，其基本主张一是对"容共"政策不满，主张"分共"；二是对汪精卫主导的广州国民政府不满，宣布停止广州中央执行委员会的职权，在上海另立中央；三是决议解雇鲍罗廷，但无意放弃联俄政策。"西山会议派"的活动造成了国民党改组以来的第一次正式分裂，因此1926年1月国民党"二大"对其做了组织处理。随着北伐的胜利，广州国民政府的合法地位更加稳固，"西山会议派"另立的"中央执行委员会"自1926年7月后再未开过会，号召力日渐减弱，活动空间日益狭小，部分党员转投广州国民政府。

第三节 国共合作破裂 第一次国内革命战争失败

1926年3月20日，黄埔军校校长蒋介石以其座舰"中山舰"出现"异动"为由，宣布紧急戒严，软禁苏联顾问，并逮捕"中山舰"舰长、共产党员李之龙，制造了"中山舰事件"（亦称"二二〇"事件），意味着

[①] 金以林：《国民党高层的派系政治——蒋介石"最高领袖"地位的确立》，社会科学文献出版社2016年版，第24页。

国共纷争的进一步升级。该事件主要成因是蒋介石个人猜忌，误认为是汪精卫和苏联军事总顾问季山嘉与中共联手的倒蒋阴谋，临时采取的军事行动。① 事变当天下午，在判定并不存在特别危险和阴谋后，蒋介石下令取消戒严，交还了收缴的武器并释放被软禁的中共党员。汪精卫对这次事件非常激愤，又得不到苏联顾问支持，负气出走海外。4月16日，在国民党中央党部与国民政府联席会议上，蒋介石被选为军事委员会主席。② 5月中旬，蒋介石主持召开国民党二届二中全会，会上通过了《整理党务决议案》，包括4个子决议案，内容主要有：凡他党党员之加入国民党者，对于总理及三民主义不得加以怀疑或批评；中共应将加入国民党的党员名册交由国民党中央执行委员会主席保存；加入国民党的中共党员在国民党高级党部任执行委员之人数，不得超过总数的三分之一；中共党员不得充任国民党中央机关之部长；加入国民党的共产党员，非得有国民党最高级党部之许可，不得另有政治关系之组织及行动；中共对加入国民党的共产党员所发之一切训令，应先交两党联席会议通过；国民党未获准脱党以前，不得加入其他党籍，如既脱国民党而加入他党者，不得再入国民党；全体国民党员重新登记。③

根据《整理党务决议案》，谭平山、林伯渠、毛泽东等分别辞去了国民党中央组织部长、农民部部长和宣传部代理部长职务。蒋介石则通过"中山舰事件"和"整理党务案"，先担任国民党中央组织部长兼军人部部长，后又担任国民党中央常务委员会主席和国民革命军总司令，逐渐控制国民党、国民政府和国民革命军的大权。

为遏制蒋介石势力的扩张，以顾孟余、何香凝等人为代表的国民党左派主张迎汪复职。1926年8月下旬，迎汪运动公开化，主要分三股力量：

---

① 关于"中山舰事件"的研究，参见杨天石《"中山舰事件"之谜》，《历史研究》1988年第2期。
② 参见金以林《国民党高层的派系政治：蒋介石"最高领袖"地位是如何确立的》，第23—32页。
③ 中国第二历史档案馆编：《中国国民党第一、二次全国代表大会会议史料》（下），江苏古籍出版社1986年版，第712—716页。

第八章　中国社会开始走上曲折的"上升"之路

一是部分黄埔军校的学生；二是广州的工人组织；三是以唐生智、张发奎为代表的北伐前线将领。中共中央既将蒋介石列为"将来之敌人"，又将蒋介石视为"现在之友军"，处在"既不能推翻，又不能拥护""不联合不行、不反对也不行"的两难境地。在迎汪复职运动中基本方针是"继续汪蒋合作的口号，要汪回来建立一个左派指导权的政府"①。

迎汪复职运动开展之际，又起迁都之争。北伐军攻占武汉后，1926年11月国民党中央政治会议决定中央党部与国民政府迁都武汉，30日政治会议议决设立政治会议广州分会。13日，在苏联顾问鲍罗廷提议下，国民政府在武汉宣布成立"中国国民党中央执行委员暨国民政府委员临时联席会议"，暂时执行最高职权。这一举动遭到蒋介石的抵制和反对，1927年1月3日，他趁张静江、谭延闿等中央执行委员路过南昌，召集中央政治会议第六次临时会议，劝说与会者同意将中央党部及国民政府暂驻于他掌控的南昌，迁都问题以后再议，由此造成武汉与南昌的对峙。2月下旬，武汉方面宣布结束临时联席会议，中央党部与国民政府开始在武汉办公，南昌方面也声明国民政府仍在南昌照常办公，俨然形成两个中央。1927年3月10日，国民党二届三中全会在武汉召开，蒋介石和张静江没有出席，会议由鲍罗廷和国民党左派控制。蒋介石原来的职位如中常会主席、中央组织部长、军人部长，均被撤销或被替代，只保留国民革命军总司令一职，而总司令的权限，复由全会通过的条例加以限制。此外，为改变蒋介石在黄埔军校培养个人势力的状况，会议决定军事政治学校及各分校，均改校长制为委员制。4月1日，武汉国民政府下令废除国民革命军总司令一职，改为集团军，仍命蒋介石为第　集团军总司令，冯玉祥为第二集团军总司令，试图削弱蒋介石军权。

国民党二届三中全会虽削弱了蒋介石的权力，却也成为他清党反共的转折点。4月5日，汪精卫约见陈独秀，两人发表《国共两党领袖联合宣

---

① 《中共中央政治报告——关于目前形势与党的主要工作》（1927年1月8日），载中共中央文献研究室、中央档案馆编《建党以来重要文献选编（1921—1949）》第四册，中央文献出版社2011年版，第5页。

言》,其中写道:"中国共产党坚决的承认,中国国民党及国民党的三民主义,在中国革命中毫无疑义的需要",要求国共两党同志"不听信任何谣言,相互尊敬","开诚合作,如兄弟般亲密"①。宣言表明陈独秀并没有认清当时的局势,而蒋介石与中共的矛盾已经激化。蒋认为武汉国民政府的种种做法都是鲍罗廷和中共在幕后操纵,因此对鲍罗廷和中共非常痛恨。4月12日,蒋介石下令淞沪戒严司令部正副司令白崇禧、周凤岐,以制止械斗为名,利用青洪帮做前锋,在一天之内迅速将上海工人纠察队的武装收缴。13日,上海10万人在闸北集会抗议,游行群众遭到军队用机关枪密集射击,当场死亡100多人。到14日,上海工人被杀者300多人,被捕者500多人,失踪者5000多人。蒋介石还下令解散上海总工会,查封革命组织,捕杀共产党员和革命者,汪寿华等中共党员英勇牺牲。蒋介石在日记里写道:"上海工团枪械昨日已缴,颇有死伤,而浙江各处CP(英文'共产党'一词的缩写——引者注)皆同时驱逐。"② 这就是"四一二"政变。随后,蒋介石在南京、无锡、宁波、杭州、福州、厦门等地以"清党"为名,清洗共产党员和革命群众。"四一二"政变标志着蒋介石彻底叛变革命,是国共合作的大革命从胜利走向失败的转折点。

16日,蒋介石召开政治会议,决议在南京成立国民政府与中央党部,开始"清党",大肆屠杀共产党员和革命群众。清党反共运动迅速在蒋介石势力所及的江、浙、皖、闽、粤、桂等省区铺开。4月18日,南京国民政府宣告成立,国民政府一分为二,宁汉对峙由此形成。

随着"四一二"政变发生和南京国民政府建立,蒋介石的强势地位形成,武汉国民政府与南京合流的趋势很快就出现了。武汉政府的统治区域较小,湖南由唐生智控制,截留了财政收入,江西则入不敷出,仅靠湖北一省财政支持。南京政府成立后,武汉地区掀起了声势浩大的讨蒋运动,武汉国民党中央下令开除蒋介石的党籍,免去他的各类职务。中共中央也

---

① 陈独秀:《国共两党联合宣言——告全党同志书》(1927年4月4日),载《陈独秀文集》第四卷,人民出版社2013年版,第66—67页。
② 蒋介石日记,1927年4月13日,藏美国斯坦福大学胡佛研究所。

发表宣言，谴责蒋介石的暴行。与此同时，两湖地区的工农运动也在继续发展，尤其是农民要求解决土地问题的自发斗争，关于这一问题，武汉革命阵营内部并未达成一致，反倒矛盾不断。农民运动持续高涨态势引起汪精卫、孙科、顾孟余、谭延闿等人的不满。1927年4月下旬至5月中旬，国民党中央党部决议在湖南、湖北、江西等省组织特别委员会，同时陆续出台一系列限制工农运动的条例和法令。在这种局面下，部分武汉政府的军官发动武装叛变，5月21日，第三十三团团长许克祥在长沙发动"马日事变"①，捕杀共产党员和群众100多人。

6月27日，武汉国民政府决定解散工人纠察队，逼迫谭平山、苏兆征辞去国民政府部长职务，停止宣传工作。面对危急的革命形势，共产国际发来指示要求中共开展土地革命，改造国民党组织，建立工农武装，但还未贯彻实施，就被共产国际代表泄露给汪精卫，成为汪精卫"分共"的借口。

7月15日，汪精卫等控制的武汉国民党中央召开会议，决定"分共"，开始对共产党人和革命群众公开镇压，大批共产党员和群众被捕杀，共产党被迫转入地下，第一次国共合作彻底破裂，也宣告了国民革命的失败。

第四节　宁汉合流与东北易帜　国民党军阀大混战

"四一二"政变后，18日，蒋介石于原江苏省议会门外举行南京国民政府成立典礼。同日，国民党中央政治会议发表《国民政府建都南京宣言》，宣告自己的政治理念。南京国民政府成立后不久，国民党中央政治会议主席胡汉民宣布取消"打倒西山会议派"的口号，后在联席会议上通过恢复西山会议派的林森、张继、谢持、居正、邹鲁等18人的党籍。这时，南京国民政府主要面临两方面挑战。

一是武汉国民政府。武汉国民政府是广州国民政府的延续，汪精卫

---

① 马日即21日。旧时拍发电报为了省字省钱，为电报编了代日韵目，21的韵目为马。

也是合法推举出来的政治领袖,有较多的中央执监委员支持,占据湖北、湖南、江西三省并由湖南将领唐生智主持军事,虽实力弱但居正统地位。二是占据河南、陕西及甘肃的国民革命军第二集团军总司令冯玉祥和占据山西、绥远和直隶一部分地区的国民革命军北方总司令阎锡山,两者实力较强,但在宁汉两个政权间摇摆,力主宁汉调和。7月24日,汪精卫、谭延闿、孙科等回电冯玉祥,表示愿意"和平统一"并"迁都南京"。8月8日,李宗仁联络宁方将领联名致电汪精卫,表示愿意和平解决党内纠纷。此时,由于北伐军在东线战事失利,加上武汉政权和桂系李宗仁、白崇禧等的联合压力下,蒋介石于8月12日晚宣布下野,辞去国民革命军总司令的职务,南京政权落入李宗仁、白崇禧、何应钦等军事将领的控制之中。

1927年8月19日,武汉国民党中央执行委员会第25次扩大会议通过迁都宣言,并撤销对胡汉民、蔡元培、吴稚晖、李济深、张静江、蒋介石、古应芬、萧佛成、陈果夫等人开除党籍的处分。22日晚,李宗仁与汪精卫、谭延闿、孙科、陈公博、唐生智、朱培德、程潜等9人在九江举行会议,商定武汉政府于9月3日迁往南京。

在"反共"目标一致和实现"党内团结"的旗号下,9月11日至13日,宁、汉、沪(西山会议派)三方主要负责人在上海伍朝枢寓所举行谈话会。15日,宁、汉、沪(西山会议派)三方在南京召开国民党中央执监委员临时联席会议,会议决定设立"中国国民党中央特别委员会",改组国民党中央党部和国民政府。16日,国民党中央特别委员会宣告宁、汉、沪三个国民党中央合流,但并未消除国民党内的矛盾。20日,国民政府军事委员会委员宣誓就职,同日发表国民政府成立宣言,宣布6条施政方针,包括继续北伐、削平军阀、完成全国统一、贯彻废除不平等条约主张以及肃清共产党等。宁汉至此实现合流。

11月蒋介石回国,国民党内各派系再次进行权力重组。1928年1月4日,蒋介石在南京宣布继续行使国民革命军总司令职权,此后,在"国民党中枢暂时出现了蒋介石一人在朝,汪精卫、胡汉民两人分别下野出洋的

第八章　中国社会开始走上曲折的"上升"之路

局面"①。2月上旬，按照蒋介石意愿，国民党二届四中全会召开，改组了国民党中央机构和国民政府，会议通过国民革命军总司令得兼任军事委员会主席的决议。蒋被推选为国民党最高日常议事机构——中央政治会议的主席，确立了蒋介石在国民党内的权力核心地位。国民党二届四中全会还通过了"限期完成北伐案"。全会结束后，蒋介石在徐州举行二次北伐誓师大会，提出"打倒张作霖，统一全中国"的口号。蒋介石先与冯玉祥、阎锡山的代表举行会议，改组冯玉祥、阎锡山掌握的军队；后与李宗仁、白崇禧达成合作协议。至此，国民革命军共计40多个军70余万人，奉系张作霖的安国军编为7个军约60万人。4月5日，国民党中央发表北伐出师宣言。两天后，蒋介石、冯玉祥、阎锡山和李宗仁分别率领四个集团军向奉系军阀发起进攻。

1928年5月1日，北伐军占领济南，日本军队以保护日侨为借口悍然出兵，制造了济南惨案，中国军民死伤达数千人之多。惨案发生后，张作霖的安国军内部开始出现"息争御侮"的呼声。9日，张作霖、张学良与杨宇霆等联名通电，声明愿意立即"停战息争"。蒋介石下令继续北上，计划完成北伐的最后胜利。面对北伐军的攻势，5月30日，安国军政府召开最高紧急会议，张作霖、张学良、杨宇霆、张作相、孙传芳等与会，最终决定退往关外。6月3日凌晨，张作霖乘京奉专列离京返奉。

6月4日清晨，张作霖乘坐专列抵达沈阳近郊皇姑屯时，关东军引爆事先埋设的炸药，黑龙江督办吴俊升当场毙命，张作霖身受重伤，很快不治身亡，这一事件被称为"皇姑屯事件"。北伐军占领京津等地后，12日，国民政府发表《对内宣言》，宣布结束军政，开始训政，并宣布了厉行法治、澄清吏治、肃清盗匪、蠲免苛税、裁减兵额五大施政方针。15日，国民政府发表《对外宣言》，宣布"中国统一告成"。20日，国民党中央政治会议决定，原直隶省改名为河北省，北京改为北平，北平和天津划为特别市。

皇姑屯事件后，张学良担任奉天军务督办。6月下旬起，南京政府开

---

① 金以林：《国民党高层的派系政治——蒋介石"最高领袖"地位的确立》，第58页。

始与奉军高层就"罢兵"和"奉方加入国民政府"的条件初步交换意见，张学良一度同意7月中旬在热河和东三省先后发表易帜通电，后因日本方面的阻扰一再拖延。1928年10月10日，国民政府新任主席、委员举行就职典礼，蒋介石任国民政府主席，张学良等为国民政府委员。12月29日，张学良在奉天省府礼堂举行隆重的易帜典礼并发表《易帜通电》，宣告东北三省改旗易帜。随后国民政府于31日正式任命张学良为东北边防军司令长官，至此奉军正式归属国民革命军，中国也在辛亥革命后历经十几年的分裂局面获得形式上的统一。

二是国民党内部派系林立，新军阀混战。东北易帜后，国民党内各地方实力派仍各霸一方，争斗不休，混战不断。在此后的一年多时间里，蒋介石控制的南京政府以统一全国为名，同李宗仁、白崇禧、冯玉祥、阎锡山、唐生智等地方实力派展开了数次内战。有时甚至是你尚未登场，我已登台，令人眼花缭乱、啼笑皆非。① 1928年7月，蒋介石提出《军事善后案》，其中强调北伐成功后要紧之务就是统一军政和实行裁兵。当时蒋介石任总司令的第一集团军主要驻扎在江苏、安徽、江西、浙江、福建等地；冯玉祥的第二集团军主要驻扎在绥远、陕西、甘肃、河南、山东等地；阎锡山的第三集团军主要驻扎在山西、河北、察哈尔3省及平津2市；李宗仁的第四集团军驻扎在湖南、湖北和冀东地区。1929年1月正式召开军事编遣会议，会议通过《国民革命军编遣进行程序大纲》，规定全国现有军队分设中央直辖各军编遣区、海军编遣区、第1编遣区和按照地区划分的5个编遣区。会议名义上是编遣军队以节省开支从事经济建设，实际是蒋介石想借此削弱地方军事力量，因此该次会议没有解决各大军事集团间的分歧，反而激化了各方矛盾。

首先是蒋桂矛盾。1929年2月19日，以李宗仁为主席的武汉政治分会议决免去湖南省政府主席鲁涤平的职务，另委任何键为主席，引发蒋介石发动讨桂战争。3月26日，蒋介石下令免去李宗仁、李济深、白崇禧的职

---

① 金以林：《国民党高层的派系政治——蒋介石"最高领袖"地位的确立》，第80页。

务,让其听候查办,并调动三路大军进攻武汉,史称"蒋桂战争"。蒋介石利用桂系武汉驻军内部的矛盾,争取到李明瑞等军官支持,被夹击的胡宗铎、陶钧所部撤离武汉,仓皇败逃鄂西。4月5日,蒋介石占领武汉后,继续往桂系大本营广西派兵,希图彻底消灭桂系军事实力。至6月间,在蒋介石分化瓦解政策下,桂军不战自溃,几乎瓦解,李宗仁、白崇禧和黄绍竑等逃往香港。

桂系失败的同时,蒋介石又把矛头转向冯玉祥,先后发动讨冯战争和中原大战。1929年5月中旬,冯玉祥在陕西华阴召开军事会议,决定武力讨蒋,自任"护党救国军西北路军总司令"。蒋介石先操纵国民党中常会议开除冯玉祥党籍,又以重金厚礼收买拉拢冯军内部将领。22日,冯部高级将领石友三、韩复榘等宣布拥蒋反冯,西北军将领刘镇华、杨虎城、马鸿逵等随后附和。在内外压力下,冯玉祥宣布下野,余部在宋哲元等人统率下撤回西北。在这之后,又有李宗仁、张发奎联军和唐生智、石友三联军的反蒋活动,都被蒋介石一一击败。

到了1930年,一场更大规模的国民党内军阀势力大混战即将打响,这就是阎锡山、冯玉祥、李宗仁联合反蒋的中原大战。在这些反蒋势力中,阎锡山居于主导地位。3月中旬,阎、冯、桂三派将领50余人通电全国,列举蒋介石六大罪状,宣布讨蒋。三派于4月1日通电就任中华民国陆海空军总司令、副司令。南京国民政府为维护其法统地位,4月5日下令通缉阎锡山。5月初,蒋介石在南京举行讨逆誓师典礼,中原大战拉开序幕。反蒋的军队总计约70万人,加上附从的石友三等杂牌军,共80多万人,蒋介石出兵约60万人。分南北两个战场,北方主战场在河南,支战场在山东,分别沿平汉、津浦、陇海等铁路沿线进行;南方战场在湖南,沿湘江进行,以衡阳附近为决战区。7月反蒋联军在北方战场取得优势,决定召开北平扩大会议。8月7日,扩大会议第一次会议在北平怀仁堂召开,汪精卫任主席,会议通过七条宣言,包括起草约法保障民权、筹备国民会议等。9月,反蒋派宣告成立北平国民政府,推举阎锡山、冯玉祥、汪精卫、李宗仁、张学良(未经本人同意)、谢持、唐生智7人为国民政府委员,阎锡山被推举为政府主席。

中原大战爆发后,坐镇东北、军事实力较强的张学良成为蒋介石拉拢争取的对象。9月2日,张学良向阎锡山的代表傅作义表示他并不赞同另立中央。18日,张学良发表通电,表示"呼吁和平,即日罢兵,静候中央措置",并派遣部分东北边防军入关协助蒋介石。在南北两面夹击下,反蒋联军迅速溃败,撤出平津地区。11月初,阎锡山、冯玉祥联名通电下野,中原大战以反蒋派失败而告终,蒋介石的统治力大为加强,但也引发蒋介石更加独断专行,造成"宁粤对峙"的局面,迫使蒋介石第二次下野。"九一八"事变爆发后,国民党政府不得不暂时结束了派系纷争,走向表面的"团结"。①

第五节　工农武装割据与苏维埃革命政府的建立

国共合作的国民革命失败后,白色恐怖笼罩全国,中国革命转入低潮,中共组织被迫转入地下。据中共六大不完全统计,从1927年3月到1928年上半年,被杀害的共产党员和革命群众达31万多人,其中共产党员2.6万多人,包括萧楚女、夏明翰、罗亦农、向警予等人。面对恶劣的环境和生死考验,1927年7月下旬,中共中央政治局临时常委会决定集结中共所掌握的武装力量,准备在南昌发动起义。此外,还要在工农运动基础较好的湘、鄂、赣、粤四省,组织农民发动秋收起义。

7月27日,周恩来赶赴南昌,组成包括李立三、彭湃、恽代英等在内的前敌委员会,周恩来任书记。8月1日凌晨,在周恩来的领导下,贺龙、叶挺、聂荣臻、朱德等人率领党所掌握和影响的军队2万多人突然发动起

---

① "宁粤对峙"期间,国民党内的斗争虽被冠以"反对个人独裁""护党救国"等口号,实质还是"权力"二字,归根结底还是因"派系"而生,这种表面的团结,也无法抚平派系带来的裂痕。参见金以林《国民党高层的派系政治——蒋介石"最高领袖"地位的确立》,社会科学文献出版社2016年版,第5页。王奇生指出,国民党的派系斗争可以划分三个阶段,分别是1925—1931年、1932—1937年、1938—1949年,参见王奇生《党员、党权与党争:1924—1949年中国国民党的组织形态》,上海书店出版社2003年版,第214—217页。

义，经过 4 个多小时的激烈战斗，起义军占领南昌城。后根据中共中央的计划相继撤离南昌，南下广东，准备在广东发动土地革命、重建革命根据地。起义军在南下过程中遭到国民党军队多次伏击和围攻，导致部队被打散。保存下来的部队一部分转移到海丰与陆丰地区与当地农军会合；一部分由朱德、陈毅率领，转入粤湘赣边界地区开展游击战争。

南昌起义打响了武装反抗国民党反动派的第一枪，标志着中国共产党独立领导革命战争、创建人民军队和武装夺取政权的开始，是中国共产党历史上的一个伟大事件，是中国革命史上的一个伟大事件，也是中华民族发展史上的一个伟大事件。

南昌起义后第六天，即 1927 年 8 月 7 日，在共产国际帮助下，中共中央在汉口召开紧急会议，会议批评了大革命后期以陈独秀为首的中央所犯的右倾机会主义错误，确立了实行土地革命和武装起义的方针。毛泽东在会上指出："……以后要非常注意军事。须知政权是由枪杆子中取得的。"① 会议选举了以瞿秋白为首的新的中共中央临时政治局。会后决定由毛泽东、彭公达负责改组湖南省委，领导秋收起义。毛泽东到湖南后，组织成立中共湖南省委前敌委员会，将参加起义的部队统一编为工农革命军第一师，于 9 月 9 日在湘赣边界发动秋收起义。起义军最初占领醴陵、浏阳县城和一些集镇，后遭到包围，损失严重。此时毛泽东果断改变原有计划，下令各路起义军撤退至文家市集中。19 日，前敌委员会在文家市开会决定把起义转到统治力量薄弱的农村地区。月底，起义军到达江西省永新县三湾村时，在毛泽东领导下进行了改编，史称三湾改编。这次改编重建了部队的军事、政治制度，将部队缩编为一个团；建立党的各级组织和党代表制度，党的支部建在连上，在连以上成立士兵管理委员会，营、团设党委。从组织上确立了党对军队的领导，是建设无产阶级领导的新型人民军队的重要开端，是人民军队完全区别于一切旧军队的政治特质和根本优势。改编后的部队随后落脚于井冈山，开创了中共历史上第一块农村革命根据地。

---

① 毛泽东：《在中央紧急会议上的发言》（1927 年 8 月 7 日），载《毛泽东文集》第一卷，第 47 页。

继南昌起义和秋收起义后，12月11日，在中共广东省委书记张太雷和叶挺、恽代英等领导下，以国民革命军第四军教导团、警卫团一部为主力，加上广州工人赤卫队七个联队以及部分市郊农民武装，发动了广州起义。起义军一度占领广州绝大部分地区，并成立了广州苏维埃政府，终因力量悬殊而失败。

除了这几次规模较大的起义外，到1928年初，中共领导了全国大大小小近百次暴动，主要有海陆丰起义、琼崖起义等。这些起义大多遭到失败，部分幸存的队伍退往农村，开展游击斗争，开展土地革命，建立革命根据地，为党创建红军和发展壮大根据地奠定了基础。

1928年4月，朱德、陈毅率领南昌起义余部及湘南农民军转战到井冈山，在宁冈与毛泽东率领的部队会师，合编为中国工农革命军第四军，朱德任军长，毛泽东任党代表，王尔琢任参谋长。5月，湘赣边界党的第一次代表大会在宁冈茨坪召开，毛泽东当选为中共湘赣边界特委书记，统一领导湘赣边界红军和根据地的斗争。12月，彭德怀、滕代远率领平江起义后组成的红五军主力由湘鄂赣地区到达井冈山，井冈山根据地规模不断扩大，推动了革命形势的发展，毛泽东曾指出："边界红旗子始终不倒，不但表示了共产党的力量，而且表示了统治阶级的破产，在全国政治上有重大的意义。"①

井冈山根据地的发展引起国民党政府的恐惧，从1928年7月中旬开始，国民党军对井冈山进行三次"会剿"，在12月的第三次"会剿"中，红军在宁冈县柏露村举行联席会议，决定由彭德怀、滕代远率领红五军和红四军一部留守井冈山，毛泽东、朱德、陈毅率领红四军主力出击赣南。1929年1月，红四军主力离开井冈山进入赣南，于1930年6月创建赣南闽西根据地。到1930年上半年，全国红军已发展到13个军，近10万人，开辟了15块革命根据地，分布于江西、福建、湖南、湖北、安徽等十余个省，如湘鄂赣根据地、鄂豫皖根据地、洪湖湘鄂西根据地、广西右江根据

---

① 毛泽东：《井冈山的斗争》（1928年11月25日），载《毛泽东选集》第一卷，第81页。

第八章　中国社会开始走上曲折的"上升"之路

地等。

由于共产国际"左"倾思想的影响加上中共还处于幼年时期,在政治上并不成熟,对中国的社会性质和革命的性质、动力和前途等问题存在分歧。1927年11月,瞿秋白在上海主持召开中共中央临时政治局扩大会议,会议接受了共产国际代表罗米纳兹"不断革命"的观点,通过《中国现状与共产党的任务决议案》,使党内出现"左"倾盲动错误并占据主动地位。这表明正确认识中国革命基本问题的重要性以及召开党的全国代表大会的急迫性。

1928年6月18日—7月11日,中国共产党在莫斯科近郊五一村召开第六次全国代表大会。会议通过了《政治议决案》《苏维埃政权组织问题决议案》《土地问题议决案》等15个关于政治、军事、组织、苏维埃政权等一系列问题的决议案,还修改了党的章程,选举了新的中央委员会,选举向忠发为中央政治局主席兼中央政治局常委会主席,周恩来为中央政治局常委会秘书长。大会正确分析了中国的社会性质和革命性质,指出现阶段中国革命的性质仍然是资产阶级民主革命,明确了革命的中心任务是以工农民主专政实现反帝反封建两大目标。提出目前"最主要的危险倾向就是盲动主义和命令主义,他们都是使党脱离群众的"[①]。

中共六大对克服党内"左"倾错误,促进中国革命的发展起了积极作用,但六大仍然把城市工作放在中心地位,对中间派的重要作用和反动势力内部的矛盾缺乏正确的估计和应对政策,也没有认识到中国革命的长期性和复杂性,而且对农村工作的重要地位缺乏必要的认识。

此后两年,中共贯彻执行六大路线,中国革命出现恢复和发展的局面,但此时党内有人质疑"红旗到底打多久",一些领导层则坚持"城市中心",认为农村包围城市是农民意识与保守观念,也有担心农村斗争超过城市斗争将不利于中国革命的观点。从1928年10月到1930年1月,毛泽东陆续发表了《中国红色政权为什么能够存在?》《井冈山的斗争》《星星之

[①] 《政治议决案》(1928年7月9日),载中共中央文献研究室、中央档案馆编《建党以来重要文献选编(1921—1949)》第五册,中央文献出版社2011年版,第391页。

火，可以燎原》等著作，科学论证了党领导下的土地革命、开展武装斗争和建立工农民主政权三者之间的关系，形成了"工农武装割据"的理论。

这一系列论述标志着中国化马克思主义即毛泽东思想的初步形成，是对马克思主义创造性的运用和发展，为中国革命在城市遭遇失败后要想向前进一步发展指明了道路。

1930年6月11日，中共中央政治局开会通过李立三起草的《目前政治任务的决议》，标志着李立三的"左"倾冒险主义错误在党内取得主导地位，这个错误使党付出了惨痛代价，国民党统治区的许多中国共产党党组织暴露出来。其中，武汉、南京等城市的中国共产党党组织几乎全部瓦解。这种做法招致联共（布）中央的严厉批评，中共中央决定放弃原定的暴动计划，开始重新认识革命的形势和前途问题。9月24—28日，中共中央召开六届三中全会，李立三在会上作了自我批评，会后被解除职务。为巩固革命胜利果实，加强对根据地的统一领导，1931年11月，在江西瑞金召开中华苏维埃第一次全国代表大会，各根据地以及红军和白区代表共600余人出席。大会的主要任务是选举苏维埃临时中央政府，并依据临时中央有关宪法大纲的原则意见，审议通过中共中央提交的劳动法、土地法、红军法、经济政策、少数民族问题、工农检查处等法令。

大会选举毛泽东为中华苏维埃共和国临时中央政府主席和中央执行委员会主席，项英、张国焘为中央执行委员会副主席。中央执行委员会下设人民委员会作为中央行政机关，设有外交、军事、劳动、财政、土地、教育、内务、司法、工农检查委员会部和中央国家政治保卫局等办事机构，决定临时中央政府设在江西瑞金，自此，赣南、闽西作为中央苏区的地位确定下来。

11月25日，根据全苏"一大"和中共中央的指示，成立了以朱德、彭德怀、王稼祥、林彪、谭震林、叶剑英、孔荷宠、周恩来、张国焘、邵式平、贺龙、毛泽东、徐向前、关向应、王盛荣15人组成的中华苏维埃共和国中央革命军事委员会。朱德为主席，王稼祥、彭德怀为副主席。中央军委成立后，全国红军实现了统一领导。

中国的苏维埃革命在从城市转移到农村后,更多的是以土地革命的形式表现。中共成立初期通过的《土地问题决议案》曾明确规定没收豪绅、地主及祠堂、庙宇、教堂及其他公产、官荒地或无主地,分配给无地和少地农民使用的方针。井冈山革命根据地建立后,通过了《井冈山土地法》,做出没收土地归苏维埃政府所有、农民只有使用权、禁止土地买卖的规定。《井冈山土地法》的制定对推动土地改革和根据地建设有积极意义,但没有充分满足农民的现实利益。红军主力进军赣南、闽西后,1929年4月,颁布了《兴国土地法》,把没收一切土地改为没收一切公共土地及地主阶级土地。7月,通过《土地问题决议案》规定:自耕农的田地不没收;田地以乡为单位,按原耕形式,抽多补少平均分配;对富农只没收多余的土地,不过分打击;对大中小地主区别对待,给地主以生活出路。中共领导土地革命的第一步,是和农民经济利益密切相关的减租、平谷(限制谷价)、废除债务、抗捐等,这些政策使大部分农民尝到土地改革带来的收益,且"一尝其味,决不会轻易忘记"[①]。中共也因此认识到,只有农民的部分经济利益得到满足,才能进一步将土地革命推向深入。

1931年12月1日,中华工农兵苏维埃第一次全国代表大会通过的《中华苏维埃共和国土地法》等草案,以法律的形式把土地革命中实行的平均分配一切土地的政策固定下来。经过三年多的土地革命实践,基本形成了一套较为切实可行的土地革命路线、政策和方法,主要是"依靠贫农、雇农,联合中农,消灭地主阶级,变封建土地所有制为农民土地所有制;以乡为单位,按人口平均分配土地,在原耕地基础上,抽多补少,抽肥补瘦等。"[②] 土地革命是中共在农村进行的重大社会变革,极大地调动了农民发展生产、支援革命的积极性,使农村革命根据地的面貌发生了根本性变化,

---

[①] 《罗明致福建临时省委信》(1928年11月21日),载《闽西革命史文献资料》第1辑,中共龙岩地委党史资料征集领导小组1981年编印,第320页。
[②] 中共中央党史研究室:《中国共产党的九十年》(新民主主义革命时期),中共党史出版社、党建读物出版社2016年7月版,第136—137页。

他们纷纷参加红军或支援前线①，使中国共产党赢得了人民群众的拥护，为根据地建设和革命的深入开展奠定了坚实的基础。

第六节 "围剿"与反"围剿" 两个"政权"的较量

中原大战后，蒋介石集中兵力向各根据地和红军发动大规模"围剿"，红军在根据地人民支持下，展开反"围剿"战争。"围剿"和反"围剿"，中华苏维埃共和国和中华民国两个"政权"的反复较量，构成有关"中国"命运的较量与决战。

1930年10月，蒋介石在南昌设立"陆海空军总司令行营"，以江西省主席鲁涤平兼行营主任，出动10万大军采用"长驱直入，外线作战，分进合击，猛进猛攻"的战术，对中央根据地发动第一次"围剿"。此时红一方面军约4万人，在毛泽东、朱德指挥下，采取诱敌深入的作战方针，于12月30日在龙冈地区歼敌1万人，并活捉国民党第十八师师长张辉瓒。接着，又在东韶追击谭道源师，歼灭一个多旅，打破了国民党军队第一次"围剿"。

1931年1月，苏区中央局在宁都小布成立，项英任代理书记，并成立由苏区中央局领导的中央革命军事委员会，项英任主席，朱德、毛泽东任副主席，毛泽东兼任总政治部主任，同时撤销以毛泽东为书记的中共红一方面军总前委。

一个月后，蒋介石部署发动第二次"围剿"。1931年2月，何应钦重组总司令部南昌行营，集结兵力约20万人，对中央根据地采取"稳扎稳打，步步为营，紧缩包围"的"围剿"方针。红军采取集中兵力先打弱敌，在运动中各个消灭敌人的方针。自1931年5月16日至31日，红军从

---

① 黄道炫认为20世纪20—30年代的苏维埃革命虽以土地革命为中心，但苏维埃革命的源流也有其多样性，它为农民提供了平等、权利、尊严、身份感，是农民投身革命不可忽视的政治、心理原因。详见黄道炫《张力与限界：中央苏区的革命（1933—1934）》，社会科学文献出版社2011年版，第72页。

富田开始,连打五个胜仗,横扫700里,自赣江之畔直达福建建宁,共歼敌3万多人,打破了国民党军队的第二次"围剿",扩大了中央革命根据地。

6月,蒋介石亲自出任围剿军总司令,到南昌指挥第三次"围剿"。何应钦为前敌总指挥兼左翼集团军总司令,调集30万人从南丰进攻,陈枢铭为右翼集团军总司令,从吉安进攻,采用"厚集兵力,分路'围剿'","长驱直入,分进合击"的战法,企图先击破红军主力,然后再深入"清剿"苏区。7月,毛泽东提出"避敌主力,打其虚弱"的作战方针,红一方面军历时三个月,歼敌3万多人,粉碎了国民党军队的第三次"围剿"。此次"围剿"被粉碎后,由于"九一八"事变的爆发及国民党内部的斗争,国民党军队在江西开始全面后撤,赣南、闽西两块根据地基本连成一片,并扩大到跨20余个县的广大地区,中央苏区进入快速发展时期。

由于受红军反"围剿"胜利的影响和全国抗日反蒋浪潮的推动,1931年12月,国民党第26路军1.7万人,在参谋长赵博生和季振同、董振堂、黄中岳等率领下,在江西宁都起义,改编为中国工农红军第五军团。反"围剿"的胜利,进一步推动了根据地的发展,赣南、闽西连成一片,中央根据地空前壮大,先后控制了20余个县。

其他根据地的反"围剿"斗争也陆续取得胜利。

鄂豫皖革命根据地地处长江以北,平汉路东,其规模仅次于中央根据地,总面积达4万余平方公里,人口350余万。从1930年冬到1931年夏,红军先后打破国民党军队两次"围剿"。1931年11月,中共中央决定,鄂豫皖根据地的红四军和红二十五军在黄安七里坪合编为红四方面军,徐向前任总指挥,陈昌浩任政委,总兵力近3万人。

此外,湘鄂西、赣东北、洪湖、闽浙赣、琼崖等根据地也相继取得反"围剿"斗争的胜利,红军和革命根据地均得到不同程度的发展。

第七节 社会性质论战与社会政治思潮

大革命失败后,南京国民政府开始在政治上和文化上对异己势力采取高压政策。从 1929 年起，相继颁布《宣传审查条例》《出版法》等，还设立了图书审查委员会，对具有进步倾向的作品加以扼杀，一批进步青年作家和文艺界人士也遭到杀害。在国民党的白色恐怖下，共产党人和一批左翼知识分子联合起来，在思想文化战线进行战斗。

在国民党厉行"清党"、推行党治和训政过程中，马克思主义理论研究和宣传仍在顽强奋斗，出现了翻译和出版马克思、恩格斯、列宁著作的热潮。据统计，从 1927 年 8 月至 1937 年 6 月间，翻译出版的马恩著作达 113 种之多，包括马克思、恩格斯的《政治经济学批判》《神圣家族》《哥达纲领批判》《哲学的贫困》《路易·波拿巴的雾月十八日》《反杜林论》《家庭、私有制和国家的起源》《路德维希·费尔巴哈和德国古典哲学的终结》，列宁的《国家与革命》《帝国主义是资本主义的最高阶段》《两个策略》《唯物论与经验批判论》等。随着马列著作大量出版，介绍和研究马克思列宁主义著作论集也大量出现，如李达等合译的《马克思主义经济学基础理论》《社会科学概论》，屈章翻译的《历史唯物主义》等。

一批先进的知识分子还通过创办刊物、发表论文、出版专著等方式介绍和宣传马克思主义理论。如瞿秋白的《唯物论的宇宙观概说》《马克思主义之概念》、李达的《社会主义之基础知识》等。1927 年底，留学日本的朱镜我、冯乃超等人回国后，先后创办了《文化批评》《思想》《流沙》等杂志，发表了朱镜我的《科学的社会观》、李一氓的《科学社会主义的哲学渊源》等文章。这些文章从各个方面阐述世界和中国革命的理论与实际问题，受到青年的欢迎。

马克思主义的传播，带来各派知识分子对国民党统治合法性与共产党暴力革命的合理性的怀疑与争论，中国向何处去的问题成为各派知识分子关注的焦点。

1928 年 1 月，《新生命》杂志在上海创刊，陈布雷、戴季陶、邵力子、周佛海、陈果夫等为发起创办人，周佛海、萨孟武先后担任主编，作者群体有周佛海、萨孟武、梅思平、陶希圣、樊仲云等人。该杂志先后发表了陶希圣的《中国社会到底是甚么社会》《中国之商人资本及地主与农民》

第八章 中国社会开始走上曲折的"上升"之路

等文章,其中提出中国是一个"宗法制度已不存在,宗法势力还存在着""封建制度已不存在,封建势力还存在着"的社会,《新生命》后续发表了熊康生的《中国社会的蠡测》、黎际涛的《中国社会构造的史的观察》、叶非英的《中国之封建势力》等文,均支持了陶希圣的观点。1929 年,陶希圣先后出版了《中国社会之史的分析》《中国封建社会史》,继续讨论中国社会性质问题,否定"封建制度"的存在。

此外,联共(布)党内托洛茨基一派指出斯大林为首的共产国际在指导中国革命问题上犯了严重错误,导致中国革命的失败;当前中国革命的主要任务应当逐渐转向直接反对资产阶级的革命,应该努力争取公开地位,为团结一切小资产阶级及其势力,以国民会议为中心口号,通过合法和半合法的斗争来宣传和争取群众。这一错误观点得到陈独秀等人的拥护,对中共推行的以土地革命为中心的苏维埃运动造成一定的破坏力。

围绕《新生命》杂志形成的新生命派和托洛茨基派的观点,使得中共开始考虑回应这一系列问题。加上中共对社会性质的问题也很关注,认为清楚认识中国社会的来龙去脉,有助于强化中国革命的理论基础。1928 年,一些归国的"创造社"青年成员,在上海创办《文化批判》《流沙》《思想》等杂志,弘扬马列主义理论,批判各种非马克思主义的文化,这些刊物的主要撰稿人和编辑者如李一氓、朱镜我、彭康、李初梨、冯乃超等人,后来多在中共中央宣传部文化工作委员会任职。1930 年 4 月,由共产党人主办的刊物《新思潮》杂志出版"中国经济研究专号",发表潘东周的《中国经济的性质》、吴黎平的《中国土地问题》、王学文的《中国资本主义在中国经济中的地位及发展前途》等文章,以马克思主义为指导,主要从帝国主义和中国经济的关系、中国经济的具体运行、民族资本在中国经济中的地位等方面,分析中国的社会经济状况,肯定中国是半殖民地半封建社会的论断。"中国经济研究专号"刊出后,一场关于中国社会性质的论战随之展开,主要集中在托派与共产党人之间,参加这场论战并在《新思潮》上发表文章的有:新生命派陶希圣等,托洛茨基派任曙、严灵峰、李季、王宜昌等,神州国光社的王锡礼、胡秋原等,共产党人张闻天

（化名刘梦云）、熊得山、刘苏华、何干之等。

论战主要围绕以下三个问题。

第一，关于帝国主义与中国经济发展的关系。持托派观点者认为，帝国主义侵入中国后，封建制度的经济基础已遭破坏，整个中国社会已不可避免地向资本主义过程发展壮大。因此，中国工人阶级当前的主要任务，已不是反对封建主义，而是反对整个资本主义。对此，马克思主义学者反驳说，帝国主义入侵固然造就了某些资本主义的生产关系，一定程度上刺激了资本主义经济的发展，在国家主权无法保证的情况下，外国资本主义侵入，往往造成本国经济的畸形发展，民族资本主义在帝国主义和封建主义联合压迫之下，难以得到发展。帝国主义正是靠确保和加深殖民地和半殖民地对其依赖性来加强剥削的。

第二，关于资本主义的发展程度。持托派观点者夸大中国资本主义的发展水平，认为中国资本主义已取代封建经济占统治地位。马克思主义学者结合事实，以翔实的统计数据证明中国民族资本主义虽有所发展，但在中国社会中仍处于十分弱小的地位，既无法与列强控制的经济相抗衡，也不可能取代封建经济。

第三，关于封建势力在中国社会经济中的地位。持托派观点者否认中国社会还存在相当浓厚的封建势力。马克思主义学者对中国社会特别是农村社会性质，进行了深入考察，指出在当时中国农村，地主对农民的剥削仍通过租佃、收取实物地租的方式进行，和资本主义化的利用新式技术、雇佣工资劳动者的剥削形式迥然不同。商业资本虽然渗入农村，但不足以改变农村封建生产关系，反而充当了封建生产关系的润滑剂。①

这场论争的实质是唯物史观与唯心史观的斗争。通过这场论战，揭露和批判了托派歪曲近代中国社会性质、反对和破坏中国革命的反动实质，论证了中共"六大"关于中国革命性质及革命任务的论断，促进了马克思

---

① 参见《中国近代史》编写组编《中国近代史》，高等教育出版社、人民出版社2012年版，第437页。[美]阿里夫·德里克：《革命与历史：中国马克思主义历史学的起源（1919—1937）》，江苏人民出版社2004年版，对这一问题也有专章讨论。

主义理论与中国革命具体实践的结合。

1934年1月，张闻天发表《中国革命的社会经济基础》一文提出中国社会的经济性质是"半殖民地与半封建的经济"，并指出："这种经济决定了中国革命的任务与性质，决定了中国革命中各阶级的关系，决定了中国革命的动力。"[①] 从而得出结论："中国资产阶级民主革命归根结底只有在中国无产阶级和它的先锋队——中国共产党领导之下才能获得最后的胜利……过去中国革命证明了，将来还会不断地证明着。"[②] 1937年，何干之出版《中国社会性质问题论战》一书，对半殖民地半封建社会有了比较清醒的认识。1938年后，毛泽东对半殖民地半封建的中国社会性质作了集中地理论概括，认为半殖民地半封建社会性质"是一个总的最本质的规律"，"我们要用这个规律去观察一切事物"[③]。在中国社会性质论战中，共产党人通过这场论战，成功宣传了马克思主义历史唯物论观点，也由此延伸到史学领域，引发关于中国社会历史分期的论战。[④]

1930年，郭沫若出版的《中国古代社会研究》运用马克思主义唯物史观，通过对中国古史资料的发掘、鉴别、研究，以物质资料生产方式的发展变化，说明中国古代的历史，首次将鸦片战争以前的历史，分为原始社会、奴隶社会、封建社会，最后到资本主义社会这样一个历史过程。由此引发出一场社会史大讨论。讨论主要围绕下述三点：第一、亚细亚生产方式的性质是什么？第二、中国历史上是否存在奴隶社会阶段？第三、秦汉以后是不是有所谓"商业资本主义社会"或"前资本主义社会"？这三个问题的实质是要不要坚持运用唯物史观来研究中国历史？唯物史观关于社会经济形态的学说是不是适用于中国历史？即人类社会（包括中国社会历

[①] 张闻天：《中国革命的社会经济基础》（1934年1月），载《张闻天文集》第一卷，中共党史资料出版社1990年版，第479页。
[②] 张闻天：《中国革命基本问题》，东北书店1949年版，第131页。
[③] 毛泽东：《认识中国社会性质是重要的中心的一点》（1938年3月20日），见《毛泽东延安时期文稿两篇》（1938年3月—1941年10月），载《党的文献》2002年第3期。
[④] 关于中国社会性质问题的论战，可参考李红岩《半殖民地半封建理论的来龙去脉》，载《中国近代史学史论》，中国社会科学出版社2011年版，第49—86页。

史）是否遵循唯物史观所揭示的历史发展的普遍规律？

第一，关于亚细亚生产方式问题。亚细亚生产方式由马克思首先提出，"大体说来，亚细亚的、古希腊罗马的、封建的和现代资产阶级的生产方式可以看做是经济的社会形态演进的几个时代"[①]。关于亚细亚生产方式，比较有代表性的观点，是郭沫若所解释的古代原始共产社会。

第二，关于中国历史上存在奴隶制阶段问题。李季、陶希圣、王锡礼等否认中国存在奴隶制阶段，他们认为中国从氏族社会进入封建社会中间没有经过奴隶制阶段，周朝是典型的封建制社会，以此来否认奴隶制是人类历史发展的必经阶段。马克思主义学者普遍肯定中国历史上存在过奴隶制阶段。郭沫若在《中国古代社会研究》《殷周青铜器铭文研究》等著作中论证了"西周是奴隶社会"的判断。吕振羽在《史前期中国社会研究》、翦伯赞在《殷代奴隶社会研究之批判》中也都阐明了中国奴隶制产生的依据，坚持了马克思主义关于社会发展规律的学说。

第三，关于秦汉以后中国的社会性质问题。对这一问题众说纷纭，有前资本主义社会、商业资本主义社会、专制资本主义社会、半封建社会等种种说法，郭沫若、吕振羽等人坚持运用唯物史观分析秦汉以后中国社会政治经济状况，认为周秦以来虽历经王朝变更，但中国社会封建制度的政治和经济组织一直延续，地主与农民之间剥削与被剥削的关系没有改变。因此，中国社会在鸦片战争前，实际上长期停滞在封建社会形态中。鸦片战争后，外国列强入侵，中国社会沦为半殖民地半封建社会。

中国社会史论战虽未能彻底解决中国社会发展过程中诸阶段的许多问题，但这场论战在思想战线具有重要意义，它是将马克思主义理论引入中国社会史领域的全面反映。通过讨论，马克思主义唯物史观、阶级分析方法逐渐被很多人接受，中国社会的性质以及由原始社会、奴隶社会、封建

[①] 马克思：《〈政治经济学批判〉序言》，载《马克思恩格斯文集》第二卷，人民出版社2009年版，第592页。

第八章　中国社会开始走上曲折的"上升"之路

社会发展的历史脉络,被初步勾勒出来。①

本章内容主要叙述中国共产党成立,中国国民党召开第一次全国代表大会,确定国共合作政策,共同讨伐北洋军阀,这些都是推动近代中国社会"上升"趋势的明显标志。中国共产党的成立,标志着"中国人民谋求民族独立、人民解放和国家富强、人民幸福的斗争就有了主心骨,中国人民就从精神上由被动转为主动"②。

当北伐取得关键性进展的时刻,以"左"的面目出现,在东征和北伐中取得了中国国民党实权的蒋介石,在上海发动了政变,把国民党一大决定的联合共产党的政策推翻了,把共产党人打入血泊之中,历史上称为"四一二"政变。这次政变是国民党历史的一大转折,也是近代中国历史的一大转折,这体现了近代中国"上升"趋势的曲折性。

"四一二"政变后,中国共产党以南昌起义、秋收起义,建立井冈山革命根据地来反击蒋介石、国民党,国民党以对根据地的围剿来镇压共产党的反击。同时,蒋介石、国民党继续完成北伐,形式上完成了国家的统一,这一点又符合国民党一大的精神。这个历史悖论再一次说明了近代中国"上升"趋势的曲折性。

---

① 参见《中国近代史》编写组编《中国近代史》,第438页。此外,陈峰《民国史学的转折——中国社会史论战研究(1927—1937)》,山东大学出版社2010年版,对中国社会史论战进行了专门讨论,对其发生的背景、过程、性质和影响进行了剖析。
② 习近平:《决胜全面建成小康社会 夺取新时代中国特色社会主义伟大胜利——在中国共产党第十九次全国代表大会上的报告》(2017年10月18日),人民出版社2017年版,第13页。

第九章　民族危机加深　国内阶级关系的调整

第一节　"九一八"事变与"不抵抗政策"

20世纪20年代初，日本试图冲破华盛顿体系的束缚，称霸东亚。1927年，日本内阁首相兼外相田中义一主持召开东方会议，制定了大陆政策，决心对外侵略扩张。1929年秋，资本主义世界爆发了新的经济危机，这场危机于1930年春波及日本，1931年达到顶点。中小企业相继倒闭，大量失业，人民生活极其贫困，国内阶级矛盾激化，从城市到乡村，到处充满着不安和反抗。日本政府加紧实施其既定的侵华政策，转移人民视线。

日本侵占中国东北的野心由来已久。还在1929年7月，日本驻沈阳关东军参谋石原莞尔就起草了《关东军占领满蒙计划》的文件。1930年9月，另一关东军参谋佐久间亮三进一步起草了《关于满蒙占领地统治的研究》的文件。1931年5月，在板垣征四郎、石原莞尔等的策划下，又制定了《处理满蒙问题方案》的文件，强调在非常情况下，关东军可自行决定占领满蒙。6月底，关东军甚至设计了在位于沈阳城北郊南满铁路附近的柳条湖制造爆炸事件，并制定一举夺取沈阳城的具体步骤。

就在关东军秘密策划夺取东北的行动的同时，日本人还在有步骤地激化中日关系，为武装侵略东北作舆论准备。

第九章 民族危机加深 国内阶级关系的调整

6月下旬，日军参谋本部上尉中村震太郎在兴安岭一带进行非法军事调查，被中国驻军查获并处死，此即"中村事件"。7月1日，又发生了"万宝山事件"。万宝山在长春以北30公里处。事件起因于日本警察支持朝鲜移民为引水入田，强行在中国农民的熟田里挖壕、建坝。它造成了中朝农民之间的冲突，日本警察开枪打死打伤中国农民数十人并捕去若干人，同时大造舆论煽动仇华，致使朝鲜国内发生了大批杀害华侨的流血事件。而日本国内强硬分子反而斥责政府对中国过于软弱。

"万宝山事件"和"中村事件"发生，蒋介石电告张学良"应予不抵抗，力避冲突"①。事件发生后，日本掀起了一股排华浪潮，日本军方要求报复中国的言论甚嚣尘上。7月下旬，蒋介石公开发表《告全国同胞一致安内攘外电》，称："惟攘外应先安内……不先消灭赤匪，恢复民族之元气，则不能御侮；不先削平粤逆，完成国家之统一，则不能攘外。"②

1931年9月18日夜，日本关东军独立守备第二大队第三中队河本末守中尉带领六名士兵，到沈阳北郊东北边防军驻地北大营西南柳条湖，在南满铁路的路轨上埋设炸药，炸毁柳条湖段1.5米路轨。花谷正少尉在事前即向关东军参谋长和陆军相发出电报，诬称中国军队破坏南满铁路，与日军守备队发生冲突。埋伏在附近的日军第三中队长川岛正大尉在爆炸发生后，即率部向东北军独立第7旅驻地北大营发起进攻。关东军司令长官本庄繁批准了高级参谋板垣征四郎拟定的命令：第29联队进攻沈阳，第二师团增援。

由于张学良忠实贯彻蒋介石的不抵抗政策，一方面解除了东北军的思想武装，另一方面对日本发动军事进攻的战略意图严重误判，当事变发生后又缺乏有力的指挥，导致东北军大多不战自溃。1931年9月19日晨，关东军攻占北大营，占领沈阳城，然后向沈阳以北和东南两个方向进攻。至9月25

---

① 张友坤、钱钢主编：《张学良年谱》（上），社会科学文献出版社1996年版，第569页。
② 蒋介石：《告全国同胞一致安内攘外》，载秦孝仪主编《先总统蒋公思想言论总集》第三十卷，中国国民党中央委员会党史委员会1984年版，第150页。

日，关东军侵占辽宁、吉林两省大部，占领了长春、吉林等 30 余座城市和 12 条铁路。10 月 3 日，关东军以辽、吉两省为基地，开始向黑龙江省省会齐齐哈尔方向进攻。黑龙江省代主席兼代军事总指挥马占山率当地驻军顽强抵抗，展开江桥抗战。激战至 11 月 18 日，伤亡惨重，被迫撤退。日军随即占领齐齐哈尔，并攻占黑龙江省大部。12 月下旬，日军主力两个师团、六个混成旅团兵分三路进犯锦州。1932 年 1 月初，日军夺取锦州。2 月初，哈尔滨失陷。吉林省和黑龙江省政府也不复存在。至此，东北三省的大好河山全部沦陷，3000 万同胞沦入敌手。这就是震惊中外的"九一八"事变。

日本发动"九一八"事变是第一次世界大战后首次以武力重新瓜分世界的重大行动，它开始打破凡尔赛—华盛顿体系所确立的世界秩序，标志着东方战争策源地开始形成。

"九一八"事变发生时，蒋介石正在"围剿"红军。9 月 21 日，蒋介石在南京召集吴稚晖、张静江、戴季陶、邵元冲等会商处理方针，提出避免扩大战争、向国联与《非战公约》签字国申诉，求得公平决断的主张。22 日，蒋介石在国民党南京市党部党员大会上发表演说中讲道："我国民此刻必须上下一致，先以公理对强权，以和平对野蛮，忍痛含愤，暂取逆来顺受态度，以待国际公理之判断。"① 23 日，南京国民政府发表《告全国国民书》："政府现时既以此次案件诉之于国联行政会，以待公理之解决，故已严格命令全国军队，对日避免冲突，对于国民亦一致告诫，务必维持严肃镇静之态度。"② 这表明"九一八"事变后，南京国民政府和蒋介石对日方针主要采取的还是不抵抗政策。

国民党政府把遏制日本侵略的希望寄托于英美等列强的出面干涉，幻想依赖国际联盟压迫日本撤兵，与日本达成某种妥协。中国外交部向日本提出三次抗议，并向国联提出申诉。日本发表《关于满洲事变的第一次声

---

① 蒋介石：《一致奋起共救危亡》，载李云汉编《九一八事变史料》，（台北）正中书局 1977 年版，第 322 页。
② 《告全国国民书》（1931 年 9 月 23 日），《世界日报》1931 年 9 月 24 日。

明》，诬指"中国军队破坏了南满铁路的路轨"，强称日军"有必要先发制人"。国联理事会通过九项决议，要求中日双方防止事态进一步扩大。日本代表虽在决议案上签字，但日本内阁并没有约束军方。关东军继续炮轰通辽，轰炸锦州。国联并未谴责侵略者。1931年10月初，中国驻国联代表施肇基照会国联秘书长，要求立即召开理事会，采取措施恢复事变前状态，赔偿中国损失。国联理事会未能通过要求日本在限期内撤军完毕的中日问题决议案。日本政府随即发表《关于满洲事变的第二次声明》，再次为其侵略行径辩护。

10月24日，国联理事会又通过决议要求日本于11月6日前撤兵，日本投反对票否决了决议，国联束手无策。在中国代表的要求下，12月10日，国联行政院通过决议："派遣一委员会，该委员会以五人组织之，就地研究任何情形影响国际关系而有扰乱中日两国和平或和平所维系之谅解之虞者。"① 1932年1月21日，国联调查团正式成立，由英、美、法、德、意五个国家的代表组成，因团长是英国人李顿爵士，也称为"李顿调查团"。根据理事会决议，中国派顾维钧以中国代表处处长资格参加，日方派曾任驻沈阳总领事的吉田伊三郎参加。因决议中规定"该委员会对于任何一方之军事办法，无干涉之权"②。因此，国联调查团并不能对日本的侵略起到阻止作用。不仅如此，调查团提出的报告书也并未持公允立场，日本的行为既不能视为合法，又强调日军的行动带有自卫性质；既承认中国对东北三省的领土主权，又强调日本在东北有特殊地位和特殊需要。即便如此，日本政府仍拒绝接受。

蒋介石在依赖国联的希望破灭后，又寄望于通过外交方式解决问题，并试图与日本直接交涉。由于遭到各方反对，其对日直接谈判的计划未能实现。1931年12月15日，蒋介石被迫辞职下野，宣布辞去国民政府主席、

---

① 《国际联盟关于解决中日纠纷的有关文件·国联行政院决议案》（1931年12月10日），载《中华民国史档案资料汇编》第五辑第一编《外交》（一），第541页。

② 同上。

行政院长、陆海空军总司令职务。1932年1月1日，根据国民党四届一中全会的推举，林森就任国民政府主席，孙科就任行政院院长，张继就任立法院院长，伍朝枢就任司法院院长，戴季陶就任考试院院长，于右任就任监察院院长，新一届中央政府组成。

"九一八"事变是日本有计划实施其大陆政策的第一步，在日本的策动下，东北各地发生所谓的"满洲独立运动"。1931年11月10日，日本关东军秘密将清废帝溥仪从天津接到东北。1932年1月6日，日本陆军省、海军省和外务省与参谋本部一同制定了《中国问题处理纲要》，明确提出要将东北从中国主权下分离出来成为一个"国家"，其政治、经济、国防、交通等均受日本控制，并由日本人直接参与其行政事务。2月，关东军在沈阳召开"建国会议"，决定合并三省的伪政权，成立"东北行政委员会"。25日，关东军以"伪东北行政委员会"的名义，发表满洲建国方案，规定国名为"满洲国"，元首称号为"执政"，首都定于长春，改称"新京"。3月1日，宣布伪"满洲国"成立。9日，溥仪出任伪执政，张景惠任伪参议府议长，郑孝胥任伪国务总理。12日，犬养毅内阁会议通过《满蒙问题处理方针纲要》，指出："目前满蒙的状况已成为从中国本部政权分离出来的一个独立的政权统治地区，日本应加以诱导，使之逐渐具有一个国家的实质。"①

1933年2月24日，国联大会以42票赞成，日本1票反对，通过《国际联盟特别大会关于中日争议报告书》，声明对满洲国不给予事实上或法律上的承认。3月27日，日本政府发表通告，宣布退出国联，不再接受国联的任何决议和约束。1934年3月1日，伪"满洲国"政体改行君主立宪制，溥仪坐上"皇帝"宝座，并在日伪官员的陪同下，到长春郊外的天坛祭天，年号"康德"。根据关东军与溥仪签订的《日满密约》，关东军代表日本政府，对伪"满洲国"拥有内部指导权，伪"满洲国"所有重大决策

---

① 日本外务省：《日本外交年表并主要文书》（1840—1945）下册，东京原书房1955年版，第204页。

与人事任命,都要得到关东军同意。"伪满洲国"成为日本关东军控制下的傀儡政权。

第二节 日本扩大对华侵略 蒋介石实施"安内攘外"对策

"九一八"事变后,上海民众反日和抵制日货运动日益高涨,极大地刺激了上海的日本侨民,日本驻华公使重光葵向国民政府提出抗议,威胁说中国政府如果继续默许排日运动进一步发展,中日两国将有最不幸之重大事件发生。受到日本政府强硬态度的激励,日本侨民于10月至11月间在上海连续举行日侨大会,通过宣言和决议,扬言要惩罚中国。1932年1月18日,在日本驻上海领事馆武官辅助官兼上海特务机关长田中隆吉的蓄意煽动下,上海妙法寺日本僧人天崎启升等5人,向三友实业社的中国工人进行挑衅,又指使流氓将两名日僧打伤,并诬陷中国工人所为。随后,日方传言有一名日僧死亡,田中隆吉借机扩大事态。随后,几十名日本浪人,纵火焚烧三友实业社工厂,并打死中国军警一人,打伤军警两人。上海日侨1000余人召开大会并举行游行示威,沿途捣毁电车公共汽车及中国商店,同时日本驻沪总领事向上海市长吴铁城提出道歉、缉凶、赔偿、取缔抗日运动和解散抗日团体五项要求。

从23日起,日本大批海军陆战队士兵在上海登陆,至27日,日本派至上海的兵力已有军舰30余艘、飞机40架次、装甲车几十辆和陆战队6000人。在这种情况下,日本驻上海总领事的态度更加强硬,不仅要求道歉、赔偿和惩凶,而且要求取缔一切排日活动和一切以抗日为目的的民间团体。27日,日方向上海市政府发出最后通牒,限24小时以内答复。28日晚,吴铁城答应日方全部要求,但日军仍向上海北站、江湾、吴淞等地发起攻击,"一·二八"事变爆发。

此时,驻防上海的是第十九路军,总指挥将光鼐,军长蔡廷锴。他们通电表示:"惟知正当防卫,捍患守土,是其天职,尺地寸草,不能放弃。

为救国保种而抵抗，虽牺牲至一人一弹，绝不退缩，以丧失中华民国军人之人格。"① 同时，陈铭枢、蒋光鼐、蔡廷锴等十九路军高级将领还公开发表了《告十九路军全体同志书》和《告淞沪民众书》，表示"不要感觉我们物资敌不过人，我们要以伟大牺牲精神来战胜一切，我们必定能操胜算，我们必定能救中国"②。蒋、蔡的通电和表态受到社会各界的强烈支持和拥护，此时，国民政府宣布迁至洛阳办公。2月，蒋介石提出："只要不丧国权，不失守土，日寇不提难以忍受的条件，则我方即可于英、美干涉之时，与之交涉。"③

淞沪抗战，日军投入金泽第9师团、久留米混成旅团、第11师团、第14师团、弘前第8师团、第1师团、第10师团及海军陆战队约7.7万余人，中方军队只有4.21万人。第十九路军和第五军顽强抵抗日军，在闸北、江湾等处与日军激战，中国军队死伤、失踪共14801人，日军死伤3184人。④ 第十九路军坚决抗战，得不到中央政府支持，不仅给养缺乏，部队损失也得不到及时增援。3月1日，日军1万多人趁中国军队兵力分散之时，在浏河偷袭登陆。在援军未到达的情况下，蒋光鼐总指挥下达总退却令，将主力部队撤退至黄渡、方泰镇、嘉定、太仓一线。5月5日，在国联及英美等国的调解下，中日双方代表签订《淞沪停战协定》，协定共有五条，附件三号，主要内容包括双方停止一切敌对行动，中国军队驻扎现在位置，日军撤退至事变前的公共租界暨虹口方面的越界筑路。此后，美英等国以监视协议的履行情况。协定签字后，日方代表宣布日军自5月6日起开始撤退。至此，淞沪抗战结束。

---

① 《海上血战记》（1932年2月22日），《国闻周报》第九卷第七期。
② 上海社会科学院历史研究所编：《"九一八"——"一·二八"上海军民抗日运动史料》，上海社会科学院出版社1986年版，第187页。
③ 秦孝仪总编纂：《总统蒋公大事长编初稿》第二卷，台北中正文教基金会2005年版，第172页。肖如平围绕"一·二八"淞沪抗战前后南京国民政府的对日政策及其转变，重点分析蒋介石、汪精卫、孙科、陈铭枢等军政领导人在淞沪抗战中的权力纷争与政策分歧。参见肖如平《南京国民政府与一二八淞沪抗战研究》，浙江大学出版社2016年版。
④ 章伯锋、庄建平主编：《抗日战争》第一卷，四川大学出版社1997年版，第355—357页。

该协定使中国失去了在上海的驻兵权，为日后日本发动全面侵华战争提供了条件，也损害了英美等国在长江流域的利益，破坏了第一次世界大战后建立起的远东地区新的国际秩序。

日本在侵占了我国东三省、成立伪"满洲国"后，并没有满足其扩张欲望，开始把侵略的矛头转向华北地区。

1932年上半年，日本对驻守热河的东北军发动进攻。8月，国民政府决议撤销北平绥靖公署，改设军委会北平分会，蒋介石任委员长，由副委员长张学良代行其职，统一协调指挥驻华北各省的军队。1933年1月初，日军在山海关制造事端，炮击临榆县城，诬陷中国守军，以此为借口发动进攻，驻守山海关的东北军何柱国部奋起迎击，安德馨营全部殉国。3日，日军占领山海关和临榆县城。2月，日本向南京国民政府递交备忘录，要求中国军队撤出热河省，遭到拒绝。随后日本关东军下达《攻占热河计划》，扬言要让热河"真正成为满洲国的领域"，旋即以夺取热河首府承德为主要目标，兵分三路向朝阳、赤峰、凌源地区发起进攻。3月初，赤峰失守，日军占领承德。8万余名东北军全线撤退，山海关以北、义院口、界岭口、冷口、喜峰口、大安口、古北口一线长城全线告急。此时蒋介石集重兵开展对中央红军的第四次"围剿"，在热河问题上，未做充分准备。全国舆论哗然，引发对东北军和国民政府不抵抗政策的批评浪潮。蒋介石被迫离开江西"剿共"前线北上，张学良引咎辞职，由何应钦兼任北平军分会委员长。

日军占领承德后，随即派兵向长城各口进发。3月初，长城抗战爆发。国民党西北军宋哲元部，第三十二军商震部，东北军王以哲部，以及奉命增援的中央军徐庭瑶、关麟征等3个师，与日军英勇作战。5月上旬，日军越过长城，从东西两个方向向冀东地区大规模进攻，抚宁、卢龙、迁安等地相继失陷。5月下旬，长城全线失守，中国军队撤退至宁河、宝坻，日军先锋第6师团推进至蓟运河一线，直逼平津。

5月3日，国民政府设立行政院北平政务整理委员会，任命黄郛为委员长，负责对日交涉停战问题。25日，北平军分会接受日方条件，决定停火。5月底，北平军分会总参议熊斌与日本关东军副参谋长冈村宁次，代表中日双方签订《塘沽协定》，规定中国军队撤退至延庆、昌平、顺义、通县、香河、宝坻、宁河、芦台一线以西、以南地区，以后不得越过该线；将长城以南冀东22县定为非武装地带，中国不得驻军，华北地区门户就此打开。

日军在入侵热河的同时，对察哈尔省步步进逼。长城内外大片国土沦丧，民族危机更加深重，一批爱国将领激于民族大义，不顾南京国民政府的禁令，毅然率部抗日。冯玉祥还在1932年10月就从隐居的山东泰山来到察哈尔张家口，组织抗日武装。当热河沦陷，大批义勇军无路可走，自然拥入察哈尔境内，投奔主张抗战的冯玉祥。于是，冯玉祥便以第二十九军教导团和方振武所部为主，和义勇军等组成了"察哈尔民众抗日同盟军"，1933年5月26日，冯玉祥通电就职，亲任总司令。

抗日同盟军自6月起接连收复康保、宝昌、沽源等地，并连战五昼夜，夺取沦入敌手的察哈尔商业重镇多伦。但冯玉祥此举受到南京国民党当局强烈反对，甚至不惜派出15万大军对同盟军进行军事围攻，致使同盟军内部迅速分化，冯玉祥在日、蒋两方面的夹击下，被迫于8月中旬宣布去职，重新返回山东泰山。方振武、吉鸿昌率部打出抗日讨贼的旗号，兴兵南讨，很快陷入重围，被国民党大军所消灭。方振武逃亡海外，吉鸿昌避入天津租界，后被国民党逮捕杀害。

"一·二八"事变后，第十九路军被调往福建"围剿"红军，他们不满蒋介石的"安内攘外"的不抵抗政策，响应中共抗日宣言，寻求与红军合作，1933年9月，第十九路军于闽赣边界中央苏区的红军联系，约定停战。11月20日，李济深、陈铭枢、蒋光鼐、蔡廷锴等发动福建政变，宣布成立"中华共和国人民革命政府"，公开提出"反蒋抗日"口号，并宣布成立人民革命军第一方面军总司令部，蔡廷锴任司令。12月下旬，蒋介石组织军队进攻福建人民革命政府。1934年1月，存在仅五十多天的福建人民政府宣告失败。

"福建事变"表明国民党内部在抗战和"围剿"红军问题上的分化，

第九章 民族危机加深 国内阶级关系的调整

有力地冲击了蒋介石"安内攘外"政策，对建立抗日民族统一战线产生了积极影响。

华北地区是中国政治、经济、文化中心地区之一，战略地位十分重要。日军在武力侵占东北三省和热河后，又以武力威胁、政治谋略和经济掠夺相结合的方式，通过逼签协定、扶植伪政权的手段，开始了名为"华北自治"，实为变华北为第二个伪"满洲国"的侵略活动，史称"华北事变"。

1935年5月底，日本中国驻屯军借口中国军队援助东北抗日义勇军进入滦东"非武装"区和天津两名亲日报社社长在天津日租界被青帮暗杀，向何应钦等提出抗议和无理要求，即所谓"河北事件"。事件发生后，日本华北驻屯军司令官梅津美治郎于6月向国民政府代表何应钦提出取消国民党河北省党部，撤走驻河北的军队，撤换河北省主席和平、津两市市长，取缔反日团体等无理要求。国民政府召开紧急会议，决定接受日方条件。7月，日本华北驻屯军司令官梅津美治郎与国民党华北军分会代理委员长何应钦达成协议（即"何梅协定"），日本政府攫取了中国河北、察哈尔两省的大部分。这一系列丧权辱国的协定，严重损害了中国主权，助长了日本侵略者的气焰，造成日本占据平津及河北省大部分的既定事实，华北地区的中国主权及行政系统开始瓦解。

10月，日本军方又在河北省香河县指使汉奸暴动，占据了县城。11月，日本军方指使滦榆区行政督察教导员殷汝耕在通州成立了所谓"冀东防共自治委员会"，使冀东20余县脱离中国政府管辖，为日本所控制。一个月后，殷汝耕又将其政权改名为"冀东防共自治政府"，并与"伪满洲国"进行"互访"。同时，日本侵略军还在平津等地加紧演习，进行挑衅。12月，国民政府指派宋哲元等成立"冀察政务委员会"，宋哲元担任委员长。冀察政务委员会是日本侵略者和蒋介石集团妥协的产物，虽隶属于国民党中央政府，但具有很强的独立性。随后，日本政府加紧策划"华北五省自治运动"，华北主权陷入危机。

1936年5月，以德穆楚克栋鲁普（德王）为首的伪蒙古军政府在德化成立，成为日本侵略内蒙古地区的工具。华北陷入四分五裂的状态。尽管国民政府，在华北还拥有大部分主权，但丧失了诸多的管辖权。随后，日军加快了全面侵华战争的步伐。

第三节 抗日救亡运动的高涨

"九一八"事变后，抗日救亡运动在全国兴起。1931年9月20日至1932年4月15日，中国共产党先后发表《为日本帝国主义强暴占领东三省事件宣言》《为国民党反动政府出卖中华民族利益告全国民众书》等声明，揭露日本帝国主义侵略中国并称霸亚洲和世界的阴谋。上海、天津、广州、北平等地工人纷纷举行反日大罢工和示威游行，组织抗日救国会开展抗日募捐。北平、南京、上海等地学生举行罢课、示威、街头宣传等活动，全国先后成立了"东北民众抗日救国会""北平工界抗日救国会"等，积极开展和声援抗日活动。宋庆龄、何香凝、冯玉祥等国民党内的抗战派以及民族资产阶级、海外华侨等也加入抗日救亡的行列，要求国民政府一致对外，共同抗日。

东北人民没有停止过反抗日本的斗争。中国共产党不仅积极参加和推动各地的抗日救亡运动，而且直接领导了东北人民的抗日武装斗争。中共中央以及东北党组织先后选派罗登贤、杨靖宇、赵尚志、周保中、赵一曼等到东北，加强中共满洲省委的领导力量。1932—1933年，中共满洲省委与以原东北军为主体的抗日义勇军进行合作，并直接建立了盘石、汪清等反日游击力量，后来这些游击队统称为东北抗日联军。至1937年7月，东北抗日联军发展到十个军，一个独立师，共约3万人。

1932年12月，中国民权保障同盟在上海成立，宋庆龄任主席，蔡元培任副主席。同盟的宗旨是营救一切爱国的革命的政治犯，争取人民的言论、出版、集会、结社的自由，该同盟存在期间做了许多工作，推动了民主运动的发展。1933年6月18日，同盟总干事杨杏佛遭到暗杀，同盟的活动因国民政府的迫害而无法继续下去，被迫中止。

第九章 民族危机加深 国内阶级关系的调整

随着日本侵华步伐的加快,尤其是华北事变后,中华民族危机进一步加深,在中共地下党组织的领导下,平津学生自治会成立,并积极开展抗日救亡宣传活动。

1935年12月9日,北平学生举行声势浩大的抗日游行,打出"反对华北自治""打倒日本帝国主义""停止内战,一致对外"的口号,遭到国民党军警镇压。几天之内,有70多所学校成立了自治会或学生会,并在北平学联号召下宣布罢课。12月16日,北平学生和市民3万多人在天桥召开大会,通过反对冀察政务委员会、反对华北傀儡组织、要求停止内战一致对外等决议案。会后举行更大规模的示威游行,再次遭到大批军警冲击,300余人受伤,30余人被捕,迫于民众的压力,冀察政务委员会宣布延期成立,这就是"一二·九"运动。

"一二·九"运动得到全国人民的支持和响应。天津学生举行示威游行,并宣布实行罢课。上海学生及各界人士举行全市示威游行,要求释放被捕北平学生。南京、杭州、武汉、广州、开封、济南、太原、南宁、扬州、苏州、保定、长沙等地学生也相继举行游行或罢课。12月下旬,平津学生联合会成立,次年1月初天津学联组织南下,沿津浦铁路和平汉铁路宣传抗日。2月初,宣传团建立了中华民族解放先锋队,并迅速发展到全国30余个城市,积极开展抗日活动。"一二·九"运动是具有深远历史意义的抗日救亡运动,标志着中国人民抗日救亡民主运动新高潮的到来。毛泽东评价这场运动"准备了抗战的思想,准备了抗战的人心,准备了抗战的干部","将成为中国历史上的一个非常重要的纪念"①。

在日本帝国主义侵略加深的情况下,1936年5月底至6月初,在共产党人的积极参与下,宋庆龄、何香凝、马相伯、邹韬奋、胡愈之等知名人士,在上海圆明园路中华基督教青年会发起成立了全国各界救国联合会成

---

① 毛泽东:《一二·九运动的伟大意义》(1939年12月9日),载《毛泽东文集》第二卷,第253页。

立大会①，会议通过《全国各界救国联合会章程》《全国各界救国联合会宣言》《抗日救国初步纲领》等文件。同时，救国会在上海、香港、西安以及两广等地组织了大规模的救亡运动，引起了全社会的强烈反响。毛泽东多次致函救国会领导人，充分肯定救国会提出的全国团结一致、抗日救国的主张，表示愿意同救国会密切合作，并再次表明了中国共产党的抗日民族统一战线政策。救国会的抗日主张引起了国民党当局不满。11月23日，国民党政府以"危害民国"罪，逮捕了救国会的沈钧儒、章乃器、邹韬奋、李公朴、沙千里、史良、王造时七人，史称"七君子事件"。"七君子"被捕事件在社会各界人士中引起较大震动，许寿裳、许德珩、张东荪、张申府等109位知名人士联名致电国民政府，要求对七君子"完全开释，勿再拘传，以慰群情，共赴国难为幸"②。1937年6月25日，宋庆龄、何香凝、胡愈之等16人发起救国入狱运动并发表《救国入狱运动宣言》。在各方压力下，7月31日，"七君子"被释放出狱。

1930年3月，在中国共产党的建议和筹划下，中国左翼作家联盟（简称"左联"）在上海成立。10月，中国左翼文化界总同盟成立。这些左翼文化团体通过文艺创作的形式，积极为抗日救亡运动服务，先后创办了《萌芽月刊》《北斗》《文化月报》《生活周刊》等刊物，翻译了《资本论》第一卷、《反杜林论》《政治经济学批判》《唯物主义与经验批判主义》等一批马列著作，创作了《八月的乡村》《子夜》等小说，涌现出鲁迅、茅盾等一批文化名人。此外，田汉作词、聂耳谱曲的《义勇军进行曲》作为影片《风云儿女》的主题曲在中国大地上广泛传播，激发了民众的抗日斗志。

第四节　红军被迫转移　苏维埃运动遭受挫折

1931年11月1日至5日，中央苏区党的第一次代表大会在江西瑞金召

---

① 关于救国会的研究，见周天度、孙彩霞《救国会史（1936—1949）》，群言出版社2008年版。
② 《救亡情报》第29期，1936年12月9日。

第九章 民族危机加深 国内阶级关系的调整

开,史称"赣南会议"。苏区中央局代理书记毛泽东代表苏区中央局向大会作了报告。会议通过了《政治决议案》《党的建设问题决议案》《红军问题决议案》等文件。会上,"左"倾教条主义者把毛泽东的正确主张斥责为"狭义的经验论""农民的落后意识"和"富农路线",甚至指责"抽多补少,抽肥补瘦"的土地政策,"是模糊土地革命中的阶级斗争,也是同样的犯了富农路线的错误"①。赣南会议及其通过的决议案,表明毛泽东在中央苏区的正确领导受到排挤,处境较为困难。

1932年5月,随着上海抗战结束,蒋介石召开"清剿"会议,下令向革命根据地发动第四次"围剿",他的战略部署是先进攻鄂豫皖、湘鄂西根据地,得手后再全力进攻中央根据地。7月14日,蒋介石自任鄂豫皖"剿匪"总司令,调集以中央军为主的26个师5个旅约30万军队,发动对鄂豫皖根据地进攻。此时红四方面军约有4.5万余人,曾给国民党军队造成一定打击。但是时任中共鄂豫皖中央分局书记兼军事委员会主席的张国焘,在"肃反"扩大化中错误杀害了许继慎等优秀将领和大批干部,国民党军队大举进攻时,他又盲目轻敌,仓促应战,错误指导,结果使红军遭到较大伤亡。10月,张国焘在未得到中央允许的情况下,张皇失措,决定红四方面军主力2万多人越过平汉铁路向西转移,历时两个多月后,进入川北,开辟了川陕根据地,并于1933年2月7日召开中共川陕省第一次党代表大会,成立以熊国炳为主席的川陕省苏维埃政府。

在进攻鄂豫皖根据地的同时,国民党军队10万余人向湘鄂西根据地发起进攻,六届四中全会后,时任中共湘鄂西中央分局书记兼红三军政治委员的夏曦来此工作,他也执行了冒险主义和宗派主义方针,在"肃反"中错误地杀害了段德昌等优秀将领和大批干部,作战中先是轻敌冒进,继又消极防御,部队伤亡惨重,只能退出湘鄂西,经辗转作战,又开辟了黔东根据地。鄂豫皖和湘鄂西苏区的陷落,结束了苏区和红军对国民党华中统治区的威胁,但是国民党军对中央苏区的"围剿"却以失败告终。

----

① 《政治决议案——中央苏区第一次党代表大会通过》(1931年11月1—5日),载《中共中央文件选集》第七册,中共中央党校出版社1991年版,第448页。

1932 年底，蒋介石亲临南昌坐镇指挥，由何应钦任总司令，调集国民党 30 多个师约 40 万的兵力，分左、中、右三路向中央根据地发动第四次"围剿"，这时红一方面军约有 7 万人，在总司令员朱德、政治委员周恩来指挥下，运用以往反"围剿"的成功经验，于 1933 年 2 月、3 月间，经黄陂、草台岗两次伏击，歼灭陈诚部精锐主力近 3 个师，俘虏敌人 1 万余人，成功打破了国民党军队对中央根据地的第四次"围剿"。

　　正当第四次反"围剿"进行时，中共中央由于王明"左"倾机会主义，采取排斥共产党以外的抗日反蒋力量的方针，使各苏区红军遭到不同程度的损失，毛泽东也受到"左"倾中央的指责，被迫离开领导岗位。

　　1933 年 5 月 31 日"塘沽协定"签字后，蒋介石自任总司令，向美、英、德等国借款购买飞机、大炮并聘请外国军事专家和顾问，在庐山举办军官训练团，并调集 100 万军队，准备发动对革命根据地的第五次"围剿"。他吸取过去的失败教训，强调实行"三分军事、七分政治"的方针，将"围剿"定位为军事、政治、经济、社会的总体战，采取一系列措施，力图强化自身力量，严密政治组织，改变国民党政权和军队的负面形象，同时对苏区实行经济上严密封锁①，军事上采取持久战和堡垒主义的战略。

　　中央根据地仍是敌人"围剿"的重点，蒋介石投入 50 万兵力，这时中央根据地主力红军约有 10 万人，敌我力量对比悬殊。在上海不能立足的临时中央负责人博古来到瑞金中央根据地，他不懂军事，把红军指挥权交给共产国际派来的军事顾问李德，李德不了解中国实际情况，采用教条主义和军事冒险主义策略，反对"诱敌深入"的方针，主张"御敌于国门之外"，要求红军全线进攻，使红军遭受很大损失，丧失了根据地大片地区。1934 年 1 月，中共六届五中全会在瑞金召开，这次会议把"左"倾错误推向顶点，会议改选了中央政治局，选举产生了中央书记处，博古仍负总责。4 月中旬，国民党军队集中优势兵力进攻中央苏区北大门广昌，博古、李德不顾敌强我弱实际情况，命令红军主力坚守，经过 18 天血战，广昌失守。

---

①　参见黄道炫《张力与限界：中央苏区的革命（1933—1934）》，第 197—211 页。

为了减轻国民党军队对中央根据地的压力，7月上旬，由寻淮洲等领导的红七军团改编为北上抗日先遣队，开赴闽浙皖赣边区活动。11月，红七军团同方志敏领导的红十军会合，组成红十军团继续北上。1935年1月，红十军团遭遇国民党军队围追堵截，方志敏被俘。8月6日，方志敏在南昌英勇牺牲。

1934年9月下旬，在国民党各路军队进攻下，中央根据地仅剩下瑞金、兴国、于都等县之间的狭小区域，中央红军已无法在原地扭转战局。9月17日，博古致电共产国际报告红军主力准备实施战略转移。9月30日，共产国际复电表示同意。10月中旬，中共中央机关和中央红军主力8.6万余人，被迫实行战略转移，开始长征，中央根据地也因第五次反"围剿"的失利而随之丢失。

"左"倾教条主义给中国革命造成巨大损失，导致除陕甘以外各主要革命根据地的丢失，严重破坏了中共在国民党统治区组织工作，中国的苏维埃运动遭受重大挫折。

红军长征开始后，博古等推行"左"倾错误方针的中共中央领导人又犯了逃跑主义错误，将战略转移和突围变成了大搬家式的行动，带着笨重的机器，行动迟缓，一天只能走一二十里路。按照原定计划，中央红军准备转移到湖南西北部，同红二、红六军团会合。在连续突破国民党军队的四道封锁线后，遭遇国民党重兵夹击，付出了很大代价。12月1日，中央机关和中央红军渡过湘江，全军从出发时8.6万余人减至3万多人。损失半数以上，所带的机器、文件等也在战斗中大部丢失。在残酷的事实面前，中共中央和中革军委发生激烈争论，对错误领导的怀疑不满情绪蔓延，要求改换领导的呼声增长。

1934年12月18日，中共中央政治局在贵州黎平举行会议，经过激烈争论，接受毛泽东的提议，通过了《中央政治局关于战略方针之决定》，放弃向湘西前进的计划，改向贵州北部进军。1935年1月7日，红军攻克黔北重镇遵义。

1月15日至17日，中共中央在遵义召开政治局扩大会议，博古、张闻天、毛泽东、李德等20人参加会议。会议讨论了博古就第五次反"围剿"失利问题所做的总结报告,批评博古、李德在第五次反"围剿"中实行单纯防御、在战略转移中实行逃跑主义的错误,明确提出必须改善军委领导方式。会议增选毛泽东为中央政治局常委,通过了张闻天起草的《中央关于反对敌人五次"围剿"的总结决议》。2月5日,中央红军从遵义在向云南扎西地区进军途中,中央政治局常委会决定由张闻天代替博古负中央总责。3月中旬,中共中央决定成立由周恩来、毛泽东、王稼祥组成党内最高军事指挥小组,即新的"三人团",以周恩来为首,负责全军的军事行动,取代了原来以博古、李德、周恩来组成的军事指挥三人团。

遵义会议实际上确立了以毛泽东为主要代表的马克思主义正确路线在中共中央的领导地位,确立了毛泽东在军事上的领导核心作用,在极其危急的情况下挽救了党,挽救了红军,挽救了中国革命,是党的历史上一个生死攸关的转折点。

遵义会议后,中央红军在毛泽东等指挥下,决定分兵渡江北上。从1月末到3月下旬,红军4次渡过赤水河,5月上旬渡过金沙江。至此,中央红军摆脱了几十万国民党军队的围追堵截,粉碎了蒋介石围歼红军于川黔滇边境的计划,取得了战略转移中具有决定意义的胜利。

红军渡过金沙江后继续北上,经过大凉山彝族聚居区,红军总参谋长刘伯承同彝族果基部落首领小叶丹歃血为盟,红军顺利通过了这个地区。5月下旬,红军强渡大渡河,飞夺泸定桥,接着又翻越了海拔4000多米的大雪山夹金山。6月12日,中央红军(红一方面军)先头部队到达懋功东南的达维镇,与前来迎接的红四方面军第三十军李先念部会师。6月18日,中共中央与中央红军主力到达懋功地区。

红一、红四方面军胜利会师后,对如何采取下一步行动存在意见分歧。6月26日,中共中央和红四方面军领导人在两河口召开会议,讨论战略方针问题。周恩来提议创建新的根据地需要有三个条件:地域宽大好机动;群众条件较好,人口较多;经济条件较好。据此,会议通过周恩来提出的北上战略方针,决定红军主力向北进攻,以建立川陕甘革命根据地。29日，中共中央政治局决定增补张国焘为中革军委副主席，增补徐向前、陈昌浩为军委委员。但是，张国焘并不满意，提出各种借口拖延部队行动。

8月6日，中共中央政治局在沙窝召开会议，讨论两军的团结问题，决定将红军分为左、右两路军，分别由朱德、张国焘和徐向前、陈昌浩率领北上，张国焘仍旧拖延。9月1日，中共中央电催张国焘和左路军迅速北上，张国焘命令部队原地不动。9日，张国焘电令徐向前、陈昌浩率部南下，担任右路军参谋长的叶剑英看到电报后，立即报告给毛泽东。面对两军分裂的局面，毛泽东经与张闻天、博古、周恩来、王稼祥磋商后，提议中共中央应率红一、红三军和军委纵队连夜脱离红四方面军北上。9月12日，中共中央政治局在甘肃迭部县俄界召开扩大会议，通过关于张国焘错误的决定，并将北上红军改称陕甘支队。10月19日，陕甘支队到达陕甘交界的吴起镇。至此，中央红军主力行程25000里、纵横11个省的长征胜利结束，陕甘根据地成为中央红军的落脚地。

1935年10月5日，坚持南下的张国焘，公然另立"中央"。中共中央在北上和南下问题上同张国焘的分裂行为进行了激烈而坚决的斗争。1936年1月22日，中共中央政治局做出《关于张国焘同志成立第二"中央"的决定》，责令他立即"取消他的一切'中央'放弃一切反党的倾向"①。红四方面军南下后，伤亡惨重，到4月间仅剩下4万多人。这时中共中央一再电令红四方面军北上，从苏联归国的张浩也以共产国际代表的身份多次致电张国焘，表明共产国际完全同意中共中央的政治路线，要他立即取消另立的"中央"，在这种情况下，张国焘不得不于6月6日宣布取消另立的"中央"。②

1935年11月，由贺龙、萧克领导的湘鄂川黔根据地红二、红六军团，从湘西北桑植出发长征，1936年7月初同红四方面军在甘孜会师。中共中

---

① 《中央关于张国焘同志成立第二"中央"的决定》（1936年1月22日），载《中共中央文件选集》第十一册，中共中央党校出版社1991年版，第3页。
② 在北上和南下的战略抉择上，党中央与张国焘展开了一场激烈的斗争。参见刘统《北上：党中央与张国焘斗争始末》，生活·读书·新知三联书店2016年版。

央指定红二、红六军团加上红三十二军合编为红二方面军,由贺龙任总指挥,任弼时任政治委员。10月9日,红四方面军指挥部到达甘肃会宁,同红一方面军会合。22日,红二方面军指挥部到达将台堡同红一方面军会合。至此,红二、红四方面军完成了长征。

主力红军长征后,留在长江南北的部分红军和游击队,在项英、陈毅等领导下开展了艰苦的游击战争。

长征的胜利是中国革命转危为安的关键。毛泽东指出:"长征是历史纪录上的第一次,长征是宣言书,长征是宣传队,长征是播种机。"[1] 长征打破了国民党军队的围追堵截,实现了红军的战略大展开,宣传了中国共产党的政治主张,在沿途播撒了革命的种子,鼓舞了广大人民群众。长征后保存下来的红军人数虽然不多,但这是党极为宝贵的精华,构成以后领导抗日战争和解放战争的骨干。长征的胜利,表明中国共产党及其所领导的中国工农红军具有战胜任何困难的顽强的生命力,是一支不可战胜的力量,从此开启了中国共产党为实现民族独立、人民解放而斗争的新的伟大进军。

第五节　西安事变　中国历史发展的新契机

1935年8月1日,中共中央发表《为抗日救国告全国同胞书》,呼吁全国各党派各界同胞各军队,摒弃前嫌,停止内战,集中一切国力,建立"全中国统一的国防政府",组织"全中国统一的抗日联军"[2],为抗日救国的神圣事业而奋斗。中国共产党提出的抗日救国主张,表明了坚决的反对日本侵略的立场,反映了当时大多数人民的愿望和要求,推动了全国抗日救亡运动高涨。12月17日至25日,中共中央在陕西安定县瓦窑堡召开政

---

[1] 毛泽东:《论反对日本帝国主义的策略》(1935年12月27日),载《毛泽东选集》第一卷,第149—150页。

[2] 参见《为抗日救国告全国同胞书》(1935年8月1日),载《中共中央文件选集》第十册,中共中央党校出版社1991年版,第522页。

第九章　民族危机加深　国内阶级关系的调整

治局会议，即瓦窑堡会议，出席和列席会议的有毛泽东、张闻天、周恩来、博古、李维汉、王稼祥、刘少奇、邓发、凯丰、张浩、邓颖超、吴亮平、郭洪涛等。会议着重讨论了全国政治形势和党的策略路线、军事战略，确立了建立抗日民族统一战线的新策略，并相应地调整了各项具体政策。

张闻天在会上作了关于政治形势和策略问题的报告，张浩作了关于共产国际七大精神的传达报告。毛泽东在主题发言中分析各阶级对抗日的态度，明确提出民族资产阶级在亡国灭种的关头有参加抗日的可能，甚至连大资产阶级营垒也有分化的可能，要从关门主义中解放出来，建立广泛的抗日民族统一战线。会议通过了《中央关于目前政治形势与党的任务决议》，决议指出：在日本即将全面侵略中国的形势下，社会各阶层包括民族资产阶级、乡村富农、小地主甚至一部分军阀等均有参加抗日救亡活动的可能性，民族革命战线是扩大了。因此，中国共产党应努力争取一切可以争取的力量参加到统一战线中。统一战线的最高组织形式是国防政府与抗日联军，决议要求各级党组织要批评关门主义倾向，但在建立抗日民族统一战线的同时，也要注意防止右倾错误，要把握革命的领导权。①

12月27日，毛泽东根据会议精神，在党的活动分子会议上作《论反对日本帝国主义的策略》的报告，报告指出："民族资产阶级同地主阶级、买办阶级不是同一的东西……在殖民地化威胁的新环境之下，民族资产阶级的这些部分的态度可能发生变化。这个变化的特点就是他们的动摇。他们一方面不喜欢帝国主义，一方面又怕革命的彻底性，他们在这二者之间动摇着。……但在斗争的某些阶段，他们中间的一部分（左翼）是有参加斗争的可能的。其另一部分，则有由动摇而采取中立态度的可能。"因此，"我们要把敌人营垒中间的一切争斗、缺口、矛盾，统统收集起来，作为反对当前主要敌人之用"②。

---

① 参见《中央关于目前政治形势与党的任务决议》（1935年12月25日），载《中共中央文件选集》第10册，第602—622页。
② 毛泽东：《论反对日本帝国主义的策略》（1935年12月27日），载《毛泽东选集》第一卷，第145、148页。

国外有学者认为，中共提出的抗日民族统一战线口号远比蒋介石的"攘外必先安内"政策更有说服力，"更符合中国城市人口的心态，其中包括学生、知识分子、很大一部分资产阶级和许多国人，统一战线政策在上述集团中，甚至在一些有影响力的国民党派别中，都很有说服力"①。

中国共产党关于建立抗日民族统一战线的理论和策略，为完成由国内革命战争向抗日民族解放战争的转变，促进抗日民族统一战线的形成，迎接抗日新高潮的到来，作了政治上和理论上的准备。

瓦窑堡会议后，中共中央开始贯彻统一战线策略，注重对国民党党政军上层人士尤其是张学良、杨虎城等将领展开工作，争取和动员他们共同抗日。毛泽东曾致电彭德怀，请他派伍修权将瓦窑堡会议的决议送给东北军第六十七军军长王以哲，使其了解中共的统一战线政策。毛泽东、周恩来等发表《红军为愿意同东北军联合抗日致东北军全体将士书》，建议互派代表共同协商"组织国防政府与抗日联军"②。1936年春，中共派李克农赴洛川，多次与张学良、王以哲会谈，双方达成互不侵犯、各守原防等口头协议。4月9日晚，周恩来在延安与张学良进行秘密会谈，王以哲、刘鼎、李克农等参加。③ 会议主要讨论了"停止内战，一致抗日""抗日救国的道路""联蒋抗日""联合苏联""停战、通商"等议题，张学良表示"停止内战一致抗日他完全同意"④。

对杨虎城率领的第十七路军，中共也积极争取。中央红军到达陕北后，毛泽东派红二十六军政委汪锋到西安，争取杨虎城部与红军联合抗日。此后，中共北方局陆续派出张文彬、王世英、王炳南等多名党员与杨虎城会谈。至1936年9月，红军同东北军、第十七路军达成取消敌特行动、取消

---

① 费正清、费维恺主编：《剑桥中华民国史》下卷，中国社会科学出版社1994年版，第607页。

② 《红军为愿意同东北军联合抗日致东北军全体将士书》(1936年1月25日)，载《中共中央文件选集》第11册，第8页。

③ 关于中共与张学良在西安事变前的接触和会谈，详见杨奎松《西安事变新探——张学良与中共关系之研究》，山西人民出版社2012年版。

④ 《周恩来关于与张学良商谈情况给张闻天、毛泽东、彭德怀电》(1936年4月10日)，载《中国共产党关于西安事变档案史料选编》，中国档案出版社1997年版，第50页。

经济封锁、建立军事联络、联合抗日等协议。

1935年9月，蒋介石在日本《经济往来》杂志上发表《如何改善中日关系》一文，指出"中国对日本的妥协让步，毕竟有一定的限度"①。11月12—23日，国民党在南京召开第五次全国代表大会，蒋介石在大会上发表讲话，提出"和平未到完全绝望之时，绝不放弃和平，牺牲未到最后关头，亦绝不轻言牺牲"②。这表明，国民政府对日政策由软弱渐趋强硬，但大会仍强调要对红军坚决实行"清剿"。1936年6月1日，广东陈济棠、广西李宗仁、白崇禧联名通电，吁请国民党西南执行部、西南政务委员会"改颁军号"，组织"抗日救国军"，准其"北上抗日"。此后3个多月中，经蒋介石及其幕僚从中斡旋调解，"两广六一事变"最终和平解决，蒋介石的声望也因此"如日中天"。③ 7月，国民党五届二中全会再次确认"五全"大会的外交政策，指出"对外则绝不容忍任何侵害领土主权之事实，亦绝不签订任何侵害领土主权之协定，遇有领土主权被侵害之事实发生，如用尽政治方法而无效，危及国家民族之根本生存时，则必出以最后牺牲之决心，绝无丝毫犹豫之余地"④。

华北事变后，蒋介石尝试改善中苏关系。1935年10月18日，蒋介石在南京会见苏联大使鲍格莫洛夫，鲍格莫洛夫向蒋介石提出改善苏中关系并签订互不侵犯条约。1936年1月22日，鲍格莫洛夫与蒋介石再次会谈，蒋介石提出希望苏联政府出面说服红军承认中央政府及司令部的权威，但苏联政府认为国共谈判是中国内政，拒绝劝说中共与国民党和谈。⑤

1936年初，毛泽东、王稼祥公开表达了中共愿与蒋介石国民党合作抗

---

① 《中央周报》第378期，1935年9月2日。
② 《接受蒋委员中正关于外交之建议案》，《革命文献》第76辑，（台北）中央文物供应社1978年版，第250页。
③ 罗敏：《走向统一：西南与中央关系研究（1931—1936）》，社会科学文献出版社2014年版，第229页。
④ 荣孟源、孙彩霞：《中国国民党历次代表大会及中央全会资料》下册，第412页。
⑤ 汪金国利用俄文版苏联外交政策文件，对这一时期国民党政府与苏联代表会谈、最终签订《中苏互不侵犯条约》的全过程作了详细描述。参见胡德坤主编、汪金国《反法西斯战争时期的中国与世界研究》第八卷《战时苏联对华政策》，人民出版社2015年版，第32—42页。

日的态度。2月底,国民党方面向中共提出政治解决国共关系的条件:若中共愿意向南京国民政府"输诚",则可同意不进攻红军、一致抗日、释放政治犯、武装民众等要求。3月5日,中共中央提出相应的五点条件作为双方谈判的基础:"停止一切内战,全国武装不分红白一致抗日;组织国防政府与抗日联军;容许全国主力红军迅速集中河北,首先抗御日帝迈进;释放政治犯,容许人民政治自由;内政与经济上实行初步与必要之改革。"① 由此,国共双方开始正式接触。

国民党政府对日态度的转变,也影响了一些地方军政领导人的抗日态度。1936年6月,日本关东军参谋长板垣征四郎访问绥远省并拜会省主席傅作义,希望能改善中日关系,傅作义未作表态。8月,伪蒙军李守信部2万余人进攻绥东地区,日军随即抵达张北支援,傅作义决心奋起抵抗。10月底,蒋介石借阎锡山、傅作义为其祝寿之机,与傅作义讨论了在绥远实施军事防御的方案。11月上旬,伪蒙军陆续开始向绥远境内百灵庙、商都等地增兵,绥远形势顿时紧张。本月中旬,傅作义部第三十五军与日伪军5000余人,在红格尔图发生激战,击退了日伪军的进攻。红格尔图初战告捷后,傅作义决定先发制人、主动出击,24日,率部奇袭日伪军驻守的百灵庙地区,歼敌1300余人,一举收复绥北要地百灵庙。12月初,日伪军4000余人对百灵庙的反扑被击溃,傅作义部收复日本军根据地锡拉木楞庙(即大庙)。17日,伪军王英部所属两个旅举义反正。这一胜利振奋了全国人民的爱国热情和民族精神,再次激发起抗日救亡运动的高潮,在全国范围内掀起援绥抗日运动。

绥远抗战后,国民党的内外政策出现了一些变化,国共开始接触会谈,但蒋介石并没有完全放弃"安内攘外"的方针,仍准备组织对红军发动新"围剿"。10月22日,蒋介石飞抵西安,催促张学良、杨虎城出兵"剿共",张学良称军无斗志,并力劝蒋介石停止内战、一致抗日,但蒋介石坚持反共立场,宣称"我们最近的敌人是共产党,为害也最急;日本离我们

---

① 《彭德怀、毛泽东关于对南京代表提出的谈判条件给李克农转王以哲电》(1936年3月5日),载《中国共产党关于西安事变档案史料选编》,第37页。

很远,为害尚缓"①。12月初,张学良致电蒋介石,申诉报国杀敌的决心,蒋介石不为所动,考虑由中央军接替东北军实行"剿共"。不久,张学良又以"七君子事件"专程赴洛阳见蒋介石,请求蒋介石"释放那几位无辜的同胞"②,遭到拒绝,双方的分歧日益加剧。

12月4日,蒋介石由洛阳赴西安,住在临潼华清池,召来大批高级将领会商下一步大规模"剿共"计划。中央军30个师随之进驻陇海线。蒋介石下令张学良、杨虎城率部进攻红军,否则就将东北军调往福建,西北军调往安徽,改由中央军进驻陕甘"剿共"。张学良数次苦谏蒋介石改变政策,均被蒋介石斥责为年轻无知。12月8日晚,张学良和杨虎城密商后决定扣留蒋介石,逼蒋抗日。9日,西安学生1万余人举行示威游行,要求停止内战、一致抗日。游行队伍从西安步行至临潼,向蒋介石请愿,蒋介石却电令张学良镇压。10日,蒋介石派蒋鼎文出任西北"剿匪"军前敌总司令,卫立煌为晋陕宁绥四省边区总指挥"围剿"红军。在多次劝说无效后,张学良、杨虎城决定实行"兵谏"。

12月12日,张学良、杨虎城按照事先约定,先由东北军一部包围华清池,扣留了蒋介石。同时第十七路军控制了西安城,软禁国民党军政要员陈调元、蒋作宾、邵力子、陈诚、朱绍良、蒋鼎文、卫立煌等17人。当天,张、杨通电全国,说明事变真相,提出八项主张:改组南京国民政府,容纳各党派,共同负责救国;停止一切内战;立即释放上海被捕爱国领袖;释放全国一切政治犯;开放民众爱国运动;保障人民集会、结社一切之政治自由;确实遵行总理遗嘱;立即召开救国会议等。③ 这就是震惊中外的西安事变。

西安事变的发生,在全国范围内引起了强烈的震动,舆论反应激烈,

---

① 中国社会科学院现代史研究室编:《西安事变资料》第一辑,人民出版社1980年版,第11页。
② 《在西安市民大会上的讲演词》(1936年12月16日),《解放日报》(西安)1936年12月17日。
③ 中国第二历史档案馆、云南省档案馆、陕西省档案馆合编:《西安事变档案史料选编》,档案出版社1986年版,第3—4页。

社会各界和国内各派势力多对和战形势深表忧虑。南京政府当天即通过决议,宣布张学良"劫持统帅,妄作主张","形同匪寇",应"先褫夺本兼各职,交军事委员会严办。所部军队归军事委员会直接指挥"[①]。同时发布讨伐令,国民党中央军在何应钦的指挥下,陆续开向潼关。整个形势大有一触即发之势。

西安事变发生后,南京国民政府在如何对待事变问题上出现了两种主张,军政部长何应钦等主张调动军队进攻西安;以宋子文、宋美龄为首的一派主张和平解决,积极谋划营救蒋介石。国民党的地方实力派大多不支持张、杨,不过均主张和平解决西安事变。列强方面也是态度不一。日本政府极端仇视西安事变,宣称张学良、杨虎城已经"赤化",极力挑拨南京政府与西安方面的关系,企图挑动中国扩大内战,并伺机对中国采取新的侵略行动。英美等国出于自身利益,需要中国牵制日本,力求维持蒋介石的统治,以免南京国民政府为亲日派所控制,因此支持和平解决事变。苏联也表示支持和平解决事变。

张学良连夜电告中共中央,毛泽东和周恩来立即复电,表示拟派周恩来前往西安商量大计。13日,中共中央举行政治局常委扩大会议,毛泽东在发言中认为西安事变是有革命意义的,它的行动、它的纲领,都有积极意义,应明确表示拥护,会议肯定了西安事变对"抗日反卖国贼"具有积极意义,打破了以前完全被蒋介石控制的局面。张闻天在发言中主张"我们不组织与南京对立方式,尽量争取南京政府正统"。"我们的方针:把局部的抗日统一战线,转到全国性的抗日统一战线。"[②] 17日,周恩来等作为中共代表抵达西安,与张、杨等人紧急磋商,并表示为了民族利益,只要蒋介石改变内战政策、决心抗日,中共就愿意与他合作。18日,中共提出和平解决西安事变的五项条件:召开抗日救国代表大会,自陕甘撤退中央

[①] 《国民政府文官处奉发褫夺张学良本兼各职交军委会严办令致行政法院电》(1936年12月14日),载中国第二历史档案馆《中华民国史档案资料汇编》第五辑第一编政治,第160页。

[②] 张闻天:《尽量争取南京政府正统》(1936年12月13日),载《张闻天文集》第二卷,中共党史出版社1993年版,第198—199页。

第九章 民族危机加深 国内阶级关系的调整

军援助晋绥抗日前线，承认红军和西安方面的抗日要求，停止内战，一致抗日，开放人民抗日救国运动，释放一切政治犯，实现孙中山先生的三大政策。如实现以上要求，"不但国家民族从此得救，即蒋氏的安全自由当亦不成问题"①。19日，中共中央再次召开政治局扩大会议，并向全党发出《中央关于西安事变及我们的任务的指示》，全面分析了西安事变的性质和发展前途，分析了国际国内复杂的政治形势，从中华民族和中国人民的长远利益出发，确定了和平解决西安事变的基本方针。

12月22日，南京国民政府派宋子文、宋美龄作为谈判代表飞抵西安，面见蒋介石。在周恩来与张学良、杨虎城共同努力下，经过谈判，双方达成六项协议：改组国民党与国民政府，驱逐亲日派，容纳抗日分子；释放上海爱国领袖，释放一切政治犯，保障人民的自由权利；停止"剿共"政策，联合红军抗日；召开各党各派各界各军的救国会议，决定抗日救亡方针；与同情中国抗日的国家建立合作关系；其他具体的救国办法。② 至此，历时14天的西安事变终于获得和平解决，内战基本停止。中共中央在这次事变中正确决策，充分表现团结抗日的诚意。

12月25日，张学良陪同蒋介石乘机离开西安。抵达南京后，蒋介石立即扣押张学良，张学良也由此开始了漫长的软禁生涯。随后东北军被分别调至苏北、皖北、豫南等地。杨虎城部第十七路军被调往渭北。

日本帝国主义扩大对华侵略，迅速把中华民族与日本帝国主义的矛盾，变成国内占据首要地位的矛盾。原有的阶级矛盾逐渐处于从属的地位。这是当时中国政治生活的大环境。在这个大环境的影响下，国内各阶级、各政治集团原有的政治目标迅速得到调整。蒋介石、国民党从坚决反共、"剿共"转变为"政治解决"共产党问题，转变为可以和共产党坐下来谈判，讨论共同抗日问题。共产党也从大革命失败后十年内战的厮杀中转变过来，

---

① 《中共中央关于西安事变致国民党中央电》（1936年12月18日），载《建党以来重要文献选编（1921—1949）》第十二册，第418页。
② 毛泽东：《关于蒋介石声明的声明》（1936年12月28日），载《毛泽东选集》第一卷，第246页。

从"反蒋抗日"变为"逼蒋抗日",再变为"拥蒋抗日"。1937年2月,国民党在南京召开五届三中全会,中共中央致电全会,提出五项要求:停止内战,集中火力,一致对外;保障言论、集会、结社之自由,释放一切政治犯;召开各党各派各界各军的代表会议,集中全国人才,共同救国;迅速完成对日作战之一切准备工作;改善人民的生活。同时愿意执行四项保证:实行停止武力推翻国民党政府的方针;工农政府改名中华民国特区政府,红军改名为国民革命军;特区实行彻底的民主制度;停止没收地主土地的政策,坚决执行抗日民族统一战线的共同纲领。[①] 根据这四项保证,中国共产党停止了进行10年之久的苏维埃运动,放弃了苏维埃革命的方针和政策,主动调整与国内各阶级的关系,根本取消同南京国民政府的对立,从而为国共两党重新合作共同抗日,创造了必要的前提。中国共产党这一重大让步,得到一切主张抗日的人们赞同,也极大地推动了国共两党谈判与和解的进程。对于这一重大让步,毛泽东指出:"这种让步是必要的,因为这种让步是建立在一个更大更主要的原则上面,这就是抗日救亡的必要性与紧急性。"[②] 国民党五届三中全会基本接受中共主张,承认停止内战的原则。为了促进国民党早日实行联共抗日的政策,中共中央还先后派出周恩来、叶剑英、林伯渠、博古等同国民党代表在西安、杭州、庐山、南京等地就国共合作、红军改编、陕甘宁边区的地位等问题举行了多次谈判。

西安事变的和平解决,成为时局转换的枢纽,促进了以国共两党再度合作为基础的抗日民族统一战线的初步形成,为实行全民族抗战准备了必要条件,显示出中华民族团结一致、抵御外侮的决心,成为由局部抗日战争走向全面抗日战争的转折点。

日本帝国主义发动"九一八"事变,开始了侵略中国的14年战争,极大地激发了中国人民的抗日热情。黑龙江江桥抗战、淞沪抗战、长城抗战、

---

① 章伯锋、庄建平主编:《抗日战争》第一卷,第926—927页。
② 毛泽东:《中日问题与西安事变——和史沫特莱的谈话》(1937年3月1日),载《毛泽东文集》第一卷,第490页。

察哈尔抗战、绥远抗战，虽然违反了国民党政府"攘外必先安内"的意愿，却反映了中国人民的抗日要求。史学界把这个时期的抗战称为局部抗战。

"九一八"事变发生时，中共正在创建中央苏区（中央革命根据地），并且遭到国民党政府残酷围剿。对于日本帝国主义的侵略，中共一再发表声明，号召全国人民一致起来抵抗日本侵略。但是蒋介石、国民党决心消灭共产党和红军，发起一次一次"围剿"，共产党和红军为保卫自己的存在一次一次反"围剿"。第五次反"围剿"失利，经过万里长征到达陕北，与张学良东北军组成局部抗日统一战线，促成了西安事变发生，迫使蒋介石承认"停止内战，一致抗日"，为建立全国抗日民族统一战线打下了坚实的基础。

以上事实充分反映了面临外敌侵略，中国人民民族觉醒的步伐加快了。民族觉醒步伐的加快，正是近代中国"上升"趋势的有力证明。

第十章　日本全面侵略中国抗日战争爆发

第一节　卢沟桥事变开始了日本全面侵华战争

1937年7月7日夜，日本华北驻屯军违反《辛丑条约》可以驻扎在天津的规定，违法侵入北平西南丰台附近，其第1联队第3大队第8中队在卢沟桥附近回龙庙借军事演习之名，向中国驻军寻衅，以一名士兵失踪为借口，要求进入宛平县城搜查。日方无理要求遭到中国守军29军士兵拒绝。20分钟后，日军找到丢失的士兵，却不肯罢休。日军第1联队长牟田口廉也调集兵力于第二天凌晨，向宛平城发动进攻。日军从天津派出步兵第1联队第2大队向北平增援。29军官兵奋起还击，卢沟桥事变爆发。日本华北驻屯军违反《辛丑条约》，离开天津海光寺，前进到丰台一带，是违反国际法的，是侵略行为。日本有学者斤斤计较于谁在卢沟桥开第一枪，似乎开第一枪应该承担责任。现在没有史料证明中方开第一枪。即使中方开了第一枪，也是对侵略者正义的还击。

"七七"事变爆发，标志着日本发动全面侵华战争的开始。中国守军奋起反抗，则标志着中国全面抗战的开始。

日军发动卢沟桥事变是有预谋的。据今井武夫回忆：当时在东京政界消息灵通人士已传出"七夕之夜，华北将重演柳条沟（湖）一样的事件"[①]，

[①]　[日] 今井武夫：《今井武夫回忆录》，天津市政协编辑委员会译，中国文史出版社1987年版，第12页。

第十章　日本全面侵略中国　抗日战争爆发

果然发生了卢沟桥事件。近卫文麿后来追述："余拜命组阁之时（1937年5月），陆军自'满洲事变'以来所为之诸种策动，已相继成熟，在中国大陆似有一触即发之势；当时中国问题，已至非武力解决不可之程度，余当然不知。故组阁后不足一月，卢沟桥事件爆发，竟扩大为'中国事变'。"①

卢沟桥事变发生后，中国共产党向全国发出通电，指出"平津危急！华北危急！中华民族危急！只有全民族实行抗战，才是我们的出路"！号召全国人民、军队、政府团结起来，"筑成民族统一战线的坚固长城"②，抵抗日本帝国主义的侵略。北平、天津、保定等地的人民群众和共产党领导的群众团体，纷纷起来支援第29军的抗战。同日，毛泽东、朱德、彭德怀等纷纷致电蒋介石，表示红军将士愿意为国效命与敌周旋，以达保土卫国之目的。

此时，蒋介石等国民政府许多要员正在庐山。7月8日，蒋介石获知卢沟桥事变后，下令宋哲元："宛平城应固守勿退，必须全体动员，以备事态扩大，此间已准备随时增援矣。"③ 8日下午，国民政府外交部针对日本在卢沟桥的挑衅，口头向日本政府提出抗议，要求日方"和平解决"，避免"事态扩大"。此外，外交部还发表声明，指责日军违法与冀察当局撤军停战之约定，要求日本"立即停止军事行动"，"即日撤兵"。④ 中国外交部多次向日方重申，中国政府不扩大事态，与和平解决事变之一途："中国方面的军事行动不过是对于增兵平津一带的日军当然的自卫准备。"此外，中国政府还试图得到国际协助，通过第三国制止日本侵略，斡旋中日纠纷，以求事变和平解决。7月下旬，王宠惠会晤英国

---

①　引自朱汇森主编《中华民国大事纪要（初稿）》，1937年7—12月，（台北）"国史馆"1987年版，第50页。

②　《中国共产党为日军进攻卢沟桥通电》（1937年7月8日），《中共中央文件选集》第十一册，第274—275页。

③　中国人民政治协商会议全国委员会文史资料研究委员会编：《七七事变——原国民党将领抗日战争亲历记》，中国文史出版社1986年版，第48页。蒋介石在7月8日日记里写道："得倭寇今晨在卢沟桥挑衅之报"，"彼将乘我准备未完之时，使我屈服乎？与宋哲元为难乎，使华北独立化乎？决心应战，此其时乎？"7月9日日记里写道："早起处理对华北战事，准备动员，不避战争。"《蒋介石日记》，藏美国斯坦福大学胡佛研究所。

④　秦孝仪主编：《卢沟桥事变史料》上册，第250页。

驻华大使，中国驻英、美、德、法、苏大使郭泰祺、王正廷、程天放、顾维钧、蒋廷黻等各向驻在国政府洽谈，多方试探有关各国斡旋中日纠纷之意向。平津陷落后，蒋介石先后接见与日本订有反共协定的德国大使陶德曼、意大利大使柯赍，希望两国能劝阻日本的战争行动，但没有得到响应。

日本方面虽宣称采取"不扩大""就地解决"方针，但日本内阁于11日通过向华北增兵方案，决定从关东军、朝鲜军和日本国内抽调大批兵力援助华北驻屯军。当天，日本政府还发表《关于向华北派兵的声明》，并任命香月清司担任华北驻屯军总司令，发起对北平、天津的进攻作战。

7月15日，中共代表周恩来将《中共中央为公布国共合作宣言》面交给蒋介石，宣言中提出发动全民族抗战、实行民主政治和改善人民生活三项基本要求，重申中共为实现国共合作停止施行武力推翻国民党政权等四项保证，这四项保证"在相当程度上满足了国民党的要求"。[①] 17日，蒋介石发表庐山谈话，阐明了国民政府对卢沟桥事变的态度和立场，他认为"卢沟桥事变的推演是关系中国国家的整个的问题，此事能否结束就是最后关头的境界"，同时表示"中国还是希望和平解决事变，但是中国有严正的立场和最低限度的条件"，这些条件包含四点："（一）任何解决，不得侵害中国主权与领土之完整；（二）冀察行政组织不容任何不合法之改变；（三）中央政府所派地方官吏，如冀察政务委员会委员长宋哲元等，不能任人要求撤换之；（四）第29军现在所驻地区不能受任何约束。"蒋介石还明确指出国民政府已经确定了"应战而不求战"的方针："我们希望和平，而不求苟安；准备应战，而绝不求战。我们知道全国应战以后之局势，就只有牺牲到底，无丝毫侥幸求免之理。如果战端一开，那就是地无分南北，年无分老幼，无论何人，皆有守土抗战之

---

① 杨奎松：《国民党走向皖南事变之经过》，《抗日战争研究》2002年第4期。

责任，皆应抱定牺牲一切之决心。"①

蒋介石庐山谈话发表后，国民政府主要做了两方面的准备：一是争取和平解决事变；二是根据日本华北增兵的计划，做出应战部署。

蒋介石的庐山谈话还得到社会各界团体和爱国人士的一致拥护。7月21日，上海市商会表示蒋介石的谈话"宣示国策，发扬正义，四亿同胞，莫不感动。本会愿率全沪商民，誓死待命"。②身陷囹圄的沈钧儒、邹韬奋等人也发表通电，表示拥护蒋介石的庐山讲话精神。全国军界、政界包括过去反对过蒋介石的人，也开始转变态度，拥护蒋介石的抗战方针。如第5路军总司令李宗仁、副总司令白崇禧同广西省主席黄旭初致电国民政府，称"任何牺牲，在所不惜"③。22日，上海抗敌后援会召开各界大会，表示"全体一致誓以血诚"④，拥护蒋介石的抗日主张。

7月25日，日军第20师团一个中队100余人以修理电线为借口强占廊坊车站，与中国守军发生冲突。26日拂晓，日军飞机肆意轰炸中国军队兵营，挑起"廊坊事件"。廊坊失守后，日军到达广安门，企图进入北平城，与中国守军发生战斗，即"广安门事件"。战斗发生后，日本华北驻屯军司令香月清司对宋哲元发出最后通牒，要求中国军队限期撤出北平城，未待中方答复，日军即向通县发起总攻，宋哲元命令部下奋起抵抗，但不敌日军。28日，日军以3000余人、炮40余门，在40余架次飞机轰炸的配合下向南苑猛烈攻击，第29军副军长佟麟阁、第132师师长赵登禹牺牲，日军占领南苑。

天津也发生抗日作战。28日午夜，第38师副师长李文田率该师第114旅主力协同天津市保安队，向海光寺、东局子日军飞机场、火车站进攻，一度攻克东局子日军飞机场、东火车站和西火车站，逼近日本驻屯

---

① 秦孝仪主编：《卢沟桥事变史料》上册，（台北）"中国国民党中央委员会党史委员会"1986年版，第2—4页。
② 同上书，第327页。
③ 同上书，第282页。
④ 同上书，第328页。

军司令部，与日军激战。29日凌晨2时，日本驻屯军突然强占天津市第四区警察局，并袭击天津市保安队。后日军派50余架飞机及多辆战车向第38师进攻，双方处于混战状态。29日晨，塘沽近岸和大沽口的日本军舰向第29军大沽口岸守军发起炮击和机枪扫射。午后炮击更烈，兼以飞机轰炸。同日，到达塘沽的日本野战重炮兵第九联队向大沽进攻。由于日军突然发动进攻，第29军仓促应战。30日，天津沦陷。第29军官兵壮烈殉国者5000余人。①

卢沟桥事变促进了中华民族进一步觉醒，拉开了中华民族全体奋起抗战的序幕。

第二节　八一三上海抗战　抗日民族统一战线局面形成

平津沦陷后，中日间的大战即将全面打响，国民政府决定召集各地高级将领到南京举行国防会议。1937年8月7日上午，国防会议召开，达成以下决议："（一）在未正式宣战以前，与日交涉，仍不轻弃和平；（二）今后军事、外交上，各方之态度均听从中央之指挥与处置。"蒋介石在会上要求团结一致，共同一致努力，相信日本侵略者必败，最后胜利必属于我。②

8月11日，国民党中央政治委员会召开第51次会议，决定设立陆海空军大本营，由大元帅代表国民政府主席行使统率海陆空军之权；另外设置国防最高会议，通过《国防最高会议组织条例》，下设国防参议会，以容纳党外抗日力量。

国防最高会议沿袭了国防委员会的职能，是全面抗战初期结合党、政、军权的全国国防最高统一指挥机构，国防最高会议有权统辖军事、外交、财政、经济、交通、实业等各方面的事务，并且明确由蒋介石执掌最高决

---

① 《抗日战史·七七事变与平津作战》，台北"国防部"史政编译局编印，1981年，第42页。
② 《抗战爆发后南京国民政府国防联席会议记录》，《民国档案》1996年第1期。

策权。该机构的设立表明国民党的决策机制开始向战时体制转变。

日军占领平津后，进一步扩大侵华战争，新组建的日本华北方面军兵分三路，沿平绥、津浦、平汉线推进，意欲完全占领华北，以武力逼迫国民政府屈服。同时日军还在上海点起战火。

上海具有十分重要的战略地位。从政治上看，沪宁地区是国民政府的政治中心，上海是南京的一道屏障；从对外关系上看，上海租界林立，西方国家各驻华机构大都集中于此；从经济上看，上海又是中国最大的工商业城市和经济金融中心以及国际贸易港口。实际上，日本陆军对侵略上海早有准备，他们事先派遣间谍刺探上海与南京的军事经济情报，编纂了《上海及南京附近军用地志概要》《上海市资源调查》等资料，并在此基础上制定了侵略上海的作战预案。

1937年8月9日发生"虹桥机场事件"，成为中日淞沪开战的导火线。9日下午，日本驻沪海军陆战队西部派遣队队长大山勇夫和一等兵斋藤与藏驾驶汽车至上海虹桥机场附近，越过警戒线，不服制止命令，被中国保安队当场击毙。事件发生当日，上海市政府电话告知日本驻沪总领事冈本孝正，日本官兵冲入虹桥机场，与守军发生冲突，要求日方派人处置。11日，冈本孝正向上海市长俞鸿钧提出，在正式交涉前，中国要先行做到撤退保安队和拆除所有保安队防御工事两项条件，遭到俞鸿钧拒绝。

8月13日，淞沪一带已经集结日本军舰32艘，其中13艘停泊于黄浦江上，19艘在浏河；日本海军陆战队6000人，主力集中在虹口附近，另一部在杨树浦及沪西各纱厂。是日上午，日军越过租界，强占八字桥、持志大学等处。18时，日军以步枪与战车向第88师、第87师射击，同时炮击上海市中心。13日夜，蒋介石命令张自忠次日拂晓发起总攻击。14日，国民政府发表自卫抗战声明，列举"九一八"事变以来日本侵略之事实，陈述"七七"事变后，中日交涉的经过，揭露了日本"不扩大"方针的虚伪性，声明说：日本的侵略已经破坏了国联盟约、九国公约、非战公约，中国为日本所逼迫，不得不实行自卫。中国决不放弃领土任何部分，遇有侵略，只有自尽其能，抵抗暴力。同日，国民政府还宣布京沪、京杭铁路沿线各市县及鄞县、镇海等处戒严，封闭镇江下游长江江面，暂时停止一切航行活动。是日上午，中国空军发起对日军轰炸，15时陆军发起进攻，夺取围攻要点。15日拂晓，第九集团军发起总攻势。当日，日本政府发表声明，宣布要"膺惩"中国军队。日本参谋本部遂编成以松井石根大将为司令的上海派遣军，率第3、第10师团向上海开进。此时，日军正从平津向河北、察哈尔扩大战争，华北会战与淞沪会战同时展开。9月5日，日本首相近卫文麿在议会发表演说，表示日本要采取可能的手段，彻底打击中国军队。日本国会批准了超过20亿日元的临时军费开支，日本走上了全面侵华的道路。

"八一三"上海事件，日本将侵华战争从华北扩展到长江三角洲，中华民族危机加深，促进了民族抗日统一战线的正式形成，中国逐渐形成全国性抗战局面。

日军大举进攻上海，直接威胁到国民党统治的核心地区，蒋介石急欲调动红军开赴前线，因而在国共谈判中开始表现出较多的团结合作的愿望，两党谈判取得了较大进展。

8月中旬，周恩来在南京与国民党就南京、武汉、西安设立八路军办事处等问题，创办《新华日报》问题和南方红军游击队改编问题进行谈判。14日，蒋介石约周恩来会谈红军改编抗日事宜，双方达成在陕甘地区的红军主力改编为国民革命军第八路军，在国民党统治区若干城市设立八路军办事处和出版《新华日报》等协议。

8月20日，国防参议会正式成立，参加者包括共产党在内的各政治派别的人物。22日，国民党中常会召开秘密会议，决定自该日起全国进入战时状态。会议通过国民政府主席林森关于推选蒋介石为陆、海、空军大元帅的提议，还正式通过了中政会关于设立国防最高会议的决议。其中，国民党中政会提出并由中常会通过的《国防最高会议条例》共11条，规定："国防最高会议为全国国防最高决定机关，对于中央执行委员会政治委员会负其责任"，"国防最高会议设置主席、副主席各一人，以军事委员会委员

第十章　日本全面侵略中国　抗日战争爆发

长为主席，中央政治委员会主席为副主席"。实际上指定由蒋介石担任主席。委员则由五个方面的官员担任：（1）中央执行委员会常务委员秘书长，组织部、宣传部、民众训练部各部部长，中央监察委员会常务委员，中央政治委员会秘书长；（2）立法院院长、副院长；（3）行政院秘书长，内政、外交、财政、交通、铁道、实业、教育各部部长；（4）军事委员会副委员长，参谋本部总长，军政部、海军部部长，训练总监部总监，军事参议院院长；（5）全国经济委员会常务委员。主席得在上述成员中指定9人为常务委员。国防最高会议的职权有四点：（1）国防方针之决定；（2）国防经费之决定；（3）国家总动员事项之决定；（4）其他与国防有关事项之决定。此外，还授了蒋介石紧急命令权。①

8月22日，国民政府军事委员会发布红军改编的命令。8月25日，中共中央革命军事委员会宣布红军改为国民革命军第八路军，简称八路军，朱德任总指挥，彭德怀任副总指挥，叶剑英任参谋长，左权任副参谋长，任弼时任政治部主任，邓小平任政治部副主任。八路军下辖第115师、第120师和第129师，林彪和聂荣臻、贺龙和萧克、刘伯承和徐向前分别担任正副师长，全军约4.26万人。为加强对八路军的领导，中共中央决定在中央军委领导下成立前方军委分会，以朱德为书记，彭德怀为副书记。当天，朱德、彭德怀发表就职通电："部队现已改编完毕，东进杀敌。德等愿竭至诚，拥护蒋委员长，追随全国友军之后，效命疆场，誓驱日寇，收复失地，为中国之独立自由幸福而奋斗到底。"②

9月22日，国民党中央通讯社播发《中共中央为公布国共合作宣言》，包括四点："（1）孙中山先生的三民主义为中国今日之必需，本党愿为其彻底的实现而奋斗；（2）取消一切推翻国民党政权的暴动政策及赤化运动，停止以暴力没收地主土地的政策；（3）取消现在的苏维埃政府，实行

---

① 中国第二历史档案馆编：《国民党政府政治制度档案史料选编》上册，安徽教育出版社1994年版，第48—49页。
② 《第八路军总指挥朱德、副总指挥彭德怀就职通电》（1937年8月25日），载《建党以来重要文献选编（1921—1949）》第十四册，第486页。

民权政治，以期全国政权之统一；（4）取消红军名义及番号，改编为国民革命军，受国民政府军事委员会之统辖，并待命出动，担任抗日前线之职责。"① 次日，蒋介石在庐山发表谈话："中国共产党既捐弃成见，确认国家独立与民族利益之重要，吾人惟望其真诚一致，实践其宣言所举诸点，更望其在御侮救亡统一指挥之下，以贡献能力于国家，与全国同胞一致奋斗，以完成国民革命之使命。"② 至此，以国共两党合作为基础的全国抗日民族统一战线正式建立起来。

抗日民族统一战线的建立，得到全国人民和各党派的热烈欢迎和支持，国民党李济深等领导的中华民族革命同盟从一度反蒋抗日转到拥蒋抗日的立场，国家社会党、中国青年党、中华职业教育社、乡村建设派等也一致表示拥护政府抗战和国共两党合作抗日。宋庆龄在《关于国共合作的声明》中指出："国民党和共产党为了团结抗日，奠定了正式合作的基础……国难当头，应该尽弃前嫌。必须举国上下团结一致，抵抗日本，争取最后胜利。"③ 邹韬奋在《全国团结的重要表现》一文中说："中国共产党共赴国难的宣言和蒋委员长对于这个宣言所发表的重要谈话，是全国团结御侮的一个非常重要的表现；是国难愈益严重以来的数年间，全国忧心外患的人们不避艰险以企求的重要主张之一……无疑地是全国爱国的同胞们所热烈欢迎的。"④

抗日民族统一战线建立，对全国抗战局面的形成起了关键作用。毛泽东评价："这在中国革命史上开辟了一个新纪元。这将给予中国革命以广大的深刻的影响，将对于打倒日本帝国主义发生决定的作用。"⑤ 全国广大工

---

① 《中共中央为公布国共合作宣言》（1937年7月15日），载《建党以来重要文献选编（1921—1949）》第14册，第370页。
② 《中华民国史事纪要初稿（1937年7—12月）》，（台北）"国史馆"1987年版，第453页。
③ 宋庆龄：《关于国共合作的声明》（1937年11月），载《宋庆龄选集》，人民出版社1966年版，第126页。
④ 邹韬奋：《全国团结的重要表现》，《韬奋文集》第一卷，生活·读书·新知三联书店1956年版，第211页。
⑤ 毛泽东：《国共合作成立后的迫切任务》（1937年9月29日），载《毛泽东选集》第二卷，第364页。

人、农民、知识分子也积极投入到抗日大潮当中，民族工商业者踊跃为前线捐钱捐物，一些人还不避艰险，把工厂迁往内地，各少数民族人民与汉族人民一起，积极参加抗日战争。许多台湾同胞回到祖国大陆，组织各种抗日团体和抗日武装。港澳同胞和海外华侨也以各种方式参加抗日活动，华侨为抗战捐款累计13亿元法币，侨汇达95亿元以上，购买救国公债20亿元以上，总计占抗战期间中国军费很大的比例。[①] 在新加坡还成立了以陈嘉庚为主席的南洋华侨筹赈祖国难民总会，其分支机构遍及东南亚各国，在抗日民族统一战线的旗帜号召下，在中华民族生死存亡的殊死决战中，全国各党各派各界各军，同仇敌忾，彰显出国家兴亡、匹夫有责的爱国主义精神。

第三节　全国抗战防御体系建立　国共两党对于抗战战略的不同主张

一　建立全国抗战防御体系

卢沟桥事变时，日本有17个陆军师团，现役兵38万人，预备役和后备兵力160万人，海军舰艇约190万吨，飞机约2700架，拥有亚洲最强大的陆海空军。当时中国虽拥有陆军兵力170万人、后备兵力约150万人，因派系纷争、装备训练落后等，其力量根本无法与日本相比。敌我双方实力悬殊的情况下，决定了我方投入抗日战争不仅要经过持久艰难曲折的过程，而且不可避免地要从战略防御阶段开始。

1937年8月，国民政府宣布全国进入战时状态后，根据抗战形势的发展，将全国划分为五个战区：冀省、鲁北为第一战区，司令长官蒋介石（兼）；晋察绥为第二战区，司令长官阎锡山；苏南（长江以南）及浙江为第三战区，司令长官冯玉祥（10月初改为蒋介石兼）；闽粤为第四战区，

[①] 中共中央党史研究室：《中国共产党的九十年》（新民主主义革命时期），中共党史出版社、党建读物出版社2016年版，第187页。

司令长官何应钦；山东、苏北（长江以北）为第五战区，司令长官蒋介石（兼，9月由李宗仁调任）。初步确定了作战方针："国军以一部集中华北，重叠配备，多线设防，特注意固守平绥路东段要地，最后确保山西、山东，力求争取时间，牵制消耗敌人。以主力集中华东，迅速扫荡浙沪敌海军根据地，阻止后续敌军之登陆，或乘机歼灭之。并以最小限兵力守备华南沿海各要地。"① 这个计划是将中国军队主力从华北战场转移到华东战场，阻止后续敌人登陆或者寻找机会歼灭之。

9月11日，国民政府军事委员会按照新的统一序列，将八路军番号改为第十八集团军，列入第二战区序列，以朱德、彭德怀为正副总司令。同月，陕甘宁根据地改称为陕甘宁边区，仍作为中共中央所在地。接着，共产党在湘、赣、闽、粤、浙、鄂、豫、皖八省的红军游击队（琼崖红军游击队除外）改编为国民革命军陆军新编第四军，简称新四军。同年12月，新四军在汉口组建军部，并于1938年1月迁至南昌。叶挺、项英任正副军长，张云逸、周子昆任正副参谋长，袁国平、邓子恢任政治部正副主任。新四军下辖四个支队，陈毅和傅秋涛、张鼎丞和粟裕、张云逸和谭震林分别担任第一、第二、第三支队正副司令员，高敬亭任第四支队司令员，全军共1.03万人。同时成立中共中央东南分局和中央军委新四军分会，项英任东南分局书记兼军分会书记，陈毅任军分会副书记。

随着八路军和新四军相继改编完成，全国抗战防御体系基本确立。

二 中国国民党与中国共产党分别提出不同抗战路线

1937年8月7日上午，南京举行国防会议。晚，国防会议与国防委员会举行联席会议，会议决议"在未正式宣战以前，仍不轻弃和平"②。"八一三"抗战以后，国民政府积极调集军队，进行自卫抵抗。8月18日，蒋

---

① 蒋纬国主编：《抗日御侮》第三卷，（台北）黎明文化事业股份有限公司1978年版，第101页。

② 戚厚杰：《抗战爆发后南京国民政府国防联席会议记录》，《民国档案》1996年第1期。

第十章　日本全面侵略中国　抗日战争爆发

介石发表《敌人战略政略的实况和我军抗战获胜的要道》，提出"要发动全国一致的抗战"，具体阐述了"持久战消耗战，打破敌人速战速决之企图"的战略方针和作战原则。①随后，国民党当局在武汉召开的军事会议上，采纳白崇禧的建议，将这一战术归纳为"以空间换时间"，"积小胜为大胜"②。

同时，蒋介石还会见美、英、法、德大使，并对各国记者发表谈话，呼吁各国政府和国联对日本进行干涉，谋求恢复到卢沟桥事变前的状态。1937 年八九月间，国民政府向国联递交照会和正式申诉书，要求国联对日本采取必要的行动。接受中国的申诉后，国联大会除了表示对中国给予精神上的援助，建议召开九国公约国会议外，并没有采取任何措施。11 月，在布鲁塞尔召开九国公约国会议，讨论中日问题，除建议中日双方停战，没有解决任何问题。同月，国民政府接受由德国驻华大使陶德曼出面调停，日本提出内蒙自治、华北建立非军事区、扩大上海非军事区、共同反共等条件，蒋介石没有接受。

1938 年 3 月，国民党在武昌召开临时全国代表大会，通过了宣言和《抗战建国纲领》，对如何夺取抗日战争胜利，应当执行政治、经济、外交政策等，提出了相应主张。大会基调是抵抗日本帝国主义侵略，挽救民族危亡。国民党临时全国代表大会的召开及通过的一系列决议案，制定了中国抗日战争的基本方略，决定了抗战时期中国的基本政治格局，具有一定的进步性与合理性。《新华日报》曾以《国民党临时代表大会的成就》为题发表社论，指出："这次国民党临时全国代表大会是最近十年来国民党最有历史意义的一个会议，因为这次会议表现了国民党更向前的进步，对于抗战时期许多重要的国策，更确定基本的方针。"③但是，国民党的抗战救国纲领仍然寄希望于国际社会的同情和援助，且对发动和依靠群众有不少

---

① 蒋介石：《敌人战略政略的实况和我军抗战获胜的要道》（1937 年 8 月 18 日），载秦孝仪主编《先总统蒋公思想言论总集》第 14 卷，（台北）"中国国民党中央委员会党史委员会"1984 年版，第 605—606 页。
② 苏志荣、范银飞、胡必林等编辑：《白崇禧回忆录》，解放军出版社 1987 年版，第 303 页。
③ 《国民党临时代表大会的成就》，《新华日报》1938 年 4 月 4 日。

限制，对战争的认识也有一定的局限，这与中国共产党提出的全面抗战路线存在区别。

　　1937年8月22日至25日，中共中央在陕北洛川召开政治局扩大会议暨洛川会议，讨论制定党在抗日战争时期的方针任务，会议确定八路军的战略方针是独立自主的山地游击战。会议通过了《中共中央关于目前形势与党的任务的决定》，提出"争取抗战胜利的中心关键，在使已发动的抗战发展为全面的全民族的抗战"，"共产党员及其所领导的民众和武装力量，应该最积极的站在斗争的最前线，应该使自己成为全国抗战的核心，应该用极大力量发展抗日的群众运动"。①会议还通过《中国共产党抗日救国十大纲领》和毛泽东起草的宣传鼓动提纲《为动员一切力量争取抗战胜利而斗争》。其中，十大纲领的主要内容有："（1）打倒日本帝国主义；（2）全国军事的总动员；（3）全国人民的总动员；（4）改革政治机构；（5）抗日的外交政策；（6）战时的财政经济政策；（7）改良人民生活；（8）抗日的教育政策；（9）肃清汉奸卖国贼亲日派，巩固后方；（10）抗日的民族团结。"②这一纲领体现了中共的全面抗战路线。

　　共产党的主张是为争取抗日战争的胜利，必须实行全面的全民族的抗战，必须坚持抗日民族统一战线。在军事战略上，共产党提出了持久战的战略指导方针和实行持久战的原则。1938年5月，毛泽东发表《论持久战》，科学地总结了抗战十个月的经验，从理论与实际的结合上，全面系统地论述了持久战的战略指导思想，驳斥了亡国论和速胜论。毛泽东深刻地分析了敌强我弱、敌小我大、敌退步我进步、敌寡助我多助的特点，预见了持久战战略防御、战略相持和战略反攻三个不同的作战阶段和进程。毛泽东指出，"兵民是胜利之本"，坚持持久战的基础是发动全民族的武装自卫战，实行人民战争。在作战原则上，必须是把正规战和游击战相结合，

---

　　① 《中共中央关于目前形势与党的任务的决定》（1937年8月25日洛川会议），载《建党以来重要文献选编（1921—1949）》第十四册，第473—474页。

　　② 《中国共产党抗日救国十大纲领》（1937年8月25日），载《建党以来重要文献选编（1921—1949）》第十四册，第475—477页。

以正规战为主；把阵地战和运动战相结合，以运动战为主；实行战略防御中的战役和战斗的进攻，战略持久战中的战役和战斗的速决战，战略内线中的战役和战斗的外线作战。毛泽东认为持久战是"战争史上的奇观，中华民族的壮举，惊天动地的伟业"①。《论持久战》是中共提出的指导抗日战争全过程的纲要性文件。

国民党与共产党的认识和主张有基本一致的一面，都坚决主张抵抗日本帝国主义侵略，争取民族解放；都主张团结国内各种力量；军事战略上，都主张持久战，反对速胜论、亡国论。国共两党主张不一致的一面，则是国民党强调政府抗战，不敢不愿发动人民抗战。蒋介石在抗战开始后曾提出，地无分南北，人无分老幼，皆有守土抗战之责。国民党正式义件上规定要动员、组织和训练民众，但这些只是停留在纸面上的东西，事实上是压制人民起来抗战，许多地方与民众处于对立的地位。对于国内的团结，国民党拒绝在法律上承认共产党的合法性，也不承认其他党派法律上的合法性，对政府机构依然不愿作原则上的改变。军事上的"持久消耗"战略，把"以空间换时间"作为核心口号，缺乏正确的作战方针作为基本内容，本质上是一种消极防御的军事战略方针。共产党的主张核心是坚持抗日民族统一战线和毛泽东所说的"兵民是胜利之本"，也就是说抗日战争既是民族战争，又是人民战争。国共两党对如何夺取抗战胜利的不同主张，实际上是对于抗日战争主体的不同认识，以及民族利益和阶级利益各自摆在怎样地位的不同认识的反映。随着战争发展，两种主张和认识不一致，越来越明显地表现为两种抗战路线的冲突。

第四节　八路军出师与山西抗战

红军改编为国民革命军后，迅速开赴抗日前线，中共中央规定八路军的战略任务是在总的战略方针下，执行独立自主的游击战争，充任战略的

---

① 毛泽东：《论持久战》（1938年5月），《毛泽东选集》第二卷，第474页。

游击支队；八路军以集中使用为原则，不分割使用；八路军执行侧面战，担任协助友军、扰乱与钳制日军大部并消灭一部的任务。同时初定八路军的作战区域在冀察晋绥四省交界之恒山地区。①

  1937年8月下旬至9月，第115师到晋东北五台、繁峙、灵丘一带，第120师从陕西富平县出发，进入宁武、神池一带，第129师到晋北，分别进入抗日战场。此时日军正企图突破平型关、茹越口的长城防线。9月下旬，为配合友军作战，八路军第115师在平型关东北关沟至东河南村长约13公里的公路两侧高地进行伏击，日本第5师团辎重部队和第21旅团主力由灵丘开往平型关，进入第115师伏击圈，经过激烈战斗，共歼灭日军500余人，击毁汽车、马车各约70辆，缴获大量军用物资。②平型关大捷是八路军出师后的第一个胜仗，也是抗战以来中国军队取得的首次大捷，打破了日军所谓"不可战胜"的神话，极大地振奋了全国军民的抗战士气，提高了共产党和八路军的威望。遭受日本多年的民族压迫，积压在中国人心头的雪耻怒火一下迸发出来，平型关告捷的消息传遍了全中国。

  10月1日，日军统帅部任命板垣为前敌总指挥，率领部队进攻太原。经周恩来与阎锡山、卫立煌等商定，八路军三个师配合友军参加忻口战役。第115师主力在晋东北袭击张家口至广灵、代县的交通线，并派独立团和骑兵营向察南、冀西出击。第120师在雁门关以南伏击日军。第129师以一个营的兵力夜袭阳明堡日军机场，毁坏敌机20余架次，消灭敌守备队100余人，削弱了敌人的空中突击和运输力量，有力地打击了敌人，配合了国民党军队在正面战场的作战。

  八路军在作战同时，还注意组织群众武装。由薄一波委书记的中共山西省公开工作委员会，以山西牺牲救国同盟会负责人名义，发展抗日武装

---

  ① 刘大年、白介夫主编：《中国复兴枢纽——抗日战争的八年》，北京出版社1997年版，第29页。

  ② 刘大年、白介夫主编：《中国复兴枢纽——抗日战争的八年》，第31页。据杨奎松考证，这里的数字，根据是内部战报。一般写作歼敌1000余人，击毁汽车100余辆，是当时对外宣传的数字，有鼓动士气的作用。

第十章 日本全面侵略中国 抗日战争爆发

力量。先后组建了 4 个决死队、1 个工人武装自卫纵队、3 个政治保卫支队及暂编第 1 师等部，截止到 1939 年底，总兵力约 5 万余人，成为中共领导下的一支重要的人民武装力量，有力地配合了八路军在山西的作战。

八路军出师以后，毛泽东曾电示彭德怀："红军在决战问题上不起任何决定作用"，但在"真正独立自主的山地游击战"[①] 中，一定能起决定作用。因此，"整个华北工作，应以游击战争为唯一方向。一切工作，例如民运、统一战线等等，应环绕于游击战争"[②]。1937 年 10 月下旬，第 115 师主力一部挺进唐山地区和第 120 师一起创建了晋察冀根据地。11 月，太原失守后，在华北以国民党为主体的正规战争结束，以共产党为主体的游击战上升到主要地位，根据洛川会议决定，中共着重向敌后实施战略展开，发动独立自主的敌后游击战争，建立多个抗日根据地。随后，八路军和各地党组织陆续建立了晋绥、晋冀豫、晋西南、冀鲁豫、山东等多个抗日根据地。1938 年 1 月 10 日，成立了晋察冀边区临时行政委员会，这是敌后由共产党领导建立的第一个统一战线性质的抗日民主政权。1938 年 5—10 月，新四军各支队先后创建了苏南、皖南、皖中和豫东等抗日根据地。到 1938 年 10 月 8 日，八路军和新四军同日伪军作战 1600 余次，毙、伤、俘敌 5.4 万人，共产党领导的抗日武装发展到近 20 万人。

1938 年冬，中共中央卜令原在山西山区的八路军三大主力分别向河北和山东的平原地区挺进。11 月下旬起，有关部队陆续出动，第 129 师进入冀南，第 120 师主力进入冀中，第 115 师师部率第 343 旅进入冀鲁豫边区和山东，在这些地区开辟抗日根据地，这些行动大大加强了平原地区的抗日游击战争。由此，中国抗日战争逐渐形成战略上互相配合的两个战场，一个主要是由国民党军队担负的正面战场，一个是由共产党领导的敌后战场。在深入敌人后方以后，中共领导的军队确定了"基本的游击战，但不

[①] 毛泽东：《坚持独立自主的山地游击战原则》（1937 年 9 月 21 日），载《毛泽东军事文集》第二卷，军事科学出版社、中央文献出版社 1993 年版，第 53 页。
[②] 毛泽东：《整个华北工作应以游击战争为唯一方向》（1937 年 9 月 25 日），载《毛泽东文集》第二卷，第 23 页。

放松有利条件下的运动战"的方针,开展敌后抗日游击战,动员和组织广大群众,建立和发展抗日根据地,给日伪军以沉重打击,积极地配合了全国的抗战。

全面抗战开始后,国共两党因为存在不同的战略主张,中共如何处理抗日民族统一战线中的统一和独立、团结和斗争的关系,成为党内讨论和思考的问题。中共中央提出要在统一战线中坚持独立自主的原则,对国民党采取又联合又斗争的方针;保持共产党在思想上、政治上和组织上的独立性,实行自己的政治路线;坚持共产党对八路军、新四军和其他人民军队的绝对领导,冲破国民党的限制和束缚,努力发展人民武装力量。但此时,党内出现了右倾主张,一部分人出现迁就国民党的无原则倾向。

1937年11月底,中共驻共产国际代表、共产国际执委、主席团委员和候补书记王明偕同陈云、康生等人从苏联回到延安,他在12月召开的政治局会议上,作了题为"如何继续全国抗战与争取抗战胜利呢?"的报告,报告中提到要坚持抗战、巩固和扩大抗日民族统一战线等意见,但是在怎样巩固和扩大抗日民族统一战线及国共合作、怎样继续全国抗战和争取抗战胜利等问题上,提出"我们要拥护统一指挥,八路军也要统一受蒋指挥""一切经过抗日民族统一战线,一切服从抗日"① 等主张,抹杀中共的全面抗战路线同国民党抗战路线的分歧,否认中共在抗战中争取领导权和抗日民族统一战线中的独立自主原则。中共中央对王明的右倾错误进行了批评和抵制,根据中国革命的实际情况,创造性地提出在统一战线中坚持独立自主的原则,并要掌握统一战线的领导权。

1938年9月29日至11月6日,中共中央在延安召开扩大的六届六中全会。毛泽东在会上作了《论新阶段》的政治报告和会议总结,他指出:"中国抗日战争将进入一个新阶段,抗日战争发展的新阶段同时即是抗日民族统一战线发展的新阶段。"他在报告中阐明了共产党领导抗日战争的重大历史责任,批评了王明"一切经过统一战线"的口号是"自己把自己的手

---

① 周德全、郭德宏:《王明传》,人民出版社2014年版,第274页。

脚束缚起来",是"完全不应该的"。从理论上阐述了民族斗争和阶级斗争的一致性,强调"我们的方针是统一战线中的独立自主,既统一,又独立"。强调共产党员应是实事求是的模范,因为只有实事求是,才能完成确定的任务。此外,还要学习马克思主义理论,研究历史与当前运动的情况和趋势,使马克思主义中国化,"使之在其每一个表现中带着中国的特性,按照中国的特点去应用它"[①]。

全会确定敌后抗战总的战略部署是"巩固华北,发展华中华南"。毛泽东具体指出:"敌后游击战争大体分为两种地区。一种是游击战争充分发展了的地区如华北,主要方针是巩固已经建立了的基础,以准备新阶段中能够战胜敌之残酷进攻,坚持根据地。又一种是游击战争尚未充分发展,或正开始发展的地区,如华中一带,主要方针是迅速的发展游击战争,以免敌人回师时游击战争发展的困难。"[②] 为此,全会决定撤销长江局,设立南方局,周恩来担任书记;设立中原局,刘少奇担任书记;东南分局改为东南局,项英仍担任书记;同时充实北方局,由朱德、彭德怀、杨尚昆组成常务委员会,杨尚昆担任书记。

这次会议正确分析了抗日战争的形势,规定了党在抗战新阶段的任务,基本上纠正了王明的右倾错误,统一了全党的思想和目标,推动了抗战工作的迅速发展。

第五节　淞沪会战与上海、南京的陷落
日军在南京制造大屠杀暴行

一　淞沪会战　上海陷落

淞沪会战前,日本加紧调集兵力,准备陆海军协同作战,向上海发动大规模进攻。为争取战略上的主动,军事委员会于13日晚做出指示,令第

[①] 毛泽东:《论新阶段——抗日民族战争与抗日民族统一战线发展的新阶段》(1938年10月12—14日),载《建党以来重要文献选编(1921—1949)》第十五册,第651页。

[②] 同上书,第601—602页。

9集团军于次日开始攻击虹口附近的敌人，令空军于次日出动，以协调陆军作战，令海军封锁江阴江面。8月14—22日，中国的空军、陆军对杨树浦以西至虹口敌司令部之间的日军发动进攻，一度攻入虹口的日本海军俱乐部及汇山码头，但未能歼灭敌人。23日凌晨，增援的日军两个师团分别在长江岸边川沙河口和黄浦江边的张华浜、蕰藻浜等处登陆，战事中心开始转移到罗店至月浦一线。此时，中国军队在以冯玉祥为司令长官、顾祝同为副司令长官的第三战区统一指挥下分三个方面抵挡日军的进攻，浦东方面由张发奎指挥，淞沪近郊由张治中指挥，江防由陈诚指挥。31日，日军猛攻吴淞后登陆，分兵进攻宝山和闸北，第18军53团3营营长姚子青率部奋勇抵抗，最终全部壮烈牺牲。

9月6日，日本决定向上海再增派3个师团的兵力。从12日起，淞沪前线部队转入守势作战，在北站、刘行、罗店、浏河镇一线抗击日军，经与日军反复激战，伤亡增多。10月1日起，各部分别转移至蕰藻浜右岸陈家行、广福、施相公庙、北新泾镇、浏河一线。10月初，日军强渡蕰藻浜，25日攻陷大场，向苏州河推进，中国军队各部随之向苏州河南岸转移。11月5日，日军3个师团从杭州湾北岸的全公亭、金山嘴登陆，完成对中国军队的战略包围，中国军队在腹背受敌的情况下，被迫撤出上海。至此，历时3个月的淞沪会战结束。

淞沪会战是全面抗战初始阶段中日两国进行的一场战役。国民政府宣言指出"淞沪一隅，抗战亘于三月，各地将士，闻义赴难，朝命夕至，其在前线，以血肉之躯，筑成壕堑，有死无退。暴日倾其海陆空军之力，连环攻击，阵地虽化煨烬，军心仍坚如金石，临阵之勇，死事之烈，实足昭示民族独立之精神，而奠定中华复兴之基础"①。

从1937年8月中旬到11月中国军队撤出上海，日本投入兵力达到30余万人，中国军队调集70多个师70余万人，在日军火力猛攻下，中国军队坚持3个月之久，歼灭了大量日军，粉碎了日军"三个月灭亡中国"的

---

① 《国民政府迁移重庆宣言》(1937年11月20日)，载中国第二历史档案馆、南京市档案馆编《侵华日军南京大屠杀档案》，江苏古籍出版社1997年版，第42页。

叫嚣，展现出中国军民抵抗侵略、保家卫国的百折不挠的精神，赢得了国际社会的同情和尊敬。

二　国民政府西迁重庆　南京陷落

全面抗战爆发前，国民政府为准备持久抗战，选定四川作为抗日战争的后方基地。淞沪会战爆发后，政府西迁迫在眉睫。11月20日，国民政府正式发表迁都重庆宣言："国民政府兹为适应战况，统筹全局，长期抗战起见，本日移驻重庆。此后将以最广大之规模，从事更持久之战斗；以中华人民之众，土地之广，人人抱必死之决心……外得国际之同情，内有民众之团结，继续抗战，必能达到维护国家民族生存独立之目的。"① 26日，国民政府主席林森率机关人员抵达重庆，部分中央机关和军政主要领导暂时先迁至武汉，各国驻南京大使馆相关人员也随着国民政府迁往汉口。12月7日，蒋介石则在日军兵临南京城外时前往庐山，14日到达武汉。

日军占领上海后，侵华战争进一步扩大。11月24日，日本确定在华北、华中、华南全面作战的计划，准备长期战争。27日，日本军部决定进攻南京。从12月3日起，沿京沪线分三路向南京推进。太湖南岸的日军则向宁国—芜湖—太平（当涂）方向包抄。6日，日军到达宣城、何家铺、秣陵关、淳化镇、汤山镇和龙潭以东一线。7日，日军开始对南京城外围板桥、淳化、汤水、龙潭等发起进攻，中国守军伤亡很重。12日，雨花台失守，中华门遭到炮毁。下午，日军开始炮轰紫荆山，南京城外交通线及安塞也多被日军占领或炸毁，日军从中华门、雨花台、通济门、光华门、中山门、太平门等处涌入南京城内，并且攻占下关，封锁了长江。13日，南京陷落。蒋介石当日发表通电："国军退出南京，绝不影响我政府始终一

---

① 秦孝仪主编：《中华民国重要史料初编——对日抗战时期·作战经过》（二），（台北）"中国国民党中央委员会党史委员会"，1981年，第212—213页。

贯抵抗日本侵略原则之国策。"①

日军攻占南京后，在其"华中方面军"司令官松井石根训令"发扬日本的威武，而使中国畏服"的原则指导下，对城内外进行"扫荡""肃正"。无论是对平民还是解除了武装的军人，进行了长达6周的大规模屠杀焚掠。战后对南京大屠杀主犯谷寿夫的判决书中记载：12月12—21日，计于中华门外花神庙、宝塔桥、石观音、下关草鞋峡等处，被俘军民遭日军用机关枪集体射杀并焚尸灭迹者，有单耀亭等19万余人；此外，零星屠杀，其尸体经慈善机关收埋者15万余具，被害总数在30万人以上。② 此外，日军还灭绝人性地肆意强奸、轮奸中国妇女，强迫妇女充当"慰安妇"，许多妇女在强奸后又被杀害，还将她们的躯体斩断。远东国际军事法庭裁判书公布的数据，仅在日军占领南京后的6周内，就发生了2万起的强奸、轮奸事件，连老妪、幼童都未能幸免。同时南京市三分之一的房屋被烧毁，几乎所有的商店被抢劫一空，抢劫完商店和仓库后，往往是放一把火烧掉。

日军还在占领区建立多个细菌战部队的秘密基地，研制霍乱、伤寒、鼠疫等病毒，对中国居民实行"活体解剖"。还制造配备相当数量的化学武器，实行细菌战、毒气战。日军731部队将带有病毒的投掷器投放到中国许多地区，造成大量中国居民死亡。

南京大屠杀因涉及范围广、延续时间长，屠杀现场又完全被日军所控制，在事隔多年之后要作出精确统计是不可能的，但从杀人现场留下的大量罪证，众多被害者与中外目击者的证词足以证实南京大屠杀这一罪行的客观存在。战后《拉贝日记》《贝德士文献》《东史郎日记》、中国第二历史档案馆《南京大屠杀档案》以及《南京大屠杀史料集》等揭露日军暴行的资料陆续公布，更提供了有力的佐证。

日军在南京城的屠杀、纵火、奸淫、抢掠充分暴露了日本军国主义者

---

① 秦孝仪主编：《先总统蒋公思想言论总集》卷27，（台北）"中国国民党中央委员会党史委员会"，1984年，第165页。
② 中国抗日战争史学会等编，孙宅巍主编：《南京大屠杀》，北京出版社1997年版，第435页。

完全丧失人性的疯狂与野蛮。南京大屠杀给中国人民带来的灾难和感情上的伤痛是永远抹不掉的。日军这一亘古罕见的暴行，是日本民族的耻辱，是对人类性灵的亵渎。但是，南京大屠杀并没有吓倒中国军民，相反更激发起中国军民对日本的侵略者无比的愤怒和坚决的抵抗。

第六节　台儿庄大捷与武汉、广州沦陷

南京沦陷后，日本对华战争规模进一步扩大。1938年2月中旬，日军为攻占徐州，进攻台儿庄，台儿庄大战拉开帷幕。第五战区司令长官李宗仁指挥中国军队在台儿庄作战，命令台儿庄守军第2集团军总司令孙连仲部、第20军团汤恩伯部在外围策应出击。日军先以濑谷旅团为进攻主力，后坂本旅团绕过临沂前来增援。从3月下旬至4月初，台儿庄守军与装备占优势的日军机械化部队反复搏杀，并与其展开肉搏巷战，战况异常惨烈，有效地阻挡了日军进攻。4月上旬，中国军队发起全线进攻，击溃日军，取得台儿庄战役的胜利。在台儿庄战役中，中国参战部队达到4.6万人，伤亡7500人，歼灭日军近万人，打败了日军第5、第10师团主力。

台儿庄大捷是全面抗战初期正面战场中，中国军队取得的重大胜利，有力地打击了日军嚣张气焰，极大地鼓舞了全国人民抗战必胜的信心。

台儿庄战役后，日军大本营陆军部发布以华北方面军为主、华中派遣军配合，击破徐州附近中国军队的作战方案。中国方面，由于受台儿庄大捷的鼓舞，决定乘胜追击，4月中旬调集60余万军队向徐州附近集结，与日军苦战。日军于5月中旬形成对中国军队的合围，蒋介石决定放弃徐州。

徐州会战结束后，日军开始向武汉方向进攻。先是向西突入河南，连续攻陷兰封、开封、中牟、太康等地。在河南战局持续恶化的形势下，蒋介石下令轰炸花园口黄河大堤，虽暂时遏制了日军的进攻，并且阻滞了日军沿淮河西进和沿平汉铁路进攻武汉的计划，但给当地的百姓造成了巨大的生命财产损失。

1938年6月中旬，日本大本营下达汉口作战命令，国民政府在南京沦

陷后提出了"保卫大武汉"的口号，集结 120 多个师的兵力，确立了"战于武汉之远方，守武汉而不战于武汉"的作战方略，在武汉外围抵抗和消耗日军，武汉会战随之开始。因黄河决口，日军主力溯长江西进。日军发起全面攻势，连续攻占马头镇、武穴、富池口，并于 9 月底占领田家镇。

另一路日军在赣北展开攻势。8 月 1 日，军事委员会令赣北方面的作战由薛岳统一指挥。守军与日军展开激战，在万家岭地区，歼灭日军第 27、第 101、第 106 等师团数千人，获得"万家岭大捷"。

为策应长江沿岸部队西进，8 月 27 日，日军开始沿大别山北麓猛攻，中国守军于富金山设防，经过激烈战斗，于 9 月中旬失守。另一路日军于 9 月 6 日攻陷固始，西进逼近潢川，18 日，潢川失陷。此外，从南路进攻信阳之日军于 10 月 6 日攻陷信阳南的柳林车站，切断平汉路交通。从此，日军南北两线基本形成对武汉等包围态势。

10 月中旬，日军已进入武汉附近地区，同时日本军舰突破长江封锁线向武汉前进。长江北岸，日军向团风进攻。24 日突破黄陂守军阵地，向汉口攻击。此时，长江南岸等日军主力攻陷大冶、阳新后，分两路西进：一路突破金牛铺、辛潭铺，26 日在咸宁附近切断粤汉铁路；另一路沿大冶、鄂城会合沿江部队攻击武昌；又以一股兵力经金牛山向贺胜桥方向行进，切断武汉守军的退路。

自 10 月中旬起，国民政府各级机关开始逐步从武汉撤退，至 10 月 25 日已全部撤出武汉。同日，第 9 战区司令长官薛岳鉴于局势无法扭转，下令各部转移，弃守武汉。26 日，日军占领汉口、武昌。27 日，汉阳陷落。28 日，蒋介石发表《告全国国民书》："抗战军事之胜负关键，不在武汉一地之得失，而在我继续抗战持久之动员。"①

武汉会战历时 4 个半月，中国军队投入 120 多个师的兵力，毙伤日军近 4 万人，是抗日战争战略防御阶段最大的一次战役。在这期间，中国军民得以把沿江地区等重要工业设施迁往四川和西南各地，为长期抗战奠定

---

① 《中华民国重要史料初编——对日抗战时期·作战经过》（二），（台北）"中国国民党中央委员会党史委员会"，1985 年，第 352 页。

第十章 日本全面侵略中国 抗日战争爆发

了物质基础。①

淞沪会战期间，日本封锁了从秦皇岛到北海的海岸线，企图切断中国抗战的国际补给线。1937年9月上旬，日本海军航空队轰炸汕头、潮州、广九铁路及粤汉铁路沿线要地。1938年5月10日，日军派遣军舰多艘，运载陆战队3000余名在厦门登陆，中国守军第75师与之激战，12日，厦门沦陷。除占领金门、厦门外，日本海军还占领了福州外海等马祖、闽粤交界处的南澳岛以及东沙群岛等岛屿。

1938年8月下旬，日本决定在武汉会战期间同时进攻广州，目的在于"一面切断蒋政权的主要补给线，一面使第三国，特别是英国的援蒋意图受到挫折"，采用的策略是"急袭方式，果敢迅速地攻陷广州"②。9月19日，日本大本营正式下令，由原第5军司令官古庄干郎担任第21军司令（参战军队改编），进攻广州。10月12日凌晨2时，日军突入南海大亚湾澳头，在其第5舰队数十艘军舰和百余架飞机掩护下强行登陆。13日，国民政府发表《告广东全省军民书》，号召团结一致，抗击日军，保卫广东。军事委员会为确保广东、掩护海上通道，从武汉紧急抽调第9战区第64、第66两个军共5个师，紧急南下支援广东，但广东守军在援军到达以前已全线崩溃。

广州沦陷后，中国海上运输线完全被切断，给中国的抗战增添了新的困难。此后，中国抗日战争进入艰苦的战略相持阶段。

日本帝国主义全面侵华，使得近代中国的"上升"时期变得困难起来。中国北方首都北平和海港城市天津被占领，首都南京被占领，而且敌人在南京制造了惨绝人寰的大屠杀，中部大城市武汉和南方大城市广州同

---

① 根据资源委员会档案，截至1938年12月，内迁工厂341家，计63411吨，涉及机器五金、无线电电器、陶瓷玻璃、化学、饮食品、印刷文具、纺织、矿业等行业。根据1941年3月经济部报告，沿海沿江各地工厂相继西迁450家，内迁机料12万吨，内迁技工1.2万人。见中国第二历史档案馆编《国民政府抗战时期厂企内迁档案选辑》（下），重庆出版社2016年版，第1058—1059页。
② 日本防卫厅防卫研究所战史室：《中国事变陆军作战史》第二卷第一分册，中华书局1979年版，第107—108页。

时被占领。日本加诸中国的损失远远大于八国联军和英法联军。但是中国没有倒下来。这就是因为中国正处在"上升"时期。这个时期中国有了新的政党，有了新的阶级力量，有了全民族的觉醒。正是因为有了这些，在面临强敌时，国共两党会放弃夙愿，在抗日民族统一战线的大旗下团结起来，动员全国人民共同御敌。

在抗日战争的战略防御阶段，由于敌人强大，中国胜少败多，但是中国毕竟打破了日本"三个月灭亡中国"的叫嚣，中国顶住了强敌日本的进攻。中国虽然还要面临许多困难，中国还将要在困难中不断前进！这反映了近代中国的"上升"趋势是不可阻挡的这一时代力量。

第十一章　抗日战争中的两个战场与抗战胜利

第一节　国民党正面战场和共产党敌后战场的战略配合

一　战略相持阶段的正面战场作战

武汉会战后，为总结前一阶段作战经验教训，部署新阶段的抗日作战方针，国民政府军事委员会对抗日军事行动作出调整。1938年11—12月间，军事委员会先后在湖南南岳衡山和陕西武功召开军事会议，中共中央代表周恩来、叶剑英应邀与会。会后颁布了《国军第二期作战指导方案》，确定作战方针为："国军应以一部增强被敌占领地区内力量，积极展开广大游击战，以牵制、消耗敌人。主力应配置于浙赣、湘赣、湘西、粤汉、平汉、陇海、豫西、鄂西各要线，极力保持现在态势。不得已时，亦应在现地线附近，尽量牵制敌人，获取时间之余裕，俟新战力培养完成，再行策动大规模攻势。"① 同时还要求"连续发动有限度之攻势与反击，以牵制消耗敌人，策应敌后之游击战，加强敌后方之控制与袭扰，化敌后方为前方，迫敌局促于前线，阻止其全面统制与物资掠夺，粉碎其以华制华，以战养

---

① 中国第二历史档案馆编：《中华民国史档案资料汇编》第五辑第二编"军事"，第659页。

战之企图"①。

为适应新的作战需要,军事委员会重新划分了战区,增设苏鲁、冀察战区,以加强敌后游击战,取消了军事委员会委员长驻广州、西安、重庆各行营,改设桂林、天水行营,分别由白崇禧、程潜担任主任。

武汉会战后,日军停止对正面战场国民党军大规模进攻,转向长期持久态势,不再扩大新的占领区,并对国民政府开始公开诱降。从1939年初至1941年底太平洋战争爆发,正面战场历经南昌战役、随枣战役、枣宜战役、第一次长沙战役、桂南战役、豫南战役、中条山战役、鄂北战役及第二次长沙战役等。

1. 南昌战役。南昌地处南浔、浙赣两条铁路的交会处,毗邻鄱阳湖,与长江相通,战略位置十分重要,武汉会战后南昌成为日军的进攻目标。日军以第101、第106两个师团担任正面进攻,第6师团在箬溪、武宁一带助攻。1939年3月,日军发动攻击,仅用十余天就攻占了南昌,4月中旬军事委员会命令各战区发动春季攻势,并令罗卓英指挥第3战区、第9战区约10个师反攻南昌。罗下令第3战区第32集团军总司令上官云相担任指挥,曾一度攻占南昌机场及车站,然因部队伤亡严重,加上日军第116师团协同反攻,中国军队于5月上旬停止攻击,转而恢复原有态势,与日军在南昌周边地区对峙。

2. 随枣战役。武汉会战后,第5战区扼守襄渝入川要道,掩护长江三峡,汤恩伯第31集团军由湘北移至枣阳,增强第5战区实力。日军第11军为解除西北方面对武汉的威胁,于5月发动随枣战役。在随后的三周内,日军调集第3、第13、第16三个师团分别向应山、安陆、钟祥等地集结,企图将第5战区主力一举围歼。5月7日,日军攻占枣阳,12日攻占唐河,在桐柏山及其南北两侧受到阻击,未能与第3师会合。5月中旬,第5战区令第31集团军会同第2集团军发动全面反攻。13日起,日军全线撤退,到20日,除随县外,其他都恢复原有态势,战役结束。

---

① 《中华民国重要史料初编——对日抗战时期·作战经过》(一),(台北)"中国国民党中央委员会党史委员会",1985年,第568页。

3. 第一次长沙战役。随枣战役结束后，日军决定在湖北、赣北给第9战区以打击，重点是粤汉铁路沿线的中央军主力。8月，日军第11军制订"江南作战"计划。9月14日，战役首先在赣北打响。18日，日军主力在湘北发起进攻，但受阻于新墙河一线。25日，日军渡过汨罗江，随后日军占领长沙西的永安市，后遭到中国军队伏击，日军损失惨重，全线撤回原阵地，第一次长沙战役结束。

4. 桂南战役。广州失陷后，1939年2月，日军攻占海南岛，6月攻占潮汕地区，8月占领深圳、沙头角，完成对中国东南沿海交通线的封锁。接着为切断印度支那通往南宁的这条交通线，发动了桂南战役。1939年11月中旬，日军登陆钦州湾，在占领防城、钦县后，分路进攻南宁，11月下旬攻占南宁，据守高峰隘和昆仑关。军长杜聿明率第5军与第66军等协同苦战，伤亡1.4万余人，于12月31日收复昆仑关，史称"昆仑关大捷"，这是抗战以来正面战场军队以空、炮、坦、步等军兵种协同配合、攻坚作战之首次胜利。1940年6月，日本调整西南作战方向，主力进攻越南，开始从桂南撤军，中国军队转入反攻，10月28日收复龙州，30日收复南宁，11月底日军全部撤出桂南。长达一年之久的桂南战役结束。

5. 枣宜、豫南战役。1939年10月，军事委员会制定《国军冬季攻势作战计划》，以第2、第3、第5、第9四个战区为主攻战区，第1、第4、第8、鲁苏、冀察战区为助攻战区。这是进入战略相持阶段后，正面战场的中国军队发起的一次大规模行动，消耗了敌军的大量兵力，但没有扭转正面战场的局势，自身也遭受较大损失。冬季攻势结束后，日军认识到对国民政府施加军事压力的重要性，决定攻占枣阳、宜昌，进而威胁重庆。1940年4月中旬，日军赣东北、湘北兵力各一部会同湖北境内部队，于5月初发动对枣阳、宜昌的攻势。5月中旬开始，双方在各条战线展开争夺，第33集团军总司令张自忠牺牲。6月初，日军占领襄阳、宜城。6月12日，日军攻占宜昌，并按原计划在一周后撤出，此后双方重回对峙状态。枣宜会战结束后，日军深感周边中国军队对宜昌、信阳及平汉线的威胁，于1941年1月27日至2月7日发动豫南战役，试图通过围歼豫南附近第5

战区主力，作战持续十余日，各路日军撤退。

6. 中条山战役。中条山位于晋南豫北交界处，伫立在黄河北岸。第1战区司令长官卫立煌在此集结约18万军队，日军决定在中条山区域重点打击卫立煌部。1941年5月，由东、北、西三个方向发起进攻，中国守军消极防御，损失惨重。5月下旬战役结束，中国军队伤亡4.2万余人，被俘3.5万余人，成为抗日战争中正面战场损失惨重、极为失败的一次战例。

7. 第二次长沙会战。1941年9月，日军以12万兵力进攻长沙，中国军队先后参战约30万人。20日，日军突破汨罗江防线。9月下旬，日军一度攻入长沙城。10月初，日军开始撤退，第9战区下令全线追击。8日，日军退回新墙河，双方恢复原有对峙态势，会战结束。

二 敌后战场的游击战

抗战进入战略相持阶段后，日军由于战线过长、兵力匮乏，加上占领区内军民的反抗，为巩固其占领地，逐渐将主要兵力用于打击敌后战场。根据"巩固华北、发展华中华南"的战略方针，中共在抗日根据地广泛开展敌后游击战争。

华北是八路军主力活动的地区，因此日军对根据地"扫荡""蚕食"的重点是华北。1939年春，日本华北方面军制订"治安肃正计划"，实行军事、经济文化特务一体的"总力战"。在1939年和1940年，仅华北地区日军出动千人以上的大规模"扫荡"就有109次，使用兵力总计在50万人以上。① 晋察冀、晋冀豫、晋绥、山东和冀鲁豫等抗日根据地军民在粉碎日军多次围攻和"扫荡"的同时还努力推进抗日民主政权建设，使根据地得到进一步巩固和发展，给日伪军以沉重打击，减轻了正面战场作战的压力。

为了贯彻"发展华中"的战略方针，1939年3月周恩来受中共中央委托，到皖南同新四军领导人商定了新四军发展三个原则："（1）那个地方

---

① 中共中央党史研究室：《中国共产党的九十年》（新民主主义革命时期），第207页。

空虚，我们就向那个地方发展。（2）那个地方危险，我们就到那个地方去创造新的活动地区。（3）那个地方只有敌人伪军，友党友军较不注意没有去活动，我们就向那里发展。"① 1939—1940 年，新四军同日伪军作战计 2400 余次，消灭日伪军 5 万余人，开辟了苏北、鄂豫苏边、皖东等抗日根据地和抗日民主政权，新四军也从原来的 2.5 万人发展至 10 万人。

在华南，广州失陷后，中共广东地区党组织积极领导开展游击战争，创建了东江抗日游击根据地和东江纵队，曾生任司令员，尹林平任政治委员。在海南岛的红军游击队开展抗日游击战，后来发展为琼崖纵队，冯白驹任纵队司令员兼政治委员。

东北抗日联军自"九一八"事变发生后坚持抗日战争和游击战争，反抗日伪军在东北的奴化政策和殖民政策。1940 年 1—3 月，周保中、冯仲云、赵尚志等召开中共吉东、北满党代表会议，总结东北抗日游击战争经验教训，制定了《关于东北抗日救国运动的新提纲草案》，决定东北抗日联军各路军先后撤销方面军和军的番号，改编成支队建制，继续开展游击战争。在长达 14 年的抗日斗争中，抗联共歼灭日伪军 17 万余人，牺牲 3 万余人，有力地配合了全国的抗日战争。

敌后战场的作战，也使中共领导的武装部队不断发展壮大，到 1940 年底，除东北抗日联军外，共产党领导的武装部队发展到 50 万人，还有大量的地方武装和民兵，在华北、华中、华南创建了 16 块抗日根据地，形成了一个地域分割、领导指挥统一的从长城内外到海南岛的敌后战场，在抗日战争中发挥着日益重要的作用。

为打破日军"治安肃正"计划，粉碎日军以"囚笼政策"封锁、分割各抗日根据地的图谋，1940 年夏秋之际，八路军决定以晋察冀军区、第 120 师、第 129 师主动出击，对日军占据的华北交通沿线和大小据点进行一次摧毁性的打击。作战开始后，八路军参战兵力迅速增加至 105 个团，此外尚有许多地方游击队、民兵参战，史称"百团大战"。

---

① 周恩来：《目前形势和新四军的任务》（1939 年 3 月），载《周恩来选集》上卷，人民出版社 1980 年版，第 105 页。

百团大战分为三个阶段。第一阶段从8月20日至9月10日，作战重点是攻击正太铁路。第二阶段从9月22日至10月上旬，作战中心任务是继续扩大第一阶段战果，重点是歼灭交通线两侧和深入根据地的日军据点。第三阶段从10月上旬至1941年1月24日，针对日军先后对晋东南、晋察冀、太岳和晋西北等根据地进行报复性"扫荡"，展开反"扫荡"作战。

百团大战是全国抗战以来八路军在华北发动的规模最大、持续时间最长的一次战役，具有战略进攻性质。至1940年12月初，敌后军民共作战1824次，毙伤日伪军2.5万余人，俘虏日军281人、伪军1.8万余人，破坏铁路470余公里、公路1500余公里，摧毁大量敌人碉堡和据点，缴获大批枪炮和军用物资，八路军也付出伤亡1.7万余人的代价。① 这次战役给日军的"囚笼"政策，以沉重打击，牵制了日军大量兵力，提高了共产党和八路军的威望，振奋了人心。

百团大战使日军大为震惊，1941年7月—1942年7月，日军对华北各根据地进行大规模"扫荡""蚕食"，实行残酷的烧光、杀光、抢光的"三光"政策，并对根据地军民进行惨无人道的报复，制造了多起惨案，但是，根据地军民在中共的领导下，坚持抗争，为抗战胜利奠定了基础。

第二节 抗战大局下国共两党联合中的斗争与皖南事变

一 抗战大局下国共两党合作中的斗争 皖南事变之善后

全面抗战爆发后，在国共合作的基础上建立了抗日民族统一战线，国民党并没有从根本上放弃反共立场，随着中共全面抗战方针的提出，在国际国内的影响力不断扩大，国民党认为对它的统治地位构成了威胁，反共的急切性进一步增强。1939年1月，国民党五届五中全会决定设立国防最高委员会，以统一党政军的指挥，委员长由国民党总裁担任，这

---

① 中共中央党史研究室：《中国共产党的九十年》（新民主主义革命时期），第212页。

次会议还成立了"防共委员会",确定了"溶共""防共""限共"的方针,预示着国民党政府的政策重点开始从对外转向对内。为了消除"心腹之患",国民党此后采取实际措施,尝试用军事方法清除要害地区共产党武装力量。1940年,国民党在一份题为"第八路军在华北陕北之自由行动应如何处置"的文件中表示担心:"国民党失地日本与共产党分地","本党统治之土地,将一失而不易复得"①,"共党一年来由三万扩大到五十万,再一两年定不止一百万,那时还有国民党活路?"② 正是基于坚持国民党一党专政的理念,一个削弱、限制共产党武装力量的计划就在酝酿制订之中。

1939年冬至1940年春,日本帝国主义停止了正面战场的战略性进攻,并把对国民党政府以军事进攻为主、政治诱降为辅的方针,转变为以政治诱降为主、以军事打击为辅的方针。在这种背景下,国民党内顽固派掀起第一次反共高潮。

1939年11月,国民党五届六中全会进一步确定以"军事限共为主、政治限共为辅"的方针。12月,国民党军队进攻陕甘宁边区,先后侵占五座县城。在山西,阎锡山发动"十二月事变",以重兵进攻山西新军。1940年2月、3月间,国民党军队进攻晋东南和济南的抗日根据地,矛头直指八路军总部。在压住顽固派的反共气焰后,中共中央立刻派朱德、萧劲光、王若飞分别到洛阳和宜川秋林镇同卫立煌、阎锡山进行谈判,同他们达成停止武装冲突,划定驻地、分区抗战的协定。

1940年7月,为进一步限制中共和中共领导下的武装力量的发展,军事委员会制定了《中央提示案》,决定将八路军和新四军50万人缩编为10万人,全部调往华北指定区域。10月19日,参谋总长何应钦及副总长白崇禧联名发出皓电,要求黄河以南的八路军和新四军全部按"中央提示案"规定,开赴黄河以北。11月9日,八路军总司令朱德等发出佳电,只同意

---

① 参见中国人民解放军政治学院中共党史教研室编《中共党史参考资料》第八册,第325页。
② 参见《周恩来致毛主席并中央书记处电》(1940年11月13日)。

长江以南之新四军部队移至江北。① 蒋介石于12月7日批准了军令部一再呈报的《剿灭黄河以南匪军作战计划》，并于1941年1月6日以"朱叶各部尚未恪遵命令向黄河以北移动"为由，命令黄河以南各国民党部队以武力"强制执行"，"迫其就范"②。中共中央于12月下旬下令皖南新四军转移，在转移路线上，国民党禁止新四军从镇江北渡，命令其由铜陵、繁昌间渡江。在复杂的局势之下，中共中央电令新四军经苏南北移。1941年1月4日夜，新四军军部及所属皖南部队9000余人，由安徽泾县分三路向南移动。6日，遭到第3战区国民党军上官云相部截击，第3战区约8万人将新四军皖南部队团团包围，经激烈作战，新四军皖南部队除2000余人突围外，其余或牺牲或被俘，新四军军长叶挺被扣押，副军长项英遇害，政治部主任袁国平在突围中牺牲，这就是震惊中外的"皖南事变"。

皖南事变发生后，蒋介石立即宣布新四军为"叛变"，撤销新四军番号，将叶挺革职并交付军法审判。1941年1月17日晚，国民政府军事委员会通令和国民政府军事委员会负责人谈话发表，把皖南事变引发的国共两党间的紧张关系，推向了又一个高峰。国民政府军委会通令和谈话的发表确定了皖南事变的性质并把对新四军的处理通令全国，这就把皖南的军事冲突一下提升为抗战期间国共两党的关系问题，成为全国政治的关注焦点，成为苏、美、日舆论和政治关注的中心。中共对此不能不作出更为强烈的反应。

中共中央抓住蒋介石1月17日命令，表示要"紧紧捉住，跟踪追击，绝不游移，绝不妥协"。"如蒋业已准备全面破裂，我们便是以破裂对付破裂；如蒋并未准备全面破裂，我们便是以尖锐对立求得暂时缓和"③，"否

---

① 《何应钦、白崇禧致朱彭总副司令叶挺军长皓电》、《朱彭叶项复何应钦、白崇禧佳电》，载中央档案馆编《皖南事变（资料选辑）》（以下简称《皖南事变》），中共中央党校出版社1982年版，第83—89页。所谓"中央提示案"，是国民党于1940年7月提出的，它对陕甘宁边区辖区、十八集团军和新四军作战区域和编制作了严格限制。详情参见《中华民国重要史料初编》第五编《对日抗战时期》（四），第227—230页。
② 《蒋中正致李长官电》（1941年1月6日），引自中国科学院近代史研究所南京史料整理处《中国现代政治史资料汇编》第三辑第十一册，第125页。
③ 《毛泽东关于对蒋介石的斗争策略给彭德怀等的电报》（1941年1月25日），载中共中央文献研究室、中央档案馆编《建党以来重要文献选编（1921—1949）》第十八册，第45页。

第十一章 抗日战争中的两个战场与抗战胜利

则不但不能团结全国人民,不能团结我党我军,而且会正中蒋之诡计"①。只有采取这种尖锐的对抗政策,"才能经过一个严重的斗争过程之后,克服蒋介石的反动,达到争取新形势下的时局好转(新的时局好转)之目的"②。1941年1月20日,中共中央军委发布,重新建立新四军军部,命令陈毅任代军长,刘少奇任政治委员,同时公布大量事实,揭露国民党破坏抗日民族统一战线的阴谋,并提出取消1月17日的反动命令、惩办皖南事变祸首、恢复叶挺自由并继续充当新四军军长、废止一党专政、逮捕亲日派首领等12条解决皖南事变的办法。周恩来则在重庆向国民党当局提出严正抗议。《新华日报》还刊登周恩来的两条亲笔题词,"为江南死国难者志哀"和"千古奇冤,江南一叶;同室操戈,相煎何急?!"

中共以抗战大局为重,以民族第一、抗战第一相号召,不放弃抗日民族统一战线的原则,"在坚持抗日反对内战口号下动员群众"③,要求"停止剿共战争","肃清亲日分子","反对一切破坏抗战、破坏团结之阴谋计划","坚持抗日到底"④,"反对内战,中国人不打中国人,前线国军同八路军新四军团结起来,枪口一致对日!"⑤中共的做法得到人民群众、中间阶级、国民党内正义人士及国际舆论的普遍同情。宋庆龄、何香凝等在香港发起抗议国民党运动;黄炎培、冯玉祥等分别发表谈话,谴责国民党当局;甚至孙科也表示忧虑;全国数百位文化界人士发表宣言,反对国民党枪口对内;华侨领袖陈嘉庚致电国民参政会,反对蒋介石倒行逆施;苏、美、英等国也表示对国民党的不满。

蒋介石1月17日令,是导致国共走向对抗和破裂的关键所在。要共

---

① 《中共中央书记处关于政治上取攻势军事上取守势给周恩来等指示》(1941年1月25日),载中共中央文献研究室、中央档案馆编《建党以来重要文献选编(1921—1949)》第十八册,第43页。
② 《中央关于目前时局的决定》(1941年1月29日中央政治局通过),载《中共中央文件选集》第十三册,中共中央党校出版社1991年版,第27页。
③ 《毛泽东、朱德、王稼祥关于政治、军事、组织上应采取的步骤致彭德怀、刘少奇》(1941年1月19日),载《皖南事变》,第180页。
④ 《中共中央发言人对皖南事变发表谈话》(1941年1月18日),载《中共中央文件选集》第十三册,第14—15页。
⑤ 《中央关于皖南事变的指示》(1941年1月18日),载《中共中央文件选集》第十三册,第9页。

产党承认 17 日令所宣布之罪状，当然不可能；要蒋介石国民党取消自己发布的命令，惩办何应钦等，同样也是不可能的。因此，对于共产党来说，采取政治上全面对抗态度，是情非得已；对于国民党来说，政治上予以让步也是不得已被迫做出的选择。结果，共产党在军事上受挫，但在政治上提高了威信，得分不少；国民党军事上占了便宜，政治上丧失人心，失分甚多。①

1941 年 1 月，日军突然对国民党正面守军发起大规模进攻，使得两党僵持的对抗局面开始或多或少地发生变化。皖南事变后出现的国共对立，不是十年内战时期的国共对立，而是在抗战大背景下的国共对立。与国共两党有关的国际势力，也都从中国抗战能否继续的角度观察国共冲突。日本帝国主义虽在反共一点上与国民党有相似的一面，但在灭亡中国一点上却与国民党尖锐对立。日本于 1 月底开始的豫南作战，只能服从日本帝国主义的整个战略目标，并不因国共冲突而推迟。这就决定了国共对立不能以尖锐的形式继续下去，决定了国共两党在处理皖南事变善后时，不能离开民族第一、抗战第一的大前提。因此，国共两党尖锐对立的形势，客观上存在着疏解的可能。其标志是：国民党通过皖南事变形成的军事攻势已经停止，通过对八路军、新四军的包围形成的剿共计划已经破产；共产党发动的政治攻势挫败了"1·17"命令给共产党带来的冲击，使共产党赢得了国内国外舆论的支持和同情。"1·17"命令是国民党继皖南事变军事胜利之后对共产党发动的一次政治攻势，但这一政治攻势却失败了。其标志是：蒋介石经过政治上的打击后，主动表示对共产党"政治上从宽"，又在日寇进攻下主动向共产党寻求妥协。1941 年 3 月，蒋介石在国民参政会第二届会议上发表演说，"保证"绝不再有"剿共"的军事行动；约请周恩来面谈；答应解决国共之间的若干问题。② 共产党对国民党展开的政治攻势的第一个高潮，以共产党的胜利而结束。

---

① 参见张海鹏《皖南事变之善后》，《近代史研究》1995 年第 5 期，又见《追求集》，第 330—358 页。

② 孟广涵主编：《国民参政会纪实》（下），重庆出版社 1985 年版，第 886—887 页。

二　民主宪政运动和民主政团同盟的建立

民主宪政运动和民主政团同盟的建立，是抗战期间民族觉醒的标志之一。抗战期间大后方掀起了民主政治建设，国共两党之外的第三方政治力量开始崛起。其中，1939年至1940年前后的民主宪政运动对抗战乃至战后政治格局影响深远。

1938年7月，具有党派合作和政治协商性质的第一届国民参政会召开，包括国民党、共产党、救国会、国社党、青年党、第三党、职教社和无党派人士200多人参加会议。1939年2月，国民参政会一届三次会议召开，会议通过了董必武等提出的《加强民权主义的实施　发扬民气以利抗战案》，提案中指出："抗战以来，我国政治上的进步赶不及军事上的进步，更远远地落后于抗战的需要。民众是我国能够战胜日寇的基本条件之一，却没有全部动员起来，政治和民众息息相关，民众是否发动起来，一依政治的良窳以为断"，认为"各党派之团结，既已承认其存在，但还没有予以法律上之保障，以至摩擦时生莫由解决"。由此建议"政府应给各党派以法律上之保障"[①]。9月，国民参政会一届四次会议在重庆召开，这次会议可以看作是战时国统区民主宪政运动的起点。会议通过《请政府明令定期召开国民大会制定宪法实施宪政案》，包括三点内容："（1）国民大会会期为1940年11月12日；（2）大会代表制选举尚未办竣者，应即由选举总事务所督饬赶办，限于1940年6月底以前结束一切选举手续，确定全部代表名单；（3）其因地方情势变迁，或事实上之窒碍致选举发生困难者，由中央常务委员会妥筹补救办法。"[②] 会后掀起了民主宪政运动，最终迫使国民党五届六中全会通过《定期召集国民大会并限期办竣选举案》，决定1940年11月召开国民大会。蒋介石还指定黄炎培、张君劢25人组成国民参政会宪政期成会，协助修改宪法、促进宪政。

为进一步促进宪政的实施，1939年10月1日，由救国会、第三党、青

---

① 孟广涵主编：《国民参政会纪实》（上），第467—469页。
② 荣孟源、孙彩霞：《中国国民党历次代表大会及中央全会资料》（下），第609—610页。

年党、国社党、职教社、及无党派参政员张澜、褚辅成、沈钧儒、莫德惠、张申府、王造时、章伯钧、李璜、左舜生、胡石青、江恒源、张君劢12人发起宪政座谈会。从1939年10月到1940年3月，该座谈会一共集会8次，主要讨论宪政运动与民众运动的关系、实施宪政与抗战建国的关系、实施宪政的条件及宪政与宪法的问题。与此同时，在各民主党派及无党派人士的推动下，重庆及其他地区宪政团体纷纷成立，各成员纷纷通过演讲报告、发表文章等方式进行宣传活动。

面对日趋高涨的宪政运动，国民党内顽固派开始担忧，他们通过各种途径对宪政运动进行打压和抵制。1940年12月，国民政府公布第二届国民参政员名单，虽然总人数有所增加，但入选者基本都有国民党背景，中共和中间势力的人数未见增加，让中间势力深感失望和不满。皖南事变爆发后，中共拒绝参加第二届国民参政会，中间势力在两党之间积极斡旋，政治地位有所上升。同时皖南事变也使中间势力感觉到自身生存与发展的危机，决定建立起自己的政治组织，以便拓展生存空间和扩大社会影响。

1941年3月19日，中国民主政团同盟（简称"民盟"）在重庆上清寺特园秘密召开成立大会，出席大会的有中国青年党、国家社会党、第三党、中华职业教育社、乡村建设派的领导人黄炎培、张澜、梁漱溟、罗隆基、章伯钧等13人，会议通过《中国民主政团同盟政纲》和《中国民主政团同盟简章》等，选举黄炎培、张澜、左舜生、张君劢、梁漱溟等13人为中央执行委员，其中黄炎培、左舜生、张君劢、梁漱溟、章伯钧等为中央常务委员，推举黄炎培为中央常务委员会主席，左舜生为总书记，章伯钧为组织部长，罗隆基为宣传部长。后救国会也加入进来，形成"三党三派"，即青年党、国社党和第三党等以及职业教育社、乡村建设派和救国会等，无党派人士也可加入同盟。

民盟是"第三方面的政治代表、政治实体"[①]，具有政党性质。由于国民党反对成立新政党，民盟属于秘密成立。为实现由秘密组织向公开组织

[①] 邓野：《联合政府与一党训政：1944—1946年间的国共政争》，社会科学文献出版社2011年版，第37页。

的转变，民盟采取了以下方式。一是在香港创刊机关报《光明报》，公开自己的组织、纲领以及主张。1941年9月18日，《光明报》在香港正式出版。10月10日，刊登《中国民主政团同盟成立宣言》和《中国民主政团同盟对时局主张纲领》，宣言指出："中国民主政团同盟今次成立，为国内在政治上一向抱民主思想各党派一初步结合"[1]，在纲领中提出10项主张，包括实践民主政治、加强国内团结、结束党治厉行法治、保障人民生命财产自由、军队国家化等。二是召开中外记者招待会，对外宣传自身的组织和活动。三是召开茶话会正式公开组织，并向国民参政会提交议案。1941年11月17日，国民参政会召开二届二次会议，民盟参政员张澜、张君劢、左舜生、罗隆基等向会议提交了《实现民主加强抗战力量树立建国基础案》，要求国民党结束训政、成立战时民意机构、取消特务机构等。虽然国民党没有采纳提案，但该提案给民盟增加了社会影响。

中共对民盟的成立表示赞赏和支持。1941年10月28日，《解放日报》针对中国民主政团同盟的成立发表社论："这是抗战期间我国民主运动中的一个新的推动，民主运动得此推动，将有更大的发展，开辟更好的前途。"[2]

中国民主政团同盟的成立是中间势力发展壮大的标志，从此在中国的政治舞台上出现了一个介乎于国共两党之间，影响和力量超过以往任何中间政党的新政党，并且在后续的民主宪政运动中，发挥了一定的作用。

第三节　珍珠港事件和国际反法西斯统一战线的形成　中国外交出现新格局

1941年12月7日凌晨（北京时间12月8日），日本海军联合舰队在司令长官山本五十六指挥下，偷袭美国夏威夷的珍珠港军事基地，美国

---

[1] 中国民主同盟中央文化委员会编：《中国民主同盟历史文献》，文史资料出版社1983年版，第4—6页。

[2] 同上书，第12页。

太平洋舰队猝不及防，遭受毁灭性的损失，日本天皇发布了向美国、英国宣战的"诏书"。当天，日本还对美国、英国、荷兰在太平洋地区的其他军事基地发起猛烈攻击。美国、英国等随即向日本宣战，太平洋战争爆发。

12月9日，蒋介石在重庆召集会议，认为美国卷入战争，"实为中国"，因此决定立即对日本、德国、意大利宣战。下午7点，国民政府以主席林森的名义发表宣战文告："……兹特正式对日宣战，昭告中外，所有一切条约、协定、合同，有涉及中日之间关系者一律废止，特此公告。"同时，国民政府还对德、意宣战。①

日本全面侵华，早已成为第二次世界大战东方战场的起点。中国全面抗战是世界反法西斯战争组成部分。现在中国政府对日宣战，中国的抗日战争与世界反法西斯战争更加紧密地连成一体，成为第二次世界大战暨世界反法西斯战争不可分割的重要组成部分。中国政府趁此有利时机，把促成中、美、英、苏等国军事同盟作为首要目标。

蒋介石分别照会美国总统罗斯福、英国首相丘吉尔、苏联国防委员会委员长斯大林，建议由中、美、英、苏、荷5国订立联盟作战计划，由美国领导执行。除苏联因为抗德战争不能分力于远东，不能立即对日宣战，美英均表赞同。罗斯福致电蒋介石建议12月17日前在重庆召开五国军事会议。17日，中、美、英重庆军事会议正式举行，出席者中国方面有蒋介石夫妇、何应钦、徐永昌、商震等，美国方面有勃兰特、麦格鲁等，英国方面有魏菲尔、戴尼斯等，澳大利亚驻华公使爱格斯登应邀出席。会议讨论了远东联合军事行动初步计划。重庆军事会议虽未就远东战略达成协议，但实际上推动了远东反法西斯统一战线的最终形成。

1942年元旦，罗斯福、丘吉尔、苏联驻美大使李维诺夫和宋子文在白宫签署了《联合国家宣言》。次日，其他22个国家在美国国务院逐次签字。《联合国家宣言》的签署，标志着世界反法西斯同盟的正式形成。中国同

---

① 复旦大学历史系中国近代史教研组：《中国近代对外关系史资料选编》下卷第二分册，上海人民出版社1997年版，第162—163页。

第十一章 抗日战争中的两个战场与抗战胜利

世界反法西斯国家结盟,改变了此前一国孤立抗击日本帝国主义侵略的处境,从此与盟国共同作战,增强了抗战必胜的信心。国际反法西斯统一战线的建立,对盟国协同抗击轴心国作战并取得最后的胜利,具有重大意义。中国在签字国中与美、英、苏并列,因此成为"四强"之一,标志着中国的坚持抗战赢得了世界大国的地位。自鸦片战争以来,这是第一次获得这样的地位。

1941年12月22日至1942年1月14日,美英两国首脑在华盛顿举行阿卡迪亚会议,商讨反法西斯战争的战略问题,会议提议设立中国战区。12月31日,罗斯福致电蒋介石,提议组织中国战区,包括安南和泰国国境,中国战区由蒋介石担任最高统帅。1942年1月2日,蒋介石复电,表示接受提议。中国战区设立联合作战参谋部,美国政府派史迪威出任美国驻华军事代表和中国战区参谋长,3月8日蒋介石正式委任史迪威为中国战区参谋长。

废除不平等条约一直是中国人民长久以来所奋斗的目标,但是它在各个时期都遭到列强强烈抵制。中国在抗日战争中奋勇抗战,充分展示了中国人民反抗侵略、争取民族解放的决心和意志。中国在新的国际关系中的重要地位,使得不平等条约的继续存在成为一种荒谬的现象。中国已成为美、英对日作战的主要盟国,旧约的存在则在法律上把中国在盟国中置于不平等的地位,这是与中国目前的作用和地位不相称的。① 这为不平等条约的废除创造了一个历史性的契机。

抗日战争前期,中国逐渐被英、美作为一个潜在的盟友而被考虑,英、美希望中国能在与日本的对抗中继续发挥重大作用。为了鼓舞中国军民的士气,英、美政府多次表示愿在战后废除不平等条约的意向。珍珠港事件发生后不到两周,中国政府开始考虑与盟国订立新条约的方式,解决遗留的废除不平等条约的问题。1941年4月,新任外交部长郭泰祺,在归国途中赴美交涉,讨论订立中美平等新约事。5月底,美国政府承诺一旦中国

---

① 参见王建朗《中国废除不平等条约的历程》,江西人民出版社2000年版,第307页。

境内和平恢复，美国愿与中国政府商谈，取消美国在华特权。① 7 月初，英国政府也照会中国，表达类似意愿。

《联合国家宣言》签署后，中国战场在世界反法西斯战争中的战略地位不断上升，以及中国朝野为废除不平等条约所做出的外交努力，迫使美、英等国政府将应否同意立即取消与中国的不平等条约提上议事日程。美、英等国政府内部普遍存在两种对立的观点，一种是反对立即取消与中国的不平等条约，另一种则是主张立即废除两国间的不平等条约。1942 年 4 月起，美英两国就与中国改订新约事宜进行频繁磋商。6 月，中途岛海战之后，美军在太平洋上转守为攻，中国战场的军事形势因缅甸战役的失败，对外联系全部中断而更加严峻，美国政府由此认为已经到了主动采取废约行动的时机。英国外交部也指示其驻华大使薛穆要在废约问题上采取主动姿态。经过一个多月的磋商，美英两国决定分别与国民政府谈判废约。

1942 年 7—10 月，美国政府先后派出特使居里和威尔基来华访问，中国政府向他们再三表明对平等待遇的期盼和收复失地的决心。10 月 10 日，美、英两国宣布自动废除不平等条约，并愿与中国商订新约。

中、美两国的谈判从 1942 年 10 月下旬开始，双方在谈判中主要围绕经营商业之国民待遇问题、限制不动产权利之行使问题、设置领事馆问题、内河航行及沿海贸易问题、通商口岸制度之废止与海外商业问题等进行讨论。尤其是在内河航行权、沿海贸易权和军舰游弋权等特权问题上，美国无意放弃，在中国一再坚持下，最终美方同意放弃。1943 年 1 月 11 日，中国驻美大使魏道明和美国国务卿赫尔代表两国政府在华盛顿签署《关于取消美国在华治外法权及处理有关问题条约》，简称"中美新约"。罗斯福随后向美国国会提出中美新约，参议院经过讨论后批准该条约。中美新约的签订从法理上结束了百年来美国在中国享有的领事裁判权等特权，但尚未完全解决美国在经济、文化领域享有的一些特权。

中英新约的谈判并不顺利，与中、美间的谈判相比更加复杂和艰难，

---

① 陈志奇主编：《中华民国外交史资料汇编》第十卷，（台北）渤海堂文化公司 1996 年版，第 4743 页。

双方在谈判中几近破裂。双方主要就九龙租借地问题、经营商业的国民待遇问题、内河航行及沿海贸易问题、购置不动产权问题等发生分歧。其中，香港问题是双方存在的分歧焦点。太平洋战争爆发后，香港已被日本占领。在谈判中，国民政府要求交还九龙租借地，并借此收回整个香港。但是英国的态度非常坚决，既不把香港归还中国，而且从经济上、战略上长期占领香港的需要，也不把九龙租借地归还给中国。宋子文、顾维钧等担忧因为香港问题英方拒绝签约，导致中英关系恶化，使中国在外交上陷于被动，最终妥协退让，在签约时照会英国方面，对九龙租借地问题保留日后讨论之权。1943年1月11日，国民政府外交部长宋子文和英国驻华大使在重庆签署《关于取消英国在华治外法权及处理有关问题之条约》，简称"中英新约"，其中并没有提到香港问题，九龙租借地问题也悬而未决。

新约规定：过去条约中有关由英、美方面管辖其在华人员及公司的一切条款，一概撤销作废；《辛丑条约》应行取消，该条约及其附件给予英、美的一切权利，应予终止，北平使馆界之行政管理，连同使馆界之一切官有资产与官有义务，移交于中华民国政府；英、美在华租界及公共租界的行政管理，归还中国政府，上述租界给予英、美的权利，应予终止，上述租界的一切官有资产与官有义务将移交中国政府，等等。

中美、中英新约的签署，标志着中美、中英之间建立了国际法意义上的平等互惠关系。中国各界对此都予以高度的评价。中国共产党人对此也给予恰如其分的评价。延安各界2万人举行了隆重的庆祝废约大会，毛泽东、朱德等中共党政军最高领导人组成大会主席团。朱德在大会上发表了《庆祝中美中英新平等条约》的讲话，指出"新约的签订，确立了中国与英、美友邦的平等地位……这必将大有助于中、美、英的团结，鼓舞中国军民的抗战意志，使世界反法西斯阵线更形强固有力"①。

必须指出，废约并不是美、英等国的恩赐，而是无数中国抗日军民用生命和鲜血换来的，是全体中国人民共同奋斗的结果。②当然，不平等条约

---

① 朱德：《庆祝中美中英新平等条约》，《解放日报》1943年2月5日。
② 王建朗：《中国废除不平等条约的历程》，第325页。

的废除并不标志着中国在实际上已经取得了与英美完全平等的地位。此后中国在与英美的交往中仍处于从属的被动的地位。但决定这一状况的主要因素是现时的国力差距及历史的遗留影响,并非基于条约的规定。

1942年秋和1943年春,盟国在对德、意作战中取得了北非战役和斯大林格勒战役的重大胜利。盟国已经可以预计第二次世界大战的胜利结果。美国总统罗斯福提议召开四大国的首脑会议,决定战争的最后进程以及战后的安排。由于苏联没有对日作战,不便于出席对日作战的会议,于是会议分成两个阶段,先是美、英、中三国首脑在开罗讨论远东问题,然后是美、英、苏三国首脑在德黑兰会商欧洲问题。开罗会议讨论了军事问题和政治问题。军事问题是最急迫的话题。政治问题主要是在美国总统与中国军事委员会委员长蒋介石之间展开。中国方面提出了处置日本投降和收回日本窃据的中国东北、台湾和澎湖列岛等多项问题。开罗会议的宣言由美国起草,草稿先交由中国方面看过,然后提交美、英、中三国首脑讨论。讨论中,英国曾提出可将东北、台湾、澎湖列岛"归还中国"改为"由日本放弃",中国反对这个建议,美国支持中国意见,英国建议没有被采纳。11月26日开罗会议结束。罗斯福和丘吉尔会后到德黑兰与斯大林会晤。斯大林看过《开罗宣言》后表示同意,于是在12月1日公布于世。

开罗会议对中国的意义非比寻常。第一,中国以第二次世界大战东方主战场的资格,获得了出席开罗三国首脑会议的权利,说明了中国国际地位的提高。在第二次世界大战期间,蒋介石作为中国首脑第一次出席三大国首脑的国际会议。这是近代中国第一次由首脑出面参与重大国际问题的讨论和处理。第二,《开罗宣言》指出:"我三大盟国此次进行战争之目的,在于制止及惩罚日本侵略","将坚持进行为获得日本无条件投降所必要之重大的长期作战"。这是对中国抗日战争的重大支持。中国人民正陷于日本侵略者的全面蹂躏之下,非常希望得到这样的国际支持。第三,《开罗宣言》明确指出:"三国之宗旨在剥夺日本自1914年第一次世界大战开始以后在太平洋所夺得或占领之一切岛屿,在使日本所窃取于中国之领土,例如满洲、台湾、澎湖群岛等，归还中华民国。"收回东北，是1931年以来全国人民的心愿；收回台湾、澎湖群岛，是1895年以来全国人民的心愿。三大国首脑关于满洲、台湾、澎湖群岛回归中国的决定，正式确定了中国领土主权完整不可分割的国际法原则。

中国与美国、英国签订废除不平等条约的协定，中国首脑出席三大国首脑的开罗会议并发表开罗宣言，表明中国坚持抗战，造成了战时中国外交新格局，这是近代中国"上升"趋势的重要表征。

第四节　正面战场溃败与敌后战场攻势作战

太平洋战争爆发后，日军向英军发起进攻，先后侵占菲律宾、泰国、马来亚、香港、印度尼西亚等地。1941年12月，日军进攻缅甸，对英国来说，若再失去缅甸，势必影响印度安全，进而动摇其在亚洲的地位；对中国而言，涉及到西南国际交通线——滇缅公路的安全。23日，中英双方在重庆签署《中英共同防御滇缅路协定》，宣告中英军事同盟成立。1942年2月3日，英方因作战不力，请求中国军队入缅协同作战。3月，中国政府以第5军、第6军、第66军10万余人组成中国远征军，成立中国远征军第一路司令长官部，以卫立煌为司令长官（未到任，4月2日改派罗卓英）、杜聿明为副司令长官，由中国战区参谋长史迪威兼任总指挥。3月至5月，在缅甸作战中痛击日军，收复仁安羌，解救英军7000余人。后因缅甸战局恶化，远征军陆续向云南和印度撤退。

缅甸战役失利后，日军进入中国境内云南省西部。1942年4月29日，腊戍失陷，日军主力紧随中国远征军第66军之后向云南省进逼，沿滇缅公路北进，5月1日攻陷新维，2日攻陷贵街，3日攻陷云南边境畹町镇。10日，日军占领怒江西岸重镇腾冲。至1943年初，日军向北攻占泸水地区，向南到达孟定地区。

1941年12月至1944年1月，国民党军队在正面战场先后有第二次长沙会战、浙赣会战、鄂西会战和常德会战。

1. 第三次长沙会战。1941年12月至1942年1月，日军第11军发动第三次长沙战役。12月下旬，日军第6、第40师团相继突破中国守军阵地，渡过新墙河，攻打到汨罗江南岸。第3师团也渡河攻击前进。27日，日军强渡汨罗江。31日，日军欲攻占长沙，中国军队第9战区司令长官薛岳下令死守，从南、东、北三面围攻进攻长沙的日军。1942年1月中旬，日军退回新墙河以北阵地，长沙会战结束。本次战役是太平洋战争爆发后，盟军在太平洋和东南亚地区受挫的情况下，取得对日作战的胜利，在国内外引起热烈反响。

2. 浙赣会战。1942年4月8日，美国B–25轰炸机机群（16架）在詹姆士·杜立特中校率领下，轰炸东京、横滨、名古屋和神户等地，然后在浙江的空军基地降落。日本大本营为摧毁浙江的主要空军基地，解除对日本本土空袭的威胁，发动了浙赣战役。5月15日起，日军主力沿浙赣线西进，第3战区守军在该线两侧伏击，5月下旬，日军攻陷浦江、东阳、义乌、永康等地，于6月中下旬先后占领了金华、兰溪、衢州、玉山、上饶和丽水等地。7月1日，在横峰与由浙江西进的军队会合，打通了浙赣铁路。7月11日，攻陷温州。占领上述地区后，日军破坏了衢州等处机场和浙赣铁路，掠夺各种物资，于8月中旬开始撤退。9月上旬，除一部分占据金华、诸暨一带外，其余大部撤回原驻地。

3. 鄂西会战。为打击第6战区部队，打通长江航运，进而威胁四川，1943年2—4月，日军先后发动所谓"江北歼灭战"和"江南歼灭战"，然后发动鄂西会战。4月间，日军出动总兵力约10万人，分别集结于宜昌、枝江、弥陀寺、藕池口、华容一带，同时在汉口、当阳等地出动百余架次飞机，对中国军队发起进攻。5月5日，日军由藕池口、华容向洞庭湖北岸进攻，8日、9日，安乡、南县相继陷落。在战事吃紧的情况下，第6战区司令长官陈诚于5月19日回到恩施指挥作战。5月下旬，日军在宜昌周边遭遇中国军队伏击。在空军的配合下，第6战区各部进行全线反击，日军开始后撤。6月中旬，中国军队恢复战前态势。这次会战击退了日军对长江要塞的进犯，歼灭日军甚众。①

4. 常德会战。1943年8月，日本在太平洋战场处境极为不利，为策应太平洋战场和牵制中国军队向缅甸战场增援兵力，11月，日军调集约10万兵力，由第11军司令横山勇指挥，发动了湘西常德战役。11月初开始，日军从华容、石首等地渡河西犯，相继占领石门、澧县、津市、慈利、桃源等地。22日，日军分5路向常德合围，12月初，攻占常德。常德陷落后，第6、第9战区外线部队反击，旋收复常德。12月下旬，收复南县、安乡、津市等地，继又收复湖北松滋、公安两地。1944年1月初，双方恢复战前态势。

1943年是第二次世界大战进程中具有转折意义的一年。这年2月，经过7个多月苦战，苏军在斯大林格勒战胜德军，取得欧洲东线战场决定性胜利。7月，美、英军队在意大利的西西里岛登陆。意大利墨索里尼垮台，意大利宣布投降，法西斯轴心国开始瓦解。在国际反法西斯战争走向胜利的时刻，中国战场却出现了豫湘桂战役的溃败，对中国战区和太平洋战区的战局产生了重要影响。

1942年6月，美军在中途岛战役中击败日本，封锁了日本的海上通道，战线接近日本本土。日本在太平洋战场的形势不容乐观。1943年11月底，日本参谋本部开始酝酿在中国战场的"一号作战"，即"打通大陆交通线"，打通粤汉、湘桂以及京汉铁路南部，实现中国大陆南北贯通，以阻止美军空袭日本本土。1944年1月，日本天皇批准了一号作战计划。该作战计划，明确日军攻占湘桂、粤汉及平汉铁路南部沿线，以消灭中国西南空军主要基地为目标。3月，日本中国派遣军动员兵力50余万人、汽车1.2万辆、马6.27万匹，豫湘桂战役成为日本侵华史上规模最大的作战，该战役由豫中、长衡、桂柳三阶段组成。

豫中会战为第一阶段。4月17日夜，担任河防的是中国军队暂编第27

---

① 据国民政府记载，本次会战日军伤亡16075人，被俘12人，中国军队伤亡41863人，失踪7270人。但日方记载日军战死771人，负伤2746人，中国方面死亡30766人，被俘4279人。参见李新主编《中华民国史》第十卷（1941—1945），中华书局2011年版，第119页。

师,在日军第 37 师团先头部队到达后进行阻击,豫中会战随即打响。19日,日军占领郑州,攻陷尉氏、新郑等地。随后,日军击溃第一战区副司令长官兼第 19 集团军总司令汤恩伯部主力,攻占洛阳。5 月上旬,南下与北上的两支日军会师河南确山,打通了平汉线。

长衡会战为第二阶段。5 月 27 日,日军第一线 5 个师团在东起崇阳西至洞庭湖以西公安、南县一带,以攻占湘桂铁路为目标,向长沙衡阳地区进攻,长衡会战由此打响。中国守军虽顽强抵抗,通城、麦市还是于 30 日失守,6 月 1 日平江失守。同日,日军控制汨罗江一线,向浏阳发起进攻。14 日,浏阳失守。16 日,日军在飞机、重炮掩护下,向长沙城南和岳麓山、虎形山、桃花山等地猛攻。18 日,长沙陷落。下旬,日军包围衡阳城,因衡阳是湘粤两省交通枢纽也是西南四省门户,战略地位十分重要,因此成为中日双方争夺焦点。第 10 军军长方先觉奉命死守衡阳,与日军激战,损失惨重,但因缺少后方支援,衡阳守军陷入孤境。8 月 8 日,方先觉下令投降,衡阳陷落。

桂柳会战为第三阶段。日军攻占衡阳后准备进攻桂林、柳州。10 月下旬,日军命令前线部队发起攻势,11 月,占领桂林、柳州后,日军完成一号作战的主要目标——摧毁美军在西南的两大空军基地,桂柳会战大局已定。12 月 3 日,日军攻占贵州独山,并向都匀进军。① 日军迅速攻入贵州境地,威胁到西南大后方,重庆陷入一片恐慌之中。日军因战线拉长,供给困难,兵力损失严重,于 4 日开始沿黔桂铁路沿线后撤。日军一号作战虽取得了重大胜利,但打通大陆交通线的战略目的并未达到。

豫湘桂会战历时 8 个月,以国民党军队的惨败而告终,国民党军队损失近 60 万人,丢失豫、湘、桂、粤、闽等省 20 余万平方公里的国土,146 个城市、衡阳等 7 个空军基地和 36 个机场遭到破坏,数千万百姓遭受

---

① 国民党军方的《扫荡报》报道独山失败的情况说:"独山的失败,也表现军方之无能。守军不战而退,大炮辎重完全抛弃。敌人尚在数十里之外,我军即已怆惶逃走,对难民毫不关心。"引自[日] 防卫厅研究所战史室《一号作战之三·广西会战》(下),中华书局 1985 年版,第 199 页。

到生命财产威胁与损失。这与国民政府军队腐朽无能、消极作战有密切关系。①

豫湘桂会战的溃败,发生在反法西斯战争节节胜利的时刻,不能不刺激国人痛苦地思考。军事方面不应有的严重溃败,使人们普遍感到难以忍受。大后方民众对国民党当局的看法发生巨大变化。国民党政府种种腐败现象,在会议上和报纸上不断被揭露出来。谁都看得出来,这次大溃败是国民党当局政治、经济、军事各方面缺陷的集中大暴露。② 学者评论说:"抗日战争时期大后方的人心变动发生在1944年豫湘桂大溃退后。它造成的强大冲击波,不仅影响抗战最后阶段的国内政治局势,而且延伸到战后,在相当程度上埋下了国民党政府失败的种子。"③ 大后方抗日民主运动不断高涨,社会各阶层对国民党独裁统治日益不满,国民党地方实力派的反蒋活动也重新活跃起来,并与当时的民主宪政运动结合在一起,广西的李济深、云南的龙云、四川的潘文华、刘文辉等都以不同的形式对蒋介石提出责难。美国外交官谢伟思在给史迪威的备忘录中写道:"随着国民党失败越来越明显地暴露,中国国内的不满在迅速发展。(国民)党的威信空前低落,蒋越来越失去作为领袖曾一度享有的尊敬。"④

与正面战场的失利相反,1943年秋开始,敌后战场出现了转折,一方面日军在华北推行"治安强化运动"和在华中推行"清乡"遭遇挫败;另一方面,根据地渡过了困难期,经济、政治、军事等各方面力量得到恢复。于是,根据地军民在中共领导下开始攻势作战。

华北方面,1943年7月,太行军区和冀鲁豫军区发动卫南、林南作战,

---

① 当时人评论豫湘桂战役的失败说:"军队不能与人民合作,军队与军队又不能合作,后方不能与前方合作,政府尤其不能与人民合作",于是,"一连串的军事溃败,和陪伴着军事溃败的物资损失,和人民流离失所与死亡","这种八年来内部腐烂的后果,真正是'中华民族有史以来空前的危机'"。见《云南各界护国起义纪念大会宣言》,手稿原件,转引自闻黎明《第三种力量与抗战时期的中国政治》,上海书店出版社2004年版,第268页。

② 参见金冲及《二十世纪中国史纲》(第2卷),社会科学文献出版社2009年版,第530—531页。

③ 金冲及:《抗战后期中国政局的重要动向——论1944年大后方的人心巨变和"联合政府"主张的提出》,《抗日战争研究》1995年增刊。

④ 转引自金冲及《二十世纪中国史纲》(第二卷),第532页。

是华北抗日根据地攻势作战的开始。据统计，仅1943年，华北抗日根据地军民同日军作战24800余次，歼灭日伪军18.1万余人，攻克据点740多处。1944年初开始，华北各抗日根据地军民陆续开始攻势作战，晋冀鲁豫部队在本年共歼灭日伪军7.6万人，攻克据点1000余处，收复县城11座；晋察冀军区部队本年共歼灭日伪军4.5万人，攻克据点1600多处；晋绥军区攻克据点106处；山东军区本年共歼灭日伪军5.8万余人。经过这些战役，华北根据地得到发展壮大，八路军逐渐扭转了被动局面。

华中方面，1943年，华中根据地在新四军、地方部队及人民群众互相配合下，共进行了4500余次反"扫荡"、反"清乡"、反"蚕食"的战役，歼灭日伪军3.6万余人。1944年，新四军共进行大小作战6584次，歼灭日伪军5万余人，攻克据点1334个。

华南方面，1942年春成立了广东人民抗日游击总队，统一领导东江地区和珠江三角洲的游击武装。1943年1—11月，广东人民游击纵队作战70多次，歼灭日伪军1000余人，后成立广东人民抗日游击队东江纵队，曾生任司令员。1944年6月，成立雷州人民抗日游击队。1945年1月成立广东人民抗日游击队珠江纵队，在潮汕成立人民抗日游击队。

第五节　抗日民主根据地的发展　国统区的腐败与专制

一　抗日民主根据地各项建设

全面抗战时期，中国共产党根据战争形势的变化，及时调整各项政策，在维护抗日民族统一战线的大局下，推动敌后抗日民主根据地的政治、经济、文化教育等各项事业，使之具有新民主主义社会的雏形特征。

首先是民主政权建设，这是抗日民主根据地建设的首要任务。陕甘宁边区政府是根据地政权建设的模范，设有秘书处、民政厅、财政厅、教育厅、建设厅、保安司令部、保安处和审计处等机构，下设的县、乡、行政村也都有明确的层级划分和职能划分。毛泽东曾指出："边区的作用，就在做出一个榜样给全国人民看，使他们懂得这种制度是最于抗日救国有利的，是抗日救国唯一正确的道路，这就是边区在全国的意义与作用。"① 1937年5月，根据《陕甘宁边区议会及行政组织纲要》规定，陕甘宁边区议会议员由选民直接选举。1938年11月，边区议会改为参议会。1939年1月，陕甘宁边区第一届参议会在延安召开，颁布了《陕甘宁边区各级参议会组织条例》，规定："凡居住边区境内之人民，年满十八岁者，无阶级、职业、男女、宗教、民族、财产与文化程度之差别，经选举委员会登记均有选举权和被选举权。"② 在实际选举投票过程中，群众采取多样的方式来投票，如投豆、画画、画杠、燃香在纸上烧眼等。此外，陕甘宁边区不仅颁行了一系列行之有效的法规条例，而且创造出把党的群众路线和优良传统运用于审案工作的"马锡五审判方式"，得到中共中央和边区政府的肯定，并为其他的根据地效仿。

中国共产党在政权建设中还提出：根据地政权是共产党领导下的具有"民族统一战线"性质的政权，"是一切赞成抗日又赞成民主的人们的政权，是几个革命阶级联合起来对于汉奸和反动派的民主专政"。这也正是"三三制"成为中共抗日民主政权建设重要原则的原因。1940年3月，中共中央发布《抗日根据地的政权问题》，规定抗日民主政府在工作人员的分配上，实行"共产党员占三分之一，非党的左派进步分子占三分之一，不左不右的中间派占三分之一"③。三三制在抗日根据地全面推行，为统一战线提供了制度保证，而且对调动各方的积极性、建设抗日根据地具有重要意义。例如，在晋冀鲁豫根据地的临时参议会中有国民党人士50余人；在晋绥根据地，国民党爱国将领范续亭当选为行政公署主任；在苏北根据地，爱国绅士韩国钧当选为临时参议会名誉会长。

其次是经济建设。1937年8月，中共中央公布《抗日救国十大纲

---

① 毛泽东：《同世界学联代表团的谈话》（1938年7月2日），载《毛泽东文集》第二卷，第131页。
② 陕西省档案馆、陕西省社会科学院合编：《陕甘宁边区政府文件选编》第一辑，中国档案出版社1986年版，第160页。
③ 毛泽东：《抗日根据地的政权问题》（1940年3月6日），载《毛泽东选集》第二卷，第741—742页。

领》。根据这一纲领，在抗日根据地内停止实行没收地主土地的政策，普遍实行减租减息政策，以减轻农民所受的封建压迫剥削，提高他们抗日生产的积极性，同时实行交租交息，以利于联合地主抗日。1938年2月，晋察冀边区公布《晋察冀边区减租减息单行条例》，规定地主土地收入不论租佃半种，一律照原租额减收25%，地主的利息收入不论新债旧欠，年利率一律不准超过10%，这就是通常所说的"二五减租""一分利息"。从1939年冬开始，各根据地以"二五减租"的方式，相继实行减租减息。这就有效地调整了抗日根据地内的阶级关系，调动了各阶级抗日的积极性。

面对日军封锁和国民党军队对边区的物资禁运，陕甘宁边区出现了经济困难的局面。1939年2月初，延安举行党政军生产动员大会，毛泽东提出"自己动手，丰衣足食，克服困难"的口号，号召各抗日根据地开展大生产运动。根据地民主政府积极动员农民开垦荒地，兴修水利；发动农民组织劳动互助，提高劳动生产率；帮助农民改良耕作技术、推广优良品种等，涌现出将南泥湾改造成"陕北的好江南"、创造了有史以来部队不吃公粮反向政府交公粮的生产奇迹，为抗战胜利提供了坚实的物质条件。

再次是文化教育方面建设。全面抗战期间，延安成为革命者向往的"圣地"，大批青年突破国民党的封锁线，奔赴延安，中共中央把发展抗日的革命文化运动提上议事日程。先后创办了中国人民抗日军事政治大学、陕北公学、青年干部训练班、鲁迅艺术学院、马列学院、中共中央党校、职工学校、中国女子大学、民族学院、卫生学校等教育机构，培训了大批干部。还加强党报党刊、新华社、新华广播电台等舆论阵地建设，大力发展文学创作和戏剧演出。1940年9月，创办了延安自然科学院，是中共历史上第一个开展自然科学教学与研究的专门机构。

最后，根据地还发展了团结齐心、同仇敌忾的军政军民关系，并开始探索社会建设之路。通过各方面建设，增强了中国共产党同根据地人民的血肉联系。

第十一章 抗日战争中的两个战场与抗战胜利

1938年9—11月,中共扩大的六届六中全会在延安举行,毛泽东在会上提出了"马克思主义的中国化"问题,他说:"离开中国特点来谈马克思主义,只是抽象的空洞的马克思主义。因此,使马克思主义在中国具体化,使之在其每一表现中带着必须有的中国的特性,即是说,按照中国的特点去应用它,成为全党亟待了解并亟须解决的问题。"① 为了将中国的革命实践经验马克思主义化,向全党和全国人民表明中共关于中国革命发展的主张,系统阐明党的理论和纲领并回答中国向何处去的问题,毛泽东接连发表《〈共产党人〉发刊词》《中国革命和中国共产党》《新民主主义论》等著作,形成了新民主主义理论。

在这些著作中,毛泽东首先对中国革命的历史进程做了详细论述,揭示了中国社会半殖民地半封建的性质、近代中国社会的主要矛盾和中国革命发生及发展的原因,也因此决定了中国革命必须分为两个步骤:第一步,改变殖民地半殖民地半封建的社会形态,使之变成一个独立的民主主义社会;第二步,使革命向前发展,建立一个社会主义的社会。他认为中共领导革命运动应包括民主主义革命和社会主义革命两个阶段在内的全部革命运动。"所谓新民主主义的革命,就是在无产阶级领导之下的人民大众的反帝反封建的革命。"② 区别新民主主义革命和旧民主主义革命的主要标志是无产阶级的领导权。

毛泽东还阐明了新民主主义革命阶段的基本纲领:在政治上,要建立"无产阶级领导下的一切反帝反封建的人们联合专政的民主共和国,这就是新民主主义的共和国"。在经济上,要使一切"大银行、大工业、大商业,归这个共和国的国家所有";"这个共和国并不没收其他资本主义的私有财产,并不禁止'不能操纵国民生计'的资本主义生产的发展";"这个共和国将采取某种必要的方法,没收地主的土地,分配给无地和少地的农民。"在文化上,要挣脱帝国主义、封建主义文化思想的奴役,实行人民大众的

---

① 毛泽东:《中国共产党在民族战争中的地位》(1938年10月14日),载《毛泽东选集》第二卷,第534页。
② 毛泽东:《中国革命和中国共产党》(1939年12月),载《毛泽东选集》第二卷,第647页。

反帝反封建的文化，也就是"民族的科学的大众的文化"①。他还指出，新民主主义革命发展的前途必然是社会主义，而不是资本主义，并论证了建立新民主主义制度的必要性和可能性，指出新民主主义社会就是走向社会主义前途的过渡阶段。毛泽东还总结了中国共产党成立以来的历史经验，创造性地提出"统一战线，武装斗争，党的建设，是中国共产党在中国革命中战胜敌人的三个法宝，三个主要的法宝"②。系统阐明新民主主义理论，是毛泽东思想逐步走向成熟的标志，为夺取新民主主义革命的胜利奠定了理论基础。

全面抗战以来，中国共产党组织不断发展壮大，党员人数迅速增加，但是全党理论水平不高，也不善于把马列主义的基本原理同中国革命的具体实践相结合，而且曾经在党内存在过的错误思想如主观主义、教条主义还没有进行认真清理，这就有必要开展一场普遍的马克思主义思想教育运动，总结和吸取历史经验教训，提高广大党员干部的思想理论水平，增强党的凝聚力和战斗力。因此，在20世纪40年代前期，以延安为中心，中共在全党范围内开展了一场整风运动。

1941年5月，毛泽东在延安干部会议上作了《改造我们的学习》的演讲，批评了主观主义的作风，号召全党树立理论与实际相统一的马克思主义作风，为整风运动作了思想准备。整风运动历时三年，主要内容有"反对主观主义以整顿学风，反对宗派主义以整顿党风，反对党八股以整顿文风"③。1942年2月，毛泽东先后发表《整顿党的作风》和《反对党八股》的演讲，全党范围内的整风运动自此开始。4月，中共中央宣传部做出《关于在延安讨论中央决定及毛泽东同志整顿三风报告的决定》，对整风运动的目的、步骤、方法作了明确规定。5月，中共中央政治局决定成立由毛泽东任主任的中央总学习委员会（简称总学委）。整风的方法是认真阅读整风文件，联系个人的思想、工作、历史以及自己所

---

① 毛泽东：《新民主主义论》（1940年1月），载《毛泽东选集》第二卷，第675、678、708页。
② 毛泽东：《〈共产党人〉发刊词》（1939年10月4日），载《毛泽东选集》第二卷，第606页。
③ 毛泽东：《整顿党的作风》（1942年2月1日），载《毛泽东选集》第三卷，第812页。

在地区部门的工作进行检查,开展批评和自我批评,弄清犯错误的环境、性质和原因,逐步取得思想认识上的一致,提出努力的方向。同时整风运动要贯彻"惩前毖后、治病救人"的方针,达到既要弄清思想又要团结同志的目的。

整风运动期间,中共中央各部委和延安的一些机关学校还开展了审查干部工作,该工作是为了保持组织的巩固和队伍的纯洁,但是在工作开展中,也造成了一批冤假错案,中共中央和毛泽东发觉后,立即采取了一系列措施加以纠正。在深入总结历史经验的基础上,1944年5月21日至1945年4月20日,中共中央在延安召开扩大的六届七中全会,会议通过了《关于若干历史问题的决议》,对党内若干重大历史问题做出了正确的结论。至此,整风运动胜利结束。

整风运动是一次深刻的马克思主义思想教育运动,也是一场思想解放运动。通过整风运动实现了在以毛泽东为核心的中共中央领导下全党新的团结和统一,为夺取抗日战争和新民主主义革命的胜利,奠定了重要的思想政治基础。

二 国统区的专制与腐败

与抗日根据地的发展有所不同的是国统区日益专制与腐败。随着抗日战争进入中后期,国民党政府的政治、经济、文化政策也随之进行一系列调整。

政治方面,蒋介石以国民党总裁的身份出任国民政府主席兼任行政院院长,在国民政府中具有完全支配的地位,加强了个人独裁统治。此外,基层组织的薄弱及基层政权的松散,是过去国民政府统治的一大弱点。国民政府在日益严重的民族危机和挑战面前,意识到要最大限度地利用人力和物力资源,需要强化基层政权建设,具体表现在新县制和行政三联制的推行。

1. 新县制的推行。1938年3月,国民党临时全国代表人会制定《抗战建国纲领》,决定"实行以县为单位,改善并健全民众之自治组织,施以训练，加强其能力，并加速完成地方自治条件，以巩固抗战中之政治的社会的基础"①。1939年6月，蒋介石在中央训练团作了题为"确定县各级组织问题"的演讲。根据他的讲话，有关人员起草了《改进县以下地方组织并确立自治基础案》。该方案经国民党中央执行委员会、国防最高委员会审核修改，定名为《县各级组织纲要》，并报蒋介石"最后修订"，由行政院于1939年9月颁布。《纲要》分为十章，主要内容以县为地方自治单位，县长的职权主要是办理全县自治事项。新县制废局改科，取消原来的公安、财政、建设、教育四个局的设置，改设民政、财政、教育、建设、军事、地政、社会各科。县以下的政权结构也进行了调整，取消了区一级政权，将原来的县、区、乡（镇）调整为县、乡（镇）。乡镇以下的基层政权，将行政、武装、教育权力合为一体，集中到乡镇长、保长手中，国民政府的社会控制力由此增强。到1943年，已有1106个县完成了新县制的调整。该制度实施后，县政机构得以充实，县一级单位的人员设置基本能与实际需要相配合，担负起执行国家政令、办理地方自治的重任，但是，新县制的实质仍然是"假托自治下的官治"，不仅没有改变"官治性质"，还"助长了官治的去趋势"②。

2. 推行行政三联制。1938年初国民党临时全国代表大会提出"改善各级政治机构，使之简单化、合理化，并提高行政效率，以适合战时需要"③。1940年3月，蒋介石在国民党中央人事行政会议上发表《行政三联制大纲》，正式提出行政三联制。9月，国民党中常会第156次会议正式通过了中央设计局和党政工作考核委员会的组织大纲，不久这两个机构宣告成立。

所谓行政三联制，就是使行政管理过程中的设计、执行、考核等流程，形成一个有机的行政系统，是国民党党政和官僚统治机器提高行政效能、加强制度建设的重要手段。"设计"是为行政预先制定行动方案，作为行

---

① 荣孟源、孙彩霞：《中国国民党历次代表大会及中央全会资料》下册，第486页。
② 王奇生：《革命与反革命：社会文化视野下的民国政治》，社会科学文献出版社2010年版，第404页。
③ 荣孟源、孙彩霞：《中国国民党历次代表大会及中央全会资料》下册，第468页。

政的开始;"执行"是行政机关对设计单位提出的政策计划加以落实,是对设计的实施;"考核"既是对行政机关执行情况的监督考察,也是对下一个计划的反馈。这三个环节首尾相连,形成一个有机的行政系统。行政三联制的设计环节由中央设计局负责,该局直属国防最高委员会,设总裁,由国防最高委员会委员长兼任。考核环节,由党政工作考核委员会负责,主要工作是考察行政机关之工作成绩,核定设计方案之实施进度,以及党政机关工作经费、人事之状况的考核。

国民党五届七中全会后,在蒋介石亲自指挥下,国民政府开始自上而下推行行政三联制。但是,这一制度的推行并不顺利,1942年11月召开的国民党五届十中全会,认为三联制实行以来"不免种种缺陷,对于行政效率未见显著进步"①。行政三联制的推行,未能消除国民政府行政效率低下的弊端,也未能改变其权力运作中混乱和涣散的局面,最后收效甚微,流于形式,草草收场。

经济方面。太平洋战争爆发后,国民政府的财政状况十分窘迫,对国民党的统治构成了较大的威胁。为摆脱财政困窘,支撑抗战局面,消除通货膨胀带来的巨大压力,同时加强对经济的控制,国民政府在大后方制定了统制经济政策,并建立专门的机构,从生产到流通环节,全面管制。

1940年8月,国民党政府将全国粮食管理局(1941年7月)改为粮食部,通过限制粮价、田赋征实等方式对大后方粮食进行统一管制。据统计,至1941年底,政府以13.3亿元的支出,征得了实际价值42.52亿元的粮食,名义上是节省,实质上将其中29.2亿元的差价转移到了农民头上。②1942年,政府颁布了《国家总动员法》,规定军用器材、粮食及被服用料、药品及医药器材、船舶车马等运输器材、土木建筑器材、电力与燃料、通信器材等为国家总动员物资,国家有权征用及征购其一部或全部,并且在必要时可对国家总动员物资及民生日用品的交易价格、数量进行管制。此外,政府还实行了金融统制。1939年9月颁布《战时健全中央金融机构办

---

① 荣孟源、孙彩霞:《中国国民党历次代表大会及中央全会资料》下册,第799页。
② 参见吴相湘编著《第二次中日战争史》下册,(台北)综合月刊社1973年版,第633页。

法纲要》，规定中央、中国、交通、中国农民四大银行组成"四联总处"，负责办理政府战时金融政策有关业务，实际上代行中央银行的部分职权。

国民党政府时期的经济政策，为集中财力物力进行抗战发挥一定的作用，但造成了官僚资本的恶性膨胀。太平洋战争爆发以后，政府加强了对金融、工业、交通、运输、商业等领域的控制和垄断，加强了对工人、农民、城市小资产者和民族资产阶级的压迫和剥削，利用滥发纸币、倒卖外汇、商品专卖、统购统销等手段聚敛财富，导致官僚资本急剧膨胀，物价飞涨。从物价上涨的情况来看，太平洋战争爆发后，在日军封锁下，对外交通全部断绝，外援物资无法到达，物价上涨不可遏制。1942年全国趸售物价指数已上涨至3900；1943年跃升为12541；1944年则达43197；至1945年抗战结束时已高涨至163160，而零售物价指数更涨至190723。① 据估算，抗战八年中随着通货膨胀的发展，法币1元的购买力在1938年底，只值战前0.26元，到1939年底值0.28元，到1940年底降至0.08元左右，到1943年底只值半分，而到1945年6月，只值战前法币5毫。严重的通货膨胀导致的物价上涨，造成国统区人民生活水平的严重下降，影响了国统区工农业的生产发展和军民抗战的士气，不利于抗战工作的动员和开展。

文化教育方面。太平洋战争爆发后，国民政府将文化专制政策全面推向深入，竭力将抗战时期的文化运动纳入政府管控，并最终确立了在文化领域中的专制统治地位。一是颁布一系列法规，查抄抗日进步文化书籍。国民政府相继颁布《图书送审须知》（1942年）、《书店印刷管理规则》（1943年）、《检查书店发售违禁出版品办法》《战时新闻禁载标准》《战时新闻违禁惩罚办法》（1943年10月）、《战时书刊审查规则》（1944年6月）、《出版品审查法规与载禁标准》（1945年）等。据统计，从1941年到1942年，重庆地区就有1400种书刊被查禁。二是设立文化机构，强化对抗战文化的管理和控制。1941年2月7日，国民党成立中央文化运动委员会，并积极推动在全国各省市设立分会，将各地的文化运动纳入政府的统一领

---

① 秦孝仪主编：《中华民国经济发展史》，（台北）近代中国出版社1983年版，第715—717页。

导之下。"文运会"还制定相应的文艺政策，试图将抗战文化运动也纳入政府的控制轨道。三是用专制手段压迫和摧残进步文化团体。

第六节　国共谈判与联合政府问题　中国军民的反攻

一　抗战后期的国共两党谈判　中共提出建立联合政府主张

1942年7月7日，中共中央发表《为纪念抗战五周年宣言》，提出："中国各抗日党派不但在抗战中应是团结的，而且在抗战后也应该是团结的，希望按合理原则改善国共两党及一切抗日党派间的关系"，"商讨解决过去国共两党间争论问题"和"争取抗战最后胜利及建设战后新中国的一切有关问题"[1]，该宣言的发表，标志着国共谈判拉开序幕。10月13日，周恩来、林彪会见蒋介石，开始两党间的正式谈判。在交谈中，林彪提出"中国目前既在救国之阶段，则国共两党目前惟一共同之人物即在救国，此客观事实只需要与时代之使命既属相同，然则两党之间尚有鸿沟之可言？"强调"中国社会之特点，绝不容国内再发生战争，否则，必为全国社会之所反对"[2]等。11月12—27日，国民党召开五届十中全会，通过《特种研究委员会报告本党今后对共产党政策之研究结果案》，宣布"对共产党仍本宽大政策"[3]。中共对此表示"在对外对内的最重要问题上，国共两党之见地并无二致"[4]。

12月16日，蒋介石再次约见周恩来、林彪，两党谈判进入实质阶段。24日，周、林根据中共中央指示向国民党代表张治中提出关于党的问题、军队问题、陕北边区问题和作战区域问题4项要求，未获得支持。这时候，正是中美、中英新约签订，蒋介石自以为得到了国际支持，又对中共发展感到焦虑，反共心态再次扩张。他一面继续与中共代表谈判，一面指使陶

---

[1]《为纪念抗战五周年宣言》，《解放日报》1942年7月7日。
[2]《中华民国重要史料初编——对日抗战时期·中共活动真相》（四），（台北）"中国国民党中央委员会党史委员会"，1985年，第236—242页。
[3] 荣孟源、孙彩霞：《中国国民党历次代表大会及中央全会资料》下册，第793页。
[4]《中共中央发言人对中国国民党十中全会发表谈话》，《新华日报》1942年12月9日。

希圣撰写《中国之命运》，以蒋介石名义于 1943 年 3 月公开发表。该书鼓吹"一个主义，一个党，一个领袖"，鼓吹"中国的命运完全寄托于中国国民党"①，污蔑八路军、新四军是"新式军阀"，根据地是"变相割据"，暗示要尽快消灭共产党。1943 年 5 月，共产国际解散②，国民党顽固派借机发动新的反共攻势，要求解散共产党，取消陕北特区。在这种形势下，两党谈判无法继续。6 月 4 日，张治中通知中共代表谈判"须搁一搁"。在蒋介石的允许下，周恩来、林彪返回延安，国共谈判未果。与此同时，6 月 18 日，胡宗南根据蒋介石密令，在陕北洛川召开军事会议，准备调集 50 万大军，分九路"闪击"延安，企图发动再一次反共高潮。为此，中共发起了宣传反击，同时准备军事力量粉碎新的反共高潮。不久，这一次反共高潮偃旗息鼓了。

1943 年 9 月，国民党举行五届十一中全会和国民参政会三届二次会议，两个会议都认为"中共问题应用政治方法解决"。中共方面也宣布"在蒋先生和国民党愿意的条件之下，我们愿意随时恢复两党的谈判"③。1944 年 3 月 12 日，周恩来在延安发表演讲，向国民党当局提出五项要求："（1）承认中国共产党在全国的合法地位；（2）承认边区及抗日根据地为其地方政府；（3）承认八路军、新四军和一切敌后武装为其所管辖接济的部队；（4）恢复新四军番号；（5）撤销对陕甘宁边区及各抗日根据地的封锁和包围。"④ 同时，中共中央还决定派林伯渠赴重庆谈判。5 月 17 日，林伯渠抵达重庆。19 日，会见蒋介石。22 日，开始正式谈判。林伯渠提出《中国共产党中央委员会向中国国民党中央执行委员会提出关于解决目前若干急切问题的意见》共 20 条，因张治中拒绝转交蒋介石，经中共方面磋商，6 月

---

① 蒋介石：《中国之命运》，载秦孝仪主编《先总统蒋公思想言论总集》第四卷，第 124 页。
② 1943 年 5 月 15 日，共产国际执行委员会主席团根据各国情况和国际情势，为了使国共产党更好处理本国革命任务，加强各国反法西斯统一战线，决定解散共产国际。6 月 10 日，共产国际正式解散。中共发表声明完全支持共产国际这一决定。
③ 毛泽东：《评国民党十一中全会和三届二次国民参政会》（1943 年 10 月 5 日），载《建党以来重要文献选编（1921—1949）》第二十册，第 597 页。
④ 周恩来：《国共谈判迄今无结果》（1944 年 8 月 12 日），载《周恩来军事文选》第二卷，人民出版社 1997 年版，第 446 页。

5日，林伯渠将新12条（附口头要求8条）送交张治中、王世杰，贯彻了周恩来演讲中的五点意见。国民党在《中央对中共问题政治解决提示案》中拒绝了其中的大部分要求，中共指示林伯渠拒绝接受国民党的这份提示案，并将该案退回国民党代表。

9月4日，中共指示林伯渠向国民党及国内外提出改组政府主张，主要包括"要求国民政府立即召集各党各派各军、各地方政府、各民众团体代表开国事会议，改组中央政府，废除一党统治，然后由新政府召开国民大会实施宪政，贯彻抗战国策实行反攻"①。9月15日，林伯渠根据中共中央指示，在国民参政会三届三次会议上提出立即结束国民党一党统治、建立各抗日党派民主联合政府等主张，在国内外引起强烈反响和广泛回应。张澜、沈钧儒、冯玉祥等500余人举行会议，要求实行民主、结束国民党一党专政。宋庆龄、郭沫若、张澜等72人发起追悼文化界爱国先进战士邹韬奋的大会，谴责国民党践踏民主、迫害爱国人士的罪行，中国民主同盟也在10月10日发表《对抗战最后阶段的政治主张》，要求立即结束一党专政，建立各党派之联合政权，实行民主政治。②

为坚持抗战和宣传民主联合政府的主张，中国共产党还成立了以朱德为主任的海外工作委员会，积极开展对外工作。1944年7月、8月间，中缅印战区美军司令部分两批派遣美军观察团共18人抵达延安，毛泽东、周恩来、朱德等同观察团成员多次谈话。观察团成员还到晋绥、晋察冀等抗日根据地考察，撰写调查报告，比较客观地反映了敌后抗日的实际情况。同年6月，一批外国记者访问延安，中共领导人也多次与他们会谈。这些对外联络工作，对广泛宣传中共的抗战路线和主张起了积极的作用。

建立联合政府还与美国政府当时的对华政策密切相关。同年9月，

---

① 《中共中央关于提出改组国民政府的主张及其实施方案给林伯渠等的指示》（1944年9月4日），载《建党以来重要文献选编（1921—1949）》第二十一册，第488页。
② 《中国民主同盟对抗战最后阶段的政治主张》（1944年10月10日），载中国民主同盟中央文史资料委员会编《中国民主同盟历史文献（1941—1949）》，文史资料出版社1983年版，第32页。

美国总统特使赫尔利来华,"调处国共关系""防止国民政府的崩溃""支持蒋介石作为中华民国的主席与军队委员长"、帮助蒋介石"统一中国境内一切军事力量"①是其重要使命。他来之前,美国已经认识到"共产党已变成为中国最有动力的力量","国民党与国民政府日趋崩溃","共产党将必然会胜利"②,因此赫尔利也提出要蒋介石放弃一党专政,成立民主联合政府。10月,赫尔利与中共代表林伯渠、董必武进行了三轮会谈。11月8—10日,毛泽东在延安与赫尔利进行四轮会谈。最终,双方共同拟定《延安协定草案——中国国民政府、中国国民党与中国共产党协定》并签字,其中提到"国民政府应改组为包含所有抗日党派和无党无派政治人物的代表的联合国民政府,并颁布及实行用以改革军事政治经济文化的新民主政策"③。11月18—19日,赫尔利同蒋介石进行两次交谈,蒋介石没有接受其建议,并且提出了三条反对建议,没有涉及建立联合政府的问题。

围绕着"协定(草案)""反建议",国民党、共产党及赫尔利之间进行了反复交涉和较量。面对赫尔利和美国政府流露出来的扶蒋政策和反共态度,毛泽东指出"牺牲联合政府,牺牲民主原则……我们决不能干"④。

赫尔利介入国共谈判,虽希望调解国共关系,但在美国政府扶蒋反共政策指导下,并不公正公允,不仅没有缓和中国潜在的内战危险,反而增强了蒋介石坚持独裁的意志。

二 中国军民的对日反攻

1943年,中国军民开始对日反攻。10月,中国军队从滇缅战场战略反攻,中国驻印军新一军在盟军配合下进行了胡康河谷作战,拉开了缅北反

---

① 《中美关系资料汇编》第一辑,世界知识出版社1957年版,第139页。
② 同上书,第133页。
③ 《延安协定草案——中国国民政府、中国国民党与中国共产党协定》(1944年11月10日),载《中共中央文件选集》第十四册,中共中央党校出版社1992年版,第393页。
④ 《毛泽东、周恩来关于同蒋介石谈判的原则立场给王若飞的指示》(1944年12月12日),载《建党以来重要文献选编(1921—1949)》第二十一册,第648页。

攻的序幕。1944年3月，中国驻印军攻克缅北孟关，日军残部向孟拱河谷撤退。6月，中美联军进行孟拱河谷作战，攻占孟拱。8月，中国驻印军占领密支那，日军由缅北南撤。12月中旬，新38师攻克八莫，1945年1月中旬，新30师攻占南坎。同时，右翼的新六军于1944年11月进攻伊洛瓦底江畔，先后攻皎基、摩首。新六军主力继续南下，并最终攻占同古。至1945年3月底，中国驻印军完成缅北反攻任务后回国。

在正面战场，国民政府为准备对日反攻作战，调整了多项计划。一是号召知识青年从军。1944年10月，国民政府号召知识青年从军，拟编组青年远征军10个师。经甄选，合格者总计为125500人，实际报到入营者为86000人。青年远征军原计划于1945年8月训练完成，9月参加反攻作战，因抗战胜利结束，乃复员整编。二是组建中国新的陆军部队。1944年12月11日，蒋介石下令军事委员会参谋总长何应钦在昆明设立陆军总司令部，统一指挥和整训西南地区几个战区和远征军的部队。三是调整战区和战斗序列。冲绳岛战役后，日本为巩固在中国沿海的重要据点并加强其本土防卫，不得不逐步放弃华南占领地，收缩兵力开往华中、华北等地，中国军队趁机反攻，先后发动豫西鄂北战役、湘西战役以及收复广西战役等，有效地打击了日军的进攻，且一举收复了广西、福建、江西、浙江等省失地。

在敌后战场，中共领导敌后根据地开展了战略反攻，基本方针是"扩大解放区，缩小敌占区"，"扩大人民武装，消灭与瓦解敌伪军"①。1945年，八路军、新四军发起春夏季攻势作战，加紧对敌占区形成战略包围态势。

山东军区攻势作战的主要方向是开辟胶济铁路东段南北两侧地区，使胶东、渤海、鲁中、滨海各区的联系进一步巩固。晋察冀军区主要作战方向是雁北、察南、绥东、热河、子牙河东、大清河北和津浦路东等地。在1945年的春夏季攻势作战中，晋察冀军区共作战2700余次，歼灭日伪军

---

① 朱德：《论解放区战场》（1945年4月25日），载《朱德选集》，人民出版社1983年版，第178—179页。

2.8 万余人，攻占据点 790 余处，收复县城 15 座。

太行军区和太岳军区在春季攻势中连续发起清道战役和豫北战役，开辟了 3800 平方公里的豫北根据地，建立了 7 个抗日民主政权；晋绥军区的攻势作战到 4 月下旬，击毙日伪军 1500 余人，攻占据点 50 余处，收复方山、岚县、五寨 3 座县城；晋冀鲁豫边区部队向平汉铁路西侧及鲁西、晋南地区日伪军展开夏季攻势，连续发起东平战役、安阳战役和阳谷战役，歼灭日伪军 2.8 万余人，攻克据点 790 余处，收复县城 15 座。

整个春夏季攻势，八路军、新四军为主力的敌后根据地军民共歼灭日伪军 16 万余人，收复县城 61 座，将日伪军的战线压缩至大中城市、交通要道和沿海一线，扩大根据地 24 万余平方公里。

第七节　国共两党对中国前途的不同设计

随着抗日战争胜利的临近，中国各种力量不仅关注着如何夺取抗战的最终胜利，也关注着胜利后中国前途和命运问题。中国国民党和中国共产党分别在抗战胜利前召开了党的全国代表大会，对这个问题做出了不同回答。

一　国民党六大召开，坚持不妥协的反共方针

1945 年 5 月 5 日，国民党第六次全国代表大会在重庆召开，出席大会的正式代表 600 人，列席代表 162 人。会上，国民党中央党部秘书长吴铁城作了《党务检讨报告》，国民政府文官长吴鼎昌作了《政治报告》，代参谋总长程潜作了《军事报告》，经济部长翁文灏作了《经济报告》，潘公展作了《关于中共问题之报告》的特种报告，何应钦作了《中国陆军总司令部组织情形及湘西战役经过》的报告，蒋介石作了《军事政治经济党务之现状与改进的途径》的总报告。

大会明确拒绝中共及民主党派提出的召开党派会议、成立民主联合政府、结束国民党一党专政的主张。在国共关系问题上，仍然坚持不妥协的

反共方针。会议通过了两份差异明显的文件,一是对外发表的《对于中共问题之决议案》,认为中共"仍坚持其武装割据之局面,不奉中央之军令政令",又表示要"继续努力,寻求政治解决之道",在"不妨碍抗战,不危害国家之范围内,一切问题可以商谈解决"。同时又下发内部文件《本党同志对中共问题之工作方针》,文中指责中共"坚持其武装割据,借以破坏抗战"且"最近更变本加厉,提出联合政府口号",意在制造"解放区人民代表会议","企图颠覆政府,危害国家"。要求国民党"努力奋斗,整军肃正,加强力量,使本党政治解决之方针得以贯彻"①。

大会选举蒋介石继续担任国民党总裁,在修改后的国民党党章中,原先由总裁"代行"总理职权的规定修改为"行使"总理职权。国民党党章还明确规定,总裁对代表大会决议及中央执行委员会决议有复议权乃至最后决定权。可见,国民党六大加强了蒋介石的个人独裁统治。

二 中共七大召开,毛泽东作《论联合政府》报告

在世界反法西斯战争和中国抗日战争即将迎来最后胜利的时刻,为了统一党内的思想,确立抗战胜利后的路线、方针,1945年4月23日至6月11日,中共在延安召开第七次全国代表大会,出席大会的正式代表547人,候补代表208人,代表全国121万名党员。毛泽东在会上作了《论联合政府》的报告,朱德作了《论解放区战场》的报告,刘少奇作了《关于修改党章》的报告,周恩来作了《论统一战线》的报告,报告均围绕着"放手发动群众,壮大人民力量,在我党的领导下,打败日本侵略者,解放全国人民,建立一个新民主主义的中国"② 核心政治任务展开。

大会指出,由于国民党继续实行法西斯独裁统治,拒绝进行民主改革,抗战胜利后仍然可能会发生内战,因此中国面临着两个前途、两种命运的抉择,中国共产党的任务就是要竭尽全力去争取光明的前途。大会提出的军事战略是国民党应制止一切妥协的阴谋活动,改变消极抗日政策,以彻

---

① 荣孟源、孙彩霞:《中国国民党历次代表大会及中央全会资料》下册,第921—922页。
② 毛泽东:《愚公移山》(1945年6月11日),载《毛泽东选集》第三卷,第1101页。

底消灭日本侵略者;八路军、新四军及其他人民军队要不断扩大解放区,收复一切失地,扩大人民武装,实现从抗日游击战争到抗日正规战争的军事战略转变,迎接抗日大反攻;中共要有将重心由农村向城市转移的精神准备,准备夺取东北。①

大会的另一个核心议题就是如何建立一个独立、自由、民主、统一和富强的新中国。毛泽东指出,应"立即宣布废止国民党一党专政,成立一个由国民党、共产党、民主同盟和无党无派分子的代表人物联合组成的临时的中央政府,发布一个民主的施政纲领……以便恢复民族团结,打败日本侵略者"。具体步骤是,先"经过各党各派和无党无派代表人物的协议,成立临时的联合政府……将来时期,经过自由的无拘束的选举,召开国民大会,成立正式的联合政府"②。

刘少奇在报告中对毛泽东思想作了简要概括并给予高度评价,他指出:"毛泽东思想,就是马克思列宁主义的理论与中国革命的实践之统一的思想,就是中国的共产主义,中国的马克思主义","就是马克思主义在目前时代的殖民地、半殖民地、半封建国家民族民主革命中的继续发展,就是马克思主义民族化的优秀典型"。刘少奇还指出:"毛泽东思想就是这次被修改了的党章及其总纲的基础……学习毛泽东思想,宣传毛泽东思想,遵循毛泽东思想的指示去进行工作,乃是每一个党员的职责。"③ 中共七大通过了新的党章,明确了毛泽东思想为党的指导思想,"中国共产党,以马克思列宁主义的理论与中国革命的实践之统一的思想——毛泽东思想,作为自己一切工作的指针,反对任何教条主义的或经验主义的偏向"④。这就使全党有了在政治上、思想上取得一致的牢固的理论基础。确定毛泽东思想

---

① 参见朱德《论解放区战场》(1945年4月25日),载《朱德选集》,人民出版社1983年版,第135—181页。

② 毛泽东:《论联合政府》(1945年4月24日),载《毛泽东选集》第三卷,第1067—1069页。

③ 刘少奇:《论党》(1945年5月14日),载《刘少奇选集》上卷,人民出版社1981年版,第333、337页。

④ 《中国共产党党章》(1945年6月11日),载中共中央文献研究室、中央档案馆编《建党以来重要文献选编(1921—1949)》第二十二册,第553页。

为党的指导思想，是近代中国历史和人民革命斗争发展的必然选择，是中国共产党在总结正反两方面经验教训的实践基础上逐步形成的，是中国共产党集体智慧的结晶，实现了马克思列宁主义基本原理同中国革命实际相结合过程中的第一次历史性飞跃。

会议还重申了党的民主集中制原则，规定"党员个人服从所属党的组织，少数服从多数，下级服从上级组织，部分组织统一服从中央"。大会选举产生中央委员44人，候补中央委员33人。6月19日，七届一中全会选出13名中央政治局委员，选举毛泽东、朱德、刘少奇、周恩来、任弼时为中央书记处书记，毛泽东为中央委员会主席、中央政治局主席、中央书记处主席。8月，中央政治局会议决定毛泽东为中央军事委员会主席，朱德为副主席。

中共七大胜利召开后，在毛泽东思想指引下，全党实现了思想上、政治上和组织上空前的团结统一，为夺取抗日战争最后胜利和新民主主义革命在全国胜利，奠定了坚实基础。1945年7月1—5日，褚辅成、黄炎培、左舜生、冷遹、章伯钧、傅斯年6位国民参政员①从重庆到达延安，其间黄炎培同毛泽东谈话时，提到了中国历朝历代都没有跳出"其兴也勃焉""其亡也忽焉"的周期律，以致"政怠宦成""人亡政息""求荣取辱"，并问中国共产党能否跳出这个周期律，毛泽东对此回答："我们已经找到新路，我们能跳出这周期率。这条新路，就是民主。只有让人民来监督政府，政府才不敢松懈。只有人人起来负责，才不会人亡政息。"②

第八节　日本无条件投降　中国抗日战争最后胜利

1945年2月初，罗斯福、丘吉尔和斯大林在苏联克里米亚半岛的雅尔

---

① 原定为7名参政员，王云五称病未赴延安。关于参政员在延安与中共接触并达成共识的详细经过，参见闻黎明《第三种力量与抗战时期的中国政治》，上海书店出版社2004年版，第339—344页。

② 黄炎培：《延安归来》，重庆国讯书店1945年版，第65页。

塔举行会议，着重讨论了苏联对日作战的问题，三方最终达成《雅尔塔协定》，协定规定苏、美、英三国领袖同意在德国投降欧洲战争结束后2—3个月内，苏联将参加同盟国方面对日作战，其条件是"外蒙古之现状应予以维持；库页岛南部及该岛附近之一切岛屿应交还苏联；大连商港应予国际化，苏联在该港之优越权益，须予确保，苏联之租用旅顺港为海军基地应予恢复；中东铁路与南满铁路，应设立一苏中合办之公司以共同经营之；苏联之优越权益应予保障，而中国应保持在满洲之全部主权；千岛群岛应交予苏联"①。5月上旬，德国战败，8日向联合国投降。日本陷入孤境。

  1945年7月26日中、美、英三国发表了波茨坦公告，正告日本应履行《开罗宣言》各条款，立即投降。因日本政府对公告无动于衷，美国遂决定使用原子弹。8月6日上午，美军在日本广岛上空投下一枚原子弹，造成约17万人死伤。根据雅尔塔协定，苏联欧战结束后，将在欧洲的兵力调动到远东，参加对日作战。8月8日，苏联正式对日宣战。9日凌晨，在华西列夫斯基元帅指挥下，150万苏军越过边境进入中国东北，在东北抗日联军的配合下，10天歼灭日伪军约70万人，其中8.3万人被击毙，60.9万人被俘，日本法西斯遭到致命一击。同一天，美国在日本长崎投下了第二枚原子弹。毛泽东也同时发表了《对日寇的最后一战》，指出应"密切而有效力地配合苏联及其他同盟国作战。八路军、新四军及其他人民军队，应在一切可能条件下，对于一切不愿投降的侵略者及其走狗实行广泛的进攻，歼灭这些敌人的力量，夺取其武器和资财，猛烈地扩大解放区，缩小沦陷区"②。从8月9日到9月2日，八路军新四军和华南人民抗日游击队，对华北、华中和华南地区发动大规模反攻，歼灭日军1.37万人，伪军38.5万人，收复县级以上城市250余座，切断了平绥、同蒲、广九等多条铁路。

  8月10日，日本政府表示在坚持天皇制条件下接受《波茨坦公告》。

---

  ① 《雅尔塔协定》（1945年2月11日），载《中美关系资料汇编》第一辑，世界知识出版社1957年版，第176页。这个协定在规定对日作战的战略上是正确的，但以牺牲中国主权为前提条件，对中国来说是不平等的。

  ② 毛泽东：《对日寇的最后一战》（1945年8月9日），载《毛泽东选集》第三卷，第1119页。

11日，美国国务卿贝尔纳斯代表盟国答复日本，主要内容有"日本天皇及日本政府统治国家的权力，必须听从盟军最高统帅的命令；日本政府之最后形式将以日本人民表示之意愿确定；同盟国之武装部队将留于日本，直到达到《波茨坦公告》所规定之目的"[①]。日本外务省认为可以接受同盟国的复文，而陆军和海军统帅部负责人不同意接受，部分少壮派军人甚至计划发动叛变，阻止盟军登陆。13日美军出动千余架战机轰炸东京。14日，日本最后一次御前会议决定接受同盟国答复。15日，日本天皇向全国广播，接受波茨坦宣言之"终战"（投降）诏书，宣告向同盟国投降。同时，经美、英、中、苏四国协议，杜鲁门任命麦克阿瑟为联合国军最高司令官，主持接受日本投降事宜。

8月15日，蒋介石致电美、英、苏三国领袖庆贺盟国获得全面胜利，同日致电日本驻中国派遣军总司令冈村宁次，提出六项投降原则，包括："应即通令所属日军，停止一切军事行动，并派代表至玉山接受中国陆军何总司令应钦之命令；军事行动停止后，日军可暂保有其武装及装备，保持其现有态势，并维持所在地之秩序及交通，听候中国陆军何总司令应钦之命令；所有飞机及船舰，应停留于现在地。但长江内船舰，应集中宜昌、沙市；不得破坏任何设备及物资"[②]，等等。16日，蒋介石下令由何应钦全权处理中国战区日军投降事宜。

9月2日上午9时，在东京湾美军"密苏里号"战舰上举行了日本向盟军投降仪式，美、中、英、苏、澳、加、法、荷和新西兰诸国代表参加，国民政府军事委员会军令部部长徐永昌代表中国战区出席仪式。日本政府代表重光葵和日本大本营代表梅津美治郎代表日本天皇日军大本营和日本政府向盟军统帅麦克阿瑟递交降书，麦克阿瑟代表盟国接受日本投降。9日上午9时，中国战区日军投降仪式在南京原中央军校礼堂举行，中国战

---

① 《中美英苏对日本乞降照会的附文》（1945年8月11日），载《反法西斯战争文献》，世界知识出版社1955年版，第319页。
② 中国第二历史档案馆编：《中华民国史档案资料汇编》第五辑第三编军事（一），江苏古籍出版社1994年版，第1013—1014页。

区统帅蒋介石的代表陆军总司令何应钦、第3战区司令长官顾祝同、陆军参谋长萧毅肃、海军总司令陈绍宽、空军第一路司令张廷孟参加受降仪式。日本中国派遣军总司令冈村宁次，在投降书上签字后呈递给何应钦，标志着日本战败、自"九一八事变"以来长达14年的日本侵华战争结束，中国抗日战争取得胜利。

在正面战场，从9月11日至10月中旬，由国民政府军接受投降的日军，共有1个派遣军总司令部、3个方面军、10个军、33个步兵师团、1个坦克师团、2个飞行师团、41个独立旅团，以及警备、守备海军等部队共计128.32万人，接收日军的武器装备有：机枪68.5897万支，手枪6.0377万支，轻重机枪2.2982万挺，主要火炮1.2446万门，步枪弹1.809941亿发，手枪弹203.5万发，各种炮弹207万发，炸药6000吨，坦克383辆，装甲车151辆，卡车（包括特种车）1.5785万辆，各种飞机1068架，飞机用油1万余吨，舰艇船舶1400艘，共5.46万吨，马匹7.4159万匹等。

在敌后战场，从8月11日至10月10日，八路军新四军及华南抗日游击纵队发起全面反攻，对不肯投降的日本军队发起猛烈进攻，共收复国土31.52万平方公里，解放人口1871.7万，收复城市190座，毙伤日伪军23万人。①

10月25日上午9时，台湾地区受降仪式在台北市中山堂举行，日本前"台湾总督"安藤利吉向国民政府台湾行政长官兼警备司令陈仪递交降书。陈仪代表中国政府正式宣告："自今天起，台湾及澎湖已正式重入中国的版图，所有一切土地、人民、政事皆已置于中国主权之下。"② 中国政府宣布自即日起，台胞恢复中国国籍，并定10月25日为台湾光复节。受降仪式结束后，台北40余万市民"老幼俱易新装，家家遍悬彩灯，相逢道贺"，表达对台湾光复的喜悦心情。被日本占领长达50年之久的台湾以及澎湖列岛重归中国主权管辖之下，这是包括台湾同胞在内的全体中华儿女浴血奋

---

① 李新主编：《中华民国史》第十卷（1941—1945），第682—683页。
② 转引自张海鹏、陶文钊主编《台湾史稿》上卷，凤凰出版社2012年版，第340页。

第十一章　抗日战争中的两个战场与抗战胜利

战的结晶。

中国抗日战争是近代以来中华民族在抗击外国侵略的战争中第一次取得的全面胜利,是在中国共产党倡导的抗日民族统一战线的旗帜下,以国共合作为基础,各阶级、各民族人民团结起来进行的中华民族解放战争,标志着近代中国"上升"趋势的形成。

首先,抗日战争的胜利从全面意义上完成了近代中国从"沉沦"到"上升"的转变。抗日战争唤起了全民族的危机意识、救亡意识、民主意识,正是这种意识,带来了民族的觉醒和大团结。从这个时候开始,"沉沦"那样一种社会发展趋势,退居次要地位,不复严重影响中国历史进程了。

其次,全民族抗战爆发后,中共提出并且推动了抗日民族统一战线的建立,赢得了民心。抗日战争只有动员蒋介石、国民党参加,才可能利用国家政权的力量推动全国抗战的开展,才可能有全民族的抗战。中国共产党积极倡导、促成和维护抗日民族统一战线,最大限度地动员了全国军民共同抗战,成为凝聚全民族力量的杰出组织者。抗战过程中,中国共产党还把马克思列宁主义同中国革命具体实践相结合,创立和发展了毛泽东思想,对抗日战争发挥了重要的战略指导作用,尤其是全面抗战路线、持久战的战略总方针和一整套人民战争的战略战术,成为敌后战场战胜敌人的理论源泉。

再次,从民族战争政治条件来看,在抗日战争中,始终存在着国民党、共产党两个领导中心。抗战伊始,中国战场就存在正面战场和敌后战场同时对日作战,实现了以中国国民党为中心的领导和中国共产党为中心的领导两个战场、两个领导中心,在抗日民族统一战线的旗帜下,进行了有效的战略配合。抗战初期,正面战场起了积极的作用,中后期,正面战场的作用降低,敌后战场的作用升高。正面战场和敌后战场坚持长期对日作战,终于在国际反法西斯力量的支持下取得了最后的胜利。[①]

[①] 关于抗日战争的历史意义以及抗日战争中存在着两个领导中心,参看张海鹏《走向民族复兴的重要标志——论抗日战争的历史意义》,《抗日战争研究》2005年第3期。

五四运动以来大幅前进的中华民族的复兴，在抗日战争中得到了全面提升。中华民族的民族复兴推动了这个转变，这个转变过程也进一步推动民族复兴。从鸦片战争以来的历史事实看，1931年"九一八"事变开始的日本帝国主义发起侵华战争，是历次帝国主义侵华过程中最为严重的一次，时间最长（长达14年之久），占领中国的领土最广大，造成中国国家和人民的损失最巨大（据不完全统计，在整个战争期间，中国军民伤亡3500多万人。按照1937年的比值折算，中国直接经济损失1000多亿美元，间接经济损失5000多亿美元）。但是，中国国家和人民却没有被打倒，中国取得了抗日战争的最后胜利。这个胜利，是近代以来中国所取得的第一次对外战争的胜利。因为这个胜利，中国对第二次世界大战暨反法西斯战争做出了独特的、其他国家难以替代的贡献，中国作为东方战场的主战场，拖住了日本的主要兵力，使它不能实现在中东与德国军队的会合，全力支持了美国、英国的太平洋战场，也全力支持了苏联、美国、英国在欧洲的战场，赢得了反法西斯各国的尊重，战时（1943年）废除了列强强加在中国头上的不平等条约，战后，台湾及澎湖列岛回归了祖国，中国成为联合国的发起国和常任理事国。中国还是一个弱国，由于抗日战争的胜利，中国开始登上大国活动的国际舞台。

　　历经八年的、艰苦卓绝的抗日战争，从中华民族复兴的思想高度上看，可以证明以下几点：第一，面对外国帝国主义的侵略，中国是应当抵抗，而且必须抵抗的；第二，入侵之敌虽然比我强大，我举全民族之力，经过长期的艰苦作战和牺牲，是可以最后战胜强敌的；第三，在外敌面前，中华民族面临生死存亡的时候，民族利益第一，阶级利益必须服从民族利益，必须组成民族统一战线，共同对敌；第四，在民族战争中，必须广泛争取有利于我的国际援助；第五，在中国这样一个广土众民、历史文化悠久的大国，确信入侵之敌是可以战胜的，中华民族的复兴是可期的。

第十二章　人民解放战争胜利与中华人民共和国成立

第一节　从重庆谈判到政协会议

一　短暂的和平气氛：从重庆谈判到政协会议

抗日战争取得胜利，全中国人民欢欣鼓舞。饱经战火摧残的中国人民渴望和平，渴望休养生息，重建国家。然而，国民党的施政方针却与此背道而驰，它企图独占抗战胜利果实，坚持一党专政的独裁统治。中国向何处去，又成为摆在全中国人民面前的紧迫问题。

1945年8月11日蒋介石致电第18集团军总司令朱德，命令所有该集团军所属部队，不能接受日本军队的投降。蒋的命令不考虑八路军、新四军对日作战对争取抗战胜利所做出的巨大贡献，自然不为中共所理会。抗战结束时，一个现实的问题摆在蒋介石的面前：国民党在军事战略上不占上风。8月中旬开始，国共两党分别为迅速受降及抢占敌伪地区而全力以赴，甚至为争夺华北一些重要铁路和战略要地发生军事冲突。但由于国民党军队大部在西南地区，它要接收的首先是东南和华东地区，其次才是华北和东北，东北此时尚无国民党军。中共军队却利用苏军占据东北的有利条件开始大规模渗入东北，热河、察哈尔、绥远、山西、河北、山东，乃至江淮地区之大部，也都在中共的掌握之中。依靠少量军队,国民党无力与中共进行争夺,而要调集大军,则又耗费时日,难免使华北乃至东北大部都迅速为共产党占领。就在蒋介石致电朱德的当天,中共以延安总部名义命令:"我军对任何敌伪所占城镇交通要道,都有全权派兵接受,进入占领,实行军事管制,维持秩序,并委任专员负责管理该地区之一切行政事宜。"① 因为中共部队多在敌后,靠近日伪占领区,中共力图通过受降接收扩大占领地盘,尤其是将华北各主要通道与地区均划为应占领的地区,从而与国民党垄断受降接收权并恢复其对全国统治的意图发生尖锐的矛盾。战前和战时积累的国共两党矛盾,非但未因抗战胜利而得以缓和,相反,抗战胜利更使原本潜伏的两党矛盾浮出水面,在一系列问题上国共两党的主张针锋相对,国内政治局势因两党对立而趋紧张。

为了改变不利局面,蒋介石放出了和平手段。日本宣布投降当天,8月14日,蒋介石致电毛泽东:"倭寇投降,世界永久和平局面,可期实现,举凡国际国内各种重要问题,亟待解决,特请先生克日惠临陪都,共同商讨,事关国家大计,幸勿吝驾,临电不胜迫切悬盼之至。"② 20日和23日,蒋又给毛连发两电,邀请毛泽东到重庆谈判。此举营造和平空气,既有敷衍国内外舆论的考虑,更是为了争取时间,进行全面军事部署,为内战作准备。《中央日报》总主笔陶希圣露骨地说:"我们明知共产党不会来渝谈判,我们要假戏真做,制造空气。"③

中国共产党对战后中国政治前途的态度非常明确,即力争和平,反对内战,同时不抱幻想,不怕威胁,针锋相对,寸土必争,随时准备以自卫战争反击国民党军队的进攻。接到蒋介石邀请毛泽东赴渝的电报后,中共中央经过讨论,决定派毛泽东、周恩来、王若飞三人赴重庆与国民党谈判,

---

① 《延安总部命令第一号》(1945年8月10日),载《中共中央文件选集》第十五册,中共中央党校出版社1991年版,第217页。
② 重庆《中央日报》1945年8月16日,转引自中共重庆市委党史研究室等编《重庆谈判纪实》,重庆出版社2016年版,第15页。
③ 引自王抢楦《重庆谈判期间的〈中央日报〉》,转引自中共重庆市委党史研究室等编《重庆谈判纪实》,第603页。

第十二章　人民解放战争胜利与中华人民共和国成立

在力争国内和平民主前途的同时，使全国人民更进一步认识国共两党对于国家民族命运的不同立场。8月25日，中共发出《对目前时局的宣言》，提出和平、民主、团结三大口号，以及解决时局问题的六项要求，向全国人民公布了中共的政治主张。

8月28日，毛泽东一行在军委会政治部部长张治中和美国驻华大使赫尔利陪同下，由延安飞抵重庆。毛泽东在机场发表的书面谈话中表示，"目前最迫切者，为保证国内和平，实施民主政治，巩固国内团结"，其他各项问题均应在此基础上求得合理解决，以建设一个独立、自由、富强的新中国。① 当日，蒋介石在日记中写道："对毛泽东应召来渝后之方针，决以诚挚待之。政治与军事应整个解决，但对政治之要求，予以极度之宽容。而对军事则严格之统一，不稍迁就。"② 8月29日，中共代表团到达重庆次日，蒋介石在日记中记载了他的谈判意图："一、不得以现在政府法统之外，来谈改组政府问题，即其所谓召集党派会议讨论国是，组织联合政府也；二、不得分期或局部解决，必须现时整个解决一切问题；三、归结为政令、军令之统一，一切问题必须以此为中心也。"③ 国民党法西斯独裁专制的政府"法统"，不容变动，当然不可能有讨论中共提出联合政府的余地；军令、政令按蒋介石的原则"统一"，中共的革命力量则被消灭。可见蒋介石也的确抱有用和平方式消灭中共及其武装的幻想。这就是为什么在谈判过程中，蒋介石煞费苦心地多次亲自向毛泽东做劝说工作的原因。

这次重庆谈判，名为毛泽东与蒋介石的谈判，两人有多次会见，并为谈判决定原则，但实际谈判，中共派出代表为周恩来、王若飞，国民党代表为王世杰、张群、张治中、邵力子。国共最高级别的重庆谈判进行了40

---

① 毛泽东：《在重庆飞机场向记者的谈话》，原载1945年8月29日重庆《新华日报》，转引自中共重庆市委党史研究室等编《重庆谈判纪实》，第49页。
② 《蒋介石日记》1945年8月28日，藏美国斯坦福大学胡佛研究所。
③ 《蒋介石日记》1945年8月29日，藏美国斯坦福大学胡佛研究所。又见《中华民国重要史料初编》第七编（三），第34页。《史料初编》删去"即其所谓召集党派会议讨论国是，组织联合政府也"一句。

天，但双方立场相距很远，围绕党派会议、国民大会、宪法草案、对日受降等问题，在谈判桌上展开了激烈的争论，尤其是在解放区政权和军队改编两大关键问题上，国民党坚持不承认解放区政权合法，并极力压缩中共军队改编的数量。双方分歧的根本点在于，国民党坚持"军令政令必须统一"，实际就是坚持国民党一党专政，垄断国家一切权力，而中共坚持双方应平等协商，国民党应该尊重中共和其他党派的地位和参政权利。中共在谈判中采取了有理、有利、有节的立场，在一些具体问题上做出了重要让步，如主动提议从南方八个地区撤出自己的军队，以显示诚意，争取民心，但在解放区政权和保持一定数量军队这样的原则问题上，中共绝不让步。由于国民党缺乏诚意，双方在这两个问题上始终未能达成一致。中共总结谈判进程为："蒋表面上对毛周王招待很好，在社会上造成政府力求团结的气象。实际上对一切问题不放松削弱以致消灭我的方针，并利用全国人民害怕与反对内战心理，利用其合法地位与美国的支持与加强他（保障美国在远东对苏联的有利地位），使用强大压力，企图迫我就范，特别抓紧军队国家化问题。因此在谈话态度上只要求我们认识与承认他的法统及军令政令的统一，而对我方则取一概否认的态度。"①

谈判期间，毛泽东和周恩来广泛会见了各界人士，如民主人士张澜、黄炎培、沈钧儒，实业家刘鸿生、吴蕴初、范旭东，国民党高层领导人孙科、于右任，包括反共强硬派戴季陶、吴稚晖、白崇禧等，宣传中共的政治主张，广交朋友，使中共在政治上处于主动地位。

10月10日，国共双方代表签署了《会谈纪要》，通称"双十协定"。纪要提出：以和平、民主、团结、统一为基础，国共双方长期合作，坚决避免内战，建设独立、自由和富强的新中国；召开政治协商会议，讨论和平建国方案及国大、宪法等问题；保证人民各项自由；党派平等合法；释放政治犯；等等。关于改编中共军队及解放区政权问题，留待以后继续商谈。次日，毛泽东飞返延安。

---

① 《中央书记处关于和国民党谈判情况的通知》（1945年9月13日），载《中共中央文件选集》第十五册，第277页。

第十二章 人民解放战争胜利与中华人民共和国成立

"双十协定"的意义不在于国共两党达成了什么妥协，主要在于通过国共两党最高领导人会见并发表公报，中共承认了国民党和蒋介石的领导地位，国民党也承认了中共及其军队的地位，双方都可以从这样的表述中获得己方认可并需要的东西。但因为中共处于相对弱势地位，而此次会谈采取了双方平等的形式，签订了正式协定，中共的地位被首肯。重庆谈判是抗日战争胜利后中国政治生活中的一件大事，国民党邀请中共前来谈判事实本身已说明中共在中国政治中的重要地位，会谈纪要确定的和平、民主、团结、统一的建国原则，也反映了全国人民一致的要求，应该说，重庆谈判的举行，是中共在政治上的一大胜利。毛泽东的重庆之行，基本上收到了预期的效果，争取了舆论的支持和同情，在政治上取得了主动。

重庆谈判及其签订的"双十协定"，给全国人民带来了和平民主的希望。"双十协定"一公布，社会舆论立刻反映了这一点。西安《秦风日报·工商日报联合版》发表社论说："重庆谈判，终于在和谐的空气中，获得了初步的成功。分裂内战的阴霾可望由此扫清，和平建国的时代可望于兹开始，因而八年抗战的鲜血也将不至于白流，这是中国民族的福音！这是中国人民的胜利！"[1] 毛泽东在重庆最后会见蒋介石说，会谈"很有收获，主要是方针，确定了和平建国的路线，我们拥护"[2]。

"双十协定"毕竟只是纸上的文字，现实是国民党正在积极筹谋用武力消灭中共。毛泽东刚刚飞回延安，10月13日，蒋介石向各战区长官发去密电，进行"剿共"动员，要求"务本以往抗战之精神，遵照中正所订《剿匪手本》，督励所属，努力进剿，迅速完成任务"[3]。为达成此目的，国民党军除在美国帮助下继续向华北进行空运和海运外，主要是沿进入华北的各主要交通要道——平汉路、平绥路、津浦路、胶济路向华北推进，从而在上述诸路及其周边地区与正着力经营华北，并确保在东北发展的中共

---

[1]《欣闻团结谈判初步成功》，转引自中共重庆市委党史研究室等编《重庆谈判纪实》，第333页。
[2] 胡乔木：《胡乔木回忆毛泽东》，人民出版社1994年版，第422页。
[3] 中国人民解放军总部编：《中国人民解放战争军事文集》第一集，中国人民解放军总部编印，1949年，第174—175页。

武装发生大规模冲突。

中共军队多位于敌后，处于有利位置，很快收复了大量敌占区和中小城市，使解放区面积扩大到近百万平方公里。根据形势发展的需要，9月19日，中共中央发出"向北发展，向南防御"的指示，调整部署，全力争取东北，控制华北。这是一个对未来中国发展前途产生深远影响的战略方针，在这一方针指导下，中共从各根据地抽调10万军队和2万干部（包括20位中央委员和候补中央委员）迅速赶赴东北，并在很短的时间里初步建立东北根据地，同时充实华北的力量，为自己建立一个十分有利的战略地位。

远处大后方的国民党军队为了接收，或者需要通过解放区，或者要接收的已经是解放区，这就必然导致与解放区军队的冲突，引发内战。国民党军队以"接收"为名沿平汉、津浦、平绥等铁路线向华北推进。中共则以"纠缠扭打的战法"，部署在各铁路沿线坚决阻击国民党军队的行动。10月底11月初，刘伯承、邓小平指挥的晋冀鲁豫野战军在冀南平汉路歼灭进犯国民党军2万余人，并争取了8000人起义，取得自卫战争的重大胜利。与此同时，陈毅、粟裕指挥的山东野战军和华中野战军，聂荣臻指挥的晋察冀野战军，贺龙指挥的晋绥野战军和林彪指挥的东北民主联军也都在各自地区给予国民党军队以有力打击，迫使国民党为其进攻付出了高昂代价。

战后形势造成国内民主呼声高涨，加上美国的压力，迫使国民党不得不同意以召开政协为缓冲，以暂时缓和国内矛盾，同时以政协促成国民大会及早召开，仍以国民党为主导实行制宪。11月2日，国民党中央党政军联席会议最高小组举行会议，检讨局势，认为应"一面与中共继续商谈，一面就政治及宣传方面作若干措施，以击破中共假借民主企图割据之阴谋"。他们提出发动宣传攻势，催促中共速派代表召开政协，以此争取社会舆论，得到蒋介石之首肯。①

---

① 《蒋中正总统档案·革命文献·戡乱时期（国共协商与共军叛乱）》下第3册，（台北）"国史馆"，第355—356页。

第十二章 人民解放战争胜利与中华人民共和国成立

12月1日，昆明西南联大学生因为反对内战遭到国民党军警镇压，导致4人死亡的惨案，激起全国各界的抗议浪潮。国际上，美英苏三大国均表示支持中国和平解决内争，美国还在12月派出参加过第二次世界大战的著名将领马歇尔来华调停国共冲突。在这样的形势下，国民党不得不同意先停战，召开政治协商会议，解决各项未决问题。

1946年1月10日，国共双方下达停战令，规定停止一切战斗行动和军事调动，同时由国共美三方在北平组成军事调处执行部，负责监督停战令的实施。13日午夜，停战令生效，一度激烈的枪炮声总算是暂时停止了。

1月10日，政治协商会议在重庆开幕，国民党、共产党、民主同盟、青年党和无党派人士共38名代表出席会议。蒋介石在会议开幕词中承诺：保障人民自由，党派合法，实行普选，释放政治犯。周恩来在发言中表示希望各党代表和社会贤达，对人民负责，对国家负责，一定要使这个会议的历史任务达到成功。要在共同纲领的基础之上，实现各党各派、无党无派代表人士合作的举国一致的政府。

政治协商会议讨论了关系中国发展前途而又亟待解决的各项问题，如建国纲领、改组政府、国民大会、宪法草案等。国共双方在这些问题上各有自己的主张，分歧的焦点在于，国民党强调军队国家化，企图压迫中共交出军队，继续维持一党专政统治；而中共坚持政治民主化，要求改组一党独占政府，保障人民合法权利不受侵犯。国民党极力拉拢青年党，中共则争取了民盟的支持。1月31日，政协会议闭幕。经过会上会下的谈判协商，政协最后通过了五项协议。其中，《和平建国纲领》声明：建设统一、自由、民主之新中国，实现政治民主化，军队国家化，党派平等合法，人民享有各项自由，实行地方自治。其他协议规定：改组政府，延引各党派人士参加；将全国军队统一整编为60个师，实行军队国家化；增加各党派和各地区的国大代表；宪法实行三权分立原则，实行国会制、责任内阁制和地方自治。在当时情况下，这些协议有利于中国的民主进步，符合全国民众渴望和平建设的要求，对国民党一党专政统治是强有力的冲击，为中国开辟了一条新的发展道路。政协协议的达成,是战后中共和平民主主张的一大胜利。蒋介石"代表政府先行声明,政府必然十分尊重,一俟完成规定手续以后,即当分别照案实行"①。周恩来在政协闭幕式上讲话时说:"中国共产党愿意拥护这些协议,并保证为这些协议的全部实现,不分地区,不分党派地努力奋斗。"②

政协会议结束后,国共双方代表又在2月9日达成恢复交通的协议,25日达成整编军队的协议,因政协会议而出现的国内和平气氛达到最高峰。内战确实在一个短时期内停止了,各党派和社会舆论对于中国未来的发展前景都表示了乐观的态度。中共对于国内和平局面的出现也寄予了很大希望,称之为"和平民主新阶段",提出了参加政府、和平斗争的可能。历史似乎为中国提供了一个不同于以往的、走民主政治道路的可能性。

现实再一次粉碎了人们的希望。国民党虽然参加了政协会议,也在协议上签了字,但它长期醉心于一党专政统治,根本不愿走各党合作建国之路。尤其是国民党内顽固派对政协协议极为不满,认为是国民党的失败,在党内掀起反对声浪。而国民党最高领袖蒋介石实际支持顽固派的举动,他"尊重"政协协议的话言犹在耳,便在与党内高级干部的秘密谈话中提出,政协协议不合国民党的要求,应予修改。3月,国民党举行六届二中全会,党内顽固派在蒋的默认下,大肆攻击政协协议,结果会议决议推翻了政协协议关于修改宪法的原则,并为改组政府设置了障碍。蒋在会后公然声称,政协不是制宪会议,政协协议不能代替约法。六届二中全会标志着国民党政策的重要转变,国内原先的乐观与和平气氛荡然无存,贯彻政协协议的行动实际停顿,国内形势趋于恶化。与国民党政策的变化相适应,国民党一方面在东北挑起战争,大打出手,一方面在关内进行战争准备。

---

① 蒋介石在政协会议闭幕式上的闭幕词,载重庆市政协文史资料委员会等编《政治协商会议纪实》(上),重庆出版社2016年版,第307页。

② 《中国共产党代表周恩来在政协会议闭幕式上致辞》,载重庆市政协文史资料委员会等编《政治协商会议纪实》(上),第310页。

国民党军事整编会议进行内战动员。

针对国民党的举动，中共不能不相应改变自己的政策。3月以后，中共一面继续与国民党谈判，争取舆论支持，另一方面准备以自卫战争反击国民党进攻。中共中央连续发出指示，以练兵、减租、生产作为三大任务，要求各根据地做好充分准备，粉碎国民党军的进攻，争取人民解放战争的胜利。练兵是直接的军事准备，减租是反对国民党的政治动员，可以争取中国最广大人口的农民对中共的支持，生产是为了提供未来战争的物质基础。经过几个月的思想动员与物质准备，中共对于未来形势的变化有了充分的准备，使自己立于不败之地。

二　民主党派的调解和第三条道路的终结

在战后国共两党就中国前途展开和平谈判、政治协商博弈过程中，中间党派即所谓第三方面，也很活跃。所谓第三方面，就是处于国共两党之外的民主党派，包括中国青年党、民主社会党、中国民主同盟、民主建国会、民主促进会、九三学社等。这些民主党派不掌握军队，他们多半反映工商界和知识界的意见，主张中国走第三条道路。他们大多不满意国民党，对共产党也有疑虑。第三方面关注国家政治经济形势的走向，在国内形势严峻的时候，在国共两党斗争激烈的时候，他们往往站出来发表意见，关心国是。抗战期间发生皖南事变，民主党派很活跃，他们表达了批评国民党的声音。1944年日本发动一号作战，国民党军队正面战场一片溃败，引起工商界和知识界人士对国民党前途的怀疑、对共产党的靠近。国共两党都希望在政争中得到中间党派的支持。民主党派一般希望在中国实现民主政治，有的党派主张中国实行社会主义。

抗战胜利，国内出现和平气氛，人民盼望和平。中间党派努力以和平方式调和国共关系，在美、苏、国、共相争中保持中立。民主同盟表示它是一个中立性的民主集团，在中国两大政党对峙局面中，"保持不偏不倚的谨严态度，不苟同亦不立异，以期达到国家的和平、统一、团结、民主"①。民社党的张东荪认为"中国必须于内政上建立一个资本主义与共产主义中间的政治制度","即采取民主主义而不要资本主义,同时采取社会主义而不要无产阶级的革命"②。这些都是中间党派及其领袖人物的主观愿望,是难以成为社会主流意志的。决定社会走向的是大多数人民的意志,是符合大多数人民意志的政党的实力和努力。

第三方面积极呼吁和平,呼吁国共团结,希望国民党当局"要在党派会议上解决国内一切问题"③,"希望国共两党军队赶快停止各地足以促成大规模内战的一切摩擦;并即刻召开党派会议,从事团结商谈,以使内部的政治纠纷能迅速而彻底的得到总解决"④。这种舆论力量也是蒋介石决定重庆谈判的因素。战后进行的国共谈判,为第三方面的活动提供机会。谈判过程中,民主党派积极与国共双方代表接触,随时了解谈判进展,及时在报刊发表评论。第三方面的这些活动对谈判双方有一定的舆论影响力。由于中共在与民主党派接触中积极介绍自己的主张,表示可以采纳民主同盟的建议,民主同盟认为中共态度很公道,政府应当采纳。谈判中,国民党军队在上党地区对共产党军队发动军事进攻,第三方面人士鼓励中共"当坚持的,一定要坚持,好为中国保存一些干净土!"⑤ 不过第三方面对于中共要求48个师的军队也有不满。当中共在谈判中让步多,民主党派倒也不同意,一致认为中共代表团"不能再有让步,若再让步不仅是中共的损失,且将是全国民主力量的损失,其他民主党派及地方实力派亦将同感威胁"。有的甚至认为中共应坚持此前关于

---

① 《中国民主同盟临时全国代表大会政治报告》(1945年10月11日),载《中国民主同盟历史文献(1941—1949)》,文史资料出版社1983年版,第87页。
② 张东荪:《一个中间性的政治路线》(1946年5月22日),《再生》第118期。
③ 张澜:《与邵力子谈出席国民参政会问题》(1945年7月8日),载《张澜文集》上册,群言出版社2014年版,第240页。
④ 《中国民主同盟主席张澜对抗战胜利结束后发表谈话》(1945年8月12日),载《中国民主同盟历史文献(1941—1949)》,第59页。
⑤ 逄先知主编:《毛泽东年谱》下卷,中央文献出版社、人民出版社1993年版,第25页;《重庆谈判纪实》,第442—444页。

第十二章　人民解放战争胜利与中华人民共和国成立

立即结束党治,成立联合政府的主张。① 民主同盟主席张澜曾向毛泽东建议:"蒋介石无信义,国共谈判应有第三者参加"②;当谈判陷入僵局时,第三方面建议由各党派参加的政治会议来代替现在的两党谈判。这些对促成谈判取得成功起过一定作用。

"双十协定"墨迹未干,蒋介石就下达剿共密令,中共也看到军事冲突在所难免。第三方面立即发表声明呼吁停止冲突,召开有各党派参加的政治协商会议。他们认为"老百姓最大的忧虑是内战。假使因为有了这个会议,国共两党真能用桌面上的谈判,代替战场上的胜负,那么,这个会议还有他的价值"③。1946 年 1 月召开的政治协商会议与第三方面的推动不无关系。第三方面利用国共双方的矛盾,登上政治协商会议的舞台,成为一股政治力量,直接参与国共之间的斗争,并发挥作用。政协通过了《共同纲领》,取得了积极成果,中共对于政协决议是比较满意的。同时,通过政治协商会议,中共与第三方面的友谊加深了。总体上看,在政协会议上,第三方面与中共的联合较多,特别是民盟与中共的合作。政协决议事实上在政治上狠狠地打击了国民党政权,国民党对政协决议十分不满。

政协闭幕后,东北问题突出出来。东北问题涉及美、苏、国、共三国四方重大利益冲突,在调和东北冲突过程中,中间党派多次提出解决方案,争取东北停战与和平。由于美苏冲突,也由于国民党当局坚持要把中共势力驱逐出东北,第三方面的调和努力未能奏效。

当国共两党发生争执的时候,民主党派可以发挥一定作用。当内战爆发,武器的批判代替批判的武器,完全不掌握武器的第三方面就无能为力了。不掌握武器就没有政治地位,就没有发言权。重庆谈判期间,毛泽东对国社党蒋匀田说:"老实说,没有我们这几十万条破枪,我们固然不能生

---

① 引自杨奎松《失去的机会?——战时国共谈判实录》,广西师范大学出版社 1992 年版,第 215 页。
② 崔宗复编:《张澜先生年谱》,重庆出版社 1985 年版,第 108 页。
③ 《中国民主同盟临时全国代表大会政治报告》(1945 年 10 月 11 日),载《中国民主同盟历史文献 (1941—1949)》,第 79 页。

存，你们也无人理睬。"① 内战爆发，第三方面难以在调停方面发挥作用。第三方面面对二选一局面，内部分裂，重新站队，民盟更倾向中共。民盟主张贯彻政协决议，反对召开国大，1947年10月国民党当局以"勾结共匪，参加叛乱"为由宣布民盟为"非法团体"。民建、民进、九三学社等中间党派也采取了与民盟相同的政治立场。青年党、民社党则倒向国民党一边。

周恩来后来说："由于历史的发展，武装斗争成为主要形式。到了大革命后，就只有两个全国性大党，经过二十多年的斗争和战争，一天天证明中间道路即第三条道路已成为不可能。"② 这是近代中国历史的结论。

第二节 中美、中苏关系的变化

太平洋战争后，中国加入同盟国阵营，美、英为了支持中国坚持抗日战争，废除了《辛丑条约》等严重压迫与束缚中国独立与发展的不平等条约体系。中国参与发起了战后最重要的国际组织——联合国，成为联合国的创始国和安全理事会拥有否决权的常任理事国，跻身世界五强之列；中国还成为若干国际组织的发起国和重要成员；中国与中小国家尤其是周边国家的关系有所发展。

战后中国毕竟仍是一个弱国，虽是联合国安理会的常任理事国，但只能以配角身份参加战后的国际外交活动。1945年2月，美、苏、英三国在雅尔塔讨论涉及中国权益的战后安排，完全把中国排除在外，而雅尔塔秘密协定决定维持外蒙古现状（即外蒙独立）、大连商港国际化、设立中苏合营公司共管中东铁路和南满铁路，甚至还包括苏联政府与中国签订一项友好同盟条约，要求美国总统罗斯福促使蒋介石同意苏联的条件等，体现

---

① 蒋匀田：《中国近代史转折点》，转引自汪朝光《1945—1949：国共政争于中国命运》，社会科学文献出版社2010年版，第422页。
② 周恩来：《关于当前民主党派工作的意见》（1948年1月），载《周恩来选集》上卷，人民出版社1980年版，第283页。

第十二章 人民解放战争胜利与中华人民共和国成立

了国际政治游戏中讲求实力的原则。美国为了拉苏联参加对日作战以减少美国的牺牲,不惜损害中国的权益。美国对雅尔塔秘密协定是满意的。1945年8月签订的《中苏友好同盟条约》基本上落实了雅尔塔秘密协定的内容,中国政府承认外蒙独立、承认中苏共管中国长春铁路、旅顺作为海军基地由中苏两国共同使用,大连划入旅顺军事区等,苏联承诺对中国的物质援助完全供给中国中央政府、尊重中国对东三省的主权,不干涉中国内政等。以蒋介石为首的国民政府为了争取苏联压制中共力量,不惜在涉及中国重大权益上让步。签约后,美、苏和中国政府居然都对这个条约表示满意。① 美国、苏联在对中国以及中国国内国共斗争问题上暂时取得了一致,其中扶蒋限共是一个基本点。

根据"雅尔塔协定",中国在中苏条约谈判中,承认了外蒙古独立的现实,并规定了外蒙古以公民投票方式实现独立的途径。1945年10月20日,外蒙古举行决定是否独立的公民投票,凡年满18岁的公民均有权参加,采用公开记名签字的方法投票。据公布,在有资格参加投票的49万人中,有48万人参加投票,百分之百同意外蒙古独立。由中国内政部次长雷法章率领有蒙藏委员会、军政部和内政部官员组成的代表团,在外蒙古观察了此次投票过程。在大国强权外交的压迫下,外蒙古独立的事实在"雅尔塔协定"之后已经无法由贫弱的中国改变了。11月15日,中国外交部长王世杰收到蒙古人民共和国总理兼外交部长乔巴山的电文,通告蒙古人民共和国代表会议主席团11月12日关于蒙古独立之决议案及关于蒙古独立之公民投票的结果,以此作为中国政府承认蒙古独立之正式文件。12月10日,国民党第六届中常会第十六次会议决定承认外蒙古独立。1946年1月5日,国民政府发表公告,根据国防最高委员会之审议结果,决定承认外蒙古独立。2月,蒙古人民共和国副总理苏伦扎布率代表团访问重庆,

---

① 参见陶文钊《中美关系史》上卷,上海人民出版社2004年版,第284页。虽然雅尔塔秘密协定和《中苏同盟友好条约》签订后受到美国一些亲蒋反共人士的严厉批评,认为是罗斯福总统"签署的最无必要、最丢人和最具潜在灾难的文件",但是陶文钊指出,罗斯福"与斯大林达成这个协定是罗斯福经过深思熟虑后采取的行动,协定的酝酿由来已久"。见《1945年中美苏关系的一幕》,参见陶文钊《探寻中美关系的奥秘》,中国社会科学出版社2014年版,第107—108页。

完成了中国承认外蒙古独立的最后手续，双方并商定建立外交关系，互派公使。

战后世界上形成了美、苏两强对峙的格局。在中国国内则是国共对峙。战后中国外交，主要是对美和对苏外交，美、苏分别支持中国国内政治斗争的对立双方——国共两党，因此对美对苏外交不是单纯的外交关系，而与中国国内政治有着密不可分的纠葛与牵涉。英国和法国虽同为五强之一，但因战争所致实力下降和战后国内经济重建所牵制，除了在一些关系两国实际利益的问题（如香港和越南问题）方面与中国有过争执外，对中国外交的影响力明显减弱。战前影响中国外交的关键国家之一日本，因为战败投降而退出中国外交的重点行列，成为中国应予处置的对象。中国与周边国家的关系在战后较战前密切，与其他邦交国则维持着正常的国家关系。

出于对日战争的需要，抗日战争末期，美国向延安派出了军事观察组，参加美国军事观察组的美国国务院和军方人士，对中共领导人的能力和抗战表现颇为肯定，认为战后国共应组成联合政府，中国统一不一定非要统一在蒋介石手里。但是执行美国总统命令派到中国调解国共关系的特使赫尔利，却依据罗斯福的指示坚定支持了蒋介石，否定了军事观察组的见解，抛弃了扶蒋限共政策，形成了亲蒋反共的政策和立场。在国共重庆谈判、政治协商会议以及国共冲突调处过程中，无论是赫尔利，还是马歇尔，他们的政治立场都站到了亲蒋反共一边，导致调停失败。

战后东北问题的处理，成为中国政府对美、苏交涉的核心。关注东北问题也就成为美、苏在中国竞争的焦点。苏军消灭日本关东军，占领全东北。《中苏友好同盟条约》签订成为苏军占领东北的根据，同时苏联又拒绝美国势力进入东北。抗战结束，国共双方都认识到取得东北对于未来中国的重要性。国共双方都希望自己先进入东北。谁掌握了东北，谁就掌握了未来国家的生命线。华北是中共的敌后抗日根据地，中共军队进入东北较易。国民党军队远在大后方，他们希望美国出面把军队运到东北。这就形成了美、苏、中三国四方在东北的争夺与较量。中共部队由于地缘因素

第十二章 人民解放战争胜利与中华人民共和国成立

抢先进入东北,并被东北苏军允许以"东北人民自治军"名义维持沈阳一带的社会治安。中共部队的进入实际上打破了中苏条约必须把东北交给国民政府的约束。当苏军得知美舰运送的国民党军队在大连登陆,认为美国插手东北违反中苏条约规定,予以反对,后虽同意美舰在营口和葫芦岛登陆,却事先将这两个港口交给中共部队,并且允许中共部队在东北适当发展。在苏军帮助下,中共在东北获得了较快发展。因此,苏、美在东北的利益冲突越来越大,美、蒋、苏三方关系在东北越来越复杂,这也给中共提供了发展的良机。从1945年10月开始的中苏经济合作谈判,到1946年3月破裂,美、蒋联合抗苏是基本因素。美国政策是扶蒋、打共、反苏,蒋则是联美、反共、抗苏。中共在中、美、苏交涉中虽未出场,却是三方衡量彼此利益的重要因素。在这种形势下,苏联必然接近中共,中共必然联苏、反蒋、中立美。

当中苏经济合作谈判破裂时,中美商约谈判却在顺利进行。大战结束后,美国成为世界头号经济大国,中国战后面临着艰巨的复兴重建工作,国民党发动内战也希望得到美元资助。在这样的背景下,1946年2月,中美双方在重庆开始了商约谈判。中美商约谈判是中国与外国废除不平等条约后进行的第一次新商约谈判,其结果不仅将界定中美两国的经济关系,而且将成为中国今后与其他国家签订类似条约的范本与参照。美国为适应战后美国向全球经济扩张需要,要求中国完全开放市场。国民党执政地位极不稳固,经济形势日渐恶化,不得不依赖美国政治经济全方位的支持,因此在中美商约谈判中始终均处于弱势与不利的地位。为了压迫中方接受提案,美国还有意无意地将中美商约谈判与美国兑换贷款等经济援助问题相联系,认为蒋介石应为美国的政治经济支持付出代价。国民党只能被迫做出重大让步。

11月4日《中美友好通商航海条约》在南京签订。该约主要内容可以概括为四条:一、缔约双方国民在彼方领土内居住、旅行、经商、金融、科学、教育、宗教及慈善事业,购置动产,进出口关税等方面,彼此享有国民待遇;二、缔约双方在进口关税、采矿、内河及沿海行船与通商、购置不动产等方面，彼此享有最惠国待遇。① 就条约文本而言，中美商约是一个平等条约，其中所有规定对于双方都是平等和互惠的。学者研究认为《中美友好通商航海条约》"几乎是中国单方面全面向美国开放，是一个形式上平等、实质上不平等的条约"，公布后受到国内舆论的广泛批评，认为19世纪的门户开放，是利益均沾，今天的门户开放，是美国利益独占。表面上是互惠，实际上是单惠。② 还有学者认为，它是一个形式上对等而实质上并不对等的条约。它在政治性质上是平等的，而在经济实践中是绝对不平等的，认为这应该是一个有害的条约。③

除了中美商约之外，中美两国还签订并交换了一系列条约、协定和换文，由此界定了美国与国民政府之间的特殊关系，保证了美国在中国享有政治、经济、军事、文化等各方面的绝对优势和特殊地位。

中美商约谈判成功，表明美国已经把反苏、反共的关系用法律形式固定下来。中共看到美蒋完全站到一起，中国将陷入内战危机，声明不承认这一条约，把反蒋与反美联系起来。有学者研究认为，这是"国民党先于中共实行了'一边倒'的政策"，即国民党政府实行了对美外交"一边倒"④。这就决定了在美苏对抗的世界格局下，中共此后实行对苏联"一边倒"是难以避免的了。

有学者指出："战后的头二三年，国民党对美国的依赖较中共对苏联的依赖为大。当马歇尔调解国共冲突失败、美国减少对华事务的干预时，国民党顿失所依；而苏俄眼见中共势力发展迅速，由限制中共扩张转而支持中共扩张，使国共斗争的后援力量此消彼长。"⑤ 这一看法不无道理。

---

① 参见王铁崖《中外旧约章汇编》第3册，生活·读书·新知三联书店1957年版，第1429—1451页。

② 陶文钊：《1946年中美商约：战后美国对华政策中经济因素个案研究》，《近代史研究》1993年第2期。

③ 王建朗：《中国废除不平等条约的历程》，第359页。王建朗引用了参与起草《公司法》的立法委员马寅初当时的评论：这是"少数人不惜以全国老百姓的权益向美国交换精锐的武器来杀同胞，与美国订立丧权辱国的所谓《中美友好商约》，以压倒我国的民族工业，忍心害理，莫此为甚，此而可忍，孰不可忍"。见马寅初《急起直救》，重庆《新华日报》1947年1月11日。

④ 参见薛衔天《战后东北问题与中苏关系走向》，《近代史研究》1996年第1期。

⑤ 张玉法：《中华民国史稿》，（台北）联经事业出版公司1998年版，第430页。

第十二章　人民解放战争胜利与中华人民共和国成立

第三节　国民党挑起战争　全面内战的爆发

由于停战令的发布和马歇尔调停①的作用，1946年上半年，关内的战争基本上停止了，然而在关外，由于国民党坚持所谓"接收"权，并派大军出关，与已经建立了根据地的东北民主联军发生大规模冲突，从而打破了国内局势的暂时平静，并最终导致全面内战的爆发。

国民党在战后接收东北的企图由于中共在东北力量的迅速发展一直未能如愿，但东北的重要战略地位又使国民党不能轻易放弃。1月发布的停战令，由于国民党的坚持，将东北排除在外，国民党以"接收"东北主权为借口，拒绝与中共谈判东北问题。1945年10月中旬，国民党接收东北大员熊式辉、蒋经国等组成东北行营来到长春，此时中共在东北的最高指挥机关东北局已经在沈阳工作一个月了。国民党在东北尚无一兵一卒，中共在东北已经部署了好几万部队。国民党接收大员姗姗来迟，与中共争夺东北的迅捷恰成鲜明对比，国民党接收东北的前景很不乐观。②苏联不允许国民党军队在大连登陆，给蒋介石快速占领东北的企图带来困难。国民党依靠苏联接收东北的企图受挫，东北行营在长春无可作为，不得不于11月中撤回关内。东北苏军总司令马林诺夫斯基向延安表示，在苏军撤退前，国共军队均不得进入东北；苏军撤退后，中国军队进入东北由中国自行解决，苏联不干涉中国内政。在中共看来，苏军不反对中共军队进入。到12月底，进入东北并在东北扩军的部队已接近27万，远远超出了国民党方面的估计。1946年1月，东北人民自治军改称东北民主联军，林彪任总司令，

---

① 抗战胜利后，国共之间由于受降权和受降地区问题发生军事冲突，美国总统杜鲁门担心中国发生内战，影响美国在华利益，任命参谋总长马歇尔为特使，来中国调处国共冲突。马歇尔来华后，成立张群（国民党代表）、周恩来（共产党代表）和马歇尔三人小组，为了召开政治协商会议，张群和周恩来签署了停战命令。三人小组成立军事调处执行部来执行停战协定。由于国民党政府发动内战，美国对蒋介石政府的支持与援助，1947年1月8日，马歇尔离华返美，随后三人小组和军事调处执行部解散，调处以失败告终。

② 参见汪朝光《和与战的抉择——战后国民党的东北决策》，中国人民大学出版社2016年版，第27—28页。

彭真任第一政委。这时候，进入东北的国民党军只有两个军，显得捉襟见肘。

3月13日，苏军全部撤出沈阳，当天国民党军进入沈阳，随后以沈阳为中心，向外扩张，相继占领抚顺、鞍山、营口等地。中共对于国民党的战争威胁采取了针锋相对、寸土必争的策略。3月中旬以后，中共中央指示东北局，坚决反击国民党的进攻，"我军必须阻止蒋军于四平街以南，并给以严重打击，方有利于今后之谈判"。东北局为此决定，全力阻止国民党军沿长春铁路北上，打击国民党军的气焰。3月18日，东北民主联军占领四平，切断了国民党军北上通道。随后，又于4月18日占领长春，28日占领哈尔滨，整个北满已为东北民主联军控制。国民党为此感到颜面尽失，恼羞成怒，下决心在东北大打。4月1日，蒋介石在国民参政会上公开声称："军事冲突的调处，只在不影响政府接收主权，行使国家行政权力的前提下进行"，"东北九省在主权的接收没有完成以前，没有什么内政问题可言"①。此言一出，无异在东北宣战，表明蒋已决心在东北动武。张嘉璈在日记中写道："东北问题除国共两方武力决斗之外，别无解决之道。"②

从3月下旬开始，国民党军向东北民主联军发动大规模攻势，以长春铁路上的四平和沈安铁路上的本溪为攻击重点，此两地也是进入中共北满和南满根据地的咽喉要道。中共为保卫东北根据地，策应全国政治谈判，决定集中东北主力，抗击国民党军的进攻。双方动员兵力多，战况激烈，为抗战胜利以后国共战史上所少有。

4月初，国民党新6军和第52军两次攻击本溪均告失利，国民党东北保安司令长官杜聿明决定，首先集中兵力，攻下本溪，然后再转攻四平。当月底，国民党军以优势兵力，三面攻向本溪。东北民主联军在久战疲劳的情况下仍进行了顽强抵抗，但终因实力对比悬殊而处于不利境地，5月3日主动撤离本溪。

---

① 中国第二历史档案馆编：《中华民国史档案资料汇编》第五辑第三编"政治"（二），第45、43页。

② 张嘉璈：《东北接收交涉日记》，1946年4月15日。

第十二章　人民解放战争胜利与中华人民共和国成立

自 4 月中旬起，全部美械装备的国民党新 1 军开始全力攻击四平，攻击持续 10 余天，均因守军的顽强抗击而毫无进展，战局陷于停滞，国民党将领为此沮丧不已。直到国民党军攻下本溪，杜聿明才得以调集援军北上，集中了 3 个美械军 10 余万兵力，采取中央突破，两翼包抄战法，自 5 月中旬开始，再度猛攻四平。由于国民党军无论兵力还是火力都居于绝对优势，而且两翼包抄威胁到守军退路，东北民主联军经一个月苦战，部队疲劳，伤亡较大，决定撤出四平。5 月 19 日，国民党军进入四平，并继续沿铁路北进，23 日占领长春，28 日占领永吉（今吉林市），月底进至松花江南岸，与东北民主联军隔江对峙。

国民党军在对东北的进攻中遭到很大损失，需要进行一定的休整，也由于全国民众和舆论强烈反对内战的呼声，国民党被迫同意自 6 月 7 日起在东北停战 15 天，期满后又同意延长至 6 月底，东北战火暂时得以平息。但东北停战并不意味着内战危机过去，相反，东北冲突极大地恶化了全国政治气氛。国民党由于在东北的暂时得手，自认为可以在短时期内通过军事手段解决中共问题，因此加紧在关内作战的部署，同时在国共谈判中提出越来越苛刻的条件，企图以战迫和。中共则认为全国和平局面已被国民党破坏，因此坚持以自卫战争反击国民党的进攻，同时在谈判桌上绝不退让，并揭露国民党的战争企图。政协会议后一度出现的和平气氛因东北战火几近荡然无存，大规模的全国内战已很难避免，从这个意义上说，东北冲突是全国内战的导火线。

国民党敢于打内战，是因为他们自恃有资本。当时国民党有军队 400 余万人，数倍于中共，国民党占有全国 75% 以上的地区和城市，70% 以上的人口，并在战后接收了大量日伪物资，得到相当数量的美援支持，在物质基础上达到了其取得政权以来的最高峰。从 6 月开始，国民党出动了 158 万正规军、52 万非正规军及 22 万特种部队，在海空军支援下，先后对中共中原、华东、晋冀鲁豫、华北、东北等根据地发动全面进攻，声称 3 至 6 个月内消灭中共武装。

中共面临的形势是严峻的。中共总兵力只有 120 余万人，其中野战部队不过 60 万人，所占地区多为乡村及中小城市，缺乏交通联系。但是，经过多年的战争锻炼，中共的实力已经有了很大增长。中共有一条适合中国国情的政治路线即新民主主义革命路线，有一套组织严密的党政机构，有一个团结高效的领导班子，因此中共并不畏惧国民党的进攻，相反自信可以在政治上团结大多数，在军事上打退国民党的进攻，从而实现推翻国民党统治，建立新民主主义新中国的政治理想。7 月 20 日，中共中央发出《以自卫战争粉碎蒋介石的进攻》的指示，分析了国内形势，指出国民党"人心不顺，士气不高，经济困难"，中共则"人心归向，士气高涨，经济亦有办法。因此，我们是能够战胜蒋介石的。全党对此应当有充分的信心"①。毛泽东在和美国友人安娜·路易斯·斯特朗的谈话中提出了"一切反动派都是纸老虎"，"真正强大的力量不是属于反动派，而是属于人民"②的著名论断。这些都为中共全党全军进行了有力的思想动员。为了取得战争的胜利，中共提出了一系列行之有效的路线、方针和政策。政治上，放手发动群众，依靠工农力量，团结中间力量，争取一切支持者，发展最广泛的反蒋统一战线，孤立国民党。经济上，自力更生，艰苦奋斗，发展生产，厉行节约。军事上，集中优势兵力，各个歼灭敌人，打运动战，歼灭战、速决战，以歼敌有生力量为主，不计较一城一地的得失。总之，在战略上藐视敌人，在战术上重视敌人，确保人民解放战争的胜利。

全面内战的起点是中原。中原解放区地处以鄂北宣化店为中心的鄂豫两省交界处，与中共其他根据地相距较远，处境孤立。国民党调动了 30 多万兵力，四面包围，企图寻机一举消灭中共武装。6 月下旬，随着国内形势日渐紧张，国民党的战争行动迫在眉睫，中共中央指示中原部队立即突围。6 月 26 日，在国民党军队打响进攻枪声的同时，中原部队由李先念、王震和王树声等率领分路向西突围，并以皮定均率一旅向东牵制国民党军。

---

① 毛泽东：《以自卫战争粉碎蒋介石的进攻》（1946 年 7 月 20 日），载《毛泽东选集》第四卷，第 1187 页。

② 毛泽东：《和美国记者安娜·路易斯·斯特朗的谈话》（1946 年 8 月 6 日），载《毛泽东选集》第四卷，第 1195 页。

第十二章　人民解放战争胜利与中华人民共和国成立

三路部队的突然行动，打乱了国民党军的部署，部队在几天内便冲出了国民党军的包围圈，其后边打边走，到7月底全部突出围追堵截的国民党军重围，转入外线。中原突围的成功，使国民党围歼计划落空，大量兵力被牵制，负责中原"围剿"的郑州绥靖公署主任刘峙只得挨蒋介石一顿训斥。

以中原战事为起点，国民党军对中共各根据地发动了全面进攻，华东战场为重点之一。

华东战场分为苏北与山东两地。苏北紧邻国民党政权统治中心南京—上海地区，直接威胁国民党的统治中枢。山东是华北与华东之间的联系要冲，也是中共在华东最重要的根据地。国民党在华东地区不惜血本，投入21个军58个师46万人的重兵，由南向北，由西向东进攻，目标是围歼华东中共部队，或将中共部队赶至山东，再行决战。

华东中共部队分为山东野战军和华中野战军两部分，统一受以陈毅为司令员的新四军兼山东军区指挥。战争开始后，粟裕指挥的华中野战军首先在苏中主动出击，先发制人，自7月中旬至8月底，连续作战，七战七捷，歼灭国民党军6个旅5万余人，打击了国民党军的进攻气焰。华中野战军无论兵力还是装备远不及国民党军，之所以能七战七捷，主要是利用内线作战的有利条件，以运动战为主，每战集中优势兵力，这些成功经验受到中共中央和毛泽东的高度重视和评价，并成为解放战争初期的典范战例。

9月19日，国民党军趁华野、山野主力未及时赶到之机，占领了中共苏北根据地中心城市之一的淮阴。山野、华野在陈毅指挥下，一方面在苏北继续作战，寻找有利的歼敌之机，另一方面以节节防御态势，准备逐步转移至山东。12月中旬，山野和华野合作，在苏北宿迁以北包围国民党军第69师，经5日激战，歼其3个旅2万余人，首开全面内战爆发后一次歼敌3个旅的纪录。当月底，中共华东部队全部撤出苏北，山东成为华东主战场。

在华东战场国共双方大军激战前后，国民党军也向晋冀鲁豫、晋察冀和东北发动了全面进攻，陈诚大言不惭地声称，3至6个月内可以"消灭共军主力"。从 1946 年 6 月到 1947 年 2 月，国民党军以损失 70 万兵力为代价，占领了解放区 100 余座城镇，其中尤以察哈尔省会张家口、热河省会承德和安东省会安东（今丹东市）较为重要，但中共部队的主力在国民党军进攻下基本未受损失。相反，由于国民党军注重攻城略地，而每占一地都不得不分兵驻守，导致能够用于进攻的机动兵力越打越少，从而使自己的军事态势趋于被动。而中共部队充分运用了机动灵活的战略战术，不计较一城一地的得失，注重歼敌有生力量，使自己的力量不断壮大，从战争初期的战略防御态势逐渐转为局部反攻。1947 年初，晋冀鲁豫、晋察冀野战军和东北民主联军先后发起了巨金鱼①、豫皖边、保南、正太、三下江南等战役，打击了国民党军的进攻气焰。战局正在向于国民党不利的方面转化，国民党军被迫放弃全面进攻，改行重点进攻战略。

战争进入 1947 年，国民党军由于连遭打击，损兵折将，士气低落，同时战线太长，兵力不足，已经失去了当初全面进攻的势头。为了保持继续进攻，蒋介石决定采取重点进攻方案，集中了一线兵力的近半数 70 万人，以两翼出击方式，企图摧毁中共中央首脑机关所在地陕北和中共主要的兵力集中地及补给基地山东，然后再扩大战果，一举解决中共武装。

面对国民党的重点进攻计划，中共决定继续进行内线作战，进一步消灭国民党军有生力量，为转入全国性反攻创造条件。2 月 1 日，中共中央发出《迎接中国革命的新高潮》指示，提出："为着彻底粉碎蒋军的进攻，必须在今后几个月内再歼灭蒋军四十至五十个旅，这是决定一切的关键。"② 这一指示表明，此时的中共，较之战争开始时更具粉碎国民党军进攻的信心，并已为迎接革命高潮的到来开始作准备。

陕北是中共中央所在地，自内战爆发后，国民党碍于种种因素而未下令进攻。1947 年 2 月，国民党驱赶中共驻宁、沪、渝三地代表，国共关系

---

① 指 1946 年 12 月晋冀鲁豫野战军等在山东省巨野、金乡、鱼台、定陶地区对国民党军进行的攻城打援战役。
② 毛泽东：《迎接中国革命的新高潮》（1947 年 2 月 1 日），载《毛泽东选集》第四卷，第 1215 页。

第十二章　人民解放战争胜利与中华人民共和国成立

彻底破裂，延安立即成为国民党军重点进攻的目标。国民党调集了34个旅25万人，由西安绥靖公署主任胡宗南统一指挥，进攻延安。相形之下，中共在陕北只有不到3万人的部队，而且装备较差，形势不利。但是，中共中央仍决定留在陕北指挥作战，如此可鼓舞人心士气，可牵制敌军，况且陕北地形险要，群众基础好，也便于部队作战。为了打好这一仗，中共中央决定将陕北部队统一编为西北野战军，任命彭德怀为司令员兼政委，另由陕甘宁晋绥联防军司令员贺龙统一领导西北财经工作，支持战争。

3月13日，国民党军15个旅14万人，自洛川、宜川分两路向延安发起进攻。西北野战军以少数兵力进行了顽强的正面阻击，掩护延安中共中央机关的撤离。在完成阻击任务后，西北野战军主动撤离，19日，国民党军进入延安空城。

3月29日，中共中央在陕北清涧枣林沟从容召集会议，决定中共中央和人民解放军总部①以及毛泽东、周恩来、任弼时等留在陕北，指挥全国战场的作战；由刘少奇、朱德、董必武等组成中央工作委员会，刘少奇任书记，前往河北平山县西柏坡，进行中央委托的工作；稍后又决定由叶剑英、杨尚昆、李维汉等组成中央后方委员会，叶剑英任书记，前往晋西北临县，负责陕北中央与各地的联络、对外宣传和后方勤务工作。此后，中共中央即转战陕北，在十分艰苦的环境下继续指挥全国战场的作战，这一消息发布后，极大地鼓舞了各解放区军民的斗志。

国民党军占领延安之后，急于寻找解放军主力决战，西北野战军利用对手急于求成的心理，以小部兵力佯装主力诱其大队扑空，主力则集结于青化砭地区，3月25日全歼国民党军担任侧翼保护的第31旅，首战告捷。

---

① 1945年秋冬，当国民党准备发动内战时，中国共产党的武装部队开始陆续改名为人民解放军。1945年12月15日，毛泽东起草中共中央党内指示《1946年解放区工作的方针》中指出，各解放区野战军，一般地已组成，应该说这时候人民解放军野战部队正在组成中。1946年10月1日，毛泽东为党内起草的指示《三个月总结》写道："过去三个月内，我中原解放军以无比毅力克服艰难困苦，除一部已转入老解放区外，主力在陕南、鄂西两区，创造了两个游击根据地。"这是第一次出现解放军的称呼。1947年3月下旬中共中央军委在对外发布命令时便正式采用"中国人民解放军总部"名义。1947年4月，毛泽东起草的党内文件中第一次使用了"人民解放军总部"称呼。

其后，西野采用蘑菇战术，与优势国民党军兜圈子，捉迷藏，寻找战机。4月14日，在羊马河设伏歼其第135旅。5月2日，西野利用国民党军判断错误，大举北上之机，南下出击其后方补给基地蟠龙，激战两日，歼其第167旅大部，缴获大量军用物资。西北野战军在一个半月之中，以弱对强，以少对多，敢打敢拼，智胜巧胜，连续三战三捷，挫败了国民党军的攻击锐气，初步扭转了西北战局。

国民党军重点进攻的另一翼是山东。蒋介石认为，山东地扼要冲，濒临海口，是中共重兵集结之地和重要补给基地，只要控制了山东，既可以消耗中共实力，又可以切断中共对其他战场的补给通道，国民党就可以在战争中取得胜势，因此，国民党军在苏北作战暂时得手后，便调集重兵，压向山东。

1947年初，山东野战军和华中野战军先后从苏北转移到了山东，统一整编为华东野战军，陈毅任司令员兼政委，粟裕任副司令员。山东是中共在抗战中建立的重要根据地，抗战胜利后，山东大部分地区成为解放区，是解放军兵源和物资的重要补给基地，也是华东与东北的联系要道（经由胶东半岛过渤海湾至辽东半岛），还是中共华东局和华野总部所在地（山东临沂），因此解放军不会轻易放弃山东。华野成立后，华东两大主力合而为一，实力大大增强，并得到了根据地人民的大力支援，有信心在山东打退国民党军的进攻。

1947年2月，国民党军调整部署，进行鲁南会战。南线由欧震指挥，三路进攻临沂，北线由李仙洲指挥，自胶济路南下莱芜，企图南北夹击，消灭中共主力。参谋总长陈诚、徐州绥署主任薛岳坐镇徐州指挥，蒋介石亦在南京遥控，企望一战而定山东。攻击开始后，南线国民党军稳扎稳打，步步为营，齐头并进，一遇阻击即停滞不前，使华野诱敌深入、寻机歼敌的计划未能实现。同时，北线国民党军行动迅速，位置突出，且兵力部署分散，各部间矛盾较多，华野果断决定放弃南线歼敌方案，改打北线之敌。

2月10日，华野主力自临沂隐蔽北上，15日又主动放弃临沂，蒋介石认为是"共军溃败"，严令北线国民党军继续南进，封锁华野退路。就在国民

第十二章 人民解放战争胜利与中华人民共和国成立

党得意忘形之时，华野主力日行百里，兼程北上，20日在莱芜抓住了李仙洲集团。李在被围后惊慌失措，23日下令自莱芜突围，结果被华野设伏分割包围，当天即被全歼。此役华野歼灭国民党2个军7个师5.6万人，"创爱国自卫战争以来最高纪录"，充分表现了解放军战略战术运用之成功。

莱芜一战，国民党军进攻受挫，但国民党仍调集重兵，着手对山东的重点进攻。国民党组织陆军总部徐州指挥所，由陆军总司令顾祝同指挥山东作战，投入兵力达到24个师60个旅45万人，其中汤恩伯的第一兵团位于南线，由临沂北进，王敬久的第2兵团和欧震的第3兵团位于西线，由津浦路东进，总的目标是先打通津浦路徐（州）济（南）段和临（沂）兖（州）公路，然后在鲁中山地与华野决战。

4月中旬，国民党军达成第一步目标，开始步步向鲁中推进。他们吸取了以往教训，以密集队形逐步推进，使华野难以分割歼敌。在这种情况下，华野部队不急不躁，以频繁的运动调动国民党军，创造战机。4月下旬，华野放弃新泰、蒙阴，主力后撤休整，国民党统帅部再次误认为对手"败退"，下令各部跟进。汤恩伯部行动积极，以整编第74师为主力，沿沂蒙公路逼向位于鲁中山区的华野指挥中心坦埠，战机终于出现了。5月13日，整编第74师到达坦埠以南，态势突出，与两翼距离拉大，华野总部当机立断，决定利用山地地形，分割围歼第74师。华野集中了5个纵队，于13日发起攻击，插入纵深，隔断了第74师与两翼的联系。第74师发现华野意图后，急忙后缩，但退路被断，全师被围于孟良崮山地。

整编第74师为国民党军主力之一，战斗力较强，被围后仍图固守待援，同时孟良崮周围国民党有多达十几个师的大军云集，其中多数离孟良崮不过一两日路程，因此南京政府令各部加速前进，救援第74师，并与华野决战，进一步加大了华野打这一仗的难度。但第74师冒进时，将重装备留在了后方，被围后无防御依托，与其他部队的关系不好。陈毅和粟裕决定，以4个纵队阻击国民党援军，攻击部队则以大无畏的英勇精神，对被围的第74师发起全力攻击。15—16日，双方反复争夺各阵地，战况十分激烈。第74师因位于岩石山地，不便筑工事，人马齐集山头，伤亡甚大。战至 16 日下午 5 时，华野全歼第 74 师 3.2 万人，击毙师长张灵甫。国民党各路援军均被阻于孟良崮周围，最近者离第 74 师不过十几里，但仍眼睁睁地看着第 74 师被歼，汤恩伯因此被撤职。此役华野以伤亡 1.2 万人的代价全歼国民党精锐主力，创造了敌重兵密集之中割歼其主力一部的辉煌胜利，被陈毅豪迈地称为"百万军中取上将首级"。这是华野以最大的耐心诱敌深入，最大限度地集中兵力，抓住转瞬即逝的战机，全力攻击被围之敌一部而取得的战果，成为解放战争中的经典战例之一。孟良崮一役，使国民党军对山东的重点进攻遭到沉重打击，迫使国民党不得不调整部署，重新研究作战方案，得出的结论是，并进不如重叠，分进不如合进，并据此拟订了山东第三期作战计划。

6 月下旬，国民党军经过整顿后再度发起攻势，主要作战方向是范汉杰指挥的第一兵团对鲁中的进攻。此次国民党军采取密集平推战术，在不到百里的战线上摆了 9 个师，华野部队因国民党军密集一团而未找到战机。当月下旬，因晋冀鲁豫野战军进军鲁西南，中共中央指示华野分兵出击策应，国民党军挟优势兵力占领了鲁中部分地区，其后又于 9 月发起胶东攻势，占领了烟台和威海，不过这已经是内战开始后国民党军攻势的最后一幕了。此前，晋冀鲁豫野战军进军大别山，华东野战军和陈赓兵团出击鲁西南和豫西，拉开了人民解放军全国性反攻的序幕，解放战争由此转折。

第四节　国民党统治的全面危机　解放区的巩固与兴旺

一　国民党统治的全面危机

随着内战的全面爆发，国内政治局势日趋恶化。1946 年 9 月，国民党军进攻张家口，中共立即声明，如国民党军不停止对张家口的进攻，则中共"不能不认为政府业已公然宣告全面破裂，并已最后放弃政治解决方针，其因此造成的一切严重后果，当然全部责任由政府方面负之"[①]。10 月 11

[①] 《群众》周刊第 12 卷第 11 期。转引自刘益涛等《中国 20 世纪全史·战略决战》，中国青年出版社 2001 年版，第 250 页。

第十二章　人民解放战争胜利与中华人民共和国成立

日，国民党军占领张家口，蒋介石得意之余，宣布如期召开国大，并于16日发表八条声明，压中共让步。而中共宣布任何和平解决的前提是，国民党恢复1月13日停战令生效时双方的军事位置，同时承认政协决议的效力。国民党固执一己私利，拒绝了中共的建议和第三方面人士的调停，11月15日，其一手操办的"制宪国大"在南京开幕。中共谈判代表周恩来因此举行记者招待会，痛斥国民党所为"已经把政协决议破坏无遗，政协以来和谈之门已被最后关闭"①，表示中共绝不承认国民党一党包办国大的合法性。19日，周恩来返回延安，国共和谈实际中止。

国民党一手包办的"制宪国大"，虽然拉拢了青年党、民社党及部分"社会贤达"参加，并通过了一部"宪法"，但因为中共和民主同盟均拒绝参加，国民党不仅未能实现以国大为自己的统治涂上合法色彩的企图，反而加深了其统治的危机。1947年1月8日，美国特使马歇尔承认调停失败，离华返美，并在临行声明中对国民党有所批评。月底美国又宣布退出军事调处执行部，国民党处于政治上的被动地位。军事方面，国民党军在前线屡屡失利，作战前景并不乐观。但蒋介石仍然拒绝了中共和社会各界对于和平的提议和要求，决心将战争打下去。2月27日，国民党下令仍然留在国统区的所有中共人员必须于3月5日前全部撤离，中断了抗战后建立起来的国共联系。3月7日，中共代表董必武离开南京回延安，行前表示，中共将"竭力为和平民主奋斗到底"，同时他自信"再见之期，当不在远"②。至此，维系了将近十年的第二次国共合作完全破裂。

随着国共合作的破裂，国民党在军事上进攻延安，政治上宣布"戡乱"，使其全部统治机器围绕内战而开动。3月，国民党召开六届三中全会，认为"政治解决的途径已经绝望"，只有作战到底，"消除统一障碍，

---

① 周恩来：《国民党关闭和谈之门，中共仍将为和平民主奋斗》（1946年11月16日），载中共中央文献研究室、中共南京市委员会编《周恩来一九四六年谈判文选》，中央文献出版社1996年版，第692页。

② 《董必武年谱》，中央文献出版社1991年版，第289页。

巩固国家基础"①。7月18日，国民党政府通过《动员戡乱完成宪政实施纲要》，规定凡妨碍"戡乱"的言论和行动均应受到"惩处"，在国统区实行严酷的高压统治。

国民党的一系列举措是为了挽救自己在政治、军事、经济各方面的败局，巩固自己的统治地位。但国民党的这些举措实际也将自己置于全国人民意愿的对立面，使自己处于十分孤立的地位。它的统治正因为一系列的冲击而日趋不稳。

对国民党统治冲击最大的是经济危机的不断发展。1947年2月，上海等地发生黄金风潮，法币币值暴跌。其中最根本的原因是政府军费浩大，货币过量发行，导致恶性通货膨胀。1947年国民党政府预算赤字高达83万亿元，占支出总数的4/5以上，当年年中物价已涨至战前的6万倍，出现了买东西要用麻袋装钱的奇观。不仅是一般工人农民，包括政府公教人员在内，都深受通货膨胀之害，生活入不敷出。工农业生产也因为通货膨胀和内战而无法正常进行。工厂大量倒闭，未倒者亦处于半停产状态，投机盛行。农村赋税摊派高达几百种，抓壮丁大大影响了农民的生产积极性，农业生产力较之战前明显下降。这些情况势必造成社会的动荡，动摇国民党的统治基础。国民党在战后接收中普遍存在的混乱与贪污，引起了社会各界的广泛不满与批评，被百姓讽为"三洋开泰"（捧西洋、爱东洋、要现洋），"五子登科"（车子、房子、金子、票子、婊子），从而加剧了社会矛盾，丧失了民心。民间流传的谚语是，"想中央，盼中央，中央来了更遭殃"。因此，国统区抗议活动不断，国民党已经失去了稳固的后方，犹如坐在火山口上。

1946年6月23日，上海赴京和平请愿代表在南京车站被暴徒殴打。7月11日和15日，著名爱国民主人士李公朴和闻一多先后在昆明被暗杀，激起了全国抗议国民党政权特务暴行的浪潮。12月，因为美军在北平强奸北京大学女生以及国民党政府企图大事化小、小事化无的做法，引发全国

---

① 中国第二历史档案馆编：《中华民国史档案资料汇编》第五辑第三编"政治"（一），第507、598页。

第十二章 人民解放战争胜利与中华人民共和国成立

抗议浪潮,冲击了国民党的统治。1947年5月,以反饥饿、反内战、反迫害为口号的学生运动在南京兴起,并迅速波及全国。蒋介石在书面谈话中威胁:"将不能不采取断然之处置。"① 5月20日,南京和上海的学生代表在南京举行示威,要求改善生活待遇,反对内战,遭到军警镇压,数十人受伤,由此更引起全国各界的强烈不满和抗议,游行示威浪潮遍及全国。"运动以极快的速度从个别要求发展成共同要求,从局部发展到全国,从自发的生活斗争发展成政治运动,揭开了中国学生运动史上新的一页。"② 与此同时,以要生存、要吃饭为口号的工人和市民运动也在兴起,上海摊贩反取缔斗争,工人要求提高生活指数的斗争,许多城市的抢米风潮,可谓此起彼伏。农村抗丁抗粮,民变蜂起。所有这些斗争被中共称为第二条战线,得到中共的大力领导、支持和策动,使国民党在军事失利的同时,在其后方还要分散力量,疲于应付。国民党已处于政治孤立、经济危机、军事失利的困境之中,国民党官员承认:"北方学生对我们的观感,已经像民国十三年时学生看北洋军阀一样。"③ 5月30日,新华社发表毛泽东亲笔撰写的评论《蒋介石政府已处在全民的包围中》指出:"和全民为敌的蒋介石政府,现在已经发现它自己处在全民的包围中。无论是在军事战线上,或者是在政治战线上,蒋介石政府都打了败仗,都已被它所宣布为敌人的力量所包围,并且想不出逃脱的方法。"评论还强调:"蒋介石进犯军和人民解放军的战争,这是第一条战线。现在又出现了第二条战线,这就是伟大的正义的学生运动和蒋介石反动政府之间的尖锐斗争。"④

与此同时,刚刚光复一年多的台湾也出现麻烦。1947年2月27日,因专卖局警员在台北市取缔走私香烟,引起流血的突发事件。次日,民众请

---

① 《蒋介石思想言论总集》第38卷,(台北)"中国国民党中央党史委员会"1984年版,第230页。
② 金冲及:《第二条战线:论解放战争时期的学生运动》,生活·读书·新知三联书店2016年版,第40页。
③ 《国民党六届三中全会第五次会议速记录》,(台北)中国国民党"党史馆",6.2/38 1。
④ 毛泽东:《蒋介石政府已处在全民的包围中》(1947年5月30日),载《毛泽东选集》第四卷,第1224—1225页。

愿示威，发展成大规模的官民冲突。台籍精英成立"二二八事件处理委员会"，提出处理大纲32条，要求长官公署接受他们改革政治的要求。国民政府派出的台湾统治者，面对这样的历史包袱，措手不及，应对失策。这次事件的突然爆发，是日据台湾以来台湾社会各种矛盾的总爆发；通过"缉私血案"引发的"二二八事件"，其主流是台湾人民反暴政、争民主、求自治的群众运动，这个运动正好卷入蒋管区反独裁、反内战、反饥饿的民主运动旋涡。从这个角度说，"二二八事件"所反映的台湾人民的意愿与整个中国人民的意愿是吻合的。处于全省领导核心的"二二八事件处理委员会"在3月6日发表的《告全省同胞书》中明确声明："我们的目标是在肃清贪官污吏、争取本省的政治改革，不是要排斥外省同胞。"① 这些活跃在台湾各地的主要政治组织提出的宗旨，反映了"二二八事件"中最为普遍的要求，也体现了整个事件的基本政治倾向。南京政府把"二二八事件"定性为"背叛国家"的叛乱行为，用暴力把这次官逼民反的事件镇压下去。依据各种资料估计：在"二二八事件"中，台胞死伤大约2000人，大陆军公教人员死伤约1200人。②

1948年1月，民盟在香港召开一届三中全会，不承认民盟为"非法团体"，认为南京政府的决定不合法，鉴于当前形势，决定恢复民盟总部，继续为中国的和平、民主、独立和统一而奋斗，全会宣言提出了"彻底消灭独裁卖国的国民党反动集团"的口号，表明民盟与中共站到一边。同年1月，国民党也发生分裂，国民内的民主派在香港集会，宣布成立中国国民党革命委员会，"脱离蒋介石劫持下的反动中央，集中党内忠于总理、忠于革命之同志，为实现革命的三民主义而奋斗"，"愿与全国各民主党派、民主人士携手并进，彻底铲除革命障碍，建设独立、民主、幸福之新中国"③。

---

① 《告台湾同胞书》，《二二八官方机密史料》，（台北）自立晚报社文化出版部1991年版，第111页。

② 据褚静涛研究，台胞死约900人，伤约1500人；大陆籍同胞约200人，伤约1400人。总计伤亡约4000人。参见褚静涛《二二八事件研究》下卷，（台北）海峡学术出版社2011年版，第675页。

③ 《中国国民党革命委员会成立宣言》，香港《华商报》1948年1月4—5日。

第十二章　人民解放战争胜利与中华人民共和国成立

　　进入1948年，形势对国民党越发不利。从1948年5月到当年年底，因为"行宪国大"的召开，导致国民党内的政治乱局；因为金圆券币制改革，导致财政经济的崩溃；因为淮海（徐蚌）会战的失败，国民党军机动主力部队基本被歼。在短短大半年时间里，国民党在政治、经济、军事三个方面都遭遇惨重的失败，面临着极为严重的挑战。可以说，国民党的衰颓至此已不可逆转，国民党已基本失去了其赖以与共产党争胜的实力与资本。①

　　有台湾学者指出："整体而言，蒋（介石）如能善用日本投降后的局势，应大有可为。然何以短短四年中，他不但被逼下野，而且也失去大陆统治权，从'伟大的领袖'到'人民的公敌'，这是中国近代史研究者积极寻找的答案。"过于依赖美国、处理中共问题失当、蒋介石个人的领导风格、党政派系纷争严重、军事的失败、官员贪污与学运动荡民心、通货膨胀以及审判汉奸引发争议等，是造成失败的基本原因。结论是："客观环境确实有许多不利的因素，但对于国民党丢失大陆的统治权，蒋介石应付重要责任。"②

二　解放区的巩固与兴旺

　　与国民党统治区的内外交困形成鲜明对照，解放区一片兴旺景象。中共制定了一系列合乎实际的路线、方针和政策，成功地壮大了自己，孤立、削弱了对手。

　　中共争取广大人民支持的最重要手段就是土地改革。据当时在22个省的统计，战后佃农占农户总数的33%，半自耕农占25%，也就是说，超过半数的农村人口迫切要求解决土地问题。旧中国的土地制度极不合理，占农村人口10%左右的地主、富农，占有70%左右的土地，高额地租和超经

---

　　①　引自汪朝光《国民党统治的衰颓》，载王建朗、黄克武主编《两岸新编中国近代史·民国卷》（上），第515页。
　　②　引自林桶法《国民党大陆统治的瓦解及其退台》，载王建朗、黄克武主编《两岸新编中国近代史·民国卷》（上），第554—574页。

济剥削，极大地束缚了广大无地少地农民的生产积极性，阻碍着中国的工业化发展和生产力的提高。国民党对此虽有一定认识，也提出过一些措施，但国民党解决土地问题的基本思路，是在不触动地主根本利益的情况下，以和平、渐进、改良、赎买的方式解决土地问题。但是，任何方式的土地改革都将或多或少触及地主的利益并引起他们的反对，而地主又是国民党在农村基层依靠的主要力量。国民党碍于其统治须依赖地主阶级的支持，在这方面始终未能采取任何实质性行动。国民党22年统治，始终未能解决土地、农民和农村问题。

中共则一直主张进行土地改革，发动广大农民作为中国革命的基本力量。1946年5月4日，中共中央发出《关于土地问题的指示》，要求各根据地实行土改，没收地主土地给农民，实行耕者有其田，各根据地据此开始了土改工作。1947年9月，刘少奇在西柏坡主持召开全国土地会议，制定了《土地法大纲》，于10月10日发布实行。大纲明确提出，消灭封建半封建土地制度，没收地主一切土地财产，征收富农多余土地财产，按人口平均分配，保护工商业。其后针对土改中侵犯中农利益的情况，毛泽东提出土改路线应是：依靠贫雇农，巩固联合中农，消灭地主阶级和旧式富农的封建和半封建的剥削制度。根据各解放区的不同情况，中共又制定了一系列不同的土改方针和政策，总结了以往经验，从实际出发，对土改的对象和方法做出了明确细致的规定，如在老解放区，已进行土改的地区主要是再作适当调整，未进行土改的地区则按要求进行土改；在新解放区主要是减租减息，俟条件成熟时再进行土改。虽然土改中也难免有反复和过火之处，但在各级党组织的有力工作之下，基本保证了土改的顺利进行。到1948年秋天，解放区约有1.6亿人口的地区完成了土改，有约1亿农民分得了3.75亿亩土地，在这个过程中，解放区普遍建立了县、乡、村各级政权，使中共的力量得以扩展到农村最基层，形成了解放战争稳固的后方。

广大农民为了保卫土改果实，踊跃参军，解放军的后勤供应更是依靠无数民工的小车和扁担，他们对解放战争的胜利发挥了无可替代的作用。以孟良崮战役为例，华野一线常备民工将近8万人，二线民工15万人，后方临时

第十二章 人民解放战争胜利与中华人民共和国成立

民工 50 万人，远远超过参战部队人数。以后的淮海战役动员民工总数更超过 100 万人。据不完全统计，自 1945 年 9 月到 1949 年底，山东共计动员了 1106 万民兵民工，折合使用工日 5.2 亿个，使用非机动车 147 万辆，牲畜 77 万头，担架 44 万副，运送粮食 11 亿斤，转送伤员 20 万人。① 陈毅元帅以后曾深情地说过：我们的胜利是人民群众用小车推出来的。事实证明，土地改革极大地调动了农民的革命和生产积极性，激发了他们当家做主的热情和潜能，成为人民解放战争胜利最重要的条件之一。毛泽东说："有了土地改革这个胜利，才有了打倒蒋介石的胜利。"② 刘少奇说："解决力量对比关系，就要实行土地改革。蒋介石靠美国，我们是靠老百姓。"③

在政治上，中共进行了整党运动，开展三查（查阶级、查思想、查作风）三整（整顿组织、整顿思想、整顿作风），清除党内异己变质分子，反对官僚主义作风和骄傲自满情绪，提高了党的战斗力。在军队中，进行了新式整军运动，查阶级、查工作、查斗志，发扬政治、军事、经济三大民主，加强军政训练，提高了部队战斗力。

中共非常注意国统区地下工作与统战工作。中共中央对地下党的要求是隐蔽精干，长期埋伏，积蓄力量，以待时机。在工作方式上，地下党尽量利用公开和合法的形式进行斗争，以避免不必要的损失。他们领导的国统区学运和工运，被毛泽东誉为开辟了反对国民党统治的第二条战线。在打入国民党内部，获取机密情报方面，地下党亦功不可没。如莱芜战役、保卫延安的战役，均得力于地下党及时的情报。中共的统战工作卓有成效，争取了民主党派、工商界、文教界大多数人士对于人民解放战争的支持，形成了广泛的反蒋统一战线。

根据战争形势的发展，1947 年 10 月，毛泽东在公开发表的《中国人民解放军宣言》中，明确提出了"打倒蒋介石，解放全中国"的口号。宣

---

① 王东溟·《山东人民支援解放战争史》，山东人民出版社 1991 年版，第 63—64、70、119、124—126、350—357、407 页。
② 毛泽东：《不要四面出击》（1950 年 6 月 6 日），载《毛泽东文集》第六卷，人民出版社 1999 年版，第 73 页。
③ 刘少奇：《在全国土地会议上的结论》（1947 年 9 月 13 日），载《刘少奇选集》上卷，第 395 页。

言提出了中共在解放战争中的基本政策纲领：（1）打倒蒋介石独裁政府，成立民主联合政府；（2）逮捕、审判、惩办内战罪犯；（3）实行人民民主制度，保障人民自由；（4）肃清贪官污吏，建立廉洁政治；（5）没收战犯财产与官僚资本，发展民族工商业；（6）废除封建剥削，实行耕者有其田；（7）各民族平等自治；（8）废除卖国条约，否认卖国外交。

1947年12月25—28日，中共中央在陕北米脂县杨家沟召开会议，部署党在新形势下的全国工作，准备夺取人民解放战争在全国范围内的胜利。毛泽东在会上作了《目前形势和我们的任务》的重要报告，分析了形势，总结了经验，提出了今后任务。在这个报告中，毛泽东提出了著名的十大军事原则，要点是集中优势兵力，歼灭敌人有生力量，先打弱敌，后打强敌，以运动战为主，打有准备之战。这些原则阐明了解放军作战战略战术的一系列重要问题，是当时条件下解放军作战制胜的重要依据。毛泽东在报告中提出了新民主主义革命的三大经济纲领，即没收封建阶级的土地归农民所有，没收垄断官僚资本归新民主主义国家所有，保护民族工商业，并具体说明了实现这三大纲领的方针政策。毛泽东重申了中共的土改总路线，提出新民主主义经济的指导方针是发展生产、繁荣经济、公私兼顾、劳资两利。毛泽东强调指出，中共的政治纲领就是联合工农兵学商各被压迫阶级，团结一切可以团结的力量，组成最广泛的统一战线，打倒国民党统治，成立民主联合政府。毛泽东这个报告是对中共新民主主义革命理论的丰富和发展，是中共建立新中国的纲领性文件之一。

经过政治、军事、经济等方面的政策制定与调整，中共上下一心，已经具备了夺取全国胜利的条件。与此同时，战场形势不断发展，人民解放战争也已经到了一个历史的转折点。

第五节　历史性的三大战略决战

1947年上半年，随着国民党军攻势的顿挫，中共中央也在考虑解放军如何不失时机地转入进攻，将战争引向国统区。1947年7月下旬，中共中

第十二章 人民解放战争胜利与中华人民共和国成立

央举行扩大会议认为，以五年为期打倒国民党统治是可行的，为此需要以主力出击外线，进一步削弱国民党力量，使敌转入全面防御，会议正式决定了外线进攻战略。

解放军由防御转入进攻，不同于一般军事学意义上的战略反攻，它是在对手尚有一定优势，解放军尚处相对劣势下的一种主动行为，因此进攻方向的确定变得十分重要。此时，国民党军的主要兵力摆在两翼：陕北与山东，黄河以南的广大中间地区兵力空虚。中共中央决定解放军以跃进方式向敌兵力空虚的后方纵深挺进，调动敌军，争取胜利。在具体部署上，以晋冀鲁豫野战军刘伯承、邓小平部中央突破，直趋大别山；以华东野战军陈毅、粟裕部为刘邓左翼出豫皖苏，以陈赓、谢富治兵团为刘邓右翼出豫西。三路大军摆成一个"品"字形，互为呼应，并由其他战场发起攻势，牵制国民党军，确保战略反攻的成功。

6月30日，刘伯承、邓小平指挥晋冀鲁豫野战军十余万人，在鲁西南突破国民党军黄河防线，此后连战连捷，为跃进大别山打开了通道。8月初，国民党调动8个师企图将刘邓部队堵击在陇海路和黄河之间，刘邓率部以日行百里的速度进军大别山，12日通过陇海路，17日通过黄泛区。面对前有堵截，后有追兵的险情，刘邓果断决定舍弃重装备，轻装疾进，8月底全军进入大别山，完成了中原突破的战略性任务。与刘邓大军挺进大别山同时，陈谢兵团于8月24日在豫西渡过黄河，腰斩陇海路，威胁关中。陈粟大军于9月初在鲁西南渡过黄河，月底越过陇海路，进入豫皖苏地区。三路大军互为依托，互相支援，犹如在国民党统治区楔入了一根钉子，震动了国民党统治。人民解放军的战略反攻不仅是解放战争的转折点，也是百年来中国人民革命运动的转折点，正如毛泽东指出的："这是一个历史的转折点。这是蒋介石的二十年反革命统治由发展到消灭的转折点。这是一百多年以来帝国主义在中国的统治由发展到消灭的转折点。"①

---

① 毛泽东：《目前形势和我们的任务》（1947年12月25日），载《毛泽东选集》第四卷，第1244页。

随着解放军的战略反攻，全国战场形势发生了重大变化，国民党军在全国各个战场均陷于被动地位，解放军的战场基本已转入外线国统区。在华东战场，山东兵团击退了国民党军的胶东攻势，解放了山东大部分地区；在西北战场，西北野战军于8月间在沙家店全歼国民党军整编第36师；在华北战场，晋察冀野战军于10月在清风店全歼国民党第3军，11月12日攻克其坚固设防城市石家庄；在东北战场，经过东北野战军夏季、秋季、冬季三次攻势，东北全境绝大多数地区已经被解放，国民党军被迫退守在沈阳、长春、锦州三座互不联系的孤立城市。面对败局，国民党军不得不由进攻转为防御，再由全面防御转为分区防御，又由分区防御转为重点防御，步步退缩，处处被动。

进入1948年，战场形势对于国民党更为不利。3—4月，中原解放军两克洛阳。本来，中共中央原定由粟裕率华野一兵团随后南渡长江作战，但粟裕经过认真考虑，认为还是在中原地区打大歼灭战较为有利，中共中央经过与前线指挥员的慎重磋商，同意粟裕的建议，决定解放军准备在中原打大仗，歼灭国民党主力。随后，粟裕不负所望，指挥华东野战军发起豫东战役，6月22日攻克河南省会开封，并于其后全歼前来增援的国民党区寿年兵团。此役表明解放军的攻坚、野战和连续作战能力都有了很大提高，战略战术运用以及战场指挥体现出了较高水平。在此前后，解放军在各个战场都取得了不断胜利，华北、华东和中原解放区已基本连成一片，西北野战军于4月20日收复被占一年的延安，陕北全部地区再度回到人民手中。到解放战争第二年作战结束，人民解放军总兵力已经达到280万人，除了运动战以外，攻坚战、阵地战能力都有了较大提高。国民党军虽还有总兵力365万人，但被分割在华北、东北、华东、中原、西北五个互不相接的战场，彼此联系困难，机动兵力越来越少，而且连遭打击，战斗力急剧下降，作战意志和士气极度低落。形势的发展表明，国共力量对比已经发生了巨大变化，毛泽东将解放战争的进程比喻为爬山，到1948年年中，最困难最吃力的爬坡阶段已经过去了，人民解放军打大歼灭战、战略决战的时机已经成熟。

第十二章 人民解放战争胜利与中华人民共和国成立

1948年3月，毛泽东、周恩来等以及中共中央和解放军总部自陕北迁至河北平山县西柏坡。9月，中共中央在西柏坡召开政治局扩大会议，提出了五年左右从根本上打倒国民党统治的战略任务，为此要求每年歼灭国民党军100个师（旅）150万人左右，会议要求在进入解放战争第三年的时候，各战略区都准备打大歼灭战。

战略决战的序幕首先从济南拉开。济南是山东省会，位置重要，在山东全省大部已被解放的情况下，济南已成孤城，但国民党第二绥靖区司令王耀武仍奉命指挥守军困守济南，深沟高垒，企图拖住解放军战略进攻的步伐。华野则对于济南战役早有准备。战前，华东野战军决定由许世友指挥7个纵队组成攻城集团，负责攻城，另以8个纵队组成打援集团，准备阻击可能由陇海路北援的国民党军。9月16日，华野部队发起对济南的攻击，经三天激战，济南西守备区国民党军指挥官吴化文在解放军打击下决定率部起义，使国民党军外围防线被突破，解放军兵临城下。

济南战役打响后，蒋介石极为关注，他一面令王耀武坚守，一面令杜聿明指挥三个兵团北援济南。但国民党援军生怕遭到解放军伏击，行动缓慢，而解放军已于20日发起对济南城区的总攻，并于23日下午占领外城，接着一鼓作气，次日凌晨攻进内城。国民党军的防线在解放军的攻势下彻底崩溃，王耀武化装逃跑（后被抓获），济南全城被解放。济南战役的胜利，表明解放军已经具有进行大规模兵团作战和攻克任何坚固设防的大城市的能力，而国民党军经此打击，士气更为低落，预示着未来战争的天平将更进一步向解放军的胜利方倾斜。

国共两军的战略决战开始于东北。经过两年多的交锋，国民党军在东北战场不仅数量上已居于劣势，而且被分割在沈阳、长春和锦州三个互不联系的孤立地区，进退两难。蒋介石曾有将东北驻军撤至关内以加强关内力量的考虑，但前线将领以撤退困难为由态度消极，因而此事久无定议。然而国民党军困守孤城，补给困难，战意消沉，难以逃脱覆亡的命运。

在战略决战开始之前，毛泽东主要考虑的一是决战的地点，二是决战的打法。决战的地点首先选择在东北，因为东北是解放军在全国唯一具有绝对优势地位的战场,在东北决战符合毛泽东集中优势兵力、各个歼灭敌人的军事原则。至于打法,毛泽东的部署是关门打狗,将国民党军封闭歼灭于东北,从而减轻未来关内决战的压力。为此,毛泽东特别强调要先打锦州,封闭国民党军撤向关内的退路。但东北野战军领导人林彪出于后勤支援和以往攻坚不利经验的考虑,主张先打长春,又因长春国民党军深沟高垒,一时难以下手,因此东野在几个月的时间里在主要作战方向上徘徊不定,导致毛泽东的严厉批评。直到9月初,林彪才决定南下北宁路锦州方向作战。7日,毛泽东发出《关于辽沈战役的作战方针》,指出攻克锦州是战役能否胜利的关键,"只要攻克了锦州,你们就有了主动权,就是一个伟大的胜利"①。9月中旬,东野大军南下,开始锦州外围作战,至当月底完全孤立了锦州的国民党军。

蒋介石得悉东北战况,于9月底10月初匆匆飞抵北平和沈阳,部署作战。他令锦州部队坚守待援,同时自华北调动部队,会合原在锦西的部队组成东进兵团,自锦西正面增援锦州,令沈阳援军组成西进兵团,先向锦州西北方出动,以截断东野后方补给线,再图南下夹击东野部队。东野决定以6个纵队攻锦,2个纵队及2个独立师阻击国民党东进兵团,4个纵队阻击国民党西进兵团,另以9个独立师继续围困长春,整个部署体现了集中优势兵力,全力争取锦州初战之胜的决心。

10月9日,东野发起对锦州的攻击,虽然国民党守军实力并不强,但在指挥官的严厉督促下,战斗亦十分激烈,尤以对配水池的争夺为烈。东野历经5天激战,13日全部扫清城外据点,14日在强大炮火支援下开始攻击城区。只1天时间,东野即全部占领内城,俘获国民党东北"剿总"副总司令范汉杰。同时,东野阻击部队在离锦州咫尺之遥的塔山顽强阻击了国民党东进兵团对锦州的增援,两地虽炮声互应但援军终不得越雷池一步,而国民党西进兵团因害怕遭歼,徘徊于锦州西北彰武地区,没有大的动作。

锦州解放,东北国民党军已被全部围困,成为孤军。蒋介石不甘心东

---

① 《关于辽沈战役的作战方针》(1948年9月、10月),载《毛泽东选集》第四卷,第1337页。

第十二章 人民解放战争胜利与中华人民共和国成立

北全军覆灭,令援锦兵团东西对进,打通关内外通路,同时令长春守军突围,准备与沈阳守军一道向关内撤退。此时,长春国民党军被长期围困,弹尽粮绝,无心再战。在解放军的重重包围下,蒋的突围命令根本不可能实现。由于解放军的强大压力和争取,第60军军长曾泽生率部于17日起义,国民党东北"剿总"副总司令郑洞国亦不得不率部放下武器投诚,长春于19日和平解放。

锦州、长春相继解放,东北国民党军只剩下沈阳孤城。西进的廖耀湘兵团在蒋介石严令下,此时开始自彰武南进,企图经黑山和大虎山推向锦州或南进营口。东野抓住此一有利战机,一方面令一个纵队于黑山、大虎山地区阻击,两个纵队截断廖兵团退路,另一方面令攻锦部队迅速行动,自两翼包抄廖兵团,寻机扩大战果,全歼东北国民党军。经3天激战,廖兵团未能越过黑山和大虎山一线,而解放军已出现在其两翼,廖深感态势对其不利,下令改向沈阳撤退。但东野各部行动迅速,已将廖兵团分割包围,廖兵团指挥部被解放军突袭,全军群龙无首,土崩瓦解,10月28日战斗结束,廖耀湘兵团10余万人被全歼,廖本人被俘。此时,沈阳已无法再守,29日,东北"剿总"总司令卫立煌飞离沈阳。11月2日,东北最大的城市沈阳被解放。国民党第52军一部自营口经海路逃跑,锦西和热河国民党军亦自行撤退。至此,辽沈战役结束,国民党军4个兵团、11个军共47万余人被全歼,东北全境解放。

辽沈战役结束不久,一场更大规模的战役在淮海大地拉开了序幕,这就是解放战争三大战役中规模最大、战斗也最为激烈的淮海战役。济南解放之后,华东野战军提出在淮海地区进行作战的设想,得到中共中央的同意,首战以歼灭黄百韬兵团为目标。随着战场形势的发展,战役规模越打越大。解放军华东野战军和中原野战军共60余万人参战。淮海地区事关国民党政府统治中心沪宁地区的安危,国民党也不敢掉以轻心,国民党军先后有7个兵团80余万人参战。此战国共双方可谓均投入了军事主力,再加上双方的后勤支援,几百万人在淮海大地上演出了解放战争时期震惊中外的一场空前大战,这也是解放战争时期最具有军事上的

辽沈战役

决定意义的一场大战。

辽沈战役结束后,面对不利的军事形势,国民党考虑在淮海地区收缩兵力,集中机动兵力,必要时退至淮河以南,拱卫沪宁地区。根据此一计划,驻守在徐州以东新安镇的第 7 兵团黄百韬部于 11 月 7 日开始向徐州撤退。此时,华野主力得悉国民党军的行动,提前自山东南下,直扑陇海路。在此关键时刻,国民党第三绥靖区副司令、中共地下党员何基沣和张克侠于 8 日率部在台儿庄起义,使华野得以不经战斗越过他们部队的防线,赶在黄兵团之前切断了陇海路。黄兵团行动迟缓,撤退秩序混乱,一经接触,先受了不少损失。黄决定在徐州以东的碾庄一带停留整理,等待援军。华野各部遂将黄兵团包围在碾庄一带。

黄百韬兵团被围,蒋介石匆忙调整淮海地区的军事部署,将徐州"剿总"总司令、素称无能的刘峙调至蚌埠,由徐州"剿总"副总司令杜聿明负责指挥前线作战,以邱清泉、李弥、孙元良兵团接应黄百韬兵团突围并保持徐州,将在中原的黄维兵团东调徐州,并以蚌埠的李延年、刘汝明兵

第十二章　人民解放战争胜利与中华人民共和国成立

团准备北进增援。这其中，邱清泉和黄维两个兵团均为国民党精锐主力，其第5军和第18军更为主力中之主力。国民党将其看家本钱全部投入淮海战场，以图最后一搏，挽救军事颓势。杜聿明令黄百韬在碾庄死守待援，同时督促邱清泉和李弥兵团全力向碾庄前进。华野以5个纵队攻击碾庄，3个纵队担任阻击。双方于11月中旬开始全线接战，其激烈程度前所未有。此时，中原野战军亦自中原东进，于11月15日占领津浦路上的宿县，切断了徐蚌联系，并步步紧逼自平汉路东援的国民党黄维兵团，令国民党军进一步陷于被动。针对前线战局的发展，16日，中共中央决定由刘伯承、邓小平、陈毅、粟裕、谭震林组成淮海战役总前委，邓小平任书记，统一指挥前线作战。国共双方140余万兵力集中于淮海战场，淮海战役已发展为解放战争走势的大规模决定性战役。

历经一周血战，华野消灭黄百韬兵团大半，但黄仍困守待援。19日，华野发起最后的总攻，次日攻占黄兵团部碾庄，并于22日全歼黄百韬兵团5个军，黄百韬自杀。此时，远途而来的黄维兵团奉命攻占宿县，打通徐蚌联系，但为中原野战军所阻。黄百韬兵团被歼后，解放军总前委将下一目标转向黄维，24日中野放弃部分阵地，引黄维冒进。及至黄维发现情况不妙，犹豫再三，25日方令部队改向蚌埠方向转移。黄维本已贻误时机，转移过程中又部署失当，26日全军被困于宿县以南双堆集一带。次日，第85军110师师长廖运周在黄下令突围时率部起义，黄维因此被迫放弃了突围计划，改行已经被无数次证明是国民党军死路一条的坚守待援之策。

黄百韬兵团覆灭，黄维兵团又陷入重围，蒋介石不得不听从杜聿明的意见，决定由杜率徐州3个兵团撤退，绕行向南，先到蚌埠，再依托淮河防线向北救援黄维。11月底，徐州国民党军开始撤退，由于随带大批非战斗人员，撤退秩序混乱，部队拥塞于途，行动十分缓慢。华野抓住有利时机，紧追不放，12月2日在萧县截住杜军。正在这时，蒋介石又改变主意，令杜聿明改为直接向南，与蚌埠的李延年兵团南北对进，救援黄维兵团。杜集团改变行动方向后，12月4日即为紧追于后的华野合围。杜仓促下令突围，结果邱清泉、李弥兵团行动犹豫，孙元良兵团于突围中大部被歼，杜部所余两个兵团被围于河南永城县陈官庄地区，再成死棋。

杜部被围后，解放军采取吃一个、挟一个、看一个的战略，即集中全力首先歼灭黄维部，同时包围杜部，阻击自蚌埠北援的李延年、刘汝明部。自12月6日起，中野统一指挥中野及华野共9个纵队，对黄维部发起强攻，历经一周血战，至15日，黄维部4个军被全歼，黄维被俘，淮海战役第二阶段战斗结束。

黄维部被歼，李延年、刘汝明两部后撤，杜聿明集团已成孤军，但为了策应平津战役的顺利进行，毛泽东指示对杜部暂采围而不歼方法。杜部于被围中，粮弹缺乏，又值天寒地冻，可谓饥寒交迫，不待战而军心已涣散。1949年1月6日，华野以9个纵队发起对杜部的最后总攻，至10日全歼杜部2个兵团6个军，杜聿明被俘，邱清泉被击毙，只李弥乘乱脱逃。

淮海战役历时2个多月，人民解放军以少击多，全歼国民党军5个兵团22个军共55万余人，创造了解放战争以来的空前战绩。在战役的全过程中，中共中央和毛泽东对于形势有着极为准确的判断，战略上总揽全局，运筹帷幄，战术上赋予前线指挥员充分的独立决断权，上下一心，团结一致，取得了辉煌的胜利。反观国民党军，战略上没有明确目标，由蒋介石一人专断且多变，战术呆板，只知死守一地，导致最后惨败。经此一役，国民党军精锐主力几乎全军覆灭，再也无法组织有力的机动兵团投入战场。沪宁门户洞开，国民党统治覆灭已在所有人预料之中了。

还在辽沈战役刚刚结束，淮海战役正在进行之际，中共中央就在考虑为不使国民党平津地区主力南撤长江或西撤绥远，增加以后作战的困难，有迅速发起平津战役的必要。1948年11月中旬，毛泽东指示林彪等东野领导人，东野立即结束休整，以主力入关，首先包围并隔断平、津诸点之敌。为了完成全歼国民党军于华北的战役构想，毛泽东首先部署华北兵团出击平绥路，吸引傅作义部队；东野部队对国民党军取隔而不围，或围而不打之势，等到战略包围完成之后，再行各个歼灭。同时决定对淮海战场国民

第十二章 人民解放战争胜利与中华人民共和国成立

党军暂停攻击,以防华北国民党军在解放军包围未完成之时决策南逃。11月下旬,东北野战军百万大军秘密南下入关,至12月上旬先后到达冀东地区,而国民党对此尚无察觉。及至12月5日,东野部队攻占北平近郊的密云,傅作义才发现东野部队已经入关,傅立即调整部署,但为时已晚,至12月20日,东野与华北部队已分别将国民党军分割包围在北平、天津、塘沽、张家口、新保安等地,完成了预定的战役构想。

完成对国民党军的包围后,解放军首先攻击西线新保安,22日全歼傅部主力第35军,24日歼灭自张家口出逃的国民党军,傅作义赖以起家的主力部队3个军至此全部被歼灭。华北国民党军外无援军,内部中央系与地方系关系复杂,傅作义嫡系部队尽丧,在解放军的强大压力下,态度动摇,有意与解放军接洽谈和。但与此同时,他又令陈长捷在天津坚守,以加强谈判地位。1949年1月14日,解放军对天津发起总攻,次日即全歼守军,俘获陈长捷。至此,北平已成孤城,傅作义不得不同意接受和平解决方案,所有部队开出城外,接受改编。22日,北平国民党军根据和平解决协议开出城外,31日,人民解放军进驻北平。千年古城得以避免战火,和平解放,平津战役至此结束。平津战役的结果是,国民党军3个兵团13个军共52万余人被歼灭或被改编。

辽沈、淮海、平津三大战役是解放战争最为壮观的高潮。经此三次战役,国民党军在短短3个多月的时间里损失了150余万兵力,从此再也无法组织像样的防御,更不必说进攻了。人民解放军不仅在战斗意志和能力上早已超过了国民党军,而且首次在数量上也超过了国民党军。全军士气高昂,只待向全国进军的命令下达。中共中央本来估计,用5年左右的时间可以赢得战争的胜利,而三大战役进行当中,毛泽东在为新华社撰写的《中国军事形势的重大变化》一文中明确指出,自此以后,"再有一年左右的时间,就可能将国民党反动政府从根本上打倒了"[1]。

三大战役为人民解放战争的胜利奠定了坚实有力的基础。

---

[1] 毛泽东:《中国军事形势的重大变化》(1948年11月14日),载《毛泽东选集》第四卷,第1361页。

第六节　北平和平谈判破裂　百万雄师抢渡大江

国民党军在三大战役中失败，使国民党在军事上难以再战。1948年8月国民党实行以金圆券代法币的币制改革，不出3个月即遭惨败，国民党已经失去了继续维持其统治的资本。在军事、经济双重失败的打击下，国民党政权内部也发生了政治危机，桂系凭借实力对蒋介石发起"逼宫"，企图取而代之。蒋介石在面临国民党军事政治危机，而且个人威信尽失的情况下，再度玩弄以退为进手法，暂时退居幕后，以图待机再起。

1949年1月1日，蒋介石发表新年文告，首次表示在他提出的各项条件得到考虑时，他本人有意"下野"。同日，中共中央主席毛泽东发表新年献词《将革命进行到底》，揭露国民党和蒋介石的"和平"阴谋，强调中共将在各方面将革命进行到底。14日，毛泽东发表《关于时局的声明》，提出和平谈判的八项条件，即惩办战争罪犯，废除伪宪法，废除伪法统，依据民主原则改编一切反动军队，没收官僚资本，改革土地制度，废除卖国条约，召开政治协商会议成立民主联合政府。这个声明明确提出以推翻国民党政权为和平条件，从而打消了任何人在这个问题上的幻想。

蒋介石文告并未带来他所期待的反应。1月21日，在国民党政治军事败局已定的情况下，蒋宣布"下野"，由李宗仁任代"总统"。李上台后，一方面提出与中共进行和平谈判的主张，并承认以中共八项条件作为谈判基础，另一方面企图借机加强桂系实力，保存长江以南的国民党政权。在后一点上，桂系与蒋介石是一致的，不同的是，由谁来掌握国民党残存的权力。蒋介石虽然"下野"，但仍然手握国民党实权，他对各地人事作了精心布置，将自己的亲信陈诚、汤恩伯等安排在各个重要岗位，尤其注重保持台湾。在蒋的布置下，李宗仁的代"总统"徒有虚名，蒋李矛盾日渐发展，不过在表面上，李宗仁仍主导着国民党的和谈进程。

中共一方面高度警惕国民党以和谈进行战争准备的行动，毫不放松人民解放军渡江作战的准备，另一方面为了教育人民和社会各界，也为了避

第十二章 人民解放战争胜利与中华人民共和国成立

免战争可能带来的损失,同意与国民党进行和谈,力争以和平方式解决问题。3月24日,国民党任命张治中、邵力子等为和谈代表,张治中为首席代表。26日,中共中央决定由周恩来等出任中共和谈代表。国民党代表在去北平谈判前,曾拟有所谓的和谈腹案,重点在于阻止解放军过江,维持国民党在长江以南的统治地位,即划江而治。这一谈判方针得到了退居溪口的蒋介石的认可,表明蒋仍在实际上控制着国民党政权。

4月1日,国民党和谈代表到达北平,与中共代表进行和平谈判。双方在谈判中的分歧主要集中在战犯和渡江问题上。国民党代表反对在和平协定中列入战犯名单,并坚持国共双方首先签订停战协定,双方军队就地停战,实际即划江而治。考虑到国民党和谈代表说服其党内领袖签订和平协定时的困难,中共在战犯问题上做出了相当的让步,同意不具体列出名单,但是对于解放军渡江问题,中共没有给国民党留下任何幻想,坚持无论和谈是否成功,解放军都必须渡江。中共坚持建立一个在中共领导下的人民民主专政的新型国家,而不是任何保留国民党残余势力的国家。经过半个月的谈判,国民党谈判代表也认识到,国民党已经在战争中失败,它已经失去了讨价还价的资本,因此他们同意接受中共提出的《国内和平协定》。15日,中共提出这个和平协定的最后文本,要求南京国民党政府在20日前做出回答。

国民党和谈代表于16日将《国内和平协定》带回南京,在李宗仁召集的桂系将领会议上,协定遭到白崇禧坚决反对,他自信凭桂系的实力还可以与解放军一战。李宗仁因此不能接受这个协定,蒋介石当然就更不会同意接受这个协定。事实证明,国民党的谈判建议不过是为自己争取重整军备时间的烟雾弹而已。20日晚,李宗仁指示国民党和谈代表,拒绝在《国内和平协定》上签字,从而最后关上了和平之门。就在当天深夜,人民解放军已经开始渡江作战,次日,毛泽东、朱德发布《向全国进军的命令》,以推翻国民党统治、解放全中国为目标的人民解放战争辉煌的大进军就此展开。

人民解放军于1949年1月进行了统一整编,西北、中原、华东、东北

渡江战役

野战军改称第一、二、三、四野战军,华北野战军则直属解放军总部。至3月底,二野和三野进至苏皖长江一线,四野进至湖北长江一线,并作好了渡江作战的一切准备。与此同时,国民党也没有放弃长江以南的战争准备。当时国民党在长江以南尚有100余万兵力,其中最主要的是两大集团:汤恩伯集团部署在湖口至上海的长江一线,白崇禧集团部署在湖口至宜昌的长江一线,海空军力量仍有一定优势。国民党的防御部署着重在保持中国最大的工商业城市上海,幻想以此等待第三次世界大战的爆发,并且转移上海的黄金外汇财产。

人民解放军渡江作战首先是由第二、第三野战军在长达千里的苏皖长江沿线进行的。4月20日晚,谭震林指挥的渡江集团在安徽芜湖至枞阳段江面胜利越过长江天险,踏上了江南的土地。次日晚,解放军在《向全国进军的命令》之下,全线发起渡江作战。粟裕指挥的东集团在江苏江阴至扬中段渡江,随即截断沪宁路。刘伯承指挥的西集团在安徽枞阳至望江段

第十二章　人民解放战争胜利与中华人民共和国成立

渡江，兵锋直指浙赣路。解放军渡江作战，依靠的是成千民工驾驶的小木船，但兵锋所至，势如破竹，已经丧失了战斗意志的国民党军根本无法组织有效的阻击或反击，相反，驻守江阴要塞的国民党军和国民党海军第2舰队相继宣布起义，对国民党军长江防线是一重大打击。

4月23日晚，人民解放军第三野战军第35军自浦口渡江，进入国民党政权统治中心南京。此时此刻，国民党军政官员早已逃亡一空。以人民解放军解放南京为标志，自22年前的这个月国民党在南京建立的中央政权，至此实际覆亡。

解放军渡江之后，国民党军在解放军的打击下闻风而逃，在常州以东的部队沿沪宁路撤往上海，在常州以西的部队沿宁杭等公路撤往杭州，住安徽沿江的部队自皖南山地撤往浙赣路，国民党军长江防线不战自溃。解放军紧追溃退中的国民党军，三野部队先后解放苏州和杭州，两路合围，完成了对上海的包围。二野部队则于5月初在浙赣路上与三野会师，控制了自浙西至赣东的大段浙赣路，切断了白崇禧和汤恩伯两大集团的联系，并为以后继续南进准备了有利的出发基地。

国民党长江防线的重心在上海。上海是中国最大的工商业城市，也是国民党政权赖以维持统治的经济重心。自国民党军在淮海战役中失败后，蒋介石一面部署将上海库存黄金、外汇和物资运往台湾①，一面寄希望于守住上海半年，以等待国内外形势的变化。为此，国民党在上海集中了陆海空三军20余万兵力，构筑了市郊、外围和市内多层立体防线，称"东方马德里"，"固若金汤"。4月底至5月初，蒋介石亲临上海，部署防守作战，镇压地下反抗，市内笼罩着战前的紧张恐怖气氛。

---

① 蒋介石从上海运到台湾黄金究竟有多少，一直众说纷纭。有300万、450万、700万诸说。据《蒋介石先生年谱长编》第九册记载，1948年12月1日，中央银行将黄金200多万两装成774箱，从上海起运，经基隆登陆台北。此后黄金陆续疏运。1949年2月8日、9日，周宏涛奉蒋介石命往上海与中央银行总裁刘攻芸晤谈。2月10日，周宏涛自上海携报告返奉化报告介石，告黄金多已运抵台湾。现全国黄金台北存2600万两，厦门存900万两，美国存380万两，共计3880万两，而上海留存20万两。见"国史馆"等单位出版、吕芳上主编《蒋介石先生年谱长编》第九册，（台北）2015年版。又《蒋介石日记》1949年2月10日所记："宏涛自沪回来，中央银行存金已大部如期运厦、台，存沪者仅20万两黄金而已，此心略慰。"未刊本，原件藏美国胡佛研究所。

中共中央对于上海作战十分关注。在军事上，虽然解放军拥有绝对优势，但上海临江面海，高楼林立，作战地域狭窄，易守难攻，而且上海是中国人口最多的城市和工商业中心，在战斗中还要尽量避免对于人民生活的影响和对于城市的破坏，维持社会稳定，并为未来的人民政权留下重要的物质基础。因此，中共中央要求前线解放军对于进攻上海作充分的政治军事准备，军事上着重于封闭国民党军海上退路，歼其有生力量，政治上着重顺利接管，维持生产和生活的正常进行。

上海作战由陈毅、粟裕指挥三野承担，二野和四野分别控制着浙赣路和平汉路，随时可以呼应三野的作战行动，准备应付美国可能的干涉行动。在具体部署上，三野以叶飞兵团的4个军自北翼向吴淞进攻，以宋时轮兵团的4个军自南翼向浦东进攻，争取在上海外围消灭国民党军有生力量，避免市区的恶战。5月12日，三野发起进攻，经过10天激战，三野部队突破国民党军外围防线，进至上海市郊。在解放军的打击下，国民党固守上海半年的计划难以实现，而且有全军覆灭的危险。为了保存其不多的军事力量，汤恩伯下令自吴淞口登轮撤退。23日夜，三野发起对上海的总攻，25日占领了苏州河南地区。国民党代理淞沪警备司令刘昌义在解放军强大压力下决定投诚，27日，上海完全解放。

上海作战是解放军渡江之后较为艰苦的一次城市攻坚战，但因准备充分，部署得当，战役进展顺利，共歼灭国民党15万人，同时基本避免了对于城市大的破坏。在上海战役进行过程中，人民解放军作战英勇，纪律严明，对上海城市的整个接收过程十分平稳有序，给上海市民留下了深刻印象。解放军在上海夜宿街头而不入民宅的事例，是上海市民多年乐道的佳话。

上海，这个中国最大的城市，从此回到了人民手中。

第七节　中华人民共和国中央人民政府成立　中国历史进入现代

渡江战役胜利之后，人民解放军开始分路向全国进军。

第十二章　人民解放战争胜利与中华人民共和国成立

华北兵团负责山西及绥远战场。山西是阎锡山长期经营之地，经过解放军的不断打击，阎多年的老本已消耗殆尽，到 1948 年底，山西国民党军仅能保持太原和大同两座孤城。解放军出于平津战役以及其后与国民党和谈的战略考虑，暂缓了对太原的进攻，使守军又得以维持半年。阎锡山坚持反共立场，拒绝太原和平解放的可能，但他表面上信誓旦旦，要与太原共存亡，实际上在解放军发起总攻前便借口赴南京商量军政大计逃离太原。1949 年 4 月 20 日国共和谈破裂之后，包围太原的华北解放军主力 30 余万人，在彭德怀指挥下（前线总指挥徐向前此时因病休养），立即对太原发起总攻，经 4 日激战，24 日解放太原，全歼国民党守军。大同国民党军见已无其他出路，29 日放下武器，大同和平解放。绥远国民党军董其武部是傅作义的老部下，而且孤悬塞外，于解放军进军影响不大，因此还在北平和平解放之时，中共已决定对绥远暂不触动，等到时机成熟时再行改编，即毛泽东所说的"绥远方式"。在中共的争取下，董其武于 6 月间与中共签订了《绥远和平协议》，8 月底傅作义亲至绥远筹划起义事宜，9 月 19 日，董其武等绥远国民党将领联名通电宣布起义，部队以后被改编为解放军，华北全境解放。

第一野战军负责西北战场。山西全部解放后，西北国民党军亦感态势不利，胡宗南部开始向西收缩。5 月 20 日，一野解放西北第一重镇西安，并准备继续向西进军。尚未受到解放军歼灭性打击的地方军阀宁夏马鸿逵部和青海马步芳部，企图以阻挡解放军的前进保持其固有地盘，遂联合胡宗南部，于 6 月初向西安反击。一野以运动防御诱敌深入，已配属一野指挥的华北第 18、19 兵团迅速赶赴前线支援，国民党军见形势不利，未敢继续前进。西北胡宗南集团是国民党军中力量保持较为完整的一个集团，为了不使其过早退入四川，再由四川至云南，以至逃往国外，便于解放军以大包围态势向西南进军，毛泽东指示一野不必过早南进。因此一野在 7 月进行扶郿战役，消灭胡宗南一部之后，改向西进，打击二马。一野两个兵团和华北第 19 兵团出击平凉，二马面对解放军的攻势，互相间钩心斗角，不愿为他人作嫁衣裳，甫经接触即行后退，结果，二马联合阵线分裂，马鸿逵部退往宁夏，马步芳部退往陇中，解放军进军大西北的大门洞开。8月中旬，一野发起兰州战役，26日解放兰州，马步芳部主力被歼。一野遂分兵进击，9月5日解放西宁，23日解放银川，长期盘踞西北的二马地方军阀势力被消灭。随后，一野沿河西走廊继续向新疆进军，月底已进至酒泉地区。此时，新疆国民党军退往内地之路已断，再战亦不现实，在中共的争取和原西北军政长官张治中的协助下，国民党新疆警备总司令陶峙岳和新疆省政府主席包尔汉分别于9月25日和26日发出起义通电，新疆和平解放，西北底定。

第三野战军负责东南战场。在攻克上海前后，三野解放了浙江省的大部分地区和江西北部以及山东最后一座在国民党手中的城市青岛。自7月开始，三野继续向福建进军，先后发起福州战役和漳厦战役，并于8月17日解放福州，10月17日解放厦门。但是由于在胜利中滋生了轻敌思想，10月24—27日，第10兵团在渡海进攻金门的作战中失利，损失了4个团近万人，原因主要是对敌情侦察不明，对于渡海作战的特点知之不多，加之领导重视不够，这是解放战争中解放军不多的失利之一。

第四野战军负责中南战场。渡江战役之前，四野部队已经部署在长江湖北段北岸，但并未与二、三野同时渡江，目的是作为战略预备队，确保苏皖战场渡江的顺利进行。二、三野渡江之后进展顺利，四野亦于5月中旬开始渡江作战。白崇禧指挥的桂系部队不敢与解放军正面决战，步步后撤。5月14日，四野在长江团风至武穴段胜利渡江，16日、17日解放华中最大的城市武汉三镇。随后，四野分为三路追歼国民党军，中路沿粤汉路直指湖南，右路自宜昌、沙市渡江后迂回湘西，左路附二野陈赓兵团出江西。至7月间，右路占领常德，左路进至萍乡，形成对长沙的包围之势。在此形势下，经过中共的工作和争取，国民党长沙绥靖公署主任程潜和第1兵团司令陈明仁于8月4日在长沙起义，白崇禧被迫率部继续南撤。鉴于白部不敢与解放军正面作战，毛泽东指示四野采取大迂回的作战方法，派部队远出白部后方，断其退路，然后包围寻歼其主力。四野右路因此经湘西向桂北，左路陈赓部经赣西、粤北向桂南进军，对白部形成大包围之势。10月上旬，四野在衡阳、宝庆地区追歼白崇禧部4个师，14日，解放华南重镇广州，国民党"政府"逃往重庆，残余国民党军退向广西和雷州半岛，并有继续逃往云南、海南或国外的计划。四野即以右路出桂西北，左路出雷州半岛和桂南，中路紧追其后，终于在12月初将白崇禧集团歼灭于广西境内，只有黄杰部2万余众逃往越南。

第二野战军负责西南战场。经过休整，二野部队于9月出动，陆续向湘西集结，采大迂回方式，准备自贵州入川。西南是国民党在大陆退守的最后一个地区，蒋介石多次亲临部署，企图以此作为国民党最后的反共基地。但国民党判断错误，以为解放军将经陕南入川，因而将防御重点置于陕南与川北地区。11月初，二野大军自湘西向贵州发起进攻，很快突破国民党军防线，15日解放贵阳，自南面威胁四川。蒋介石发现四川已处于包围中，急忙命令胡宗南部自陕南后撤入川，此时，二野部队已迂回川南，30日解放重庆。12月9日，国民党西康省政府主席刘文辉和云南省政府主席卢汉，分别在雅安和昆明宣布起义，次日，蒋介石一行自成都登机飞往台北，被迫离开了他曾经统治22年的中国大陆。

胡宗南部接到蒋介石的命令后，自陕南步步后撤，解放军华北第18兵团在贺龙指挥下，追踪胡部入川，二野则断其南退之路。12月中旬，残余国民党军麇集成都盆地，无处可逃，在解放军强大压力下，纷纷起义投诚，成土崩瓦解之势。12月27日，二野部队解放成都，此时，除少数边境地区和部分海岛之外，人民解放军已基本解放了全国。

对于尚被国民党军控制的少数边境地区和海岛，人民解放军继续进军。1950年2月，二野解放云南全境，3月解放西昌；4月，四野解放海南岛；5月，三野解放舟山群岛；10月，二野在昌都战役中击败藏军。1951年5月，中央人民政府和西藏地方政府达成《关于和平解放西藏办法的协议》，10月，人民解放军进驻拉萨。至此，除了台湾和沿海少数岛屿外，中华人民共和国的旗帜已经飘扬在中国大陆的领土上空。

与人民解放军向全国进军的同时，建立新中国的工作也在紧张地筹备之中。1948年5月，中共中央发布纪念"五一"劳动节口号，首次提出"各民主党派、各人民团体、各社会贤达迅速召开政协协商会议，讨论并实现召集人民代表大会，成立民主联合政府"①的主张。中共的主张立即得到了各民主党派和社会各界的广泛支持，应中共的邀请，从当年秋天起，各民主党派和无党派民主人士的代表陆续到达解放区的哈尔滨和西柏坡，他们当中有李济深、沈钧儒、谭平山、章伯钧、蔡廷锴、郭沫若、吴晗、周建人等。北平和平解放之后，又有不少民主人士，如黄炎培等，直接前往北平，与从哈尔滨南下和从西柏坡北上的民主人士会聚于北平，实现了支持、拥护中共新民主主义革命路线的民主人士的大会合。他们开始在中共领导下，讨论民主联合政府的成立问题。

1949年3月，中共中央在西柏坡召开七届二中全会，这是中共在全国解放前夕召开的一次制定未来各项政策的重要会议。会议决定将中共的工作重心由乡村移到城市，并讨论决定中共在革命胜利之后的政治、经济、外交等方面的基本政策。3月25日，中共中央和人民解放军总部自西柏坡迁至北平，建立新中国的各项准备工作随即在北平紧张地进行。

7月1日中共建党28周年前夕，毛泽东发表了著名的《论人民民主专政》一文，阐述即将诞生的新中国的性质是工人阶级领导的、以工农联盟为基础的、包括城市小资产阶级和民族资产阶级在内的人民民主专政的国家，这个指导新中国成立的纲领性文件，对于统一全国人民对新中国性质的认识具有重要作用。

6月15日，新政协筹备会议在北平开幕，中国共产党以及各民主党派、无党派民主人士、人民团体共23个单位134位代表参加了筹备会议，会议通过了建立新中国的有关文件。9月21日，中国人民政治协商会议第一届全体会议在北平隆重开幕，会议期间通过了《中国人民政治协商会议共同纲领》《中国人民政治协商会议组织法》《中华人民共和国中央人民政府组织法》，作为建国的指导原则；随后又通过了中华人民共和国国都、纪年、

---

① 《中共中央发布纪念"五一"节口号》（1948年4月30日），载《建党以来重要文献选编（1921—1949）》第25册，第283—284页。

第十二章 人民解放战争胜利与中华人民共和国成立

国歌、国旗四个决议案①；30日全体会议上选举出180人组成的中国人民政治协商会议第一届全国委员会，选举毛泽东为中央人民政府主席，朱德、刘少奇、宋庆龄、李济深、张澜、高岗为副主席，周恩来、陈毅等56人为中央人民政府委员会委员。② 第一届政协于9月30日闭幕，从而在法理上最后完成了建国的准备工作。

1949年10月1日，北京市30万市民在天安门广场参加中华人民共和国开国大典。在雄壮的国歌和礼炮声中，中华人民共和国国旗冉冉升起，毛泽东庄严地向全世界宣告：中华人民共和国中央人民政府成立了！一个独立、自主、统一的中国出现在世界东方，具有五千年文明历史的中国翻开了自身历史新的一页。如同毛泽东在新政协开幕致词时所说："我们的工作将写在人类的历史上，它将表明：占人类总数四分之一的中国人从此站立起来了。中国人从来就是一个伟大的勇敢的勤劳的民族，只是在近代落伍了。这种落伍，完全是被外国帝国主义和本国反动政府所压迫和剥削的结果。一百多年以来，我们的先人以不屈不挠的斗争反对内外压迫者，从来没有停止过，其中包括伟大的中国革命先行者孙中山先生所领导的辛亥革命在内。我们的先人指示我们，叫我们完成他们的遗志。我们现在是这样做了。我们团结起来，以人民解放战争和人民大革命打倒了内外压迫者，宣布中华人民共和国成立了。我们的民族将从此列入爱好和平自由的世界各民族的大家庭，以勇敢而勤劳的姿态工作着，创造自己的文明和幸福，同时也促进世界的和平和自由。""随着经济建设高潮的到来，不可避免地将要出现一个文化建设的高潮。中国人被认为不文明的时代已经过去了，我们将以一个具有高度文化的民族出现于世界。"③

1949年10月1日，是中国历史上最荣耀、最值得纪念的一天！

---

① 这几个决议规定，以北平为首都，从即日起改北平为北京；中华人民共和国采用公元纪年；在国歌未正式制定以前以《义勇军进行曲》为国歌；中华人民共和国国旗为五星红旗。
② 参见当代中国研究所《中华人民共和国史稿》第一卷，人民出版社、当代中国出版社2012年版，第21—22页。
③ 毛泽东：《中国人民站起来了》(1949年9月21日)，载《毛泽东著作选读》下册，人民出版社1986年版，第691—692页。

第十三章　中华人民共和国成立的伟大历史意义

第一节　改变了中国历史发展的方向，深刻影响了世界历史发展的进程

毛泽东曾经强调，成立中华人民共和国是一个伟大的胜利，"是中国从古未有的大胜利，也是十月革命以后一个带世界性的大胜利"①。中华人民共和国成立的伟大意义是毋庸置疑的。正是这个伟大事件，改变了中国历史发展的方向，也深刻影响了世界历史发展的进程。

中国是世界历史上最悠久的文明古国之一，仅封建社会就经历了两千多年。到公元1840年，英国发动侵华的鸦片战争，中国进入近代。从1840年至1949年的109年，是中国社会有史以来变化最剧烈的时期，是中国落后挨打并逐步走向半殖民地半封建社会的时期，也是中国人民在民族危亡面前不断觉醒，为了国家独立、民主和现代化而奋起反抗帝国主义侵略和封建统治的时期，是中国由旧民主主义革命转向新民主主义革命的时期，是旧中国走向新中国的关键时期。

1842年8月，清政府在鸦片战争中失败，被迫签订了不平等的《南京条约》。从此，中国被套上不平等条约体系的枷锁。那时候，西方资本主义正处于上升期，急于在世界各地寻找殖民地并开拓世界市场，促使自由资

---

① 毛泽东：《不要四面出击》（1950年6月6日），载《毛泽东文集》第六卷，第73页。

第十三章 中华人民共和国成立的伟大历史意义

本主义发展为帝国主义,为此不惜在 20 世纪上半叶发动了两次世界大战。中国因为长期固守封建制度,特别是明末清初实行海禁政策,封闭了国人的眼界,郑和下西洋那样壮丽的情景不能再现。清初虽然出现过康乾盛世局面,但依然是在封建社会的基本政治经济制度上的发展,比起资本主义取得的生产力进步,中国总体上是大大落后了。这就使中国在突然面对西方势力入侵的时候,处在被动挨打的地位。世界上所有发展中的资本主义国家纷至沓来,都想从中国身上瓜分一块肥肉。尤其是甲午战争后,欧美列强看见东方刚刚崛起的小国日本打败了中国,便认为这个东方巨人已经躺在"死亡之榻"上,瓜分这个巨人"遗产"的时机已经到来,便纷纷在中国抢占租借地,划分势力范围,获得各种政治、经济利益。清廷名义上保持着独立的地位,但中国实际上濒临被瓜分的状态。在近代中国历史上,中国首都三次被外国武装势力占领:第一次是在 1860 年 10 月,英法联军占领北京,朝廷"北狩"热河,被迫签订下《北京条约》。壮丽无比、举世无双的皇家园林圆明园被侵略者焚之一炬。第二次是在 1900 年 8 月,八国联军占领北京,朝廷仓皇逃亡西安,被迫签订《辛丑条约》。八国军人分治中国京师,为了侮辱中国,他们在紫禁城举行分列式,武装通过皇宫。第三次在 1937 年 12 月,日本侵略军占领中国首都南京,实行惨绝人寰的大屠杀,酿成历史上极为少见的人间惨剧,中国的首都被迫迁至重庆。此后,日本帝国主义的铁蹄踏遍了华北、华东、华中、华南大半个中国的领土。

近代资本—帝国主义迫使弱小国家签订不平等条约,是资本主义体系中最恶劣的国际关系准则。中国作为一个封建大国,面对西方资本主义体系先进的生产关系和生产力,却是一个落后的弱小国家。近代中国被迫同列强签订一系列不平等条约,是导致中国沦为半殖民地半封建社会的重要因素之一。这个不平等条约体系,内容涉及许多方面:第一,极大地破坏了中国的领土主权完整,包括领土割让、出让领土管制权、租借地和租界、引水权、军舰驻泊权、内河航行权、驻军权;第二,单方面开放通商口岸;第三,破坏了中国的关税自主权;第四,破坏了中国司法主权的完整;第五，规定片面最惠国待遇，其他任何国家都可以沿用这种规定，从中国索取利益；第六，规定鸦片自由贸易；第七，规定自由传教；第八，涉及大量对外赔款。列强对中国的侵略战争，侵犯中国领土，破坏中国主权，屠杀中国军民，掠夺中国财产，给中国造成极大的损害。在这些战争中，列强是加害的一方，中国是受害的一方，中国理应向他们索取赔偿，但战争结果却是列强迫使中国付出昂贵的赔偿代价。对外赔款是近代中国的一项沉重负担。除战争赔款以外，还有教案赔款等其他名目的赔款。粗略统计，清政府时期（1841—1911）赔款总额达到9.65亿两白银，民国时期（1912—1949）为6000多万元。赔款情况实际还要复杂许多。为了赔款，中国向西方银行大量借款，损失大量利息、回扣以及其他权益。

在不平等条约体系下，中国的独立、主权已经降到不可能再低的程度了！中国人受到了无比的盘剥和压抑。这就是半殖民地半封建社会的中国情景。

作为一个历史悠久的国家，中国与周边国家、与西方国家的关系经历了长久的年代。鸦片战争以前，以中国为中心，形成了东方式的国际关系体系。在这种体系下，中国不大关心西方世界的发展。西方资本主义的发展以及殖民主义扩张，通过鸦片战争把中国与世界紧密地联系在一起。西方式的国际关系体系以大炮为前锋，把贸易和殖民体系迅速推向东方，使以道德和尊严相维系的东方式国际关系体系很快败下阵来。中国在屈辱、赔款、割让土地和主权被侵蚀的恶劣国际关系环境中苦苦挣扎。

在失败和屈辱中，中国的先进分子在思考并且开始觉醒。一批早期改良派的思想家对洋务运动颇多批评。他们批评洋务派只知"师夷长技"，徒袭西艺之皮毛，未得西艺之要领。于是，康有为、梁启超在光绪皇帝支持下，发动"戊戌变法"。百日之内，政治、经济、军事、法律、学校教育诸方面的诏谕，像雪片一样地飞来，看似轰轰烈烈、大有作为的样子。但政变随之而来，光绪被囚，康梁逃亡，六君子喋血菜市口。以华北农民为主的义和团反帝爱国行动也失败在血泊中。这样顽固的封建专制统治，岂能领导国家的改革和进步？怎能使中国摆脱"深渊"的境地？

第十三章　中华人民共和国成立的伟大历史意义

孙中山是 20 世纪初深刻揭示中国社会发展方向的杰出革命家。在艰难的探索中,他鲜明地提出民族、民权、民生三大主张,开创了完全意义上的中国近代民族民主革命,也即是旧民主主义革命。在他的晚年,他还在中国社会大力宣传社会主义的理念。辛亥革命获得成功,摧毁了在中国沿袭两千多年的封建帝制,建立了按照资产阶级民主政治理念设计的新的国家形式。但是,辛亥革命后,国家政权为袁世凯和北洋军阀所掌握,军阀争战,国无宁日,民不聊生,国家的独立和民主富强仍旧没有希望。

五四时期,先进知识分子毅然举起民主与科学的旗帜,从思想、道德和文化方面对封建主义进行深刻的批判,从而揭开了思想启蒙的序幕。一些人对资本主义社会产生怀疑,提出了改造中国社会的方案。俄国十月革命对他们产生了重要影响,他们看到劳动者第一次成为国家的主人,认为这是"社会主义的胜利","世界劳工阶级的胜利,是二十世纪新潮流的胜利"[①]。这种主张影响了新文化运动方向,成为推动、影响五四运动发展方向的力量。五四时期,马克思主义在中国的广泛传播以及中国内忧外患的加剧,促使先进的知识分子聚集在马克思主义的旗帜下。1921 年中国共产党的成立并成为中国革命运动的领导者,正是适应了历史的需要。正是这个历史需要发挥作用,近代中国历史发生转折,开始走上"上升"之路。

20 世纪 20 年代,在中国共产党帮助下,中国国民党召开第一次全国代表大会,形成了第一次国共合作,并取得了打败北洋军阀的胜利。但此后蒋介石垄断了国民革命的领导权,背叛国共合作,造成合作破裂、国共内战的局面。1937 年,由于日本帝国主义发动全面侵略中国的战争,中国共产党与中国国民党在空前的民族危机面前再次携手合作,动员全国人民共同抗击日本侵略,并最终取得了抗日战争的胜利。抗日战争胜利后,蒋介石坚持国民党独裁统治,导致了国共合作的破裂。在这个过程中,以毛泽东为代表的中国共产党人把马克思列宁主义同中国革命实际相结合,创立了毛泽东思想,形成了新民主主义革命理论以及在这一理论指导下反帝反

---

① 李大钊:《Bolshevism 的胜利》,《新青年》第五卷第五号。

封建的战略和策略，提出了引导中国革命走向胜利的正确方针，指明了中国必须先经过新民主主义然后进入社会主义的发展道路，为新中国的建立奠定了深厚的政治和理论基础。

五四运动以后特别是国共合作以后，是把资本主义作为国家发展的方向，还是把社会主义作为国家发展的方向，是许多人特别是知识界人士思考的问题，也是严肃思考中国社会发展方向的政党需要考虑的问题。在各种救国方案中，三民主义和社会主义的影响最大。这两种思潮或者主义的传播和实施，都影响了中国社会的发展方向。在近代中国，哪种政治势力能够领导人民赢得民主主义革命的胜利，哪种政治势力就取得了引导中国走何种道路的主导权。

三民主义是孙中山在20世纪初的国际国内情势下提出来的政治思想主张，是中国资产阶级民主主义革命的基本纲领。这种主张或者纲领在1924年中国国民党第一次全国代表大会上经过孙中山的重新阐述，反映了当时国共合作反对北洋军阀的要求。反映孙中山社会改造思想的是三民主义中的民生主义思想。1925年初孙中山去世后，随着中国国民党的分裂，三民主义思想被国民党内不同政治主张的野心家所篡改。篡改后的"三民主义"违背了孙中山"联俄、联共、扶助农工"的政策，反对马克思主义，反对社会主义学说，反对并屠杀共产党，镇压工农运动。国民党、蒋介石脱离人民大众的利益，违背近代中国历史前进的方向，终于在决定中国历史命运的大决战中彻底败北。三民主义不能救中国，就在这样的大决战中被证实了。能够救中国的只能是新民主主义理论。毛泽东同志指出："只有经过民主主义，才能到达社会主义，这是马克思主义的天经地义。"[①] "民主主义革命是社会主义革命的必要准备，社会主义革命是民主主义革命的必然趋势。"[②] 民主主义社会是过渡性的社会，它的前途必定是社会主义社会。这就是说，新民主主义理论明确规定了中国的社会主义发展方向。中国走社会主义道路，是历史的选择、是人民大众的选择，这个选择经过了

---

① 毛泽东：《论联合政府》（1945年4月24日），载《毛泽东选集》第三卷，第1060页。
② 毛泽东：《中国革命和中国共产党》（1939年12月），载《毛泽东选集》第二卷，第651页。

第十三章 中华人民共和国成立的伟大历史意义

严酷的历史实践的检验。

1949年10月1日中华人民共和国成立,标志着近代中国反帝反封建斗争的最后胜利,是从旧民主主义革命到新民主主义革命各阶段经验教训的总积累。这是100多年间中国历史的一个具有伟大意义的里程碑,是中华五千年历史中的一个伟大的里程碑。它结束了鸦片战争以来的半殖民地半封建社会,结束了两千多年封建专制制度的历史,中止了中国可能走向资本主义世界体系的发展趋势,结束了极少数压迫者、剥削者统治广大劳动人民的历史,结束了国家四分五裂、征战不已、人民生活贫困、生灵涂炭的局面。中国人民第一次看到一个独立、统一、人民当家做主的新中国屹立于世。

新中国的成立,空前地提高了中国的国际地位,这在以前的近代中国历史上是不可能实现的。

新中国成立之前,中国处于半殖民地半封建社会,主权少到不能再少,根本谈不上国际地位。全民族抗战取得胜利,中国对世界反法西斯战争做出了贡献,战后成为联合国五个常任理事国之一。但是,那时的中国还是在帝国主义的东方链条上,美帝国主义还在通过条约控制着中国,还在直接干涉中国内政,支持国民党打内战。中国仍然是一个没有实力支撑的弱国,不但在战后处理欧洲问题时没有发言权,甚至中国的内政还被提到联合国的会议上加以讨论。新中国的成立结束了半殖民地半封建社会,也就是摆脱了世界资本主义体系,冲破了帝国主义的东方战线,大大改变了世界的政治地图,鼓舞并支持了全世界被压迫民族和被压迫人民争取解放的斗争,具有伟大的国际意义。

新中国有明确的外交政策:"不承认国民党时代的任何外国外交机关和外交人员的合法地位,不承认国民党时代的一切卖国条约的继续存在,取消一切帝国主义在中国开办的宣传机关,立即统制对外贸易,改革海关制度"①,收回驻军权和内河航行权。这一外交政策,清楚地体现了一个负责任的独立的主权国家的本质特点。只要同意上述外交政策,按照平等、互

---

① 毛泽东:《在中国共产党第七届中央委员会第二次全体会议上的报告》(1949年3月5日),载《毛泽东选集》第四卷,第1434页。

利及互相尊重领土主权等项原则，新中国可以与任何国家建立正常的外交关系。对于与资本主义各国建立外交关系，要求"各国无条件承认中国，废除旧约，重订新约"①。这就叫作"另起炉灶"，"打扫干净屋子再请客"②。在这个原则之下，到1950年10月，就有25个国家承认中华人民共和国，有17个国家与中国建立了正式的外交关系。通过有步骤地彻底清除帝国主义在中国的控制权，包括政治上、经济上、文化上的控制权，中国人、中国这个国家就在世界面前站起来了！中国作为一个独立的主权国家的国际地位就确定了。这是整个中国近代史时期所有志士仁人所梦寐以求的，"是一百多年来旧中国的政府所没有做到的"③。

新中国的成立，是"第二次世界大战以后最重大的政治事件，对国际局势和世界人民斗争的发展具有深刻的久远的影响"④。新中国刚一成立，就通知联合国秘书长，不承认国民党政府派驻联合国的外交代表，并且出席日内瓦会议、万隆会议，提出中国的主张，发出独立主权国家的声音。此后，中国在国际社会一贯强调独立自主和平外交，强调和平共处五项原则，强调国家不论大小一律平等，反对帝国主义霸权政治，主张多极政治，主张发达国家要支持发展中国家发展经济，主张对话反对战争，等等。这些都充分展示了新中国的国际关系理念，对构建和谐国际关系起到重要的促进作用。

第二节　奠定了社会主义的经济基础，确立了基本政治制度，开启了中华民族伟大复兴的历史新纪元

中国的地理版图在清朝中叶基本上确定了。经过鸦片战争以后多次因

---

① 毛泽东：《关于周恩来去苏联参加谈判问题给中央的电报》（1950年1月3日），载《建国以来毛泽东文稿》第一册，中央文献出版社1987年版，第213页。
② 参见周恩来《我们的外交方针和任务》（1952年4月30日），载《周恩来选集》下卷，人民出版社1984年版，第86—87页。
③ 同上书，第85—86页。
④ 《中国共产党中央委员会关于建国以来党的若干历史问题的决议》（1981年6月27日），载《三中全会以来重要文献选编》（下），人民出版社1982年版，第793页。

第十三章　中华人民共和国成立的伟大历史意义

战争失败对外割让土地,大体上形成了中华人民共和国成立时的国土面积。新中国在这个版图上形成了省、民族自治区、直辖市这样一种行政体制。省区市以上是中央人民政府(1954年《宪法》规定"中华人民共和国国务院,即中央人民政府")。这样的行政体制,大大加强和提高了国家的统一性和行政效率。1949年以前的近代中国是一个分散而虚弱的国家。分散被人称为"一盘散沙",虚弱的另一称呼是"东亚病夫"。从晚清到民国,国家的行政体制始终未能一致,指臂不灵,尾大不掉,中央政府始终不能有效地号令全国。新疆在1884年建省,台湾在1885年建省,东北三省在1907年才建省,内蒙古的绥远、察哈尔等地,宁夏、青海等地,很晚才建省,西藏还分前藏、后藏,以地方之名称呼。边远地区不少地方还是土司掌管,改土归流远未完成。有些地方甚至实行奴隶制度,康藏地区还是政教合一的封建农奴制度。从湘军、淮军到北洋六军,各占地盘,完全没有大局观念。地方诸侯,各拥武装。国民党政府时期,桂系、滇系、川系、晋系、西北五马等,各掌门户,分裂分散,征战不已,生灵涂炭。国民党政府何时真正统一过全国?新中国一改旧观,全国行政区划归于统一。各民族一律平等,实行民族区域自治制度,各民族间的关系逐渐走向和谐。稳定物价,镇压反革命破坏活动,消灭土匪黑道,清理整治妓女,全国社会秩序迅速归于平静,人民生活在安定祥和之中。这不仅是近代中国不曾有的,也是几千年的历史上不曾真正出现过的。

新中国的成立,奠定了社会主义的经济基础,对中华民族的复兴事业具有长远意义。

鸦片战争以后,中国原有的经济结构被打破,中国社会在地主制和农民小生产经济的汪洋大海中产生了资本主义经济。在华外国资本主义经济、中国官僚资本主义经济和民族资本主义经济,是那时中国资本主义经济的主要形式。民族资本主义经济受到外国资本主义和本国官僚统治的严重制约,得不到顺利发展。帝国主义还控制了中国的对外贸易和国内贸易,垄断了中国的金融。总之,帝国主义对中国的经济侵略严重阻碍了中国民族资本主义的发展,阻碍了中国的社会进步。

官僚资本是指国民党统治时期利用政治特权控制的国家巨大资本，即国家资本，它垄断了全国的经济命脉。官僚资本是半殖民地半封建社会形态下特有的经济形态，它对外勾结帝国主义，对内勾结封建势力，依靠国际金融垄断资本，排挤民族资本，操纵国家经济命脉，构成独裁统治的经济基础。官僚资本控制了全国银行总数的70%，产业资本的80%，控制了全部铁路、公路和航空运输。

没收封建地主阶级的土地归农民所有，没收官僚资本归国家所有，保护民族工商业，是新民主主义的三大经济纲领。中央人民政府甫一成立，立即实施没收官僚资本为人民的国家所有，1949年年底基本完成。对于在华的1300多家外国资本企业，没有采取直接没收的政策，而是首先废除了外国资本企业依据不平等条约所享有的经济特权，然后通过监督和管制、收购、征购等办法，妥善处理外国在华企业。到1952年底，基本上清理了帝国主义在华的经济势力。新中国在这个基础上建立起强大的国营经济。国营经济是整个国民经济的领导力量，它形成了人民共和国的物质基础，成为走向社会主义社会的经济基础。为了发展经济，新生的人民共和国并不没收其他资本主义的私有财产，并不禁止"不能操纵国民生计"的资本主义生产的发展。

完成土地改革，是新中国成立之初的一项重大社会改革成就。地主土地所有制，是封建社会的经济基础。不破除地主土地所有制，不实行"耕者有其田"，民主革命的任务就不能完成，民主革命的下一步任务——实现社会主义就难以达成。全国新解放区的土地改革基本完成，是民主革命取得最后胜利的重要标志。由于土地改革的完成，农民成为新生的人民共和国的基本支持力量，也为农民走上社会主义道路做了很好的铺垫。

新中国的成立，开创了中国现代化的新契机。我们看到，从1840年到1949年，中国的现代化屡遭挫折失败、屡次失去发展机遇。现代工业只是星星点点地分布在若干城市，工业产值只占国民经济总产值很小的比例，中国仍然是一个传统的农业国家。中国真正走上现代化的发展道路，并且改变中国传统农业国家的地位，是在1949年新中国成立之后。历史已经证

第十三章 中华人民共和国成立的伟大历史意义

明,中国现代化的历史进程,是在 1949 年以后大规模开启的。

新中国的成立,确立了我国的基本政治制度,使中国历史迈入长治久安的时期,使中华民族复兴有了可靠的政治保证。

在近代中国,政治制度经历了一个变化的过程。清朝末年,在国内外的情势压迫下,清廷曾派五大臣出洋考察政治,最终形成了试行君主立宪制度的基本想法。但在慈禧太后专制下,除了增加几个部以外,不准动摇封建制度的根基。慈禧和光绪死后,清朝产生了皇族内阁,内阁成员多由皇族成员充任。孙中山领导的辛亥革命,成功地推翻了封建专制的政治制度,希望走上资产阶级民主共和政治道路。但是,辛亥革命的胜利成果被袁世凯攫取。民国初年,在民国的招牌下,也曾试行政党政治、议会制,但最后都失败了。从此,老百姓对政党政治、议会道路完全失望了。国民党政府在南京建立后,最后实际上维持了"训政"体制,形成了蒋介石的独裁统治。

中国共产党一向追求在中国建立民主政治,反对封建专制制度,反对法西斯专政的政治制度。在江西苏区建立苏维埃共和国试行人民代表大会的民主制度,在陕甘宁边区实行各革命阶级联合的抗日民族统一战线的政治制度,开始摸索能够体现绝大多数人民意愿的民主制度。

半殖民地半封建的中国转变为无产阶级领导的人民共和国,应该实行什么样的政治制度?中国共产党在抗日战争期间就提出了自己的主张。毛泽东在《新民主主义论》中指出:在无产阶级领导下的一切反帝反封建的人们联合专政的民主共和国,这就是新民主主义的共和国。在这种国体下的政权构成形式,就是全国人民代表大会直到乡人民代表大会的系统,由各级人民代表大会选举政府。1945 年 4 月,在抗日战争即将取得全面胜利、决定中国未来命运的时刻,中国共产党召开了第七次全国代表大会,毛泽东在为大会所作的《论联合政府》报告中阐述了中国共产党的建国主张。他指出:"我们主张在彻底地打败日本侵略者之后,建立一个以全国绝对大多数人民为基础而在工人阶级领导之下的统一战线的民主联盟的国家制度。"至于政权组织,则由各级人民代表大会决定大政方针,选举政府,

"使各级人民代表大会有高度的权力；又能集中处理国事，使各级政府能集中地处理被各级人民代表大会所委托的一切事务，并保障人民的一切必要的民主活动"①。

1949年9月中国人民政治协商会议通过的《共同纲领》表明，参加政协会议的各革命阶级和党派接受了中国共产党提出的建国方针。中国人民政治协商会议一致同意以新民主主义即人民民主主义为中华人民共和国建国的政治基础。这就是毛泽东在《新民主主义论》中所说的"国体"。至于政体，即指政权机关。《共同纲领》规定："中华人民共和国的国家政权属于人民。人民行使国家政权的机关为各级人民代表大会和各级人民政府。"中国人民政治协商会议具有代表全国人民的性质，执行全国人民代表大会的职权。会议的决议代表了全国人民的意志。1954年，召开了第一届全国人民代表大会，正式通过了《中华人民共和国宪法》，选举了中央政府即国务院，任命了国务院组成人员，依法完成了《共同纲领》提出的政权机关的组成。1954年宪法奠定了中华人民共和国政治制度的基础。这部宪法在1978年后经过全国人民代表大会多次讨论修订，但这个政治制度的基础被反复申明和强调。国家的权力运行模式经过多次改革并且至今还在改革中，但是最基本、最核心的东西并未动摇。在旧中国毫无政治地位的广大工农大众，第一次成为国家的主人，他们的代表加入各级政权机关，也成为各级人民代表构成中的主要成分。在政治制度的设计中，人民第一次成为国家的主人，这在中国历史上是没有先例的。

新中国的国家权力构成和政权组成模式，是自有中国历史以来最能反映民意的模式、最民主的模式、最能集中绝大多数人民意志的模式。这个模式，无论在封建社会还是半殖民地半封建社会都是不可能出现的。从此，中国的历史开辟了一个新的时代。

1949年10月中华人民共和国成立，结束了近代中国的历史，中国历史开始迈入了它的现代，中国历史从此展开新的篇章。近代以来中国人受侵

---

① 毛泽东：《论联合政府》(1945年4月24日)，载《毛泽东选集》第三卷，第1056—1057页。

略、受欺侮的时代一去不复返了。中国人民争取到了民族的独立，国家的尊严，也为中国的现代化争取到了起步条件。中国人民、新中国政府把国家民族的繁荣富强放在首要地位来考虑的时机到来了。

第三节 宣告了近代中国历史经过"沉沦"，以及"沉沦"到"深渊""谷底"，完成了"上升"的过程

鸦片战争以后，中国陷入半殖民地半封建社会深渊，直到20世纪初期，北洋军阀时期，深渊到了谷底，对于中国近代社会发展来说，这时候面临的主要是社会"沉沦"，虽然，这时中国在经济、政治、思想、文化诸方面，实际上存在着积极的、向上的因素，但这种因素的发展是渐进的、缓慢的，相对于社会"沉沦"主流来说，它是弱小的；北洋军阀统治末期，1921年中国共产党在五四运动后宣布成立，1924年中国国民党召开第一次全国代表大会，这就是那个时代的先进因素。中共一成立，就提出了反帝反封建的时代任务，中国国民党第一次全国代表大会也提出了同样的任务。这就直击了时代的、历史的主题。自那以后，半殖民地半封建社会中国渐渐走出"谷底"，随着新的经济因素不断成长、壮大，随着新的社会阶级的出现，随着人民群众、社会精英民族意识和阶级意识的日渐觉醒，社会向上的、积极的因素逐渐发展成为社会的主流因素，影响着社会向好向上的方面发展，虽然，消极的、"沉沦"的因素仍然严重地存在，譬如日本帝国主义对中国的长期侵略，对中国社会的压迫，对中国人民造成的痛苦，不比北洋军阀时期以前弱，甚至还要强。日本企图独霸中国，使中国全部殖民地化，想做西方列强在19世纪内想做而未做到的事。但时代变化了，日本侵略引起中华民族的新觉醒，国共两党面对日寇侵略，"兄弟阋于墙，外御其侮"，经过八年抗战，新的阶级、新的政党、新的经济力量、人民群众的普遍觉醒这样的上升因素起了作用，终于赢得了对日作战的最后胜利。这是近代中国历史上反击外敌入侵取得的第一次胜利。它是标志中国社会向上发展趋势的典型事例。这一次民族革命的伟大胜利，对中国

近代史的转折具有根本意义。

1945—1949 年，是中国两大政治势力为决定中国发展方向而决战的时期。国民党的独裁、法西斯式统治，与美国援蒋势力相结合，还想把中国历史拉向后退，未能成功。这是因为近代中国发展起来的"上升"因素起了决定作用。中华人民共和国的成立标志着近代以来中国人受侵略、受欺侮的时代一去不复返了。中国人民争取到了民族的独立，国家的尊严，因此为中国的现代化争取到了起步条件。中国人把国家民族的繁荣富强放在首要地位来考虑的时机到来了。近代中国人提出过的中华民族复兴蓝图，有可能在新的历史条件下实施了。

近代中国社会的发展轨迹像一个元宝形，或者一个倒过来的马鞍形，开始是下降，降到"谷底"，然后"上升"，升出一片光明。

尾语　学习中国近代史应理解的三条基本线索与四点启示

笔者在这本小书里写完了中国近代史的基本内容。看到这里，笔者和读者一样，学习并重温了一部中国近代史。

我们理解，学习这部中国近代史，我们可以理出三条基本线索、四点基本启示。

笔者在这里把三条基本线索理出来，与读者分享：

第一，中国近代史是起自于1840年鸦片战争，中间经历晚清和中华民国时期，终结于1949年10月1日中华人民共和国成立。这109年的中国历史就是中国近代史。对中国近代史这条线索的理解，我们今天与30年前是不一样的。

第二，中国社会在鸦片战争以前是一个封建社会。鸦片战争的结果，中国被迫签订了以《南京条约》为代表的一系列不平等条约，形成了欧美国家强加于中国的不平等条约的条约体系，这个条约体系极大地损害了中国主权完整，破坏了中国自给自足的小农经济基础，引进了西方资本主义的生产因素，阻断了中国经济体系自身走向资本主义的道路，使中国社会逐渐变成半殖民地半封建社会。这样的社会性质，是我们认识近代中国的一个出发点，是贯穿中国近代历史的一条基本规律。理解了这个规律，就理解了为什么近代中国的历史主线是反帝反封建，为什么中国近代史贯穿了民主革命（包括旧民主主义革命和新民主主义革命），为什么近代中国的历史主调是革命。

第三，中国近代史经历了从"沉沦""谷底"到"上升"的全部过程。

这个道理，作者在本书中都有交代，这里就不多说了。

除了上述三条基本线索，我们还可以从中国近代史中得出四点基本启示。这四点启示是：历史选择了马克思主义为指导思想，历史选择了中国发展的社会主义道路，历史选择了中国共产党作为推动中国历史前进的领导力量，历史证明实现中华民族复兴，是近代以来中国人民最伟大的梦想。

第一点启示：历史选择了马克思主义。在近代中国，救国强国的思潮非常多，为什么最后是马克思主义引领中国人民实现了救国强国的梦想？马克思主义在中国的发展有历史的必然性吗？

在近代中国，各种救国思潮很多。教育救国、科学救国、实业救国、道德救国等，在一部分知识分子和实业家那里，是十分笃信的。还有自由主义、实用主义、等等，在知识分子中也有一定市场。君主立宪、共和制度经过长期辩论。什么国家主义、好人政府、联省自治、乡村建设，各种政治主张，有人提出，有人实践，但很快也就烟消云散。最重要的思潮或者主义是两种：三民主义救中国，马克思主义救中国。这两种思潮或者主义的传播和实施，都将会影响中国社会的发展方向。

三民主义是孙中山在20世纪初国际国内情势下提出来的政治思想主张，是中国资产阶级民主主义革命的基本纲领。这种主张或者纲领在1924年中国国民党第一次全国代表大会上，经过孙中山的重新阐述，反映了那时国共合作反对北洋军阀的要求。基本上说，反映孙中山的社会改造思想的是三民主义中的民生主义思想。民生主义思想，首先来自19世纪末欧洲的社会主义运动的启发，在一定意义上还受到马克思主义的影响，又结合了中国传统的大同思想，形成了用民生主义改造中国社会的一系列主张。他受到欧洲从自由资本主义到垄断资本主义转型中所产生的剧烈变动的影响，对垄断资本主义制度展开了强烈的批判。当时的人们从这些批判中，不难得出民生主义是要反对资本家、反对资本主义的看法。所以孙中山一再解释，民生主义并不是要反对资本、反对资本家，只是要反对少数人对社会财富的垄断，防止资本家垄断所产生的社会流弊。实际上，孙中山所要建立的，不是没有资本家的社会，而是不要大资本家的资本主义社会，

尾语　学习中国近代史应理解的三条基本线索与四点启示

这是理解他的民生主义的诀窍。孙中山在阐述他的三民主义理论的时候，内心中存在着对马克思、马克思主义的好感。他虽然批评马克思主义有关阶级斗争理论和剩余价值学说，但是却承认马克思是社会主义学说的鼻祖，而且宣布三民主义与共产主义是好朋友。孙中山去世后，随着中国国民党的分裂，三民主义思想也被不同的政治家和思想家所窜改。有改组派的三民主义，有戴季陶的三民主义，有蒋介石的"儒家化"的三民主义，有胡汉民的三民主义。这些"三民主义"，都一概违背了孙中山"联俄、联共、扶助农工"的政策，一改孙中山所说三民主义与共产主义是好朋友的认识，反对马克思主义、共产主义，反对并屠杀共产党，镇压工农运动，反对社会主义学说。他们宣布"承认三民主义就要收起共产主义"，坚持"一个主义、一个政党、一个领袖"。国民党、蒋介石脱离人民大众的利益，违背近代中国历史前进的方向，终于在决定中国历史命运的大决战中彻底败北。"三民主义"不能救中国就在这样的大决战中证实了。能够救中国的只能是经过大决战检验的新民主主义理论。新民主主义理论明确规定了中国的社会主义发展方向。说中国走社会主义道路是历史的选择，正是近代中国历史发展的方向，是历史实践检验过的。

新民主主义理论，是在马克思主义理论指导下形成的，是马克思主义与中国社会实际、与中国革命实际相结合的产物。新民主主义理论的核心是，中国革命必须分成两个步骤，第一步是推翻帝国主义和封建主义，建立民主主义的社会；第二步才是使革命继续发展，建立社会主义社会。"民主主义革命是社会主义革命的必要准备，社会主义革命是民主主义革命的必然趋势。"只有完成前一个革命，才能进行后一个革命，两个革命是相联结的，中间不能横插另一个阶段。民主主义社会是过渡性的社会，它的前途必定是社会主义社会。这就是说，新民主主义理论明确规定了中国的社会主义发展方向。

马克思主义在中国发展有历史必然性吗？回答是肯定的。

首先，马克思主义的出现，不是个别的现象，不是偶然的现象，不是可有可无的现象。马克思主义是世界资本主义发展到一定阶段的产物，换一句话说，它是资本主义成熟到一定发展阶段的产物，也是工人运动成熟到一定阶段的产物。马克思主义理论的重大贡献，一是分析了人类社会由低级到高级的发展规律，二是分析了资本的运行规律并对资本主义社会进行了政治经济学批判，指出了资本主义的社会制度一定要被更高级的社会制度所代替。

其次，马克思主义理论的产生，不仅推动了欧洲的社会主义、共产主义运动，还随着资本主义的世界化在世界范围内传播。

再次，马克思主义在中国的传播迟早是要发生的。19世纪末20世纪初，还在清朝最后时期，马克思、恩格斯的一些观点已经出现在中文刊物和著述上。第一次世界大战后，中国作为战胜国在巴黎和会上的失败，大大刺激了中国知识分子和仁人志士的思考，再加上俄国十月革命的胜利成果的推动，中国人进一步思考从晚清到民国初年中国的历史发展道路，更容易接受马克思主义的传播，能够在新的历史起点和历史经验基础上考虑国家发展的资本主义或者社会主义方向。这就是说，五四运动后，或者说中国共产党成立后，中国人考虑国家发展的社会主义方向，已经成为历史的趋势。

这就是马克思主义在中国的发展的历史的必然性。这个历史必然性不是凭空建立的，是建立在中国半殖民地半封建社会的国情上的，是建立在由于帝国主义侵略造成中国民族资本主义力量弱小，资产阶级政党力量弱小，而无产阶级政党——中国共产党是用马克思主义武装起来，这个政党的理论武装终于掌握了人民大众，掌握了历史发展的大方向。

第二点启示：历史选择了社会主义道路。这个问题必须从历史发展的角度来说明，来理解。

中国传统儒家思想中就有大同思想。"大道之行，天下为公"的大同理想，不仅是儒家的追求，也是老百姓的追求。大同理想较易与社会主义思想相结合。中国古代的大同理想，主要反映在《礼记·礼运篇》。它是先秦时期中国古人对公平、公正社会的一种乌托邦追求。几千年来，大同理想除了保留在思想家的著述中，还保留在历代农民起义的口号中。近代

尾语　学习中国近代史应理解的三条基本线索与四点启示

维新运动的发起者康有为也曾撰写过《大同书》，描述过没有阶级、没有压迫、没有剥削、人人平等、按劳分配的空想社会主义即大同社会，他主张公有制应该成为大同社会的经济基础。在大同社会里，农工商各业，一概归公，个人不置私产。这种大同理想所设想的财产归公，分配公平，社会成员人人都能发挥适当作用，"使老有所终，壮有所用，幼有所长，矜寡孤独废疾者，皆有所养"。这些与社会主义所追求的财产公有、社会福利、分配公平，有某种契合的地方。"大道之行，天下为公"的大同理想，就是在社会公平与公正的这一点上与社会主义建立了某种思想联系。中国知识分子和老百姓，对古代的大同理想是耳熟能详的。所以，孙中山在广州讲民生主义，是能够抓住听众的。中国共产党在领导革命的过程中，用社会主义、共产主义理想去教育群众，是能够为群众所理解的。从这个意义上说，中国人对大同理想的追求，在一定意义上，有助于他们接受社会主义的制度。

孙中山的民生主义思想在这方面是一个典型。所谓民生主义，孙中山用的英文词就是 Socialism。这个英文词，通常被翻译成社会主义，孙中山以为翻译成民生主义更好。有时候，孙中山直接用社会主义来说明他的民生主义主张。1912年，孙中山曾提出把中国建设成为理想的社会主义国家，提出用欧美的资本主义建设中国的社会主义。他希望做到："我民幼有所教，老有所养，分业操作，各得其所。"孙中山认为民生主义并不是要反对资本、反对资本家，只是要反对少数人对社会财富的垄断，防止资本家垄断所产生的社会流弊。

由于民生主义学说中缊含有若干与社会主义相近的设想，民生主义往往被评价为社会主义。实际上，孙中山所要建立的，不是没有资本家的社会，而是不要大资本家的资本主义社会。孙中山强调，他的民生主义与社会主义、共产主义是好朋友。1924年孙中山在广州演讲民生主义，强调指出："共产主义是民生的理想，民生主义是共产的实行；所以两种主义没有什么分别，要分别的还是在方法。"又说，"三民主义之中的民生主义，大目的就是要众人能够共产"。"人民对于国家不只是共产，一切事权都要共的。这才是真正的民生主义"。孙中山的民生主义—社会主义思想，虽然不是科学社会主义思想，但它在中国人民中是有影响的。这在一定意义上，它形成了历史选择社会主义的思想基础。

国际环境和民族危机的影响。五四运动前后，中国思想界在报刊上讨论和宣传社会主义几乎成为一种社会潮流。1929—1933 年由美国引起的经济危机使资本主义世界深陷经济、政治、信仰灾难的恐慌之中，资本主义的吸引力在危机中日益受到质疑。与此同时，社会主义国家苏联的第一个五年计划取得了辉煌成绩，社会主义的影响力迅速彰显。在经济危机的打击下资本主义国家加强了对华经济掠夺，日本则悍然发动侵华战争，民族危机促使人们寻找新的出路。在这样的历史背景下，中国知识分子大多对苏联社会主义表达了好感，他们把苏联的成功归因于苏联的社会主义制度、计划经济及马克思主义，知识界在对未来中国发展道路进行思索时，不少人表达了对社会主义的热切追求，社会主义思想由此达到高潮。

以上充分说明中国走上社会主义道路，得到了工农大众的支持，得到了知识分子的理解，得到了民主党派的拥护，工商界也不反对。这就是为什么 1953 年提前从新民主主义过渡到社会主义，1956 年实行社会主义改造、全行业公私合营十分顺利的原因。

总之，是近代中国历史的发展使中国选择了社会主义。历史也已经证明，这一选择为当代中国的一切发展进步奠定了根本政治前提和制度基础。

有人提出假设中国当初不走社会主义道路而是走资本主义道路，现在或许也会发展得很好。应该如何看待这些假设？

必须指出，后人对历史发展过程所做的任意假设，是没有意义的。这样的假设无助于我们对历史发展的认识。

假设中国当初不走社会主义道路而是走资本主义道路，假设这样的假设有某种意义，中国是否会发展得更好呢？笔者看不尽然。这个问题，我们不能从中国发展道路的历史事实中来求证，因为中国道路不是这样的。我们可以看看地球上类似国家的状况。

我们首先看看日本。日本在 140 多年前实行明治维新，走了"脱亚入

尾语 学习中国近代史应理解的三条基本线索与四点启示

欧"的发展路线,是继欧美国家后走上资本主义发展道路的国家。可是日本却是一个靠军国主义、靠战争、靠掠夺发展资本主义的国家。中国和亚洲国家吃过它的苦,还需要在这里细数吗?第二次世界大战结束后,日本被迫宣布无条件投降。美军占领日本后,如果不是出于冷战需要,扶植日本作为对抗社会主义阵营的基地,日本的战后的发展还不知道怎么样呢。

再看印度。印度是我国的西南邻邦。印度早于中国差不多 200 年成为殖民地,印度的独立时间和中国差不多。印度是一个大国,是按照资本主义方向发展的国家,今天称为"金砖四国"之一。这 60 年来,印度的发展状况和人民的富裕程度,是不是比中国更好呢?这是不难回答的问题。

再看俄罗斯。俄罗斯是最先建成社会主义的国家,搞社会主义搞了 70 来年,1991 年选择了资本主义发展道路。俄罗斯搞社会主义的时候,军事、经济实力均可抗衡美国,而今天的俄罗斯在综合实力等各方面与美国却是相差甚远。

亚洲的菲律宾,曾是美国的殖民地;缅甸曾是英国的殖民地;印度尼西亚曾是荷兰的殖民地,也曾被日本占领。这些国家都走的是资本主义路线,今天的情况如何,恐怕不需要多加引证了。

拉丁美洲各国,早在 19 世纪初就进行独立战争,逐渐摆脱殖民地地位,走上资本主义发展道路。那里的经济发展水平是否比中国更好呢?

非洲大陆,长期是欧洲殖民诸国的殖民地,大多数国家直到 20 世纪中叶民族解放运动中才逐渐摆脱殖民地地位。那些国家大体上走的都是资本主义发展类型的道路。大多数非洲国家至今还是世界上最不发达的地区。

环顾世界各国,相比较之下,中国走上社会主义道路,对国家的整体发展,对人民生活的改善,对综合国力的提升,对国际地位的提高,是不是更好些呢?我们可以设想,如果中国走上资本主义道路,在列强的政治压迫和经济压榨之下,在内部的四分五裂下,中国发展状况会与 1949 年前有多大区别呢?

有人认为,中国是通过革命走上社会主义道路,进而走上现代化道路。有人认为近代中国如果没有革命也许会发展得更好,应该如何看待这样的观点？

中国近代史学界认识到，在近代中国历史中，有两个历史发展主题，一个是民族独立问题，另一个是社会经济的现代化问题。解决民族独立问题，就是要进行反帝反封建的民主主义革命。解决社会经济的现代化问题，就是要工业化，因为工业化是现代化的核心。在近代中国，只有首先解决国家、民族的独立，才可能实行工业化和现代化。这是整个中国近代革命史已经证明了的。中国现代化事业，实际上，是在1949年10月中华人民共和国成立以后，在中国社会进入社会主义建设时期以后开始的。

这就是说，在中国，社会主义与现代化几乎是同步进行的。我们是在社会主义社会里，进行现代化事业，我们的现代化，叫作社会主义现代化，更确切地说，叫作中国特色社会主义现代化。社会主义中国经历了差不多60年的探索和奋斗，特别是后30年的探索和奋斗，我们形成了以社会主义市场经济为特点的经济体制，形成了中国特色的社会主义理论体系。实践证明，这种经济体制，这种理论体系，对中国的发展是有效的。

说到革命和现代化的关系，是可以从理论与实践相结合的角度做出合理解释的。一般来说，当旧的社会制度严重阻碍社会生产力的发展，就有可能发生革命，以扫除生产力发展的障碍，推动社会的前进。17世纪英国发生资产阶级革命，产生英国18世纪的工业革命，推动英国资本主义生产力大发展；18世纪法国大革命，也同样起到推动法国资本主义经济发展的作用。美国也是在18世纪发动了北美独立战争，取得了国家独立，才使美国生产力获得解放，而在19世纪末以后发展成为世界强权的。中国则是在取得反帝反封建的新民主主义革命胜利、获得国家独立之后，开始了现代化的进程。

有人认为近代中国如果没有革命也许会发展得更好，这是一种错误的观点。20世纪90年代，有人发表"告别革命"的说法，提出了这种错误观点。首先，中国如果没有革命也许会发展得更好，这是一种随意的假设，假设者提不出任何有价值的证明。换句话说，你用什么材料证明你的观点呢？历史不能从头来过一次，否则，还可以检验一下你的论点是否有可行性。其次，任何社会的革命都不是人为制造出来的，都是客观环境逼迫出来的。有一句话说，统治阶级不能照旧统治下去，人民大众不能照旧生活下去的时候，革命就可能发生。这时候，革命党振臂一呼，人民就会跟从，革命事业就像云卷云舒，大规模地开展起来。如果没有这样的客观环境，任何人、任何政党凭空呼唤革命，是制造不出革命来的。最后，近代中国从鸦片战争以后，逐渐形成半殖民地半封建社会，在这样的社会里，帝国主义国家不断用战争、不平等条约等多种手段在相当程度上控制了中国的政府，操纵了中国的经济。在这种政治、经济生活条件下，从晚清政府到民国政府都面临着不能照旧统治下去，人民群众也不能照旧生活下去的局面。在这种社会环境下，革命成为社会生活的常态。这是近代中国的基本历史事实。我们怎么能不顾这样的基本事实，而假设如果没有革命会发展得更好些呢？

第三点启示：历史选择了中国共产党。鸦片战争以后，中国逐渐形成半殖民地半封建社会。这种社会性质决定了中国必须进行反帝反封建的民主主义革命，才能获得民族独立（对帝国主义而言）和民主进步（对封建主义而言）。在中国，哪一种政治势力能够领导人民赢得民主主义革命的胜利，就取得了引导中国走何种道路的主导权。在晚清，康有为、梁启超发动戊戌变法运动，有可能引导中国走向资本主义社会，但是戊戌变法运动未能成功。孙中山领导的中国同盟会，以及民国初年由同盟会改组的中国国民党，是近代中国的资产阶级革命政党，它有可能通过推翻清政府把中国引导到资本主义社会，但是由于中国资产阶级及其政党的软弱，辛亥革命后建立的南京临时政府被清政府最后一任内阁总理大臣袁世凯窃夺了。民国初年军阀混战，国家分裂，人民涂炭。五四运动以后，国家情势发生很大变化。俄国十月革命的影响在中国迅速传播开来。1921年中国无产阶级政党——中国共产党成立以后，逐渐主导了中国革命和中国社会前进的方向。以毛泽东为代表提出的新民主主义革命理论对中国前进方向有清楚地阐述：中国反帝反封建的资产阶级民主主义革命必须由无产阶级领导，中国革命前途是社会主义和共产主义。为了走向社会主义，第一步是实行新民主主义，第二步才是社会主义。从十年内战时期的革命根据地到抗日战争时期的敌后根据地和解放区，中国共产党领导了广大的地区和人民从事艰苦的革命斗争，一向以社会主义、共产主义相号召，鼓舞着广大地区和人民。

1944年国民党军队在豫湘桂战役中大溃败，引起了大后方的知识界、工业界人士对国民党政府执政能力的怀疑。抗战胜利后蒋介石以消灭中共为目的，悍然撕毁《双十协定》和新政协决议，拒绝组织联合政府，发动内战，更把期望和平的人民和知识界推向了共产党一边。民主党派纷纷明确表态支持中共的政治、经济主张。

中共对中国新民主主义革命的胜利起到了决定性的作用，中共依靠广大人民，特别是赢得了工农的支持和信赖。革命取得胜利，中共建立中华人民共和国，成为国家的主要领导力量是没有异议的。这个结局决定了中国共产党真正成为推动中国社会前进的主导力量。

第四点启示：实现中华民族复兴，是近代以来中国人民最伟大的梦想。这一点，是习近平总书记在各种场合反复强调的。在中国共产党十八大以来许多国内外重要会议上，也是在十九大报告中强调指出这一点。鸦片战争以后，中国因为落后挨打，遭到世界上所有殖民主义—帝国主义国家的侵略，国家主权沦丧，人民生命涂炭，中华民族处于水深火热之中。鸦片战争以后，历代仁人志士怀抱着振兴中华的梦想，前仆后继，为了反对帝国主义侵略，为了反对封建主义统治，进行了不懈的奋斗。孙中山最早提出"振兴中华"的口号，辛亥革命后，他还提出了振兴国家的方案，都未能实现。中国共产党成立，在反帝反封建的主张下，在毛泽东提出的新民主主义理论的指导下，不怕流血牺牲，英勇奋斗，取得了新民主主义革命的成功，建立了中华人民共和国，为中华民族的振兴打下了国家独立、人民当家做主的最为基础性的条件。在这个基础上，经过67年的努力，在中国特色社会主义旗帜下，国家基本上实现了全面小康社会，这是1840年以来，国家、社会、人民距离中华民族复兴最为接近的时候。中国共产党的十九次代表大会已经明确了未来30年的奋斗方向，到21世纪中叶，我国将建成社会主义现代化强国,实现中华民族的伟大复兴。

　　读者读完这本《简明中国近代史读本》后,是否也能同笔者一样,体会到上面理出的三条基本线索和四点启示呢?

后　　记

本书初稿写出后，在 2017 年 3 月召开了三次审读会，征求学者意见。其中两次在中国社会科学院近代史研究所，一次在济南。

出席第一次审读会的学者有：罗敏、赵庆云、冯琳、任志勇、唐仕春、李在全，除罗敏为研究员外，其他各位为副研究员。中国社会科学出版社责任编辑刘志兵出席了审读会。

出席第二次审读会的学者有：曾业英、姜涛、王也扬、金以林、崔志海、杜继东、李细珠。以上各位均为研究员。中国社会科学出版社副总编辑郭沂纹、责任编辑刘志兵、吴丽平也出席了审读会。

出席第三次审读会的学者有：山东大学历史文化学院赵兴盛、陈尚胜、苏位智、胡卫清、徐畅、朱修春、孙一萍（以上均为教授）、贾国静（副教授）、崔华杰（讲师），王育济、刘家峰教授提供了书面发言；山东师范大学教授田海林、王林；山东社科院历史研究所研究员刘大可；山东省委党校孙占元教授、王凤青副教授。

出席三次审读会的学者，怀着很大兴趣阅读了本书初稿，对书稿提出了若干修订意见和建议。中国社会科学出版社责任编辑吴丽平认真审读书稿，也提出了有价值的修改建议。作者消化了以上学者提出的建议，做了进一步修改，形成了本书定稿。对上述各位学者的审读意见和建议，我们表示衷心感谢！感谢中国社会科学院院长王伟光学部委员、中国史学会原会长金冲及先生热情赐序！

笔者希望读者阅读后继续提出批评建议。

张海鹏
2017 年 4 月 12 日

后 记

又及

为了使本书读者阅读方便，作者选了近20幅历史地图，主要是战争形势示意图，黑白线条，简洁易懂，且大多为作者本人在1984年出版的《简明中国近代史图集》使用的，那些地图都是作者本人审核通过的。但是现在根据新的规定，2018年元旦起，出版物中使用地图包括历史地图都要送审。如果送审，程序复杂，何时退回出版社，不得而知。这样出版时间就不知道在何时了。为了使本书及早与读者见面，我只好忍痛割爱，放弃增补历史地图的想法。谨此向读者告罪！

张海鹏
2017年12月28日